'Ik ben een vreemdeling. Ik sta apart'

Een biografie van Paul Rodenko (1920–1976)

PROEFSCHRIFT

ter verkrijging van de graad van doctor aan
de Universiteit Maastricht,
op gezag van de Rector Magnificus, prof. dr. A.C. Nieuwenhuijzen Kruseman
volgens het besluit van het College van Decanen, in het openbaar te verdedigen
op vrijdag 10 november 2000 om 14.00 uur

door

KOENRAAD HILBERDINK

Promotor: Prof. dr. J. H.W. Kusters
Co-promotor: Dr. J. Perry

Beoordelingscommissie:
Prof. dr. A. Labrie (voorzitter)
Prof. dr. D. de Geest (Katholieke Universiteit Leuven)
Dr. A. Klijn
Prof. dr. M. Mathijsen-Verkooijen (Universiteit van Amsterdam)
Prof. dr. M. Meijer

'Ik ben een vreemdeling. Ik sta apart'

Een biografie van Paul Rodenko (1920–1976)

Deze uitgave werd mede mogelijk gemaakt met
financiële steun van het Nederlands Literair Productie- en
Vertalingenfonds te Amsterdam

De auteur ontving subsidie van
de Maatschappij der Nederlandse Letterkunde,
het Amsterdams Fonds voor de Kunst,
de Jan Campert-stichting en het Fonds voor de Letteren

Copyright © 2000 Koen Hilberdink en J.M. Meulenhoff bv, Amsterdam
Omslagfoto Nico Naeff
Grafische vormgeving Joost van de Woestijne

Inhoud

Inleiding 7

HOOFDSTUK 1
    Pawel Iwanowitzj 17
HOOFDSTUK 2
    Oorlog 47
HOOFDSTUK 3
    Onruststoker 90
HOOFDSTUK 4
    Slavische missie 125
HOOFDSTUK 5
    Naar een 'andere' literatuur 164
HOOFDSTUK 6
    'Den Haag: stad van aluinen winden en pleinen' 201
HOOFDSTUK 7
    Buitenstaander 234
HOOFDSTUK 8
    'Al leef je nog eens twintig jaren' 273

Epiloog 309

NOTEN 313
BIJLAGE
    Publicaties van Paul Rodenko 399
    Vertalingen door Paul Rodenko 399
    Bronnen 401
    Literatuurlijst 405
REGISTER 425

VOOR HANS

Inleiding

In 1992 schreef ik voor het literaire tijdschrift *Bzzlletin* een korte levensschets van Paul Rodenko, waarbij ik me vooral baseerde op diens uitspraken in interviews en op mededelingen van zijn familie. Als bezorger van Rodenko's *Verzamelde essays en kritieken* (VEK) had ik zijn nagelaten correspondentie gelezen, maar op dat moment onvoldoende in kaart gebracht om ze voor mijn artikel te kunnen gebruiken.[1] Rodenko's leven bleef mij daarna intrigeren. Vooral omdat, zo vermoedde ik, een aantal vragen met betrekking tot zijn werk alleen beantwoord kon worden door buiten de grenzen van de tekst te kijken. Een paar jaar later besloot ik een biografie van Rodenko te schrijven, omdat ik het idee had dat zij een 'methode' was waarmee ik een antwoord op die vragen kon vinden. Bovendien was ik nieuwsgierig naar zijn levensverhaal.

De eerste vraag werd ook door Ton Anbeek in zijn *Geschiedenis van de Nederlandse literatuur tussen 1885-1985* gesteld. Rodenko had vlak na de Tweede Wereldoorlog 'een grote voorsprong' op Nederlandse dichters en essayisten en een 'ontzagwekkende kennis van wat er over de landsgrenzen gebeurt'. Het zou volgens Anbeek interessant zijn te kijken waar, wanneer en bij wie hij deze kennis had opgedaan.[2] Het was de vraag naar de intellectuele vorming van Rodenko, die ook mij boeide.

In de tweede plaats wilde ik meer weten over wat je de verdringing van het biografische zou kunnen noemen. Aan de ene kant sneed Rodenko zijn werk los van de biografie, maar aan de andere kant relateerde hij het aan een radicale politieke stellingname, het anarchisme. Dit maakte mij nieuwsgierig naar gebeurtenissen in zijn leven, die afstand nemen van de werkelijkheid noodzakelijk maakten en hem in de richting van een radicale politiek dreven.

Tom van Deel schreef in 1976 naar aanleiding van Rodenko's essaybundel *Op het twijgje der indigestie*: 'Want wat je ook van Rodenko leest, het ademt één geestesgesteldheid.'[3] Dat ben ik met hem eens en ik zou haar proto-existentialistisch of existentialistisch willen noemen. In zijn essays duiken denkbeelden op van Fjodor Dostojevski, Søren Kierkegaard, Lev Sjestov, Georges Bataille en Jean-Paul Sartre. Ook Rodenko's eerste gedichten zijn vaak in de context van deze filosofie gelezen. Het leek mij interessant te onderzoeken waarom hij affiniteit had met deze filosofie.[4]

Toen mijn boek al grotendeels klaar was, las ik bij de filosoof Herman Philipse dat teksten van existentiefilosofen meer dan die van logisch-wiskundige filosofen (Gottlob Frege, Bertrand Russell bijvoorbeeld) verwijzen naar het leven van de auteur. Hij kwalificeerde daarom het werk van Kierkegaard en Nietzsche als 'existentieel gebonden teksten'. Philipse wijst er echter op dat een onderzoeker zelfs in deze gevallen niet al bij voorbaat mag uitgaan van een dergelijke relatie. Daarvoor is de materie te complex.[5] Hij verwoordt de invalshoek die ook ik in deze biografie heb gekozen.

Een lastige invalshoek, want van een één-op-één-relatie is zelden sprake. Gebeurtenissen uit het leven komen via omwegen – psychologische mechanismen – en in een andere vorm in het werk terecht. Om die omwegen en andere vormen gaat het mij dan ook, zonder dat ik kunst wil reduceren tot een verzameling neurotische uitingen. Kunst is meer dan een sublimatie van verborgen wensen.

Creativiteit is bovendien een kwestie van aanleg. Haar geheim is met behulp van een psychoanalytische methode niet te ontrafelen, schreef psychiater P.C. Kuiper en ik zou daaraan willen toevoegen: met geen enkele methode. Wel is het mogelijk te bekijken waarom creativiteit bij de een wel en bij de ander niet tot grote prestaties leidt. Kuiper schrijft daarover: 'Maar wel meen ik dat we een aantal psychismen konden noemen die de behoefte iets te scheppen aanwakkeren en dat vind ik al heel veel en interessant genoeg. Wanneer iemand bepaalde gaven heeft zal hij veel gemakkelijker sublimeren dan iemand die deze gaven niet heeft.'[6] Een lichte neurose kan de aandrift tot creativiteit stimuleren en feit is dat een trauma of frustratie de aanleiding kan zijn tot een gedreven kunstenaarschap.[7] Die frustraties opsporen zie ik dan ook als een van de belangrijkste taken van een biograaf.

Er was nog een vraag die mij intrigeerde. Zij heeft betrekking op Rodenko's 'zwijgen'. Na 1960 schreef hij nauwelijks nog essays, kritieken en gedichten. Van de 221 publicaties verschenen er 200 in de periode 1945-1960. Dat lijkt te maken te hebben met de verandering van het literaire klimaat in de jaren zestig, maar ik vermoedde dat ook persoonlijke omstandigheden een rol speelden. Eind jaren vijftig verliet Rodenko het kunstmilieu van Den Haag om naar Warnsveld in de Achterhoek te vertrekken. In een biografie zou ik dieper op dit *changement de décor* kunnen ingaan.

Ook wilde ik de 'breuk' in Rodenko's poëzie beter begrijpen. Zelf werd ik het meest geraakt door zijn eerste gedichten uit de afdeling 'Kamerpoëzie' van *Gedichten* (1951). Zij zijn 'persoonlijker', volgens sommigen 'existentialistischer', dan die uit latere perioden. Werd Rodenko daarna te sterk beinvloed door buitenlandse dichters zoals wel eens beweerd is en raakte daardoor het persoonlijke op de achtergrond?

Ik ging Rodenko's correspondentie voor de tweede keer lezen, maar nu vanuit een biografische invalshoek. Meer dan daarvoor besteedde ik aandacht aan beschrijvingen van ontmoetingen, stemmingen en uitspraken over het schrijverschap. Van zijn dochter Ludmila kreeg ik carte blanche en mocht ik gebruikmaken van het huisarchief van de Rodenko's, waarin zich brieven aan niet-letterkundigen bevinden. Met dit materiaal kreeg ik een beter zicht op de echtgenoot en vader Rodenko.

Ook bestudeerde ik brievencollecties van tijdgenoten. Een complete lijst van deze collecties is te vinden in het bronnenoverzicht achter in dit boek. De medewerking van W.F. Hermans was onontbeerlijk voor het verkrijgen van een goed beeld van Rodenko's entree in de naoorlogse Nederlandse literatuur. Bovendien was Hermans in de periode 1946 tot 1951 Rodenko's belangrijkste vriend. Van de brieven van Rodenko uit zijn archief, die Hermans voor mij kopieerde, heb ik dankbaar gebruikgemaakt.

Brieven zijn de belangrijkste bouwstenen van deze biografie, al ben ik me bewust van de voorzichtigheid die ermee moet worden betracht. Er is herhaaldelijk gewezen op de betrekkelijke waarheidwaarde van deze bronnen, omdat ze altijd geschreven worden in een bepaalde context.[8] Voor Rodenko gold, zeker in de correspondentie met uitgever Bert Bakker, dat hij wel eens een 'leugentje om bestwil' pleegde. Ook voor hem waren brieven een mogelijkheid om zichzelf op een bepaalde manier te presenteren.

Een dagboek hield Rodenko niet bij. Voor autobiografische uitspraken moest ik mij grotendeels beperken tot enkele interviews die hij tijdens zijn leven had gegeven en het beeld dat hij van zichzelf in brieven en essays geeft. De dagboeknotities die hij tijdens zijn Parijse periode maakte, gaan over politiek en literatuur. Bij de beschrijving van zijn poëtica heb ik daarvan gebruikgemaakt.

Het is een goede gewoonte dat de biograaf kort ingaat op de familiegeschiedenis van zijn held. In het geval van Rodenko's vader was dat lastig.[9] Niemand in de familie Rodenko wist iets van het verleden van Iwan Rodenko. Daarom bezocht ik archieven in Riga in Letland en Odessa in Oekraïne. Ook zocht ik in het Landesarchiv in Berlijn naar sporen van de Berlijnse jaren van de familie Rodenko. Met het moeizaam gevonden materiaal heb ik voor het eerst iets zichtbaar kunnen maken van het mysterieuze leven van Rodenko's vader. Aanvullende informatie vond ik bij het ministerie van Buitenlandse Zaken in het Geheim Archief. De gegevens die ik hier aantrof, hebben vooral betrekking op de activiteiten van de Russisch Orthodoxe Kerk in Den Haag, waarbij Iwan Rodenko korte tijd betrokken was.

De Binnenlandse Veiligheidsdienst stond mij in 1993 toe de dossiers van vader en zoon Rodenko in te zien. Ook van dit materiaal heb ik met een zekere voorzichtigheid gebruikgemaakt. De observaties van de veiligheidsagenten zijn vaak ingegeven door de waan van de dag – de angst voor een inval van de Russen –, maar laten wel zien hoe tijdens de Koude Oorlog naar de Russische emigrant Iwan Rodenko en zijn zoon Paul werd gekeken.[10] Voor het gedrag van Iwan Rodenko en andere mensen uit Paul Rodenko's omgeving tijdens de Tweede Wereldoorlog is gebruikgemaakt van strafdossiers aanwezig in het Centraal Archief Bijzondere Rechtspleging van het ministerie van Justitie. Ook sprak ik met een belangrijke getuige, die echter alleen met haar initialen in de noten vermeld wilde worden. Ik heb gemeend dit te moeten respecteren. Haar verklaringen kon ik toetsen aan schriftelijk materiaal uit het Centraal Archief Bijzondere Rechtspleging en het Gemeentearchief van De Bilt, zodat zij ook controleerbaar zijn voor derden.

Het Centraal Archievendepot van het ministerie van Defensie verleende mij inzage in enkele archieven in verband met Rodenko's vermeende verzetsactiviteiten en zijn aanmelding als oorlogsvrijwilliger. De Universiteit Utrecht stond mij toe het archief van het College van Herstel en zuivering van de toenmalige Rijksuniversiteit in te zien. Met het gevonden materiaal werd het mogelijk een beeld te schetsen van Rodenko als student in oorlogstijd.

Een paar keer bezocht ik de Archives Nationales, op zoek naar materiaal over Rodenko's studie aan de Sorbonne. Veel vond ik er niet, wat in eerste instantie teleurstellend lijkt. Maar ook het niets vinden kan voor de biograaf van groot belang zijn, zoals bij de presentatie van dit onderzoeksmateriaal in het hoofdstuk over Parijs zal blijken.

Ruim zestig mensen die Rodenko goed, minder goed of alleen maar op afstand hadden gekend, werden door mij geïnterviewd. Ze hielpen bij het schetsen van het decor waarin de schrijver Rodenko leefde. Ik heb zo veel mogelijk geprobeerd uitspraken van ondervraagden te koppelen aan schriftelijke bronnen. Een enkele keer waren ze ook zonder die verificatie bruikbaar, omdat het interessant is te laten zien hoe een belangrijk iemand uit Rodenko's leven hem beoordeelde: W. F. Hermans bijvoorbeeld.

Bij de interpretatie van deze nieuwe bronnen kwam ik tot de ontdekking dat ik de lezers met mijn biografische schets in *Bzzlletin* over enkele cruciale punten fout had geïnformeerd. Ik was afgegaan op het beeld dat Rodenko in interviews van zichzelf had geschetst en dat stond op gespannen voet met de informatie die ik had gevonden in brieven en archieven.

Volgens Jan Fontijn, de biograaf van Frederik van Eeden, is het creëren van mythes over het eigen leven wijdverspreid. Het is volgens hem de taak van de biograaf deze persoonlijke mythe bij zijn of haar held op te sporen.[11] Bij Rodenko hoefde ik die persoonlijke mythe niet op te zoeken, want zij drong zich gaandeweg het onderzoek steeds sterker aan mij op.

Het is een ervaring die biografen delen. Marjan Schwegman vertelde in een interview over haar biografie *Feminisme als boetedoening. Biografie van de Italiaanse schrijfster en feministe Gualberta Alaide Beccari (1842-1906)* (Den Haag, 1989), dat zij tijdens haar onderzoek stuitte op het verschijnsel dat iemand heel bewust een beeld van zichzelf probeert uit te dragen. In dit soort gevallen, zo stelt zij, is het de taak van de biograaf een antwoord te geven op de vraag waarom iemand dat beeld heeft gekozen.[12] Die vraag moest ik in het geval Rodenko ook beantwoorden. Zij kon niet anders dan een belangrijke invalshoek van de biografie worden.

Het ontrafelen van een persoonlijke mythe lijkt oppervlakkig gezien op het ontmaskeren van iemand als leugenaar of oplichter. Elsbeth Etty schrijft in haar inleiding bij *Liefde is heel het leven niet. Henriette Roland Holst 1869-1952*, dat voor haar ontmythologiseren betekent iemand vermenselijken.[13] Met die intentie is ook dit boek geschreven.

Voor de selectie, interpretatie en presentatie van het door de biograaf gevonden materiaal bestaat geen standaardmethode. Jaap Goedegebuure evalueerde de methodendiscussies onder biografen zoals die de afgelopen jaren in onder andere het *Biografie Bulletin* zijn gevoerd en concludeerde dat zelfs bij biografieën die als proefschrift worden verdedigd eclecticisme en methodenpluralisme schering en inslag zijn.[14] Er wordt gepraat over kwesties als het verantwoord omgaan met bronnen en het belang van de psychologie als hulpwetenschap voor de biograaf, maar tot een consensus over regels en methoden heeft dat niet geleid. Met oplossingen komt ook hij niet. Het blijft bij de constatering dat het blijkbaar niet anders kan bij een genre 'dat net als het aanpalend genus, de roman, van links en rechts vondsten, inzichten en technieken overneemt'.

Goedegebuure is niet de eerste die dit constateert, wat mij tot de overtuiging brengt dat we dit 'gebrek' voor lief moeten nemen. De biograaf kan blijkbaar bij de bestudering van één individu niet uit de voeten met één bepaalde methode. Misschien is het beter te kijken hoe 'aanpalende' disciplines daarmee omgaan.

De psychologie bijvoorbeeld, waarvan Goedegebuure opmerkt dat zij de belangrijkste hulpwetenschap van de biograaf is. Die heeft een innige relatie met Freud, met wiens boeken in de hand de biograaf zijn helden gemakkelijk opzadelt met een oedipuscomplex en kwistig strooit met termen als 'sublimatie', 'narcisme', 'verdringing' en 'ambivalentie'. Mijn houding ten opzichte van psychologie en psychoanalyse is minder sceptisch dan die van

Goedegebuure. Ook methodologisch kunnen zij de biograaf helpen. Wie een biografie schrijft, merkt dat het beschikbare materiaal (het werk, de brieven, de dagboeken en dergelijke) en de daaruit gedestilleerde persoonlijkheid van de gebiografeerde de biograaf de richting aangeven van de te gebruiken methode. 'Toen ik dit allemaal gelezen en gezien had, kon ik niet anders dan deze biografie schrijven', hoor je biografen regelmatig zeggen. Mijn ervaring met Rodenko's mythe als belangrijke invalshoek sluit daarbij aan. Iets dergelijks 'overkomt' de (klinisch) psycholoog. Afhankelijk van de patiënt die er op het spreekuur verschijnt, kiest hij een methode. Oneerbiedig gezegd: ook hij laat zich leiden door het materiaal. De één zal hij een psychoanalytische behandeling voorschrijven, de ander is beter af met een gedragstherapie of een combinatie van beide en een derde kan het beste pillen slikken. Een goede psycholoog is naar mijn mening vandaag de dag een eclecticus, een goede biograaf is dat ook.

Ook op het belangrijke punt van de identificatie van de biograaf met de gebiografeerde valt veel te leren van psychoanalytici.[15] Patiënten projecteren gevoelens uit het verleden onbewust op de analyticus, die daarvan gebruik kan maken bij het onderzoek naar de bron van een neurose. Freud noemde dit overdracht ('Übertragung'). Het omgekeerde kan ook voorkomen. De analyticus kan, verstrikt in zijn eigen problematiek, onbewust emotioneel reageren op de analysant. Freud probeerde deze tegenoverdracht ('Gegenübertragung') uit zijn psychoanalytische praktijk te bannen, omdat zij strijdig was met zijn objectiviteitsideaal.[16]

Veel psychoanalytici gaan nu anders met tegenoverdracht en 'objectiviteit' om. Ze bekijken een patiënt vanuit hetzelfde referentiekader, de psychoanalyse, maar de psychoanalytische theorie die de analytici afzonderlijk gebruiken is persoonlijk gekleurd. Tijdens indicatievergaderingen van psychiaters blijkt dat elke psychiater door eigen ervaringen andere accenten in het levensverhaal van de patiënt legt.

Op deze manier kan de analyticus zich inleven in de ander. Het lukt hem zo beter gedrag en motieven van zijn patiënt te begrijpen. Binnen de psychoanalyse wordt deze benadering 'introspectief-empatisch' genoemd, een benadering die mij als biograaf aanspreekt.[17]

Ik ben me ervan bewust dat een psychologisch uitgangspunt problematisch is. Als biograaf kruip je in de huid van een psycholoog, die je niet bent. Bovendien zou de indruk kunnen ontstaan dat de kwaliteit van het literaire werk op zich er niet toe doet en dat het er alleen maar om gaat de auteur als patiënt te ontleden.[18]

Maar uitvoerige analyses van gedichten, essays en verhalen horen volgens mij in een biografie niet thuis. Daar zijn andere studies voor. Dat betekent niet dat de biograaf voorbij mag gaan aan de aard en kwaliteit van het werk. Op grond van zijn werk 'verdient' Rodenko deze biografie. Met het bezorgen van de *Verzamelde essays en kritieken* heb ik geprobeerd lezers te overtuigen van het belang van Rodenko's beschouwend proza, in de biografie zal ik proberen de achtergronden van deze essays te schetsen. Ten opzichte van Rodenko's poëzie zal ik me in dit boek evaluerend opstellen. Het gaat er mij niet om *uit* het werk neurosen af te leiden; wel wil ik een context schetsen, psychologisch en historisch, die enigszins kan verhelderen waarom hij bepaalde gedichten tijdens bepaalde fasen van zijn leven schreef. Op deze manier hoop ik langs een indirecte weg een nieuwe visie op zijn werk te kunnen geven.

Rodenko zelf moest niets hebben van een traditionele 'wetenschappelijke' psychologische benadering van de kunstenaar, waarbij een relatie wordt gelegd tussen biografie en kunstwerk. Hij zag meer in het werk van fenomenologische psychologen, omdat zij volgens hem aandacht hadden voor de literatuur als kenvorm, en haar niet beschouwden als 'bron van kennis' omtrent de mens. Het 'pathologische' was voor Rodenko een belangrijke menselijke waarde *op zich*, inherent aan het kunstenaarschap en dat herkende hij bij de fenomenologen.[19]

Bovendien wilde hij overeenkomstig de opvattingen van modernisten als Paul Valéry en T.S. Eliot een onderscheid maken tussen de dichter als burger en de dichter in zijn rol van dichter. Alleen de tweede deed ertoe en een biografie zou niets toevoegen aan een beter begrip van literair werk. Het gedicht zou zichzelf schrijven en is daarom op geen enkel biografisch feit terug te voeren. 'De dichter wikt, het vers beschikt', was zijn credo.[20]

Over de betrekkelijkheid van dit standpunt is al vaker geschreven. De dichter als dichter is geen objectieve waarnemer, maar laat bij de registratie persoonlijke voorkeuren en ideologieën meespelen. Zijn neutrale waarneming is een mythe.[21] De spanning tussen de dichter als burger en de dichter als dichter is daarom des te intrigerender. Ook bij Rodenko. Ik wil immers begrijpen waarom hij zo hamerde op de zinloosheid van de biografische literatuurbenadering, waarom hij de 'wetenschappelijke' psychologie wilde overwinnen en waarom hij zijn biografie nadrukkelijk loskoppelde van het werk.

Rodenko wilde geen biografie en was er, volgens zijn familie, ook op tegen zijn nalatenschap onder te brengen in het Letterkundig Museum. Dat was een soort rariteitenkabinet. Spottend werd er in de familie Rodenko gesproken over de sigarenpeuk van Willem Kloos die daar tentoongesteld werd. Het is anders gelopen. Rodenko's nalatenschap ligt in de kelders van het Letterkundig Museum en er is nu een biografie. Zij is geboren uit een onbedwingbare nieuwsgierigheid naar de achtergronden van het werk van een van de belangrijkste essayisten en dichters van na de Tweede Wereldoorlog. Dat oeuvre maakt deel uit van een tragisch leven.

Het werken aan een biografie lijkt een langdurige en eenzame bezigheid. Het eerste is waar, het tweede niet. Het genre dwingt de onderzoeker de wereld in te trekken en in brieven en tijdens gesprekken, generatiegenoten van zijn onderwerp te ontmoeten. Deze ontmoetingen zijn de hoogtepunten van het onderzoek geweest. Het is ondoenlijk alle mensen die mij te woord stonden of op een andere manier hielpen apart te noemen. Hun namen zijn te vinden in de bronnenlijst achter in dit boek. Ik wil een paar uitzonderingen maken.

Daisy Wolthers en Gerrit Jan Slijkhuis, oud-medewerkers van het Letterkundig Museum, brachten mij in contact met wijlen Jettie Rodenko-Schaper, Rodenko's weduwe. Zij vertrouwde mij de zorg voor haar mans nalatenschap toe. Via haar leerde ik Rodenko's zuster Olga en dochter Ludmila kennen. Zij waren mij behulpzaam bij mijn speurtocht naar het leven van hun broer en vader.

Prof. dr. Peter Krupnikov, een jeugdvriend van Rodenko, bezocht ik in München en Riga, waar ik met hem door de stad wandelde en herinneringen ophaalde aan zijn tijd met Paul. Ook sprak ik met hem uitvoerig over de Russische idee, waardoor ik meen meer vat te hebben gekregen op Rodenko's vroege denken.

Een aantal organisaties was bereid het biografieproject te financieren. Ik dank daarvoor de Commissie voor literair-historische opdrachten van de Maatschappij der Nederlandse Letterkunde, de Jan Campert-stichting en het Amsterdams Fonds voor de Kunst. Bijzondere dank ben ik verschuldigd aan het Fonds voor de Letteren, dat mij een stipendium verleende. Hierdoor was het mogelijk het boek ongestoord te schrijven.

Intellectuele 'hulp' kreeg ik van mijn promotor prof. dr. Wiel Kusters en mijn copromotor dr. Jos Perry. Een literatuurwetenschapper en een historicus die elkaar in de begeleiding aanvulden. Zij lieten mij ervaren dat binnen de academie een kritische opstelling gepaard kan gaan met een warme belangstelling.

Onmisbaar waren de opmerkingen van dr. Solange Leibovici, die het manuscript las vanuit haar ervaringen als biograaf en literatuurwetenschapper. Ed Figee, politiek journalist, leverde kritiek vanuit een ander perspectief. Hij wilde een spannend verhaal, dat ik hem hopelijk heb gegeven.

Drs. Peter van Drunen, toentertijd als onderzoeker verbonden aan het Archief en Documentatiecentrum Nederlandse Psychologie, plaatste kanttekeningen bij eerste versies van het boek. Hij behoedde mij voor ernstige fouten in de beschrijving van de geschiedenis van de psychologie in Nederland.

Drs. Gé Vaartjes en dr. Maria Kardaun waren bereid vanuit hun specialisme commentaar te leveren op een deel van het manuscript.

Mijn paranimfen Bert Veldkamp en Leon van der Veen dank ik omdat zij mij wilden begeleiden bij mijn verdediging voor de commissie. Met Bert Veldkamp voerde ik als zestienjarige de eerste gesprekken over literatuur; het is bijzonder dat hij, ruim twintig jaar later, commentaar leverde op de eerste en laatste versies van mijn boek.

Een inspirerende factor was mijn vriend Hans Kooistra. Als geen ander kende hij de ups en downs tijdens het werken aan dit boek. 'You were always on my mind.' Ik draag dit boek aan hem op.

Paul met zijn vader en moeder op de reis naar Riga (1922)

Paul en Olga in Riga (1932)

Iwan Rodenko in 1919

HOOFDSTUK 1

Pawel Iwanowitzj

1. RUS IN DEN HAAG

'Ik ben eigenlijk een Rus, maar ben per ongeluk in Den Haag geboren. Mijn vader was Rus. Hij is krijgsgevangene geweest van de Duitsers, is gevlucht over de Nederlandse grens en heeft hier mijn (Engelse) moeder ontmoet', vertelde Paul Rodenko in 1967 aan een verslaggever van het *Zutphens Dagblad*. Dat Russische was nog steeds aan hem te merken, vervolgde hij: 'Als ik Russische muziek hoor ben ik helemaal "in". Dat is met mijn twee kinderen ook zo. 't Is iets wat we gewoon hebben.'

Paul Rodenko sprak met de interviewer verder over zijn jeugd, die zich grotendeels in het buitenland had afgespeeld. Hij woonde in Berlijn en Warschau en had in Riga de lagere school doorlopen. Op deze school was het er Slavisch aan toe gegaan, suggereerde hij, wat zijn Russische identiteit nog eens extra had versterkt.[1] De boodschap moest duidelijk zijn: hij schreef dan wel in het Nederlands, maar zijn ziel was Russisch.

Ook in een in 1962 geschreven autobiografietje voor een folder van toneelgroep Studio, is zijn internationale achtergrond een belangrijk thema. Hij begint als volgt: 'Het huwelijk tussen een uit Duitse krijgsgevangenschap ontsnapte Russische officier en de dochter van een Engelse immigrant leidde in 1920 te Den Haag tot de geboorte van Paul Rodenko, die zijn jeugdjaren afwisselend in Letland, Duitsland en Nederland doorbracht. Zijn gemêleerde afkomst is er misschien de oorzaak van dat zijn levensloop nogal een gemêleerd beeld toont [...]'.[2]

Paul Rodenko had er reden toe zich Rus te noemen. Hij was de zoon van Iwan Wasilewitzj Rodenko, een Russische emigrant, die zijn kinderen liet kennismaken met een Slavische manier van leven. Toch waren de eerste achttien jaar van zijn leven Nederlandser dan hij zelf deed vermoeden. Zijn jeugd in het buitenland was betrekkelijk kort geweest – in Warschau had hij trouwens nooit gewoond – en in tegenstelling tot wat hij beweerde, was zijn moeder Jeanne Sheriff een 'gewone' Hollandse vrouw.[3] Zij was een geboren en getogen Haagse die opgroeide in het gezin van de gasfitter Thomas Sheriff. Haar vader was de zoon van een in Cambridge geboren ingenieur die zich in de tweede helft van de negentiende eeuw in Den Haag had gevestigd, maar werd zelf in Den Haag geboren. Ook zijn vrouw Johanna Lambertina Baljé was Haags, al deed haar achternaam iets buitenlands vermoeden. Zij had hem te danken aan verre Franse voorouders, die zich ooit in Zeeland hadden gevestigd.[4] Voor Paul Rodenko was het in ieder geval voldoende reden om tijdens een interview met de *Haagse Post* in 1975 te vertellen dat zijn vader een Russische kozak was en zijn moeder een Nederlandse met Engels-Franse ouders.[5]

Over de familiegeschiedenis van zijn moeder was Paul Rodenko onnauwkeurig, van die van zijn vader wist hij niets. Zijn ouders hadden hem verteld dat hij met zijn voornaam Basilius, uit te spreken als Wasilius, was vernoemd naar zijn Oekraïense grootvader, maar wat die deed en of die nog leefde werd hem nooit duidelijk. Zelf vertelde hij dat zijn vader in 1917 als gevluchte krijgsgevangene van de Duitsers naar Nederland was gekomen, maar details moest hij schuldig blijven. Over het leven van zijn vader kon hij vaak niets anders dan fantaseren en het lukte hem als dat nodig was voor de buitenwereld een prachtige 'familieroman' te construeren.[6]

De waarheid over Iwan Rodenko zal niemand precies te weten komen. Bij bijna elk verhaal van hemzelf of van zijn zoon is een vraagteken te plaatsen. Wat Paul Rodenko over zijn vaders krijgsgevangenschap vertelde, is hoogst onwaarschijnlijk. Iwan Rodenko meldde zich in februari 1917 als journalist bij de Haagse Vreemdelingenpolitie. Hij vertelde daar op 27 juni 1889 in Odessa geboren te zijn.[7] Iwan verbleef toen kort in Nederland; daarna vertrok hij naar Keulen, een vreemde manoeuvre voor een Duitse krijgsgevangene. In 1919 vestigde hij zich weer in Den Haag, waar hij een groot deel van zijn leven woonde.[8]

Ook over de reden van zijn keuze voor Nederland en Den Haag kan alleen maar gespeculeerd worden. Veel Oost-Europese emigranten reisden naar de Rotterdamse haven om vandaar naar Amerika, het land van de ongekende mogelijkheden, te varen. Door de Eerste Wereldoorlog was het scheepvaartverkeer grotendeels stil komen te liggen, waardoor er vaak niets anders op zat dan voorlopig in Rotterdam te blijven of in een andere stad in de omgeving. Als een emigrant verliefd werd, kwam er van de grote reis vaak niets meer. Ook Iwan Rodenko ontmoette een vrouw en zag waarschijnlijk daarom af van een overtocht naar Amerika.

Den Haag was een aantrekkelijke woonplaats voor zo'n 'gestrande' emigrant. De stad had een niet gering aantal inwoners – in de jaren twintig zo'n 355.000 – en kende door de aanwezigheid van diplomatieke diensten een internationale gemeenschap. Die vermaakte zich met veel allure in de restaurants en de cafés aan het Buitenhof en in het statige Kurhaus in de mondaine badplaats Scheveningen.[9]

Iwan Rodenko beschikte bij aankomst in Nederland over geen enkel officieel document en moest sowieso naar Den Haag om een pas te halen. Het document dat het Russische gezantschap aan de Kneuterdijk hem verstrekte had goed beschouwd geen enkele waarde. In 1919 en nog lang daarna verbleven in Nederland Russische diplomaten uit de periode vóór de Oktoberrevolutie, onder wie Paul Poustochkine. Lange tijd bleef hij consul ad interim van een land dat niet meer bestond. Hij kon dan wel in het Frans, de taal van de oude Russische diplomatieke dienst, verklaren dat Iwan Rodenko een ingezetene van Rusland was, maar dat had geen betekenis.[10]

Iwan Rodenko bleef daardoor zijn hele leven statenloos, al kreeg hij begin jaren dertig een zogenaamd vreemdelingenpaspoort van de Nederlandse overheid, waarmee hij kon reizen. Later ondernam hij nog pogingen om Nederlander te worden. Hij wees in zijn aanvraag op de Nederlandse nationaliteit van zijn vrouw en kinderen en schreef dat door naturalisatie 'de door de wet gewenschte gezinseenheid zou worden verkregen'. Dat die aanvraag niet werd gehonoreerd, had waarschijnlijk te maken met zijn mysterieuze achtergrond en dubieuze bezigheden.[11]

Dat Iwan Rodenko bij aankomst in Nederland geen pas had, was niet bijzonder. Veel vreemdelingen die zich tijdens of vlak na de Eerste Wereldoorlog in Nederland vestigden, beschikten daar niet over. De Vreemdelingenwet van 1849 verplichtte ze wel na aankomst zich met een pas bij de politie te legitimeren, maar in de praktijk voerde die bij nalatigheid geen sanctie uit. Het paste bij het Nederlandse beleid om voor de oorlog gevluchte Belgen zonder problemen het land binnen te laten. Hiervan profiteerden ook Russen, die zich bovendien konden verschuilen achter de onduidelijke situatie die na de revolutie in hun land was ontstaan. Ze konden de Nederlandse instanties van alles wijsmaken, want er was geen consulaat waar deze hun personalia konden controleren.[12]

Van deze duistere situatie maakte Iwan Rodenko dankbaar gebruik. Hij was al snel 'journalist' af en liet zich als 'ingenieur' bij de Burgerlijke Stand inschrijven. Die titel droeg hij de rest van zijn leven en hij zat er niet mee dat veel mensen twijfelden aan de echtheid ervan. Het stimuleerde hem alleen maar meer om overal te vertellen over zijn academische achtergrond en tegen de voordeur van zijn woningen bordjes te bevestigen met daarop de tekst 'Ir. I. Rodenko'.

Er waren maar weinig ongelovigen die bij deze opvliegende man durfden te informeren naar zijn academische prestaties. De enkeling die de moed had hem lastig te vallen met de vraag wáár hij gestudeerd had, kreeg afhankelijk van plaats en tijd als antwoord Moskou, Warschau of Berlijn. Een enkele keer vertelde hij in Delft college gelopen te hebben. Hij schatte goed in dat niemand zijn verhaal zou controleren. Dat was zijn geluk, want wie naar de studentenadministratie van de Delftse Technische Hogeschool zou zijn gegaan, had nul op het rekest gekregen. In de nauwkeurige studentenadministratie komt zijn naam niet voor, ook niet op de lijst van officiële toehoorders.[13] Niet alleen op de vraag naar zijn verleden wist Iwan Rodenko rap een imponerend antwoord te geven. Hij had altijd zijn woordje klaar en was liever vragenstellers een stap voor door uit eigen beweging te vertellen over in het oude Rusland achtergelaten rijkdommen, het familiewapen waaruit zijn adellijke afkomst zou moeten blijken of de uitvindingen die hij op zijn naam had staan. Hij was fantasierijk en inventief en dat kwam hem goed van pas bij zijn werk als handelaar, of koopman zoals dat voor de oorlog nog heette. Na volgens eigen zeggen als journalist begonnen te zijn, probeerde hij een bestaan op te bouwen in de zakenwereld. Een enkele keer verkeerde hij in het middelpunt van het zakelijke leven, veel vaker in de marge. Hij was een zakenman met lef, iemand die hondsbrutaal kon zijn. In sommige situaties had hij voordeel van zijn karakter, vaker schrok hij daarmee mensen af. Hij stevende op zijn doel af, zonder oog te hebben voor wat God en de staat verboden. Het is achteraf wonderbaarlijk dat hij slechts een enkele keer in aanraking kwam met justitie.

Iwan Rodenko stelde zich altijd voor als Rus, maar eigenlijk was hij Oekraïner. Dat deden wel meer Oekraïners uit Odessa, want nergens voelden zij zich zo Russisch als in deze havenstad. Bovendien was het in bolwerken van Russische emigranten als Berlijn, Riga, Parijs en Belgrado voor Oekraïners vanzelfsprekend zich Rus te noemen. Ze konden zich dan gemakkelijker aansluiten bij allerlei Russische culturele organisaties en profiteren van faciliteiten die er speciaal voor Russen waren.[14] Voor Iwan Rodenko speelde daarnaast mee dat hij zaken deed met bedrijven in de Sovjet-Unie.

De 'echte' Russen vonden ook dat Oekraïners bij het Russische rijk hoorden, al noemden ze hen met een zeker dédain Klein-Russen. Het Oekraïns beschouwden ze als een Russisch dialect.[15] Ook Paul Rodenko voelde zich meer Rus dan Oekraïner en hij werd in zijn keuze gesteund door dezelfde argumenten. In een bespreking van het jeugdwerk van de negentiende-eeuwse Oekraïner Nikolaj Gogol, stelde hij dat die blij mocht zijn tijdig naar Sint-Petersburg te zijn vertrokken. De omgang met Russische auteurs daar bood hem een wijdere geestelijke horizon dan 'het nog in nevelen van folklorisme en provincialisme gehulde Oekraïns hem had kunnen bieden.' Ook al ging dit over de negentiende eeuw, het is duidelijk dat Rodenko de Oekraïne een weinig glorieus verleden toeschreef.[16]

Iwan Rodenko was een Rus in Den Haag en dat had ook een keerzijde.

Op een aantal intellectuelen en communisten na die de revolutie van 1917 als een grote sprong voorwaarts zagen, beschouwden de meeste Nederlanders iedereen die ook maar iets te maken had met het communistisch geworden Rusland als verdacht en onbetrouwbaar. Dit wantrouwen werd van alle kanten gevoed, niet in de laatste plaats door vaderlandse politici. Opvallend was bijvoorbeeld een in 1920 gedane uitspraak van de CHU'er J. Weitkamp in een Kamerdebat over de relatie tussen Nederland en het nieuwe communistische Rusland. 'Ik ben bevreesd voor het aanknopen van betrekkingen van Nederland met Rusland, aangezien ik van zeer nabij weet, dat elke Rus wel een regiment luizen meeneemt', sneerde hij.[17]

De woede die ontstond toen de nieuwe bolsjewistische machthebbers de staatsschulden annuleerden, deed de Russen in Nederland ook geen goed. Een vermogend deel van het Nederlandse volk bezat Russische spoorwegobligaties en leed daardoor financiële schade. Velen raakten verbitterd en stelden iedere Rus daarvoor persoonlijk aansprakelijk.[18]

Het bestaande en wijdverbreide beeld van de Rus voedde deze sentimenten nog eens extra. De Rus was traag, breedvoerig, laks en onverschillig, wisten de lezers van de Russische klassieken te vertellen. Argumenten voor dit standpunt vonden ze vooral in het werk van Dostojevski en Tolstoj, schrijvers die rond de eeuwwisseling en vooral na de Eerste Wereldoorlog populair waren.[19] Zo verschenen er van Dostojevski's *Misdaad en Straf* in 1920 maar liefst drie vertalingen.[20] Toen Paul Rodenko tientallen jaren later redacteur van literaire tijdschriften was, had hij nog wel eens last van dit soort vooroordelen, die toen vooral werden gevoed door de Koude Oorlog. Opvallend was, dat hij wat voor andere Nederlanders Russische tekortkomingen waren, tot deugden wist om te buigen. De Russische traagheid bijvoorbeeld werd een belangrijk aspect van zijn poëtica.

Toch werd Paul Rodenko minder gewantrouwd dan zijn vader. Zelfs in de familie van zijn vrouw had de laatste ronduit een slechte naam. Wat hij uitspookte was niet bekend en de conclusie dat hij een Russische spion zou zijn, was snel getrokken. Zijn hele gedrag wees in die richting. Hij veranderde vaak van woning en droeg altijd een revolver bij zich. Een paar familieleden waren er zelfs getuige van hoe hij tijdens een ruzie zijn aanstaande schoonvader Thomas Sheriff in de voet schoot. Dit was ander volk, daar moest wel wat mee aan de hand zijn.[21]

Ook de Binnenlandse Veiligheidsdienst volgde na de Tweede Wereldoorlog zijn gangen, waarschijnlijk in de verwachting spionageactiviteiten op het spoor te komen. Het eindoordeel was geruststellend: Iwan Rodenko kon onmogelijk een spion zijn. Hij was daarvoor te snel aangebrand, te onvoorzichtig en een te mateloze drinker. De conclusie die de BVD over de zakenman Rodenko trok, was duidelijk: 'Rodenko wordt zeer gereserveerd beoordeeld, is in zaken op en top een scharrelaar en geniet geen vertrouwen.'[22] Zijn relaties met mensen en organisaties die direct of indirect in contact stonden met Oost-Europese ambassades hadden met politiek niets te maken, want op dat gebied was hij een opportunist. Hij hoopte door deze contacten een wit voetje te halen bij opdrachtgevers in Oost-Europa. Als handelaar vestigde hij zich daarom een paar keer in het buitenland. Hij verwachtte door dichter bij het vuur te zitten, meer succes te hebben dan in Nederland, waar ook de handel met Oost-Europa sinds de revolutie problematischer was geworden. Hij nam zijn gezin mee. Paul moest tot zijn veertiende wennen aan het leven in achtereenvolgens Riga, Berlijn en nog eens Riga. Daartussendoor woonde hij in Den Haag. Paul bewoog zich in wisselende decors, die hij met verwondering observeerde en waarvan hij nooit echt deel kon uitmaken. Overal en altijd voelde hij zich een vreemdeling.

2. OP REIS

Hoe Iwan Rodenko in het buitenland precies zijn zaakjes regelde, was waarschijnlijk ook zijn vrouw niet altijd duidelijk. Zij volgde haar man op de voet en probeerde het hem – vaak uit lijfsbehoud – zoveel mogelijk naar de zin te maken. Hij was haar als het ware overkomen, want toen zij op 3 maart 1920 met hem trouwde was ze nog te jong om hem goed te kunnen inschatten.[23] Met haar achttien jaar en haar onervarenheid stak ze schril af bij de dertigjarige Iwan, die door zijn verblijf in het kosmopolitische Odessa, waar rond de eeuwwisseling zo'n vier miljoen Fransen, Engelsen, Russen en een handjevol Oekraïners samenwoonden, heel wat meer van de wereld had gezien.[24] Dat gaf hem een voorsprong op zijn bruid, die het leven nog moest ontdekken en zich weinig kon voorstellen bij de zaken waarmee haar man zich inliet. Zij was en bleef een vrouw op de achtergrond, al speelde ze daar een onontbeerlijke rol. Het was haar taak de eindjes aan elkaar te knopen, wat naast deze avontuurlijke man vaak een onmogelijke opgave was. Door haar inspanningen zou het gezin bij elkaar blijven.

Het lag voor de hand dat zij aan het begin van haar huwelijk nog wat bescherming van haar ouders kreeg en net als haar getrouwde zuster bij hen ging inwonen. De Sheriffs hadden een pension aan huis, waar vooral Russen verbleven. Maar Iwan en Jeanne trokken in bij de rijwielhersteller Nico Sheriff, een broer die met zijn gezin in de Rembrandtstraat 235 in de Schilderswijk woonde. In deze negentiende-eeuwse arbeiderswijk werd op 26 november 1920 om vijf uur 's middags hun eerste kind en enige zoon

Paul Thomas Basilius Rodenko geboren.[25] Het gezin verbleef niet lang in de kleine woning. Op 6 juli 1921 verhuisden ze naar de Scheveningse Badhuisstraat 19. Het was de eerste van de maar liefst zestien verhuizingen die Paul tijdens zijn jeugd zou meemaken. De verhuizingen waren meestal binnen Den Haag, maar het gezin vertrok ook drie keer naar het buitenland.

Toen Paul ruim anderhalf jaar oud was, reisden zijn vader en moeder met hem naar Riga in Letland, een van de drie Baltische staten. Op het stoomschip de Strassburg voeren ze in juni 1922 vanuit Amsterdam over de Noordzee, het Kattegat en de Oostzee naar het Poolse Stettin, en van daaruit naar Letland. Ze lieten foto's van de reis maken, waarop te zien is hoe vader Rodenko met zoon Paul op het dek loopt, 'mama' zeeziek op een bank ligt en de kapitein met de kleine op de brug van het schip staat. Het lijkt erop of ze de enige passagiers van het schip waren en meevoeren op een vrachtboot. De kleine kiekjes werden bewaard in het fotoboek van de familie en van Nederlandse onderschriften voorzien door Iwan Rodenko.[26]

In Riga was in 1922 voor avonturiers veel te beleven en de stad zal daarom op Iwan Rodenko een zekere aantrekkingskracht hebben uitgeoefend. Riga ligt aan de rivier de Dwina of de Daugave, naar gelang de Russische of Letse naam, en was in de jaren twintig het middelpunt van de handel tussen Oost en West. Net als in Odessa was de sfeer door de aanwezigheid van Russen, Duitsers en andere 'vreemdelingen' hier uitgesproken kosmopolitisch. Paul Rodenko beweerde op grond van zijn verblijf in Riga in Rusland te hebben gewoond, maar strikt genomen klopte dat niet.[27] In de periodes dat hij in Letland woonde, was het land een onafhankelijke republiek, al merkte je dat de Russische overheersing lang en indringend was geweest. Er woonden nog steeds veel Russen en het Russisch was een belangrijke taal.

Tijdens de Eerste Wereldoorlog vochten de Letten met de Russen tegen de Duitsers, die Riga in 1917 innamen. In deze periode vluchtten veel Letten naar Rusland. In november 1918 riep de Letse Nationale Raad een onafhankelijke republiek uit, die maar kort bestond, want in januari 1919 werd het land voor korte tijd bij het nieuwe Rusland ingelijfd. Dat gaf weer aanleiding tot gevechten, maar het lukte de Letten van 1919 tot 1939 een onafhankelijke republiek in stand te houden. De Rodenko's arriveerden zo'n twee jaar na deze tumultueuze periode, toen veel vluchtelingen inmiddels waren teruggekomen. In Rusland woonde het gezin Rodenko dus niet, wel in een land waar de Russische sfeer nadrukkelijk aanwezig was.

Door zijn onafhankelijke status was Riga een geschikte standplaats voor journalisten die schreven over de gebeurtenissen in Rusland.[28] Er waren aan het einde van de jaren twintig zo'n 262 kranten in verschillende talen. Spectaculair was de nieuwsbeurs in café Opéra, waar gevluchte Russen zich door

internationale journalisten lieten betalen voor ooggetuigeverslagen van opstanden in hun vaderland.
Iwan Rodenko noemde zich correspondent van dagbladen, maar journalistieke sporen liet hij niet na. Wel bezat hij een perskaart van de Finse krant *Helsingin Sanomat* en van de Parijse editie van *The Chicago Tribune*, die beide in 1919 waren afgegeven.[29] Met de door de Amerikanen omschreven opdracht op de perskaart kon hij gemakkelijker contacten leggen met belangrijke mensen. Hem was door de krant gevraagd materiaal uit de Oekraïne en Tsjecho-Slowakije te verzamelen voor het schrijven van een aantal artikelen.
Ook in Nederland had hij connecties met journalisten. Hij beschikte over een brief van aanbeveling van de Haagse Journalistenvereniging. De voorzitter introduceerde hem als correspondent van Finse en Amerikaanse bladen en schreef dat hij 'als zodanig voor steun en voorlichting in aanmerking' kwam.[30]
Veel materiaal over de Oekraïne en Tsjecho-Slowakije was er in Riga waarschijnlijk niet te vinden. Bovendien had *The Chicago Tribune* daar al een correspondent. Het journalistieke werk interesseerde Iwan Rodenko niet. Een journalistenkaart was vooral handig bij het leggen van handelscontacten en het verwerven van faciliteiten. Journalisten mochten in Letland namelijk gratis met de trein reizen en kregen vijftig procent korting op het gebruik van de telefoon.
In Riga ontmoette Iwan Rodenko ingenieur Richard Müller, die zijn compagnon werd en met wie hij de handel in technische producten tussen Letland en Nederland nieuwe impulsen wilde geven: Iwan Rodenko vanuit Den Haag, Müller vanuit Letland. Verblijf in Riga was daarom niet langer nodig en in februari 1923 waren de Rodenko's weer terug in Nederland. Daar werd het handelsbedrijf aangemeld bij de Kamer van Koophandel. Müller had een kantoor aan de chique Elisabethstraat in Riga en was ingenieur. Voor zijn medefirmant wilde Iwan Rodenko niet onderdoen; ook hij noemde zich vanaf dat moment ingenieur en zijn bedrijf Ing. J. V. Rodenko & Co. Technisch Handelsbureau.[31] Het gezin vestigde zich voor korte tijd aan de Prinsegracht 176 in het pension van de Sheriffs, waar ook het kantoor van Iwan Rodenko werd ondergebracht. Daarna verbleven de Rodenko's op verschillende plaatsen in Den Haag, om uiteindelijk in 1926 naar Berlijn te vertrekken.[32] Het vennootschap met de Let was toen alweer ter ziele. De handel tussen Nederland en Letland was blijkbaar niet zo succesvol geworden als hij had gedacht. Samen met andere emigranten of alleen had hij het nog een tijdje in Nederland geprobeerd met enkele onduidelijke firma's, maar ook die waren alle maar een kort leven beschoren geweest.[33]
Toen de familie naar Berlijn vertrok, was Paul zes jaar en had hij inmid-

dels een zusje, Olga Irene. Zij was op 22 februari 1924 in Den Haag geboren. Met zijn vieren reisden zij vanaf het Haagse Staatsspoor in ongeveer tien uur naar de Duitse hoofdstad. Van deze reis zou Paul zich later meer herinneren dan van zijn eerste reis naar Letland.[34] Door het treinraam zag hij het landschap veranderen en eenmaal in Berlijn hoorde hij onbekende klanken om zich heen. Dit *changement de décor et de son* was indringend voor de kleine Paul. Berlijn werd de eerste ingrijpende ervaring in zijn leven.

Zijn vader was naar Berlijn gegaan als directeur van het Eerste Nederlandsch-Russisch Informatie Bureau voor Handel en Industrie en verwachtte daar rijk te worden van de handel met Rusland. Berlijn was een goede keus, vanwege de effecten van het verdrag van Rapallo dat in april 1922 door Duitsland en de Sovjet-Unie was gesloten. De twee landen waren economische en sociale samenwerking overeengekomen, wat in Europa bijzonder was. Andere landen, waaronder Nederland, waren uit vrees voor de zendingsdrang van de bolsjewieken veel terughoudender geworden en van handel met de Sovjet-Unie vanuit Nederland was in de jaren twintig nauwelijks sprake.[35]

Het verdrag bracht een ware invasie van Russen in Berlijn teweeg; in 1923 woonden daar zo'n 300.000 Russen die zich vooral vestigden tussen de stadsdelen Charlottenburg en Zoologischer Garten. Hier ontstond een stad in een stad die de Duitsers omdoopten tot Charlottengrad, want de emigranten leefden hier als in Rusland. Ze hadden de beschikking over Russische kranten, die ze lazen in cafés als Moskva, konden Russische cabarets bezoeken en boeken lezen die werden uitgegeven door een groot aantal Russische uitgevers. In de jaren twintig woonden hier belangrijke schrijvers als Vladimir Nabokov, Maxim Gorki en Vladimir Majakóvskij. Juist deze kant van Berlijn sprak tot Paul Rodenko's verbeelding en later vertelde hij wel eens trots tijdens de vermaarde jaren twintig in Berlijn te hebben gewoond.[36]

Maar zijn vader was niet geïnteresseerd in het culturele Berlijn. Hij was vooral te vinden rond en in het gebouw van de Russische handelslegatie aan de Lindenstrasse, waar hij net als veel andere handelaars een graantje hoopte mee te pikken van het toenemende handelsverkeer tussen Duitsland en Rusland. Dat lukte slechts een enkeling, maar Iwan Rodenko had geluk. Berlijn werd een van zijn weinige succesvolle periodes en hij raakte zelfs bevriend met mensen van de Russische handelslegatie.

Via hen leerde hij de revolutionair Henk Sneevliet kennen, niet de eerste de beste in de internationale communistische wereld. Hij speelde als vertegenwoordiger van de Komintern een belangrijke rol in het Verre Oosten en kreeg in Nederland bekendheid als voorzitter van de revolutionaire vakcentrale het Nationaal Arbeids Secretariaat (NAS). Het is onduidelijk hoe het contact precies tot stand is gekomen, maar waarschijnlijk heeft Sneevliets minnares Sima Lovovna Zolkovskaja daarbij een rol gespeeld. Zij bezocht in 1926 op doorreis naar Moskou de Russische handelslegatie, waarvoor ze officieel vertaalwerk deed; in werkelijkheid werkte zij voor de Russische inlichtingendienst GPOE.[37] Voor Iwan Rodenko was zij een vrouw aan wie je een geheime opdracht kon geven. Toen zij naar Rusland vertrok, wilde hij haar op het station van Berlijn daarom niet alleen maar uitzwaaien, maar ook een geheime missie meegeven. Hij bood haar geld aan als vergoeding voor de opdracht in Charkow en Odessa op zoek te gaan naar zijn eerste vrouw en dochter. Hij had elk contact verloren en wilde iets over hen te weten komen.

Sima en Sneevliet waren misschien wel de enigen die door deze missie wisten van het bestaan van een vrouw en kind uit een vroeger leven van Iwan Rodenko. Dit was zijn geheim. Hij had zijn gezin in de Oekraïne verlaten en was bang dat dit in Nederland bekend zou worden. Naar alle waarschijnlijkheid was hij niet gescheiden en was het huwelijk met Jeanne daarom voor de wet ongeldig. Hij had er veel voor over dat niemand hierover ook maar iets te weten zou komen. Zijn kinderen zagen later dat hij met weemoed naar zijn vaderland verlangde en begrepen niet dat hij geen enkel contact met zijn familie wilde. Dat dit daarvan de reden was, konden ze in de verste verte niet vermoeden.

Het is niet bekend of Sima haar missie volbracht heeft, maar het lijkt er wel op. In augustus 1926 kwam ook Henk Sneevliet naar Berlijn om het Russische Gezantschap te bezoeken en Sima op te halen, die inmiddels terug was uit de Oekraïne. Hij ontmoette daar de zeer genereuze Iwan Rodenko, die niet alleen zijn reis naar Berlijn had betaald, maar ook de terugreis van Sima uit Rusland. Ook zorgde hij voor enkele formaliteiten bij haar terugreis. Sima kon enkele belangrijke papieren niet krijgen en heeft toen de hulp van Iwan Rodenko ingeroepen. Die beschikte blijkbaar over de juiste contacten en kon haar aan de gewenste reispapieren helpen. Voor een vrouw van wie hij uiterste geheimhouding had gevraagd, had hij veel over.

Terug in Nederland had hij spijt van zijn gulheid. In een brief uit april 1928 schreef hij aan Sneevliet: 'Herinner je je misschien onze geldelijke verhouding van dien tijd toen Sima in Rusland geweest is, zoo ja, dan zal je je ook herinneren dat alle gelden die je van mij genomen hebt en voor de terugreis van Sima [...] en het bekostigen van je vacantie-reis naar Berlijn enz. heb ik je zoo maar gegeven [...].'[38] Hij had het vertrouwen in de oude Berlijnse vrienden verloren. Omdat hij geen geld meer had, keerden ze hem nu opeens allemaal de rug toe. Het 'geleende' geld aan Sneevliet vroeg hij daarom terug. Die reageerde meteen en stuurde het bedrag aangetekend retour. Hij wilde van het gezeur af zijn, maar kon het niet laten te refereren

aan Sima's opdracht. Hij vond het jammer dat de relatie zo eindigen moest, want hij had vooral aan Iwan Rodenko's hartelijke vrouw zulke goede herinneringen.[39]
Van wat de kinderen in Berlijn deden is minder bekend. Het grote huis aan een laan, dat Olga Rodenko zich nog herinnert, is niet te traceren, omdat Iwan Rodenko zich niet meldde bij de gemeente. Ze woonden waarschijnlijk in een pension of waren onderhuurder.[40]
Ergens in Berlijn moet de kleine Paul voor het eerst bewust iets gemerkt hebben van het tirannieke karakter van zijn vader. Paul ging hem aan de Berlijnse eettafel steeds vaker tegenspreken en Iwan werd dan woedend en snoerde hem de mond. De strijd was oneerlijk en Iwans reacties getuigden van weinig pedagogisch inzicht. Tot zwijgen gedwongen was het enige wat Paul kon doen, zenuwachtig en met wapperende handen rond de tafel lopen. Zijn woord, hét agressieve wapen van een kind van die leeftijd, was hem ontnomen. Vanaf die tijd begon hij te stotteren.[41]
Vooral jongens kennen rond hun zesde levensjaar een stotterperiode. Ze groeien daar meestal overheen, Paul echter niet.[42] Hij was er later zelf van overtuigd het stotteren te hebben overgehouden aan het autoritaire optreden van zijn vader.[43] Met deze interpretatie sloot hij aan bij de opvattingen van psychoanalytici uit de jaren veertig, de tijd waarin hij zich verdiepte in zijn spraakproblemen. De stotteraar zou als gevolg van een ongezonde gezinssituatie letterlijk zijn woede inslikken en pas na een psychoanalytische therapie zou deze neurotische aandoening verdwijnen.
Over stotteren wordt nu anders gedacht. Er is vaak sprake van een zwakke aanleg voor de timing van de spraak of men veronderstelt dat de stotteraar op jonge leeftijd met een andere taalomgeving werd geconfronteerd. Een kind verwerft tot zijn tiende de moedertaal, maar als die onduidelijk is of 'verdrongen' wordt door andere talen, kan dat frustrerend werken op de ontwikkeling. Het lijkt van toepassing te zijn op Paul, die bovendien onder invloed van spanningen, veroorzaakt door zijn dominante vader, soms nog moeilijker uit zijn woorden kon komen. Het spraakgebrek dwong hem in zijn schulp te kruipen en zijn agressie te 'bewaren'.
Zijn boosheid was in Berlijn eerst nog explosief, maar werd al snel krampachtiger, implosiever. In het *Haagse Post*-interview uit 1975 vertelde hij niet voor niets over het verschil tussen zijn woede en die van zijn vader: 'Ja, dat heb ik ook wel, maar ik uit het niet zo direct. Ik ben nu eenmaal meer een gesloten figuur.'[44]
De Berlijnse periode duurde nauwelijks twee jaar, maar in die tijd was Pauls leven ingrijpend veranderd. Hij kwam in 1928 als een stotterend kind terug in Den Haag, waardoor hij geïsoleerd raakte van zijn omgeving.

Ze waren eerder teruggekomen, omdat het zakenavontuur van zijn vader op niets was uitgelopen en de firma was opgeheven.[45] De familie Rodenko was berooid en er zat niets anders op dan te gaan wonen bij de Sheriffs, die inmiddels waren verhuisd naar de Trompstraat in het Zeeheldenkwartier. De Rodenko's woonden daar tot eind 1928, toen ze een woning in de Cornelis Houtmanstraat 74 vonden.

De jaren daarna kwam de opvoeding van de kinderen grotendeels op Jeanne neer. Het lukte Iwan niet een nieuw bestaan in Nederland op te bouwen. De kinderen zagen hun vader in deze periode vaak voor lange tijd met onbekende bestemming vertrekken en keken uit naar zijn thuiskomst. Hij bracht altijd cadeautjes mee uit een ver en onbekend land.

Ze wisten niet dat het verre land Letland was. Iwan Rodenko verbleef in de jaren na Berlijn regelmatig in Riga. Hij vroeg voor zijn verblijven daar in 1929 op het consulaat in Amsterdam een visum aan en zorgde daar voor veel opschudding. De reden was triviaal. Iwan Rodenko moest als statenloos burger aan allerlei formaliteiten voldoen, maar weigerde de benodigde formulieren in te vullen en een geldbedrag te betalen. De Letten mochten blij zijn met zijn komst. Hij zou de buitenlandse handel in Letland nieuwe impulsen geven. Het laatste woord was er nog niet over gezegd en voor elke dag vertraging eiste hij schadevergoeding.[46]

Het consulaat ging niet overstag. Maar na dit incident gebeurde er iets merkwaardigs. Het Nederlandse consulaat in Riga diende op 11 februari 1930 met succes een verzoek in om Iwan Rodenko, die inmiddels een vreemdelingenpaspoort had gekregen, een visum voor Letland te verstrekken. De Nederlandse consul was ervan overtuigd dat hij naar Letland wilde reizen in het belang van Letland en Holland en dat alle medewerking moest worden verleend.[47] Hoe hij de Nederlandse diplomaten zover had gekregen, is onduidelijk. Met hulp van Nederlandse bedrijven misschien? Of gewoon met mooie praatjes? Van het gereis naar Riga werd Iwan Rodenko echter niet rijker; op 28 mei 1931 werd in Den Haag zijn persoonlijke faillissement uitgesproken.[48] Dit dwong hem waarschijnlijk met zijn gezin naar Riga te vertrekken, waar hij inmiddels de nodige mensen had leren kennen die hem hielpen bij zijn definitieve vestiging.[49]

Begin 1932 nam hij Jeanne, Paul en Olga weer op sleeptouw naar de Letse hoofdstad. Deze keer reisden ze met de trein via Berlijn, Polen en Litouwen naar Riga. Voor de kinderen was het de reis van hun leven, waaraan maar geen einde leek te komen. Alleen al over het stuk Berlijn-Riga deed de trein zo'n 23 uur.[50] De enorme uitgestrekte Poolse sneeuwlandschappen die zij vanuit de trein zagen, waren indrukwekkend en ze kregen het gevoel in een andere wereld terecht te zijn gekomen. Paul maakte voor zijn zus de reis nog spannender. Hij vertelde dat in Letland alle kindertjes op varkentjes rijden en dat de Letten met latten betalen.[51]

Na aankomst in Riga bracht Iwan Rodenko zijn gezin onder bij vrienden, maar snel daarna betrokken ze een appartement op de derde etage aan de Valdemara iela 67, een van de grotere straten van de stad die de oevers van de Dwina verbindt met de buitenwijken. Van het huis naar de Dwina was het een klein uurtje lopen. Voor de twaalfjarige Paul en de achtjarige Olga brak een prachtige tijd aan, waarin tussen hen een bijzondere relatie ontstond. Die werd uit nood geboren, want de eerste maanden in Letland waren ze op elkaar aangewezen. Hun ouders hadden het te druk en vriendjes en vriendinnetjes waren er nog niet. Ze trokken er elke dag samen op uit en tijdens hun tochten door de prachtige Jugendstilstad Riga en langs de oevers van de Dwina vertelden ze elkaar verhaaltjes en deden ze fantasiespelletjes. Thuis speelden ze poppenkast, waarbij Paul vooral belangstelling had voor de zot. Door juist op deze jonge leeftijd zo in contact te komen met elkaars fantasiewereld, ontstond er een blijvende verbondenheid.

Ook de ruzies van hun ouders, vooral als hun vader weer eens te veel had gedronken, dreven de kinderen naar elkaar. Jeanne was op haar hoede voor de drankvalkuilen van haar man, maar kon niet altijd voorkomen dat het misging. Het maakte haar wanhopig. Ook Paul en Olga werden dan radeloos en voelden zich heen en weer geslingerd tussen hun vader en hun moeder. Het beste was dan bij elkaar bescherming te zoeken en een veilig plekje in een boze wereld te creëren.

De mooiste herinneringen aan Riga hielden Paul en Olga over aan de zomers, waaraan geen einde leek te komen. De Rodenko's verbleven als echte Russen in een datsja, het Russische woord voor buitenhuisje, in Vecakis aan de golf van Riga, waar de kinderen in het bos en op het strand wandelden. Ze maakten eindeloze tochten en zagen onderweg geen of nauwelijks mensen. Samen met zijn zus maakte Paul met het natuurboek *Der grosse Brehmm* in de hand studie van de Letse natuur. Ze luisterden geconcentreerd naar vogels en bestudeerden stenen en skeletjes, en Paul vertelde honderduit over het dierenrijk, waarvan hij, zeker in de ogen van het achtjarige meisje, veel wist.

Vlinders waren er in Letland in vele soorten en hij raakte er niet op uitgekeken. Tijdens een van hun vlinderjachten zagen Paul en Olga in de 'warme' stilte van de Letse natuur een zeldzame vlinder op een hek zitten, die ze *de mooie prachtige* noemden. Ze vingen hem en namen hem mee naar huis om te bewaren. Het was een unieke vangst en ze raakten er niet over uitgepraat. Later gingen ze terug naar de plek waar ze de vlinder hadden gevonden en tot hun verbazing zat daar weer precies zo'n exemplaar.

Hij had iets meegemaakt wat voor hem een soort oerervaring zou worden. Een gebeurtenis die bepalend werd voor zijn eerste gedichten en als een rode draad door zijn essays liep. *De mooie prachtige* was 'weg' en toch 'gebleven'. Het was dezelfde anders. De werkelijkheid leek een tikkeltje verschoven: een 'gebeurtenis' die alleen door Paul en zijn bondgenote Olga waargenomen was. Een fenomeen dat ook iets beangstigends had. Even leek er geen logica te bestaan. Hij stamelde: 'Dit is een wonder.'[52] Wat hem overkwam leek op een openbaring, maar hij gaf er zelf nooit een metafysische betekenis aan. Het was persoonlijker, iets wat alleen hem kon overkomen en wat hij, zeker later in Nederland, met bijna niemand kon delen.

Deze in zijn ogen wonderbaarlijke belevenis stond haaks op de eerste ervaringen die hij in Riga opdeed met wat hij later praktische politiek of partijpolitiek zou noemen. Als dertienjarige ondervond hij aan den lijve dat personen die zich organiseerden in politieke organisaties, een bedreiging kunnen vormen voor mensen die 'anders' zijn. Begin jaren dertig nam het antisemitisme steeds ernstiger vormen aan in Riga. Onder de naam Donderkruis (Perkonkrusts) gingen extremisten in grijze shirts en met zwarte baretten op het hoofd de straat op om onder het motto 'Letland voor de Letten' orde op zaken te stellen. Vooral joden moesten het ontgelden. Het optreden van Donderkruis veroorzaakte een escalatie van geweld, want als reactie hierop kwamen de zich bedreigd voelende socialisten ook met een eigen ordedienst. Toen bovendien leden van de Boerenpartij van de latere couppleger Ulmanis een paramilitaire organisatie oprichtten, ontstond er in Riga een beangstigende sfeer van elkaar rabiaat bestrijdende partijen. Het bracht het land, ook economisch, aan de rand van de afgrond.[53] Paul zag dit niet alleen gebeuren, maar werd ook twee keer door nationalistische betogers bedreigd. Eén keer werd hij voor jood aangezien, een andere keer voor Duitser.[54] De situatie in Letland was complex en ook de Duitsers waren in Letland als etnische minderheid in ongenade geraakt. Het grote voorbeeld van Donderkruis was niet Hitler, maar Mussolini.

Op 19 mei 1934 verlieten de Rodenko's plotseling Letland. Minister-president Ulmanis had toen net voor zes maanden de noodtoestand afgekondigd en hoopte zo de economische en sociale problemen te beëindigen. Maar het vertrek had daar niets mee te maken. Iwan Rodenko kreeg moeilijkheden met de Letse politie. Zij had hem gesommeerd binnen drie dagen het land te verlaten, omdat hij een oplichter bleek te zijn, die de ondergang van een kredietverschaffer in Riga had veroorzaakt. Om meer leed te voorkomen, was hij tot persona non grata verklaard.[55]

Voordat hij werd uitgewezen, hadden het Letse ministerie van Buitenlandse Zaken en het consulaat in Amsterdam de nodige informatie over hem uitgewisseld. Zij hadden alles op een rij gezet en ontdekt hoe hij de afgelopen jaren als zakenman had geopereerd. Door bemiddeling van Letse bedrijven, die hij veel winst beloofde, probeerde hij staatskredieten te krijgen. Dit geld pompte hij in een door hem opgericht bedrijf, het n.v. Internationale Handelsconsortium, waarin elf bedrijven uit Nederland en België participeerden. Dit bedrijf zou met het geld vanuit Letland de handel met Rusland stimuleren. Zijn winst was de provisie, het liefst uitbetaald in Amerikaanse dollars, die hij voor de transacties in rekening mocht brengen.

In verband met deze zaak had het Letse consulaat in Amsterdam contact gezocht met het consulaat in Berlijn. Dat wist te vertellen dat Iwan Rodenko daar tijdens zijn verblijf in Berlijn hetzelfde had geprobeerd. Ook daar waren mensen als gevolg van zijn praktijken failliet gegaan. Het was zaak iedereen die ook maar iets met hem van doen had te waarschuwen.[56]

Van hun vaders problemen hadden Paul en Olga geen weet. Hij had ze in Riga een brug aangewezen die hij volgens eigen zeggen als ingenieur had gebouwd en dat geloofden ze. En over het plotselinge vertrek in 1934 hadden ze hun eigen, romantische verhaal. Ze vermoedden dat hun vader op de vlucht was gegaan voor een minnaar van hun moeder. Regelmatig kwam een knappe militair bij hen op bezoek en ze veronderstelden dat Iwan Rodenko met hem had geduelleerd. Dat was slecht voor die militair afgelopen en hij werd nu gezocht door de politie. Soms was het aantrekkelijk te vluchten in een fantasiewereld.[57]

Toen de Rodenko's terugkwamen in Nederland brak er een moeilijke tijd aan. Ook in Den Haag waren de gevolgen van de economische crisis goed merkbaar; in 1934 telde de stad maar liefst 84.407 werklozen.[58] Hier zaten ze niet op een Russische zakenman te wachten. Het is onduidelijk wat Iwan in deze periode deed. Pas in 1937 ging hij weer wat ondernemen, ditmaal met de firma n.v. Molijn, Industrie en Handelsonderneming, die handelde in machines voor de fabricage van theezakjes.[59] Volgens Iwan Rodenko was het een uitvinding van hemzelf; hij nam zijn kinderen wel eens mee naar de zaak, waar hij ze trots zijn creatie liet zien.[60] Een jaar later was het bedrijf alweer verdwenen; het werd opgevolgd door Maatschappij Boro, die uitvindingen wilde gaan exploiteren en zich zou gaan richten op de internationale handel. Boro kwam niet van de grond en bestond slechts een jaar.[61]

De rest van zijn leven werkte Iwan Rodenko bij de n.v. Nederlandse Wereldverkeer Mij., een handelsbedrijf dat in 1923 in Amsterdam was opgericht. Het hield zich vooral bezig met import en export in algemene zin en de levering van metalen vliegtuigonderdelen. Hoe Iwan Rodenko in contact was gekomen met dit bedrijf is niet te achterhalen, maar waarschijnlijk hadden oude relaties hem geholpen.

In het bedrijf maakte hij 'carrière'. De directie benoemde hem in 1939 tot procuratiehouder en een jaar later tot waarnemend directeur. Dat leek meer dan het was. Van het bedrijf was toen nog maar alleen de Haagse vestiging over, waarvan Iwan Rodenko uiteindelijk directeur zou worden. Maar toen was hij nog maar de enige werknemer.[62]

Het gezin Rodenko vestigde zich na wat omzwervingen in de Carolina van Nassaustraat 7 in het Haagse Bezuidenhout. Daar woonden de Rodenko's tot april 1945; van reizen naar het buitenland kwam sindsdien niets meer.

3. 'ZONDAGMIDDAG'

Veel van zijn latere collega-schrijvers gingen ervan uit dat Paul Rodenko nooit op een Nederlandse school had gezeten. Hij was gevormd ver van Leopold en Boutens en nog verder van Ter Braak en Du Perron. Als het even kon, versterkte hij dit beeld. In een interview in 1964 met Piet Calis beweerde hij bijvoorbeeld voor 1947 geen Nederlandse gedichten te hebben gelezen.[63]

Paul Rodenko kende vóór 1947 wel degelijk Nederlandse poëzie. Zelfs is het zo dat hij op vijftien- en zestienjarige leeftijd de dichter Willem de Mérode ontmoette, van wie hij toen ook werk las. Samen met Moela Maso, zijn neef die ook een Russische vader had, bezocht hij hem in 1936 tijdens een van de fietstochten die zij 's zomers door Nederland maakten. Moela had les gehad van Jo Pater, een vriend van De Mérode die net als deze op jonge jongens viel.[64] Hij kwam met Paul wel eens bij Pater thuis en het plan werd toen een keer gesmeed dat ze na hun fietstocht langs de Afsluitdijk, Steenwijk, Ommen en Zutphen De Mérode zouden bezoeken, die in Eerbeek woonde. Pater vond de jongens blijkbaar bijzonder en drong erop aan het plan door te zetten. Hij had De Mérode al van hun komst op de hoogte gebracht en die was enthousiast. Eigenlijk vonden zij het zelf ook wel interessant, want een echte dichter hadden ze nog nooit van dichtbij gezien.

Het eerste contact was kort. Ze kwamen in het kleine kamertje dat De Mérode had gehuurd en raakten geïmponeerd door de vele boeken. Zo woonde een schrijver dus. Ze spraken over literatuur en bekeken dichtbundels die De Mérode speciaal had laten inbinden. Bij het afscheid kregen ze zijn bundel *Chineesche Gedichten*, waarin vooral Paul ging lezen. Hij was meer dan zijn neef Moela al helemaal voor de literatuur gevallen en het lezen van gedichten in aanwezigheid van de dichter was een bijzondere gebeurtenis.

Een jaar later fietsten ze naar Limburg en op de terugweg gingen ze weer langs De Mérode. Ze spraken weer uitvoerig over poëzie en over de roman waar Paul mee bezig zei te zijn. Het was een liefdesverhaal met in de hoofdrollen vrienden uit Den Haag. Dit keer had De Mérode meer tijd en mochten ze blijven eten. Ze praatten honderduit over het schrijverschap en de dichter drukte Paul op het hart vooral schrijver te worden.[65]

Een bezoek aan een bekende dichter zou voor andere poëziegevoelige Nederlandse pubers een hoogtepunt zijn geweest, een verhaal voor later, maar bij Paul lag dat anders. Aan maar weinig mensen vertelde hij erover. Als hij over zijn jeugd sprak, had hij het liever over de Duitse scholen die hij in Den Haag en vooral in Riga had bezocht.

De Deutsche Schule in Den Haag lag aan de Dreibholzstraat. Paul volgde daar lessen na zijn terugkomst uit Berlijn tot het tweede vertrek naar Riga. De school, een initiatief van de Evangelische Gemeinde, had een Grundschule en een afdeling voor Uitgebreid Lager Onderwijs. Naast Duitse leerlingen, kwamen er veel Russische en Poolse, vaak van ouders die hun kinderen in verband met werk in het buitenland een internationale scholing wilden geven. Duits was een taal waarmee je je in grote delen van Europa goed kon redden. Het onderwijs was ingericht volgens het Nederlandse systeem en de lessen werden in de onderbouw in het Nederlands gegeven.[66]

Echt Duits was de 10. Städtische Deutsche Grundschule aan de Strelmeku iela 4A in Riga, die Paul vanaf september 1932 bezocht. Het was een school voor jongens van zeven tot veertien jaar, die was gevestigd in een fraai pand in Jugendstil, de architectuurstijl waardoor Riga zo bekend is geworden.[67] Dat Riga drietalig was, kwam niet alleen tot uiting in de naambordjes van straten die in het Lets, Russisch en Duits waren gespeld, maar ook in de drie soorten scholen.[68] Het lag voor de hand dat Paul een Duitse school zou bezoeken, want die sloot het meest aan bij het onderwijs dat hij in Nederland had genoten. Een Russische school zou te moeilijk zijn geweest, want Russisch sprak hij toen nog nauwelijks en het Lets was voor hem helemaal onbegrijpelijk. De taalsituatie in Letland was niet bevorderlijk voor zijn stotteren. Overdag sprak hij Duits, als het even kon probeerde hij het met zijn Russische vrienden in het Russisch en thuis voerden ze gesprekken in het Nederlands. En daardoorheen hoorde hij nog vreemd Letse klanken.

Riga was een belangrijke periode uit zijn jeugd waaraan Paul graag terugdacht. Niet alleen vanwege het vlinderwonder, maar ook in verband met zijn twee jaren op de Deutsche Grundschule. In 1946 wilde hij over zijn schooltijd een autobiografisch verhaal schrijven. De autobiografie was zijn genre niet en zou het ook nooit worden, maar voor dit onderwerp maakte hij graag een uitzondering. Hij kon met dit verhaal laten zien op een buitenlandse school te hebben gezeten, een school waar bovendien de basis voor zijn schrijverschap was gelegd.

Het verhaal kwam niet af, maar de fragmenten geven een beeld van zijn 'ontdekking' van de taal: 'Verder deed ik nog een reeks ontdekkingen: je had harde en zachte woorden, en moeilijke woorden, de gedragen volzin, het rijm (mijn eerste gedicht, een epos over de zee in gedreven regels: de zonsopgang, de dag, de krijsende meeuwen, de verdronken matrozen in de mysterieuze diepten, het mysterieuze atlantis, en de zon die als een gewonde krijger in de zee zinkt).'[69]

Ook over zijn medeleerlingen komen we het een en ander te weten. Paul was geen grote vriendenmaker, maar in Riga hadden twee schoolgenoten zijn hart gestolen. Ze moesten de hoofdfiguren in zijn verhaal worden.

Michael Libman was een in Riga geboren joodse jongen. Hij vond zijn Nederlandse klasgenoot meteen intelligent en intrigerend, omdat hij uiterlijk zo anders was. Vergeleken met zijn klasgenoten was Paul klein en tenger en hij had opvallend grote grijze ogen. Een echte Hollander, dacht Michael, en hij wilde graag dat deze vreemdeling zijn vriend zou worden. Bovendien merkte hij dat Paul net als hij geïnteresseerd was in biologie. Ze spraken samen dan ook het liefst over zoogdieren en over hun toekomst als professor in de biologie. Bij Michael thuis oefenden ze alvast met 'wetenschappelijke discussies', waarbij het erom ging wie de meeste Latijnse diernamen kende.

Zijn belangstelling voor het Russisch kon Paul delen met Pjotr Krupnikov, die in Florence was geboren als zoon van een Russische emigrant. Hij woonde sinds 1923 in Riga. Toen Paul hem vertelde ambities te hebben voor het schrijverschap, zorgde die voor alle mogelijke informatie over klassieke werken uit de Russische literatuur. Die kreeg Pjotr op zijn beurt van de moeder van Michael, die voor een aantal kinderen als aanvulling op de Russische les op school, verhalen voorlas. Paul mocht daar niet bij zijn, omdat buitenlanders geen lessen in het Lets en het Russisch volgden. Als er weer zo'n middag was geweest, wilde hij altijd precies van Pjotr weten wat mevrouw Libman had voorgelezen. Paul was erg gefascineerd door het Russische, meer nog dan hijzelf, viel Pjotr op.[70]

Door zijn bezoek aan de Duitse school en de vriendjes in Riga kwam hij indirect veel te weten over de Russische literatuur, maar nog meer over de Duitse. Duitse taal- en letterkunde was op zijn school een belangrijk vak en als twaalfjarige moest hij werk van Theodor Fontane en Conrad Ferdinand Meyer lezen, de favorieten van zijn leraar. In 1932 was het honderd jaar geleden dat Goethe was gestorven en dat werd op school op een bijzondere manier gevierd. De leerlingen moesten tot vervelens toe gedichten van deze grootheid instuderen en voordragen.[71]

De eerste opstellen die Paul schreef, waren dan ook in het Duits. Die gingen meestal over een thema dat de docent had opgegeven. Ze moesten bijvoorbeeld een zo nauwkeurig mogelijke beschrijving van Riga geven. Een enkele keer mochten de leerlingen zelf een onderwerp bedenken. Dat ging Paul goed af en de leraar prees zijn stijl, al was die soms iets te gedragen. Hij adviseerde minder bijvoeglijke naamwoorden te gebruiken.

Paul leerde Duits, zou het liefst Russisch gesproken en geschreven hebben, maar uiteindelijk werd het Nederlands zijn taal. Dat leerde hij op het Tweede Gymnasium in de Bildersstraat.[72] Toen hij zich daar in 1934 aanmeldde, waren de verwachtingen die de docenten van hem hadden hooggespannen. Hij werd geplaatst zonder toelatingsexamen te hoeven doen, omdat ze onder de indruk waren van het rapport van de Deutsche Schule. Hij had daar, met uitzondering van wiskunde, voor alle vakken het hoogste cijfer behaald.[73]

De bijna veertienjarige Paul Rodenko werd in september 1934 met twintig andere leerlingen in klas 1c van het Tweede Gymnasium geplaatst.[74] Hij kreeg een degelijke gymnasiale opleiding op een school waarvan bijna alle docenten gepromoveerd waren. De rector, de classicus G.E.W. van Hille, was daar trots op en nam liever geen docenten aan die 'slechts' doctorandus waren. Het was een school met een zekere intellectuele status, wat ook door de leerlingen zo werd gevoeld.

De lessen in Nederlandse taal- en letterkunde werden gegeven door de bekende neerlandicus dr. D.C. Tinbergen. Hij was een degelijke en ouderwetse leraar, die doceerde uit zijn eigen *Beknopte Nederlandsche spraakkunst* in twee delen en het *Letterkundig leesboek voor H.B.S. en Gymnasium*. Met de bloemlezing *Oude Getrouwen* van Acket waren dat niet bepaald boeken die zijn leerlingen in contact brachten met het werk van eigentijdse auteurs, wat ook niet zijn bedoeling was. Zijn onderwijs was klassiek en hij verplichtte ze De Genestet en Staring te lezen, van wie ze ook bundels moesten aanschaffen. Leerlingen van zijn school moesten over een degelijke kennis van de klassieke Nederlandse literatuur beschikken en daar deed hij tijdens de lessen zijn uiterste best voor.[75]

Paul kreeg tot en met de vijfde les van Tinbergen. Toen deze met pensioen ging, werd hij opgevolgd door de jongere dr. D. Bax, die moderner was en ook het werk van Ter Braak, Slauerhoff en Marsman besprak. Hij deed bij Bax zijn eindexamen Nederlands, dat hij afsloot met een 7½.

Het schrijverschap bleef Paul boeien en hij was een tijdlang hoofdredacteur van het schoolblad *Canto*, waarvoor hij korte verhalen, essaytjes en gedichten schreef. Die essays gingen meestal over andere dingen dan zijn schoolgenoten gewend waren. In 'Over de wet des toevals' bespot hij wetenschappers die alles in een wet willen vatten, zelfs het lot, het toeval en het fortuin, 'toppunten van grilligheid'. Zij gingen hun 'wet des toevals' toepassen op allerlei verschijnselen, zoals het aflopen van wekkers, en kwamen tot 'wereldschokkende' ontdekkingen: 'Moet zijn bezitter echter beslist met de trein van 7.45 weg – dan loopt hij "toevallig"niet af. Men heeft nu uit deze regels één hoofdgegeven kunnen vaststellen, nl. dat bij haast-hebbende personen de toevalswet altijd in voor het slachtoffer ongunstige zin werkt.' Het stuk lijkt een pleidooi te zijn voor het 'wonder', dat sinds zijn ervaring met de vlinder in Letland zo'n belangrijke rol in zijn leven was gaan spelen.[76]

In *Canto* publiceerde hij ook zijn eerste gedichten, die nog meer opvielen dan de essays. Ze leken in de verste verte niet op de gedichten die zijn medeleerlingen kenden en velen moesten toegeven dat ze er geen touw aan vast konden knopen. Toch namen sommigen ze serieus. Paul was een echte dichter, begrepen ze, en zelfs Bax had hun verteld dat zijn poëzie kwaliteit had. Een voorbeeld is het gedicht 'Zondagmiddag', dat in 1940 in *Canto* verscheen. Paul was toen negentien jaar oud:

Zondagmiddag

Ik zit en staar uit het raam.
De zon blinkt in de rechte straat,
Deftig, als een rustig-goede huisarts,
Met witte haren, die zachtjes praat
Over ditjes en datjes.
Mensen gaan voorbij, langzaam,
Als een blues
Hun gezichten zijn duidelijk en geijkt:
Een lelijk meisje
Dat in de spiegel kijkt,
En de lach van kinderen is vreemd-geïsoleerd,
Als het fluiten van een fluitketel
Ergens in de buurt.
Het welige spel der honden
Lijkt willoos-plomp, on-interessant,
Het lijkt op 't voetballen
Van jonge mannen langs het strand,
Gezien van verre,
Of op 't vertraagde draaien van een film
Hoe saai, hoe eindeloos en dwaas-vervelend
Gaan de zwarte burgers, gaan die vele burgers
Langs mijn raam, langzaam,
Als een blues......'[77]

In 1944 schreef hij een gedicht met dezelfde titel, een andere inhoud, maar dezelfde sfeer. Het werd in 1951 opgenomen in de afdeling 'Kamerpoëzie' van *Gedichten*:

Zondagmiddag

Het licht is op een baar
de kamer ingedragen
heel stijf en onnoemelijk zwaar
en veel engelen hebben geweend
hun tranen vormen beken langs het raam
die langzaam samenstromen in de oceaan
van deze grauwe middag

De winkels van je ogen staan
leeg en verlaten
de koopwaar is verzonken
de klanten zijn verdronken
diep in de grauwe oceaan
van deze middag

Zijn dat mijn handen die als zwammen aan
je lichaam groeien
is dat mijn stem die als een paraplu
omhoogstaat

O de leegte van deze grauwe middag
wie zal de bergen der gebaren
beklimmen
wie brengt het lange wenen tot bedaren

Geen meesterhand zal ons meer redden
wij zijn twee logge waterbeesten
stom op elkander ingedreven
in deze grauwe oceaan
ik heb mij zachtjesaan
en met een eindeloze draaiing van mijn romp
een vormeloze zwarte klomp
traag aan je vastgezogen.[78]

Het eerste gedicht heeft reminiscenties aan het werk van Martinus Nijhoff, die ook in zijn gedichten gewone woorden als 'zon', 'straat', 'huisarts' en 'fluitketel' gebruikte. Opvallend is bovendien het begin, dat doet denken aan de eerste regels uit Nijhoffs *Het uur U*:

'Het was zomerdag.
De doodstille straat lag
Te blakeren in de zon.'[79]

Zou Paul als scholier gebladerd hebben in het werk van Nijhoff? Had zijn docent Bax een schok der herkenning en kon hij daarom bewondering opbrengen voor deze gedichten? Hoe het ook zij, de verwantschap is opvallend; Nijhoff zou later niet voor niets een van Rodenko's weinige Nederlandse referentiepunten worden.

In het tweede gedicht is Paul Rodenko als dichter verder, eigener, maar opvallend zijn de ongewone beelden en de traagheid in beide verzen. Je zou deze zware en trage gedichten existentialistisch kunnen noemen en men heeft in het tweede gedicht de invloed van Sartres *La Nausée* gezien, maar Paul kende het werk van de existentialisten in 1940 nog niet en in 1944 evenmin. Toen hij de gedichten schreef die werden opgenomen in de afdeling 'Kamerpoëzie' van *Gedichten*, had hij alleen Sjestov gelezen, de Slavische voorloper van het existentialisme. Confrontatie van beide gedichten laat zien dat het trage, het vervreemdende al vroeg raakte aan zijn diepste zelf. Dat hij zich later thuis voelde bij filosofen als Sartre lag voor de hand. Ze pasten bij zijn eigen binnenwereld. Hij merkte met zijn traagheid anders te zijn en minder dan zijn leeftijdsgenoten op te kunnen gaan in wat er om hem heen gebeurde. Hij kijkt naar de wereld om zich heen, op afstand ('Zondagmiddag', 1940) of 'zuigt zich traag vast' ('Zondagmiddag', 1944), ook al geen beeld van actieve participatie.[80]

Paul was een dubbeltalent en viel zowel bij de leraren in Riga als in Den Haag op als een begaafd tekenaar.[81] Opmerkelijk is dat zijn gedichten en tekeningen dezelfde sfeer ademen. In zijn jeugdtekeningen liet hij door het kleurgebruik zien de werkelijkheid anders waar te nemen, in zijn gedichten gebruikte hij daarvoor bijzondere beelden. Zijn klasgenoten begrepen ook de tekeningen niet altijd. Zelf deden ze hun best de werkelijkheid zo goed mogelijk na te tekenen, terwijl Paul een loopje met haar leek te nemen. Alles was bij hem geel en paars. Als ze vroegen waarom hij deze kleuren gebruikte, vertelde hij ze: 'Als je de zon op het trottoir ziet schijnen zie je immers ook paars.'[82]

Tekenen was een kwestie van anders kijken, dichten ook. Met de beelden en klanken liet hij zien hoe zijn verhouding met de werkelijkheid was. Hij nam afstand, een positie die in meerdere gedichten wordt gesymboliseerd door het venster en de kamer, van waarachter en waaruit hij de buitenwereld observeert. Later omschreef hij dit in een van zijn essays als volgt: 'Men zou kunnen zeggen dat kunst een visie op het leven is door een sleutelgat (en men behoeft tenslotte geen psycholoog te zijn om te weten dat men door een sleutelgat gewoonlijk veel interessanter, veel "intenser" dingen waarneemt dan in het normale leven).'[83]

Paul bespiedde op jeugdige leeftijd het leven en projecteerde zijn eigen gemoedstoestand op de wereld. Hij zag een vertraagde film. Hij keek door een sleutelgat en had het gevoel naar een werkelijkheid te kijken die eigenlijk voor hem taboe was. Hij zag haar anders, als iets waaraan hij geen deel kon hebben.

Die traagheid merkten ook zijn vrienden op en ze noemden haar later 'terughoudendheid'. Paul was passiever dan de meeste leeftijdgenoten en kon zich nooit laten gaan. Als er uitbundig gestoeid werd, kwam er altijd een moment waarop hij zich terugtrok. Hij stelde zijn grenzen. Hij observeerde liever en was als de dood dat mensen hém observeerden en wisten te doorgronden. In intieme kring was duidelijk dat als je Paul wilde leren kennen, je zijn gedichten moest lezen.[84] Zelf zei hij daarover later: 'Ik uit mij het meest in mijn gedichten.' Het meest, want ook in zijn gedichten was er een grens. Hij liet daarin zien een buitenstaander te zijn, maar waarom dat zo was, bleef voor de lezer een mysterie.[85]

Tegen een al te persoonlijke interpretatie van zijn poëzie, wapende hij zich door als criticus te benadrukken dat poëzie niets te maken had met 'een geslaagde "weergave" van de zielstoestanden van de dichter'. Het gedicht kreeg pas betekenis door het arrangement van de beelden en klanken. Alleen de vraag: 'Wat drukt het gedicht uit?' was interessant. Niet: 'Wat heeft de dichter willen zeggen?' Vorm en inhoud zijn één, het gedicht was autonoom.[86]

4. RUSSISCHE ZIEL, HOLLANDSE LIEFDE

Paul voldeed aan de verwachtingen die de docenten van hem hadden. Elk jaar kreeg hij bij de bevordering een prijs voor de beste cijferlijst. Toen hij de school verliet, prees de rector hem daarom aan bij de Rijksbeurzencommissie als een voortreffelijke leerling die in de literaire richting een van de meest begaafde was die ooit zijn school hadden bezocht. Zijn schoolprestaties in Nederlands, klassieke en moderne talen waren zeer goed en bovendien had hij het nodige gepresteerd als redacteur van de schoolkrant, als bestuurslid van de schoolvereniging Jacob van Maerlant en in de debatingclub. Hij had een 'gaaf' karakter, al vreesde de rector dat hij als student in de letteren geremd zou worden door het stotteren.[87] Het beeld dat de rector schetste, doet vermoeden dat Paul een prominente rol in het schoolleven speelde. Dat was ook zo, maar het was, paradoxaal genoeg, een rol op de achtergrond, het liefst een op papier. Hij was voor zijn schoolgenoten een einzelgänger, die wel dingen deed met klasgenoten, maar in de groep weinig vertelde. Hij hield er meer van rond te kijken en in zich op te nemen hoe andere mensen zich gedroegen.[88]

Paul had één vriend op school, Wim Renardel de Lavalette. Die was in 1937 met zijn ouders in de Maastrichtsestraat in Scheveningen komen wonen en werd als nieuwkomer geplaatst in klas IVA van het Tweede Gymnasium. Daar zag hij Paul voor het eerst. Tussen beiden ontstond een vriendschappelijk contact, wat opvallend was, want ze hadden verschillende interesses. De zakelijker ingestelde Wim had niets met 'de artistieke hobby's' van Paul en als ze samen waren, spraken ze zelden over literatuur. Zelfs niet over Pauls gedichten die in *Canto* waren verschenen. Liever gingen ze samen dingen doen. Naar het strand of in de winter schaatsen.

Wim wist dat Paul een gesloten figuur was, iemand die slechts een enkele keer voor het voetlicht trad. Dat was op avonden van de debatingclub Calliope, waar Wim niet vaak bij was. Die avonden hadden een vast stramien. Eerst las de secretaris de notulen van de vorige bijeenkomst voor, waarna iemand een 'grote' spreekbeurt hield. Daarna moest een van de leden, het lot bepaalde wie, improviseren op een onbekend onderwerp. Vervolgens las iemand een opstel voor dat daarna door twee critici werd besproken. De avond werd afgesloten met een ad libitum, een korte verhandeling over een door de daartoe aangewezen spreker zelfgekozen onderwerp.

Paul was lid geworden van Calliope en moest een enkele keer een bijdrage leveren. De disputgenoten zaten dan in spanning of hij het met zijn stotteren zou halen. Tot hun verbazing ging dat goed en ze raakten onder de indruk van wat hij vertelde. Het verhaal 'Witte Acacia' bijvoorbeeld, dat ging over het Odessa van zijn vader, waardeerden ze, al stond het weemoedige wel erg ver van hen af. Je moest Rus zijn om dat te kunnen begrijpen.[89]

Calliope was een debatingclub met intellectueel aanzien. De leerlingen hielden spreekbeurten over de meest uiteenlopende filosofische en literaire onderwerpen. Dat alles gebeurde onder toeziend oog van de geschiedenisdocent dr. J.A. van Arkel, een zonderlinge stijve man in een blauw pak, die berucht was om zijn onverwachte repetities. Tijdens de avonden liet hij een andere kant van zijn persoonlijkheid zien en voor die kant viel Paul. Hij voelde zich juist aangetrokken tot deze erudiete individualist en doorzag diens gedrag, dat hem niet alleen vervreemdde van zijn leerlingen maar ook van zijn collega-docenten. Tijdens de pauze zagen zij tot hun verbijstering dat hij rustig babbelend met Van Arkel over het schoolplein liep en blijkbaar veel met hem te bepraten had. De ene einzelgänger zocht de andere en zo zou dat later ook vaak gaan.

Paul stond als leerling apart in de schoolgemeenschap, een status die hem extra interessant maakte. Hij werd om zijn 'andere' gedrag niet geplaagd, maar eerder bewonderd. Zelfs zijn stotteren was geen reden om hem te pesten. Het hoorde bij hem en benadrukte het anderszijn van de Russische emigrantenzoon. Het was een hoogwaardige handicap, die op de een of andere manier zijn glorie vermeerderde.[90] Hij was niet een jongen met wie je de spot dreef, eerder iemand om te beschermen.

Die status aparte gold voor de hele familie Rodenko. Het gezin stond in de buurt waar het woonde buiten de bestaande sociale verbanden. Andere gymnasiasten kwamen uit gezinnen die op grond van het beroep van hun vader maatschappelijk geaccepteerd waren, maar dat kon van de Rodenko's niet gezegd worden. Ze hoorden nooit over het werk van Pauls vader, waar ze dus ook maar niet naar vroegen. Hij was ingenieur, dat stond tenminste op de deur, maar het was vreemd dat hij overdag zo vaak thuis was.

De Rodenko's kenden wel een sociaal verband, maar dat lag buiten het gezichtsveld van de meeste leerlingen. Zij maakten eind jaren dertig deel uit van de Russische gemeenschap in Den Haag en kregen mensen over de vloer met Slavische namen als Timovejev, Klimenko, Sachrotskow en Katinoff. Als die op bezoek kwamen, ging het er anders aan toe dan tijdens gezellige avonden in Nederlandse gezinnen. De wodka vloeide rijkelijk en het was de bedoeling al etend, drinkend, pokerend en muziek makend in een Russische roes te raken. Iwan Rodenko was dan het middelpunt. Hij vertelde verhalen, speelde gitaar en zong Russische liederen. Iedereen zong mee over het onontkoombare noodlot en de drank die het leven nog enigszins dragelijk wist te maken. Een van die liederen maakte op Paul een onuitwisbare indruk; ook op latere leeftijd zong hij het nog wel eens. De vertaling van het lied is ongeveer zo:

> Ach, nou ja – ik zal altijd onderworpen zijn.
> Aan het noodlot ontkom je niet.
> En dat wil dat onverschillige lot van ons?
> Ach, ook zonder liefde leef je wel voort.
>
> Refrein: Wat kan het me schelen,
>   Het leven is geen zee

Je moet het tot de bodem uitdrinken.
Hart zwijg.
Hoger hoger de glazen fonkelende wijn.[91]

Soms versterkte de drank de sfeer van weemoed, vaker maakte hij van Iwan Rodenko een tiran. De gasten werden met veel bombarie op straat gezet en ook Paul moest deze driftbuien lijdzaam ondergaan. Het optreden van zijn vader maakte hem razend, maar hij durfde sinds Berlijn op geen enkele manier in verzet te komen. Hij was bang en zijn woede sloeg naar binnen, woekerde ondergronds.

Over deze gebeurtenissen werd tijdens zijn jeugd en ook later door Paul gezwegen. Zijn zuster Olga, die wel in opstand kwam tegen haar vader, wilde er met haar broer over praten, maar die gaf dan niet thuis. Hij vond de botsingen tussen zijn ouders een zaak van hén, iets waarmee zij als kinderen zich niet hadden te bemoeien. Liever klampte hij zich vast aan het beeld van zijn Russische ouderlijke woning, waarin hij zich met het zingen van droevige liederen, het bespelen van de balalaika en het dansen van een kozakkendans Rus kon voelen.[92] Het was het drama van het begaafde kind, dat zich aanpast en leeft zoals de ouders van hem verwachten.

Het lag voor de hand dat Pauls eerste liefde een Russische zou zijn, iemand uit de kringen van Russische emigranten in Den Haag. Zijn belangstelling voor meisjes was tijdens zijn puberteit niet bijster groot. Alleen als een meisje Russisch bleek te zijn, kon hij wel eens geïnteresseerd raken, maar ver durfde hij ook dan niet te gaan. Hij vertelde zijn neef Moela een keer niet veel te zien in vrijen. Toen die vroeg hoe hij dat nu kon weten – hij had immers geen ervaring – vertelde hij op grond van waarnemingen tot die conclusie te zijn gekomen.[93]

Toch was zijn eerste vriendin een Nederlandse: Annetje Houwing, dochter van een hoogleraar aan de Economische Hogeschool in Rotterdam. Ze was klasgenote en vriendin van Olga, die ook op het Tweede Gymnasium zat.[94] Regelmatig kwam zij bij de Rodenko's thuis en ze zag daar de broer van haar vriendin. Hij leek onbenaderbaar en kwam alleen wat dichterbij als ze hun huiswerk niet snapten en hem om hulp vroegen. In het schooljaar 1938-'39 werd ze verliefd, maar ze wist niet hoe deze jongen te benaderen. Eén ding was haar duidelijk; het initiatief zou van haar uit moeten gaan.

Uiteindelijk lukte het haar en kon ze haar vriendinnen trots vertellen verkering te hebben met de Russische jongen uit de vijfde klas. Er ontstond een relatie die tot vlak na de oorlog duurde en veel bijzondere momenten kende, maar ook iets moeizaams had. Annetje kon haar hart luchten bij Paul, maar die vertelde zelf nooit over wat hem bezighield.

Ook over zijn ouders kwam ze niets te weten en zelfs als ze vroeg naar de betekenis van zijn gedichten in *Canto*, zei hij er niets over. Hij kaatste de bal terug en vroeg haar uitvoerig over wat zij ervan vond. Haar interpretaties hoorde hij dan zonder commentaar aan, maar je zag hem denken.

Annetje kon dit accepteren, omdat er genoeg overbleef waarom ze bij hem wilde blijven. Hij was Rus, dus anders. Hij was lief, zachtaardig en zijn intellect dwong respect af. Het intrigeerde haar dat hij het liefst in zijn kamer zat te lezen, iets wat ze zijn leeftijdgenoten niet vaak zag doen. Niet alleen Nederlandse boeken, maar ook Spaanse. *Don Quichotte* van Cervantes bijvoorbeeld, die hij met behulp van het Latijn probeerde te vertalen. Over Don Quichot, de droevige vechter tegen windmolens, kon hij boeiend vertellen. Het was een figuur naar zijn hart, iemand die zich niet door het verstand liet leiden, maar door passie. De roman waaraan hij in 1937-'38 werkte, moest dan ook *De ridders van de droevige figuur* heten.

Paul was een 'artistiekeling' zoals ze op school zeiden. Voor Annetje was hij een jongen die in alles bijzonder was. Ze ondernamen veel samen. Wandelen in het prachtige park Meyendel, zeilen op De Kaag. In 1942 bezochten ze een tentoonstelling van Jan Sluyters. Er waren maar weinig jongens die zulke uiteenlopende dingen met hun vriendin deden. En dat alles zo rustig, overal de tijd voor nemend en telkens vragend wat Annetje ervan vond.

Zij merkte dat hij alleen 'los' kon komen als er Russische muziek werd gemaakt. Zij had hem op school zien optreden met een Russisch zigeunerorkest, Nomadi, dat hij samen met zijn neef Moela Maso en andere emigrantenkinderen in 1937 had opgericht. Zonder schroom stond hij dan voor een groot publiek, dansend en muziek makend. Het was een andere Paul die je dan zag. Hij was even zijn vader geworden en in die rol durfde hij meer, zo leek het. Het orkestje werd bekend bij veel Haagse scholieren, omdat het optrad op schoolfeesten en veel succes oogstte. Het publiek was binnen de kortste keren onder de indruk van de uitheemse klanken, en raakte soms buiten zinnen als de leden van het orkest een Russische hurkdans deden. Ook op het Tweede Gymnasium was hun optreden in april 1938 een hoogtepunt van de feestavond. 'De leraren van Paul kwamen hem allemaal feliciteren. Iedereen was in de wolken over het orkest en wij waren de helden van de avond', schreef Moela Maso in zijn dagboek.[95]

Balalaika spelen, zonder noten te kunnen lezen overigens, leerde hij van zijn vader. Annetje was daar getuige van, want Iwan Rodenko hielp een aantal leerlingen van het Tweede Gymnasium bij het formeren van een ander orkestje. Daarvan was Paul met zijn balalaika de echte leider. Het bestond verder uit Olga, die de dombra speelde, een voorloper van de Russische balalaika, en Annetje die met de tamboerijn begeleidde. Ook Wim Renardel de Lavalette deed mee. Hij speelde eerst ukelele, maar dit viersnarige tokkelinstrument was niet bevorderlijk voor de Russische sfeer. Paul leerde daarom ook Wim balalaika spelen. Achter de piano zat Jolie Buriks, een klasgenote van Olga, die later als pianiste haar geld zou verdienen. Voor Annetje werd het Russische bijna net zo belangrijk als voor haar vriend. Zij genoot van de avonden met veel muziek en Russisch eten, klaargemaakt door Pauls moeder. Het was zo'n bijzondere wereld en het enige woord dat zij ervoor kon bedenken was 'antiburgerlijk'. Haar ouders dachten anders over deze relatie. Ze erkenden Pauls genialiteit en bewonderden hem, maar zagen in hem geen geschikte echtgenoot. Zijn wereld was toch anders dan die van het hoogleraarengezin Houwing. Annetje ging direct na de oorlog rechten studeren in Leiden, waardoor een verwijdering ontstond en de verhouding definitief uitraakte.

Pauls moeder vermoedde dat het einde van de relatie te maken had met het drinken van haar zoon. *Nà zdrovje*, proost, had die zijn vader vaak horen zeggen voor het innemen van het zoveelste glas wodka en die vond het de gewoonste zaak van de wereld dat zijn zoon hem in het drinken volgde. Zijn moeder wist niet hoe deze Russische gewoonte te stoppen. Regelmatig maakte ze er opmerkingen over. Tot begin jaren vijftig had Paul dromen over zijn moeder, waarin zij hem op het rechte pad probeerde te krijgen.

Een van de dromen noteerde hij, met daaronder een eigen interpretatie. Hij was in de haven van Scheveningen en wachtte op een boot uit de Oost die zijn neef Eddie Zoons thuis zou brengen. Na een hartelijke begroeting liepen ze naar de douane, waar opeens zijn moeder verscheen. Zij vertelde zijn neef het volgende: 'Ja, met Paul is het de laatste twee jaar volkomen misgegaan, al zijn (aristocratische) aspiraties opgegeven etc. Zij wijdt daar irriterend breed over uit, ik sta er bij en denk: mens, houd op; ik weet niet wat voor houding ik moet aannemen.' Het commentaar van Paul luidde: 'Eddie is twee weken geleden getrouwd. Die twee jaar en de (aristocratische) aspiraties slaan op mijn verlies van Annetje. Niet lang geleden zei mijn moeder nog: "Annetje heb je ook al door de drank verloren."'[96]

Voor Paul ging het Russische verder dan de drank. Het maakte hem anders, een buitenstaander, iemand die aan de zijlijn van Holland toekeek en kon zeggen: 'Ik sta apart.' Het was een positie die het best bij zijn karakter paste. Bovendien merkte hij dat zijn omgeving hem daarom interessant vond en accepteerde zoals hij was. Niet voor niets deed hij zijn leven lang zijn uiterste best dit imago in stand te houden, tot in zijn gedichten toe.

Het indringendst beschreef hij zijn positie als buitenstaander in het gedicht 'Vreemdeling'. Het werd in 1947 gepubliceerd in *Criterium*, maar geschreven in de periode 1944-'45. Het verwoordt de poëtica van zijn leven.

Vreemdeling

Ik ben een vreemdeling
Ik sta apart.
Elk ding
zwelt tot een klam gezicht.
Ik tors het licht.
Het is stijf als een drenkeling
Ik ben alleen.
Mijn moegerekte hart
staat steil gericht:
een meterhoge klarinet.
Maar geen geluid haalt grond in het
star zwijgen om mij heen.[97]

De 'ik' kan nergens bij horen. Dat heeft niet alleen te maken met zijn eigen passiviteit, 'Elk ding zwelt aan tot een klam gezicht', maar ook met de omgeving die blijkens de laatste versregel als verlammend wordt ervaren. Hij lijkt als kunstenaar zijn best te doen de mensen te bereiken, maar zijn klarinet, zijn dichterschap, is te verticaal gericht. Hij is anders dan de mensen om hem heen, die horizontaal leven. Er lijkt sprake te zijn van een vermoeid verlangen: 'Mijn moegerekte hart staat steil gericht'.

Het Russische ontleende Paul aan zijn vader, maar goedbeschouwd leek hij uiterlijk en innerlijk veel meer op zijn moeder. Hij was net als zij blond en had een spits gezicht. Een typisch Slavisch uiterlijk, zeiden veel mensen aan wie hij iets van zijn Russische achtergrond had verteld.[98] Met zijn vader had hij het eindeloos fantaseren, de liefde voor het schilderen en de Russische muziek gemeen, maar daar hield het mee op. Voor de rest leken ze van verschillende planeten te komen. Iwan Rodenko was opvliegend en probeerde overal de zaken naar zijn hand te zetten, Paul was net als zijn moeder passiever. Geen offensief, maar eerder een defensief bestaan. Berlijn zou hem zijn hele leven blijven achtervolgen.

Niettemin vond Paul dat zijn vader een belangrijkere rol in zijn leven speelde. Hij was Pawel Iwanowitzj, Paul zoon van Iwan. In het *Haagse Post*-interview vertelde hij daarover: 'Ik geloof dat mijn vader op mijn hele ontwikkeling nogal erg veel invloed heeft gehad. Hij was een ingenieur, later is-ie hier in de handel gegaan, dat werd niks, maar hij schilderde ook en hij heeft mij Russische poëzie bijgebracht en Russische muziek, hij heeft me op Russische gitaar en balalaika leren spelen.' Ook het moeilijke karakter van zijn vader kwam ter sprake: 'Ja, hij was driftig, cholerisch en ook vrolijk, erg joviaal en expansief. Iemand die erg vlot met mensen omging, die altijd in gezelschap direct het middelpunt was. Iemand die graag en veel sprak.'[99] Een geflatteerd beeld. Zoals meestal als het over zijn vader ging, durfde hij niet de hele waarheid te vertellen. Hij had zonder meer het een en ander aan hem te danken, want Iwan Rodenko was een man die een verre van burgerlijk leven leidde en hem liet kennismaken met een wereld waarin met muziek, dans en drank grenzen verlegd werden. Er was echter ook een andere kant. Doordat Iwan Rodenko in die wereld zo nadrukkelijk aanwezig was, zat hij zijn zoon tot op late leeftijd op alle mogelijke manieren dwars. Iwan Rodenko leefde bovendien in een ander universum, waarin andere wetten golden. Dat zagen niet alleen buitenstaanders, dat vond Paul zelf ook. Het was een universum waarvan hij met muziek en dans deel kon uitmaken, maar waarvan hij lang niet alles begreep en ook niet wilde begrijpen. Van de bezigheden van zijn vader kon hij af en toe slechts een glimp opvangen.

Paul wilde als zijn vader zijn, maar begreep dat hij zich alleen door de roes van de muziek en de drank kon laten meeslepen in diens wereld. Ook hierin voelde hij zich goedbeschouwd een outsider, die als door een sleutelgat dingen uit een andere wereld waarnam waaraan hij part noch deel wilde hebben. Hoe ouder hij werd, hoe meer hij de contouren van de dubieuze zakenwereld van zijn vader ging zien. Ook daar wilde hij buiten blijven, maar hij werd door zijn vader ook nog na zijn twintigste meegesleurd in vervelende situaties, die hem verlamden. Iwan Rodenko dwong zijn zoon keuzes te maken en dingen te doen waar die niet achter kon staan, maar waartegen hij niet de wapens had om zich te verzetten. De Tweede Wereldoorlog werd voor hem een dramatische periode.

HOOFDSTUK 2

Oorlog

1. EERSTEJAARS IN LEIDEN

Na de inval van de Duitsers op 10 mei 1940 kon Paul net als de meeste Nederlanders zijn dagelijkse bezigheden snel oppakken. De gevechten in en rond Den Haag waren hevig maar kort geweest. Vooral de vliegvelden rondom de stad hadden het te verduren gekregen.[1] Hoewel hij als negentienjarige oud genoeg was om opgeroepen te worden voor de mobilisatie, was het Paul gelukt buiten de gevechten te blijven. Hij had bij zijn keuring voor militaire dienst op 9 februari 1939 uitstel gekregen tot na zijn eindexamen gymnasium.[2]

Na de capitulatie op 14 mei werd het betrekkelijk rustig in de hofstad, al veranderde in het centrum het decor ingrijpend. De koninklijke familie en de ministers waren gevlucht en vertegenwoordigers van de ss, de Ordnungspolizei en de Sicherheitspolizei vestigden zich in panden rond en op het Plein en het Binnenhof. Dieptepunt was de komst van de Oostenrijker Arthur Seyss-Inquart, die eind mei in de Ridderzaal werd geïnstalleerd als Rijkscommissaris van het bezette Nederland.

Alles wat zweemde naar fascistisch machtsvertoon was Paul al op jeugdige leeftijd tegen gaan staan. Niet alleen in de Haagse straten had hij NSB'ers en Jeugdstormers zien marcheren, maar jaren daarvoor was hij in Riga van zeer nabij getuige geweest van het optreden van fascisten.

Toen hij op 28 mei 1936 tijdens een reünie van de Deutsche Schule had gezien hoe docenten en leerlingen fanatiek met opgestoken arm liederen zongen en films over Hitler bekeken, had hij er dan ook van gewalgd. Hij was er met Moela Maso naartoe gegaan en ze waren de enigen geweest die daaraan niet hadden meegedaan.[3]

Paul voelde zich uit solidariteit met de Russen communist, waardoor hij zelfs nog even in gewetensnood was gekomen. Hij volgde de internationale politiek niet op de voet, maar het non-agressiepact dat de Russen op 23 augustus 1939 met de Duitsers hadden gesloten, hield hem bezig. Met Moela sprak hij over dit zogenaamde Molotov-Ribbentrop-pact en ze kwamen er, net als veel Nederlandse communisten, niet uit. Natuurlijk waren ze solidair

47

met het land van hun vaders, maar met politici die het op een akkoordje gooiden met fascisten hadden ze niets op.[4]

Ondanks de oorlog kon Paul in de zomer van 1940 gewoon het gymnasium afmaken. De scholen waren na de Duitse inval maar kort gesloten geweest en in juni en juli 1940 ging hij op voor het eindexamen.[5] Hij slaagde met vlag en wimpel, al waren zijn cijfers iets lager dan normaal.[6] Die avond was het zoals altijd bij een belangrijke gebeurtenis feest op zijn Russisch bij hem thuis. Het grote verschil met vroeger was wel dat het bij het invallen van de nacht buiten pikdonker bleef. Sinds de tiende mei gold een verduisteringsplicht, wat inhield dat er geen straatverlichting mocht branden, alle ramen dichtgeplakt moesten zijn en auto's en fietsers maar een miniem streepje licht mochten voeren. Wie door een kiertje tussen de gordijnen naar buiten keek, waande zich in een spookstad.

Na zijn eindexamen schreef Paul zich in aan de Leidse universiteit. Iwan Rodenko had het niet breed, maar door de lovende brief van de rector van het Tweede Gymnasium verwierf Paul een rijksbeurs. Hij bleef thuis wonen aan de Carolina van Nassaustraat en reisde met de blauwe tram een aantal keren per week naar Leiden, om bij de bekende slavist prof. dr. Nicolaas van Wijk colleges in de Slavische taal- en letterkunde te volgen. Hier had hij naartoe geleefd, hier kon hij zich onder deskundige leiding verdiepen in de geschiedenis en cultuur van wat hij steeds meer als zijn land was gaan beschouwen. Hij kende Van Wijk niet alleen als een vermaard slavist, maar ook als iemand die zich had ingezet voor de gemeenschap van Russische emigranten in Nederland. Van Wijk was Rus met de Russen, de ideale leermeester voor Paul Rodenko.

De Leidse universiteit was na de Duitse inval voor korte tijd gesloten geweest, maar na 20 mei 1940 leek alles weer normaal te zijn.[7] Leek, want toen op maandag 14 september 1940 de rector-magnificus het nieuwe academische jaar opende, was de stemming onder docenten en studenten ijzig. Iedereen merkte dat er wel degelijk wat was veranderd en dat gewoon studeren in Leiden niet meer mogelijk zou zijn. Velen ergerden zich eraan dat professor Muller Duitse poëzie voorlas en bij het overdragen van het rectoraat aan de archeoloog prof. dr. A.W. Byvanck diens studieverleden in het 'Oosterland' memoreerde. De aanwezigheid van Duitsers in uniform maakte de sfeer tijdens de plechtigheid nog grimmiger.

Paul was niet bij de opening aanwezig, maar het kan niet anders dan dat hij erover hoorde en voor het eerst merkte dat veel studenten een verzetshouding aannamen. De oorlog kwam nu dichtbij en het was zaak op te passen. Hij realiseerde zich student in oorlogstijd te zijn; ook hij zou op een bepaald moment stelling moeten nemen. De maatregelen van de Duitsers raakten meer en meer de persoonlijke levenssfeer van studenten, docenten en hoogleraren, wat bleek uit de verklaring die het personeel op 23 oktober moest afleggen. Deze verklaring werd door de meesten ingevuld, zij het onder protest. De studenten voelden met hun docenten mee en begrepen de moeilijke situatie waarin zij terecht waren gekomen. Zo'n 1700 studenten ondertekenden een pamflet waarin ze zich onomwonden tegen deze actie van de Duitsers keerden. Op 21 november werd de betekenis van de Ariërverklaring duidelijk. De joodse docenten waren in kaart gebracht en werden ontslagen. Vijf dagen daarna sprak prof. mr. R.P. Cleveringa zijn beroemde rede tegen deze maatregel uit in het Groot-Auditorium. Een dag na zijn toespraak werd hij gevangengenomen. Het begon duidelijk te worden dat principiële mensen het moeilijk zouden krijgen tijdens de bezetting. De studenten lieten hem niet in de steek en gingen na zijn toespraak in staking. De Duitsers reageerden furieus en op last van dr. F. Wimmer, de General-Kommissar für Verwaltung und Justiz, werd de universiteit op 27 november 1940 gesloten. Tot 20 november 1941 konden alleen nog maar tentamens worden afgelegd en normaal college lopen werd pas na de bevrijding weer mogelijk.

Paul volgde dit alles op afstand, maar ondervond de gevolgen direct. De studie waarnaar hij had uitgekeken dreigde op niets uit te lopen; het ging in Leiden opeens om heel andere zaken. Ook over de rede van Cleveringa, die op zijn verjaardag was uitgesproken, had hij gehoord. Ze was het onderwerp van gesprek van bijna iedereen die in Leiden studeerde. Bij de Unitas Studiosorum Lugduno Batava, een in 1925 opgerichte studentengezelligheidsvereniging waarvan Paul lid was geworden, werd veel over deze kwestie gesproken. Iedereen steunde Cleveringa, de stemming was uitgesproken anti-Duits.

Het was opmerkelijk dat Paul zich bij deze studentenvereniging had aangesloten, hij was er de man niet naar om ergens alleen op af te stappen. Hij kende niemand bij Unitas, zijn vrienden zaten nog op school in Den Haag. Bij Annetje Houwing en Wim Renardel de Lavalette en andere leerlingen van het Tweede Gymnasium voelde hij zich het meest op zijn gemak. In de zomer werd er gezeild op De Kaag en waren er bij vrienden thuis feestjes, die tijdens het eerste oorlogsjaar nog spannender waren dan voorheen. Omdat de spertijd om middernacht inging, zat er vaak niets anders op dan bij elkaar te blijven slapen. Dat bevorderde de gezelligheid en het drinken. Paul was in zijn element en proostte als een echte Rus op vadertje Stalin. Dat zou hij in het conservatieve Leiden niet gedurfd hebben, maar in eigen kring begrepen ze hem.[8] Ook na de zomer waren de vrienden nog veel bij elkaar. Tijdens de koude winter van 1940-'41 werd er geschaatst op de bosvijver in het Haagse Bos. Paul viel daarbij op met zijn schaatskunsten, die hij naar eigen zeggen in Riga had geleerd.

Binnen deze groep gymnasiasten had Paul door zijn leeftijd en zijn 'anderszijn' een zeker aanzien, bij een nieuwe studentenvereniging was dat onzeker. Nu verschilde Unitas in vele opzichten van het corps, waar de timide Paul zich sowieso minder op zijn gemak zou hebben gevoeld. De vereniging trok de wat 'lossere' studenten aan, die het zich niet konden permitteren de hoge contributie van het Leidsch Studenten Corps te betalen of zich aangetrokken voelden tot de minder conventionele sfeer. Unitas-leden voelden zich ook beschaafder dan corpsleden, extreme uitwassen kwamen bij hen niet voor. Bovendien kende Unitas een gemengd lidmaatschap en werd het noviciaat op voet van gelijkheid behandeld, althans zo stond het in de statuten. De leden benadrukten in hun verenigingsblad het democratische karakter van de vereniging en hun streven niet geïsoleerd te willen raken van de 'gewone burgermaatschappij'.

Toen Paul lid werd, was Unitas net verhuisd van Rapenburg 6 naar Hoogewoerd 14, waar hij op 20 september 1940 met 32 andere mannen en vrouwen werd geïnaugureerd. Hij hoefde niet kaalgeschoren te worden, maar werd wel 'geklierd' door de ouderejaars. Die gingen heftige discussies over kunst, politiek en wetenschap aan met de jongerejaars, die hun uiterste best deden zich tegenover het verbale geweld staande te houden.

Een vuurproef was de cabaretavond, waaraan ieder nieuw lid een bijdrage moest leveren. Pauls jaargenoten werd het spreken haast onmogelijk gemaakt door het geschreeuw en het gooien met bierviltjes, maar dat hield op toen het optreden van zijn emigrantenorkest begon. Paul wist dat het niets zou worden als hij voor een tegendraads publiek een gedicht zou voordragen of een sketch zou doen en loste het zo slim op. Met zijn vrienden om zich heen voelde hij zich veiliger. Hij liet Unitas zien hoe muzikaal hij was en hoe hij in zijn rode Russische kostuum virtuoos kon dansen. Na afloop spraken de leden met verbazing over de metamorfose die ze op het toneel hadden gezien. 'De verlegen bleke tengere jongen' was al dansend en muziek makend opeens een ander geworden.[9] Paul had de Unitas-leden bij zijn inschrijving al geïmponeerd met zijn Russische achternaam, maar na dit optreden werd hij een gewaardeerd lid. 'Op de kroeg' maakte hij snel naam als balalaikaspeler en vertolker van droevige Slavische liederen.

Vriendschappen met mannen ontstonden er op Unitas niet. Paul was eerder uit op kameraadschappelijk contact met vrouwen, die het waardeerden dat een man zo gewoon met ze om kon gaan. Geen flauwe opmerkingen over het uiterlijk of vervelende versierpogingen, maar eerder serieuze gesprekken over kunst, een enkele keer over politiek. Paul was passief, niet uit

Het Russische orkestje Nomadi. Paul met een gitaar linksachter.

op verovering en geen rokkenjager. Ook in zijn relatie met vrouwen was hij 'anders'.[10]

Dat andere manifesteerde zich ook in zijn literaire werk. Alle novieten schreven als onderdeel van het inwijdingsritueel een verhaal of een gedicht, dat beoordeeld werd door een commissie van ouderejaars. Met zijn bijdrage won Paul de wedstrijd; de prijs was publicatie in het verenigingsblad. Hij schreef voor Unitas echter geen nieuw werk. 'Feest' had in de zomer van 1939 al in het schoolblad *Canto* van het Tweede Gymnasium gestaan, maar dat wist niemand:

'Het feest stond om ons, warm en trillend. Zwaar gonsde de wijn in onze ogen en met onze handen sloegen wij de wereld stuk. Lang en mooi waren onze handen, als witte duiven.

Toen wist ik, dat hij vóór mij stond, maar ik durfde niet te kijken, want zijn blik is dieper dan de nacht. Ik slingerde mijn ziel in de zaal als een boemerang en men lachte onbedaarlijk. En ik wist dat hij naar mij keek. Ik begon zeer vrolijk te zijn, maar het was, of een loden verstikking mij omsloot. Toen stond ik op en volgde hem.

We namen plaats op een donkere slede en gleden door de nacht. De sneeuw was om ons als een dans van bloedeloze spoken. Dansende schimmen, spoken.

Daarna als een schok: stilte en een grote vlakte, een eindeloze vlakte van sneeuw onder de starre hemel. En ik zag, dat wij stilstonden. En ik wilde iets zeggen, maar ik was alleen. Ik wilde de paarden weer terugvinden, maar er waren geen paarden. Ik keek om mij heen en zag de nacht, bodemloos in verre sterren. En sterren vielen als witte parels in de sneeuw. Geluidloos. Toen ging ik in de slede zitten en begon te wenen. Luid te wenen, totdat ik meende in tranen te moeten smelten. Toen keek ik naar de slede en zag, dat het geen slede was, maar een tafel en om mij heen was het feest. Maar ik had een narrenkap op en in mijn hand hield ik een varkensstaart. Ik stond op tafel en rammelde met mijn belletjes. Ik vond het geluid erg grappig en begon te lachen. En alle mensen om mij heen lachten onbedaarlijk.'[11]

In dit angstdromerig proza komt een demonische 'hij' voor, die zich tot de ikfiguur verhoudt als een bestraffende vader tot zijn zoon. De ikfiguur gaat met de 'hij' mee op een slee – waardoor de gebeurtenis in de droom zich lijkt af te spelen in Rusland – en wordt zonder er echt invloed op te kunnen uitoefenen (hij voelt zich verstikt) meegenomen naar een andere wereld. Vooral omdat het verhaal zich afspeelt tijdens een (Russisch) feest, lijkt het autobiografisch te zijn. Tijdens feesten raakte Paul immers het meest betrokken bij de wereld van zijn vader, waarmee hij een ambivalente verhouding had.

De Duitsers sloten op 18 november 1940 de sociëteit van Unitas.[12] De verenigingen waren brandhaarden van verzet en door sluiting zouden de studenten geen gelegenheid tot samenscholing meer hebben. Het verenigingsleven ging daarna echter illegaal door in de Haagse Kunstkring, die was gevestigd aan de Lange Houtstraat. Het bestuur bood de Leidse studenten de mogelijkheid een avond per week sociëteit te houden, maar toen een paar studenten op een avond dronken uit het raam het Wilhelmus schalden, maakte het er een einde aan. De Kring zat dicht bij het Plein, het hol van de leeuw, en deze kleine verzetsdaad werd dan ook opgemerkt door de Duitsers. Ze arresteerden de voorzitter van Unitas, die een paar weken in de Scheveningse gevangenis moest doorbrengen. Het was voor Paul een eerste korte kennismaking met de Haagse Kunstkring, die later een van zijn favoriete uitgaansgelegenheden zou worden. De leden van Unitas zag hij daarna niet meer en hij stond als student alleen. Binnen Unitas werd druk gepraat over welke houding je tegenover de bezetter moest aannemen en studenten gaven elkaar adviezen.[13] Die gesprekken moest hij vanaf nu missen.

2. RUSLAND IN LEIDEN

Wel zag Paul nog studenten Slavische talen, maar die stonden meer buiten de studentengemeenschap. Hij was in september 1940 met een select gezelschap als hoofdvakstudent aan de studie Slavische taal- en letterkunde begonnen. Dat was al decennialang in Leiden een vak dat weinig hoofdvakkers trok en vooral gevolgd werd door studenten geschiedenis of Nederlands. De twee andere hoofdvakkers waren daarom alleen al geen doorsneestudenten. Ze waren bovendien ouder dan de gemiddelde eerstejaarsstudent en hadden reeds een geschiedenis achter de rug. De vierentwintigjarige Adri H. Hommerson had bijvoorbeeld voor zijn studie al als journalist gewerkt.

De andere student was Aimé van Santen, een in Rotterdam geboren zoon van een handelaar in parfum. Van Santen was een onaangepaste man die zich, al had hij er minder reden toe, net zo Russisch voelde als Paul. Hij was een groot bewonderaar van Gogol en was Russisch gaan studeren om diens werk in de oorspronkelijke taal te kunnen lezen. Aimé en Paul vulden elkaar intellectueel aan en met hun 'Slavische zielen' vonden ze zichzelf buiten de Nederlandse samenleving staan. Daarop berustte hun verstandhouding. Het was een vriendschap uit intellectuele verbondenheid, van een dieper emotioneel contact lijkt geen sprake te zijn geweest.[14]

Hun leermeester Van Wijk, sinds 1913 hoogleraar Balto-Slavische talen aan de Leidse universiteit , genoot faam in binnen- en buitenland. Tot de sluiting van de universiteit – eind november 1940 – volgde Paul wekelijks zijn colleges Russisch voor beginners, een college over een taalkundig onderwerp en de bij andere studenten ook geliefde literatuurcursus. Daarnaast was er een uur college over een tweede Slavische taal en een uur Oudkerkslavisch, de taal van de oudste Slavische geschriften, onder leiding van Van Wijks assistent Van Schooneveld.[15]

Door de sluiting van de universiteit kon Paul de reguliere colleges maar zes keer volgen. Daarna werden ze in kleine kring bij Van Wijk thuis aan de Nieuwstraat 36 voortgezet. Van Wijk ontving voor de oorlog al regelmatig studenten bij hem thuis en die bijeenkomsten waren in Leiden legendarisch geworden. In zijn ruime studeerkamer – de vorige eigenaar van het pand had een soort toneelzaaltje aan het huis laten bouwen – gingen zijn colleges vaak gepaard met het uitgebreid nuttigen van alcoholische dranken. De stomende samovar en de borstbeelden van Dostojevski en Tolstoj droegen ertoe bij dat de studenten zich dan in het oude Rusland waanden. En dat was precies de sfeer waarbij Van Wijk zich het meest thuis voelde, want van het nieuwe communistische Rusland moest hij niets hebben. Na de revolutie had hij daarom geen bezoek meer aan het land gebracht en bekommerde hij zich juist om het lot van gevluchte Russen. Hij stelde prijs op hun gezelschap en leefde net als zij een tijdloos Russisch leven; de bijeenkomsten met studenten konden wat hem betreft ook eindeloos doorgaan. Vóór 11.00 uur 's ochtends gaf hij toch geen colleges.[16]

Tijdens het eerste oorlogsjaar volgde ook Etty Hillesum college bij Van Wijk thuis. Als dochter van een Russische jodin die voor de jodenvervolgingen uit Oost-Europa was gevlucht, had zij met Paul een gedeeltelijk Russische achtergrond gemeen. Haar ideaal was ooit een brug te kunnen slaan tussen Europa en Rusland. In haar dagboek beschreef zij het gezelschap van aankomende slavisten, die door Van Wijk werden onderwezen in linguïstische kwesties: 'Dat was iets unieks, die colleges bij hem aan huis. Het vrouwtje Verheij, de goeiige, dikke Emilie en ik op die ouderwetse canapee met het kanten kleedje op de rug. Een zwierige Hommerson, het stotterende Rusje Rodenko en de Gogolachtige, wat duistere en onverschillige Aimé, verspreid in een fauteuil van 100 jaar geleden. En Van Wijk ook weggezakt in een fauteuil. En dat belachelijke kleine schoolbord, vlak bij de vleugel, waar Van Wijk altijd in volle breedte voor ging staan, zodat geen sterveling iets kon lezen van de vele geheimzinnige tekens die hij daar op schreef.'[17] Van Wijk speelde, zij het kort, als leermeester een belangrijke rol in Pauls leven. Tijdens de literatuurcolleges vertelde hij namelijk niet alleen over klassieke Russische auteurs maar ook over het karakter en de leefwijze van de Russen.[18] En daarvan wilde het 'Rusje Rodenko' natuurlijk alles weten.

Nu moest Van Wijk het als wetenschapper in de eerste niet plaats van de literatuurgeschiedenis hebben, want hij was vooral linguïst. Hij kende de Russische Formalist Roman Jakobson persoonlijk en wist veel van het werk van Ferdinand De Saussure. Met zijn studenten besprak hij diens hoofdwerk *Cours de linguistique générale*, waardoor Paul voor het eerst hoorde over de taal als gesloten structuur. De Saussure benadrukte dat woorden geen betekenis krijgen door hun relatie met de werkelijkheid, maar door hun relatie met andere woorden. Voor een directe link met Rodenko's latere autonome gedicht was het toen nog te vroeg, maar kennismaking met Jakobson en De Saussure zette toch een bepaalde manier van denken over taal en poëzie in gang. Het is opvallend dat in zijn eerste stukken over poëzie, geschreven vlak na de Tweede Wereldoorlog, het bij de Russische Formalisten zo belangrijke element van vervreemding een rol speelt. Poëzie was voor hem toen de techniek van de close-up, van de dingen anders zien.[19]

De wekelijkse literatuurcolleges van Van Wijk, die Paul van 16 september tot 20 november volgde, waren inleidend van aard en sloten aan bij boeken die hij voor een groot publiek over dit onderwerp had geschreven.[20] Centraal daarin stond het karakter van de Rus, waarover Van Wijk zo zijn theorieën had. Hij baseerde zich daarbij op wat hij tijdens zijn reizen naar Rusland had gezien. Voor Paul, die wel veel Russen kende maar nog nooit in Rusland was geweest, ging een wereld open.

Van Wijk benadrukte dat Rusland verschilde van Nederland en goed beschouwd 'een gekkenhuis op groote schaal' was.[21] Hij had de Russen hoog zitten, want ze waren leergierig en je kon hun kinderen alle mogelijke vragen stellen over het werk van Tolstoj.[22] Maar daar stonden wel enkele minder goede eigenschappen tegenover. Het was hem bijvoorbeeld opgevallen dat ze vaak dronken waren en zich 'onzedelijk' gedroegen.[23] Ze waren bovendien 'nihilistisch' en deugden niet voor een geordende samenleving, want '[...] deze eist tucht, en de Russische geest neigt naar tuchteloosheid'.[24] Ook het denken ging bij de Rus anders. Hij gebruikte bij voorkeur onlogische argumenten en eigen invallen: 'In het algemeen heeft de Rus neiging tot het extreme en hij hecht aan elke spontane opwelling een overdreven waarde.'[25]

Het opvallendst was de Russische traagheid, vaak 'oblomovisme' genoemd, naar de gelijknamige hoofdfiguur uit *Oblomov* van de negentiende-eeuwse schrijver Ivan Gontsjarov. Oblomov leidt een traag, stroperig en passief leven en veracht de kortzichtigheid en overdreven drukte van de mensen om zich heen. Hij wordt door sommigen als een soort archetype van de Russische mens beschouwd.[26] Als Van Wijk sprak over de verschillen tussen Rusland en West-Europa, gebruikte hij het liefst het werk van Dostojevski en Tolstoj als illustratiemateriaal.

De observaties van Van Wijk waren gedeeltelijk een bevestiging van in Nederland bestaande vooroordelen en soms erg gechargeerd. In zijn literatuuronderwijs ging het meer om de sfeer dan om diepgravende analyses van teksten. Maar voor Paul was dat precies wat hij op dat moment zocht, want zo meende hij meer over zichzelf te weten te kunnen komen. Hij begreep nu beter dat zijn traagheid, door zijn vrienden vaak 'terughoudendheid' genoemd, iets Russisch was. Die traagheid was er ook de oorzaak van dat de Russische tijdsbeleving verschilde van die van de West-Europeaan. Voor de Rus is het denken in tijd van ondergeschikt belang en speelt de ruimte een veel belangrijkere rol; ik ben ergens op een bepaald moment en alleen wat daar op dat tijdstip gebeurt, is van betekenis. Over te laat komen maken alleen niet-Russen zich druk en het bijhouden van een agenda is niet nodig. Ook Paul leefde liever niet volgens een agenda. En als hij al een afspraak met iemand maakte, werd er zelden een precies tijdstip afgesproken. Het bleef vaak bij aanduidingen als 'in de middag' of 'in de avond'.[27]

Soms nam Paul Van Wijk erg letterlijk. Toen die vertelde dat Russen het niet nodig vonden verzekeringen af te sluiten, want aan het noodlot viel toch niet te ontkomen, was dat voor Paul nog een reden temeer om zich daar niet meer druk over te maken. Het was toch zinloos te proberen met allerlei wetten, afspraken en regeltjes het fatum te overwinnen. Veel mensen begrepen deze houding niet, maar voor hem was het een van zijn Russische kanten die je maar moest accepteren. En was het bovendien niet zo dat vanuit dit Russische perspectief juist de anderen met hun verzekeringen tegen van alles en nog wat vreemd waren? Met deze fatalistische instelling verschilde de Rus van de West-Europeaan, die bijna alles bij wet wilde regelen, daardoor legalistisch en dus minder spontaan was.[29] Of, zoals de Russische existentialistische filosoof Nicolaj Berdjajew het formuleerde: de Rus kent cultuur, de westerling 'een uitsluitend aan wetten gebonden civilisatie'.[29]

Hoewel Van Wijk het in eerste instantie dus niet moest hebben van zijn letterkundige studies, vonden bij hem twee opvallende literaire promoties plaats. In 1924 promoveerde de marxistische historicus Jan Romein op *Dostojewskij in de Westersche kritiek. Een hoofdstuk uit de geschiedenis van den literairen roem* en zeven jaar later zijn vriend Jef Suys op *Leo Sjestow's protest tegen de rede. De intellectuele biografie van een Russisch denker*. Het is waarschijnlijk dat Paul Rodenko door Van Wijk op Suys' boek over 'de hyper-individualistische irrationalist, de antitotalitaire Sjestow' werd gewezen en zijn werk ging lezen.[30] Het moet een schok der herkenning zijn geweest, want ook Sjestov verzette zich tegen de allesoverheersende verstikkende logica.[31] Bij hem vond Paul filosofisch verwoord wat hij in Riga had ervaren en waarover hij in de schoolkrant *Canto* had geschreven. In zijn opstel 'Over de wet des toevals' had hij het wetenschappelijk determinisme aangevallen, dat het toeval achter allerlei wetmatigheden liet verdwijnen. In Sjestov vond hij nu een medestander. En die was nog Rus ook.

Centraal bij Sjestov stond het begrip 'bodemloosheid'. Alle vaststaande ethische en logische waarden moesten in de diepte verdwijnen, waardoor een 'vrij denken', een denken zonder vaste grond onder de voeten, een staan voor de verslindende afgrond, zou ontstaan. Het had geen zin tegen de rede te argumenteren, omdat ook argumenten rationeel waren. Je moest 'nee' tegen haar zeggen en kiezen voor het irrationele. Dat betekende niet dat het intellect losgelaten werd, want mensen die hun verstand gebruikten, zouden ook eerder bevestigen dat er zoiets als het wonder bestond. Alleen moest dat verstand 'anders' gebruikt worden. Geen dialectische afwegingen en een uiteindelijke synthese, maar 'een manier van schrijven die terugkeert tot het eerder geponeerde, vraagtekens plaatst en draden opnieuw opneemt om ze met andere te verweven'.[32]

Sjestovs 'bodemloosheid' heeft een relatie met wat Rodenko later 'de poëzie van het echec' zou noemen. Hij ontwikkelde een voorkeur voor dichters bij wie het niet ging om schoonheid of intelligentie, maar die iets onmogelijks, een 'wonder', tot stand willen brengen. Een dode geliefde tot leven wekken of in aanraking komen met het Andere, het Onbekende. Iets waarvan de dichter bij voorbaat wist dat het gedoemd was te mislukken, dat het zou eindigen in een echec, maar iets wat hij desondanks probeerde. Dichters als deze namen het onzekere voor het zekere.

Sjestovs bodemloosheid en Rodenko's poëzie van het echec hebben dan ook iets tragisch. Sjestov benadrukte dat in de 'tragische crisis' de mens tot inzicht zou komen; aan de rand van de afgrond kreeg hij ongekende inzichten.[33] Rodenko dacht er net zo over en noemde het echec daarom de triomf van de dichter. De poging is mislukt, dat is tragisch, maar: 'De keerzijde van het echec is dat de dichter van deze "taal" in ieder geval éven, in een flits en op de uiterste rand van de menselijke mogelijkheden, "verstaan" heeft. Het echec, in deze existentiële zin opgevat, is de triomf van de sterke; de nederlaag tegenover het Onzegbare, het Onnoemelijke [...].'[34] De dichter was een Don Quichot, een personage dat hem om zijn 'nutteloze passie' als gymnasiast al zo had geboeid.

Sjestov leerde Paul al tijdens de Tweede Wereldoorlog op een andere manier het werk van Kierkegaard, Nietzsche en Husserl, maar vooral Fjodor Dostojevski lezen. Sjestov hing zijn filosofie grotendeels aan diens werk op, want Dostojevski was voor hem dé rebel tegen het verstand en de wetenschap.[35] Bij hem manifesteerde de bodemloosheid zich door het regelmatig gebruik van het woord 'misschien', waarmee hij wilde zeggen zich in een ruimte tussen weten en niet-weten te bevinden. Het was een keuze voor het irrationele, voor de afgrond van het niet-weten, voor de onzekerheid.

Die bodemloosheid is een belangrijk thema in *Mémoires uit het souterrain* uit 1864, Dostojevski's novelle over de onmacht van de rede.[36] Daarin verkiest de hoofdfiguur het lijden boven de zekerheid van eenvoudig geluk. Van Wijk, die er in 1930 in zijn oratie aandacht aan besteedde, vond het een belangrijk boek, omdat Dostojevski de gedachtewereld van de redenerende mens met zijn benauwende logica voor ons ontvouwt.[37] Het werd daarom met instemming gelezen door Kierkegaard en Nietzsche en kan met zijn aandacht voor het absurde een voorloper van het existentialisme worden genoemd.[38]

In het eerste deel van deze novelle richt een veertigjarige ex-ambtenaar, een outlaw, een verdoemde, vanuit zijn ondergrondse 'muizenhol' in het negentiende-eeuwse Sint-Petersburg een monoloog tot de lezer. Deze 'ondergrondse mens', wiens denkbeelden door Sjestov worden gelijkgesteld aan die van Dostojevski, rebelleert tegen de macht van de natuurwetten en het zieke vertrouwen van de mensheid in het verstand en de wetenschap. Iedereen gaat ervan uit dat twee maal twee vier is en degene die dat ter discussie wil stellen wordt voor gek versleten. Dit soort vragen zijn verboden en de mens wordt daardoor een slaaf van allerlei systemen en theorieën, wat in tegenspraak is met zijn aard. Hij is van nature namelijk grillig en tegenstrijdig. Het klakkeloos accepteren van twee-maal-twee-is-vier zou betekenen dat hij op aarde niets meer te zoeken heeft en zijn leven 'af' is. In de novelle is de muur het symbool van het definitieve. De gezonde normale mens zal als hij een muur tegenkomt zich daarbij neerleggen. Hij kan niet verder, het is iets definitiefs: 'Twee maal twee is vier.' De hoofdfiguur van Dostojesvki kan de muur niet aanvaarden en wil erdoorheen. Er bestaat volgens hem niet één waarheid, want twee maal twee kan net zo goed vijf zijn. Daarom hecht de 'ondergrondse mens' meer waarde aan de vrije wil, de individualiteit: 'Je eigen, zelfstandige en vrije wil, je eigen gril, hoe wild ook, je eigen fantasie, al grenst ze misschien soms aan de waanzin – kijk, dit alles is nu juist dat belangrijkste belang, dat men over 't hoofd heeft gezien, dat in geen enkele classificatie past en waardoor alle theorieën telkens weer kapseizen.'[39]

Net als bijna al zijn romans heeft dit boek van Dostojevski iets tragisch. Zijn personages lijken zich bewust in de ellende te storten om maar te kunnen lijden.[40] Het masochistische gedrag van Dimitri Karamazov bijvoorbeeld is voor de West-Europeaan niet te volgen. Hij laat zich naar Siberië verbannen om een straf uit te zitten voor een moord die hij niet heeft gepleegd. Het is een masochisme dat wel eens de kern van de Russische ziel is genoemd. De Rus wilde het leven nemen zoals het is, vertelde Van Wijk aan zijn studenten, en Paul herkende dit. Toen hij erover hoorde en bij Dostojevski erover las, moet hij gedacht hebben aan de regel 'Aan het noodlot ontkom je niet', uit het lied dat tijdens emigrantentenavonden bij hem thuis door iedereen uit volle borst werd gezongen. Het lijden was Russisch en dus Rodenkiaans.[41] Een tragische filosofie paste bij Paul en *Mémoires uit het souterrain* werd een van zijn lijfboeken. Dat hij het boek las in de oorlogsjaren, een tijd van crisis en onzekerheden, maakte het alleen maar indrukwekkender.

Paul had tijdens het eerste oorlogsjaar veel aan Van Wijk gehad. Het was een groot verlies toen deze in maart 1941 na een kort ziekbed stierf. Ook de andere studenten waren aangedaan door de dood van de charismatische man en vroegen zich af hoe het nu verder moest met de slavistiek in Nederland. Van Wijk was onvervangbaar, vonden ze, en door zijn dood was het fundament van deze studie in één keer weggeslagen.[42]

Van Wijks assistent C.H. Schooneveld ging nog een tijdje door met clandestiene colleges, maar Paul stopte na maart 1941 met zijn studie. Hij miste de inspirerende verhalen van zijn hoogleraar en raakte er steeds meer van doordrongen dat het universitaire leven in Leiden aan het doodbloeden was. Er werden nog wel tentamens afgelegd, maar het was de vraag of die na de bevrijding rechtsgeldig zouden zijn.

Het lijkt erop dat Paul koste wat het kost zijn studie Slavische talen wilde voortzetten, het liefst buiten Nederland. In maart 1941 schreef hij, waarschijnlijk op advies van zijn vader, een brief aan de sovjetambassade in Berlijn met het verzoek in Moskou te mogen studeren. Rusland was even in Leiden geweest, maar zou daar nooit meer terugkomen. Het was beter in de Sovjet-Unie zijn studie te voltooien. De Russen schreven echter niet terug. Ondanks het non-agressiepact vielen de Duitsers in de nacht van 21 op 22 juni 1941 de Sovjet-Unie binnen. De Russen verlieten hun ambassade in Berlijn, de brief van Paul Rodenko bleef onbeantwoord.[43]

Aan een andere Nederlandse universiteit studeren was voor Leidenaren pas op 1 november 1941 mogelijk, wat toen ook massaal werd gedaan. Van de 1800 Leidse studenten lieten 1600 zich elders inschrijven. De helft ging naar Amsterdam, onder wie Van Santen, die zijn studie voortzette bij de slavist dr. Bruno Borisovitsj Becker. Daar had Paul geen zin in. Hij zag alleen nog wat in een studie Slavische talen in Rusland. Met driehonderd andere Leidenaren ging hij liever naar Utrecht, waar hij zich op 16 december 1941 inschreef voor de studie psychologie.[44]

Voordat hij in Utrecht was begonnen, raakte hij via de zeventienjarige Richard van Wijngaarden, leerling van het Tweede Gymnasium, betrokken bij een groepje jonge verzetsstrijders. De leider daarvan was Chris van Wijngaarden, een neef van Richard, die aan het begin van de oorlog als sergeant had gevochten in de Grebbelinie. Richard werd in 1941 door zijn neef gevraagd vrijwilligers te zoeken en kwam zo ook bij Paul terecht. Hij kende hem als broer van zijn klasgenote Olga en van de Calliope-avonden waarvan hij zelf ook een regelmatige bezoeker was geweest.[45]

In Den Haag waren veel van dit soort groepjes idealistische jongeren, die grote plannen hadden maar bij gebrek aan de juiste middelen en ervaring niet tot actie over konden gaan. Wapens had de groep van Van Wijngaarden niet en het bleef dan ook bij het bestuderen van handleidingen van pistolen, granaten en karabijnen. Af en toe waren er nachtelijke bijeenkomsten waarop allerlei plannen werden gesmeed. Paul kreeg een bijzondere taak binnen de groep. Hij zag er met zijn tengere postuur en intellectuele uitstraling het minst gevaarlijk uit en zou op geen enkele manier de verdenking op zich laden een verzetsman te zijn. Hij werd er later in de oorlog daarom wel eens op uitgestuurd om bij het villapark Zorgvliet, vlak bij het Statenkwartier, te kijken hoe laat de hekken van de Atlantikwall gesloten werden. Deze verdedigingslijn, waaraan tussen 1942 en 1944 gewerkt werd, liep dwars door

Zorgvliet en had vele Hagenaars uit hun huizen verdreven. Wat de groep met deze informatie wilde, blijft de vraag.

Het meest actief waren de leden waarschijnlijk bij het helpen verspreiden van illegale kranten, zoals het studentenverzetsblad *De Geus*. Die kregen ze via schoolgenoot Tom Drion, de jongste broer van Jan en Huib, beiden als Leidse studenten actief in het studentenverzet. De Drions waren oud-leerlingen van het Tweede Gymnasium en in die kringen was het vanzelfsprekend dit voor hen te doen.

3. UTRECHT

De studentengemeenschap van Leiden en de groep opstandige jonge verzetsmensen in Den Haag vormden één wereld waarin Paul tijdens de oorlog terecht was gekomen. In die wereld was het vanzelfsprekend een verzetshouding tegen de Duitsers aan te nemen. Maar in Paul Rodenko's leven waren altijd twee werelden. Tijdens de Tweede Wereldoorlog was de andere wereld Utrecht, waar binnen de universitaire gemeenschap aanpassing aan de bezetter juist het devies was.[46] Niet voor niets werd er gesproken over het 'Utrechtse model', dat stond voor een voortdurend overleg tussen bestuurders van de universiteit en vertegenwoordigers uit de studentenwereld. Op die manier probeerde de hele universitaire gemeenschap de colleges door te laten gaan. Met deze opstelling zetten studenten en docenten zich af tegen het opstandige 'Leidse model', dat tot niets anders kon leiden dan sluiting van de universiteit.

Toen Paul in Utrecht aankwam – hij bleef spoorstudent – hoorde hij bij een groep studenten die naar velen vreesden zich opstandig zou gedragen. Dat viel mee. Bijna iedereen was naar Utrecht gekomen om te studeren en niet om nog eens een staking en sluiting van de universiteit mee te maken.

Door de extreem koude winter van 1941-'42 daartoe gebracht, verlengde de rector-magnificus de kerstvakantie, zodat Paul pas op 2 februari 1942 met de studie kon beginnen.[47] Hij had gekozen voor psychologie uit belangstelling voor de diepste zielenroerselen van de mens in het algemeen en die van hemzelf in het bijzonder.[48] Als psycholoog in spe was hij goed voorbereid door de boeken van Dostojevski die hij had gelezen. Sinds de colleges bij Van Wijk was Dostojevski zijn favoriete auteur. Dostojevski beschreef enkele decennia voor Sigmund Freud de donkere kronkelpaden van de menselijke ziel en zijn romans werden in de jaren dertig en veertig door veel psychologen beschouwd als de beste oefenschool voor psychologische vorming.

Tijdens de studie hoopte Paul dus ook meer over zichzelf te weten te komen. Hij vroeg zich steeds vaker af waarom hij was gaan stotteren en wilde weten waar het verstikkende angstige gevoel, dat hem regelmatig bekroop, vandaan kwam. Het passieve, het anders ervaren van de wereld om hem heen, maakte deel uit van zijn karakter, dat inzicht had hijzelf waarschijnlijk ook. Maar er moesten omstandigheden geweest zijn die dat allemaal hadden versterkt.

Dat hij in Utrecht inzicht hoopte te krijgen in zijn emotionele leven, merkte studiegenoot Hems Bos. Paul ontmoette deze Rotterdamse onderwijzerszoon tijdens een van de eerste colleges en voerde later intieme gesprekken met hem. Bos hoorde als een van de weinigen over het moeilijke karakter van Pauls vader en hoe die het leven van zijn zoon soms tot een hel kon maken. Pauls vader duldde geen enkele tegenspraak en dat maakte een 'gewoon' gesprek tussen vader en zoon onmogelijk. Er was geen emotioneel contact tussen hen beiden en Paul kon zich op geen enkele manier bij hem uiten. Het zat Paul hoog, merkte Hems Bos.

Over persoonlijke zaken praten was ongewoon voor Paul, maar in deze periode van zijn leven moest hij wel. Hij had ernstige psychische problemen en in het 'verre' Utrecht hoefde hij minder te vrezen, dacht hij toen nog. Bovendien was Hems een rustige student die hij kon vertrouwen.

Wat er zich allemaal in Pauls hoofd afspeelde, begreep alleen Hems en dan ook nog maar tot op zekere hoogte. De andere medestudenten konden slechts iets vermoeden. Ze waren het erover eens dat Paul Rodenko ergens mee zat, maar dat alleen maakte hem niet bijzonder. Onder de psychologiestudenten waren er meer die met hun ziel onder de arm liepen en in Utrecht een oplossing voor hun problemen hoopten te vinden. Bij Paul Rodenko was het extremer. Hij was iemand die zich op opvallende wijze zo onopvallend mogelijk probeerde te gedragen, die weinig zei en hoopte dat niemand hem de collegezaal zag binnenkomen. Wat wil hij toch verbergen, vroegen ze zich af. Pas als ze eenmaal zijn vertrouwen hadden gewonnen, merkten ze dat hij zachtaardig, vriendelijk, intelligent én zeer belezen was. Maar het duurde lang en kostte veel moeite deze andere kant van zijn karakter te ontdekken. Hijzelf zou het initiatief daartoe in ieder geval nooit nemen.[49]

De psychologie als universitaire studie was toen Paul Rodenko begon pas een halve eeuw oud.[50] Een eigen kandidaatsexamen was er tot dat jaar nog niet en de eerste psychologen hadden meestal hun kandidaats behaald in de rechten, medicijnen, moderne of klassieke talen of de wis- en natuurkunde. Paul was een van de eerste psychologiestudenten die een volledige studie psychologie, met kandidaatsexamen, konden volgen. In oktober 1941 werd een plan geconcretiseerd waarover al jaren was gesproken en dat nu blijkbaar zonder veel problemen kon worden doorgevoerd.[51]

Psychologie in Utrecht had een goede naam. De studie was breed van opzet en studenten konden zich verdiepen in kinderpsychologie, pedagogiek, godsdienstpsychologie, volkenpsychologie, psychopathologie en algemene psychologie.[52] In Utrecht studeerden al voor de oorlog de meeste psychologen af.[53] In 1942 kon Paul colleges volgen in de algemene en experimentele psychologie van prof. dr. F.J.M.A. Roels, in de pedagogiek en ontwikkelingspsychologie van dr. M.J. Langeveld en in de parapsychologie van dr. W.H.C. Tenhaeff. Eén keer per week kwam dr. W.J.C. Kooper als privaatdocent vertellen over Jungiaanse karakterkunde en droomanalyse.

De studie had haar populariteit te danken aan Roels, die sinds 1922 een leerstoel in de empirische en toegepaste psychologie bekleedde. Hij was een vakman en bovendien een inspirerend docent, leermeester van een aantal belangrijke psychologen. De latere minister van onderwijs Rutten en minister-president De Quay studeerden en promoveerden bij hem.[54] Roels maakte zijn studenten wegwijs in de wetenschappelijke psychologie aan de hand van klassieken uit de wereldliteratuur en door hen onderzoek te laten doen in het Psychologisch Laboratorium, dat was gevestigd in een apart deel van de Utrechtse universiteitsbibliotheek in de Witte Vrouwenstraat 9. Het laboratorium had veel weg van een rariteitenkabinet waarin allerlei vreemde apparaten stonden opgesteld. De studenten leerden daarmee de tastzin te meten, het gezichtsvermogen te bestuderen en het reactievermogen van proefpersonen te beoordelen. Onder leiding van een assistent werd geoefend en over hun proeven schreven ze een verslag.[55]

Psychologen waren vanaf de jaren dertig steeds meer testonderzoekers geworden, deskundigen op het gebied van geschiktheidsvragen. Het bedrijfsleven kreeg de behoefte aan tests waarmee op een verantwoorde wijze personeel kon worden geselecteerd. Bedrijven gaven psychologen bijvoorbeeld de opdracht te onderzoeken aan welke eisen telefonistes moesten voldoen en met welke tests je ze het beste kon selecteren. Een ander toepassingsgebied van psychologen was de school- en beroepskeuze van kinderen.

Ook de reclame en later de propaganda raakten steeds meer geïnteresseerd in de psychologie. Roels publiceerde *Reclame en psychologie*, dat een standaardwerk was geworden. Hij was geïnteresseerd in 'de gedragingen van grootere en of kleinere collectieve geheelen – huisvrouwen, autobezitters, krantenlezers, enz. –', waarover hij ook lezingen hield.[56] Met de belangstelling voor gedragingen van grote groepen werd de psychologie een interessante wetenschap voor de nationaal-socialisten en in Duitsland kwam zij algauw in handen van de nazi's. In Nederland was dat minder het geval, al werd er door psychologen betrekkelijk lang met de Duitsers samengewerkt. Dat laatste kan zeker gezegd worden van Roels, die hierin waarschijnlijk het verst ging.[57]

Het zoeken naar statistische wetmatigheden en het voorspellen van gedragingen van het winkelend publiek waren geen onderwerpen waarvoor Paul warmliep. Als psycholoog was hij meer geïnteresseerd in de spelonken van de ziel waarover Dostojevski schreef, dan in het statistisch gemiddelde van de Nederlandse huisvrouw. De psychologie hoefde voor hem geen 'nuttige' wetenschap te zijn. Liever was hij psychiater geworden, maar daarvoor moest je eerst medicijnen studeren. Hij was meer geboeid door colleges over droomanalyse van Kooper, die bij sommige studenten echter een dubieuze reputatie had. Zijn verhalen waren indrukwekkend, maar grensden vaak aan het fantastische. Kooper was iemand die het moest hebben van zijn presentatie en daar prikten sommigen doorheen.

Er waren studenten die wisten dat er iets niet in de haak was met deze docent. Hij doceerde karakterkunde en droomanalyse, maar kwam vreemd genoeg in de jaarboeken en administratie van de universiteit niet voor. Hij was uit het niets verschenen.[58] Slechts één keer, op 13 november 1943, vulde Roels zijn naam in op een personeelslijst van de universiteit, maar met die lijst was dan ook iets aan de hand: hij was gemaakt in opdracht van de Sicherheitspolizei.[59] Kooper nam binnen de psychologie in Utrecht een bijzondere positie in en Roels wilde door zijn naam te noemen blijkbaar goede sier bij de Duitsers maken. Hij was net als Roels namelijk *Deutschfreundlich*.

Kooper was niet alleen privaatdocent, maar ontving in zijn huis aan de Ruysdaellaan 17 in Bilthoven patiënten die bij hem een Jungiaanse therapie volgden. Hij bewoonde een riante villa in een wijk die door de Duitsers tot spergebied was verklaard. Het was een andere wereld met huizen die bijna alle in beslag waren genomen door collaborateurs, NSB'ers en Duitsers.[60] Wilde je Kooper bezoeken, dan moest je je eerst melden bij een zogenaamde *Schreibstube*. Daar kregen gewenste bezoekers een pasje, waarna de tolboom omhoogging. Je trad dan binnen in een wereld waarin andere wetten golden en waar voornamelijk mensen woonden die hun bestaan te danken hadden aan leugens en verraad. Een van de patiënten die in de periode 1943-'44 regelmatig deze wereld binnentraden, was Paul Rodenko.

Van wie het contact was uitgegaan is niet bekend, maar waarschijnlijk heeft Roels hem aangeraden als stotteraar bij Kooper in therapie te gaan. Paul werd twee keer per week zestig minuten in een vis-à-vis-setting door zijn docent behandeld. Als therapeut week deze af van de klassieke psychoanalytische behandelwijze waarbij de patiënt vijf keer per week op een divan ligt. Zijn werkmateriaal was de droom, die de patiënt aan het begin van de sessie moest inbrengen. Via de zogenaamde amplificatiemethode werden beelden uit de dromen vergeleken met analoge beeldmotieven uit de wereld van de Griekse en Romeinse goden, gnostici, mystici en rozenkruisers.

Daardoor zou de betekenis van de dromen duidelijk worden. Hoewel hij in theorie zich gelijkwaardig opstelde aan de analysant, was Kooper in de relatie met de patiënt degene die alles wist en richting gaf aan het gesprek.[61] Als je als patiënt gevoelig was voor zijn onmiskenbare charisma, kon hij een gevaarlijke intrigant zijn.

Leden van het Bilthovens verzet plaatsten vraagtekens bij zijn praktijken. Kooper gaf zich niet alleen uit voor psycholoog, maar ook voor arts, waarbij hij tegen alle regels in medicijnen verstrekte.[62] Zij zagen dat hij dat ongestraft kon doen, omdat hij bescherming genoot van de Duitsers. Dit tot grote ergernis van de Bilthovense artsen die allen lid waren van het artsenverzet en er uit angst voor represailles niets van durfden te zeggen.[63] Kooper werd in Bilthoven beoordeeld als een onbetrouwbaar figuur die bovendien ongrijpbaar was. Hij was niet openlijk lid van een vijandige organisatie, maar opereerde met op de achtergrond de steun van de vijand. Daardoor was hij nog griezeliger dan mensen van wie bekend was dat ze lid waren van de NSB. Als je met hen contact zocht, wist je wat je deed. Als je te maken kreeg met Kooper, kon je alleen maar wat vermoeden. Harde bewijzen voor zijn foute gedrag waren in eerste instantie moeilijk te vinden.

Kooper was een jaar ouder dan Pauls vader en leek uiterlijk een beetje op hem. Ook als fantast kon hij zich met hem meten.[64] Hij was in april 1927 in Utrecht gepromoveerd in de biologie op een onderzoek naar onkruidgewassen op Java, dat was waar. Maar het verhaal over zijn opleiding tot psychoanalyticus lijkt verzonnen. Hij zou in leeranalyse zijn geweest bij de bekende Jungiaan A. Maeder in Zürich, maar zijn biografie maakt een langdurig verblijf in Zwitserland bijna onmogelijk.[65]

Willem Johannes Cornelis Kooper werd op 27 november 1888 in Leiden geboren als zoon van een handelaar in beelden. Hij studeerde eerst astronomie aan de Leidse universiteit, een studie die hij niet afmaakte. Daarna werkte hij een tijdje als rekenaar bij de Sterrenwacht. Rekenaars waren menselijke computers die voor de hoogleraar sommen maakten. Ze werden geselecteerd op hun rekenvaardigheid en niet zozeer op opleiding. Er waren ook veel huisvrouwen die dit werk deden.[66] Hij vervolgde op een gegeven moment zijn studie, maar stapte over op de biologie. Eerst in Leiden, later in Utrecht. Hij trouwde op 26 april 1921 in Bussum en vertrok kort daarna naar Pasoeran in Nederlands Oost-Indië en later naar Semarang. In Indië werden ook zijn twee kinderen geboren. In 1927 was hij kort in Nederland voor zijn promotie, waarvoor hij in de periode 1922-1925 onkruid had onderzocht op een suikerplantage in Pasoeran. In 1933 kwam hij terug in Bussum, waar hij zich bij de gemeente liet inschrijven als doctor in de biologie. Een betrekking had hij toen niet.[67]

Na een jaar vertrok hij naar Maartensdijk/Groenekan, waar hij waarschijnlijk Roels leerde kennen. Hier woonden in de jaren dertig veel Indiëgangers, die zich aansloten bij de plaatselijke afdeling van de NSB. Zij waren voorstander van een versterking van het overheidsgezag en moesten niets hebben van het communisme. Diezelfde aanhang vond Kooper in Bilthoven, waar zich vooral onder intellectuelen en middenstanders veel NSB'ers bevonden.[68] Kooper kwam in 1936 in Bilthoven wonen, maar kon pas in 1941 zijn intrek nemen in de riante villa, die toen net was geconfisqueerd door de Duitsers.[69]

Het lijkt erop dat ook Kooper, geholpen door de omstandigheden, een eigen biografie kon construeren. Hij wist, waarschijnlijk door zelfstudie, veel van Jung en de Jungiaanse therapie, maar werkelijk gekwalificeerd was hij niet. Waarschijnlijk was hij, eenmaal terug in Nederland, zoals veel Indiëgangers werkloos en werd hij door de politiek gelijkgestemde Roels aan een baantje en patiënten geholpen.

Paul moet hebben vermoed dat er iets niet klopte aan deze man, maar blijkbaar was zijn emotionele toestand op dat moment zo miserabel dat hij geen weerstand kon bieden aan diens krachtige persoonlijkheid. Hij begon in het voorjaar van 1943 met de behandeling, waarvoor hij in Utrecht de trein naar Bilthoven moest nemen. Vanaf het station was het dan nog ongeveer tien minuten lopen om het huis van Kooper te bereiken. Terwijl hij in Koopers bovenkamer aan de voorkant van de villa vertelde wat hem in zijn diepste innerlijk bezighield, keek hij naar buiten en moet hij zich gerealiseerd hebben in een wereld terecht te zijn gekomen waarvan hij zich het liefst verre had gehouden.

De therapie stopte vlak voor de hongerwinter van 1944. Kooper zou in Paul Rodenko's dromen de sleutel tot de oplossing van zijn stotteren vinden en hem genezen, maar dat was niet gebeurd. Integendeel. Zijn toestand was alleen maar verslechterd en hij had dan ook voor altijd zijn vertrouwen in de Jungiaanse therapie verloren. Hij was open geweest tegenover Kooper en had verteld over zijn 'oerervaring' met het wonder in Riga, maar het had tot niets geleid.[70]

4. DE LOYALITEITSVERKLARING

Niet veel studenten wisten waar Kooper politiek stond. Vooral in kringen van het Utrechtse corps stond hij bekend als iemand voor wie je moest oppassen. Hij had contacten met hoge Duitsers en stond niet onsympathiek tegenover de NSB.[71] Paul verkeerde niet in corpskringen, maar zal zeker iets

gehoord hebben over deze duistere kant van Kooper. Hij vertelde in ieder geval niet aan Hems Bos dat hij bij Kooper thuis werd behandeld.[72]
De positie van Roels was duidelijker en veel studenten waren bang voor hem.[73] Hij was sinds 1942 begunstigend lid van de ss en verscheen op bijeenkomsten buiten de universiteit wel eens in uniform. Ook hing er in zijn kamer een portret van Hitler. Van de ss was hij automatisch lid geworden, omdat hij zich op zestigjarige leeftijd had aangemeld voor het Oostfront, waar hij wegens te hoge leeftijd echter nooit is geweest. Je op die leeftijd aanmelden bij de ss was op zich absurd, maar voor Roels was dat kennelijk een manier waarop hij uiting kon geven aan zijn afkeer van het oprukkende communisme. Daarnaast zette hij zich in voor de Nederlands-Duitse Kultuurgemeenschap en de Nederlandse Cultuurraad. Als psycholoog ging hij vooral in de fout met zijn boek *Psychologie en volksvoorlichting*, dat in juni 1944 bij de dubieuze uitgeverij De Schouw verscheen.[74]
Slechts één ding pleitte voor Roels: hij was geen antisemiet. Dat werd na de oorlog nog eens bevestigd door zijn collega's en assistenten, die wisten dat hij bereid was geweest joden te helpen als er problemen met de Duitsers waren. Daardoor kon nog in 1941 de joodse psycholoog Van der Heyden bij hem promoveren.[75]
Door de pro-Duitse houding van Roels gingen de colleges bij psychologie lang door. Daarvoor deed die zijn uiterste best en hij praatte diep op zijn studenten in om te blijven komen. Toen er bijvoorbeeld in april 1943 veel studenten wilden stoppen met hun studie, riep hij ze bijeen. Met klem probeerde hij ze toen over te halen de colleges te hervatten.[76] Dat veel studenten het beter vonden de studie te staken, was begrijpelijk. Vanaf de tweede helft van 1942 was er namelijk het een en ander gebeurd in de universitaire wereld en in het voorjaar van 1943 hadden veel hoogleraren zelf al besloten geen colleges meer te geven. Roels wilde niet dat het bij psychologie zo 'uit de hand' zou lopen.
De onrust was begonnen met de invoering van de arbeidsdienst. Regel werd dat je alleen mocht studeren na vervulling van een arbeidsdienst van zes maanden in een werkkamp. Omdat de Duitsers verwachtten dat dit op korte termijn niet veel zoden aan de dijk zou zetten, bedachten ze iets anders. Waarom niet zesduizend arbeiders uit het hoger onderwijs rekruteren? Dit plan werd via het verzet bekend bij de studenten, die in paniek raakten. In de nacht van 11 op 12 december stichtte een aantal van hen brand in de studentenadministratie van het Academiegebouw. Er werden studenten opgepakt, maar de echte daders bleven buiten schot. Na deze arrestaties vertrokken velen met de schrik in de benen uit Utrecht en ook Paul bleef toen 'veilig' in Den Haag.

De rector-magnificus reageerde met een vervroegde kerstvakantie, om zo orde op zaken te kunnen stellen. Hij vroeg de studenten opnieuw hun persoonsgegevens te verstrekken, waaraan maar een klein aantal gehoor gaf. Hij stuurde ze daarom een brief met het advies na de vakantie de studie weer op te pakken en beloofde dat uitzending naar Duitsland van de baan zou zijn. Ook het studentenverzet adviseerde de studenten toch maar weer naar Utrecht te komen, al had het daar heel andere redenen voor. Zo zou een beter onderling contact mogelijk zijn.

Het was even rustig in Utrecht totdat op 5 februari 1943 een aanslag plaatsvond op H.A. Seyffardt, de commandant van het Vrijwilligerslegioen Nederland. Deze vertelde dat hij was aangevallen door studenten, wat de Duitsers aangrepen om die eindelijk eens aan te pakken. In Utrecht, Amsterdam, Rotterdam en Wageningen vonden op zaterdagochtend 6 februari 1943 razzia's plaats; ruim zeshonderd studenten werden uit de collegezalen gehaald en naar kamp Vught vervoerd. Een ander onderdeel van de vergelding was de klopjacht die de maandag daarop door de Ordnungspolizei werd ingezet op 5000 jongeren uit 'gegoede' gezinnen. Dat 'gegoede' werd echter ruim opgevat.[77] Paul sloeg de schrik om het hart; hij dook onder in een huis aan de Neuhuyskade 15 in Den Haag, vlak naast het Tweede Gymnasium.[78]

Na deze gebeurtenissen kwam het onderwijs aan de Utrechtse universiteit stil te liggen. Het duurde tot 1 juni voordat enkele docenten weer colleges gaven. Die mochten alleen gevolgd worden door studenten die de zogenaamde loyaliteitsverklaring hadden ondertekend. Over deze verklaring ging de vergadering die Roels in april 1943 voor zijn medewerkers en studenten uitschreef. Zijn advies was duidelijk: iedereen moest tekenen en niet-tekenaars konden rekenen op problemen.[79]

De loyaliteitsverklaring, die op 3 april getekend moest zijn, was een penibel punt binnen de universitaire gemeenschap. Het studentenverzet was van mening dat er onder geen beding getekend mocht worden en riep daartoe op in het illegale *De Geus*, het blad dat Paul in de kring rond Van Wijngaarden ook wel eens onder ogen kreeg. Er werden ompraatsessies belegd en pamfletten verspreid onder spoorstudenten. Ondanks de duidelijke oproep van het verzet, twijfelden velen. Iedereen die niet zou tekenen moest zich namelijk op 6 mei melden voor uitzending naar Duitsland, wat een verschrikkelijk vooruitzicht was. Alleen door onder te duiken zou hieraan ontkomen kunnen worden, maar waar vond je een goed onderduikadres? Ook dreigden de Duitsers de ouders van niet-tekenaars gevangen te nemen of te beroven van hun bezittingen. Dit laatste zou voor een aantal een belangrijk argument zijn om wel te tekenen.

Het studentenverzet in Utrecht had gehoopt dat het in zijn afkeuring van de loyaliteitsverklaring openlijk gesteund zou worden door de Utrechtse hoogleraren, maar dat gebeurde niet. In plaats van de studenten te adviseren niet te tekenen, boden ze alle gelegenheid dit wel te doen. Ze voeren in dit opzicht een heel andere koers dan de collega's van de Vrije Universiteit in Amsterdam en de universiteiten in Nijmegen, Tilburg en Rotterdam, waar tekenen van 'hogerhand' werd ontraden.

Roels stond als hoogleraar dus niet alleen, al was hij wel het dwingendst in zijn advies. Veel studenten merkten dat. Als ze bij hem tentamen kwamen doen, begon hij vaak over het belang van het tekenen van de verklaring.[80] Hij werd in dit beleid breder gesteund dan vaak is aangenomen. Ook de als niet fout bekendstaande Langeveld, die zelf na de oorlog beweerde zijn studenten te hebben afgeraden hun handtekening te plaatsen, was voor tekenen. De invloed van Langeveld op Paul zal niet groot zijn geweest, hij volgde alleen op de donderdagmiddag zijn colleges pedagogiek, maar het zegt wel iets over de stemming bij psychologie in Utrecht.[81]

De meeste druk kwam van Kooper. Hij was in de relaties met zijn patiënten opdringerig intiem en kon ze in een kwetsbare fase van hun leven gemakkelijk beïnvloeden. Hij was hoe dan ook voor tekenen, wat blijkt uit het advies dat hij aan zijn zoon Wim gaf. Die studeerde medicijnen en werkte als assistent op het Psychologisch Laboratorium van Roels. Hij tekende ook en verklaarde later dat hij dat op advies van zijn vader had gedaan, omdat die hem psychisch ongeschikt vond voor een lange onderduikperiode. Toen Wim na te hebben getekend door een misverstand toch werd opgeroepen voor uitzending naar Duitsland, schreef de oude Kooper een boze brief naar het Gewestelijk Arbeidsbureau in Utrecht. Hij wees erop dat zijn zoon had getekend en dus vrijgesteld was van tewerkstelling. Terloops merkte hij over het tekenen van zijn zoon op dat die door zijn daad behoorde 'tot de kleine groep jonge menschen [...], die verstandig genoeg waren de loyaliteitsverklaring te tekenen en dat hij tevens een bewijs bezit van de rector-magnificus te Utrecht dat hij regelmatig zijn colleges volgt en zich voor zijn candidaatsexamen medicijnen prepareert'. Dat alleen mensen bij hem 'in therapie' mochten die hetzelfde hadden gedaan, spreekt voor zich.[82]

Paul had niet alleen in Utrecht slechte adviseurs, ook thuis kreeg hij waarschijnlijk een eenzijdig 'advies'. Iwan Rodenko was in 1938 in contact gekomen met de Duitse koopman Hans Tietgen, die zich tijdens de Tweede Wereldoorlog ontpopte als een beruchte inkoper van de organisatie Todt, het bouwbedrijf van het Duitse leger. De koopman 'huurde' van Iwan Rodenko het kantoor van de N.V. Nederlandse Wereldverkeer Maatschappij. De Rodenko's hadden het waarschijnlijk door deze zakenrelatie tijdens de Tweede Wereldoorlog relatief goed. Tot verbazing van een aantal kennissen was er bij Paul thuis voldoende te eten en werden er zelfs alcoholische dranken geschonken. Zij vonden dat vreemd, maar durfden daar nooit naar te vragen.[83]

Tietgen kende mensen als de chef van de Amsterdamse Sicherheitspolizei Willy Lages.[84] Iwan Rodenko verwachtte van zijn relatie met Tietgen te kunnen profiteren, wat maar in beperkte mate lukte. Via hem kwam hij in 1942 bijvoorbeeld in contact met de ss'er Dirk Vas, Polizeiangestellter bij het zogenaamde Judenreferat IVB4 in Den Haag. Vas viel onder de verantwoordelijkheid van de bevelhebber van de Sicherheitspolizei (SiPo) en de SD en hield zich in Den Haag bezig met de deportaties van joden. Hij had een verleden van twaalf ambachten en dertien ongelukken en was via de NSB en de Waffen-SS bij de SiPo terechtgekomen. Toen Iwan Rodenko Vas leerde kennen was laatstgenoemde ruim een half jaar terug uit de Oekraïne waar hij als lid van de Waffen-SS rond Kiev en Rostow tegen de Russen had gevochten. Dit laatste zal Paul waarschijnlijk niet geweten hebben van de man, die soms alleen zijn vader bezocht, maar ook wel eens in gezelschap van Duitsers in uniform.[85]

Iwan Rodenko was een opportunist en het is de vraag of hij met zijn zoon echt over de kwestie heeft gesproken. Het is waarschijnlijk eerder zo geweest dat Paul geweten heeft dat tekenen voor zijn vader een vanzelfsprekendheid was. Aan die druk van zijn vader was, zoals altijd, niet te ontkomen. Als hij er met zijn vriendin Annetje Houwing, zijn zuster Olga of andere leerlingen en oud-leerlingen van het Tweede Gymnasium over had gesproken, was zijn keuze misschien een andere geweest.[86] Misschien, want door zijn emotionele problemen kon en durfde hij niet anders dan alles lijdzaam over zich heen te laten komen. Hij was angstig en zijn angst werd door dit soort kwesties alleen maar erger. Bovendien zou stoppen met studeren betekenen dat zijn enige 'steun en toeverlaat', Kooper, hem niet meer wilde behandelen.

Paul tekende de verklaring, die hij samen met een begeleidend schrijven kreeg thuis gestuurd. Daarin benadrukte de rector-magnificus nog eens het belang van ondertekenen. Paul raakte zo nog meer verstrikt in een nationaal-socialistische sfeer, die de zijne niet was. Samen met 445 andere studenten, dat was ruim twaalf procent van de totale studentenpopulatie, zette hij een handtekening onder de volgende verklaring:

'De ondergetekende verklaart hiermede plechtig dat hij in het bezette Nederlandsche gebied geldende wetten, verordeningen en andere beschikkingen naar eer en geweten zal nakomen, en zich zal onthouden van iedere tegen het Duitsche Rijk, de Duitsche Weermacht of de Nederlandsche autoriteiten gerichte handeling, zoomede van handelingen of gedragingen welke de openbare orde aan de inrichtingen van hooger onderwijs, gezien de vigeerende omstandigheden, in gevaar brengen.'[87]

Door te tekenen kon hij samen met vier andere psychologiestudenten doorgaan met zijn studie aan het Psychologisch Instituut van Roels. Veel ondertekenaars kwamen al gauw tot de conclusie dat zij er niet goed aan hadden gedaan en trokken hun verklaring in of stopten met de studie. Paul deed geen van beide en volgde direct na de heropening van de universiteit, in juni 1943, enkele colleges en practica.[88]

Na de zomervakantie van 1943 schreef hij zich opnieuw in en tekende hij, op 15 oktober, voor de tweede keer de loyaliteitsverklaring.[89] Van een universitair leven was in Nederland toen nauwelijks meer sprake. Zo'n vierduizend studenten vertrokken naar Duitsland om daar onder erbarmelijke omstandigheden te werken, vijfduizend andere waren inmiddels ondergedoken.

De Utrechtse universiteit was in nationaal-socialistisch vaarwater terechtgekomen. Er studeerden op 13 december 1943 nog maar 342 studenten, onder wie veel NSB'ers.[90] Het universitaire regime werd harder en Roels verplichtte bijvoorbeeld zijn studenten colleges te volgen bij prof. dr. Tobi Goedewaagen, die in januari 1943 was benoemd tot hoogleraar in 'de theoretische wijsbegeerte, de geschiedenis der wijsbegeerte en de psychologie, met uitzondering van de empirische psychologie'. Hij was bevriend met Roels, met wie hij in de Nederlandse Cultuurraad zat. Goedewaagen was eind 1940 secretaris-generaal op het Departement voor Voorlichting en Kunsten geworden, maar had na twee jaar door een conflict met de NSB zijn baan verloren. Hij was een overtuigd nationaal-socialist en een vurig voorstander van inlijving van Nederland bij het Duitse rijk. Paul volgde een aantal colleges van de Hegeliaan Goedewaagen, die doceerde aan 'een minimum aan studenten' over Heraclitus, over de ethica van Kant en de wijsgerige antropologie.[91]

Paul Rodenko verklaarde na de oorlog niet veel colleges gelopen te hebben in het studiejaar 1943-'44.[92] De practica gingen een tijdje door, maar wanneer er voor het laatst proeven werden gedaan is niet bekend. Roels deed zijn uiterste best het laboratorium open te houden, maar volgens verklaringen van zijn personeel kwamen er aan het einde van 1943 niet veel studenten meer.[93]

De universiteit liep leeg, maar Paul wilde doorgaan met zijn studie. Hij tekende niet alleen de loyaliteitsverklaring voor de tweede keer, maar diende ook, eind december, bij het bestuur van de Faculteit der Letteren en Wijsbegeerte een verzoek in tot goedkeuring van de combinatie psychologie met sociologie en criminologie als bijvakken voor het kandidaatsexamen. Alsof er niets aan de hand was, kreeg hij daarvoor op 19 december 1943 toestemming.[94] In Utrecht stonden toen nog maar 285 studenten ingeschreven, van wie de meeste geen onderwijs meer volgden. Alsof hij niet zag wat er aan de hand was, vroeg hij voor het studiejaar 1944-'45 ook nog een studiebeurs aan. De hele universiteit en heel Nederland lagen toen al plat en op dat verzoek kwam dan ook geen reactie. Pas op 15 juni 1945 kreeg hij een brief van het inmiddels weer tot ministerie van Onderwijs, Kunsten en Wetenschappen omgedoopte departement dat schreef, dat: '[...] rijksbeurzen als door U aangevraagd voor den cursus 1944-1945 niet worden verleend, zoodat aan Uw verzoek niet kan worden voldaan'.[95]

5. SCHRIJVER WORDEN

Paul had in Utrecht keuzes moeten maken en dat was hem zwaar gevallen. In plaats van een eigen koers te varen, was hij terechtgekomen in wat later het foute kamp zou heten. Niet uit overtuiging, maar eerder uit angst en onmacht. En misschien omdat hij als 'nihilistische' Rus, voor wie het moment en niet de toekomst ertoe doet, vanuit een ander perspectief redeneerde. In 1944 begreep hij dat hem dat duur zou komen te staan en dat het beter was er met niemand over te praten. Niet alleen de groep-Van Wijngaarden kreeg niets te horen over wat hem was overkomen, maar ook zijn zus Olga en zijn vriendin Annetje in eerste instantie niet. Wat hij meemaakte, moest geheim blijven. Paul leidde een dubbelleven.

Aan het andere leven in Utrecht en Bilthoven was in september 1944 door de spoorwegstaking een einde gekomen. De Nederlandse regering in Londen had begin september tot die staking opgeroepen, omdat zo de geallieerden in het bevrijde zuiden gesteund konden worden. Daaraan werd door een grote groep gehoor gegeven. Er reden geen treinen meer, waardoor Roels en Kooper op afstand bleven. Zijn leven speelde zich nu alleen nog maar af in een stad die langzamerhand een hel op aarde werd.

Vooral in de grote steden ontstonden problemen. Door een represaillemaatregel van Seyss-Inquart kwamen de voedseltransporten stil te liggen en Den Haag leed honger. Na de opheffing van dit embargo kwam de toevoer maar moeizaam op gang, omdat door de strenge vorst de binnenwateren bevroren waren en het niet lukte voldoende etenswaren naar de grote steden te transporteren. Ook de energievoorziening was een probleem; het werd onmogelijk steenkolen uit Zuid-Limburg aan te voeren. De Hagenaars waren in de laatste oorlogswinter alleen nog bezig met het verzamelen van voedsel en hout; ze kapten zo'n 55.000 bomen in de Bosjes van Pex en de Scheveningse Bosjes.[96] De oorlog was bijna verloren, begrepen de Duitsers, en hun optreden werd harder. Ook dat was een reden om niet te veel op straat te verschijnen. In november 1944 begonnen de razzia's in Rotterdam en Den Haag, waarbij ze het hadden gemunt op mannen tussen de zeventien en veertig jaar. Die zouden de geallieerden bij hun inval in Nederland kunnen helpen en moesten hoe dan ook uitgeschakeld worden.[97] Met luidsprekerwagens riepen ze de mannen op zich te melden voor vertrek naar Duitsland. Paul behoorde tot de 'geschikte' mannen voor deze Arbeitseinsatz en werd ook opgepakt. Toen hij in de overvalwagen zat, herkende een kapitein hem als zijn vroegere medescholier van de Deutsche Schule en liet hem vrij. Ook zette hij een stempel en handtekening op zijn persoonsbewijs waarmee hij even uit de voeten kon.[98]

Even, want het bleef gevaarlijk op straat, zelfs voor mensen met een vrijstelling. Op 26 november 1944, zijn vierentwintigste verjaardag, een paar dagen na het verkrijgen van de vrijstelling, durfde hij niet de straat op te gaan en verkleedde hij zich daarom als vrouw. In een jurk, maar met herenschoenen, wandelde hij als een 'nuffig dametje' naar Voorburg om de familie Maso te bezoeken. De metamorfose was door zijn fijne gezicht en geringe baardgroei perfect en van de Maso's had niemand meteen in de gaten dat hun neef voor de deur stond.[99] Ook daarna bleef het gevaarlijk op straat. De eerste razzia's waren geen succes en begin 1945 gingen de Duitsers op nog brutere wijze op zoek naar jonge mannen. Het was zaak thuis te blijven.

Eind 1944 was de groep-Van Wijngaarden nog actief en een enkele keer betrokken ze Paul bij hun acties. Hij werd door Frank Klein, leerling van het Tweede Gymnasium, eind september 1944 gevraagd zich aan te sluiten bij de Binnenlandse Strijdkrachten.[100] Die begonnen toen met het werven van soldaten, omdat de bevrijding dichtbij leek en het zaak was daarna direct orde op zaken te kunnen stellen. Paul sloot zich aan op een moment dat de belangstelling voor de Binnenlandse Strijdkrachten een massale omvang aannam, want velen probeerden met de bevrijding in het vooruitzicht aan de goede kant te staan. Die belangstelling werd door mensen uit de illegaliteit met argusogen bekeken. Ze verdachten veel mensen ervan op het laatst van de oorlog hun geweten te willen zuiveren en ze spraken daarom over 'septemberartiesten'.

Richard van Wijngaarden vroeg hem in diezelfde tijd mee te werken aan het vervalsen van verklaringen in het kader van het z-Karten-Verfahren. De Duitsers vorderden kleding en dekens van de burgers, die na inlevering een verklaring kregen. De actie mislukte, omdat veel mensen de papieren vervalsten.¹⁰¹ Ook Paul vervalste papieren en spioneerde bovendien bij schoolgebouwen waar de kleding ingeleverd moest worden.¹⁰² Dat spioneren was een van de weinige activiteiten die hij nog buitenshuis deed. Paul zat in het laatste oorlogsjaar vaak als een kluizenaar in zijn kamer waar hij filosofische en psychologische boeken van Freud, Kierkegaard, Bergson en Nietzsche las en voor het eerst sinds het begin van de oorlog weer schreef.¹⁰³ Een gedicht uit die tijd is 'Sonnet 1944':

Sonnet 1944

De dagen snuiven als verdoolde paarden
en vensters breken in hun glimmend kruis.
Gestage fluistring gaat van huis tot huis:
een vreemde vrouw woont in de appelgaarde.

Het zwerk schuift als een roltrap naar omhoog
en ieder dak heeft plots een rode vaan;
maar sissend is de sterrenbol vergaan
die mateloos op onze schouders woog.

Een stengun heeft de eenvoud van een kruis.
Kan men de nachten anders dan ervaren?
Voor 't eerst sinds eeuwen is een luis een luis.

In puin en vlammen ligt een strenge baan.
Geen vrouw die ons zo maagdelijk bedroog:
wij zien haar in de appelgaarde staan.¹⁰⁴

'Sonnet 1944' bleef ongepubliceerd. Met beelden uit een stad in oorlog, tekende Paul een sfeer van onrust, illusieloosheid, bedrog en angst. Tijdens de oorlog heeft de christelijke cultuur, gesymboliseerd door een kruis, haar gewelddadige kant laten zien, lijkt hij met dit gedicht te willen zeggen. In wat voor cultuur leven we nog?

'Sonnet 1944' is meer dan een tekening van de macabere sfeer die in 1944 in Den Haag hing. Paul maakte ook de balans op van wat hem de jaren daarvoor was overkomen, want juist in deze periode had de werkelijkheid zich aan hem opgedrongen. Het schild tussen hem en de wereld, hier weer gesymboliseerd door een venster, was gebroken. Hij was tot zijn eigen schade en schande tijdens de Tweede Wereldoorlog steeds meer een betrokkene geworden.

In 1944 schreef Paul niet alleen gedichten, maar ook verhalen en zijn eerste 'volwassen' essay. Hij las het liefst boeken van Kierkegaard, omdat die hem op een andere manier naar zichzelf leerde kijken. Diens werk bood hem een mogelijkheid zijn eigen gevoel van beklemming en angst, dat door de oorlog intenser was geworden, een plaats te geven. Het was misschien niet meer iets wat overwonnen moest worden, zoals Kooper dat wilde, maar iets waarmee hij moest leven. Hij ontdekte bovendien dat angst een belangrijke drijfveer voor veel dichters en denkers vóór hem was geweest.[105] Heidegger had erop gewezen dat de mens zijn eindigheid ervaart in de angst. Als hij daarvoor vlucht, ontkent hij de diepe zin van het bestaan.

Paul had in het voorjaar van 1944 al contact gezocht met de journalist Willem Karel van Loon, een Hagenaar die eind 1943 *Stijl* had uitgegeven, 'maandschrift der officieuze sociëteit / gewijd aan / kunst en wetenschap', zoals het onderschrift luidde. Van Loon plaatste voor zijn tweede tijdschrift, *Maecenas*, op 12 april 1944 een advertentie in *Het Vaderland* met de volgende tekst: 'Jongelui met belangstelling voor literatuur, muziek, toneel, beeld. kunsten en alg. wijsbegeerte, zoeken contact met gelijkgezinden. Brieven No.1510, bureau van dit blad.'[106]

Hierop reageerde Paul, die thuis *Het Vaderland* las. Hij meldde zich bij Van Loon, die tijdens de oorlog als correspondent bij het Rijksbureau voor Hotel-, Café-, Restaurant- en Pensionbedrijf werkte en bij zijn ouders in Voorburg woonde.[107] Van Loon herkende Paul Rodenko als lid van het Russisch jeugdorkest, waarin hij hem tijdens een van de schoolfeesten balalaika had zien spelen.[108] De twee hebben toen uitvoerig gesproken. Voor Van Loon waren dit soort gesprekken met nieuwe medewerkers van groot belang, omdat hij het niet kon riskeren onbetrouwbare figuren binnen te halen. Bij Paul Rodenko twijfelde hij geen moment.

Tijdens dat eerste gesprek bleek dat Paul geïnteresseerd was in psychologie, maar hij vertelde niet dat hij nog als student was ingeschreven in Utrecht, laat staan dat er over het tekenen van de loyaliteitsverklaring werd gesproken. Had hij dat wel gedaan, dan was Van Loon niet met hem in zee gegaan.[109] Paul begreep dat. Met zijn bezoek aan Van Loon zette hij zijn eerste stappen binnen een andere werkelijkheid die kunst heette en die voor hem 'zuiver' moest blijven. Hier was geen plaats voor politieke kwesties, hier wilde hij wat hij had meegemaakt juist vergeten.

Tijdens de eerste ontmoeting vertelde hij veel werk te hebben liggen, maar de bijdragen die hij beloofde kwamen maar mondjesmaat binnen. Pas in augustus 1944 debuteerde hij onder het pseudoniem Juan Paró met het verhaal 'De fout', dat qua sfeer en inhoud doet denken aan Dostojevski's *Mémoires uit het souterrain*.[110]

In het verhaal beschouwt een vereenzaamde zieke man vanuit een groot somber huis ('maar in de kamer is niets dan donkerte of het gekraak van oude meubelen') het grillige leven buiten, waar hij maar geen vat op kan krijgen. Vanuit zijn 'hol' ziet hij dat de buren alleen maar roodharige vriendinnen hebben. Daarvoor probeert hij een verklaring te vinden. Maar hij komt er niet uit en er zit niets anders op dan het wonder van de roodharige meisjes te accepteren.[111] Het zal wel komen door zijn langzame manier van leven, waardoor juist hem dit soort zaken opvallen. Met zijn traagheid is hij in de ogen van de mensen ziek, er schuilt een fout in zijn constitutie.

De huisbewoner zag het wonder van de roodharige meisjes door het venster, en hij kon er, gehinderd door zijn slechte ogen, slechts een glimp van opvangen. Ook hier al een soort echec-ervaring. Zoals de dichter van 'Zondagmiddag' door het venster een 'andere' werkelijkheid zag, zo kijkt de man uit 'De fout' naar buiten en ziet het Onbekende, het Andere, dat voor hem iets angstwekkends heeft en waarop hij geen vat kan krijgen. Door deze ervaring merkt hij 'anders' te zijn dan de 'normale' mensen om hem heen, wat hij verklaart uit het feit dat hij te langzaam leeft.

Het verhaal was ook een variatie op het thema van het essay dat hij als scholier over het toeval had geschreven. Net als indertijd de *Canto*-lezers keken sommige lezers van *Maecenas* vreemd aan tegen dit proza. Zij reageerden in het vierde nummer met reacties als: 'In zijn soort is het – zeker volgens moderne psychologen – knap, voor mijn gevoel is dit geschrijf steriel' en: 'Kan ik persoonlijk niet waarderen.' Sommigen waren positiever en vonden het verhaal 'zeldzaam goed van stijl, technisch zeer knap, blijk van een goed ontwikkeld analytisch vermogen' en 'buitengewoon suggestief geschreven, hoewel kop en staart nog zwak zijn'.[112]

Paul verdedigde het verhaal in zijn eerste essay 'Pro Domo', dat in het zesde nummer van *Maecenas* verscheen. Het begint als volgt: 'In het midden der vorige eeuw werden twee mannen, de romanticus Dostojevski en de mathematicus Gauss, door één zelfde wonderlijke gedachte getroffen: als twee evenwijdige lijnen eens niet evenwijdig waren? Beiden schrokken een ogenblik, want als men de mogelijkheid toegeeft dat tweemaal twee niet vier is, geeft men de mogelijkheid van het Wonder toe: een middeleeuws onkruid dat Kant en Hegel juist op zulk een doeltreffende wijze hadden uitgeroeid. Gauss echter herstelde zich snel en hief het Wonder door middel van de niet-euclidische geometrie in ons vanouds bekende begrippenschema op – terwijl Dostojesvki, die niet voldoende mathematisch geschoold was om hetzelfde kunststuk uit te halen, niets beter wist te doen dan schelden op de onhandelbaarheid van het begrippenschema (*Mémoires uit het souterrain*).'[113]

In zijn debuutessay koos Paul onvoorwaardelijk voor Dostojevski met zijn niet-weten en het wonder. Dat moest het citaat 'Wie weet, of niet het leven sterven is, en sterven leven?' van Euripides nog eens extra benadrukken. Hij volgde zo Sjestov, zonder hem overigens te noemen, die het als motto voor een essay over Dostojevski had gebruikt.

Ook gaf hij een uitleg van zijn gedicht 'Don Juan', dat in het vijfde nummer had gestaan. Het gaat over een figuur uit de wereldliteratuur die hem boeide en over wie hij bij Kierkegaard had gelezen dat hij geen relaties met vrouwen wilde omdat het hem aan tijd ontbrak. Daar plaatste Paul zijn eigen traagheid tegenover, die hij nader uitlegde in 'Pro Domo': 'De legende van Don Juan is de legende van de filosoof, van de gezonde filosoof welteverstaan, van de filosoof die met een snelheid van zestig minuten per uur leeft.' En met die gezonde filosoof wilde hij en kon hij zich, als Rus, niet identificeren.[114]

Als gevolg van zijn medewerking aan *Maecenas* werden zijn gedichten gepubliceerd in *Parade der Profeten*, waardoor hij tijdens de oorlog ook bekendheid buiten Den Haag kreeg.[115] Het Utrechtse blad was in mei 1944 voor het eerst verschenen en stond onder leiding van Jan Praas, die in de zomer na de oprichting Van Loon ontmoette. Samen bedachten ze het plan een gezamenlijk poëzienummer samen te stellen, dat in het najaar van 1944 verscheen. Hierin stonden gedichten van *Maecenas*-mensen als Hans Warren, Paul van 't Veer en Paul Rodenko en werd werk gepubliceerd van dichters als Ad den Besten, Guillaume van der Graft en Willem Frederik Hermans.[116]

Rodenko publiceerde drie gedichten, waaronder 'Verregende Liefde', dat onder de titel 'Zondagmiddag' werd gebundeld in *Gedichten*.[117] De andere twee gedichten waren 'Nachtelijk gesprek' en 'Spinnen'. In het surrealistische 'Spinnen' beschrijft Rodenko het verstilde maar ook angstige moment van het wonder, dat zich in de vorm van spinnen aan hem voordoet. Het bleef ongebundeld.

Spinnen

dit is de doodstijd van de dag
de laatste lach
valt krachtloos van de wand terug
en ligt verloren na te trillen
een vaal gezicht
staat in het spiegelglas
hoort men het rillen
der gordijnen

plots zijn uit alle hoeken
de spinnen over het karpet geschoten
in een snel en genadeloos zoeken
de kamer is vol van de stilte
van talloze poten

wie kent het streven der spinnen
hun vertwijfelde zin en
het starre licht in hun satijnen ogen
hun stomme tasten naar het ongehoorde
het donkre dat de tijd doet keren

zij die een spitse angst doorboorde
zijn koud en stijf geworden
de spinnen kruipen langs hun kleren
met lange poten uitgerekt
in mateloos begeren
grauw glijden zij langs hals en oor
als op een vaagbegrepen spoor
naar steeds intiemer doelen

De medewerkers van *Maecenas* zochten elkaar regelmatig thuis op. Paul was in de zomer van 1944 voor het eerst bij zo'n bijeenkomst, die plaatsvond bij Van Loon in Voorburg. Hij ontmoette daar Gerard Messelaar, Henk Peeters, Jan Goverts en Paul van 't Veer, met wie hij bevriend raakte. Het waren mensen met verschillende achtergronden en interesses. Ambitieuze jonge mannen, die nog op zoek waren naar hun definitieve vorm als schrijver. Goedbeschouwd sloten ze niet aan bij Paul Rodenko's thema's en belezenheid, maar het was oorlog en moeilijk gelijkgestemden te vinden.

Paul maakte bij de *Maecenas*-mensen indruk. Vooral Henk Peeters raakte geïmponeerd, omdat Paul zoveel wist van het Franse surrealisme. Peeters had regelmatig gebladerd in *La Révolution surréaliste*, het eerste surrealistische tijdschrift dat in de jaren twintig in Frankrijk was verschenen, en dacht een deskundige te zijn, maar hij moest in Paul zijn meerdere erkennen. Die scheen er bovendien geen problemen mee te hebben het werk van de surrealisten in het Frans te lezen.[118]

Het klikte vooral tussen Paul Rodenko en Paul van 't Veer, omdat een aantal dingen hen bond. Beiden stotterden en hielden van muziek maken. Paul van 't Veer had Paul Rodenko met zijn orkest wel eens gezien en gehoord op feesten van middelbare scholen in Den Haag. Hijzelf speelde gitaar en met

Paul op de balalaika vormden ze een ideaal duo voor *Maecenas*-avonden. Die werden steeds gezelliger. De discussies over literatuur namen een minder belangrijke plaats in. Vaker werd er gepokerd of het door Paul geïntroduceerde, aan pokeren verwante, Russisch banken gespeeld. Paul won altijd en incasseerde schriftelijke schuldbekentenissen met daarop teksten als 'goed voor tien gulden'.

Een enkele keer werd er bij Paul thuis afgesproken. Iwan Rodenko bemoeide zich maar al te graag met de vrienden van zijn zoon, wat ze aanvankelijk wel leuk vonden. Hij droeg bij aan de Russische sfeer van zo'n avond. Maar op een gegeven moment liep het volkomen uit de hand. Het einde van de oorlog was nabij, mensen als Vas waren inmiddels gevlucht naar Duitsland, en Iwan Rodenko was zijn bakens aan het verzetten. Hij kon geen kwaad woord horen over Rusland en toen Goverts een anticommunistische opmerking maakte die ook als anti-Russisch opgevat kon worden, werd hij woedend. Vloekend in het Russisch, half-Duits en half-Nederlands werkte hij Goverts de deur uit. De anderen volgden en realiseerden zich dat een gezellige avond bij de Rodenko's er voorlopig niet meer in zat. Iwan Rodenko was weer eens op een vervelende manier de wereld van zijn zoon binnengedrongen.[119]

Van 't Veer verwerkte zijn ervaringen bij de Rodenko's in zijn ongepubliceerde novelle *Het dubbelleven van Max Leeuwerik*, waarin Paul Rodenko voorkomt als Karel Gluter. De sfeer die hij rond dit personage beschrijft, is typisch Rodenkiaans te noemen: 'Karel speelde een langzame melodie, waarvoor elke mineur uit het instrument gehaald werd. Dit moesten rivierslepers zijn, oude mannen met baarden en kapotte laarzen; zuchtend en steunend trokken zij een zware boot voort, iemand zong een rhytmisch treurlied. Het rhytme versnelde zich tot een dans. De slepers vergaten hun vermoeidheid en vormden een kring rond een van de kameraden, die met een boerenmeisje danspassen maakte (of kon dat niet? alleen een mannelijke kozakkendans dan). Mevrouw Gluter begon rhytmisch in de handen te klappen, de ogen nog steeds gesloten. Met een wilde cadans besloot ze het lied.'[120]

Enkele *Maecenas*-medewerkers bezochten de bijeenkomsten die Willem Schrofer, schilder en docent aan de Koninklijke Academie voor Beeldende Kunsten, organiseerde. In zijn atelier aan de Bazarlaan kwamen eens in de twee weken mensen als Paul van 't Veer, Henk Peeters en zijn zoon Jurriaan Schrofer samen om te luisteren naar lezingen over moderne kunst en haar toekomstige plaats in de maatschappij. Het was erg idealistisch allemaal. Schrofer was toen nog communist – hij zat tijdens de oorlog ook in de illegaliteit – en zijn grote voorbeeld was het socialistische Rusland. Na de revolutie waren daar kunstenaars door de staat aangesteld om te helpen bij de artistieke ontwikkeling van het volk. De gesprekken in dit gezelschap stonden op een hoger niveau dan die tijdens de *Maecenas*-bijeenkomsten, maar Paul was er maar een paar keer bij. Waarom is niet duidelijk; het moet hem toch goed gedaan hebben dat er ook in Den Haag mensen waren die zijn land bewonderden. Of was het een onderwerp waarover alleen Slavische zielen konden spreken?[121]

Bijeenkomsten van de *Maecenas*-medewerkers werden eind 1944 door de razzia's van de Duitsers onmogelijk. De meesten doken onder en alleen schriftelijk contact was nog mogelijk. Paul durfde het huis niet meer uit en Van 't Veer zat als er een razzia was bij een kennis van zijn ouders in een keldertje ondergedoken. Vanuit deze situatie schreven de twee Paulen elkaar eind december 1944 over Kierkegaard, Goethe, het wonder, zelfmoord en hun eigen gedichten.[122] Van 't Veer had even de plaats van Aimé van Santen overgenomen, wie het gelukt was naar het bevrijde zuiden te vluchten.

Al het Russische was Van 't Veer vreemd, maar er waren voldoende gemeenschappelijke artistieke interesses. Het surrealisme bijvoorbeeld. Beiden waren onder de indruk van het boek *Les Contemporains* van René Huyghe, de conservator van het Louvre, waarin alle belangrijke surrealistische schilders en dichters waren opgenomen. Paul schreef aan Van 't Veer over deze doorwrochte monografie: '[...] de beste die ik op het gebied van de moderne schilderkunst ken en ook voor litteraten van groot belang. Zo helder en duidelijk ook, zonder grote woorden en dergelijke, zoals je ze in duitse werken vindt – vooral op zulk een "vaag" terrein als het surrealisme'.[123]

Over Pauls 'Pro Domo' had Van 't Veer nog de nodige vragen, die hij nu schriftelijk moest stellen. Hij dacht bij het wonder aan iets anders dan Paul en vroeg hem daarom daarover meer te vertellen.[124] Daar had Paul Kierkegaard voor nodig, omdat die twee wijzen van momentbeleving had beschreven. De eerste was gebaseerd op angst en speelde ook in de gedichten van Rilke een rol. De tweede ging uit van de extase en kon je beter een 'gezellig moment' noemen. Het ging Paul om het eerste moment. De angst die daarbij hoorde was objectloos, want 'je bent voor niets bepáálds bang, hoogstens voor de dood, d.i. het Niets'. Daarom bundelde hij het gedicht 'Spinnen' waarschijnlijk ook niet; hierin werd de angst te concreet in verband gebracht met een object. Op Sjestoviaanse wijze legde hij uit hoe die angst alle betrekkingen tussen de mens en de wereld afsnijdt en tijd en ruimte opheft: 'De wereld verzinkt, zakt voor onze voeten weg en wij blijven als een onnoemelijk klein puntje in het mateloze Niets achter. In dit staan op de rand van de afgrond beleven wij onszelf als ogenblik, beleven wij onszelf in laatste potentie – dit is het angstige moment.' De mens was dan boven zichzelf uitgestegen, het was het moment van 'het niet-zijnde', dat logisch gezien niet kon bestaan. De discussie spitste zich uiteindelijk toe op de kwestie van de zelfmoord, volgens Van 't Veer een mogelijkheid om de tijd te verbreken en de angst te overwinnen. Paul zag de zelfmoord echter niet als een overwinning, maar als een weglopen voor de angst. Bovendien doorbrak je met het plegen van zelfmoord niet de tijd: 'Dacht je dat een dode Paul van 't Veer minder aan de tijd was onderworpen dan een levende? Of je gewoon sterft of door suïcide: na drie dagen begin je gewoon te stinken. Nu kun je wel zeggen: ja, maar mijn ziel is onsterfelijk geworden. Goed, dat kun je beweren, maar de voorstelling dat de ziel een soort duifje is dat na je dood je lichaam verlaat, begint langzamerhand toch wel een beetje naïef te worden: alsof je lichaam en je ziel niets met elkaar te maken hadden!'[125]

In een volgende brief ging Paul uitvoeriger in op de psychologische verschillen tussen het 'gezellige' moment van Van 't Veer en zijn eigen 'existentiële' moment. Dat was alleen te bereiken door de angst te aanvaarden. Hij noemde het de 'angst van den neuroticus' en wist het te verbinden met zijn Slavische ziel. Het was de traagheid die deze angst genereerde.[126]

Voor verdere lectuur over de 'verticale eeuwigheid' en het doorbreken van de tijdstroom verwees Paul naar Kierkegaard, die het wonder het snijpunt van tijdelijkheid en eeuwigheid had genoemd. Hij waarschuwde wel dat het 'verduiveld' moeilijke literatuur was.[127] Een andere interessante filosoof was de Duitser E. Grisebach, die over het moment had geschreven: 'Dieses Heute ist kein Moment in der Kontinuität mehr, sondern Störung jeder kontinuierlichen Masse, der Halt jeder Wesensentfaltung in der Langeweile der unendlichen Zeit.'[128]

Het was duidelijk. Paul verkeerde tijdens de laatste jaren van de Tweede Wereldoorlog in pre-existentialistische sferen. Die waren meer Russisch dan Nederlands. Hij kon daarover schrijven met Van 't Veer, maar miste Aimé van Santen die gelijkgestemder was. Nog meer dan Paul identificeerde deze zich met de man uit Dostojesvki's novelle.[129] Voor hem was Dostojevski de belangrijkste schrijver, omdat hij als enige de tekortkomingen en de zonden van de mens interessanter vond dan de deugden.[130] Na de oorlog zou hij over 'de keldermémoires' schrijven: 'De philosophie van de *Mémoires uit een Kelderhol* gaat dus uit van de psychische praemissen walging, angst en wanhoop. Het typische is dat de mémoirist zichzelf in de ogen van de lezer disqualificeert door zich als masochist en zieke af te beelden. Dit maakt hij gedeeltelijk weer goed door het bewustzijn zelf een ziekte te noemen; hij is bewust, ergo ziek.'[131]

Van Loon ging ondanks de hongerwinter nog even door met *Maecenas*; het zevende en laatste nummer verscheen in januari 1945. Daarin waren vooral komisch bedoelde aforismen van Paul opgenomen die de vrouw tot onderwerp hadden. 'Een vrouw die haar benen kruist, heeft altijd iets van een professor die Hegel citeert', is een van de opvallendste.[132] Van Loon stopte met het tijdschrift en bedacht een nieuw blad. Op zijn onderduikadres, een villa in de duinen van Meijendel in Wassenaar, ontstond het *Tijdelijk verschijnende tijdsverschijnsel EN PASSANT*, waarvan het eerste nummer in april 1945 verscheen. Paul werd echter geen medewerker van dat blad. Die had op dat moment wel andere zaken aan zijn hoofd. Hij was met zijn familie slachtoffer geworden van een per vergissing uitgevoerd geallieerd bombardement op het Bezuidenhout, de grootste ramp die Den Haag tijdens de Tweede Wereldoorlog overkwam. Britse vliegers bombardeerden op zaterdag 3 maart 1945 even voor negen uur 's ochtends het Bezuidenhout en enkele panden aan het Korte Voorhout. Het plan was Duitse v-2's die in het Haagse Bos stonden opgesteld onschadelijk te maken, maar door een fout raakten ze huizen, bedrijven en scholen. Zo'n 12.000 mensen kwamen op straat te staan en 520 mensen vonden de dood.[133]

Ook het huis van de Rodenko's aan de Carolina van Nassaustraat werd geheel vernield. Wonder boven wonder wist de familie het huis zonder kleerscheuren te verlaten, want het stond al te wankelen toen de Rodenko's met hun dierbaarste goed de straat op vluchtten: Iwan met een kistje sigaren, Jeanne met bonkaarten voor voeding, Olga met de hond en Paul met een handboek psychologie en waarschijnlijk enkele gedichten en verhalen. Zoals alle ontheemden liepen ze richting Voorburg, in de hoop onderdak te vinden bij familie of vrienden. Halverwege kwam Moela Maso de Rodenko's al tegemoet. Hij nam ze mee naar zijn huis.

Daarna zijn Paul en Moela nog teruggegaan om te redden wat er te redden viel. Hun tocht was een ware gang door de hel. Overal zagen ze bebloede lijken en brandende puinhopen. Uiteindelijk bereikten ze het huis dat op instorten stond en namen zoveel mogelijk etenswaar en wijn mee. Alles stond klaar voor het bezoek van die avond, omdat Jeanne en Iwan hun vijfentwintigjarig huwelijksfeest zouden vieren.

's Avonds gingen ze nog een keer kijken. Ze hadden een handkar meegenomen omdat ze verwachtten nog iets van hun bezittingen mee te kunnen nemen. Dat was ijdele hoop; van het huis was toen niets meer over. 'Ze waren alles kwijt. Ze waren diep in de put. En alles brandde maar', schreef Moela Maso in zijn dagboek.[134]

Binnen het kringetje van *Maecenas* was Paul Rodenko's ramp al gauw onderwerp van gesprek. Van Loon was hem kort na het bombardement tegengekomen en had gemerkt hoe overstuur hij was van het verlies van romans, gedichten, vertalingen van Russische poëzie, waaronder het lange gedicht *De Twaalf* van Aleksander Blok. Het leek alsof het manuscript van het toneelstuk *Paedagogie* het enige was wat de ramp had overleefd. Het lag sinds het najaar van 1944 bij Van Loon thuis, die het samen met medewerkers van *Maecenas* aan het instuderen was voor opvoering na de bevrijding. Ook was hij in het bezit van een boek van Paul; kort voor het bombardement had hij van hem Freuds *Vorlesungen zur Einführung in die Psychoanalyse* geleend, dat zo toevallig aan de vlammenzee was ontkomen.[135]

Het verlies van de boeken en manuscripten was voor Paul het ergst. Aan Hans van Straten vertelde hij na de oorlog met een zekere overdrijving wel 8000 boeken en 24 novellen te hebben verloren.[136] Jaren later kreeg collega-dichter Sybren Polet over deze catastrofe te horen: 'Mijn belangrijkste werk is tijdens de oorlog verloren gegaan.'[137] Zijn zus Olga kan zich niets herinneren van verloren gegaan werk en ook de typoscripten uit 1944 die aanwezig zijn in Paul Rodenko's nalatenschap wijzen erop dat hij werk wist te redden. Bovendien had hij voor het redactiesecretariaat van *Parade der Profeten* in november 1944 moeten opgeven met welk werk hij op dat moment bezig was. Het volgende stond toen op stapel: een novellenbundel, de roman *Salome's Dans* en vertalingen uit het Russisch. En dat was beduidend minder dan hij aan Van Straten had verteld.[138]

Kort na het bombardement schreef Rodenko 'Bommen', dat een klassiek gedicht werd. Opvallend hierin is het beeld van de rode vlag of vaan, dat hij ook al in 'Sonnet 1944' gebruikte:

Bommen

De stad is stil.
De straten
hebben zich verbreed.
Kangeroes kijken door vensterraten. ·
Een vrouw passeert.
De echo raapt gehaast
haar stappen op.

De stad is stil.
Een kat rolt stijf van het kozijn.
Het licht is als een blok verplaatst.
Geruisloos vallen drie vier bommen op het plein
en drie vier huizen hijsen traag
hun rode vlag.[139]

Slopen en opnieuw beginnen. Dat was de situatie die na het bombardement was ontstaan. Paul en Olga hadden alles met gemengde gevoelens beleefd. Aan de ene kant was het een ramp, ze waren immers alles kwijt, maar aan de andere kant gaf het ook een gevoel van bevrijding. Met de instorting van hun huis was een verleden definitief begraven en kwam er ruimte voor een nieuw bestaan. Niet voor niets zouden destructie en creatie in zijn poëtica onlosmakelijk met elkaar verbonden worden.

Twee maanden na het bombardement werd Nederland bevrijd. Paul Rodenko was inmiddels schrijver geworden en had gepubliceerd in het landelijk verschenen *Parade der Profeten*. Zijn gedichten waren goed ontvangen en in het bevrijde Nederland leek een toekomst als schrijver voor hem weggelegd. Er was alleen nog één vervelende hobbel te nemen en dat was de zuivering.

6. ZUIVERING

De Binnenlandse Strijdkrachten speelden vlak na de oorlog een belangrijke rol bij het arresteren van collaborateurs en NSB'ers. Paul Rodenko had zich een paar maanden voor de bevrijding op aandringen van ex-schoolgenoot Frank Klein als soldaat aangemeld en werd ingedeeld bij de bewakingstroepen, die de openbare orde moesten handhaven en belangrijke objecten bewaakten. Hij was eerst bewaker bij de Gazan-textielfabrieken in de Haagse Spoorwijk. In juli 1945 werd hij overgeplaatst naar het zeefront.[140] Daar had hij het gauw gezien; het bewaken van objecten was saai en bovendien was militaire discipline het laatste waarbij Paul zich op zijn gemak zou voelen. Begin augustus verliet hij de BS.

In Utrecht waren na de bevrijding de zuiveringen meteen begonnen en Roels was in juni 1945 als een van de eersten door de Binnenlandse Strijdkrachten gearresteerd. Daarna volgde voor hem een lange periode van onzekere detentie; pas eind jaren veertig werd hij door het Bijzonder Gerechtshof veroordeeld tot een gevangenisstraf en verloor hij zijn Nederlanderschap. Zijn lidmaatschap van de SS werd hem het zwaarst aangerekend, over de druk die hij op studenten had uitgeoefend werd niet of nauwelijks gesproken. Daarvoor was hij al gestraft door het College van Herstel en Zuivering van de Utrechtse universiteit; het ontsloeg begin 1946 de hoogleraar samen met dertien andere docenten.[141]

Kooper bleef een afrekening bespaard. Hij was dood; een paar dagen voor de bevrijding was hij plotseling gestorven. Volgens de familie na een kort ziekbed – hij zou een hartkwaal hebben gehad –, volgens het Bilthovens verzet had hij uit angst voor de zuivering zelfmoord gepleegd. Paul was van zijn overlijden op de hoogte, want de familie had aan zijn patiënten een rouwkaart gestuurd.[142] De Nederlandse radio en kranten besteedden veel aandacht aan de zuivering. Paul begreep al snel dat bij de zuivering van studenten het wel of niet tekenen van de loyaliteitsverklaring een cruciale rol zou spelen. Op 24 augustus 1945 verklaarde de nieuwe minister van Onderwijs, Kunsten en Wetenschappen prof. dr. G. van der Leeuw voor de radio dat de loyaliteitsverklaring een krachtproef van het studentenverzet was geweest. Hij prees de niet-tekenaars, die zich hadden doen gelden als waardige jonge intellectuelen, want ze hadden het verzet niet alleen overgelaten aan de kleine man. De Duitslandgangers waren al voldoende gestraft en het was nu zaak de tekenaars te veroordelen. Hun voorsprong moest ze worden ontnomen en de afgelegde examens dienden ongeldig te worden verklaard.[143]

Van dit soort berichten kreeg Paul het benauwd. Hij had bovendien gezien hoe vlak na de bevrijding met NSB'ers was omgegaan en vreesde nu ook zelf publiekelijk aan de schandpaal genageld te worden. De enige redding was zelf de regie in handen te nemen. Niet vaak in zijn leven ging hij zo resoluut tot actie over als in de zomer van 1945.

Op 13 juli meldde hij zich als oorlogsvrijwilliger bij het Departement van Marine en Oorlog om te gaan vechten tegen de Japanners.[144] Drie dagen daarna stuurde hij een brief naar de Expeditionaire Macht te Eindhoven, waarin hij solliciteerde naar een plaats bij de officiersopleiding in Engeland. Op 14 augustus ging een soortgelijke brief naar de net opgerichte Psychologische Dienst van de Nederlandse Weermacht in Den Haag.[145] Hij motiveerde die laatste sollicitatie als volgt: 'Ik studeer psychologie en heb bijzondere belangstelling voor de psychologische en psychotechnische zijden van legeropbouw en krijgsvoering; het is mijn bedoeling om later op een desbetreffend proefschrift te promoveren; ten einde de noodige practische ervaring op te doen, heb ik mij als o.v.w. aangemeld voor de strijd tegen Japan, en wel bij de Kon. Ned. Landmacht (Expeditionaire Macht); daar ik immers de weermachtpsychologie als mijn levenstaak beschouw, kan ik de unieke gelegenheid om persoonlijk een met moderne middelen gevoerde oorlog mee te maken niet laten voorbijgaan; wil ik echter met vrucht psychologische gegevens verzamelen, zo dien ik toch een zoodanige plaats bij de Expeditionaire Macht te bekleden, dat ik een redelijk overzicht over de krijgsverrichtingen heb'. De brief eindigde als volgt: '[...] bovendien voel ik, ook afgezien van mijn psychologische belangstelling, zeer veel voor het militaire leven.'[146]

Hij kwam niet door de keuring voor oorlogsvrijwilliger en ook de officiersopleiding in Londen en de Psychologische Dienst konden hem niet gebruiken. Nergens werd hij aangenomen, maar hij had wel zijn goede wil getoond en wapenfeiten verzameld voor een verdedigingsbrief die hij op 29 september 1945 naar de Utrechtse rector-magnificus prof. dr. J. Boeke stuurde. Hij vroeg om een 'clemente behandeling' en wees op zijn vaderlandsliefde, die moest blijken uit zijn aanmelding als oorlogsvrijwiliger.[147] Hij had de loyaliteitsverklaring getekend omdat hij geen enkele kans zag ergens onder te duiken en wilde voorkomen in een Duitse fabriek tewerkgesteld te worden. Daarnaast had de pro-Russische houding van zijn vader een rol gespeeld. Door niet te tekenen vreesde hij de aandacht op zich te vestigen, met alle gevolgen van dien.

De belangrijkste reden was echter een persoonlijke. Hij was '[...] wegens neurotische storingen – hij ondervindt veel last van stotteren – [...]' bij de inmiddels overleden dr. Kooper in Bilthoven onder psychoanalytische behandeling gekomen. Het was voor hem van levensbelang geweest deze therapie af te maken, wat blijkbaar alleen kon als hij tekende en bleef studeren. Dat hij als verdediging de slecht bekendstaande Kooper noemde, was niet handig. Het zou erop kunnen wijzen dat hij Kooper niet helemaal goed heeft kunnen inschatten. Paul besloot zijn verdedigingsbrief met de opmerking dat hij als beursstudent een dergelijke verklaring reeds in september 1942 had getekend en er toen ook al geen enkele waarde aan had toegekend.

In zijn brief ging hij ook in op de groep Van Wijngaarden: 'Hiertegenover staat dat hij, zoals uit bijgevoegde bijlagen, die hij te allen tijde in het origineel kan overleggen, blijkt, reeds sedert 1941 actief aan het binnenlands verzet heeft deelgenomen en steeds klaargestaan heeft voor de goede zaak.' Als getuige noemde hij professor Houwing, de vader van zijn vriendin Annetje.

De eerste 'bijgevoegde bijlage' was ondertekend door Richard van Wijngaarden, maar getypt op de machine van Paul. Van Wijngaarden verklaarde dat die 'tot elke prijs wilde meewerken' toen hij hem dat als contactman van de groep vroeg. De groep had geen concrete daden op zijn naam staan, maar verkeerde toch regelmatig in de veronderstelling spoedig 'de dood onder ogen te moeten zien'. Vooral als ze 's nachts bijeenkwamen om zich voor te bereiden op een offensieve actie, hadden ze in doodsangst gezeten.

De tweede bijlage was een eveneens op de schrijfmachine van Paul getypte verklaring van twee commandanten van de Nederlandse Binnenlandse Strijdkrachten Gewest 13a, Kwartier G. Ze verklaarden dat Paul Rodenko zich in september 1944 had aangesloten bij de BS, maar vooral in de periode van 7 mei tot 8 augustus 1945 in actieve dienst was geweest.[148] Over zijn werkzaamheden waren ze vol lof: 'Hij heeft zoowel voor de bevrijding als in de actieven dienst uitstekend werk verricht.'

In 1945 gaf hij nog hoog op van zijn verzetsdaden, in 1975 vertelde hij in het *Haagse Post*-interview daarover: 'Jawel, ik zat in het verzet. Nou ja, 't is niet dat ik nou zo erg veel heb gedaan, maar ik was er dus bij, eerst bij de OD en later bij de BS. Ja, wat hebben we gedaan, we hebben in het geheim schietoefeningen gehouden, berichten overgebracht, dat is alles. Ik was in die tijd helemaal in literatuur en filosofie en gedichten verdiept, dus mijn aandeel in het verzet dat deed ik daarnaast eigenlijk. Nou ja, je hoorde dat nu eenmaal te doen.'[149] Paul Rodenko zag de betrekkelijkheid van zijn verzetswerk in. Dat gold niet alleen voor zijn eigen aandeel, want de leden van de groep Van Wijngaarden hebben geen van allen geschiedenis gemaakt.[150] Jan en Huib Drion, beiden als verzetsstrijders goed op de hoogte van wat er bij hen in de buurt gebeurde, kunnen zich niets van deze groep herinneren, al is er misschien een aanknopingspunt. Hun jongste broer Tom Drion was bevriend met Richard van Wijngaarden en die hielp de Drions ongeveer anderhalf jaar voor het einde van de oorlog met het vinden van een drukker voor *De Geus*. Hij had blijkbaar contacten in het illegale circuit, maar of hij een groot verzetsheld was zoals hij zichzelf voorstelde, blijft de vraag.[151]

Paul Rodenko was uiteindelijk zelf niet onder de indruk van zijn verzetswerk, de Studenten Zuiveringscommissie van de Utrechtse universiteit was dat in 1945 nog minder. Zij stuurde hem een oproep om op vrijdag 2 november om 14.15 uur in het Academiegebouw te verschijnen. Hoewel hij niet verplicht was te verschijnen, ging hij wel. Zenuwachtig probeerde hij de commissie te overtuigen van zijn goede bedoelingen, maar hij had weinig succes.[152] Vooral het voor de tweede keer tekenen van de loyaliteitsverklaring en het volgen van enkele colleges bij Goedewaagen namen de commissieleden hem kwalijk. Op 20 november kreeg hij de uitspraak thuis gestuurd en wat hij verwachtte, gebeurde: hij mocht achttien maanden niet studeren aan een Nederlandse universiteit.[153]

Slechts een paar mensen in zijn omgeving wisten iets van de schorsing en hoorden over het tekenen. Hij probeerde ze uit te leggen waarom hij dat had gedaan. De argumenten die hij de rector-magnificus had voorgelegd speelden in het gesprek met zijn vrienden geen rol. 'Ik ben een Rus,' vertelde hij en het was voor hem onverteerbaar geweest in de oorlogsindustrie te moeten werken, waar wapens tegen zijn 'eigen' volk werden gemaakt.[154] Zijn vrienden, die wisten dat het Russische zo belangrijk voor hem was, vonden dat een aannemelijke verklaring.

Paul had verantwoording moeten afleggen voor zijn gedrag tijdens de Tweede Wereldoorlog, een periode die voor hemzelf de zwartste bladzijde uit zijn leven tot dusverre was geweest. Vergeleken met zijn vader was hem veel minder te verwijten, maar die zou op slinkse wijze de dans ontspringen. Het beste was het over alles te zwijgen, nog beter was het om uit Nederland te vertrekken. Hier zou hij voortdurend op zijn hoede moeten zijn.

Hij was een 'Rus' en stond buiten de Nederlandse maatschappij. Toen hij voorlopig niet meer aan een Nederlandse universiteit mocht studeren, wilde hij daarom zijn studie vervolgen waar hij thuishoorde en waar hij dat al eerder had willen doen, in Moskou. Hij sprak erover met vrienden alsof het vertrek al in kannen en kruiken was, maar het hele plan ging uiteindelijk om onbekende redenen niet door.[155]

Ook Iwan Rodenko werd gehoord over zijn gedrag tijdens de oorlog. Op 16 augustus 1946 moest hij zich melden bij het bureau van de Politieke Recherche Afdeling aan het Lange Voorhout 13 te Den Haag.[156] Zoiets was hem wel toevertrouwd. Hij stelde zich voor als 'adviseur in Oost-Europese zaken' en verklaarde de Nederlandse zaak goed te hebben gediend. Met gevaar voor eigen leven had hij valse stempels vervaardigd voor verzetsstrijders rond de zogenaamde groep Van Wijngaarden, waarover hij verder niet uitweidde. Het was volgens hemzelf het overtuigendste bewijs van zijn onberispelijke gedrag tijdens de bezetting.

Navraag deed de rechercheur niet en vreemd genoeg werd er ook niet gesproken over zijn contacten met Vas en Tietgen.[157] Zelfs over de chique flat aan de Alexander Gogelweg 33, waar het gezin direct na de bevrijding tot mei 1946 had gewoond, werden geen vragen gesteld. Het huis was aan het begin van de oorlog in Duitse handen gekomen en werd sinds 1943 door Tietgen bewoond. Het had toebehoord aan de Delftse hoogleraar staatsrecht en vroegere hoofdredacteur van *De Groene Amsterdammer* mr. A.C. Josephus Jitta, die in november 1940, na de rede van Cleveringa, was ondergedoken. Hij behoorde tot de kleine groep joden in Nederland die de oorlog overleefde, maar kwam als een geestelijk wrak uit het concentratiekamp terug. Het duurde daarom tot mei 1946 voordat hij in zijn oude woning terug kon keren. Na een lang verblijf in een psychiatrische inrichting trof hij zijn appartement grotendeels in de oude staat aan; zowel Tietgen als Rodenko had het appartement met meubels en al bewoond.[158]

Iwan Rodenko had de oorlog en de zuivering overleefd. Honderdduizend mensen werden op grond van de verhoren vervolgd en hij prees zich gelukkig daar niet bij te horen. Dat was hem mede gelukt door zich het verhaal van zijn zoon toe te eigenen, die zelf voor een veel minder vergrijp werd veroordeeld.

Paul Rodenko wilde de oorlog zo gauw mogelijk vergeten, maar er werd nog lang gepraat over wie er nou goed en fout waren geweest. Ook stonden er lange tijd berichten in de krant over processen die werden gevoerd tegen oorlogsmisdadigers. In één proces speelde zijn vader een rol. Die verscheen in 1949 voor het Bijzondere Gerechtshof aan de Kneuterdijk in Den Haag als getuige à decharge tijdens het proces tegen de ss'er Vas. Vas moest zich verantwoorden voor de deportatie van 65 joden uit Den Haag, maar voor Iwan Rodenko was hij een coulante ss'er, die er onder andere voor had gezorgd dat zijn joodse zwager Maso bezoek mocht ontvangen toen hij in Scheveningen in het zogenaamde Oranjehotel gevangen had gezeten. Die was op 23 januari 1943 gearresteerd op verdenking van de clandestiene verkoop van sigaretten. Hij zat hier twee weken vast om daarna naar het *Polizeiliches Durchgangslager* Westerbork gebracht te worden, waar hij op 12 april 1945 werd bevrijd.

Iwan Rodenko's verklaring hielp Vas niet uit de gevangenis. Een paar dagen na de zitting bedankte Vas' vrouw Betty hem in een kort emotioneel briefje: 'Nu een der zwaarste dagen in mijn leven voorbij zijn en ik alles kalm aan mijn oog laat voorbij gaan, blijf ik stilstaan bij alles wat u dinsdag gezegd hebt om Dick, en met hem zijn hele gezin, uit de ellende te helpen.'[159] Ook later toen Iwan Rodenko zijn verklaring herhaalde tijdens een zitting van de Bijzondere Raad van Cassatie op 15 april 1950 maakte het verhaal geen indruk. Vas werd gestraft en verloor zijn Nederlanderschap.[160]

In 1950 was Paul Rodenko inmiddels een bekende Nederlandse dichter en essayist geworden, die niet zat te wachten op de aandacht die zijn vader zo ook op hem wist te vestigen. Hij zou niet geweten hebben wat te moeten antwoorden als mensen hem zouden vragen naar de precieze rol van zijn vader in het leven van Vas. Hij wilde afstand tot de wereld van zijn vader bewaren, maar dat werd hem voortdurend onmogelijk gemaakt.

Het op afstand blijven van de dubieuze zaken van zijn vader en de praktische politiek in een wereld waarin leugen en bedrog aan de orde van de dag waren, was de grootse opgave waarvoor Paul Rodenko zich na de Tweede Wereldoorlog geplaatst zag. Als kind had hij zich in moeilijke situaties achter zijn Russische identiteit kunnen verschuilen, maar dat werkte nu niet meer.

Hij had gemerkt een dichter te zijn en al lezende in de wereldliteratuur zag hij dat kunst een 'manier' was om afstand te nemen van de werkelijkheid. Paul zocht op zijn eigen wijze naar 'zuiverheid', die hij alleen als kunstenaar dacht te kunnen bereiken.

Zijn poëtica werd er een waarin ervaringen uit de eerste vijfentwintig jaar van zijn leven werden gekoppeld aan denkbeelden die hij las bij filosofen en schrijvers uit de wereldliteratuur. Het wonder, de angst, de traagheid, zijn politieke 'onzuiverheid' als student, het bombardement in Den Haag, zijn problematische verhouding met zijn vader en de werkelijkheid én zijn Russische identiteit waren de elementen waaruit hij haar opbouwde.

Juist doordat hij zijn ervaringen wist te verbinden met de Russische en later Franse literatuur en filosofie, wandelde hij als een vreemdeling de

Nederlandse literatuur binnen. Als relatieve buitenstaander – hij was en bleef een Rus, althans zo voelde hij het zelf – bouwde hij een omvangrijk essayistisch en een klein poëtisch oeuvre op. Daarmee vond hij, zeker in het begin, niet bij iedereen aansluiting. Hij bleef een eenling, die nog de meeste affiniteit voelde met de man die misschien wel de grootste, maar in ieder geval Nederlands meest controversiële romanschrijver is geweest: Willem Frederik Hermans.

HOOFDSTUK 3

Onruststoker

1. TUMULT IN SNEEK

Willem Frederik Hermans was een van de weinigen die wisten dat Paul Rodenko de loyaliteitsverklaring had getekend en daarom lange tijd niet aan een Nederlandse universiteit mocht studeren.[1] Rodenko durfde Hermans dit blijkbaar te vertellen, omdat hij in hem een gelijkgestemde ontdekte. Op het eerste gezicht leken de introverte 'Rus' en de onstuimige Amsterdamse student in de fysische geografie elkaars tegenpolen, maar zelf begrepen ze dat er een zielsverbondenheid bestond. Rodenko's credo 'Ik sta apart' was ook op Hermans van toepassing.

Rodenko en Hermans hadden elkaar in oktober 1945 voor het eerst ontmoet tijdens een weekeinde voor jonge schrijvers rond de kring van *Columbus* op kasteel Assumburg bij Heemskerk. Hoewel Hermans op grond van de gedichten die hij had gelezen in *Parade der Profeten* Rodenko als dichter 'buitenaards' vond en nieuwsgierig was naar de persoon achter het pseudoniem Rodenko, kwam het toen nog niet tot een nader contact.[2] Dat had wellicht te maken met de commotie die op Assumburg rond Hermans was ontstaan. Hij was 's nachts de meisjesslaapzaal binnengeslopen en had daar een vrouw lastiggevallen. Volgens Hermans zelf was deze vrouw, echtgenote van 'een zeer gereformeerde dichter', daarna naar de politie gegaan, waardoor de zaak werd opgeblazen. De dag daarop kwam de marechaussee om Hermans over de affaire te ondervragen. Het liep allemaal met een sisser af, maar de sfeer was voor de rest van het weekeinde verpest.[3]

Toen Hermans Rodenko ontmoette, had hij al vol bewondering over hem geschreven. In 'Nieuwe figuren in de Nederlandse literatuur', een anoniem artikel dat op 28 augustus 1945 verscheen in de Belgische *De Nieuwe Standaard*, noemde hij de dichter Rodenko een jonge vertegenwoordiger van de 'irrationele fantasten'. Zij waren de interessantste richting in de Nederlandse literatuur, waarvan F. Bordewijk, Hendrik de Vries en Simon Vestdijk de voorlopers waren. Een buitenlandse vertegenwoordiger van deze richting was Franz Kafka.[4]

In augustus 1946 leerden ze elkaar beter kennen bij Charles B. Timmer

thuis en vanaf dat moment was het 'aan'.[5] Naderhand zou Hermans over de eerste jaren van zijn relatie met Rodenko schrijven: 'Paul Rodenko was in 1946 onbetwistbaar de meest experimentele van alle dichters die toen in hoofdzaak sonnetten bakten. Hij was bovendien van alle personen die ik in die tijd ontmoette, degene met de meest interessante belezenheid. Ik bewonderde Paul. Zijn eerste gedichten bewonder ik nog altijd en zijn eerste essays vallen buiten de toon waarop in die dagen werd geëssayeerd.'[6]
Hermans had in de eerste naoorlogse jaren slechte ervaringen met critici. Sommigen vonden zijn debuut *Conserve* uit 1947 'ongezond' en de toonaangevende katholieke criticus Anton van Duinkerken trof in *De tranen der acacia's* uit 1949 niets anders dan 'lagere instincten' en 'boerse domheid' aan. Hermans moest dit soort kritiek delen met een andere jonge schrijver, Simon van het Reve. Ook over diens *De avonden* werd in dit soort bewoordingen geschreven, al moesten veel recensenten toegeven dat het een bijzonder boek was.[7]

Rodenko wijdde in *Podium* een beschouwing aan dit 'oer-Hollandse boek' van Van het Reve en aan *Conserve* van Hermans. Wat hij in beide boeken apprecieerde, sloot aan bij zijn eigen complexe verhouding tot de werkelijkheid, waarover ook zijn eerste gedichten gingen. Over de verveling, volgens hem het hoofdmotief van Van het Reves boek, had Rodenko tijdens de laatste oorlogsjaren bij Heidegger gelezen dat zij 'in den Abgründen des Daseins wie ein schweigender Nebel hin und herzieht'. Op dat niveau was Van het Reve nog niet, want diens verveling was te mooi, te literair. Hij noemde haar daarom een beetje laatdunkend 'kantoorklerkenverveling', maar moest erkennen tot op zekere hoogte affiniteit met het boek te hebben. Net als bij de 'grote' Franse dichter Paul Valéry gingen bij Frits van Egters, de hoofdfiguur van deze roman, *ennui* en *clairvoyance* samen. Uit verveling observeert die zijn etende vader en het eigen lichaam en beide doen hem walgen. Hij ziet in dat het fysiologische zinloos is en dat hij er alleen een zin aan kan geven door het obsessief te beschrijven. Verveling was voor Rodenko vertraging van het levenstempo en de observaties van Frits van Egters waren herkenbaar. In het gedicht 'Zondagmiddag' bijvoorbeeld komen versregels voor als 'Zijn dat mijn handen die als zwammen/ aan je lichaam groeien', waarin het lichaam ook als iets walgelijks wordt ervaren.[8]

De vlucht in krankzinnigheid lijkt bij Van het Reve de enige mogelijkheid te zijn om de absurditeit van het leven te doorbreken en afstand van haar te nemen. Met deze stelling als uitgangspunt benadert Rodenko *Conserve* van Hermans, waarin die mogelijkheid 'praktisch het hele boek beheerst'. Hij vindt hierin bovendien andere motieven uit *De avonden* terug: 'Ook hier de samenhang tussen verveling en het in zijn absurditeit als weerzinwekkend ervaren fysiologische.' Hermans' schrijverschap sloeg hij hoger aan dan dat van Van het Reve, '[...] omdat ik in de intelligent-romantische doorbraak van Hermans toekomst zie, in het werk van Van het Reve echter slechts het doodvonnis (o, een heel, scherp en beklemmend doodvonnis!) van het egotisme, zoals het hier te lande bij Du Perron zijn hoogtepunt heeft beleefd.'[9] Rodenko had vlak na de oorlog zijn best gedaan de aandacht van een aantal auteurs voor het lichamelijke in verband te brengen met ideeën van buitenlandse filosofen en schrijvers, maar bereikte daarmee slechts een kleine groep. Rodenko was een voorloper geweest. Die balans kon hijzelf jaren later opmaken toen Van het Reve op 20 oktober 1966, bijna negentien jaar na zijn debuut, wegens obsceniteiten en blasfemie voor de rechter moest verschijnen. In diens reisbrief 'Brief aan mijn bank', in 1965 opgenomen in *Dialoog: tijdschrift voor homofilie en maatschappij*, werd God voorgesteld als een ezel die na 'genomen' te zijn door de ikfiguur spartelend klaarkomt. Het proces hield de gemoederen lang bezig en pas een jaar later kwam de uitspraak in wat bekend werd als het 'Ezelproces'; de rechtbank sprak Van het Reve vrij. Met haar uitspraak sloot zij aan bij de veranderde opvattingen wat betreft kunst en moraal die in de tweede helft van de jaren zestig, na een lange 'ondergrondse' voorbereiding door mensen als Hermans en Rodenko, definitief wortel geschoten leken te hebben.[10]

Van het Reve werd al vanaf 1963 achtervolgd door senator H. Algra van de Anti-Revolutionaire Partij en de nog conservatievere C. N. van Dis van de Staatkundig Gereformeerde Partij. Algra was ook hoofdredacteur van het christelijke *Friesch Dagblad*, waarin hij regelmatig fulmineerde tegen 'uitwassen' van de moderne Nederlandse literatuur. Van het Reve verweet hij vooral in zijn reisbrieven homoseksualiteit aan heteroseksualiteit gelijkgelijkgesteld te hebben.

Door de maatschappelijke veranderingen in het algemeen en de uitspraken van Algra in het bijzonder moesten besturen van bibliotheken meer dan vroeger nadenken over de vraag welke boeken 'zedelijk' waren en aangeschaft konden worden. De leiding van de Centrale Bibliotheek Dienst van Friesland organiseerde daarom op dinsdag 13 oktober 1964 een discussiedag over dit onderwerp. Zo'n 120 bibliotheekmedewerkers en bestuurders, onder wie 'ook nog minderjarige meisjes' zoals het *Friesch Dagblad* op 16 oktober verontrust berichtte, kwamen in Hotel Hanenburg aan de Noorderhorne 2 in Sneek samen om in het kader van de jaarlijkse bibliotheekdag te luisteren naar een inleiding over dit onderwerp van de drieënveertigjarige Paul Rodenko. Die sprak daar niet alleen als generatiegenoot van Van het Reve, maar ook als ervaringsdeskundige. Vanaf 1955 had hij namelijk zinnenprikkelende bewerkingen van de wereldberoemde sprookjes van duizend-en-een-nacht gepubliceerd, die in grote aantallen over de toonbank waren gegaan.[11]

Weinig mensen in Sneek wisten dat Rodenko al in 1947 over dit onderwerp had geschreven in het essay 'Henry Miller en het probleem van de obsceniteit', een pleidooi voor de van obsceniteiten betichte Amerikaanse auteur Miller.[12] Diens Franse uitgever Maurice Girodias kreeg het in 1946 aan de stok met de justitie omdat hij de romans *Tropic of cancer* en *Black venus* had uitgegeven, wat als een gevaar voor de zeden werd gezien.

Miller was voor Rodenko juist een groot schrijver, omdat hij onvoorwaardelijk koos voor het kunstenaarschap en zich onderwierp 'aan de orders van het kunstwerk'. Hij was als schrijver verplicht een taal te gebruiken die het grootste effect op de lezer zou hebben. En dat was binnen het tijdsgewricht waarin hij publiceerde een obscene taal, want: 'Het zuiver fysiologische is de enige laag van zijn wezen die de mens nog niet heeft weten te rationaliseren; daarom is de prikkeling van de fysiologische sfeer het meest geschikte middel om hem los te slaan van zijn rationalistische schijnzekerheden [...].'[13] Hij had door zijn obsceniteiten echter zo'n haat bij de lezers over zichzelf afgeroepen, dat zij hem wilden kruisigen. Literatuur werd zo een gebeurtenis waaraan zowel schrijver als lezer had deelgenomen. Na de gewelddadige kruisiging door zijn publiek, kon de schrijver als een 'Meester' het hulpeloze, uitgeraasde en van zijn zekerheden ontdane publiek tegemoet treden. Grote schrijvers hadden obsceniteiten dus nodig als middel om de lezer te provoceren en te bevrijden van zijn starheid. Daarmee onderscheidden zij zich van de pornograaf, die met zijn obsceniteiten maar één doel nastreefde: de lezer behagen.

Ook het wonder, dat sinds Riga zo'n bijzondere betekenis voor Rodenko had, was een hulpmiddel om de mens van zijn schijnzekerheden los te slaan: 'Het Wonder, zouden wij kunnen zeggen, is het verschijnsel dat zich voordoet op het wrijfvlak van twee kwalitatief verschillende zijnssferen, de sfeer van het dagelijks leven, dat is de sfeer van de *gedomesticeerde* realiteit (de menselijke *Umwelt*), en de sfeer van de ongedomesticeerde realiteit; het Wonder ontstaat dus feitelijk door het op elkaar botsen van twee systemen. Hetzelfde kunnen wij ook zeggen van de obsceniteit: ook in de obsceniteit wordt de gedomesticeerde realiteit geconfronteerd met de ongedomesticeerde, alleen is de ongedomesticeerde realiteit hier de fysiologische, de ondermenselijke, realiteit, terwijl zij in het eerste geval de 'goddelijke', de bovenmenselijke realiteit is.' Over het goddelijke merkt hij om misverstanden te voorkomen op dat het in zijn geval niet metafysisch geïnterpreteerd diende te worden.[14]

Rodenko's afwijkende standpunten over de functie van obsceen taalgebruik waren in 1964 nog steeds tegendraads, maar meer dan vroeger gaven ze aanleiding tot tumult. Toen hij naar Sneek ging, had hij maar een deel van zijn lezing 'Taboe of toelaatbaar' uitgetypt; hij vertrouwde erop dat hij met wat summiere aantekeningen in staat zou zijn de zaal te overtuigen van de onzinnigheid en het gevaar van de denkbeelden van Algra en zijn aanhangers. De argumenten had hij al zo'n twintig jaar in essays en kritieken uitgedragen.[15]

Door het controversiële onderwerp was het publiek voor de aanvang van de lezing al opgewonden en dat nam toe naarmate Rodenko langer aan het woord was. Vooral de felheid en openheid – de *Friese Koerier* sprak van 'krasse termen' – waarmee Rodenko het probleem benaderde gaf de tegenstanders van Algra, die in de minderheid waren, goede moed.[16] Algra-aanhangers schudden daarentegen voortdurend het hoofd en reageerden na de lezing gechoqueerd. De verslaggever van de *Leeuwarder Courant* schreef dat de heer Rodenko onzinnigheden te berde had gebracht waarvan 'in de normale maatschappij een ontspoorde puber het privilege zou hebben'.[17] In Algra's eigen *Friesch Dagblad* werd Rodenko schamper een autoriteit op het gebied van de literatuur genoemd, maar dan wel een autoriteit 'voor wie als godloochenaar het Woord des Heeren echter géén autoriteit bezat'. Hij was alleen maar 'zijn eigen autoriteit', had de spreker gezegd en dat was in Algrakringen een grote zonde.[18]

Al snel bleek dat het bestuur van de Centrale Bibliotheek Dienst zich met Rodenko's lezing in de vingers had gesneden. Het werd door tegenstanders zo in het nauw gedreven dat het later bij monde van de dagvoorzitter, wethouder J. Visser uit Bolsward, publiekelijk verklaarde dat de woorden die door Rodenko waren uitgesproken 'voor rekening van de spreker zijn'.[19] In het verslag van de Centrale Bibliotheek Dienst over het jaar 1964 werd dan ook met gemengde gevoelens op de dag teruggekeken: 'Zijn (ook naar onze mening) te scherpe formuleringen deden echter hier en daar verzet rijzen, terwijl de soms ongelukkig uitvallende krantenverslagen ook daarna de gemoederen nog een lange tijd in beweging hielden.'[20]

Ook in de landelijk pers kreeg de Sneek-lezing aandacht. *Vrij Nederland* complimenteerde Rodenko met het feit dat hij een lans had gebroken 'voor zijn vrijmoedige collega's Van het Reve, Cremer, Vanvugt, Mulisch en Wolkers'.[21] *Het Vrije Volk* merkte op dat de lezing zo'n deining had veroorzaakt, dat 'die waarschijnlijk in de halve eeuw, dat deze bibliotheekdag nu al wordt gehouden, haar weerga niet vindt'.[22] Rodenko was in Sneek een echte 'onruststoker' geweest.

2. 'IK HEB U GESCHONDEN OM U TE HELEN'

Rodenko zette in Sneek in met de stelling dat een kunstenaar een onruststoker moet zijn, iemand die het publiek kwetst en zijn zekerheden ontneemt. Dat was nog tot daaraan toe, maar toen hij beweerde dat het bombardement op Rotterdam in de Tweede Wereldoorlog daarvan een overtuigend bewijs was, rezen bij een groot deel van de zaal de haren te berge. Door de bombardementen van de Duitsers waren de Rotterdammers namelijk gedwongen geweest een nieuwe, zeer bijzondere, stadskern te bouwen. Natuurlijk hadden ze ook zelf hun stad kunnen afbreken, maar: 'Er zouden zoveel weerstanden overwonnen moeten worden dat het er in de praktijk nooit van gekomen zou zijn. Die weerstanden waren alleen met geweld te overwinnen, een geweld dat in dit geval van buiten onze grenzen, van de vijand kwam.'[23]

Rodenko wilde met dit voorbeeld – dat deed denken aan wat hij zelf had meegemaakt tijdens het bombardement op het Bezuidenhout – de zaal ervan overtuigen dat culturele vooruitgang met 'een zekere hardhandigheid, het geven van aanstoot, het kwetsen van gevoelens' gepaard moest gaan. Ook een schrijver moest aanstootgevend zijn, want anders zou de literatuur nooit haar functie kunnen vervullen: de lezers de relativiteit van hun meningen en normen laten inzien en ze geestelijk open maken voor vernieuwingen. En van die vernieuwingen moesten personen die uitgaan van maar één waarheid, de zogenaamde geopenbaarde waarheid, niets hebben. Zij zagen de literatuur op deze manier opgevat, als een bedreiging voor hun macht. Aan hen verklaarde Rodenko in Sneek de oorlog: '[...] ik ben oprecht van mening dat hij die precies het onderscheid tussen goed en kwaad kent een zwendelaar is en in onze democratie niet thuishoort'. Een kenmerk van een democratie was namelijk dat: '[...] groep A niet alleen het betrekkelijke inziet van het standpunt van groep B, maar ook het betrekkelijke van zijn eigen standpunt'. Nog steeds pretendeerden te veel mensen dat hun geloof – en of je dat nu christendom, marxisme of leninisme noemde, maakte niet uit – het enige juiste was. Algra liep hierin voorop en hoorde thuis in het gezelschap van politieke figuren als Stalin, Salazar en Franco en journalisten van *De Telegraaf* en *Elsevier*.

Vooral Algra's opvattingen over seksualiteit werden door Rodenko bestreden, die daarmee de wereld van de bibliotheekmedewerkers op zijn kop zette. Algra was een 'jeugdmisleider en zedenbederver', die van de liefde niets begreep, want hij zag haar als 'zuiver biologische voortplantingsdrift'. Ook zijn opvattingen over kunst waren achterhaald. Een kunstenaar was voor hem een behoeder van waarden en normen, iemand die zich aanpaste en daarmee stond hij lijnrecht tegenover Rodenko: 'Daarom is kunst, van de bestaande maatschappelijke orde uit gezien, altijd storend, ondermijnend, afbrekend. Het is zelfs een criterium voor het onderscheiden van authentieke, niet-authentieke of imitatieve kunst; wat zich aan de heersende smaak conformeert, in feite dus de bestaande orde verheerlijkt, is geen kunst.' De kunst moest daarom altijd de kant van het nieuwe kiezen en een sprong in het duister wagen. Een bibliotheek hoorde boeken aan te schaffen 'die aan de orde zijn'. Liever werk van Simon Vinkenoog en Jan Wolkers in de schappen dan dat van Van Lennep en Bosboom-Toussaint, adviseerde Paul Rodenko de bibliotheekmedewerkers.

's Middags tijdens de discussie werd hij net als Miller bijna gekruisigd toen hij beweerde: 'De bijbel is – in tegenstelling tot die zogenaamde zinnenprikkelende geschriften – het gevaarlijkste boek ter wereld. Het heeft geleid tot miljoenenmoord en uitbuiting en kneveling van nog meerdere miljoenen. Dit zegt overigens niets over de bijbel, maar alles van sommige harer interpretatoren, die afgegaan zijn op bepaalde ideeën.' Toen iemand boos uit de zaal riep of hij daar een voorbeeld van kon geven, antwoordde hij: 'De apartheidspolitiek in Zuid-Afrika, de uitroeiing van de autochtone bevolking van Zuid-Amerika; de uitmoording van de Franken en Saksen, de slavenhandel; al deze excessen zijn met de hand op de bijbel bedreven.'[24]

Rodenko was niet eerder voor een groot publiek zo tekeergegaan tegen zijn 'vijanden'. Zonder de voor zijn essays kenmerkende omhaal van woorden, had hij geprobeerd uit te leggen wat voor hem vrijheid was. Zijn vrijheidsstrijd was er altijd een op papier geweest, wat beter paste bij zijn introverte persoonlijkheid. De wapens die hij gebruikte waren essays en gedichten, die in moesten gaan tegen het 'gerichte Betoog, dat onder auspiciën van een Leidende Idee met de ferme trede van logica van een beginpunt (exposé) naar een eindpunt (conclusie) voortschrijdt – een conclusie die al bij voorbaat vaststaat [...]', zoals hij het aan het einde van zijn leven samenvatte.[25] Schrijven tegen de starheid, de lezer lek slaan en voor inslapen behoeden, dat was volgens Rodenko de taak van de essayist en dichter. In de laatste strofe van het lange poëticale gedicht 'De dichter', waarin hij een kruisiging verbeeldt en zo de messianistische echo's van Miller laat doorklinken, verwoordde hij zijn dichterschap als volgt:

> 'Ik heb u geschonden om u te helen.
> Ik sloeg u wonden om mijn brood met u
> te delen.
> Om u te dichten
> sloeg ik u lek.
> Ik
>   uw dichter'.[26]

Papier bracht de nodige beperkingen met zich mee en niet alle lezers voelden de agressieve ondertoon. Zijn woede was implosiever, zei hijzelf toen hij haar vergeleek met die van zijn vader. In essays bleef hij daarom ook 'netjes'. Hij klaagde in 1948 over dit onvermogen in een brief aan Aimé van Santen: '[...] ik kan niet vloeken in een essay, wel in een verhaal, maar in een essay voel ik me altijd gebonden aan een bepaalde toon, een bepaalde harmonische zinsbouw, waaraan ik mij eenvoudig niet onttrekken kan'.²⁷ Zijn agressie bleef gedempt, dat was zijn handicap. Slechts af en toe barstte de bom, zoals in Sneek.

In de poëtica waarvan Rodenko in Sneek een praktische toepassing had gedemonstreerd, speelden de traagheid, de angst, het wonder, het bombardement in Den Haag en het conflict met zijn vader direct of indirect een rol. Aan dat laatste had hij een herkenbare 'draai' gegeven. De vader wordt door kinderen vaak 'beleefd' als 'de figuur met de symbolische en juridische macht, de vertegenwoordiger van het Woord en de Wet'.²⁸ Iwan Rodenko deed dan wel alles wat God had verboden, maar met zijn betweterigheid was hij als andere vaders. Hij was een machtige persoon op wie Paul boos was, maar met dat gevoel kon hij geen kant op. Na zijn ervaringen in Berlijn liet hij het wel uit zijn hoofd om hem tegen te spreken. Hij kon alleen nog maar zijn woede 'omleiden'. Zijn agressie keerde zich tegen vertegenwoordigers van het gezag, tegen wetstellers, tegen iedereen die zich met (morele) geboden mengde in andermans leven. Met andere woorden: hij werd boos op substituutvaders.²⁹

Rodenko herkende deze vaderproblematiek in de verhalenbundel *Moedwil en misverstand* van Hermans, die ook een tirannieke vader had.³⁰ Ze hebben daar ongetwijfeld over gesproken. Om de indruk van een biografische interpretatie te vermijden, veralgemeniseerde Rodenko waarschijnlijk daarom het thema van de 'brute vader' door erop te wijzen dat het in de West-Europese oedipale cultuur een onderwerp was waarmee elke schrijver debuteerde. De bundel van Hermans gaf aanleiding het in een breder kader te plaatsen. Niet alleen de individuele vaderfiguur was angstwekkend, maar de hele samenleving, die een optelsom was van al deze vaderfiguren. Die optelsom noemde Rodenko '*heren*: meervoud'.³¹

Het '*heren*: meervoud' was zijn vijand. Hij kon daarop zijn agressie kwijt, die een reactie was op frustraties uit het verleden. Zijn woede had hij 'verplaatst' naar andere individuen en 'gesublimeerd'. Door te schrijven, en dus een maatschappelijk geaccepteerde daad te verrichten, had hij haar in een voor hemzelf en de samenleving aanvaardbaardere vorm gegoten, maar zich uiteindelijk toch weer aangepast.³²

Sublimering is een teer mechanisme, waarin gemakkelijk stoornissen optreden.³³ Rodenko wist 'in goede tijden' zijn agressie te gebruiken om 'het gerichte Betoog', het staatsbestel, de bestaande zeden en denkgewoonten én 'de gecodificeerde taal' te laten exploderen.³⁴ Maar productieve en lethargische periodes wisselden elkaar af. Zijn agressie keerde zich soms tegen hemzelf, sloeg bij gebrek aan een 'uitlaatklep' naar binnen. Het niet uiten van emoties veroorzaakte angsten, spanningen en depressies, die hem als schrijver en mens verlamden.

Rodenko's 'verschoven' woede deed hem belanden in het kamp van schrijvers en filosofen die de werkelijkheid willen laten exploderen en die hij typeerde als 'asociale' figuren: '[...] schrijvers die óók een indigestie hebben van onze westerse, humanistische beschaving; schrijvers die, zolang zij geen bevredigend alternatief zien, óók liever op het twijgje der indigestie blijven zitten dan mee te draaien in de mallemolen van het "psychologische gezichtspunt", de nuttigheidsmoraal en het gezonde verstand'.³⁵ Dat was 'een heel ander denkklimaat', waarin Dostojevski, Sjestov, Bataille, existentialisten, surrealisten en psychoanalytici een rol speelden en, zeker in het begin, opvallend weinig Nederlanders.³⁶ Hun denkbeelden werden motieven in zijn essays en kritieken, maar nooit nam hij hele denksystemen over. Ze waren bevestigingen of verduidelijkingen van eigen ervaringen en prikkels om verder te denken en andere verbanden te leggen. Al lezend maakte hij notities op systeemkaarten of op briefpapier van de N.V. Nederlandse Wereldverkeer Maatschappij van zijn vader en stopte die op trefwoorden in een harmonicamap en een kaartenbak.³⁷ Ze laten zien dat zijn werk was verankerd in een traditie die in Nederland vlak na de Tweede Wereldoorlog niet of nauwelijks bestond.

3. EXISTENTIALIST IN PARIJS

Tijdens de oorlog had Rodenko zich grondig verdiept in het werk van Kierkegaard, 'de vader van het existentialisme', en van Dostojevski en Sjestov, die voor hem de Russische voorlopers van deze filosofie waren. In september 1946 schreef hij 'Het einde van de psychologische roman', waarin Gogol, Dostojevski, Sologoeb, Rozanov en Tsjechov een plaats krijgen aan het begin van een traditie van schrijvers bij wie de absurditeitsgedachte tot uitdrukking kwam. Hij wees op overeenkomsten tussen Dostojevski, Sologoeb en Sartre en 'uitgesproken "existentialistische"' tendensen' bij Gogol, Tsjechov en Rozanov. Voor de ideeën van deze Slavische auteurs had in West-Europa nooit een voedingsbodem bestaan; pas na de oorlog waren ze bij een auteur als William Faulkner en de existentialisten 'tot literair bewustzijn' gekomen.³⁸

In dit essay legde Rodenko een relatie tussen zijn eigen Slavische achtergrond en het existentialisme dat hij vanaf oktober 1946 in Parijs beter zou leren kennen. Een intermediair tussen de Slavische en westerse ideeënwereld was Franz Kafka geweest, die hij samen met Van Santen tijdens de oorlog voor het eerst las. Van Santen noemde Kafka en Nietzsche met hun erkenning van de absurditeit van het leven de Slavische elementen van de westerse cultuur.[39] Ook voor Rodenko was hij een existentiële schrijver die, net als Dostojevski, de absurditeit niet probeerde te verklaren, maar haar onderging.[40]

Het existentialisme had Russische wortels. Maar voor de bestudering van deze filosofie moest hij in Parijs zijn, na de oorlog het intellectuele Mekka, waar de intelligentsia zich druk maakte over de meest uiteenlopende politieke en filosofische kwesties. Studenten waren meer dan in Nederland geïnteresseerd in de nieuwe ideeën van Jean-Paul Sartre, Albert Camus, Maurice Merleau-Ponty en Simone de Beauvoir. Op de verpolitiekte universiteiten werd daarnaast het werk van hun leermeesters Karl Marx, Søren Kierkegaard, de fenomenoloog Edmund Husserl en Martin Heidegger besproken. Ook werden er toneelstukken van García Lorca gespeeld en films naar scenario's van Jacques Prévert vertoond.[41]

Toen een tweede poging om in Moskou te studeren – de Nederlandse universiteiten waren voor hem immers lange tijd taboe – op niets uitliep, zette hij alles in het werk om aan de Parijse Sorbonne *Littérature Comparée* en psychopathologie te studeren. Zijn zuster Olga had inmiddels eindexamen gymnasium gedaan en zou meegaan om daar Slavische talen te studeren. Vanaf mei 1946 probeerden ze samen een kamer te krijgen in het Collège Néerlandais, dat was gevestigd in het door de Nederlandse architect W. M. Dudok ontworpen Maison Juliana in de Cité Universitaire aan de Boulevard Jourdan. Dat wilde eerst niet lukken. Rodenko vroeg toen aan allerlei mensen, onder wie Adriaan Morriën, of ze konden bemiddelen, want er waren in die tijd veel aanvragen van Nederlandse studenten. Wat precies de doorslag heeft gegeven is onduidelijk, maar op 1 augustus kregen Paul en Olga een brief van dr. Walter Emile van Wijk, de directeur van het Collège Néerlandais, met de mededeling dat ze na de zomer konden komen.[42]

Paul en Olga arriveerden begin oktober 1946 na een lange vermoeiende reis in Parijs. De stoomlocomotieven deden er vanaf het Haagse Hollands Spoor volgens de dienstregeling een kleine tien uur over het Gare du Nord te bereiken, maar in de praktijk duurde dat vaak langer. Er moest vaak gewisseld worden van locomotief en de grensformaliteiten namen veel tijd in beslag. Naar de paspoorten en de bagage werd kritisch gekeken en ook de deviezencontrole was omslachtig. Je mocht in die jaren maximaal dertig gulden uitvoeren en voor buitenlandse deviezen was een apart formulier nodig.[43]

Parijs gonsde eind 1946 niet alleen van het intellectuele debat, maar was ook druk doende om twee jaar na de bevrijding politiek orde op zaken te stellen. Na het terugtrekken van De Gaulle in januari 1946, probeerde de Vierde Republiek de economische en sociale wanorde de baas te worden. Het land werd geteisterd door armoede en stakingen, eten was nog op de bon en tabak was nauwelijks te krijgen. In dat Frankrijk speelden de communisten een belangrijke rol. Uit solidariteit met de Russen had Rodenko zich in het verleden communist genoemd, maar hier zag hij wat communistische politiek in de praktijk betekende.

De sfeer in Parijs en in de Cité Universitaire was niet alleen politiek geladen, maar ook kosmopolitisch. Rodenko ontmoette studenten uit alle mogelijke werelddelen – vooral veel Amerikanen – en kreeg zo meer inzicht in mondiale verhoudingen. Het stak hem bijvoorbeeld dat de Amerikanen als enigen veel geld hadden en zich geen zorgen hoefden te maken over eten en kleding. Nu had hij als 'Rus' sowieso niet veel op met Amerika, maar na zijn ontmoeting met deze studenten was hij voor altijd een anti-Amerikaan. Toen hij later in huiselijke kring de Amerikanen wel eens uitmaakte voor cultuurbarbaren, beriep hij zich vaak op zijn ervaringen in Parijs.[44]

Paul en Olga gingen net als vroeger in Riga op onderzoek uit. 's Ochtends ontbijt in de grote hal van het Maison Juliana en 's middags frietjes en kastanjes eten in de stad. Ze dwaalden door het Quartier Latin, bezochten het Louvre en de belangrijke expositie van moderne kunst Salon d'Automne en zagen de mobielen van de kunstenaar Calder. Ze verbaasden zich over de werking van een *photomaton*, een automaat die zonder hulp van een fotograaf pasfoto's maakte voor hun *carte d'identité*. Ook bezochten ze de in Nederland verboden film *Les enfants du Paradis*, die door de teksten van Jacques Prévert grote indruk maakte op Paul, ondanks het soms wat moeilijke Frans. Met Franse teksten had hij nooit moeite, maar met het gesproken Frans wel. Vooral de taal van 'de mensen uit het volk' kwalificeerde hij in een brief aan zijn ouders als 'onverstaanbaar'.[45]

Rodenko nam zich voor zijn Parijse indrukken in een dagboekje vast te leggen, maar hield dat niet lang vol. Hij begon enthousiast met een observatie van de nieuwe wereld om hem heen: 'Parijs anno 1946: abnormaal hoge hakken, abnormaal hoge coiffures (zelfs de mannen dragen een kunstmatig verkregen kuif), abnormaal hoge prijzen – de hele natie staat op haar tenen om maar een schijn van een eersterangsmogendheid op te houden.'[46] Het was wennen in de lichtstad, maar gaandeweg voelde hij zich er meer thuis en raakte hij geboeid door de Franse politiek, waarover hij ook aantekeningen maakte. Hij kocht elke dag een krant en verbaasde zich over de vele schandalen die daarin breed werden uitgemeten. Ook schreven Franse journalisten regelmatig over de verhouding Rusland-Europa-Amerika, een onderwerp dat hij uitermate boeiend vond. Hij knipte de artikelen hierover uit en stopte ze in een map met de titel 'Europa'.[47]

Zijn oordeel over de Franse pers was lovend: 'De gewoonste artikelen staan vol met citaten van bekende schrijvers en zinspelingen op culturele actualiteiten als toneelstukken, boeken, films etc.'[48] Rodenko las in Parijs niet alleen Franse, maar ook Russische kranten, die in veel kiosken te koop waren. In Parijs woonden in die tijd zo'n 30.000 Russische emigrés en hij bezocht een enkele keer ook feesten van Russische emigranten. Hoe langer hij in Parijs was, hoe meer hij ervan overtuigd raakte dat dit zijn stad was.

Hoogtepunt tijdens zijn verblijf was de grote culturele manifestatie van de Unesco die eind 1946 plaatsvond. Naast tentoonstellingen en concerten waren er lezingen van schrijvers als Jean-Paul Sartre en André Malraux. Rodenko bezocht Sartres lezing over de verantwoordelijkheid van de schrijver, op woensdag 1 november 1946 om 17.45 uur in het grote amfitheater van de Sorbonne. Voor de lezing was veel belangstelling. De politie wist de grote menigte vechtende belangstellenden nauwelijks te bedwingen en het lukte Rodenko pas na een worsteling het gebouw binnen te komen. Wel moest hij er een prijs voor betalen; hij verloor een knoop, en zijn sigaretten, vlak na de oorlog een kostbaar bezit, werden platgedrukt.[49]

Toen het publiek eenmaal binnen was en Sartre het spreekgestoelte betrad, werd het stil. Iedereen luisterde ademloos naar de roemruchte existentialist die zich nauwelijks had voorbereid op deze lezing. De avond daarvoor was hij met Arthur Koestler, Albert Camus en Simone de Beauvoir tot 's ochtends vroeg wezen drinken in een Parijs café. Hij had opwekkende middelen genomen en improviseerde zoals vaker tijdens lezingen over de maatschappelijke verantwoordelijkheid van de schrijver en de dienstbaarheid van de literatuur aan de sociale strijd.[50] Rodenko was meteen geboeid, want Sartre begon met Dostojevski's uitspraak dat iedereen verantwoordelijk is voor iedereen en alles, waarmee ook hij een relatie legde tussen de Slavische ideeënwereld en het existentialisme. Sartre vond dat Dostojevski's woorden betekenden dat een prozaschrijver een geëngageerd schrijver moest zijn.[51]

Ook was Sartre met zijn in 1945 opgerichte *Les Temps Modernes* een gids voor Rodenko. In dit tijdschrift werd geschreven over in Nederland nauwelijks bekende denkers en schrijver als Georges Bataille, Edmund Husserl, Vladimir Nabokov, William Faulkner en Maurice Blanchot. Rodenko raakte na lezing enthousiast en introduceerde ze bij het Nederlandse publiek.[52] Iemand als Bataille, voor wie wreedheid en extase mogelijkheden waren het

Andere te ervaren, sloot aan bij zijn poëtica in wording. Hij vond dat de tijd waarin hij leefde in het teken van de explosie stond en dat de bestaande orde moest worden vernietigd. Henry Miller deed dat door alle literaire en morele barrières te doorbreken, maar Bataille excelleerde met zijn 'nihilistische mystiek' daarin nog meer. Hij plaatste de mens midden in het 'niet zijn' van de gevestigde wereld: '[...] het lachen, de obsceniteit, de woede, de pijn, de dronkenschap en tenslotte elke vorm van *excès*.'[53]

Bataille bewonderde de 'kwaadaardigen' onder de kunstenaars, die door hun hartstocht het leven in brand zetten. Kunst was voor hen een obsessie, die geen enkel doel mocht dienen. Het ging om de 'extatische ogenblikken', de momenten waarop de kunstenaar oog in oog met het Andere stond.[54] Dit waren de poètes maudits, de gedoemde dichters die Rodenko in 1957 bloemleesde in *Gedoemde dichters. Van Gérard de Nerval tot en met Antonin Artaud, een bloemlezing uit de poètes maudits*, een verzameling van zeventien Franse dichters uit de negentiende en twintigste eeuw. 'Poésie maudite' was voor Rodenko een 'soort' poëzie die verbonden was met het kwaad en waarvan Baudelaire de voorloper was. Die werd als gedoemde dichter door hem zelfs in een Russische context geplaatst: 'De moderne poëzie is antithetisch, complex, meervoudig gedetermineerd, en Baudelaire was de eerste die deze complexiteit in de poëzie introduceerde, zoals Dostojevski de eerste was die haar in de roman introduceerde.'[55] Rodenko had uiteindelijk zijn Rusland in Frankrijk gevonden.

Rodenko wilde een dichter zijn die zich in de traditie van de poètes maudits een outlaw kon voelen en *buiten* de waarden en normen van de maatschappij stond. Net als voor Mallarmé moest voor hem het vers een mogelijkheid zijn de vervloekte werkelijkheid te ondermijnen. De dichter als sloper en het gedicht als 'afvoergat van de werkelijkheid'. De woorden eerst ontdoen van hun oorspronkelijke betekenis, om daarna in de poëzie een nieuwe autonome werkelijkheid te creëren, die was gezuiverd van 'de slakken van herinnering, verleden, traditie, zowel persoonlijk (het ik met zijn hebben en houden) als collectief (de wereld, de maatschappij)'. Het gedicht als een andere werkelijkheid naast de bestaande en de dichter als autonome schepper, losgemaakt van particuliere besognes. Het was een poging om zijn conflict met de absurde wereld, waarin, althans zo was zijn ervaring, leugen en bedrog de boventoon voerden, op te lossen.[56]

Over het opruiende, onruststokerige van de literatuur, las hij ook bij de filosoof Maurice Blanchot. De literatuur moest, zo stelde die, de totaliteitspretenties van de wereld in twijfel trekken en de mensen laten kennismaken met het 'Buiten', waar geen beheersing, zekerheid en eenheid was. Het leek op het Andere van Rodenko, dat net als bij Blanchot alleen maar *benaderd* kon worden. Het ging om de ervaring *tijdens* het schrijven. Blanchot had hoge verwachtingen van de taal, omdat alleen in de taal een 'permanente vernietiging' mogelijk was. Zijn schrijverschap was een afscheid van de praktische politiek en zijn engagement een schrijven over de politiek.[57] Mede onder invloed van Blanchot en Sartre raakte Rodenko in Parijs verder verwijderd van de praktische politiek. Steeds duidelijker zag hij de schaduwzijden van het communisme. Sartre had in zijn opstel 'Matérialisme et Révolution' afgerekend met Lenin en Stalin, omdat zij met hun politieke doctrine de mens tot een slaaf van een systeem maakten.[58] De communistische leer was gebaseerd op tucht en de zekerheid dat de geschiedenis wetenschappelijk te voorspellen zou zijn. Het menselijk kiezen speelde geen enkele rol, alles lag vast. Rodenko las het artikel instemmend en vatte daarna zijn verhouding tot Marx in een aantekenboekje als volgt samen: 'Nu lap ik zijn hele historisch-materialisme en de hele wetenschappelijke mikmak aan mijn laars – ik accepteer alleen zijn revolutionaire passie.'[59]

De dubbelzinnigheid van Marx' leer stoorde Rodenko. Marx analyseerde eerst de historische noodzaak en onontkoombaarheid van de overwinning van de arbeiders, om ze vervolgens op te roepen voor de strijd. Daar was weinig durf voor nodig. Rodenko gaf de voorkeur aan de onzekere missie van de anarchist, want die vereiste moed en passie. Daarom voelde hij zich aangetrokken tot Maurice Merleau-Ponty, een filosoof uit de kring van Sartre, die ook niets op had met doctrines en het 'niet weten' prefereerde. Ook voor hem was de wereld geen afgerond geheel, maar een ambiguïteit. Of, in de woorden van de keldermens van Dostojevski, grillig.

Rodenko nam Merleau-Ponty's definitie van een gedicht over, die de basis werd van een aantal essays over het autonome vers uit het midden van de jaren vijftig. Hij sloot daarin ook aan bij Sartres *Qu'est-ce que la littérature* uit 1948. Volgens Sartre ligt de kunst van het proza op het gebied van de rede en was haar inhoud 'van nature betekenend'. De dichter daarentegen beschouwt de woorden als dingen, niet als tekens. Hij staat aan de kant van de schilderkunst, de beeldhouwkunst en de muziek, want hij wil de dingen geen naam geven.[60]

Het gedicht was autonoom, het domein van de creativiteit en de vrijheid. Hier ging het niet om vaststaande ideeën, om een statische wereld, maar om het proces, het altijd *unterwegs* zijn. In de 'empirische poëziekritiek' die hij ontwikkelde ging het om het mechaniek van het gedicht, hoe het werkt en waartoe het dient. Hij wilde niet zoeken naar verdrongen complexen of geheime verlangens van de dichter, de uitdrukking van in dichtvorm gegoten gedachten of emoties. Alleen de 'eigen wil' van het vers was belangrijk en de persoonlijkheid die de criticus onthulde was niet die van de dichter, maar die van het vers. Het dichtersbestaan rees uit boven de accidentiën van de biografie. Hij citeerde Merleau-Ponty, volgens wie het gedicht een machine is. En, zo concludeerde Rodenko, de criticus een ingenieur die het mechanisme ervan onderzoekt. [61]

Sartre, Bataille, Blanchot en Merleau-Ponty waren Rodenko's Franse leermeesters. Daarnaast waren er in Parijs mensen tegen wie hij zich af kon zetten. De conservatievere André Malraux bijvoorbeeld. Rodenko miste zijn lezing tijdens de Unesco-manifestatie en moest wachten op een herhaling in het Maison Internationale in januari 1947. Hij maakte notities over het onderwerp van de lezing, maar ook over de verschijning van de spreker: 'Het is een slanke man met een intelligent enigszins romeins aandoend gezicht. Bij zijn opkomst begroet hij de zaal met het gebaar van in elkaar grijpende handen (dit maakt de indruk of hij zich als leider ziet cf. het de Gaulle-gebaar). Hij maakt een nerveuze indruk, weet niet waar hij zijn handen moet laten: stopt ze in zijn broekzak, dan weer in zijn jaszak, kruist ze, houdt een hand op z'n heup, telkens maar voor een ogenblik.'

Malraux' lezing ging over de tragische mens, die zijn geloof in de wetenschap als brenger van de blijde boodschap had verloren. Daarmee leek hij dicht in de buurt van Rodenko's opvattingen te komen, maar die vond het tragische van Malraux anders dan zijn Russische tragiek. Hij noteerde: 'Hoera wij zijn tragisch! Het tragische wordt een programma in plaats van iets wat overwonnen moet worden.'[62] En van programma's moest Rodenko niets hebben.

4. COLLÈGE-LEVEN

Paul volgde dit indrukwekkende Parijse gefilosofeer over God en de wereld op afstand. In Nederland was hij een bekende essayist en dichter aan het worden, maar hier deed hij niet mee. Een groot deel van de tijd was hij op het Collège Néerlandais, waar hij van november 1946 tot april 1947 een kamer deelde met de Hagenaar Karel Ligtenberg, die in Parijs viool studeerde. Het leven van de kamergenoten was verschillend en ze liepen elkaar op de piepkleine kamer daarom niet in de weg. Karel stond vroeg op om te studeren, terwijl Paul een gat in de dag sliep en pas rond het middaguur aanstalten maakte om de stad in te gaan. Ze spraken wel met elkaar, maar de intelligentie en belezenheid van Paul schrok de jongere Karel vaak af. Alle uitspraken die hij deed moesten verantwoord worden, en als hij pratend over kunst het begrip schoonheid gebruikte, wilde Paul precies weten wat hij daarmee bedoelde. Hij was een echte filosoof die het liefst op bed lag te mijmeren over Sartre en het anarchisme. 'Al die regeringen moesten maar afgeschaft worden,' vertelde hij dan naar aanleiding van de sociale onrusten in Parijs.

Ook deed hij Karel versteld staan van zijn drinken. Een enkele keer kwam er een honorarium binnen voor een artikel voor *Podium*, dat meteen werd omgezet in drank. In grote 'badtafelglazen' werd de ingeslagen drankvoorraad dan in een mum van tijd opgedronken. Het was Karel duidelijk dat Paul een echte Rus was.[63]

Paul woonde als zesentwintigjarige in Parijs voor het eerst zelfstandig. Hij voelde zich ver van zijn vader en het verleden, al probeerde zijn vader ook op afstand invloed op hem uit te oefenen. Toen hij net in Parijs was, schreef die aan hem: 'Weet je dat men in 't algemeen van plan is studenten die door de oorlog hun studie moesten verwaarloozen verschillende faciliteiten te verleenen ten einde hen in de gelegenheid te stellen hun eindexamens af te doen. Het zou dwaas zijn indien je daarvan niet profiteert. Trek je er dus niet veel van aan, van alle die wijsmakingen van secretarissen, administrateurs etc maar dring erop aan dat je zoo spoedig mogelijk tot examens toegelaten zal worden want ik ben zeer overtuigd daarvan dat je veel meer weet als door examinateurs vereischt wordt, dus laat zich niet door bureaucratische meeningen van secretarissen, secretaressen of wie dan ook tegenhouden, sla maar de spijker flink op de kop en stuur rechtuit op je doel af.'[64]

Dat doel lag voor Paul op dat moment in Parijs. Hij had hier zijn lethargische periodes, maar de internationale sfeer en het intellectuele debat dat plaatsvond in Franse kranten en in de cafés rond Saint-Germain-des-Prés inspireerden en activeerden hem. Wat hij daar zag gebeuren, wilde hij ook op het Collège Néerlandais. Met de architectuurstudent Jan Trapman maakte hij daarom plannen voor discussieavonden onder het motto: 'Het debat moet vlammen.' In december was de eerste bijeenkomst in de muziekzaal, maar de opkomst viel tegen. Er waren alleen een paar studentes uit de meisjesvleugel en enkele fanatieke vertegenwoordigers van de communistische jeugdbeweging gekomen. De laatsten namen het heft in handen en spraken, overtuigd van hun eigen gelijk, gedreven over de wereldproblemen. Paul voelde zich overdonderd door deze dogmatische lieden en zag zijn genuanceerde debat ten onder gaan aan partijpolitieke propaganda. Uit angst voor een tweede invasie van communisten, zijn er daarna geen discussieavonden meer georganiseerd.[65]

Bij studenten in het collège wekte Paul de indruk een vrijgestelde te zijn. Als anderen druk aan de studie waren, lag hij nog in zijn bed. Vooral tijdens de extreem koude winter van 1946–'47 maakte hij dan een tragische indruk.

Het Maison Juliana had nauwelijks stookolie om de kamers van de studenten te verwarmen en Paul lag lijkbleek met een jas aan weggestopt onder de dekens. De mensen die bij hem op bezoek kwamen, vertelde hij ondanks de erbarmelijke omstandigheden over Heidegger, Husserl, Jaspers en Sartre. De man uit de keldermemoires was een Franse intellectueel geworden.[66] Paul lag veel en lang op bed, maar hij was wel degelijk ingeschreven aan de Sorbonne. Samen met Olga had hij direct na aankomst in Parijs zijn Nederlandse diploma's laten 'wegen' bij het bureau van de Faculté des Lettres.[67] Hij kreeg een voorlopige collegekaart, waarmee hij colleges *Littérature Comparée* en *Psychologie Générale* kon volgen. De voorlopige inschrijving werd op 28 januari 1947 definitief en vanaf dat moment kon hij examens afleggen.[68] Olga was toen al met haar studie Slavische talen gestopt en naar Nederland vertrokken.

Over de colleges die Paul volgde bij de hoogleraar Littérature moderne comparée Jean Marie Carré vertelde hij later maar weinig. Carré was een bekende literatuurwetenschapper, oprichter van de Société Française de littérature comparée en vanaf 1935 directeur van het beroemde *Revue de littérature comparée*. Hij publiceerde over Goethe, Rimbaud en Verlaine.[69] Volgens Paul had hij bij hem een studie moeten maken over de Faust-figuur in de Europese literatuur – een onderwerp dat paste bij de belangstelling van zijn hoogleraar – maar het werkstuk bleef niet bewaard, of werd nooit geschreven.[70] Ook vertelde hij een keer in Parijs in het kader van zijn studie veel te hebben gelezen over 'de interrelatie van de Russische literatuur met de Italiaanse en Spaanse'.[71] Veel tijd zal hij niet in de gebouwen van de Sorbonne zijn geweest. Hij was literair grotendeels al gevormd en las daarom liever boeken die hijzelf belangwekkend vond. Bovendien gebeurden elders in de stad interessantere dingen.

Dat Paul niet veel studeerde, merkte ook Wim Hermans die in maart 1947 bij hem in Parijs logeerde. Het was de eerste keer dat Wim Parijs bezocht. Hij verwonderde zich over alles wat hij daar zag, niet in de laatste plaats over het gedrag van Paul. De aankomst op het Gare du Nord zou hij nooit meer vergeten. Paul had beloofd hem op te halen, maar toen Wim uit de trein stapte was hij in geen velden of wegen te bekennen. Wel zag hij een sjofel figuur, in een regenjas met een half wrakke bril scheef op het hoofd, gesticulerend op hem afkomen. Dat bleek bij nader inzien Paul te zijn, die zo eerder deed denken aan de eerste de beste clochard. Het beeld werkte op Hermans' lachspieren, maar Paul begreep niet wat er zo komisch aan was. Ze doken een café in en nadat ze daar behoorlijk wat gedronken hadden, gingen ze richting Maison Juliana. Paul had rum onder de kurk en bakte eieren. Het was een waar feestmaal dat werd genuttigd terwijl Paul de balalaika bespeelde.

De dagen daarna bezochten ze de vlooienmarkt en de metro, die Wim een wonderbaarlijke uitvinding vond.⁷² Bezoek uit Holland was welkom, want echte vrienden waren er nauwelijks. Toen Paul naar Parijs vertrok, was het uit met Annetje Houwing, maar van een relatie met een studente uit de Cité Universitaire was het niet gekomen. Hij stelde zich ook in Parijs naar vrouwen passief op; de meeste studentes vonden hem erg verlegen. Als een van de weinigen had hij geen vriendinnetje en de kans dat hier een vrouw het initiatief zou nemen was uiterst klein. Dat hoorde niet, vonden de doorgaans jongere studentes.⁷³

Paul bezocht daarom prostituees. Hij moest ze oppikken van de straten rond Pigalle, omdat de wereldberoemde Parijse bordelen, beter bekend als *maisons d'illusions* of *maisons de tolérance*, met ingang van 6 oktober 1946 illegaal waren geworden. De Franse overheid had de goede huizen nodig om het groot aantal studenten een onderdak te verschaffen. Hij geneerde zich er niet voor en vertelde zijn kamergenoot Karel openlijk over zijn avonturen.

In zijn omgang met prostituees was Paul naïef, vond Adriaan Morriën, die in oktober 1947 bij hem in Parijs was. Ze spraken samen uitvoerig over de dames van Pigalle, die Morriën ook had bezocht. Die had zich nogal druk gemaakt over een geslachtsziekte, omdat hij met een Franse hoer zonder condoom had gevreeën. Dat was niet de praktijk van hun Nederlandse vakzusters. Paul maakte zich daar niet druk over en wist dat de meisjes zich regelmatig lieten onderzoeken. Bovendien waste hij meteen na een bezoek zijn penis. Morriën was min of meer tevreden met dit antwoord: 'Pauls woorden, met dezelfde ernst geuit en met dezelfde onderbrekingen vanwege zijn stotteren als waarmee hij over literatuur praatte, stelden mij toen gerust, voorlopig.'⁷⁴

Morriën zocht Paul Rodenko op in zijn Parijse nadagen. Financieel ging het al een tijd moeilijk – hij was grotendeels afhankelijk van het bedrijf van zijn vader – en toen in november 1947 de tentamens mislukten, was het niet verantwoord langer te blijven. Aan Van Santen schreef hij daarover: 'Ik kan niet zeggen dat ik mij rotgewerkt heb, eigenlijk heb ik maar verdomd weinig uitgevoerd, maar doordat ik voortdurend met het idee rondliep dat ik moest werken, kwam ik er ook niet toe om iets anders te doen, zodat ik voortdurend in een vervelende geïrriteerde stemming rondhing met allerlei oninteressante boeken voor mij die ik toch niet las... enfin, je kent het misschien. Voor het examen ben ik tenslotte gezakt, wat ik ook inderdaad verdiend heb: maar ik kan dat werkelijk niet meer, je voelt je op een zeker ogenblik te oud voor dat schooltjesgedoe.'⁷⁵

Ook Hermans kreeg regelmatig brieven uit Parijs. Die wist al langer dat het niet goed met hem ging, want na de zomer in Holland – hij was wegens geldgebrek voor twee maanden terug geweest – had hij hem al geschreven over 'een periode van slapheid en lusteloosheid'.[76] In Parijs was dat niet overgegaan en hij ontmoette daardoor weinig mensen. Zijn enige hoogtepunt was het bezoek aan het Russische Ballet van De Basil, het oude Diaghilev-ballet.[77] Hermans keek er daarom niet van op dat Paul aan hem schreef: 'Ik ben niet geslaagd voor de examens en ik voel nu achteraf ook duidelijk dat ik het er zelf inderdaad onbewust of halfbewust op heb aangestuurd om niet te slagen, omdat ik op die manier een goed excuus had om ermee uit te scheiden (met de "studie"). Ik kan nu eenmaal geen twee dingen tegelijk doen: studeren of in het algemeen "aan wetenschap doen" en schrijven. Het gevolg is meestal dat ik niets of heel weinig doe; en aangezien ik voor het schrijven meer voel, is het beter dat ik onder de studie maar een streep zet.'[78]

Hermans schrok van het resolute stoppen. Hij overwoog het zelf ook regelmatig, maar zou het toch niet kunnen verkroppen als zijn studie-inspanningen voor niets waren geweest. Wel waarschuwde hij ervoor dat een keuze voor de literatuur, als tijdschriftredacteur bijvoorbeeld, ook niet 'veel vermaak schenkt'. De meeste tijd ging op aan het overdenken en schrijven van brieven en het zoeken van kopij. In een slappe tijd met weinig goede schrijvers en te veel tijdschriften was dat een ondankbare taak. Daarnaast moest je aan besprekingen deelnemen, ruzies kalmeren en opwindende gebeurtenissen psychisch verwerken. Vooral voor iemand die nogal snel opgewonden was, zoals Hermans zelf, veroorzaakte dat problemen. Daar kwam ook nog bij dat het op de Nederlandse boekenmarkt bijzonder slecht ging, iets wat Paul niet kon weten omdat hij geen Nederlandse kranten las.[79]

Paul vertrok in november 1947 uit Parijs, dat toen weer eens geteisterd werd door sociale onlusten. Op 28 oktober waren er anticommunistische demonstraties geweest, waarbij zelfs een dode was gevallen en 300 personen ernstig verwond waren geraakt. De communisten streden tegen mensen die eisten dat zij afstand zouden doen van hun belangrijke posities in de Franse samenleving. Velen hadden gehoord over Stalins misdaden en vreesden dat het land zou veranderen in een 'communistische heilstaat'.

Door de stakingen kwam ook het openbaar vervoer plat te liggen, maar het lukte Paul nog net op tijd een trein naar Nederland te nemen. Een kist met boeken en een schrijfmachine moest hij echter in het Collège Néerlandais achterlaten. Pas in maart 1948 kreeg hij de machine terug, toen die werd meegenomen door Hermans die met zijn vriendin op vakantie in Parijs was geweest.[80] Op de boeken moest hij nog langer wachten. Het was hem ook niet meer gelukt de achterstallige kamerhuur voor een aantal maanden te betalen. Berooid kwam Paul dan ook eind 1947 in Nederland terug. De schulden betaalde hij in februari 1948 pas af, toen hij een deel van zijn honorarium voor *Podium* rechtstreeks aan de administratie van het Collège liet overmaken.[81]

Paul woonde weer bij zijn ouders en had maar kort van de vrijheid kunnen genieten. De sfeer in de ouderlijke woning en vooral de omgang met zijn vader zal hij als beklemmend hebben ervaren en kort na zijn terugkomst uit Parijs raakte hij in een emotionele crisis. Er begon een periode die hij in een brief aan Wim Hermans 'landerig' noemde. Hij was al geen vroege opstaander, maar nu kwam hij soms helemaal niet meer uit zijn bed.[82]

Over zijn crisis sprak hij uitvoerig met Hems Bos. Hoewel de twee elkaar in de loop van de oorlog uit het oog waren verloren, werd het contact na de bevrijding hersteld. Pauls gedichten waren een enkele maal de basis voor hun 'therapeutische' gesprekken, want de criticus die later hamerde op de autonomie van de poëzie, probeerde zelf zo greep te krijgen op zijn problematiek. De criticus diende niet op zoek te gaan naar de bedoelingen of onderliggende complexen van de dichter, stelde hij later regelmatig, maar dat gold niet voor zijn eigen werk. Hij wist dat zijn gedichten ontsproten waren aan zijn eigen leven en dat ze net als dromen de sleutel konden zijn tot de oplossing van zijn conflicten. Het samen interpreteren van zijn gedichten ging overigens niet altijd goed. Paul kende zijn grenzen en als Hems te dichtbij kwam, stopte hij.[83]

Hems wist hem toen over te halen samen de fenomenologisch georiënteerde psychiater H.C. Rümke in Utrecht te bezoeken. Hems maakte de afspraak en op 4 februari om 11.15 uur werden ze in de Psychiatrische Neurologische Kliniek verwacht.[84] Rümke nam zelden mensen in langdurige analyse. De klassieke psychoanalyse was voor hem alleen interessant voor de diagnostiek. Hij hield ervan met een patiënt uitvoerig over een roman of gedicht te spreken en zo tot een diagnose te komen. En dat lag Paul wel.[85]

Rümke was ondanks zijn ambivalente houding ten opzichte van de psychoanalyse lid van de Nederlandse Vereniging voor Psychoanalyse, maar het is de vraag of het op zijn aanraden was dat Paul contact zocht met het Psychoanalytisch Instituut te Amsterdam.[86] Waarschijnlijk meldde hij zich in november 1948 aan, want in die maand werkte hij samen met Hems aan zijn levensbeschrijving, doorgaans de eerste stap bij een intake voor analyse.[87] Zijn geval werd daarna langdurig besproken en de psychoanalytici onder leiding van H.A. van der Sterren waren het unaniem over de te volgen behandeling eens. In april 1949 kreeg hij een brief met verontschuldigingen voor het lange uitblijven van een antwoord. De psychiaters vonden een analyse de enige oplossing, maar waarschuwden hem ervoor dat de weg lang en moeizaam zou zijn. Daarom was het nog niet gelukt een 'passende kracht' te vinden. Of hij in september nog eens contact wilde opnemen.[88] Met welke klachten Paul zich aanmeldde, is niet te achterhalen. Hij zal geschreven hebben over het stotteren, maar ook over angsten en depressies én zijn moeilijke verhouding met zijn vader. Een gecompliceerd geval, vonden de psychiaters.[89]

5. ANTONIN ARTAUD

Parijs bleef vanwege het gevoel van vrijheid trekken. Toen Rodenko in de zomer van 1948 weer wat geld had, verbleef hij een paar weken in het Collège Néerlandais. Hij ontmoette toen de uitgeweken Amerikaan Elliott Stein, die sinds 1948 in Hôtel de Verneuil aan de rue de Verneuil dicht bij St. Germain des Prés woonde, later ook de verblijfplaats van Hugo Claus, Simon Vinkenoog en Hans Andreus, welke laatste ook bevriend was met Stein.[90]

De figuur Stein boeide Rodenko. Hij was homoseksueel, waardoor hij toentertijd 'buiten' de maatschappij stond, en bovendien bewonderaar van Dostojevski en Paul Klee, wiens tekeningen Rodenko ook erg mooi vond.[91] Na Parijs hielden de twee een tijdje contact. Stein stuurde hem regelmatig zijn tijdschrift *Janus* en Rodenko zorgde ervoor dat werk van hem in *Podium* verscheen. Dat was bijzonder, want hij koos net als Miller 'afwijkende' thema's. Toen hij Rodenko liet weten een verhaal over een tienjarig lesbisch meisje te hebben geschreven, was die meteen geïnteresseerd. Dit soort verhalen werd in Nederland niet geschreven, schreef hij terug. En of hij een kopie kon krijgen?[92]

In zijn Parijse zomer van 1948 maakte Rodenko nader kennis met het werk van Antonin Artaud. In zijn derde 'Parijse notitie', die hij op verzoek van Adriaan Morriën schreef voor *Litterair Paspoort*, had hij Antonin Artaud een van de 'boeiendste figuren uit de surrealistische beweging' genoemd, maar veel gedichten van hem kende hij toen nog niet. Artauds bundels waren in Parijse boekhandels namelijk moeilijk te vinden.[93] In 1948 had hij meer geluk. In een boekenstalletje vond hij enkele bundels met gedichten die 'van een woeste primitieve schoonheid zijn'. Hij was zo enthousiast dat hij erover aan Hermans schreef als dé vondst van de laatste tijd.

Hermans was toen net voor een half jaar naar Canada vertrokken en had op advies van Rodenko Sartres *La Nausée* meegenomen om de verveling tijdens de lange bootreis te doden en zeeziekte te voorkomen: 'Zo, zo, dus niet gekotst. Komt zeker door Sartre, die je bij je had: vaccinatie met "nausée".' Rodenko ging ervan uit dat Hermans ook niet bekend was met het werk van Artaud en dat hij hem dus weer op een belangrijke dichter kon wijzen: 'Jij zult Artaud ook wel niet nader kennen, alles is in heel kleine oplagen gedrukt, zodat er weinigen zijn die meer van hem kennen dan zijn naam.'[94]

Rodenko werkte inmiddels aan een uitgebreider artikel over Artaud voor *Litterair Paspoort*, dat in het oktobernummer onder de titel 'Het radicale humanisme van Antonin Artaud' verscheen.[95] Redacteur Morriën wilde een informatieve bijdrage, maar kreeg een stuk dat, zo vreesde hij, voor zijn lezers te filosofisch was. Bovendien verwachtte hij dat zij zouden schrikken van het scandaleuze karakter van Artauds werk. Rodenko was alleen bereid enkele filosofische begrippen in gewoon Nederlands te vertalen, al vond hij dat die inmiddels in beperkte kring burgerrecht hadden verkregen.[96] Daar was Morriën het wel mee eens, maar het stuk was hem juist daardoor 'te zwaar op de hand, te compact in zijn exposés'. Het was kritiek die hij later vaak op zijn werk kreeg, al was het bijna nooit een reden zijn stukken te weigeren. Ook voor Morriën niet, die Rodenko verzekerde in de toekomst graag weer een dergelijk baanbrekend stuk van hem te willen publiceren.[97]

Het was inderdaad een taai stuk met een lange aanloop, waarin hij twee soorten Romantiek en surrealisme introduceerde: het 'vitaal meerderheidssurrealisme', dat centripetaal van aard was, en het 'existentieel minderheidssurrealisme', dat hij centrifugaal noemde. Het eerste had zich ontwikkeld uit de Romantiek en was via het naturalisme en symbolisme in de *amour fou* en het marxisme terechtgekomen. De andere richting was via het dandyisme, Baudelaire en Jarry terechtgekomen bij Kafka, Artaud, Michaux en de diverse existentiefilosofieën.

Van de tweede richting was Artaud de zuiverste representant, want: 'Artaud heeft als enige de geestelijke moed bezeten om de "waanzin" der poëzie volledig met zijn leven te assimileren en zijn surrealistische queeste tot in het krankzinnigengesticht van Rodez voort te zetten, waar hij negen jaar geïnterneerd is geweest.'[98] Artaud zocht de waanzin, de psychose, en koos als dichter en mens voor een 'psychotisch Dasein', wat Rodenko, zonder dat hij het noemde, deed denken aan zijn eigen Sjestoviaanse afgrond.

De kern van Artaud was zijn wreedheid, die hij nodig had om door de Vlezigheid heen bij de eigenlijke kern, 'de absolute vrijheid van het ik-lichaam Artaud', te komen. In tegenstelling tot wat idealistische filosofen beweerden, waren voor Artaud lichaam en geest één. Dat was tegelijkertijd de kern van zijn probleem, want in het lichaam, de Vlezigheid, had zich de erfzonde, de bezoedeling, genesteld. 'Het Vlezige is het geseksualiseerde lichaam', schreef Rodenko en voor Artaud vormden de begrippen seksualiteit-stront-God een eenheid. Die had zich op zijn ik-lichaam in het Vlezige vastgezet en die moest hij met veel geweld van zich af schillen.

Artaud zelf had gepassioneerd voor de vrijheid gekozen, maar werd tegengewerkt door 'anderen'. Dit was Artauds paranoia; de schuldigen hadden hem bezoedeld en zijn vlees geïnfecteerd. Volgens Rodenko lieten veel mensen zich maar al te graag infecteren en hadden ze juist belang bij dat 'faecale determinisme'. De Vlezigheid ontnam ze immers het zicht op hun eigen verantwoordelijkheid, die alleen zichtbaar werd door haar te elimineren. Artaud ging verder dan de existentiefilosofen die het 'faecale determinisme' accepteerden en het geworpenheid noemden, maar de laatste stap niet durfden te zetten. Artaud stelde namelijk dat ook de mens verantwoordelijk was voor die geworpenheid, want hij was zelf de werper. Voor Artaud was het duidelijk: er bestond een macht, een ondergrondse organisatie die complotteerde tegen het bewustzijn van alle mensen en die belang hechtte aan die Vlezigheid. Zij had de menselijke matrijs vastgesteld, een gemiddelde bepaald waaraan iedereen moest voldoen. Artauds kunstenaarschap was een strijd tegen deze macht, het was een radicaal humanisme, waarin de mens tot een keuze werd gedwongen: die van de absolute verantwoordelijkheid, dwars door alle Vlezigheid heen.

Het stuk over Artaud ging ook over een kant van Rodenko zelf, '[...] een kant die ik normaliter onder een zekere objectiviteit verborgen houd', schreef hij aan Van Santen.[99] Hij kon Artaud gebruiken bij het formuleren van een nieuw 'marxisme', dat hij 'radicaal humanisme' noemde. Het moest een verbinding zijn van de innerlijke wreedheid, 'die niets met sadisme of masochisme te maken heeft' en het marxisme. Artaud had hem gewezen op een strijd tegen verborgen machten, die de individuele vrijheid bedreigden en alle mensen wilden gelijkschakelen aan het gezonde gemiddelde. Het was een verzet tegen de Vlezigheid, waarin zich de luizen van het verleden hadden vastgezogen. Het was een strijd tegen de politieke macht en tegen de '*heren*: meervoud', waarover Rodenko schreef in zijn stuk over Hermans en aan wie mensen als Artaud en hijzelf die luizen te danken hadden.

Na Artaud koos Rodenko voor het anarchisme. Een andere keuze was bij iemand die zich zo bedrogen voelde door de werkelijkheid met haar 'heren: meervoud' niet denkbaar. Hij wilde een geëngageerd schrijver zijn, maar zijn engagement kon er alleen een zijn dat gericht was tegen de bestaande maatschappij, niet een engagement met de maatschappij als zodanig. Hij wilde als kunstenaar buiten die maatschappij staan, zonder onmaatschappelijk te zijn, schreef hij aan het einde van zijn leven in een notitieblok. Zo kon hij laten zien dat het 'anders' kon, dat er meerdere mogelijkheden waren en het definitieve niet bestond en er geen 'geopenbaarde waarheid', geen gegeven orde was.[100]

Voor Rodenko was het anarchisme een permanente en inspirerende kracht in de geschiedenis, een die de autoriteitsgedachte voortdurend ter discussie stelde. Het was op hetzelfde moment ontstaan als de moderne poëzie van Baudelaire. Ook zij ging niet uit van een aantal poëtische spelregels, maar richtte zich op het creatieve proces. Niet het resultaat, bij de anarchisten de vrije samenleving en bij de dichters het 'affe' gedicht, was belangrijk, maar de oneindige weg daar naartoe. Het was een strijd en een poëzie zonder eindpunt. De dichter moest zijn creatieve proces steeds vernieuwen en de anarchist voortdurend nieuwe politieke spelregels improviseren. In zijn 'Brief aan een kritische vriend', vat hij dit als volgt samen: 'De destructiedrang is mijn Béatrice, heeft Mallarmé eens gezegd, en aangezien Mallarmé tegelijk dichter is, scheppend kunstenaar, onderschrijft hij in feite de bekende uitspraak van de anarchist Bakoenin: "Vernietiging is schepping".'[101]

Rodenko was weer terug bij Van Wijk in Leiden. Bij hem had hij al over de ideeën van Bakoenin kunnen lezen in het verplichte studieboek *Geschichte der Russischen Literatur* van Arthur Luther.[102] Maar in Parijs kon hij die na kennismaking met Artaud pas echt verbinden met zijn gedichten. Die werden daarna explosiever, agressiever en meer naar buiten gericht.[103] Met het gedicht dat zijn tweede bundel *Stilte, woedende trompet* uit 1959 opende, liet hij zien als dichter niet meer zonder de Artaudse wreedheid te kunnen. 'Ik houd pas werkelijk van een gedicht als het knarst en piept, wanneer je de reële pijn van de dichter als een dissonant boven de literatuur "uithoort"', schreef hij in 1948 aan de dichter A. Marja. Artauds gedichten waren daar een voorbeeld van. Zij waren vloeken en kotsen tegelijk. Zijn verzen gingen de scatologische kant op, maar door 'het medium van de door geen enkel vooropstaand poëtisch schema gebonden scatologie voel je zo duidelijk zijn cri de cœur'.[104] Het bereiken van de diepste innerlijke vrijheid kon alleen maar door de Vlezigheid weg te schillen en dat kostte pijn. En dat wilde Rodenko nu ook met zijn eigen gedichten:

Robot Poëzie

Poëzie, wrede machine
Stem zonder stem, boom
Zonder schaduw: gigantische
Tor, schorpioen poëzie
Gepantserde robot van taal –

Laat ons met schavende woorden
Het woekerend vlees van de botten schillen
Leer ons met nijpende woorden
De vingers van 't blatend gevoel afknellen
Laat ons met strakke suizende woorden

De stemmige zielsbarrière doorbreken:
Leer ons te leven in 't doodlijk luchtledig
De reine gezichtloze pijn, het vers.[105]

Toen Rodenko dit gedicht schreef, zal hij ongetwijfeld gedacht hebben aan het optreden van Antonin Artaud in het Parijse theater Les Amis Du Vieux Colombier op 13 januari 1947. Artaud was toen net een half jaar ontslagen uit het psychiatrisch ziekenhuis en las gedichten. Hij begon rustig, maar eindigde schreeuwend en huilend, zijn publiek in verwarring achterlatend. Als een bezetene pijnigde hij zichzelf alsof hij het ongedierte, de luizen, van het lijf wilde slaan. Hij moest vroegtijdig van het podium worden afgevoerd. Later vertelde Rodenko wel eens dat dit optreden van Artaud voor hem het summum van poëzie was en dat hij er zelf bij was geweest.[106] Dat laatste is echter de vraag. Hij verbleef op dat moment in Parijs, maar in zijn correspondentie uit die tijd repte hij er met niemand over. Over dit optreden zijn daarna veel publicaties verschenen, in Franse kranten bijvoorbeeld, zodat het aannemelijker is dat hij het verhaal uit de tweede hand kende.

In 'Robot Poëzie' herhaalt zich Artauds optreden. Ook de dichter Rodenko wilde het 'woekerend vlees' schillen waarin zich de luizen, hem 'aangedaan' door Kooper en zijn vader, hadden genesteld. Of waren het ook zijn eigen 'onzuivere' gedrag als student en zijn traagheid die hier weggezuiverd moesten worden? Het is een gruwelijk, bijna futuristisch gedicht, een 'wrede machine', waarin alles tot een 'doodlijk luchtledig' wordt teruggebracht en het fysiologische volledig was verdwenen. Voor Frits van Egters was het fysiologische zinloos en door erover te schrijven probeerde hij er greep op te krijgen. Rodenko ging verder en moest het van de botten schillen. Dat was minder mooi, minder literair. Alleen zo kon er een gedicht ontstaan zonder verleden, 'zonder schaduw'. Zo was hij vrij, zonder luizen. En dat was in 1948, in een periode van emotionele malaise, van wezenlijk belang.

6. 'TUCHTELOOSHEID'

Het anarchisme wordt vaak gezien als een Russische aangelegenheid, omdat het aansluit bij het antirationalisme van Dostojevski, Sjestov en de onbekendere Aleksej Chomjakov, de leider van de negentiende-eeuwse slavofielen. De laatsten hadden een xenofobe afkeer van alles wat uit het Westen kwam en vreesden dat Rusland geïnfecteerd zou worden door het westerse rationalisme, met als gevolg een rampzalige breuk tussen individu en gemeenschap.

De slavofielen werden door Berdjajew vanwege hun solidariteit met het volk de eerste (religieuze) Narodniki genoemd.[107] De revolutionaire intellectuele Narodniki, *narod* betekent volk, waren vooral in de jaren zeventig van de negentiende eeuw in Rusland actief, toen zij als leraar, arts of arbeider naar het platteland trokken om de mensen iets over hun situatie te leren. De in het feodale Rusland reeds bestaande *mir*, de Slavische boerengemeenschappen met een soort arbeiderszelfbestuur, beschouwden zij als een goede voedingsbodem voor de socialistische revolutie. In de gemeenschappen werd de bouwgrond gezamenlijk gebruikt, waardoor de boeren al gewend waren aan collectief bezit. De Narodniki werden aan de ene kant belaagd door de staat omdat ze een bedreiging waren voor het regime, maar aan de andere kant ook door de boeren die niets begrepen van hun idealisme. Hun strijd had daardoor masochistische trekjes.[108] Veel Narodniki gingen uit frustratie daarom later over tot terroristische acties. Roemrucht werd de terreurorganisatie Narodnaja Volja, Land en Vrijheid, die in 1881 tsaar Aleksandr II met een bom om het leven bracht.[109]

Rodenko sprak met vrienden over zijn bewondering voor de Narodniki, die door hem in één adem werden genoemd met Michael Bakoenin, de anarchist die begreep dat de boerenbevolking een belangrijke rol zou kunnen spelen in de revolutie.[110] Bakoenin radicaliseerde het gedachtegoed van de Narodniki en probeerde alle lagen van het volk, ook rovers en misdadigers – 'de kwaadaardigen' – te mobiliseren voor de revolutionaire strijd tegen de staatsmacht.

De staat was een verderfelijke constructie, die volgens Bakoenin het Slavische volk was opgelegd door het Westen. Net als de slavofielen en Artaud vond hij dat 'anderen' hem iets hadden aangedaan, waardoor zijn anarchisme ook paranoïde trekjes vertoont. Het hartstochtelijke Russische volk zou laten zien dat een andere samenleving mogelijk was. Het zou als het ware de Vlezigheid van de macht wegschillen, door de bestaande maatschappij te vernietigen: 'Men moet de wereldbrand ontketenen, men moet de oude wereld vernietigen. Op de as van die oude wereld, op haar bouwvallen herrijst vanzelf de nieuwe, betere wereld.'[111] Rodenko had in Sneek met zijn voorbeeld van de vernietiging van Rotterdam het verhaal van Bakoenin, gekleurd door eigen ervaringen, naverteld.

In tegenstelling tot de Narodniki en Bakoenin was Rodenko geen staatsgevaarlijke anarchist. Antiautoritaire groeperingen hadden zijn sympathie, maar hij zou er nooit lid van worden. Identificatie ermee zou immers een bedreiging van zijn vrijheid betekenen. Het meest sprak hem de 'nutteloze passie' aan. Veel anarchisten begrepen dat hun ideeën nooit gerealiseerd konden worden, maar hadden net als de dichters van het echec genoeg aan het even oog in oog staan met een andere wereld. Daarom bleef Rodenko de beroepsrevolutionair Bakoenin respecteren, 'die constant de elementair-menselijke vrijheid = "menselijke waardigheid" blijft verdedigen', zoals hij aan het einde van zijn leven in een notitieboekje schreef.[112]

In Parijs had Rodenko notities gemaakt over de westerse democratie, die hij geen garantie vond bieden voor persoonlijke vrijheid. Je mocht zeggen dat de keizer geen kleren aanhad, maar *to be different* tot op het bot was niet mogelijk. Het ging om *politieke* vrijheid, niet om persoonlijke, waardoor alleen de indruk ontstond dat mensen vrij waren. De westerse democratie was een noodoplossing, een voorlopige constructie, op de lange weg naar een anarchistische maatschappij.[113]

Weinig mensen begrepen Rodenko's politieke opvattingen. Zij gingen ervan uit dat hij met het communisme en de revolutie flirtte, hoewel ze hem nooit op een sympathiebetuiging aan Stalin konden betrappen. Hij was ongrijpbaar.[114] De Binnenlandse Veiligheidsdienst noemde hem een ongevaarlijke trotskist, een stempel dat vaak werd gedrukt op 'linkse' mensen die geen lid van de Communistische Partij Nederland waren. Bovendien, zo rapporteerde een veiligheidsagent terecht, zou hij van zijn vader de liefde voor de sterke drank geërfd hebben. Van hem hoefden ze niets te vrezen.[115]

Dat het voor zijn omgeving moeilijk was hem politiek te peilen, was voor Rodenko geen probleem. Voor zijn geestverwant Van Santen wel. Wanhopig schreef hij op 18 mei 1948: 'Paul, het is een hopeloze situatie, ook voor mij, al sinds de bevrijding. [...] en het ergste is, dat we door de leden van de comm. partij voor anarchisten en trotzkisten worden aangezien! Wij moeten er op voorbereid zijn, dat wij nergens vrienden zullen hebben of zelfs mensen die zich de moeite willen geven om te begrijpen wat wij bedoelen.'[116]

Toch stond Rodenko politiek meer in een bepaalde traditie dan Van Santen veronderstelde. De filosoof Isaiah Berlin heeft een onderscheid gemaakt tussen het 'positieve' en 'negatieve' vrijheidsbegrip. Bij het eerste begrip, voortgekomen uit de Verlichting en het rationalisme, kwamen het voor Rodenko zo belangrijke toeval en noodlot niet voor. Marx paste in deze traditie, omdat hij op wetenschappelijke gronden meende te weten wie de mens was en in welke richting die zich diende te ontwikkelen. Deze 'wetenschappelijke mikmak' had Rodenko in Parijs aan zijn laars gelapt.

Het 'negatieve' vrijheidsbegrip was minder pretentieus, want het ging daarbij niet om de macht of het 'doordrukken' van een bepaald mensbeeld. De staatsmacht diende ingedamd te worden, omdat zij misbruik zou kunnen uitlokken. En dat misbruik was een bedreiging van het *to be different*, dat zo belangrijk was voor Rodenko en dat hij op alle mogelijke manieren had gecultiveerd.[117]

7. PSYCHOLOOG RODENKO

Ook in Nederland raakte vlak na de oorlog de existentiefilosofie in de mode. Dat bleek onder andere uit het bezoek dat Jean-Paul Sartre en Simone de Beauvoir in december 1946 aan Utrecht brachten. Zij bezochten de universiteit, waar na het vertrek van Roels een andere psychologische wind was gaan waaien. Fenomenologie was daar vlak na de oorlog een toverwoord en daarom werd de fenomenologisch georiënteerde fysioloog F.J.J. Buytendijk in 1946 tot hoogleraar benoemd. De fenomenologische richting, later bekend geworden als de Utrechtse School, bestond uit enkele prominente psychologen, onder wie de genoemde Buytendijk, Van Lennep en de gezuiverde Langeveld.[118] Zij zochten aansluiting bij denkers en dichters als Nietzsche, Heidegger en Rilke en wezen een natuurwetenschappelijke of positivistische benadering van de pyschologie af. Daarbij sloten ze gedeeltelijk aan bij de ideeën van Sartre. Alleen zijn opvatting dat er geen vaste moraal kon bestaan en dat er steeds opnieuw keuzes gemaakt moesten worden, ging de overwegend christelijke Utrechtse School te ver. Persoonlijke verantwoordelijkheid was belangrijk, maar die moest gedragen worden door een algemeen-christelijke moraal.

Rodenko koos op dit punt de kant van Sartre, maar qua sfeer voelde hij zich thuis bij de Utrechtse School. In Parijs had hij de fenomenologische psychologie van Sartre en Merleau-Ponty zelf moeten bestuderen, want de studie psychologie aan de Sorbonne stond toen nog grotendeels in het teken van experimenten. Hij volgde net als destijds in Utrecht practica met als onderwerpen de receptie van emoties door organen, perceptie van vormen, anatomie van het zenuwstelsel en perceptie van bewegingen.[119] Dat je je nu aan een Nederlandse universiteit kon verdiepen in de fenomenologische psychologie, was bijzonder.

Hems Bos kwam in 1946 als student in deze fenomenologische sfeer terecht en schreef Paul er enthousiast over. Alles ging anders in Utrecht, wat vooral kwam door Buytendijk, door Bos 'existentialist, maar niet van het type Sartre' genoemd.[120] Hij kende Pauls standpunten over de traditionele psychologie, waarmee hij in het essay 'Het einde van de psychologische roman' publiekelijk had afgerekend. Het was een beschouwing vanuit de *homme absurde* die had ontdekt dat, in tegenstelling tot wat de psychologie zelf pretendeerde, zij niet meer in staat was het gecompliceerde leven te doorgronden. De existentialisten waren de enigen die dat erkenden.[121]

Toen Rodenko in Nederland terug was, wilde hij daarom het liefst in Utrecht studeren. Dat was weer mogelijk, omdat de schorsing van achttien maanden voorbij was. Hij sprak daar in oktober 1948 over met professor

Langeveld. Student in de psychologie werd je in Utrecht echter niet zomaar. Buytendijk en Langeveld wilden alleen studenten van wie ze verwachtten dat ze na een rijpingsproces zouden gaan behoren tot een selecte, verantwoordelijkheid dragende groep.[122] Dat vertrouwen hadden ze blijkbaar nog niet in Rodenko, want in een briefje adviseerde Langeveld hem eerst maar eens kandidaats in Leiden te doen en pas daarna het doctoraal in Utrecht.[123] Rodenko schreef daarom professor Alphons Chorus die in 1947 de eerste hoogleraar psychologie in Leiden was geworden.[124] Die nodigde hem uit voor een van zijn vrijdagse spreekuren. Rodenko vertelde hem over zijn plan naast een studie psychologie literaire kritieken te schrijven.[125] Chorus was een liefhebber van literatuur en vond haar een bron van psychologische kennis, maar in deze combinatie zag hij weinig heil. Rodenko nam het collegerooster voor tweedejaars studenten in zijn agenda over, maar een paar maanden na het gesprek meldde hij zich definitief bij Chorus af.[126]

Inmiddels was de financiële nood zo hoog gestegen, dat Rodenko, die normaal gesproken niet moest denken aan een reguliere baan, blij was met een aanstelling als bibliothecaris, documentalist en excerpist bij de Psychologische Dienst van de KLM. Hij kon daarmee in december 1948 beginnen en verdiende opeens f 270,– per maand.[127] Hij schreef na zijn benoeming aan zijn mederedacteur van *Podium* Gerrit Borgers: 'Ik heb de baan bij de KLM gekregen! Plotseling. De laatste maanden was de toestand echt hopeloos! Ook de maatschappij van mijn vader heeft nu betere vooruitzichten, zodat ik hoop, eindelijk een beetje tot mezelf te kunnen komen en daardoor ook meer te kunnen doen.' Of hij nog wel aan schrijven toe zou komen was de vraag: 'Iedere ochtend om ½ 8 op. Dit is voor mij een volkomen Umwertung aller Werte, ik ben er gewoon ziek van geweest en het kostte mij de grootst mogelijke moeite om niet af te knappen – maar de baan als zodanig is werkelijk ideaal, eenvoudig geknipt voor mij.'[128]

Olga Rodenko werkte sinds begin 1948 als psychologisch assistente bij de KLM en bij haar baas, de communistische psychoanalyticus Leo Hornstra, had zij een goed woordje voor haar broer gedaan. Die leek het een goed idee Paul Rodenko leesverslagen van psychologische lectuur te laten maken. Sommige medewerkers van de KLM vermoedden dat Hornstra hem uit politieke overwegingen had binnengehaald, want ze merkten dat beiden op een linkse lijn zaten. Ze konden anders niet begrijpen waarom deze 'angstneurotische jongeman' binnen de kortste keren allerlei privileges had. In het begin verscheen hij nog wel 's ochtends op kantoor, maar al snel was het gewoon dat Hornstra's privé-documentalist zijn werk thuis deed.[129]

Voor Rodenko was het een gouden tijd. Hij kon te kust en te keur grasduinen in de psychologische en psychoanalytische literatuur, waarvoor ze hem nog betaalden ook. Tijdens de studie bij Roels had hij belangstelling gekregen voor de rorschachtest, een psychologische projectieproef, waarover hij in de oorlog middagen lang kon praten met Olga en zijn vriendin Annetje. Om de beurt vertelden ze wat ze in de vlekken zagen en het viel op dat vooral Paul en Olga de meest wonderlijke fantasieën hadden.[130]

Bij de KLM werd deze test zijn specialisme. Rorschach ging bij het ontwerpen van zijn test uit van het psychoanalytisch inzicht dat als mensen betekenis geven aan de vlekken, zij onbewust iets blootgeven van hun strevingen en motieven. De psycholoog moest die betekenissen interpreteren, wat een bewerkelijk karwei was. De antwoorden werden ingedeeld naar het deel van de vlek waarop de onderzochte zijn aandacht richtte ('lokalisering'), naar de vorm of de kleur die voor de onderzochte van belang was bij zijn interpretatie ('determinant') en naar het feit of iemand een dier, een mens of een ding in de vlek zag ('inhoud'). Op grond van deze indeling werden weer allerlei nuanceringen aangebracht. De test gaf ondanks de voor het oog strakke indeling, veel ruimte voor een persoonlijke inkleuring van de psycholoog. Voor iemand als Rodenko, die zijn fantasie graag de vrije loop liet, uitermate interessant.[131]

Om de test overzichtelijker te maken voor de testpsycholoog, ontwierp hij een klapper, het zogenaamde Rorschach-compendium. Daarin combineerde en excerpeerde hij de belangrijkste Rorschach-literatuur, zodat de onderzoeker bij een interpretatie van een patiënt gemakkelijk kon opzoeken wat over deze ingeving was gepubliceerd. Een handig hulpmiddel, daar was iedereen bij de KLM het over eens.

De KLM was een coulante werkgever. Toen ze daar te horen kregen over Rodenko's overmatige alcoholgebruik, werd het hem niet moeilijk gemaakt. De KLM had daarover vernomen nadat hij in januari 1949 dronken door de Amsterdamse politie uit de Amstel was gevist. Samen met Olga had hij Hermans in Amsterdam bezocht. Olga had toen een scharrel met Hermans en zij wilde op een gegeven moment alleen met hem zijn. Dat zinde Paul niet. Ze stonden hem toen toe nog een laatste borrel met hen te drinken, maar daarna moest hij vertrekken. Toen hij dat niet deed, zette Hermans hem eruit. Ontgoocheld en in beschonken staat ging hij daarna de stad in, waar hij om 3.35 uur in de Amstel belandde. De politie haalde hem eruit en bracht hem voor nader onderzoek naar het Onze Lieve Vrouwe Gasthuis aan de Prinsengracht.

Toen hij 's ochtends uit zijn roes ontwaakte, gaf hij het verplegend personeel het adres van Hermans. De zusters deden bij hem een briefje in de brievenbus met daarop de mededeling dat de heer Rodenko was opgenomen en droge kleren nodig had. Hermans ging ernaartoe en verscheen met kleren aan het 'ziekbed' in zaal 12. Toen Paul zich had aangekleed kon Hermans hem meenemen.[132] De Hoofdcommissaris van Politie te Amsterdam berichtte de KLM over het incident, omdat hij vermoedde dat de heer Rodenko een piloot was en gevaar voor de nationale luchtveiligheid vreesde. De KLM zelf reageerde minder dramatisch en schreef aan haar werknemer een brief die als volgt eindigt: '[...] dat u zich bij herhaling aan drankmisbruik schuldig maakt [...] en u dient daarom, mede gezien de eventuele consequenties, welke anders daaraan voor uw betrekking zijn verbonden, hierin wijziging te brengen.'[133] Niet alleen Hornstra ging dus mild met hem om, ook de leiding gaf Paul Rodenko veel krediet.

De secretaresse van Hornstra heette Carla Termeer, en zij was bevriend geraakt met Olga. Net als indertijd Annetje Houwing nam Olga haar mee naar huis in de Anthony Duyckstraat 100, waar zij voor het eerst Paul ontmoette. Die woonde toen nog niet zo lang als vrijgezel weer bij zijn ouders thuis. Na een paar bezoekjes was het raak en toen Paul bij de KLM ging werken, was er tussen beiden al 'iets aan de hand'.

De negen jaar jongere Carla studeerde naast haar baan Frans M.O. A en B aan de School voor Taal- en Letterkunde in Den Haag. Nadat zij deze diploma's haalde, deed zij kandidaats en doctoraal Frans aan de Vrije Universiteit in Amsterdam.[134] Carla bewonderde Pauls eruditie en luisterde graag naar zijn onorthodoxe meningen op het gebied van literatuur en erotiek. Als studente Frans was het heerlijk om te praten over dichters als Rimbaud en Baudelaire, van wie haar vriend alles leek te weten.

Net als Annetje Houwing merkte ook zij dat Paul weinig vertelde over wat hem persoonlijk bezighield. Soms zag zij hoe hij in melancholisch gepeins verzonken kon zijn, maar naar de oorzaken daarvan kon zij alleen maar gissen. Zij ontmoette hem in de tijd dat hij zich aanmeldde bij het Psychoanalytisch Instituut, maar wist daar niets van.

Paul en Carla waren een jaar collega's, maar langer elkaars vriend en vriendin. Op 1 januari 1950 werd de Psychologische Dienst opgeheven. Volgens sommigen wegens bezuinigingen, volgens anderen op last van de Binnenlandse Veiligheidsdienst. Die zag dit als de enige manier om van de staatsgevaarlijke Hornstra af te komen. Rodenko kreeg eervol ontslag en een aanbevelingsbrief waarin stond dat hij zich voor de KLM verdienstelijk had gemaakt 'door het bestuderen, verwerken en combineren van gegevens uit de wetenschappelijke psychologische literatuur met betrekking tot de verschillende psychodiagnostische onderzoeksmethoden, in het bijzonder met betrekking tot de Rorschach-diagnostiek, waarvan de heer Rodenko alle vindbare gegevens in een tabellarisch overzicht bijeenbracht'.[135] Carla ging daarna als tolk-redacteur werken bij de Persdienst van de Turkse ambassade.

Een studie leek door de baan even niet mogelijk, maar een paar maanden voor het opheffen van de dienst had de KLM Paul en Olga toestemming gegeven een dag per week psychologie te studeren. Ze moesten daarvoor naar Amsterdam, want alleen aan de Gemeentelijke Universiteit kon dat in deeltijd. Anders dan in Utrecht werd in Amsterdam de empirisch-wetenschappelijke psychologie steeds belangrijker. De woordvoerder van deze richting was A. D. de Groot, iemand die de vage en onwetenschappelijke fenomenologen in Utrecht bestreed. De rorschachtest stond voor hem gelijk aan kwakzalverij. Kort nadat Rodenko in Amsterdam aankwam, werd De Groot benoemd tot bijzonder hoogleraar.[136] Psychologie in Amsterdam was met de experimenteel psycholoog Duijker en de empiricus De Groot goedbeschouwd de psychologie die Rodenko in 'Het einde van de psychologische roman' had bekritiseerd. Hij probeerde zo snel mogelijk zijn kandidaats te halen om daarna naar het fenomenologische Utrecht te kunnen gaan.

Rodenko had gehoopt in september 1950 zijn kandidaatsexamen te kunnen doen, maar dat lukte niet. Hij vroeg daarom in de zomer van 1950 aan Duijker hem extra vrijstellingen te verlenen voor de practica. Dan zou hij zich helemaal kunnen richten op de voorbereiding van het kandidaatsexamen. Hij schreef aan Duijker: 'Ik ben nu al zo lang en practisch en theoretisch met psychologie bezig, dat het mij buitengewoon veel genoegen zou doen, wanneer ik eindelijk in staat gesteld zou worden het kandidaatsexamen, dat ik zowel in Utrecht als in Parijs door omstandigheden buiten mijn wil niet heb kunnen doen, af te leggen.'[137]

Duijker reageerde op 8 juni 1950 met een licht geïrriteerde brief, waarin hij duidelijk maakte dat Rodenko als iedereen zijn practicumverslagen moest afmaken. Hij hield niet van dit soort noodgrepen en vond het vreemd dat hij deze kwestie vlak voor de zomervakantie naar voren bracht. Het was een opvallend bitse reactie voor de als mild bekendstaande Duijker.[138]

Van de ontwikkelingen in Utrecht werd Rodenko op de hoogte gehouden door Hems Bos, die in december 1950 voor het eerst schreef over de mogelijkheden van een assistentschap bij prof. dr. D. J. van Lennep, die in 1949 hoogleraar in Utrecht was geworden. Als hij zich daarvoor zou inschrijven, maakte hij volgens Hems kans op deze baan in wat hij noemde 'het belangrijkste psychologiecentrum van Nederland'. Paul moest maar eens met Ben Kouwer gaan praten, die daar ook werkte en met wie hij al eerder via Bos had kennisgemaakt.[139] Maar Paul had zijn kandidaats nog niet. In de zomer van 1951 probeerde Hems het daarom weer: 'Het is noodzakelijk, dat je zo spoedig mogelijk in contact treedt met Kouwer en via hem met Van Lennep,' schreef hij aan Paul, die deed wat hem werd aangeraden.[140] Kouwer moest hem echter teleurstellen. Hems Bos was te optimistisch geweest, want voor het jaar 1951-'52 zag hij geen mogelijkheden meer voor een assistentschap.[141] Het was teleurstellend voor Rodenko, die zich een studie alleen kon permitteren in combinatie met een betaald assistentschap. Op woensdag 19 september 1951 om 11.45 uur, legde hij zijn kandidaatsexamen af, maar naar Utrecht kon hij niet. Pas in 1966 zou hij zich weer inschrijven voor een studie psychologie met als doel zijn doctoraalexamen af te leggen. Maar dat was in Leiden.[142]

In sommige essays en kritieken gebruikte Rodenko inzichten die hij tijdens de lectuur van psychologische boeken was tegengekomen. Dat was al direct na Utrecht begonnen, waar hij in het vijfdelige handboek van Roels veel bruikbaars vond voor zijn eerste essays. In 'Muggen, olifanten en dichters' uit 1945 bijvoorbeeld, lichtte hij aan de hand van het door Roels uitvoerig beschreven onderscheid tussen 'Flächenfarben' en 'Oberflächenfarben' de sleutelgatfunctie van de kunst toe.[143] Door het sleutelgat zag het leven er intenser uit. Als iemand een rood boek ziet liggen, neemt hij het rood 'gewoon' als rood waar en beschouwt het als een eigenschap van het boek. Als je een stuk karton met een gaatje neemt en door dat gaatje naar het rood kijkt, zie je pas de echte kleur rood. In het eerste geval spreekt de psycholoog van Oberflächenfarben, in het tweede van Flächenfarben.

Rodenko zette deze twee begrippen naar zijn hand en noemde ze 'Flächen-Leben' en 'Oberflächen-Leben', om zo zijn kunsttheorie te verduidelijken: 'De schilderkunst bereikt hetzelfde door de omlijsting, die het schilderij van de omringende werkelijkheid isoleert en de poëzie door het rijm of een zich herhalend ritme, dat een aantal regels tot een van de rest onderscheiden eenheid verbindt.' De lijst van de schilder en het rijm van de dichter zijn inherent: '[...] aan het kunstwerk, niet als constituerende factor, maar als voorwaarde *sine qua non*. Zij zijn voor de kunstenaar even onmisbaar als de kijker voor de astronoom of de microscoop voor de bioloog'.

Dieper verankerd in zijn werk lag de psychoanalyse, al was hij niet op alle punten een volgeling van Freud. Rodenko had bijvoorbeeld niets op met rigide schema's als een oedipuscomplex. Wel was hij het met Freud eens dat het pathologische in het normale is terug te vinden. Geesteszieken hadden dezelfde eigenschappen of neigingen als gezonde mensen, alleen 'vertonen' zij die in verhoogde mate, schreef Rodenko in een bespreking.[144]

Freud vergeleek artistieke producten met neurotische symptomen, alleen treedt daarin sublimatie op. Ook zag hij overeenkomsten tussen de taaluitingen van geesteszieken en de uitingen die werden gedaan in de vrije associatie op de sofa in de spreekkamer. Ook psychiaters raakten geïnteresseerd in taal- en beeldexpressie van schizofrenen, die zij kwalificeerden als creatief. Vanuit dit perspectief zou de oplossing van een innerlijk conflict het einde van het kunstenaarschap betekenen.[145] Daarom heeft Rodenko zich na de afwijzende brief van het Psychoanalytisch Instituut niet meer laten behandelen. Bovendien is een leesnotitie veelzeggend: 'In de neurose vertoont zich de menselijke vrijheid.'[146] De vlucht in de krankzinnigheid was de enige mogelijkheid om bevrijd te worden van de absurditeit van het bestaan, had hij immers naar aanleiding van *De avonden* van Van het Reve geschreven. De neurose was daarnaast een andere werkelijkheid, waarin het meest fantastische zichtbaar werd.[147]

Freuds gedachtegoed drong door tot de vooroorlogse avant-gardistische kunst. De surrealist André Breton en de schilder Paul Klee, om maar enkelen te noemen, raakten onder de indruk van het in 1922 verschenen boek *Bildnerei der Geisteskranken* van de Heidelbergse psychiater Hans Prinzhorn, waarin werk van schizofrenen stond. Pas na de Tweede Wereldoorlog werd het boek in Nederland breder bekend: het beïnvloedde het werk van Cobra-schilders en het inspireerde Rodenko in zijn denken over de moderne poëzie.[148]

Kunst is een zaak van psychotici en neurotici, zo lijkt Rodenko te willen zeggen. In de ogen van de normale 'gezonde' mens waren kunstenaars ziek, maar zelf lieten ze dat liever zo. 'Ik zal mij niet laten analyseren want ik wil in staat blijven mijn symfonieën te schrijven', zei de componist Gustav Mahler en voor Rodenko gold hetzelfde.[149] Hij zocht zijn heil niet meer bij psychoanalytici die angst beschouwden als een verdringing van verboden wensen en strevingen, maar liever bij de moderne dichters en de existentialisten. Die maakten een onderscheid tussen angst en vrees. Vrees had je voor spinnen en donkere bossen, angst was objectloos, iets diepers; het was het staan voor het Niets, de afgrond van Sjestov. Het was een gruwelijke moment, maar wel het ogenblik waarop de dichter en essayist tot inzicht kon komen.

Rodenko had zich bij Van Wijk maar ook daarna verdiept in de Russen, Dostojevski en Sjestov, bij wie hij een bevestiging kon vinden van zijn Russische identiteit. Daarna ging hij in Parijs verder met de existentialisten, die het Slavische gedachtegoed met de West-Europese filosofie en literatuur hadden verbonden. Hij ontdekte hier bovendien de poètes maudits en 'woedende' schrijvers en filosofen als Bataille, bij wie het ging om de explosie. Zij waren onruststokers die de bestaande orde wilden vernietigen en lieten zien hoe hij zijn eigen woede kon omleiden en sublimeren. Belangrijk was ook de kennismaking met Artaud. Door zijn werk en leven begreep hij dat poëzie inderdaad alles te maken heeft met waanzin en dat een kunstenaar niet anders dan neurotisch kon zijn. Ook had hij onder invloed van zowel Artaud als Sartre gekozen voor het anarchisme.

Rodenko's poëtica werd voornamelijk opgebouwd met ideeën uit 'vreemde' tradities, waardoor het moeilijk was in Nederland medestanders te vinden. Het was een poëtica die aan de ene kant als gif moest dienen tegen de luizen van zijn verleden, maar aan andere kant juist was ontstaan door dat verleden. Zij was daardoor paradoxaal en voor velen te weinig een afgerond geheel, geen kloppende theorie. Dat wilde Rodenko ook niet. Hij gaf de voorkeur aan het proberen, het pogen tegen beter weten in. Elke theorie was een voorstel, niet meer en niet minder. Zijn poëtica was even tegenstrijdig als het grillige leven waarover de keldermens van Dostojevski het had.

Rodenko was volgens veel mensen introvert, terughoudend, niet iemand die op de voorgrond wilde treden. Dat gold inderdaad voor de burger Rodenko, maar als essayist en dichter liet hij een andere kant van zichzelf zien. Hij deed er vlak na de Tweede Wereldoorlog dan ook alles aan voor zijn werk een platform in Nederlandse tijdschriften te vinden. Dat was niet gemakkelijk. Zijn flirt met het Russische werd verdacht gevonden en de 'erfenissen' uit het verleden, waarvan hij in zijn poëtica juist afstand had willen doen, zijn vader en de partijpolitiek zaten hem dwars. Het maakte hem niet alleen duidelijk dat het leven absurd was, maar ook dat het voor de kunstenaar die hij wilde zijn, de gedoemde dichter, onmogelijk was werkelijk 'apart' te staan. Hij had in relatief geïsoleerde omgevingen zijn poëtica opgebouwd – bij Van Wijk in Leiden, tijden de oorlog in zijn studeerkamer en in 'het verre' Parijs – maar haar uitdragen in een wereld vol luizen was een ander verhaal.

HOOFDSTUK 4

Slavische Missie

1. OOST-EUROPA

Volgens Willem Frederik Hermans was Paul Rodenko een groot plannenmaker: hij zou filosofische handboeken, novellen, romans, toneelstukken en balletten schrijven en daarnaast allerlei culturele tijdschriften oprichten. Het bleef bij woorden, want 'Paul had helaas de neiging het onderscheid tussen een gemaakt plan en een uitgevoerd plan niet altijd helder te beseffen'.[1] Als vriend was Hermans er getuige van hoe Rodenko na de Tweede Wereldoorlog met veel passie redacties van literaire tijdschriften bestormde met hervormingsplannen en zo aandacht hoopte te krijgen voor zijn poëtica en wat hij de 'andere' literatuur was gaan noemen. Rodenko was een denker, geen doener. Het leiden van een tijdschrift betekende nauwkeurig afspraken nakomen met auteurs en uitgevers en dat was voor iemand met een Slavische agenda lastig.

Aandacht vragen voor de 'andere' literatuur, betekende voor Rodenko vooral begrip kweken voor de Oost-Europese cultuur. Russische schrijvers zaten in West-Europa in het verdomhoekje en werden alleen besproken als zij 'in de Europese cultuurkraam' te pas kwamen.[2] En dat gebeurde dan ook nog met veel onbegrip. Niemand in Nederland was bijvoorbeeld in staat kundig over Dostojevski te schrijven en hem als Rus te begrijpen. De over hem verschenen artikelen waren oppervlakkig en onjuist.[3] Rodenko's missie was duidelijk. Hij moest ervoor zorgen dat de West-Europeaan zich eindelijk eens zou verdiepen in de Oost-Europese cultuur.

Ook de blik van Aimé van Santen was gericht op het Oosten. Na de bevrijding had hij zijn kandidaats Slavische talen in Leiden gedaan en in augustus 1945 was hij door het ministerie van Buitenlandse Zaken naar Praag gezonden. Als slavist moest hij de chargé d'affaires helpen bij het opzetten van een Nederlands gezantschap. Van Santen was niet de juiste man voor zo'n baan, banjerde binnen de kortste keren door alle diplomatieke conventies heen en werd ontslagen. Begin 1946 keerde hij terug naar Nederland, inmiddels getrouwd met een Oekraïense vrouw, die voor Tass en het Rode Leger werkte. Zijn diplomatieke carrière was ten einde, maar hij kon haar als het ware op persoonlijke titel voortzetten. Hij ging zich als schrijver inzetten voor de culturele uitwisseling tussen Oost- en West-Europa.[4]

Van Santen maakte begin 1946 plannen voor het tijdschrift *Oost-Europa. Recente berichten en voorlichting* en vroeg Rodenko mee te helpen.[5] Het tijdschrift leek met naam en doelstellingen op *Osteuropa* dat vanaf midden jaren twintig in Berlijn werd uitgegeven en waarover Van Santen en Rodenko gehoord zullen hebben van Van Wijk. Diens vriend, de literatuurhistoricus Arthur Luther, was korte tijd medewerker.[6]

Rodenko had grote verwachtingen van een dergelijk blad en maakte een map met de titel 'Oost-Europa' voor de kopij die zou binnenkomen. Ook schreef hij een programmatische tekst.[7] De Slavische landen vormden politiek, economisch en cultureel een macht waaraan niet meer voorbij kon worden gegaan. Voor West-Europa was het daarom belangrijk 'een intensieve en onbevooroordeelde studie van de Oost-Europese culturen' te stimuleren en daarbij kon *Oost-Europa. Recente berichten en voorlichting* een belangrijke rol spelen. Het 'wil voornamelijk informatief zijn en zal behalve artikelen, essays, referaten, uittreksels uit de Oost-Europese pers en recente economische berichten ook vertaalde novellen, poëzie en boekbesprekingen geven [...]'.

De tekst van de lezing die Van Santen op 22 november 1944 in Posterholt, in het bevrijde Zuiden, had gegeven, zou in het eerste nummer komen. Van Santen gaf hierin de Duitsers de schuld van het barbaarse beeld dat de West-Europeaan had van de Slavische volken. Hij refereerde hiermee aan de opvatting dat Slaven minderwaardig zouden zijn, een opvatting die veel onder Duitse intellectuelen, onder wie Marx, werd gehoord.[8] Daarnaast vroeg Van Santen begrip voor de levenshouding van de Rus, die met zijn hang naar het lijden anders was dan die van de West-Europeaan. Hierin toonde ook hij zich een leerling van Van Wijk.

Rodenko kreeg de opdracht medewerkers in Nederland te zoeken. Hij had in Assumburg Ruslandkenner Charles B. Timmer leren kennen en had hem verteld tijdens de oorlog het een en ander uit het Russisch vertaald te hebben. Er ontstond toen het plan gedichten te vertalen.[9] Timmer wilde wel meewerken aan *Oost-Europa. Recente berichten en voorlichting*, vooral nadat Rodenko hem erop had gewezen dat het blad politiek gezien progressief was, maar niet communistisch.[10] Status zou het blad moeten krijgen door medewerking van de Leidse historicus prof. dr. Th. J. G. Locher, die bevriend was geweest met Van Wijk, en door stukken van internationale kopstukken uit de Slavische wereld die Van Santen al had benaderd.[11]

De twee redacteuren wilden niet alleen over kunst, maar ook over economische kwesties schrijven. Zo zouden ze meehelpen aan de bevordering van de handel met Oost-Europa en van Holland een schakel tussen Oost en West maken. Vroeger was Duitsland dat geweest, maar daar kon na de Tweede Wereldoorlog geen sprake meer van zijn: 'We willen niet een lauw inlichtingenorgaan zijn, maar met alle kracht een intensief verkeer met Oost-Europa bevorderen.' Juist door deze aanpak verwachtten ze een breed publiek te interesseren. Ook zakenmensen waren welkom.¹²

Uiteindelijk bleek maar één zakenman geïnteresseerd te zijn en dat was Iwan Rodenko.¹³ Die richtte zich in 1946 weer op de Oost-Europese markt en deed zijn best bij de diplomaten van deze landen op te vallen. Hij werd een frequent bezoeker van de Russische ambassade en kennissen van Rodenko veronderstelden zelfs dat zijn vader daar als tolk werkte.¹⁴ Zijn naam verbinden aan *Oost-Europa*, waarvoor hij economische berichten zou gaan schrijven, paste uitstekend bij deze strategie. Het blad leek speciaal voor hem opgericht.

Oost-Europa. Recente berichten en voorlichting was bedoeld als een uitgave van het Slavisch Instituut, dat in de tijdelijke woning van Van Santen aan de Haagse Kerkstraat 5 was gevestigd. Naast de uitgave van het tijdschrift zou het instituut lezingen, cursussen en tentoonstellingen organiseren en de zogenaamde Colloquium-serie publiceren. In die reeks moesten kleine boekjes over Oost- en West-Europese onderwerpen worden opgenomen. Het waren mooie plannen die ook nog door leken te gaan toen Van Santen in november 1946 aan Rodenko schreef dat uitgever Brusse in Rotterdam het blad wilde uitgeven. Al eerder had hij gemeld dat *Vrij Nederland* de uitgave wilde verzorgen, maar het weekblad liet het om onbekende redenen afweten. Nu was alles rond. Van Santen had een uitgeefvergunning en papiertoewijzing, wat in een tijd van papierschaarste van groot belang was.¹⁵ Na de bevrijding bleef papier tot de zomer van 1948 op de bon en uitgevers moesten voordat ze konden publiceren een aanvraag indienen bij het Bureau Papiervoorziening.¹⁶

Er verscheen begin 1947 in het eerste nummer van het tijdschrift *Nederland-Polen*, een uitgave van de gelijknamige vriendschapsvereniging, een annonce voor het blad en het Slavisch Instituut, er was een folder gemaakt, maar de onderneming ging uiteindelijk niet door. Rodenko had door zijn vertrek naar Parijs in november 1946 minder tijd beschikbaar en trok zich na verloop van tijd geruisloos terug. Eind 1947 ging Van Santen weer naar Tsjecho-Slowakije, waar hij aan de universiteit in Olomouc als lector een aanstelling had gekregen en in 1950 promoveerde met *Asmodai in Prag*, over Franz Kafka.¹⁷

Vanuit Olomouc kwam Van Santen met een nieuw Slavisch project: samen met Rodenko wilde hij werk van Slavische auteurs in het Nederlands vertalen. Hij had daar met uitgever Brusse al eens over gesproken en die zag daarvoor mogelijkheden.[18] Het plan prikkelde Rodenko's fantasie, niet in de laatste plaats omdat hij dacht van deze Slavische missie zijn broodwinning te kunnen maken. Ze moesten het project daarom groots, grondig en structureel aanpakken. Hij schreef aan Van Santen: 'Ik voel, evenals jij, veel voor iets, waar je aan de lopende band aan kunt werken (dat je b.v. vast iedere ochtend een paar uur zit te vertalen en dan de rest van de dag vrij voor ander werk); bovendien schijnen vertalingen uit slavische talen vrij goed te betalen: ik kan op het ogenblik bij verschillende uitgevers (Daamen, Meulenhoff, Bezige Bij), als ik met een boek en een synopsis kom aanzetten, vertalingen uit het Russisch plaatsen en kan jou ongetwijfeld ook vertalingen bezorgen.'[19]

Het project moest op z'n Russisch in het kader van een 'vijfjarenplan' worden uitgevoerd, zodat ze met iets concreets naar een uitgever konden stappen. Fantaseren was heerlijk, maar het echt doen een tweede. Het 'vijfjarenplan' kwam er niet en ook deze Slavische onderneming liep op niets uit. Een paar jaar later kwam G.A. van Oorschot met zijn Russische Bibliotheek, waarvoor Rodenko twee Dostojevski-vertalingen maakte; in 1956 verscheen *De jongeling*, in 1960 gevolgd door *Dagboek van een schrijver*. Rijk werd hij er niet van.[20]

 De belangstelling voor Oost-Europa moest Rodenko delen met partijcommunisten, die alles wat uit de Sovjet-Unie kwam bij voorbaat bejubelden. In de Communistische Partij Nederland was het zelfs verboden kritiek te uiten op Russische films en romans, al vonden de leden die soms diep in hun hart van een bedenkelijk peil.[21] Met zijn Oost-Europamissie leek Rodenko daarom voor buitenstaanders op een partijganger of in ieder geval een fellow-traveller, iemand die zelf dan wel geen communist was, maar wel met het communisme sympathiseerde.

De anarchistische Rodenko voelde zich, in tegenstelling tot veel kunstenaars en intellectuelen, niet thuis in de CPN. Toch kwam hij, zij het zijdelings, door zijn Slavische missie in deze kringen terecht. De kunstenaar die zo graag afstand had willen nemen van de partijpolitiek, werkte na de Tweede Wereldoorlog mee aan een aantal propagandistische activiteiten. Daarin speelde zijn vader, handelaar met Oost-Europa, geen onbelangrijke rol, omdat die met de communisten op goede voet wilde staan. Die was daarom in 1948 lid geworden van de kerkenraad van de Russisch-Orthodoxe kerk in de Haagse Obrechtstraat, wat menigeen nogal verbaasde.[22] Vader en zoon Rodenko kwamen daar eerder ook wel eens, maar dat was voor de Russische sfeer, niet voor de religieuze ervaring. Er speelde in 1948 iets anders.

De kerk werd in die jaren geleid door de archimandriet Dionisios, alias

Loukine, die volgens de gemeenteleden een aanhanger van Stalin was geworden. Dat was de grootste zonde die hij had kunnen begaan, want de Russische kerken in het buitenland stelden zich onder de jurisdictie van de kerk in Constantinopel. Elk contact met het atheïstische Moskou diende vermeden te worden.[23] Loukine deed het tegenovergestelde en propageerde vanaf het altaar het politieke systeem in de Sovjet-Unie. Een aantal brak daarom met hem en richtte de anticommunistische Onafhankelijke Russisch-Orthodoxe Kerk op.

De Russen hadden met de kerk een goed propagandamiddel in handen. Om hun positie nog meer te verstevigen, was het belangrijk dat er in het kerkbestuur ook sovjetvriendelijke Russen zitting zouden nemen. Daarin zaten al twee pragmatische figuren: Poustochkine, de weinig principiële consul uit de tsarentijd, en de omstreden kunsthandelaar Loujetzky. De eveneens opportunistische Iwan Rodenko paste daar goed bij.

Loujetzky had net als Iwan Rodenko een verzonnen verleden. Hij gaf zich uit voor gewezen kapitein van de Keizerlijke Garde, maar was waarschijnlijk 'gewoon' onderofficier geweest. De kunsthandelaar verkeerde tijdens de oorlog in de omgeving van Friedrich Weinreb, voor wie hij schilderijen van joden bewaarde.[24] Poustochkine had Weinreb geholpen aan verklaringen waaruit moest blijken dat iemand van Russische afkomst was.[25] Een dergelijke verklaring had hij in 1919 ook al, zij het om heel andere redenen, aan Iwan Rodenko verstrekt.

Iwan Rodenko stelde zich, zoals de Russen hadden verwacht, dienstbaar op. Als er ambassadepersoneel in de kerk kwam, zorgde hij voor de beste plaatsen en belangrijke Russen haalde hij van de trein.[26] Tass-correspondent George Afrin bijvoorbeeld, die vlak na de Tweede Wereldoorlog wel eens bij de Rodenko's thuis kwam. Toen Iwan Rodenko hem in 1948 van de trein haalde, was hij als persona non grata uit Indonesië gekomen. Afrin was een orthodoxe marxist over wie Paul Rodenko het een en ander had gehoord van Paul van 't Veer. Die was na de oorlog naar Indonesië vertrokken, waar hij ook Afrin had ontmoet, die hem vertelde een goede vriend van Iwan Rodenko te zijn.[27] Afrin was volgens Van 't Veer 'politiek gevaarlijk' en daarom uit Indonesië gezet. Het fijne wist hij er niet van, want Afrin liet zelf weinig los en sprak bovendien slecht Nederlands.[28]

Ook door lid te worden van een vriendschapsvereniging verwachtte Iwan Rodenko contact te leggen met Oost-Europese opdrachtgevers. Deze verenigingen bestonden al voor de oorlog, maar met de komst van het IJzeren Gordijn werden zij als cultuuruitdragers van Oost-Europese landen nog belangrijker. De grootste werd de Vereniging Nederland-USSR, die avonden over Russische literatuur en muziek en een enkele keer over een politiek thema organiseerde. Vlak na de oorlog waren er verenigingen op plaatselijk niveau, die de draad oppakten van de Vereniging voor Vriendschap met de Sowjet-Unie (VVSU), opgericht in 1931. De VVSU 'propageerde' het culturele en maatschappelijke leven in de USSR door filmvoorstellingen, exposities en de verkoop van Russische romans.[29]

In maart 1948 kwam er een nieuwe landelijke vereniging, die onder leiding van Theun de Vries en Wim Hulst uitgroeide tot een grote mantelorganisatie van de CPN, waarvan in 1951 zo'n 12.000 mensen lid waren. Het door de vereniging uitgegeven blad *Nederland-USSR* publiceerde niet alleen lovende stukken over arbeiders uit de sovjetrepublieken en over Stalin, maar ook beschouwingen over Russische literatuur. Van deze vereniging waren Iwan en Paul Rodenko geen lid, maar Paul raakte er wel even bij betrokken.[30] In juni 1948 verscheen in het verenigingsblad namelijk zijn vertaling van *De Skythen* van de Russische dichter Alexander Blok.[31]

Rodenko maakte naar eigen zeggen in de oorlog al vertalingen van Bloks werk, maar die gingen tijdens het bombardement op het Bezuidenhout verloren. *De Skythen* paste goed in het blad van de vriendschapsvereniging. Het was een oproep aan de West-Europeanen zich aan te sluiten bij het revolutionaire Rusland en werd door Blok in 1918 geschreven na zijn dichterlijke verwerking van de Russische revolutie in *De Twaalf*, dat Rodenko in 1947 vertaalde voor Van Oorschot.[32] *De Twaalf*, oorspronkelijk gepubliceerd in *Het vaandel van de arbeid*, het blad van de Russische sociaal-revolutionairen, beschrijft twaalf patrouillerende revolutionairen, die worden achtervolgd door een aftandse hond, het symbool van de oude wereld. Aan het einde van hun tocht, en dat maakt dit gedicht een beetje mysterieus, wacht Christus, die de gids voor hun barre tocht geweest blijkt te zijn.

In kringen van Nederlandse Slavisten werd Rodenko's vertaling gewaardeerd.[33] Ook Van Santen roemde haar. Hij schreef voor *Litterair Paspoort* onder zijn pseudoniem Jan Molitor een bespreking, waarin hij het gedicht 'in zekere zin' een polemiek tegen de intelligentsia van voor de revolutie en een polemiek van de revolutionair Blok tegen de symbolist Blok noemde.[34] Daarmee sloot hij aan bij Blok zelf, die had geschreven dat Rusland eerst gefolterd en vernederd zou worden om daarna groots te herrijzen. De vertaling was gemaakt door iemand die de Russische taal goed beheerste, wat hij als geen ander kon weten.

Voor *De Twaalf* kreeg Rodenko door bemiddeling van Timmer honderdvijftig gulden van Van Oorschot, maar *De Skythen* kon hij niet aan hem verkopen.[35] Hij had nog overwogen het in *Podium* te plaatsen, maar schonk het uiteindelijk in 1948 aan *Nederland-USSR*.[36] 'Ik vind het voor *Podium* toch niet goed genoeg en laatst vroegen ze of ik niet iets had voor *Nederland-*

USSR: ik zal ze dat dan maar sturen', schreef hij aan Gerrit Borgers, redacteur van *Podium*.[37]
Een van die 'ze' was waarschijnlijk de journalist en psycholoog dr. Jules de Leeuwe, die hij via Van 't Veer had leren kennen. De Leeuwe was een trouwe CPN'er, die als filmrecensent meewerkte aan *Nederland-USSR* en het communistisch dagblad *De Waarheid*. Zijn filmkritieken leken nog het meest op propaganda.[38] Hij was een moeilijke man en met zijn dogma's geen type voor Rodenko. Het contact was dan ook maar van korte duur.

De vertaling van *De Skythen* werd niet alleen door leden van de Vereniging Nederland-USSR gelezen, maar ook door de agenten van de Binnenlandse Veiligheidsdienst. Zij spelden het tijdschrift en noteerden de namen van medewerkers. Het zal ze later opgevallen zijn dat Rodenko's naam vaker opdook bij organisaties die een lijntje met de CPN hadden. Hij vertaalde voor uitgeverij Pegasus in 1953 uit het Russisch *De vermiste piloot* van Boris Polevój en in 1956 uit het Engels *Het leven van dokter Bethune* van Sydney Gordon en Ted Allen. Het eerste boek was een verslag van de daden van de moedige sovjetpiloot Aleksej Meresswej, die in 1942 in vijandelijk gebied neerstortte. Hij brak beide benen, maar bleef moedig strijden voor zijn vaderland. Het tweede boek was een biografie van dokter Bethune, die na vele omzwervingen in China terechtkwam en daar een van de oprichters werd van het Achtste Nationale Revolutionaire Veldleger. De hagiografie eindigde met de oproep van het Centraal Comité van de Chinese Communistische Partij aan het volk, het voorbeeld van deze kameraad te volgen.

Het waren propagandistische boeken die pasten bij het fonds van de communistische uitgeverij, die was gevestigd in de Amsterdamse Leidsestraat en later ook in de Haagse Hobbemastraat. Uitgeverij Pegasus werd gefinancierd door de CPN, waarvan zij een soort boekenclub was. Elke afdeling had in het bestuur een contactpersoon voor Pegasus, die verantwoordelijk was voor een goede verkoop van de boeken en waardoor een afzet van linkse boeken verzekerd was. Naast de verkoop van linkse literatuur, distribueerde de uitgeverij 'voorlichtingsmateriaal' van Oost-Europese ambassades.[39] Werken voor deze uitgever was in de ogen van de licht paranoïde Binnenlandse Veiligheidsdienst uiteraard verdacht.

Rodenko werd indirect betaald door de Russische handelslegatie, die het de uitgever bovendien mogelijk maakte een grote reclamecampagne op te zetten. De film over het leven van de piloot, waarop het boek was gebaseerd, werd in theater De Uitkijk aan de Prinsengracht in Amsterdam vertoond en door CPN'ers en enkele leden van de Russische ambassade en handelslegatie bezocht. Rodenko kreeg een uitnodiging, maar gaf daaraan waarschijnlijk geen gehoor.[40] De opdracht had hij aangenomen om de centen. Officieel wist hij niet dat die van de Russen kwamen, maar dat kon hij wel vermoeden.

Het contact met Pegasus was omslachtig, wat tekenend was voor de Koude-Oorlogsfeer in Nederland. Rodenko's contactman was L. Gilliéron alias 'Bob', die de brieven op zijn privé-adres W. Helstplein 12[11] te Amsterdam ontving.[41] Gilliéron was niet meer in vaste dienst van de uitgeverij, maar adviseerde de redactie en bemiddelde bij geldzaken. Hij was de man aan wie Rodenko bijvoorbeeld moest schrijven toen hij vond dat betaling van een voorschot wel erg lang uitbleef.[42]

Kort na de publicatie van *Het leven van dokter Bethune* brak Rodenko min of meer publiekelijk met de CPN. Ook met Pegasus had hij daarna geen contacten meer. Dat had te maken met de inval van de Sovjets in Hongarije in november 1956. Hongarije leek, na een stalinistische periode, onder leiding van de gematigde communist Imre Nagy met democratisch bestuurde arbeidersraden een eigen koers te kunnen gaan varen, maar dit experiment werd op brute wijze beëindigd door de Sovjets. Overal in de wereld reageerden mensen woedend. In Nederland moest vooral de CPN het ontgelden en toen *De Waarheid* ook nog liet weten achter deze inval te staan, bestormden duizenden het partijgebouw Felix Meritis aan de Keizersgracht.

Ook de internationale schrijversorganisatie, de PEN, raakte in rep en roer. Rodenko, die in 1952 lid was geworden, werd gevraagd een motie te ondersteunen, waarin ook een voorstel werd gedaan om alle PEN-leden 'die tevens lid zijn van de Communistische Partij Nederland of een harer mantelorganisaties te royeren'. De motie, die was ingebracht door Adriaan Morriën en Max Nord, steunde hij. Toen er uiteindelijk binnen de PEN alleen maar steun was voor een afgezwakte motie, beëindigde hij zijn lidmaatschap. In een felle brief aan de secretaris Willem Brandt lichtte hij zijn besluit toe: '[...] dit is geen incident, maar een symptoom – een symptoom dat niet te miskennen valt: wie hierna nog lid kan blijven van een communistische partij of vereniging, moge zichzelf als een dialecticus beschouwen, ik kan er alleen maar intellectuele onwaarachtigheid in zien'.[43]

2. DE POLEN-CLUB

Rodenko verkeerde net als zijn vader niet alleen in Russische kringen, maar ook in Poolse. Een paar jaar na de oorlog verscheen Iwan Rodenko regelmatig op de Poolse legatie in de Alexanderstraat 25. Hij was in contact gekomen met de Pool M. Gorzynski, woonachtig aan de Leeuwerikstraat 6 te Leiden, die bij de legatie de functie van persattaché vervulde.[44] Gorzynski was een van de initiatiefnemers van de vriendschapsvereniging Nederland-Polen, die op 8 februari 1947 in het Amsterdamse Apollo Paviljoen werd opgericht. In het begin waren veel mensen lid uit protest tegen de dieper wordende kloof tussen het kapitalistische Westen en het communistische Oosten. Het waren de jaren waarin voor het eerst werd gesproken over het IJzeren Gordijn en door lid te worden van dit soort verenigingen liet je zien niet mee te willen doen aan deze tweedeling. Toen de vereniging te stalinistisch werd, vertrok een aantal leden van het eerste uur. Wat overbleef was een propagandistisch genootschap dat net als de CPN geen kwaad wilde horen over het communistisch systeem in Polen. Voorzitter was de vertaler S. van Praag, voor de oorlog voorzitter van de Vereniging Nederland-USSR en volgens de Binnenlandse Veiligheidsdienst, een communist.[45]

Ook Iwan Rodenko werd een prominent lid. Hij maakte, net als Jan Romein en Ed. Hoornik, deel uit van het Comité van Aanbeveling. Als zakenman was hij daar op zijn plaats, want de vereniging zette zich in voor zowel culturele als economische betrekkingen tussen Polen en Nederland. De Poolse markt was zich aan het herstellen van de Tweede Wereldoorlog en Iwan Rodenko begreep dat het een interessant afzetgebied kon worden. In het blad *Nederland-Polen* stond regelmatig nieuws over de ontwikkeling van de Poolse industrie en de mogelijkheden voor im- en export. Bovendien ging het gerucht dat lidmaatschap van de vereniging een voordeel was bij het verkrijgen van een visum voor handelaars.[46]

Gorzynski raakte ook geïnteresseerd in Iwan Rodenko's zoon, die inmiddels een aantal Nederlandse schrijvers kende. Volgens de Binnenlandse Veiligheidsdienst werd Rodenko in 1950 lid van de vereniging, maar de eerste contacten werden al in 1948 gelegd.[47] Gorzynski wist dat Rodenko iets met de Polen als Slavisch volk had en dat hij zich graag voor een culturele uitwisseling wilde inzetten. Hij was voor de Poolse legatie de ideale verbindingsman met de Nederlandse schrijverswereld. Het idee voor de uitwisseling kwam niet van Gorzynski, maar van Czernietzki, de plaatsvervangend gezant, die net de macht op de legatie had overgenomen.[48]

In Polen kreeg in 1948 de Verenigde Poolse Arbeiderspartij de leiding en begon een periode van stalinistische terreur. De een na de ander viel in ongenade en Polen zou een vazalstaat van de Sovjet-Unie worden. De Poolse gezant B.K. Elmer zag dit aankomen en had daarom in februari 1948 in Nederland politiek asiel gevraagd. Voor zijn 'vlucht' moest hij boeten en hij werd door de Polen beschuldigd van deviezensmokkel. Zijn plaatsvervanger Czernietzki zette hem van het ene op het andere moment op straat en nam de leiding van de legatie over. Een van de eerste opdrachten die hij zijn persattaché gaf, was via Rodenko contacten met Nederlandse schrijvers leggen. Hij begreep dat propaganda voor het nieuwe Polen belangrijk was.[49]

Rodenko wilde graag meewerken, wat wijst op een zekere politieke naïviteit. Door zijn inspanningen bezochten een paar Nederlandse auteurs de Poolse legatie in Den Haag. Hij nodigde in eerste instantie Hermans, Sjoerd Leiker van *De Nieuwe Stem* en Adriaan van der Veen van *Criterium* uit. Vooral Hermans werd op het hart gedrukt dat het met politiek niets te maken zou hebben en dat het hem ging om een dialoog met Oost-Europa, wat voor hem als *déraciné* van groot belang was.[50] Hermans begreep dat en had graag meegewild, omdat Rodenko vermoedde dat er ook een reisje naar Polen aan vast zou zitten, maar hij moest bedanken in verband met zijn reis naar Parijs.[51]

Leiker, redactiesecretaris van een tijdschrift dat veel aandacht besteedde aan maatschappelijke en politieke vraagstukken, adviseerde Rodenko ook zijn medredacteuren Jef Suys en Jan Romein uit te nodigen. Ze waren van een oudere generatie, maar geïnteresseerd in Oost-Europa, ook in politiek opzicht. Een andere geschikte kandidaat voor de delegatie was volgens Leiker Bert Schierbeek, die echter niet als *Het Woord*-man, maar op persoonlijke titel gevraagd zou moeten worden. Daarnaast waren Lou Lichtveld (Albert Helman) en J.W.Bezemer, oud-student van Romein en medewerker van *De Nieuwe Stem*, 'geschikte kerels' voor de Polen-club.[52]

Ruim een week later kwam Leiker met een laatste kandidaat: Gerard van het Reve. Hij was 'van huis uit' geïnteresseerd in het communisme en Oost-Europa en had er, zo wist Leiker te vertellen, belang bij kennis te maken met Polen. In dezelfde brief benadrukte Leiker nog eens dat het bezoek voor hem wel een politieke betekenis zou hebben. Hij was te zeer geïnteresseerd in politiek om bij de literatuur halt te houden.[53]

Rodenko stelde het gezelschap van Van het Reve op prijs. Zijn boek *De avonden* had hij immers net besproken en hij behoorde voor hem tot de interessante jongeren.[54] Van het Reve wilde graag en het gezelschap bestond uiteindelijk uit Rodenko, Van der Veen, Van het Reve, Leiker en Morriën. De laatste was op eigen initiatief meegegaan. Hij had van Hermans en Leiker over de ontmoeting gehoord en voelde zich als redacteur van *Litterair Paspoort* gepasseerd. Alleen voor zijn internationaal georiënteerde tijdschrift zou een dergelijk contact iets substantieels kunnen opleveren. Morriën was bereid kolommen voor de Poolse literatuur ter beschikking te stellen en zag in Rodenko zijn adviseur en vertaler van Poolse bijdragen. 'Doe mij een plezier en vergeet mij vooral niet', schreef hij.[55]

De bijeenkomst in de Poolse legatie vond plaats op 25 maart 1948 in de middag. De sfeer was goed en er werd gesproken over een reis naar Polen.

Leiker ging na de receptie met Rodenko mee naar huis en maakte voor het eerst een Russische avond mee. De Rodenko's hadden een feest voor familie en emigranten georganiseerd, dat een dieptepunt kende. Een gast die te veel praatjes had gekregen, werd door Iwan Rodenko zonder pardon het huis uit gezet.[56] In de brief die Leiker de dag daarna aan Rodenko schreef, zweeg hij daar wijselijk over. Hij bedankte voor de maaltijd en de gezelligheid: 'Ik was vanmorgen wel suf en ik ben nu nog lam van al die likeur.'[57] De contacten tussen de Polen en de Nederlanders leverden voor beide partijen niet veel op. Leiker bezocht op 22 juli 1948 weer een feest op de Poolse legatie en had daar ook Rodenko verwacht, maar die verbleef toen in Parijs. Het enige literaire wapenfeit was dat Rodenko ervoor zorgde dat de legatie het tijdschrift *Podium* regelmatig zou ontvangen en dat hijzelf geruime tijd allerlei Poolse bladen kreeg toegestuurd.[58] Morriën ontving ruim een maand later van Poolse zijde kopij voor *Litterair Paspoort*. Het was een verslag van het Poolse schrijverscongres en stond vol met marxistische terminologie. Dat was aan de uitgesproken anticommunistische Morriën niet besteed.[59]

Gerard van het Reve vond het uitblijven van Poolse contacten teleurstellend. In oktober 1948 schreef hij een brief aan Rodenko, waarin hij informeerde naar de Pools-Nederlandse literaire contacten 'waarover wij zulke gunstige verwachtingen hadden'.[60] Hij had gehoord dat er een nieuwe ondernemende Poolse gezant was benoemd en het zou de moeite waard zijn deze Pruszynski te benaderen. Hij was bovendien op een avond van de vereniging Nederland-Polen in Amsterdam geweest en had daar de heer Gorzynski gesproken. Polen bleef hem boeien. Van het Reve bedoelde hier de avond van de 24e september 1948 in het Indisch Instituut, waarbij ook een agent van de Centrale Veiligheidsdienst aanwezig was geweest.[61] Van het Reve benadrukte dat ook hij vooral geïnteresseerd was in een reis naar Polen. Hij was progressief, maar zou zich nooit voor een Pools karretje laten spannen.

De nieuwe Poolse gezant was de katholiek Ksawery Pruszynski, publicist en vaardig in de omgang met intellectuelen. Het was de tactiek van Polen om op belangrijke buitenlandse posten aimabele en ontwikkelde niet-communistische personen te benoemen, die gemakkelijk contacten konden leggen met intellectuelen. Het echte propagandawerk kon daarna worden gedaan door een andere functionaris. In Nederland was dat vlak na de oorlog de handelssecretaris.[62]

Een reisje naar Polen zat er voor Van het Reve en Rodenko niet in. Toen van 25 tot en met 28 augustus 1948 in het Poolse Wroclaw een vredescongres werd georganiseerd, waarbij groten als Picasso en Éluard aanwezig waren, vertegenwoordigden anderen, onder wie W. F. Wertheim, Nederland. Rodenko kon alleen van zich laten horen door namens de redactie van *Podium*, waarin hij inmiddels zitting had genomen, een in het Frans geschreven sympathiebetuiging naar het congres te sturen.[63] Of zijn mederedacteuren daar zo blij mee waren, is de vraag. Over de Wroclaw-gangers werd in de Nederlandse pers namelijk kritisch geschreven. Door te gaan hadden ze zich solidair verklaard met het communistische Oostblok en dat was volgens sommigen verraad.

Rodenko bleef nog geruime tijd betrokken bij Poolse kringen. Hij werd uitgenodigd voor het Werkcomité Mickiewicz Herdenking, dat in 1955 een herdenking ter gelegenheid van de honderdste sterfdag van de Poolse dichter Adam Mickiewicz wilde organiseren. Er moest een bloemlezing uit zijn poëzie komen, die door allerlei ruzies echter pas in 1957 onder de titel *Het levende lied* verscheen.[64] Daarin stonden vier door Rodenko vertaalde 'Krim-sonnetten'. Hij had bij Van Wijk een beetje Pools geleerd en had zich na de oorlog zelf verder in deze taal verdiept. Bovendien was het Pools van Mickiewicz beïnvloed door het Wit-Russisch, waardoor het voor Rodenko goed toegankelijk was.

Rodenko bezocht de vergaderingen van het comité trouwens niet. Zijn contact verliep via Gorzynski, die nog regelmatig bij zijn ouders thuis kwam en tijdens de vergaderingen het bestuur precies wist te vertellen hoe ver hij met de vertalingen was.[65] Zijn afwezigheid zal niet de enige reden geweest zijn waarom voorzitter Van Praag hem op een gegeven moment onder het mom van een reorganisatie uit het comité zette.[66] Ook zijn 'politieke onbetrouwbaarheid' speelde daarbij een rol; hij was te weinig politiek betrokken en dat was verdacht. Vertaler Tom Eekman werd daarom eveneens op een zijspoor gezet. Die wilde voor het jubileumboek een artikel over Mickiewicz schrijven, maar dat werd niet op prijs gesteld. Volgens hemzelf omdat hij als 'anti-(Sovjet-)Pools' bekend zou staan en dat soort mensen lieten ze liever geen inhoudelijk werk doen. Hij mocht alleen enkele 'Krim-sonnetten' vertalen. Terloops informeerde hij Rodenko over het propagandistische karakter van de uitgave. Hij wist dat de Poolse legatie het project financierde en de vereniging Nederland-Polen de praktische kanten voor haar rekening had genomen. Eekman kende de vereniging Nederland-Polen goed van vergaderingen en bijeenkomsten en hij begreep dat zij een 'pro-communistische Polenorganisatie' was.[67]

Het was voor mensen als Rodenko tijdens de Koude Oorlog niet gemakkelijk. Hij wilde als 'Rus' een lans breken voor de Oost-Europese cultuur, maar tijdens zijn missie kwam voortdurend de praktische politiek om de hoek kijken of zat zijn vader hem op de huid. Het was een lastige tussenpositie. Voor de meeste mensen in zijn omgeving lagen de zaken duidelijker.

Ze kozen voor het Oostblok, of, wat vaker gebeurde, ze keerden zich ertegen. De laatsten werden rabiate communistenhaters en verzamelden zich vooral in en rond het dagblad *Het Parool* en de Partij van de Arbeid.

Er waren intellectuelen die niet wilden kiezen en zich eind 1951 organiseerden onder de naam De Derde Weg. Zij pleitten voor een dialoog tussen het Atlantisch Pact en de communistische Kominform. Prominente Derde-Weggers waren Jan Romein, Nico Donkersloot en W. F. Wertheim, redacteuren van *De nieuwe stem*.[68] Rodenko vond De Derde Weg geen goed alternatief en gebruikte een bespreking van de poëzie van Max de Jong om zijn kritiek hierop te verwoorden. Hij verweet De Derde Weg-aanhangers te schipperen, omdat zij de politieke systemen en de verhouding Oost-West relativeerden. Zij creëerden een vacuüm, waaruit niets positiefs kon voortkomen.

De Derde Weg zag hij als een vervolg op het poëtisch schipperen van de *Forum*-generatie waarvan Max de Jong een epigoon was.[69] Contacten met *De nieuwe stem* hield hij daarom al in een vroeg stadium af. Toen in 1948 redacteur Sjoerd Leiker hem benaderde om eens wat voor zijn blad te schrijven, zegde hij in eerste instantie wel een essay toe, maar de sfeer inspireerde hem waarschijnlijk te weinig om echt iets op papier te zetten.[70]

Later zag hij nog beter dat deze intellectuelen net als hij anti-Amerikaans waren, maar daar heel andere redenen voor hadden. Het ging ze om het behoud van de (traditionele) Europese cultuur en die wilde hij met zijn gewelddadige poëtica juist opblazen. Redacteur Nico Donkersloot hield niet van de oppervlakkige Amerikaanse cultuur, maar ook niet van nieuwe richtingen binnen de Europese kunst en daar was het Rodenko juist om te doen.[71]

3. OP ZOEK NAAR EEN TIJDSCHRIFT

Rodenko was een 'Rus' die in het Nederlands schreef. Zijn gedichten, essays en verhalen verschenen, hoe graag hij het anders had gewild, in Nederlandse tijdschriften. Niet alle redacteuren zaten te wachten op zijn Slavische missie. Zij moesten bovendien wennen aan zijn on-Nederlandse manier van schrijven. Zijn stijl was beeldend, zijn manier van denken associatief en zijn presentatie breedvoerig.

Er waren fans van het eerste uur die net als Hermans zijn gedichten hadden gelezen in *Parade der Profeten* en nieuwsgierig waren naar meer werk van deze on-Nederlandse dichter. De naam Rodenko deed iets buitenlands vermoeden en toen ze hoorden over zijn kosmopolitische achtergrond, wat door hemzelf bij zijn eerste kennismaking met dichters en schrijvers werd benadrukt, was hij voor hen de voorman van de vernieuwing in de Nederlandse letteren. De meesten ontmoetten Rodenko net als Hermans voor het eerst tijdens het weekeinde op kasteel Assumburg.[72] Naast Hermans en Timmer waren daar Hans Warren met zijn Leidse vriend Jan Vermeulen, Willem Karel van Loon, Gerard Messelaar en de Utrechtenaar Ad den Besten. Ze hadden in de oorlog elkaars werk gelezen, maar zagen elkaar hier voor het eerst in levenden lijve. Er werden vriendschappen gesloten die vaak jaren standhielden. Hoewel Rodenko niets uit eigen werk voorlas, maakte hij indruk. Hans Warren schreef in zijn *Geheim dagboek* verrukt over zijn eerste ontmoeting met Paul Rodenko en in zijn herinnering werd hij zelfs langer dan hij in werkelijkheid was: 'Tussen mij en Paul ontstond direct een band; ik bewonderde de dingen die ik van hem gelezen had, en hij zag iets in mijn werk. Misschien een beetje zonder woorden voelden we ons zonder woorden outsiders. Paul is lang, niet onknap, hij heeft een geelbleke huid en fijne slavische gelaatstrekken. Hij spreekt buitengewoon beschaafd Nederlands met een iets uitheemse tongval, maar hij hort, zoekt, stottert tijdens het spreken, het lijkt of hij tasten moet naar de juiste woorden. Hij liep daar als een volmaakte kosmopoliet, boeiend in alles.'[73]

Warren memoreert in zijn dagboek ook de enige 'bekende kunstenaar' die daar aanwezig was, Adriaan Morriën. Hij had in 1935 al gedichten gepubliceerd in *Forum*. Morriën waren Rodenko's gedichten in *Parade der Profeten* ook opgevallen en wilde deze Nederlandse Rus, van wie hij wist dat hij ook essays schreef, engageren voor zijn internationaal georiënteerde *Litterair Paspoort* waarvan het eerste nummer in januari 1946 verscheen. Rodenko werd vanaf mei 1946 vaste medewerker van een blad dat het Nederlandse publiek informeerde over buitenlandse literatuur. Hij schreef tot en met januari 1952 veertien bijdragen, waarin hij aandacht kon vragen voor auteurs als Maurice Sachs, Boris Vian én Antonin Artaud.[74]

Morriën vroeg Rodenko gedichten voor het heropgerichte *Criterium*, waarvan hij redacteur was geworden, maar kreeg een lang essay, dat de redactie niet wilde plaatsen. Het stuk over poëzie en wetenschap was te breedvoerig, te eenzijdig en te krampachtig geschreven. Daarom vroeg hij nogmaals een gedicht of een kort verhaal te sturen. Vooral proza was welkom, want 'dat is een zwak punt bij alle redacties'.[75]

Het duurde tot de zomer van 1946 voordat hij enkele verzen stuurde. Daar zat toen ook het roemruchte 'De dichter' bij.[76] De redacteuren waren het erover eens dat dit andere poëzie was, maar ze hadden hun twijfels. Morriën schreef daarover: 'Over "De dichter" is men het nog niet eens kunnen worden. Men bewondert de fantasie, de rijkdom aan beelden, die zo gunstig afsteekt tegen de fraaie armoede der hedendaagsche Nederlandsche dichters, maar zou graag wat meer verzen willen zien om eventueel een keuze te kunnen maken.'[77]

Rodenko reageerde teleurgesteld. Hij schreef aan Morriën over diens verzoek meer werk te sturen: 'Mijn werkwijze is zo, dat ik wanneer ik iets schrijf, het nooit in eerste instantie afmaak. Ik laat dat altijd een tijdlang in portefeuille liggen en breng bij gelegenheid eens de finishing touches aan.' Ook begreep hij niet dat de redactie aarzelde, hoewel hij ook wel zag dat er zwakke plekken waren: 'Maar als jullie bang zijn voor alles wat een beetje "anders dan anders" is, hoe willen jullie dan ooit het leidende en sturende orgaan van de Ned. letteren worden?'[78] Kort daarna waren de redacteuren toch om; 'De dichter' verscheen in het septembernummer van *Criterium*.

Morriën bleef hameren op het inzenden van verhalen en probeerde hem over te halen toen Hermans in de redactie was gekomen. De kansen voor zijn werk waren daardoor groter geworden.[79] Rodenko stuurde Hermans, die per oktober 1946 met Adriaan van der Veen en Maurice Gilliams officieel tot de nieuwe redactie toetrad, twee novellen, die hij tijdens de laatste oorlogsjaren had geschreven: het eerdergenoemde 'De fout' en 'Wandeling langs een spoorlijn', dat nog niet in druk was verschenen.[80]

Hermans las de verhalen en vond vooral 'Wandeling langs een spoorlijn' sterk van sfeer, hoewel de absurde redenering boeiender had gekund. Hij prees het Nederlands van Rodenko, dat soms Duits aandeed. Dat verhoogde de suggestie dat hij door Kafka was beïnvloed en die opmerking was volgens Hermans, toen nog, het grootste compliment dat hij kon geven.[81]

Morriën en Van der Veen waren echter geschrokken van de overeenkomsten. 'Je zoudt met het publiceren van deze novellen het publiek een al te gemakkelijk motief aan de hand doen om je de invloed van een groot schrijver te verwijten. En het zou daarin naar onze mening ook geen ongelijk hebben,' schreef Morriën verontrust.[82] De openingszin van 'De fout', 'Ik woon in dit grote sombere huis alleen met mijn vader', deed denken aan Kafka's *Das Urteil*. Ook het gegeven dat de vaderfiguur net als de vader van de jonge koopman Georg Bendemann alleen in een donkere kamer woonde, wees in die richting. Bovendien vond hij de droomsfeer in beide verhalen nauwelijks te onderscheiden van die in Kafka's werk. Kortom, de overeenkomsten waren zo sterk 'dat het persoonlijke er vrijwel in is zoek geraakt'. De invloed van Kafka was niet de enige reden van de weigering. Morriën vond de verhalen ook 'gortdroog', maar dat durfde hij toen niet te zeggen.[83] Zowel Hermans als Morriën viel de overeenkomsten tussen 'De fout' en Dostojevski's *Mémoires uit het souterrain* niet op. Het is bovendien de vraag of Rodenko zich bewust was van de invloed van Kafka. Het lijkt erop dat hij na de kritiek

van Morriën boven het typoscript van 'De fout' schreef: 'Dans le goût de Kafka'.[84]
Morriën wist niet dat dat Rodenko dit proza samen met enkele verhalen van Olga in februari 1946 naar *Het Woord* had gestuurd en in de zomer van datzelfde jaar naar *Proloog*. Redacteur Ferdinand Langen van *Het Woord*, een tijdschrift dat in oktober 1945 voor het eerst was verschenen, stuurde de verhalen terug en merkte op dat hij de speelse fantasie waardeerde, maar de vorm te zwak vond, 'te weinig intens verbeeld en geconcentreerd'.[85] Hij hoopte nog eens ander werk te ontvangen, maar de gedichten die hij daarna stuurde wees de redactie zonder opgaaf van reden af.[86] *Proloog*-redacteur Kees Lekkerkerker legde wel uit waarom de redactie het verhaal niet wilde publiceren. Hij vond het slot van 'Wandeling langs een spoorlijn' teleurstellend. Over de invloed van Kafka repte hij net als Langen echter met geen woord.[87] Ook *De Baanbreker*, 'onafhankelijk socialistisch weekblad voor politiek en cultuur' en uitgegeven door Van Oorschot, ontving begin mei 1946 werk van Rodenko. Maar de redactie wilde het gedicht 'Picasso' om onbekende redenen niet publiceren.[88]

Publiceren was voor Rodenko van groot belang. Hij had een publiek nodig, om eindelijk te kunnen zeggen wat hij jaren had moeten verzwijgen. Zijn gang door tijdschriftenland had iets bezetens. In alle uithoeken kregen redacties werk van hem aangeboden, waarbij hun principiële uitgangspunten er blijkbaar niet toe deden.

Het meest leek hij op zijn plaats in *Columbus*, dat in oktober 1945 voor het eerst was verschenen. Het blad was een thuis voor dichters van een aantal clandestiene tijdschriften uit de oorlog, waaronder *Parade der Profeten* en *Maecenas*. Aan de oprichting van het 'litterair cultureel maandblad der jongeren' was naast het weekeinde op Assumburg op zaterdag 8 september een poëziemiddag in Leiden voorafgegaan. Ook hier was Rodenko aanwezig, zonder uit eigen werk voor te lezen.

In de eerste jaargang van *Columbus* was hij wel present. Daarin verschenen gedichten, het essay 'Muggen, olifanten en dichters' en het opvallende verhaal 'Een Franse komedie'.[89] In deze raamvertelling vertelt de acteur Niels Hartman wat hem in een provinciestadje is overkomen. Zijn verhaal eindigt op een onverwacht moment en zijn toehoorders vragen daarom naar de afloop. Die weet hij niet meer: 'Ik zei al dat enkele details mij ontglipt waren en het einde doet er trouwens niet toe, het zal wel onbelangrijk geweest zijn.'

Rodenko publiceerde in *Columbus*, maar eigenlijk zag hij er niet veel in. Uit ontevredenheid over de jongerenliteratuur in het algemeen en in het bijzonder in *Columbus* schreef hij daarom samen met Paul van 't Veer en Richard van Wijngaarden een brief aan Fokke Sierksma, redacteur van

Podium, die hij toen nog niet persoonlijk kende. De brief was een pleidooi voor een 'weerbaar jongelingenschap' in 'een tij dat te slap romantisch is'. Het was zaak dat 'mensen die in de kunst mens willen blijven' – hij legde niet uit wat hij hiermee bedoelde – ruilabonnementen organiseerden en in elkaars bladen publiceerden.[90] Sierksma was het daarmee eens en wilde uiteindelijk tot een concentratie van tijdschriften komen.[91] Deze reactie maakte Rodenko enthousiast en hij schreef namens de anderen terug: 'Inderdaad; wij zijn met U van mening dat wij moeten trachten tot een concentratie, of, zoals U het noemt, een "blokvorming" van weerbare literatoren te geraken.[...] Men zou natuurlijk naar frans voorbeeld (het "Comité National des écrivains") een soort federatie van "anti-slappe-vaatdoekers" kunnen stichten en om te beginnen een manifest of oproep in een veelzijdig blad als b.v. *De Vrije Katheder* plaatsen (gelijktijdig ook in *Podium* en *Columbus*).'[92] In *De Vrije Katheder*, dat verscheen tussen 1945 en 1950, publiceerden vooral linkse intellectuelen.

Dat het niet goed ging met *Columbus* vonden de redacteuren Jan Vermeulen en Hans van Straten ook. Zij ontketenden in juni 1946 een paleisrevolutie.[93] Hun blad was te tam en te weinig vernieuwend, terwijl er buiten de tijdschriften om een nieuw generatie essayisten was opgestaan: S. Dresden, Fokke Sierksma, Max de Jong én Paul Rodenko. *Columbus* moest een 'strijd-tijdschrift' worden en dat zou misschien lukken als een van deze veelbelovende essayisten in de redactie zou komen.

Ze benaderden Rodenko en beloofden hem dat er een andere koers gevaren zou worden.[94] Deze zag mogelijkheden voor een 'onruststokerige' inbreng en kwam meteen met grote plannen. Hij schreef aan redacteur Praas in de zomer van 1946: 'Wanneer wij werkelijk een stuwende kracht in de Ned. Letteren willen vormen (en dat horen wij als jongeren te vormen), dan zullen wij met een concreet en positief programma voor de dag moeten komen. Dan zullen wij vooral veel aandacht moeten besteden aan de kritiek; geen kritiek in het wilde weg, waarbij A. zus en B. zo schrijft, maar een "eenheidsfront", een kritiek volgens bepaalde van te voren gestelde richtlijnen.' Hij nodigde Praas uit om tijdens een wandeling op de Scheveningse boulevard en het drinken van een borrel na afloop daar eens over te spreken: 'In zulk een Scheveningse nacht kan er iets geboren worden: een idee, een programma, een richting – en ik ben ervan overtuigd dat we op het ogenblik beter gediend zijn van het eenzijdigste "isme" dan van de flauwe en vervelende besluiteloosheid van het afgelopen jaar.'[95]

Het waren opvallende uitspraken van iemand die zich snel daarna 'bekeerde' tot het anarchisme. De stelligheid en eenzijdigheid pasten niet bij hem en waren eerder pedanten van een depressie. De grootheidswaan als ontkenning van een verleden, als loochening van een tijd waarin hij minder besluitvaardig en principieel was geweest.[96] Hans van Straten viel op hoe de beminnelijke en bescheiden mens Paul Rodenko afstak bij de agressieve kunstenaar Paul Rodenko, maar van de achtergrond had hij geen weet.[97] Hij vertelde mensen als Van Straten wel eens verhalen over zijn privé-leven, maar die stemden doorgaans niet overeen met de werkelijkheid. Zij waren pogingen het particuliere af te schermen van zijn kunstleven.[98]

Een paar dagen later ontving Van Straten Rodenko's voorstellen, die op het volgende neerkwamen: geen programmaloosheid, maar een positief concreet programma, aandacht voor polemiek en nieuwe stromingen en richtingen in de buitenlandse literatuur. 'De-klein-geluk-en-dichters-in-een-windstilte-traditie' was voorbij en de redactie moest kiezen voor 'een vitale krachtige poëzie', waarin een persoonlijkheid reflecteerde op de situatie waarin hij geplaatst was. Alleen kunstenaars die zich een onruststoker voelden, waren welkom. Zij dienden alle zekerheden (christendom, maatschappij en schoonheid) van een vraagteken te voorzien en alleen die boeken te bespreken waarin een oplossing werd aangedragen voor 'fundamentele problemen van de culturele situatie'. Rodenko voegde daar nog aan toe: '[...] de rest afwijzen als onverantwoordelijke vlucht, laffe struisvogelproblematiek. (N!B! Met een "positieve" oplossing bedoel ik niet positief in sentimentele, burgerlijk-evolutionaire zin: ook een volstrekt nihilistische houding is positief, omdat het een fundamentele kwestie stelt maar, alleen volstrekt nihilisme, geen nih. dilettantisme)'. De redactie moest daarnaast nieuwe gebieden exploreren, zodat duidelijk werd waarom zij vraagtekens plaatste. Aandacht voor uitingen van kinderen, krankzinnigen en primitieven en 'de mens voor zover hij plant is, de mens voor zover hij dier is', zou de lezers de betrekkelijkheid van alle zekerheden doen inzien.

De 'aanval' diende meteen bij het eerste nummer van de nieuwe jaargang met felle essays en polemieken te worden ingezet: 'We moeten de mensen op hun kop slaan, desnoods een rel ontketenen, een beetje overdrijving en eenzijdigheid kan geen kwaad.'[99] Van Straten schreef gauw een briefkaart terug met de mededeling dat hij zich goed kon vinden in het programma. Hij stelde voor de eerstkomende zondag bij elkaar te komen, zodat Rodenko kon zien dat zijn programma soms woordelijk met dat van hem overeenstemde.[100] Ook hij was een onruststoker.

Zowel Vermeulen als Van Straten vond het geen bezwaar dat Rodenko in oktober 1946 naar Parijs zou vertrekken; zij waren bereid het dagelijkse werk op te knappen en de nummers af te ronden als Rodenko in Nederland was.[101] Rodenko vond die afstand zelf bezwaarlijk, want hij zou zich vanuit

Parijs nooit verantwoordelijk kunnen voelen voor de bijdragen in *Columbus*. Hij bedacht een tussenoplossing en stelde voor dat hij vanuit Parijs als vaste medewerker zijn bijdragen zou leveren en dat zijn geestverwant Aimé van Santen in de redactie zou worden opgenomen. Hij gaf toe Van Santen geen goede schrijver te vinden, maar wel iemand die bruiste van de ideeën en *Columbus* een karakter kon geven.[102] Uiteindelijk zwichtte hij voor de druk van Van Straten en Vermeulen en werd hij 'onze redacteur in Parijs' van *Columbus*.

De onruststokerij van Van Straten en Vermeulen viel tegen. Tijdens de eerste redactievergadering, eind september 1949 bij Rodenko thuis, werd diens verhaal 'Een kwestie van symmetrie' besproken, waartegen ze meteen bezwaar hadden. Van Straten vond het wel goed, al was het te veel een illustratie bij het essay 'Het einde van de psychologische roman', maar nam het liever niet op. Hij vreesde abonneeverlies als in het eerste nummer al zoveel 'godverdommes' zouden staan. Het was bovendien de bedoeling proefnummers op scholen te verspreiden en daar kon met zo'n blasfemische inhoud geen sprake van zijn. Van Straten had er met 'een meisje' over gesproken dat had voorgesteld van alle godverdommes potverdories te maken. Het zou dan ook minder hard aankomen bij de deftige Haagse uitgever Stols, die 'de failliete *Columbus*-boedel' met ingang van de nieuwe jaargang had overgenomen.

Rodenko wilde als schrijver zijn rug rechthouden en maakte van publicatie een halszaak. Door het verhaal niet te plaatsen zou de redactie zich aanpassen aan de bestaande orde, terwijl ze hadden afgesproken onruststokers te zijn. Het essay zou bovendien geen enkele waarde hebben zonder het verhaal.[103] Hij dreigde zelfs met vertrek naar *Criterium*, waarvoor Hermans en Morriën hem zouden hebben gevraagd. Na dit dreigement gaf Van Straten zich gewonnen en het verhaal werd opgenomen in het eerste nummer van de nieuwe jaargang.[104]

Dit soort discussies maakte Rodenko duidelijk dat het moeilijk was in Nederland medestanders te vinden. Dat werd nog eens extra duidelijk toen in september 1946 'De dichter' in *Criterium* was verschenen. Dat in het decembernummer van *Podium* een parodie van Gerrit Borgers, ondertekend met Michaël Rozwetso, volgde, was tot daaraan toe, maar dat zijn mederedacteur Vermeulen het gedicht ook niet begreep, maakte duidelijk dat hij bij *Columbus* niet op zijn plaats was. Vermeulen schreef aan Rodenko: 'Voor zover het als parodie bedoeld is, beantwoord [sic] het daar volkomen aan en ik hoop dan ook dat 90% van de verzenschrijvende menigte zich het ter harte zullen nemen.'[105]

Het eerste nummer van het 'nieuwe' *Columbus* verscheen pas in december

1946. Voor de strijdbare inleiding van de tweede jaargang was Rodenko verantwoordelijk, die inzette met een oproep aan de jongeren om positie te kiezen en de Nederlandse literatuur te redden 'uit het drijfzand van het provincialisme en onbelangrijkheid, waarin zij meer en meer dreigt te verzinken [...]'. Het was een oproep om 'dichter in-een-storm' te worden. 'Een kunstenaar is voor ons in de eerste plaats een onruststoker en de kunst een vijfde colonne in de citadel van de kleinburgerlijke traagheid en zelfgenoegzaamheid.'[106] Opvallend is dat hier het begrip traagheid in een negatieve betekenis werd gebruikt, waardoor het lijkt of Rodenko in deze periode afstand van zijn (Slavische) passiviteit wilde nemen.

Ook de kopij die bij *Columbus* binnenkwam viel Rodenko tegen. Al in november 1946 schreef hij Van Straten boos: 'Als we niets behoorlijks binnen krijgen, moeten we nu eenmaal zelf het blad volschrijven, liever dan het te laten verwateren. Maar in een van je "revolutie"-brieven van de zomer schreef je dat de redactie in de eerste plaats een litteraire recherchedienst moet zijn: zie dus dat je zoveel mogelijk belangrijke mensen opzoekt en persoonlijk aanport. Kunnen we niet eens wat van Achterberg loskrijgen? Ik noem maar wat.'[107] Hij wist dat Vermeulen in de oorlog bevriend was geraakt met Gerrit Achterberg en verwachtte daar dus het een en ander van. Ook 'een half pond copy' die hem in november werd toegezonden vond hij maar niks: '[...] zonde van de postzegels'. Toegezonden werk van W.K. van Loon, Frank Lulofs, Jan Praas en Gerard Messelaar deed hij af als 'kleinburgerlijk anecdotisme' en de poëzie van Hella Haasse was hooguit geschikt als bladvulling. Haar gedicht 'Pastorale' was 'met zijn faunen en nimfen' vreselijk.[108]

Rodenko's geklaag hielp niet. De tweede jaargang van *Columbus* (1946-'47) bestond uit maar drie nummers. Het aantal abonnees daalde van zeshonderd naar tweehonderd en het was voor uitgever Stols niet rendabel de uitgave voort te zetten. Het blad fuseerde met ingang van de volgende jaargang met *Podium*, dat in 1944 in Leeuwarden clandestien was opgericht, maar inmiddels onder redactie van Fokke Sierksma, Gerrit Borgers en Anne Wadman landelijke bekendheid had gekregen.

Toen die fusie in maart 1947 bijna rond was, evalueerde Rodenko zijn positie binnen *Columbus* in een brief aan Hermans. Die had hem een jaar daarvoor van het redacteurschap proberen af te houden. Rodenko had zijn advies niet opgevolgd, omdat hij hoopte dat het tijdschrift een herkenbaar karakter zou krijgen, 'een soort *Forum* met een existentialistisch sausje'. Hij was echter al snel tot de conclusie gekomen de enige te zijn geweest die dat begreep en had voortdurend moeten ingrijpen. Daarom vulde hij het eerste nummer met veel eigen bijdragen, in de hoop dat anderen zouden volgen. Dat was niet gebeurd; de enige belangrijke figuur die zich had aangemeld was Achterberg, van wie in het laatste nummer, verschenen in april 1947, drie gedichten werden gepubliceerd. Zijn verzoek aan Vermeulen had blijkbaar succes gehad. In de laatste *Columbus* was ook 'Tussen Jan Molitor en Ippolyt Wrochow' van Jan Molitor, pseudoniem van Aimé van Santen, opgenomen, waardoor het tijdschrift op de valreep nog een beetje 'onruststokerig' was geworden. Molitor schreef zinnen als: 'Ik zou een donjuan willen zijn, die bij wijze onaneert, terwijl een vrouw er verlangend bij staat.'[109]

Rodenko kon in zijn brief aan Hermans niets anders concluderen dan: 'Achteraf heb je dus wel gelijk gehad: wij zouden *Columbus* op den duur waarschijnlijk toch niet op een behoorlijk peil hebben kunnen houden. Intussen is echter *Podium* met een fusievoorstel gekomen, waarbij zich ter elfder ure ook *Proloog* heeft aangesloten (welks redactie in haar geheel aftreedt); dit voorstel is aangenomen, zodat zowel *Columbus* als *Podium* als *Proloog* ophouden te bestaan en er slechts een jongerentijdschrift komt (over de naam zijn wij het nog niet eens) onder redactie van Sierksma, Wadman, Borgers, Van Straten en mij en vermoedelijk ook Debrot. Het lijkt mij dat dit de situatie wel een hoop helderder maakt en dat wij door deze concentratie van krachten in staat zullen zijn, eindelijk een tijdschrift te publiceren dat op een behoorlijk peil zal staan.'[110]

4. GEEN 'PODIUM-MAN'

Het redacteurschap van Van Straten ging niet door, zodat de redactie van het nieuwe *Podium* – van een andere naam kwam het niet – uit vier personen zou bestaan. Rodenko was in april 1947 over uit Parijs en ontmoette toen op een vreemde manier zijn toekomstige collega-redacteuren Anne Wadman en Gerrit Borgers, die beiden Nederlands studeerden en samen in een huis in de Amsterdamse 1e Looiersdwarsstraat 21[hs] woonden. Via de andere redacteur Fokke Sierksma, die in Groningen theologie gestudeerd had en een bewonderaar was van Ter Braak, had hij laten weten op een bepaalde avond bij wat het '*Podium* Building' was gaan heten langs te komen. Hij liet toen lang op zich wachten. Pas rond middernacht belde eindelijk iemand aan die stotterde Paul Rodenko te zijn. Borgers schrok toen hij zijn bebloed gezicht zag en luisterde vol verbazing naar het verhaal dat hortend en stotend werd verteld. Hij was zo laat, omdat een paar kerels hadden geprobeerd hem te 'slingeren', wat in die tijd beroven betekende. Borgers en Wadman deden na het verhaal aangehoord te hebben samen met hem aangifte bij de politie.

Rodenko schreef later aan Hermans, bij wie hij vlak voor het incident op bezoek was geweest: 'Weet je dat dinsdagavond toen ik toen naar Borgers en Wadman ging, op de Looiersgracht een paar kerels getracht hebben mij mijn tas afhandig te maken? Het is ze niet gelukt, maar wel heb ik in de worsteling een paar flinke schrammen opgelopen.'[111]

Met deze binnenkomst bij *Podium* maakte Rodenko door de manier waarop hij zijn verhaal vertelde een wereldvreemde indruk. Het was voor de nuchtere redactieleden even wennen. Ook daarna moesten ze eigenaardigheden voor lief nemen. Rodenko kwam vaak te laat op vergaderingen, vergat regelmatig afspraken, raakte verdwaald of liet in de trein van Bussum naar Den Haag zijn tas met belangrijke kopij liggen.[112]

Ook inhoudelijk ging het stroef, wat meteen bleek toen het eerste nummer samengesteld moest worden. Rodenko schreef een programmatische inleiding, maar anders dan een jaar daarvoor bij *Columbus* accepteerden de redacteuren van *Podium* die niet. Hij wilde schrijven over de atoombom, pleitte voor enquêtes onder schrijvers en meer ruimte voor buitenlandse kronieken. Het blad zou bovendien verluchtigd moeten worden met karikaturen. Dat sprak Sierksma en Borgers niet aan, welke laatste uiteindelijk de inleiding schreef.[113]

Rodenko realiseerde zich in deze kring minder invloed te hebben dan in de *Columbus*-redactie. Zijn eerste stuk, 'Verzoening met de soldaat', was onder invloed van Sartres opvattingen over de verantwoordelijkheid van de schrijver geschreven en hij verwachtte waarschijnlijk veel kritiek. Hij deed in ieder geval zijn best zich bij voorbaat in te dekken en benadrukte er zelf niet tevreden over te zijn, wat te wijten was aan de warme zomer.[114] Ook toen hij klaar was, hield hij het gevoel alleen maar wat met woorden gegoocheld te hebben en Ter Braak, het hete hangijzer in de eerste naoorlogse jaren, niet genoeg recht te hebben gedaan.[115]

Borgers daarentegen was tevreden met het essay, dat goed als uitgangspunt in het eerste nummer kon dienen. Rodenko constateerde dat de jonge schrijversgeneratie niet verder was gekomen dan de generatie van Ter Braak en zich conservatief opstelde. Zij bemoeide zich in navolging met Ter Braak niet met politiek, omdat zij in diens *Het carnaval der burgers* over de tegenstelling tussen Burger en Dichter hadden gelezen. Ter Braak had zich met deze tweedeling gemakkelijk van zijn verantwoordelijkheden afgemaakt en was in een ivoren toren gevlucht. Hij koos voor de Schone en Edele mens, die zich op afstand met politiek bemoeit. Deze houding van hun grote voorbeeld legitimeerde de hedendaagse kunstenaars om het ideaal van 'l'art pour l'art' na te streven. Maar juist door de macht te ontkennen en er afstand van te nemen, was de kunstenaar in de problemen gekomen. Rodenko stelde daarom een verzoening met de Soldaat en een geëngageerd kunstenaarschap voor. Als dichter en burger moest je je blijven bemoeien met die macht, anders zou ze haar eigen weg gaan met alle gevolgen van dien. Hij besloot het essay met: 'Slechts door de organische eenheid van Soldaat en Burger (van Burger en Dichter als men wil) te erkennen, zal men een moraal kunnen scheppen, die – gezien het anthropologische primaat van de Macht – zeer zeker niet ideaal zal zijn en die ongetwijfeld geen "eeuwige vrede" zal brengen, maar die althans de Macht binnen zekere grenzen van de Waardigheid en redelijk fatsoen zal kunnen houden.'[116]

Hermans, die toen ook vaste medewerker van *Vrij Nederland* was, zorgde ervoor dat daarin via Ed. Hoornik een samenvatting en een deel van het essay werd opgenomen. Hij vond het meesterlijk, het beste stuk dat hij in het eerste nummer van *Podium* had gelezen. De rest van de bijdragen vond hij slap en daar was Rodenko het mee eens.[117]

In de rest van Nederland werd over het essay anders gedacht. Ter Braakiaan Hans Gomperts nam het Rodenko in *Libertinage* kwalijk, Ter Braak uitermate dom te hebben aangevallen, want hij liet zien zelf ook een epigoon van Ter Braak te zijn: 'Rodenko is een beoefenaar van het in het lager en middelbaar onderwijs bekende genre "in je eigen woorden navertellen".' Hij had namelijk hetzelfde gedaan wat hij Ter Braak verweet; twee begrippen 'incompatibel' noemen, maar ze dan toch een organische eenheid laten vormen.[118]

Omdat Rodenko, inmiddels berooid terug in Den Haag, geen geld had *Libertinage* te kopen, duurde het even voordat er een repliek kwam. In mei 1948 kocht hij voor 'zijn laatste centen' een exemplaar en schreef 'Libertinage met een luchtje'.[119] Borgers was er niet enthousiast over, want Rodenko was te kwaad, wat Gomperts 'met zijn hautaine maniertje' mooi in de kaart zou spelen.[120] Daar had Borgers gelijk in, maar de aangevallene had naar eigen zeggen te weinig tijd er een genuanceerd stuk van te maken.[121] De kritiek op Gomperts had daardoor inderdaad iets kinderachtigs gekregen: 'Wat mij blijft intrigeren is echter de vraag of ik mij nu boos moet maken over de systematische vervalsing van mijn woorden, die Gomperts zijn argeloze lezer als "competente" kritiek wil doen slikken, of... Maar nee, laten we voor de goede orde maar aannemen dat hij inderdáád een stuk minder intelligent is dan hij zich voordoet en dat hij er wérkelijk niet meer goed bij kan, wanneer iemand eens wat anders zegt dan "non-conformisten".'[122] Daarmee was de trend gezet. In het september-oktobernummer van *Libertinage* publiceerde Gomperts zijn weerwoord onder de titel 'Dom'.[123]

Mederedacteur Sierksma schreef over zijn ongenoegen over Rodenko – 'hol en au fond een krantartikel' – aan Gerrit Borgers, nog voordat Rodenko's stuk werd gepubliceerd, in een brief van 26 oktober 1947. Hij reageerde in 'Nieuwe stenen of een kwastje verf', dat in het decembernummer van *Podium* verscheen.[124] Rodenko had een nieuwe moraal gepredikt, maar was niet verder gekomen dan het aanbrengen van een likje verf. Een nieuw huis had hij niet weten te bouwen. Bovendien had hij Ter Braaks existentiële momenten over het hoofd gezien en niet begrepen dat die zijn leermeester was.

Rodenko gaf vervolgens onder de titel 'Soldaten, dichteres en paradoxen', verschenen in het februarinummer van *Podium*, een vernuftige existentialistische interpretatie van Ter Braaks roman *Hampton Court*. Diens hoofdfiguur had net als in *La Nausée* van Sartre ontdekt dat de vrijheid van de mens met angst en walging gepaard gaat. Vooral zijn ervaring op de binnenplaats van Hampton Court was existentialistisch en de zinsnede 'die daar in een willekeurige wereld ruw was neergekwakt', volgens Rodenko een letterlijke vertaling van Heidegger.[125] Sierksma reageerde hierop in 'Amok', waarin hij Rodenko ervan beschuldigde 'Merleau-Pontyaan' te zijn.[126]

Ook J. B. Charles, pseudoniem van de criminoloog Wim Nagel en regelmatig publicerend in *Podium*, viel Rodenko aan. In zijn 'Open brief', verschenen in januari 1948, schreef hij dat begrippen als 'redelijke waardigheid' en 'redelijk fatsoen' hem net zo vreemd in de oren klonken als de term 'tabellarische schildpad'. Met andere woorden: Rodenko sprak zijn taal niet. Het hele essay stond vol van illusies en abstracties, waarvan de 'Soldaat' het overtuigendste bewijs was. Charles kon alleen iets met hem als Rodenko zijn kleur, vlag, onderdeel en regimentsnummer bekend had gemaakt. Pas dan zou hij uit het schimmenrijk van het essay naar voren treden en aanspreekbaar zijn op zijn gewelddadigheid.[127]

Rodenko reageerde in 'De tabellarische schildpad belicht', verschenen in het meinummer van *Podium*. Hij verweet Charles nog in de eeuw van de trekschuit te leven, omdat die zich niet realiseerde dat door uitvindingen als de kernbom de structuur van de wereld was veranderd. Wat er nu in China gebeurde, had direct invloed op ons bestaan. 'De mensheid' was geen platonische idee meer, 'maar een levend organisme, waarin de kleinste veranderingen van één der samenstellende delen onmiddellijk een verandering van alle andere delen teweegbrengt'. Het was geestelijk provincialisme als je dat niet zag.[128] Charles reageerde in juni 1948 met 'Verzoening met de galg'. Hij vroeg zich af waarom het vreemd was dat 'ik een absolute, stoïcijnse opvatting van het begrip moraal huldig, deugd en ondeugd erken en geen midden daartussen, en als ik ervan overtuigd ben, dat ik mijn handelen helemaal in en uit mijzelf moet kiezen?'[129]

Het hele gekissebis duurde een jaar. 'Verzoening met de soldaat' was inderdaad een onduidelijk essay. Rodenko was nog te veel zoekend – het stuk over Artaud moest nog geschreven worden – en probeerde op een omslachtige manier met de politiek in het reine te komen. Het essay maakte voor de redacteuren één ding duidelijk: Rodenko was geen *Podium*-man. Zijn thema's waren anders, de taal die hij sprak werd niet verstaan en zijn houding ten opzichte van Ter Braak stond haaks op die van zijn collega's.

Dat had Sierksma direct al gevonden en hij schreef vlak na Rodenko's benoeming in de redactie van *Podium* aan Borgers: 'Paul heb ik een brief geschreven: indruk dat hij zich niet helemaal thuis voelt. Moet zich niet als 1+3 voelen, maar als 1+1+1+1.'[130] In een brief aan Rodenko van 14 november 1947 bracht Sierksma daarom niet alleen de kwestie rond 'De Soldaat' ter sprake, maar ook zijn solidariteit met *Podium*. Hij betreurde het dat Rodenko niet content was met het eerste nummer en daarover aan Borgers had geschreven, maar vond het bovendien raar dat hij tijdens de redactievergaderingen over de kwaliteit van de kopij had gezwegen. Als redacteur moest je solidair zijn met je tijdschrift. Volgens Sierksma speelde de omgang met Hermans hem parten; er waren te veel overeenkomsten in de kritiek van Hermans (en *Criterium*) en Rodenko. Sierksma wilde duidelijkheid over zijn goede trouw.[131]

Met dit soort kwesties wist Rodenko niet goed raad. Hij verklaarde voor de volle honderd procent achter *Podium* te staan.[132] De lucht leek daardoor opgeklaard, vooral nadat Sierksma hem had uitgenodigd naar Groningen te komen: 'We kunnen dan eens een goeie boom opzetten zonder schriftelijke en heftige misverstanden mijnerzijds.'[133] Daar kon even geen sprake van zijn, omdat Rodenko sinds Parijs aan zijn kamer gekluisterd was vanwege een zwerende voet. Sierksma hoopte dat 'de zaak' snel was genezen, zodat hij toch begin december een weekend in Groningen door kon brengen. Maar de ontsteking werd door verwaarlozing erger en van uitstel moest afstel komen.

Het is de vraag of het door Sierksma beoogde bezoek een verdere verwijdering had kunnen voorkomen. De verhouding was verslechterd doordat in december 1947 'De lachspiegel van het podium', geschreven door een zekere Van Grijnen, in *Criterium* had gestaan. Daarin werd een in *Podium* verschenen verhaal van J.B. Charles belachelijk gemaakt en kreeg Sierksma kritiek, omdat hij lovend over dit proza had geschreven. Het stuk was van Hermans, die ook voor het antwoord op deze 'ingezonden' brief had gezorgd. In zijn tirade tegen Charles en *Podium*, kreeg één redacteur een compliment, en dat was Rodenko.[134]

Dat Rodenko een vriend van Hermans was, begreep nu iedereen. Ze schreven en spraken regelmatig over hun eigen ontwikkeling als schrijver en roddelden over de *Podium*-redacteuren. Met name Sierksma was vaak onderwerp van gesprek. Hij was voor Hermans niet meer dan een slaafse volgeling van de té Hollandse Ter Braak, met wie hijzelf geen enkele verwantschap voelde. Zijn gevecht tegen het domineecomplex sprak Hermans, die zelf areligieus was opgevoed, niet aan. Sierksma vertegenwoordigde door zijn fixatie op Ter Braak geen eigen richting, aldus Hermans. Rodenko wel, al was die op sommige punten nog zoekende. Hermans zelf had ook nog niet gekozen voor een bepaalde richting en het nut van een programmatisch tijdschrift zag hij ook niet zo. Hij schreef zijn romans en gedichten volgens bepaalde uitgangspunten, maar die had hij (behalve zijdelings in kritieken) nog nooit in theoretische beschouwingen vastgelegd. Hij zou gek wezen als hij dat nu al zou doen. Het enige wat hij hoopte was binnenkort een opsomming te geven van voor hem noodzakelijke minimumeisen, maar zoiets was geen tijdschrift- of richtingprogramma.[135]

Ook Rodenko was areligieus opgevoed en had vaak ruzie gehad met 'rasechte terbraakianen' omdat hij hem een dominee had genoemd. Ter Braak was intelligent, iets was je ook van Sierksma kon zeggen, al maakte die een provinciaalse indruk. Dat vond Rodenko, die nog eens benadrukte 'van geboorte af cosmopoliet' te zijn, wel charmant aan hem: '[...] het is grappig en tegelijk instructief om iemand met problemen te zien worstelen (ik bedoel een intelligent iemand!), waarvoor hier in Frankrijk elke journalist maar twee regels nodig heeft. Begrijp mij wel, ik zeg dat helemaal niet in denigrerende zin, ik heb juist de grootste bewondering voor iemand die, door geboorte en opvoeding gehandicapt, zich toch door pure intelligentie, al is het wat moeizaam, weet door te zetten.'

Hermans had zijn zoektocht goed ingeschat. Rodenko vermoedde ooit ergens anders terecht te komen dan de *Podium*-mensen, alleen al vanwege de 'kerngezonde' intelligentie van deze lieden. Zijn eigen intelligentie was in Hollandse ogen 'pervers', omdat hij schrijvers als De Sade, Lautréamont, Miller en Dostojevski belangrijker vond dan Ter Braak. En daarom voelde hij affiniteit met Hermans: '[...] onze uitgangspunten zijn dezelfde en daarom geloof ik dat we voorlopig wel een eindweegs samen kunnen gaan'.[136] Hermans was meer dan Wadman en Borgers dé medewerker die hij nodig had voor zijn 'onruststokerij'. Zij waren nu niet 'de flinke existentialisten' die hij zocht, '[...] maar ja, Holland is nu eenmaal te klein om een volmaakt homogeen team te kunnen vormen'.[137]

Rodenko deed van meet af aan zijn best werk van Hermans in *Podium* op te nemen. In de zomer van 1947 kreeg hij de novelle 'De lichtautomaat' toegestuurd, die hij 'een goed en suggestief geschreven verhaal' vond, al bleef het beneden het peil van 'Dokter Klondyke'. Het troosteloze van het vrouwenleven was prima getroffen en de vondst om 'het hele geval' te laten culmineren in een wc was geweldig. Net zo geweldig als de truc het grauwe menselijke verdriet steeds weer te laten 'scanderen' door de onverbiddelijke zes of drie minuten van een automaat. Het was alleen jammer dat de tit automaat' zo nadrukkelijk verwees naar 'de truc' uit het verhaal. F geheel tevreden over het slot: '[...] het had hallucinerend kunnei werken op die schroeven en het om de drie minuten uitgaan van [...]'. Hij vond het ook vreemd dat een Brusselse telefoon na vijf minu opgenomen kan worden: '[...] hier in Holland belt de telefoon meen il één of anderhalve minuut, wanneer de hoorn dan nog niet opgenom wordt de verbinding verbroken'.[138]

Dat detail veranderde Hermans niet, wél de titel; het verhaal verscheen 'Het lek in de eeuwigheid' in de bundel *Moedwil en misverstand* uit 1948.[1] Ook Rodenko's opmerkingen over het slot begreep hij goed, want hij had e zelf voortdurend in zitten veranderen. Rodenko hoopte met zijn kritiek het verhaal geschikter voor *Podium* te maken, maar zijn collega-redacteuren wilden het uiteindelijk niet plaatsen, omdat Hermans in de redactie van *Criterium* zat. Hier hadden tijdschriftpolitieke overwegingen het gewonnen van artistieke, wat Hermans niet kon begrijpen. Voor die eenkennigheid van de *Podium*-mensen had Hermans maar één kwalificatie over: het leek daar wel een 'godsdienstige sekte'.[140]

Jammer, vond Rodenko. Hermans was zo voor honderd procent schrijver, een nieuwe Jacob van Lennep, die een paar trucjes uit het laboratorium van Freud en Kafka had overgenomen. Dat was niet negatief bedoeld: '[...] ik wil daarmee geen "trucage" suggereren; je hebt beslist een uitgesproken persoonlijke sfeer; ik bedoel een V. Lennep van deze tijd'.[141]

5. 'VIJF-JARENPLAN PODIUM'

Rodenko zag dus het liefst Hermans in de redactie van *Podium* opgenomen, maar begreep dat daar geen sprake van kon zijn. Ook Hermans zelf zou het niet willen. Wel kwam er na ruim een half jaar een nieuwe redacteur, J.B. Charles.[142] Met een criticaster van zijn werk en een vijand van Hermans zat Rodenko in één redactie.

Hoewel hij er niets over zei, zinde de koers van *Podium* hem nu nog minder. Alleen met zijn eigen bijdragen en met het aanbrengen van verhalen van zijn zuster Olga en werk van Van Santen, had hij de laatste tijd iets aan een nieuwe richting kunnen doen. En dat was allemaal erg moeizaam gegaan. Vooral voor het werk van Van Santen moest hij zijn uiterste best doen het gepubliceerd te krijgen en met Charles in de redactie zou dat moeilijk worden.[143]

Hij kwam daarom met het 'Vijf-jarenplan *Podium*', waarin hij poogde het blad meer naar zijn hand te zetten. Het werd geschreven in de periode waarin hij samen met Hems Bos contact had gezocht met de psychiater Rümke.[144] Het plan gaf uitdrukking aan zijn verlangen naar 'vorm' in 'storm' en naar doorbreking van grenzen, het afwerpen van beklemming. 'Of men het pakt van Brussel en de schepping van "Spaakistaan" toejuicht of afkeurt, één ding is zeker: de nederlandse politici hebben ingezien dat de tijd van nationale afzondering voorbij is, dat de fundamentele problemen van ons bestaan niet meer binnen de luwte van de landsgrenzen gesteld worden, maar in de storm van het wereldgebeuren als totaliteit', schreef hij aan zijn mederedacteuren.[145]

Met deze verwijzing naar de internationale politiek was hij actueel. Vanaf januari 1948 spraken West-Europese landen over een mogelijke samenwerking op het vlak van economie en defensie. Dat leidde op 17 maart tot het Verdrag van Brussel, dat werd getekend door Nederland, België, Luxemburg, Groot-Brittannië en Frankrijk. Door dit verdrag schudde Nederland zijn 'isolement' af, iets wat volgens Rodenko Nederlandse schrijvers ook moesten doen.

Die dienden contact te zoeken met gelijkgerichte jonge auteurs in het buitenland. Het liefst in Oost-Europa, dat buiten het verdrag gebleven was. De benoeming van Van Santen tot redacteur zou een eerste stap in die richting zijn, want hij kende Tsjecho-Slowaakse schrijvers. Met het opnemen van deze suggestie in zijn vijfjarenplan gaf hij gehoor aan een verzoek van Van Santen, die bekend was met de Tsjechische schrijversbond en verwachtte via deze organisatie contacten met sovjetauteurs te kunnen opbouwen. Rodenko kreeg de opdracht zodanig 'het touwtje in Holland vast te knopen', waarmee hij waarschijnlijk bedoelde het vijfjarenplan zo door te zetten, dat beiden er profijt van konden hebben.[146] Misschien zou hun Slavische missie alsnog slagen.

Internationalisering betekende een vaste buitenlandse rubriek, met als mogelijke medewerkers Nico Rost voor Duitsland, Karel van het Reve (als hulp van Van Santen en Rodenko) voor Oost-Europa en de Sovjet-Unie, dr. J. Geers voor Spanje en Victor Varangot voor Amerika. In deze buitenlandrubriek moesten tijdschriften besproken worden als *Penguin New Writing*, *Horizon*, *Les Temps Modernes* en *Présence Africaine*. In verband met de internationale contacten zou tweemaal per jaar een Franse of Engelse editie van *Podium* dienen te verschijnen.[147] Tot slot stipte Rodenko de politieke opvattingen van de redactieleden aan, die hij over het algemeen 'progressief' noemde. Daarmee bedoelde hij dat zij geen a priori gesloten opvattingen hadden en bereid waren tot polemiek.

Rodenko was trots op zijn plannen en schreef Hermans erover: 'Ik heb voor het volgend jaar allerlei plannen om P. op een meer europees peil te brengen, buitenlandse contacten te leggen enz. en op die manier tot een werkelijk europese dialoog te komen, vooral ook met betrekking tot Oosteuropa – nogmaals daarmee is het mij ernst, dat is iets wat mij als "déraciné", staande tussen Oost en West, na aan het hart ligt, en ik zie hier werkelijk een taak.'[148]

Het 'Vijf-jarenplan *Podium*' noemde Borgers in een brief aan Sierksma 'de brieven van Paulus', die weer eens duidelijk maakten dat Rodenko 'een eerlijk bedoelend diplomaat' was, maar ook 'een half mens, dus geen *Podium*man', waarmee hij waarschijnlijk bedoelde te eenzijdig georiënteerd en te onduidelijk in zijn standpunten.

Uiteindelijk ging de redactie een eindje mee in de internationalisering, maar van de benoeming van Van Santen kon om politieke redenen geen sprake zijn. In februari 1948 vond in Praag een staatsgreep plaats waardoor Tsjecho-Slowakije in de Russische invloedssfeer kwam. De coup werd door de CPN bejubeld, omdat zij verwachtte dat in Nederland hetzelfde zou gebeuren.

Het pakte anders uit. De publieke opinie keerde zich tegen het communistische Tsjecho-Slowakije en de CPN leed een verkiezingsnederlaag. Op 28 februari 1948 riep PVDA-voorzitter Vorrink de arbeiders in het Amsterdamse Concertgebouw op een 'krachtig front te vormen tegen de uit het Oosten dreigende gevaren'.[149] Hiermee gaf hij het startsein voor de Koude Oorlog in Nederland, die sindsdien alle regionen van het maatschappelijk leven zou beheersen.

Ook binnen de redactie van *Podium*, waardoor er een ongunstiger klimaat voor Rodenko en Van Santen ontstond. Van Santen was dan wel geen partijcommunist, maar hij sympathiseerde wel met het nieuwe regime in Tsjecho-Slowakije. Daarbij speelde eigenbelang een rol, want na de inval zou zijn positie aan de universiteit verbeteren, omdat 'het felle anti-progressieve element uitgeschakeld is', schreef hij aan Rodenko. Hij verwachtte productiever te worden en veel te kunnen schrijven als redacteur van een Oost-Europarubriek van *Podium*.[150]

Met weinig gevoel voor politieke verhoudingen in Nederland, stuurde hij een 'Brief uit Tsjechoslowakije' ter publicatie in *Podium*. Rodenko las hem met instemming, maar maakte er een brief van die hij adresseerde aan de 'goudgebrilde heren', een variant op de '*heren*: meervoud'. Hij hoopte dat hij zo beter in *Podium* zou passen. Eindelijk zou er een stuk in 'zijn blad' verschijnen van iemand die met zijn neus op de politiek gedrukt was en die toegaf dat de tragedie van Tsjecho-Slowakije zijn tragedie was. 'Al "hinkt" hij nog zozeer (meer invectieven dan objectieve bewijsvoeringen), juist uit dit hinken blijkt dat de politiek hier een vitale aangelegenheid is. Juist om zijn subjectieve felheid en vooral de m.i. uitstekende aanval op de westeuropese hypocrisie hoort dit in *Podium* thuis. Al zullen alle redactieleden het niet op alle punten met hem eens zijn.' Van Santen was voor hem de 'verwoedste individualist' die de confrontatie met de wereldproblemen aandurfde. Rodenko was het voor honderd procent met hem eens, want er werd in Europa en Amerika 'een godgeklaagde zwendel' met de begrippen 'persoonlijkheid' en 'vrijheid' bedreven.[151]

Dit was geen *Podium*-taal. De redactie bestempelde de 'Brief uit Tsjechoslowakije' als 'dubieuze kopij' en hij kwam er ook na verdere wijzigingen van Rodenko en Van Santen niet in. Rodenko was verbolgen over zijn mederedacteuren van *Podium*, die vreesden met hem en Van Santen in de linkse hoek geduwd te worden, iets wat in de beginjaren van de Koude Oorlog als de dood voor een tijdschrift werd gezien. Vooral Van Santen beschouwden ze als 'een pur sang bolsjewiek'. Er was volgens Rodenko op dit punt met de redactie geen land te bezeilen: '[...] de politieke vooringenomenheid hier is iets hopeloos gewoon!', schreef hij aan Van Santen.[152]

Toen er binnen *Podium* gediscussieerd werd over de brief, was Rodenko bezig zijn Polenclub samen te stellen. Begrijpelijk dat daar niemand van zijn eigen tijdschrift bij betrokken werd. Hij schreef Borgers er wel over en vroeg hem alle nummers van de laatste jaargang naar Czernietzki, de Poolse gezant, te sturen. 'De culturele betrekkingen met Polen zijn intussen begonnen, vorige week was er een receptie op de ambassade, waar ik met Leiker, Morriën, v.d. Veen en v.h. Reve heen ben geweest – je hoort daarover nog nader', schreef hij aan Borgers.[153] Dat was meer dan een zakelijke mededeling. Hij wilde duidelijk maken dat het hem als redacteur om heel andere zaken ging. Rodenko verkeerde ook nu in twee werelden.

6. BUITENLANDS REDACTIESECRETARIS

In de zomer van 1948 was de redactie van *Podium* op zoek naar een nieuwe uitgever, wat niet gemakkelijk was. Pas in september kon Borgers meedelen dat *Podium* was overgenomen door uitgeverij De Driehoek en dat de redactie zou bestaan uit Charles, Sierksma, Vestdijk, Borgers en Rodenko. Simon Vestdijk werd redacteur als 'sympathie-manifestatie.' Hij zou slechts een enkele keer een redactievergadering bijwonen.[154]

Op het moment dat Borgers druk was met het vinden van een uitgever, smeedde Rodenko met Theo Mooij alias A. Marja andere plannen. Hij was met Marja in contact gekomen omdat er even sprake van was dat uitgeverij Kroonder, waarvoor Marja werkte, zijn gedichten zou uitgeven. Die vroeg hem daarom eens in Bussum langs te komen.[155] Rodenko had Marja's ge-

dichten gelezen en die waren niet bepaald 'zijn' gedichten. Hij vond ze 'te mooi en te netjes', wat geen wonder was, want hij had in Parijs net Artaud ontdekt. Ondanks de verschillen leek het beiden de moeite waard eens over poëzie te praten.[156]
Rodenko werd op zaterdag 14 augustus bij de familie Mooij verwacht. Van tevoren wilde Marja graag weten hoe laat hij zou komen in verband met de boodschappen en de planning van de maaltijd. De familie was gewend zaterdagavond 'om een uur of 6' een boterham te eten, maar als hij tegen die tijd zou komen en nog niet 'warm' gegeten had, dan zou zijn vrouw daar nog voor kunnen zorgen.[157]
Tijdens dat weekeinde werd niet alleen gepraat over de poëzie en Artaud, maar ook over Rodenko's onvrede met *Podium*. Ze smeedden daarom het plan een nieuw tijdschrift op te richten, dat *De Bananeschil* zou gaan heten. Hun voorbeeld was het Franse *Le Canard Enchaîné*, dat vol stond met satire en karikaturen, maar dan met minder politieke lading.[158]
Begin september was Marja op bezoek bij Rodenko in Den Haag, maar over het tijdschrift werd toen niet meer gesproken. Het plan was kennelijk doodgebloed. In de trein naar huis maakte Marja een gedicht, waarin niet alleen Paul Rodenko's 'gemêleerde' afkomst wordt bezongen, maar ook de politieke voorkeur van zijn vader:

'Kookt men Russisch, Nederlands of Engels,
in het huis waar Paul, zoon van de Rooie,
als een wilde aanviel op de stengel
die men met kaaspoeder moest bestrooien.'[159]

Inmiddels had Rodenko bij *Podium* met zijn internationale plannen gedeeltelijk zijn zin gekregen. Hij werd benoemd tot buitenlands redactiesecretaris, waarmee hij vijftig gulden per maand verdiende. Zijn opdracht was aandacht te besteden aan buitenlandse literatuur en het onderhouden van contacten met internationale tijdschriften.
Eindelijk kon hij het blad internationaliseren, maar dat viel in de praktijk tegen. Hij vroeg bijvoorbeeld de Franse filosoof Merleau-Ponty om een bijdrage, maar die nam niet eens de moeite om terug te schrijven.[160] Hij had eigenlijk alleen succes bij The British Council in Amsterdam. Tot ver in de jaren vijftig bleef ene Miss J. Dyson Engelse boeken en tijdschriften ter bespreking sturen. Engeland was niet bepaald een referentiepunt voor Rodenko, maar het lukte hem over door Dyson toegezonden publicaties tot driemaal toe een bijdrage te leveren: 'Britse neoromantiek', 'Dylan Thomas: een maskerbeschrijving' en 'Britse Tijdschriftenoogst 1949'.[161]

Het buitenlandbeleid van *Podium* werd zo noodgedwongen West-Europees en Rodenko begreep dat hij met zijn Slavische missie was uitgespeeld in *Podium*. Hij kon nog maar één keer aandacht vragen voor een Oost-Europese schrijver en dat was in zijn rubriek 'Wereldpodium' van januari 1949. Daarin besprak hij het werk van de Pool Juljan Tuwim en publiceerde hij enkele door hemzelf vertaalde gedichten. Deze kopij was ooit bedoeld geweest voor *Oost-Europa*.[162] Dat er niet veel terechtkwam van de buitenlandafdeling stoorde Borgers. Sierksma had zijn zorgen al eerder geuit; Rodenko had *Podium* alleen maar met grote plannen opgezadeld, zonder zelf iets te presteren. Voor zo'n buitenlandrubriek moest een strategie voor een hele jaargang gemaakt worden, anders kwam er niets van. Hij had genoeg van Rodenko's programmatische oprispingen, zijn 'psychische boeren'. Iedereen heeft wel eens problemen, maar dat betekende niet dat je dan je beloftes niet na hoefde te komen.[163]

De enige internationale inbreng die eind 1948 via Rodenko bij de redactie binnenkwam, was een brief van de Oproep Vredes Actie. Het was een initiatief van intellectuelen die in augustus 1948 naar het Poolse Wroclaw waren gegaan. Zij vroegen de redactie van *Podium* deze vredesoproep te ondertekenen. Nagel, Sierksma en Borgers vonden het frappant dat de brief naar Rodenko was gestuurd, omdat normaal gesproken zoiets bij de redactiesecretaris binnenkwam. Ze vermoedden een politiek addertje onder het gras en voelden niets voor ondertekening. Borgers schreef Rodenko dat in *Het Parool* al was gewaarschuwd voor deze communistische mantelorganisatie. *Podium* moest daar niet aan meedoen.[164]

Volgens Rodenko was er een sterk communistisch element in de 'Vredesactie', maar dat was bij het congres van Wroclaw, waar hij als lid van de Polenclub zo graag naartoe had gewild, ook zo geweest. 'Mantelorganisatie' vond hij een groot woord. Juist door de samenwerking van communisten en niet-communisten zou de Vredesactie een waardevol trefpunt kunnen zijn van alle progressieve krachten. Hij legde zich echter bij het redactiestandpunt neer, zo liet hij weten, omdat hij blijkbaar de zaken niet goed doorzag als het op praktische politiek aankwam. Hij begreep heel goed waarom juist hij de oproep had ontvangen. Van de sympathiebetuiging aan Wroclaw, die alleen door hem was getekend, hadden zijn mederedacteuren waarschijnlijk niets geweten.

Op het moment dat deze Vredesactie speelde, werd door de redacteuren van *Podium* de kwestie Indonesië besproken. Het zou volgens Borgers stijlloos zijn niets te zeggen over de tweede politionele actie van 19 december 1948. Na in september 1948 op Midden-Java een opstand te hebben neergeslagen, waren de Nederlanders toen de Republikeinse hoofdstad Djokjakarta binnengevallen, een actie die met name onder intellectuelen tot veel verontwaardiging had geleid.

Een verklaring over Indonesië zou volgens Rodenko mosterd na de maaltijd zijn en *Podium* was nu eenmaal geen politieke organisatie of een weekblad. Het leek hem beter een stuk te vragen aan Joop den Uyl of Henk van Randwijk, de hoofdredacteur van *Vrij Nederland*. De laatste had onder andere met Jan en Annie Romein een verklaring ondertekend waarin het Nederlandse optreden werd afgekeurd. Deze verklaring van het zogenaamde Comité voor Vrede in Indonesië werd uiteindelijk ook ondertekend door Borgers namens hemzelf en namens de redactie van *Podium*.[165] Rodenko keurde de politionele acties dus zonder meer af, maar zijn politieke kwestie was Indonesië niet. Hij liep warmer voor Oost-Europese zaken.

Podium werd echt internationaal in het najaar van 1949, toen na contacten van Borgers met de Vlamingen Jan Walravens en Gaston Burssens een Nederlands-Belgische samenwerking tot stand was gekomen.[166] Door hun inzet werden per 1 januari 1950 Hugo Walschap, een zoon van Gerard Walschap, en de oudere Gaston Burssens, die voor de oorlog al niet-traditionele gedichten had geschreven, nieuwe 'buitenlandse' redactieleden van *Podium*.

De eerste redactievergadering met de uitgevers Methorst van De Driehoek en Pelckmans van De Nederlandse Boekhandel vond plaats in huize Rodenko in Den Haag op zondag 4 december 1949 om 11.00 uur. Omdat de Nederlandse afdeling goed beslagen ten ijs wilde komen, kwamen Nagel, Sierksma en Borgers de avond daarvoor al bij Rodenko om het een en ander voor te bespreken.[167]

De Belgen waren onder de indruk van Rodenko. Burssens schreef in zijn dagboek: 'Rodenko: type van de gallische jood, al is hij "arisch" (volgens Borgers), met een sympathiek spraakgebrek zoals Van Ostaijen er een had. Maar het stotteren van Rodenko is frappanter. Ook de distinctie van Van Ostaijen in gang en gebaren.' Dat bleef hem intrigeren, en toen de redactie een half jaar later in Antwerpen vergaderde maakte hij daar weer opmerkingen over. Het viel hem op dat niet alleen de ogen hetzelfde waren, maar ook de schijnbare bescheidenheid. Over Rodenko's stotteren merkte hij op: 'Bij Rodenko is het een uitgesproken fysisch gebrek, maar hij hanteert het zo sympathiek dat men het na een half uur jammer zou vinden als hij niét stotterde.'[168]

Louis Paul Boon was daar ook. Hij had veel belangstelling voor *Podium* en er was zelfs sprake van dat hij redacteur zou worden.[169] Boon tekende het volgende op in zijn memoires: 'En Paul Rodenko was er eveneens. Rodenko was toen nog volop in zijn eksperimentele periode. Hij schreef eksperimentele gedichten en schreef studies over de eksperimentele poëzie. Het was allemaal zo geleerd, dat ik hem die dag "De denker Rodinko" noemde. [...]

Gaston Burssens kon met vertederde glimlach naar hem opkijken. "Weet ge," zei hij, "hij doet me steeds denken aan Van Ostaijen." "Omdat hij ook Paul heet?" vroeg ik. "Neen," antwoordde Gaston, "omdat hij ook wat stottert."
Maar Rodenko zou niet meer ophouden met aan zijn eksperimentele boom te zagen, en toen goot Borgers hem een vol bierglas jenever in. "Kom Paul," zei hij, "drink eens wat limonade." En Rodenko dronk haast in een teug het ganse glas jenever uit.
Hij stamelde nog wat over de eksperimentele po... legde zijn armen op tafel, zijn hoofd erop neer en viel in slaap.'[170]
Het geheugen liet Boon op dit punt in de steek. De vergadering vond plaats op 18 juni 1950 en Rodenko's experimentele periode moest toen nog komen. Wel had hij toen zijn eerste stuk klaar dat als 'Poëziekroniek' in *Podium* zou verschijnen en waarin hij voor het eerst een vernieuwing constateerde in de Nederlandse poëzie met dichters als Hans Andreus, Sybren Polet, Hugo Claus, Lucebert en Gerrit Kouwenaar. Het zou achteraf een belangrijk stuk blijken te zijn, omdat het een andere missie aankondigde.

7. HERMANS IN DE REDACTIE

Op die vergadering in Antwerpen in de zomer van 1950 was ook Hermans aanwezig. Hij had het jaar daarvoor het contact met Rodenko verloren, maar was uiteindelijk door zijn toedoen toch bij *Podium* binnengehaald. De verkoeling tussen beiden was begonnen in 1948, toen Hermans in de zomer met Charles B. Timmer naar Canada was vertrokken, om daar te werken als controleurs van de Hollandse houtfirma Peltenburg. Hermans schreef Rodenko nog uitvoerig over zijn reis op het stoomschip Astra en zijn eerste Canadese indrukken, maar die reageerde daar nauwelijks op.

Toen Hermans eind 1948 weer in Nederland was, kreeg hij de reden van Rodenko's zwijgen te horen: hij was het poste-restanteadres kwijtgeraakt.[171] Rodenko schreef hem toen niet alleen om zich te verontschuldigen, maar ook omdat er een mogelijkheid bestond dat Hermans in de *Podium*-redactie kon komen. Hermans' *Criterium* zou opgaan in het nieuwe blad *Libertinage*, dat geleid zou worden door Hans Gomperts en waarvan Morriën 'toegevoegd redacteur' zou zijn. De redactie van *Podium* begreep dat Hermans als medewerker, zoals de bedoeling was, onmogelijk zou kunnen samenwerken met de Ter Braakiaan Gomperts en Rodenko kreeg opdracht hem een brief te sturen en ook Adriaan van der Veen te benaderen met het verzoek tot de redactie van *Podium* toe te treden.[172]

Van der Veen en Hermans kwamen beiden niet naar *Podium*. Rodenko had Hermans uitgenodigd om op 30 december 1948 bij hem te eten en was toen even hoopvol gestemd, want Hermans liet merken wel eens een borreltje te willen drinken met de *Podium*-mensen.[173] Rodenko had de situatie niet helemaal goed ingeschat, want toen de redactie Hermans echt uitnodigde, bleek er nog iets te spelen.

Sierksma had als reactie op het Van Grijnen-verhaal, Hermans uitgemaakt voor 'lamstraal' en 'landwachter met de dubbelloop' en toen Hermans daarna een ingezonden brief naar *Podium* stuurde, werd die niet gepubliceerd.[174] Hermans had volgens de redactieleden iets oneerlijks gedaan: hij maakte in die brief bekend dat Charles niemand anders was dan de jurist Wim Nagel. Die had dit geheim willen houden, omdat hij een scheiding tussen die twee van wezenlijk belang vond. Hermans begreep dat niet en hij nam het Rodenko kwalijk dat hij zich niet meer voor opname van de brief had ingezet. Bovendien voelde Hermans zich nu 'ontboden' door deze redactie, die hem zo had dwarsgezeten. Rodenko keek ook op van deze koppigheid, maar psychologiseerde dat Hermans een overgevoelig mens was, al liet hij dat niet altijd blijken.[175]

Toen bleef het stil tussen beiden en het duurde tot eind januari 1950 voordat Hermans weer iets uit Den Haag hoorde. In een expressebrief erkende Rodenko met zijn contacten in gebreke te zijn gebleven, maar hij voegde daaraan toe dat ook Hermans de afgelopen tijd 'taal noch teken' had gegeven. De brief was een door Borgers gestimuleerde poging Hermans over te halen toe te treden tot de redactie van *Podium*, waarbinnen allerlei veranderingen gaande waren. Sierksma zou wegens tijdgebrek de redactie verlaten en J.B. Charles bleef alleen 'nominaal' aanwezig. In de praktijk zou dat betekenen dat Hermans samen met Rodenko en Borgers als secretaris, het blad gingen maken. Over de Vlamingen hoefde Hermans zich geen zorgen te maken: 'Je weet dat er ook een Vlaamse redactie is, maar het komt er toch op neer dat alle beslissingen hier genomen worden.' Dit was Hermans' kans en Rodenko zou het 'verdomd' jammer vinden als hij er niet op in zou gaan. Als Hermans het niet zou doen, 'nemen we waarschijnlijk Louis Paul Boon in de redactie, die er erg veel voor voelt: maar niet alleen ik, ook de andere redactieleden prefereren eenstemmig jou'. Of Hermans zo snel mogelijk wilde reageren.[176]

Hermans stuurde op 1 februari een telegram waarin hij zich akkoord verklaarde en op 2 februari een brief waarin hij schreef zich vereerd te voelen. Hij wilde graag redacteur worden, want dan zou hij weer over een 'moordwerktuig' beschikken. Dat miste hij nu *Criterium* niet meer bestond en hij was daarom zelfs bereid de slechte stukken van Nagel op de koop toe te nemen.[177] Nagel had op zijn beurt ook de nodige voorwaarden aan Hermans' medewerking gesteld. Hij mocht niet oordelen over poëzie en bovendien waren *Forum* en Ter Braak vanaf nu taboe in *Podium*.[178] De samenwerking met Hermans was van korte duur. Op 2 oktober schreef hij aan zijn mederedacteuren niets te voelen voor het plan de laatste nummers van 1950 te vullen met een boek van Sierksma over Vestdijks *De toekomst der religie*. Een fatsoenlijke intellectueel moest zijn mond houden over religie, maakte hij de redactie duidelijk.[179] Het religieplan was een poging de problemen met uitgeverij De Driehoek, die wegens geldgebrek de uitgave van *Podium* moest staken, tijdelijk het hoofd te bieden. Ze hoefden auteurs dan geen honorarium uit te betalen. Sierksma weigerde trouwens uiteindelijk zijn boek af te staan, zodat het driedubbeldikke nummer echt een noodnummer werd met bij elkaar geraapte kopij. De Bezige Bij nam, nadat de redactie veel had gepraat met andere uitgeverijen, per 1 januari 1951 *Podium* over.

Het religieplan was niet het enige wat Hermans stoorde. Er stonden in *Podium* te vaak stukken die hem niet 'smaakten', wat ook verwarrend voor het publiek was. Het zou denken dat Hermans die bijdragen ook allemaal mooi vond. Hij had bovendien alle recht te vertrekken, omdat de door de redactie gedane belofte dat Sierksma en Nagel zouden opstappen niet was nagekomen. Rodenko schrok van het aangekondigde vertrek, maar begreep Hermans. Er was volgens hem maar één mogelijkheid om het tijdschrift te redden en Hermans te behouden; de redactie moest er een tijdschrift voor literatuur en psychologie van maken.[180]

Hermans was in september al op de hoogte van Rodenko's psychologieplan en vond het een goed idee. Het tijdschrift mocht wat hem betreft best gericht zijn op de existentiepsychologie, hoewel hij het daar niet op alle punten mee eens was. Hij bekende Rodenko net tot het neopositivisme bekeerd te zijn, maar zag dat niet als een probleem, want meningsverschillen bevorderden de discussie binnen het nieuwe blad.[181]

Rodenko bracht Borgers in dezelfde tijd op de hoogte van dit plan, maar die schreef er niets over in het *Podium-nieuws*, een getypt nieuwsbulletin voor de redacteuren. Dat stak en Rodenko besloot daarom zijn mederedacteuren zelf maar te informeren: 'De psychologie van de laatste jaren, met name de existentiepsychologie en de existentiefilosofisch georiënteerde dieptepsychologie gaat steeds meer de literaire kant op. Een samentreffen is welhaast onvermijdelijk – laten wij dus de eersten zijn.'[182] Het was de laatste poging een daadwerkelijke vernieuwing binnen *Podium* door te voeren.

Het psychologieplan van de psycholoog-letterkundige Rodenko vond in de redactie van *Podium* geen goed onthaal. In een brief deed hij daarom een laatste poging zijn mederedacteuren nog voor de redactievergadering van 19 oktober in Leiden 'om' te krijgen.[183] Vooral Sierksma en Borgers begrepen niet dat iemand die in 1946 met veel bombarie het essay 'Het einde van de psychologische roman' had gepubliceerd nu de psychologie erbij wilde slepen. Van zijn stuk hadden ze niets begrepen en hij legde het nog maar een keer uit: 'Ik heb nooit iets tegen de psychologie gehad; ik heb alleen het einde verkondigd van het "burgerlijk" tijdperk, d.w.z. het tijdperk waarin de mens psychologie als middel tot zelfrechtvaardiging gebruikte, dat wil weer zeggen: waarin hij de aesthetica overpsychologiseerde en de waarde van een roman b.v. afmat naar de mate van psychologische "zuiverheid" van zijn figuren. Ik wend mij ook, en heb mij in mijn eigen kritieken altijd gewend, tegen de "psychologische" literatuurbeschouwing, d.w.z. die litteratuurbeschouwing die feiten uit de roman wil verklaren met behulp van feiten uit het leven van de romancier.'

Met nadruk wees hij nogmaals op het belang van de fenomenologie en de existentiepsychologie. Daarom waren de Franse tijdschriften *Psychè* en *Les Temps Modernes* van Sartre zijn voorbeelden. Hij wilde zelf nog een stapje verder gaan en zich helemaal richten op de psychologie en niet op halfslachtige wijze af en toe een psychologische bijdrage opnemen. Een echt psychologisch georiënteerd blad was levensvatbaarder, omdat de psychologie in haar breedste zin meer belangstellenden zou trekken. De geestelijke elite van vlak na de oorlog interesseerde zich niet meer voor de gangbare literatuur, maar nog wel voor de psychologie, hield hij zijn collega's voor.

Door duidelijk te kiezen voor literatuur en psychologie zou het blad een hechtere eenheid en een geestelijke basis krijgen, vooral als de fenomenologische kritiek, zoals hij die zelf beoefende, werd gestimuleerd. Die fenomenologie was geen orthodoxie, maar Rodenko stelde, daarmee zijn eigen eruditie cultiverend, aan de medewerkers wel eisen: 'Maar ik zou, om het zo maar eens uit te drukken, de eis willen stellen dat ieder die in *Podium* kritieken schrijft eerst een examen in Auerbach, Minkowski, Blanchot, Claude-Edmonde Magny en Merleau-Ponty aflegt.'[184] Dat vonden de anderen wel erg ver gaan, vooral omdat ze moesten toegeven van een aantal van deze figuren nog nooit te hebben gehoord.

Aan het tijdschrift mochten uit de psychologische hoek alleen fenomenologen en psychoanalytici meedoen; Jungianen en Adlerianen sloot hij nadrukkelijk uit. Van de door hem geselecteerde psychologen verwachtte hij bijdragen over het psycho- en sociodrama, een interessant psychiatrisch geval, de psychologie van de kleurwaarneming, etnologische kwesties, criminologie en psychosomatiek.

Rodenko stelde voor zijn KLM-chef Leo Hornstra ook als redacteur te vragen, omdat deze een grote literaire belangstelling had. De redactie zou dan uiteindelijk bestaan uit Hornstra, de literator Hermans en de 'verbindingsman tussen literatuur en psychologie' Rodenko; de anderen degradeerden tot lid van de redactieraad. Een bijkomstig voordeel van deze driekoppige redactie was dat hij en Hornstra in Den Haag woonden en Hermans, tijdelijk, in het nabijgelegen Voorburg.

Rodenko wist ook een aantal namen te noemen van psychologen en psychiaters, die hij naar eigen zeggen al had gepolst. Naast Hornstra waren dat J.H. Plokker, H.G. van der Waals, V. Schenk en A.J.W. Kaas, allen psychoanalyticus, maar ook geïnteresseerd in de fenomenologie. Vooral Kaas was een potentiële medewerker; in 1942 verscheen zijn studie over het verschil tussen beeldende kunst van gezonden en geesteszieken, een boek dat Rodenko waarschijnlijk boeiend vond. Wilde het blad echt fenomenologisch aanzien krijgen, dan moesten de Utrechtse fenomenologen F.J.J. Buytendijk en zijn assistent Ben Kouwer meedoen. Met Kouwer had hij in die tijd via zijn studievriend Hems Bos immers nog wel eens contact gehad.[185]

De literaire bijdragen zouden in eerste instantie komen van Hermans en

Paul Rodenko als redacteur van Podium in Brussel rond 1949

Rodenko zelf. Hermans zou verhalen schrijven en een prozakroniek verzorgen, hijzelf was van plan de poëziekroniek, waarmee hij in de zomer van 1950 in *Podium* was begonnen en waarin hij voor het eerst een lans had gebroken voor 'de nieuwe poëzie' van de experimentelen, voort te zetten: 'Over onze poëzie-politiek ben ik heel tevreden: hier begint werkelijk lijn in te komen; dus gewoon zo doorgaan.'
Het nieuwe *Podium* zou echter niet alleen aandacht moeten hebben voor literatuur, maar ook voor andere kunstvormen. Hornstra, balletliefhebber en getrouwd met een ballerina, had bijvoorbeeld al een mooi stuk over de sociale psychoanalyse van het ballet in voorbereiding.
Ook na deze brief en de erop volgende redactievergadering kreeg Rodenko geen meerderheid en hij ging daarom zelf aan de slag. Aan Dick Vriesman, in juli 1950 toegetreden als redactiesecretaris van *Podium*, schreef hij op 9 november 1950 geen vaste medewerker meer te kunnen blijven, omdat hij samen met Hermans en Hornstra redacteur was van wat *De draad van Ariadne* zou worden. Als doekje voor het bloeden voegde hij daaraan toe dat het tijdschrift geen concurrent van *Podium* hoefde te zijn, omdat het accent helemaal op de psychologie kwam te liggen.[186]
Het bericht kwam via Vriesman bij Borgers, die er niets van begreep. Hij wilde opheldering: 'Ik hoorde van Dick dat je met Wim en Hornstra een eigen tijdschrift begon en – in tegenstelling tot wat je eerst schreef – geen vaste medewerker aan *Podium* zal blijven. Is dit zo?'[187] Dat was dus zo, al duurde het nog even voordat de redactie van *De draad van Ariadne* aan het werk ging.
Rodenko zag zo niet alleen mogelijkheden eindelijk het ideale tijdschrift te maken, maar ook om zijn contacten met de jonge dichters uit de 'Poëziekroniek' te verstevigen. Begin 1948 schreef Rodenko aan Van Santen nog dat '[...] begrip wekken voor wat er aan de andere kant van het "ijzeren gordijn" leeft [...]' voor hem de enige vorm van geëngageerd schrijverschap kon zijn.[188] Dat was begin jaren vijftig nog steeds belangrijk, maar hij zag dat hij met deze missie binnen de bestaande Nederlandse literaire situatie geen kant op kon. De Koude Oorlog was ertussen gekomen en overal waar hij ook maar iets liet blijken van zijn Slavische missie, werd hij met argwaan bekeken. Er waren wel mensen die zich ervoor interesseerden, maar die zaten in een andere wereld. Het waren partijcommunisten, bij wie Paul Rodenko zich niet op zijn gemak voelde. Hij begreep dat het beter was zijn bakens te verzetten en met *De draad van Ariadne* in de hand een andere weg in te slaan. Er ontwikkelde zich een nieuwe on-Nederlandse poëzie, die hij kon koppelen aan zijn Slavische en existentialistische poëtica.

HOOFDSTUK 5

Naar een 'andere' literatuur

1. CONTACTMAN VINKENOOG

De eerste redactievergadering van *De draad van Ariadne* vond plaats op 4 januari 1951 bij Hornstra thuis en verliep uiterst moeizaam. Rodenko zat daar zwijgend tussen de ijdele en eigenwijze Hornstra en de nog eigenwijzere Hermans. Het ging mis toen de politieke zaken aan de orde kwamen.[1] Het was ook enigszins naïef geweest van Rodenko te verwachten dat deze tegenpolen het met elkaar in één redactie zouden uithouden. Zelf had hij zijn zaakjes goed voorbereid en hij legde een uitvoerige opzet voor het eerste nummer voor. De redactie moest in een uitgebreid voorwoord haar uitgangspunten toelichten, waarna hijzelf in een essay zou ingaan op de betekenis van literatuur en fenomenologische psychologie voor elkaar. Een belangrijke plaats in dat betoog kregen Binswanger en Minkowski, ook belangrijke mensen voor de Utrechtse School, waardoor duidelijk zou worden dat *De draad van Ariadne* afrekende met Ter Braak. Hij wilde in het tijdschrift bovendien zijn stelling verdedigen dat het 'pathologische' een belangrijke menselijke waarde is.[2] Hornstra bezat gedichten en verhalen van gevangenen, kinderen en geesteszieken, die hij daarvoor als illustratiemateriaal kon gebruiken.

In de *Draad van Ariadne* moesten naast psychiaters en psychologen kunstenaars meedoen die zich konden vinden in zulk een benadering van de kunst. Hij vond de schilder Wim Hussem en de tekenaar Oey Tjeng Sit bereid vignetten te maken, en Gerard van het Reve, Simon Vinkenoog, Sybren Polet, Hans Andreus, Nes Tergast, Lucebert, Hugo Claus, Jan Molitor, Remco Campert en Rudy Kousbroek plaatste hij op een lange lijst van uit te nodigen literatoren.

Vanaf 1949 waren in *Podium* al gedichten van Polet, Andreus, Vinkenoog en Claus verschenen, die niet geapprecieerd werden door Sierksma. Rodenko had deze publicaties doorgedrukt, daarbij geholpen door Borgers en Charles. In zijn tijdschrift hoopte hij meer aandacht aan de poëzie van deze nieuwe dichters te kunnen besteden, waarvan hij een wegbereider was geweest in de eerdergenoemde poëziekroniek die in 1950 in *Podium* was verschenen. In de kroniek, geschreven naar aanleiding van De Windroos-serie van Ad den Besten, kondigde hij een nieuwe poëzie aan en noemde hij Andreus, Polet, Claus en zichzelf daarvan de belangrijke vertegenwoordigers. In dit stadium was het moeilijk een nauwkeurige omschrijving van hun werk te geven en bleef het bij de constatering dat de sfeer van de gedichten 'anders' was. De serie van Den Besten, die sinds 1949 verscheen bij Uitgeversmaatschappij Holland, was daarom welkom: dichters die voelden dat de traditionele verzenmakerij niet meer bevredigde, konden er hun gedichten in publiceren.[3] Dat was nog toekomstmuziek, want over de tot dan toe in De Windroos verschenen bundels van W. J. van der Molen en Nico Verhoeven was Rodenko minder enthousiast.[4]

Een aantal schrijvers en dichters van zijn medewerkerslijst zond daadwerkelijk iets in. Van het Reve schreef een essay rond het gegeven dat slechts een bewust heidense cultuur de literatuur iets kon opleveren. Dat moet een curieus geschrift geweest zijn, zeker in het licht van zijn latere toetreding tot de rooms-katholieke kerk. Over het stuk, dat niet bewaard is gebleven, was Hornstra niet tevreden. De stijl leek op die van een 'middelmatige schooljongen'; Van het Reve had wel geprobeerd 'verschrikkelijk aanstoot' te geven, maar daar zou op deze manier niemand in trappen. 'Kan hij niet weer een of andere "avond" beschrijven?' vroeg hij aan Rodenko.[5]

Hornstra had zelf ook een stuk klaar: 'Taalontwikkeling en abstracte kunst'. Verder zou er een vertaling van de Franse dichter Henri Michaux ('De bouwers') en een stuk over pathologische kunst van Plokker opgenomen worden.[6] Van Rodenko zouden gedichten en aforismen verschijnen.

Een belangrijke schakel tussen de jonge experimentele dichters en Rodenko was Simon Vinkenoog, die om de Hollandse benepenheid te ontvluchten naar Parijs was gegaan.[7] Hij zocht in maart 1949 via uitgeverij Meulenhoff & Co contact met Rodenko, omdat het stuk over Antonin Artaud in *Litterair Paspoort* indruk op hem had gemaakt.[8]

Rodenko beantwoordde Vinkenoogs brief niet. Anderhalf jaar later, op 2 augustus 1950, schreef Vinkenoog hem weer, daartoe aangespoord door Den Besten. Die had kort daarvoor als redacteur van De Windroos-reeks Rodenko benaderd met het verzoek in verband met opname in zijn reeks eens naar de gedichten van Vinkenoog te kijken. Zelf kon Den Besten weinig met 'dit soort poëzie'.[9]

Rodenko vond het voor bundeling van Vinkenoogs verzen nog te vroeg: 'Maar er zijn uitstekende dingen bij, in ieder geval heeft u wat ik voor mijzelf de "nieuwe toon" pleeg te noemen.'[10] 'Braque' wilde hij publiceren in *Podium*. Kort daarna, in september 1950, zocht Vinkenoog samen met Den Besten Rodenko in Den Haag op. Die merkte dat Vinkenoog een medestander en een verademing na mensen als Sierksma was. Hij kreeg daarom in oktober 1950 al het een en ander te horen over de plannen met Hermans een nieuw tijdschrift voor literatuur en psychologie te beginnen.[11] Begin 1951 werd Rodenko concreter en hij vroeg Vinkenoog boekbesprekingen, artikelen, gedichten en theaterstukjes te sturen. Ook informeerde hij naar de adressen van Remco Campert, die evenals Vinkenoog in Parijs verbleef, en Lucebert. 'Zelf ben ik niet productief geweest, heb het naast studie te druk met het organiseren van het nieuwe blad, waar ik al heel aardige dingen voor heb (onder andere een ongelooflijk aardig verhaal van een kind van 6 jaar)', schreef hij aan Vinkenoog.[12]

Vinkenoog stuurde vijf gedichten.[13] Campert reageerde nog voordat Rodenko zijn adres van Vinkenoog had gekregen met enkele gedichten.[14] Zelf benaderde hij Hans Andreus, die net in de redactie van *Podium* was gekomen. Andreus betreurde het dat hij niet samen met Rodenko in de redactie van één tijdschrift zat, want 'op den duur kunnen de "jonge dichters" niet voor twee bladen tegelijk schrijven'. Hij schreef geen nieuw werk te hebben, maar in de toekomst misschien wel. Ook wist hij dat Lucebert via Bert Schierbeek op de hoogte was gebracht van Rodenko's blad.[15]

Eveneens enthousiast was de Nederlandse Parijzenaar Rudy Kousbroek. Die hoorde van Vinkenoog over de plannen en stuurde in januari 1951 een aantal gedichten. Hij hoopte op een snel antwoord, maar hoorde niets. Op 19 februari schreef Kousbroek opnieuw en deelde mee dat tien van de ingestuurde gedichten, die over dieren, werden opgenomen in zijn eerste bundel die zou verschijnen in De Zilveren scherf-reeks van O.J.C. van Loo uit Kerkrade. Opname in de *Draad van Ariadne* leek hem minder gewenst.[16] Rodenko reageerde toen wel en vroeg of hij naast andere gedichten van Kousbroek toch de diergedichten mocht opnemen. Kousbroek zou zijn best doen en bood daarna enkele illustraties van Corneille bij de diergedichten aan: '[...] de U waarschijnlijk wel bekende schilder corneille heeft bij ieder vers een illustratie gemaakt, waarvan ik de een al mooier dan de ander vind'.[17]

Rodenko had Kousbroek ook gevraagd iets op 'psychopathologisch terrein' te sturen. Die kon hem alleen maar helpen aan zonderlinge berichten uit de krant die hij verzamelde. Zo was er een klein meisje dat had gehoord dat pasgeboren kinderen uit de rode kool komen. Toen zij van haar ouders hoorde over de komst van een nieuw kindje, doorstak zij alle rode kolen met een breinaald. Haar moeder kreeg een miskraam en het meisje werd voor straf opgesloten. Ze had geluk dat de buren dit doorgaven aan de politie, anders had zij haar hele leven opgesloten gezeten. Dit soort verhalen vond Kousbroek geweldig, 'meer om de humor dan om redenen der wetenschap'.

Ook kende hij in Amsterdam een urinoir dat een psychiater maanden werk zou kunnen verschaffen. De teksten en tekeningen waren volgens hem afkomstig van een medewerker van de Spoorwegen die hier een soort dagboek bijhield. Hij nam zich voor ook in Parijs op zoek te gaan naar dit soort interessante inscripties op standbeelden, publieke waterplaatsen en biechtstoelen, die dan in *De draad van Ariadne* gepubliceerd konden worden. Die zoektocht leverde niet veel op. De enige tekst die hij in grote 'debiele letters' had gevonden was 'Maman mange maman' met daarnaast vreemde tekeningen van kindertjes. Een schamele oogst en hij was blij in ieder geval de tekeningen van Corneille te kunnen sturen.[18]

Rodenko raakte ondanks de moeizame redactievergadering door de toezeggingen van de jonge dichters enthousiast en verwachtte dat het tijdschrift er snel zou komen. In januari 1951 schreef hij aan Gerrit Borgers dat Meulenhoff eventueel bereid was *De draad van Ariadne* uit te geven en dat ook andere uitgevers belangstelling toonden. Hij dacht omstreeks maart-april te kunnen starten.[19]

Het liep anders. Op 2 maart 1951 stuurde Hermans een kort briefje, waarin hij Rodenko verzocht geleende boeken en een paar manuscripten voor *De draad van Ariadne* bij hem af te leveren. Hij had van uitgeverij Meulenhoff gehoord dat het inleidende essay nog steeds niet klaar was. De uitgever wilde dit stuk zien, omdat hij anders niet kon beoordelen wat voor soort blad hij op de markt ging brengen. Hermans vond het een slordige indruk maken als het hoofdartikel van het eerste nummer 'maar niet van stapel wil lopen'. Hij wenste Rodenko succes met *De draad van Ariadne*, maar koos er zelf voor 'in het labyrint' achter te blijven. Een belangrijke reden was ook het verschil in politiek inzicht tussen hem en Hornstra. Hermans kon Rodenko's politieke voorkeuren moeilijk inschatten, maar nam, door schade en schande wijs geworden, liever het zekere voor het onzekere.[20]

Met schade en schande doelde Hermans op wat hij en zijn verloofde kort daarvoor in huize Rodenko hadden meegemaakt. Hermans had zich kritisch uitgelaten over de Sovjet-Unie en werd daarom samen met zijn verloofde door Iwan Rodenko met het dreigement 'Ik sla je kop er af' het huis uit gezet. Hermans kon hier de humor nog wel van inzien, maar zijn Emmy wist niet hoe snel zij het huis moest verlaten. Zij vreesde voor haar leven. Het was een komieke situatie geweest, maar na deze gebeurtenis kon Hermans maar één conclusie trekken: het was daar 'één groot communistisch bolwerk'.[21]

Rodenko reageerde meteen op Hermans' brief en schreef over de politiek en het incident met zijn vader: 'De politiek laat mij vrijwel koud, ik praat er uit mijzelf nooit over, alleen wanneer ik in een gesprek over politiek betrokken word, tracht ik ook het "andere gezichtspunt" naar voren te halen. Het is waar dat ik me steeds meer erger over het optreden van Amerika, maar ook dat is omdat ik objectief wil blijven: ik heb niet het minste verlangen om in Rusland te gaan wonen. Ja, ik denk dat jij je ook wel geërgerd zult hebben over die avond bij ons; dat was ook vervelend, sorry, maar dat kon ik niet voorzien. Kortom, ik vind die politieke moeilijkheden van je wel erg ver gezocht; ik ben in politiek als zodanig helemaal niet geïnteresseerd, ik tracht alleen maar mijn geestelijke vrijheid te behouden, dus als je moeilijkheden betreffende samenwerking in dit opzicht ziet, dan ligt de onverdraagzaamheid zeker niet bij mij (of Hornstra).'[22]

Het was een onjuiste voorstelling van zaken, waaruit blijkt dat hij met Hermans maar weinig over politiek had gesproken. Rodenko paste zich aan, omdat hij belang hechtte aan het verschijnen van het tijdschrift en bang was de vriendschap met Hermans op het spel te zetten. Die wist wel dat Rodenko de loyaliteitsverklaring had getekend, maar had nooit gehoord over zijn plannen in Rusland te studeren. Opvallend was ook dat Rodenko het on-Nederlandse in zijn brieven aan Hermans zelden in verband bracht met zijn Russische achtergrond, maar vaker met zijn kosmopolitisme. Met politiek moest je oppassen bij Hermans, wist hij.

Er speelde nog iets anders, al werd dat in de 'afscheidsbrief' niet uitgesproken. Hermans' opvattingen over moderne kunst waren lijnrecht tegenover die van Rodenko komen te staan. Hermans moest niets hebben van de jonge experimentele dichters, nog minder van de Cobra-schilders en dat waren juist kunstenaars die Rodenko wilde engageren voor zijn tijdschrift. Hermans vond hun werk nepsurrealisme en stond ver af van zijn favoriet, de Belgische schilder René Margritte. Bij hem ging het ook om irrationele zaken, maar hij wist ze op realistische wijze vorm te geven.[23]

De verschillen in opvatting waren het duidelijkst aan het licht gekomen naar aanleiding van Rodenko's essay 'Notities bij het werk van Wim Hussem', dat in juni 1950 in een Hussem-nummer van *Podium* was verschenen.[24] Hermans vond het abstracte werk van de Haagse schilder maar niets, Rodenko was er juist een bewonderaar van. Vooral de met Oost-Indische inkt gemaakte kalligrafische tekeningen van Hussem spraken hem aan, omdat het scheppingsproces van de op het zenboeddhisme geïnspireerde tekeningen leek op wat er gebeurde tijdens het schrijven van een modern gedicht. Hussem maakte ze in een flits, wat Rodenko deed denken aan het moment waarop de dichter even oog in oog staat met de afgrond, het Andere.[25]

In het essay stonden de begrippen 'toeval' en 'natuurlijkheid' centraal. Als een schilder zijn kunstwerk 'uitlevert' aan de maatschappij door het te verkopen, heeft hij er zelf geen invloed meer op. Zijn 'picturaal voorstel' verandert in een 'idee', waar hij niet altijd even gelukkig mee is. Dat idee of de betekenis die de samenleving in het kunstwerk legt, noemt hij de 'factor X', het toeval. Een kunstenaar moet zich niet voor de volle honderd procent aan dat toeval overleveren, maar erin infiltreren; met andere woorden hij moet het toeval leiden door zich ermee te vereenzelvigen. Van dat 'geleide toeval' was niet alleen sprake in het werk van Hussem, maar ook in dat van Calder, van wie Rodenko in Parijs windmobielen had gezien.[26]

Hermans schreef een 'Open brief aan Paul Rodenko' voor *Podium*, waarin hij beweerde dat de de kunstenaar wel degelijk weet wat hij doet.[27] De snor op de Mona Lisa van Duchamp berustte niet op toeval, maar was een keuze van de kunstenaar. Ook bij Calders bladen en twijgen zou altijd de rusttoestand intreden en dat was het werk van Calder zelf.

In 'Antwoord aan Wim Hermans' herhaalde Rodenko zijn argumenten en sloot af met: 'Intussen, in de verwachting je toch niet overtuigd te hebben, als steeds je Paul Rodenko.'[28] Hermans krabbelde op een briefkaart nogmaals zijn bezwaren. Het 'Antwoord aan Wim Hermans' vond hij niet sterk en hij vroeg zich af of Paul wel eens gedichten van Tzara had gelezen. Die konden nooit door de 'hoedtechniek' 'zonder meer' zijn ontstaan, daar zat veel Tzara bij. Die haalde zogenaamd willekeurig papiertjes met woorden uit een hoed en legde die naast elkaar. Het 'toevallige' gedicht dat zo ontstond, was volgens Hermans niet zo toevallig, want het was Tzara zelf die ze in een bepaalde volgorde had gelegd. Voor Calders mobielen gold hetzelfde. Hij eindigde met enkele opmerkingen over het begrip ruimte. Die had Paul ook nog kunnen behandelen, maar dan de ruimte waarvan sprake was in de uitdrukking 'kletsen in de ruimte'. Maar dat had hij in zijn stuk over Hussem impliciet al gedaan.[29]

Het voortijdig einde van *De draad van Ariadne* en het einde van zijn vriendschap met Hermans waren moeilijk te accepteren voor Rodenko. Geruime tijd liet hij mensen in de waan dat het blad er zou komen. Bijna een jaar later schreef hij aan Borgers over een pak 'Draad'-kopij dat hij ooit ter publicatie in *Podium* aan hem had gegeven. Het ging om essays van Hornstra en Plokker, een aantal gedichten van Vinkenoog en Kousbroek en vignetten van hemzelf. Hij wilde alles terug, omdat er nog steeds onderhandeld werd met een uitgever. Ook zat daar zijn eigen stuk over literatuur en psychologie bij dat hij blijkbaar in het tweede halfjaar van 1951 had weten af te ronden.[30] De nieuwe uitgever was Bert Bakker die op dat moment de uitgave van het tijdschrift, *Maatstaf*, voorbereidde. Rodenko was daar nauw bij betrokken en hoopte met hem de psychologiekant op te kunnen gaan.

Maatstaf verscheen in 1953, maar werd een algemeen-cultureel tijdschrift, waarin in 1955 het lange essay 'Medea's mes of De draad van Ariadne' verscheen. Het was een pleidooi voor de fenomenologische of existentieel georiënteerde psychologie die als enige belangstelling had voor 'de eigenaard, de zelfstandige, onherleidbare waarde van de litteratuur als kenvorm, (dus niet alleen als "bron van kennis" omtrent de mens): een kenvorm, die de werkelijkheid veelzijdiger vat dan de abstraherende analyse van de klassieke psychologie dit vermag te doen.' Eindelijk kon Rodenko in een tijdschrift schrijven over zijn nietzscheaanse keuze voor Ariadne, die met haar draad van het tasten opponeerde tegen Medea's mes van het weten, het van buitenaf analyseren van de wereld. Ariadne belichaamde voor hem een levensstijl die te maken had met het creatieve principe in de mens, de intuïtie die uit de diepte opsteeg of zoals hij het noemde: 'het experimentele weten'.[31]

De psychologie in het algemeen en de relatie tussen geesteszieken en kunst bleef na het debacle met *De draad van Ariadne* een thema in zijn essays en kritieken. Het verbond hem even met Harry Mulisch. Rodenko leerde Mulisch in het najaar van 1951 kennen tijdens een *Podium*-weekend op kasteel Oud-Poelgeest in Oegstgeest, waarvoor hij als oud-medewerker was uitgenodigd. Vooral Mulisch ontdekte een gelijkgestemdheid. Het speet hem dat ze elkaar daarna zo weinig zagen. Hij nodigde Rodenko daarom uit te komen luisteren naar een lezing die hij op 11 maart 1954 zou geven in de Rotterdamse Kunstkring. In die lezing zou hij aansluiten bij Rodenko's essay 'Het einde van de psychologische roman' uit 1946 waarin Mulisch zich grotendeels kon vinden.[32]

Maar Rodenko kwam niet. Mulisch schreef hem anderhalf jaar later weer een brief, waarin hij zijn instemming betuigde met Rodenko's opvattingen over literatuur en psychologie. Hij had net het eerste deel van 'De draad van Ariadne' in *Maatstaf* gelezen en kreeg 'een gevoel van kongruentie'. Het was volgens Mulisch beangstigend te zien hoe Rodenko's essays als een toelichting op zijn werk gelezen konden worden. Het had te maken met hun gelijkwaardige 'bloedsmenging'. Rodenko had hem verteld een Engelse moeder te hebben, wat volgens Mulisch de oorzaak van het beschouwende in zijn werk was. Zelf was hij door zijn gedeeltelijk joodse afkomst beeldender en hij kon zich voorstellen dat Rodenko die congruentie minder voelde en bijvoorbeeld zijn roman *De diamant* maar matig vond.[33] Over zijn Russische wortels zal Rodenko hem zonder meer verteld hebben, maar dat vond Mulisch blijkbaar niet de moeite waard om op terug te komen.

Dat Rodenko zijn werk tot op zekere hoogte waardeerde, was waar. Het was geen 'andere' literatuur en een echte medestander zoals Hermans dat was, werd Mulisch niet. Zijn romans vond hij uiteindelijk te intellectualistisch. In *Archibald Strohalm* was Mulisch erin geslaagd de bezetenheid van de schizofreen te laten uitstijgen boven het individuele geval – 'een cultuurdiagnose via een geval van schizofrenie' –, maar in het boek stonden ook hoofdstukken 'waarin de filosofeerzucht de schrijver te machtig is geworden en die men gerust kan overslaan; ook is de invloed van Vestdijk wel eens al te manifest'.[34]

2. DE 'ANDERE' POËZIE

Dichterbij die 'andere' literatuur kwam het werk van de experimentelen, waarover hij vooral in *Maatstaf* zou schrijven. Aan het tijdschrift, dat in het voorjaar van 1953 voor het eerst verscheen, waren jaren van voorbereiding voorafgegaan. In de zomer van 1951 kreeg Vinkenoog bijvoorbeeld al van Rodenko te horen over de mogelijkheid van het plaatsen van gedichten in het nieuwe blad. Die begreep toen niet goed waarover hij het had. Kwam *Maatstaf* nu in plaats van *De draad van Ariadne* of was het een heel nieuw blad? Ook kon hij de redactie niet plaatsen; Rodenko wilde zich toch inzetten voor de jonge dichters: 'En wat doen Hoornik en Nijhoff tussen het nieuwe toontje?'[35]

Maatstaf was iets anders en Hoornik en Nijhoff hadden inderdaad niets met het 'nieuwe toontje' te maken. Zij vertegenwoordigden de oudste en de middengeneratie, want *Maatstaf* moest een blad voor alle generaties worden. Kwaliteit was het enige criterium, vandaar de eigenwijze naam, legde Rodenko uit. Hij was contactman voor de jongste generatie en schreef daarom aan Vinkenoog: 'Stuur in!'[36] Ook moest die weer contacten leggen met de 'andere Parijzenaars', met name Hugo Claus. Rodenko wilde hun nieuwste gedichten en alle pas verschenen bundels ontvangen, want er moest in *Maatstaf* ook óver hun werk geschreven worden.[37] Vinkenoog tikte passages uit Rodenko's brief over en stuurde die naar Hans Andreus, Remco Campert, Hugo Claus en Rudy Kousbroek.[38]

Rodenko ging er toen nog vanuit dat *Maatstaf* uiterlijk op 1 maart 1952 zou verschijnen. Zijn plannen voor het blad had hij in de winter daarvoor al klaar: in elk nummer aandacht voor buitenlandse literatuur, interviews en een anekdotische kroniek, gevuld met vreemde voorvallen. Door dat laatste zou *Maatstaf* een beetje lijken op de *De draad van Ariadne*.

Op zaterdag 29 december 1951 om 14.00 uur was de voltallige redactie voor het eerst bijeengekomen op het kantoor van Bakker aan de Koninginnegracht 26. Aanwezig waren Martinus Nijhoff, Ed. Hoornik, Bert Bakker, Nico Donkersloot en Daisy Wolthers als secretaresse. Donkersloot was erbij gehaald omdat *Maatstaf* zou fuseren met *Critisch Bulletin* waarvan hij hoofdredacteur was. Het was een kleurloos blad waarvoor Rodenko ook wel eens kritieken had geschreven. De besognes rond die redactionele fusie waren er de oorzaak van dat *Maatstaf* pas in april 1953 verscheen. Van een brede redactie was toen al geen sprake meer. De enige redacteur werd Bert Bakker, en de anderen, met uitzondering van de in 1953 overleden Nijhoff, werden vaste medewerkers van *Maatstaf*. In *Maatstaf* stonden naast gedichten van de jonge dichters stukken van Rodenko over hun werk. Zijn eerste essay over de experimentelen, 'Tussen de regels', verscheen in augustus 1953. Aan de hand van een gedicht van Lucebert uit *de amsterdamse school* wees hij daarin op enkele algemene aspecten van de nieuwe poëzie.

Rodenko liet in zijn pleidooi zien dat de experimentelen wel degelijk procédés als ritme, woordherhaling, alliteratie, enjambe en circulair rijm gebruikten om gevoelsontladingen een 'structurele spanning' te geven. Dat dit vaak over het hoofd werd gezien, kwam door het gebrek aan verstheoretische begeleiding van deze poëzie. Bovendien was in deze gedichten het ritme aangepast aan de inhoud, zodat bij Lucebert met recht gesproken kon worden over een eenheid van inhoud en vorm. Daarmee onderscheidde de experimentele poëzie zich van de sonnettenmanie van de niet-experimentele dichters. Bij hen was het sonnet meestal een vlag die op geen enkele manier de lading dekte.

Belangrijk was ook dat de experimentele dichter het woord terugbracht naar zijn 'lichamelijke basis'; het was een deel van het lichaam geworden. Traditionele dichters zochten naar het juiste woord waarmee ze bijvoorbeeld hun geliefde konden bezingen, voor de experimentelen daarentegen was dichten iets organisch en zintuiglijks. Luceberts gedichten leken soms op hijgen en ook in andere experimentele gedichten waren 'stem' en 'tong' sleutelwoorden. Het was een herbeleving van het lichamelijke, waarbij vooral de 'hand' een belangrijke rol speelde. Lucebert dichtte: 'Hoor dan met uw handen', waarmee hij liet zien dat de hand voor hem een kennisorgaan was. Het 'lichamelijke gedicht' was een poging een nieuwe zuiverheid te vinden, met een taal zonder abstracte vaagheden, maar een die een zintuiglijke precisie nastreefde, 'eenzelfde precisie als de fenomenologen nastreven in hun analyses van het zintuiglijk beleven'. Hier was de literatuur een 'kenvorm' geworden, een manier om in contact te komen met het Andere.[39]

Toen Rodenko dit schreef, was het al vier jaar geleden dat Jan Elburg, Gerrit Kouwenaar en Lucebert zich hadden aangesloten bij de Experimentele Groep Holland van de schilders Karel Appel, Constant en Corneille. Deze hadden zich in 1948 internationaal georganiseerd in Cobra. Tijdens hun eerste tentoonstelling in het Stedelijk Museum in Amsterdam ontmoetten de eerdergenoemde dichters Bert Schierbeek, Rudy Kousbroek en Remco Campert.

Van deze ontwikkelingen in Amsterdam was Rodenko voornamelijk door publicaties in de pers op de hoogte. Zelfs de opzienbarende *Elsevier*-enquête over de Jonge Nederlandse Poëzie van 25 november 1950 was hem in eerste instantie ontgaan. Michel van der Plas had daarin een aantal conservatieve auteurs, onder wie Hendrik de Vries en Godfried Bomans, gevraagd naar hun mening over de nieuwe poëzie.[40] Die kwam er niet goed af. Ad den Besten en de dichter Hendrik Jan van Tienhoven stelden toen een manifest op. Veel jonge dichters tekenden dit *Pro Domo* niet, omdat ze het met de inhoud en de wijze van presenteren niet eens konden zijn. Rodenko kreeg het thuis gestuurd en ondertekende wel, maar schreef aan Den Besten: 'Van het *Elsevier*-geval had ik niets gehoord en heb het ook nu nog niet gelezen, maar ik kan me wel voorstellen hoe het er uit ziet en zal natuurlijk graag medeondertekenen.'[41]

Simon Vinkenoog had in Parijs *Blurb* opgericht, dat Rodenko vanaf het eerste nummer ontving. Via *Blurb* had Vinkenoog Hans Andreus, Rudy Kousbroek, Remco Campert, Lucebert en Bert Schierbeek van *Braak*, een periodiek dat op *Blurb* leek, leren kennen.[42] In *Blurb* verscheen een alternatieve enquête, waaraan Rodenko meewerkte. Hij concludeerde daarin: 'Voorlopig kan ik mij dus alleen bepalen tot het signaleren van enkele namen en het constateren dat ik hier eindelijk het gevoel heb, met "eigentijdse" poëzie te maken te hebben; zodra deze dichters, die tot dusverre nog min of meer ondergronds, in over het geheel weinig gelezen tijdschriften, gepubliceerd hebben, gebundeld voor de dag komen, zal het tijd worden voor een kritische waardering.'[43] In het nummer verschenen twee gedichten van Rodenko, 'Okerlied' en 'Scène', die naast het werk van Lodeizen, Hanlo, Andreus, Claus en Van der Graft moesten bewijzen dat er ook goede verzen werden geschreven door de jongeren.[44] Volgens Rodenko was dit nummer van *Blurb* een aardige demonstratie van de nieuwe poëzie geworden, al vond hij het jammer dat er geen werk van Lucebert in stond en twijfelde hij aan de betekenis van Jan Hanlo.[45]

Hierna werd Rodenko voor de experimentele dichters de essayist die er op afstand bij hoorde. Dat had niet alleen geografische oorzaken, maar had ook te maken met zijn andere thema's en analyseerzucht. Kouwenaar schreef nog wel enkele theoretische stukken over de experimentele poëzie, maar een essayistisch oeuvre bouwde hij niet op. Rudy Kousbroek was de enige die als essayist uit deze groep voortkwam, maar die voelde zich als dichter niet thuis bij de experimentelen. Er was een zekere angst voor theoretiseren, het legde je vast op bepaalde methodes. Naar Rodenko's essays werd daarom vreemd gekeken. Ook waarover hij schreef – wel of niet tegen *Forum* en het existentialisme – was hun problematiek niet.[46] Kouwenaar

had zelfs in het gedicht 'elba' geschreven over 'kolonel sartre', een negatieve benaming voor Rodenko's Parijse held.[47]
Voor Rodenko was de wisselwerking tussen poëzie, kritiek en filosofie belangrijk. Het ging hem niet om een exegese achteraf, maar om een intellectuele sfeer rond het gedicht tijdens het scheppingsproces. 'Het gedicht en de literaire "filosofie" conditioneren elkaar, het zijn twee wegen waarlangs zich creatieve impuls ontlaadt', schreef hij in 1956. Daaraan hadden de experimentelen minder behoefte.[48]
Vinkenoog zei later over Rodenko's positie: 'Rodenko was voor ons allen een vreemde.' En Lucebert: 'Paul Rodenko was eigenlijk maar zijdelings betrokken bij de Experimentele Groep. Maar als essayist en dichter hoorde hij toch bij ons, dat voelde ik ook zo.'[49] Ook Bert Schierbeek was blij met deze essayist op afstand. Hij complimenteerde Rodenko met zijn eerste stuk over de experimentelen in *Maatstaf*, waarin voor het eerst iets steekhoudends over de nieuwe poëzie was beweerd.[50]
De contacten die Rodenko met de experimentele dichters had, verliepen meestal schriftelijk via Vinkenoog, een enkele keer rechtstreeks. Hij ontmoette ze op schrijversavonden, maar tot vriendschappen kwam het niet. De eerste keer dat hij een aantal dichters en de schilder Corneille in levenden lijve ontmoette, was toen hij samen met zijn vriendin Carla Termeer in het najaar van 1952 bij Vinkenoog aan de Boulevard Garibaldi logeerde.[51] In Parijs ontmoetten ze ook experimenteel kunstenares Lotti van der Gaag. Zij woonde vanaf eind 1950 wisselend in Parijs en Den Haag, waar ze Rodenko een enkele keer in haar atelier in de Mallemolen ontving. Daar raakte hij onder de indruk van haar sculpturen. Van der Gaag liet zich tijdens het kleien leiden door oerbeelden die uit haar onbewuste naar boven kwamen, met als resultaat de meest vreemde fantasiewezens.[52] Het leek veel op wat er bij Rodenko gebeurde als hij aan het dichten was en uit het niets langzaam de woorden kwamen.
Eind september 1952 had Lotti Paul geschreven over haar turbulente leven in Parijs. Met verhalen over contacten met de dichters Hugo Claus en Jan G. Elburg en de schilder Karel Appel met wie ze wilde feesten beleefde, probeerde ze hem enthousiast te maken voor een verblijf in Parijs: 'Ik geloof wel dat jou het heel erg goed zou doen indien je eens uit Den Haag een poosje wegging. Als je eenmaal wegben [sic] kom je pas tot de ontdekking dat het daar toch maar een reuze roddelkloentjesbende is.'[53] Paul en Carla zochten Lotti op in de rue Santeuil, waar zij net als de schilder Corneille een atelier had. Ze ontmoetten daar ook andere leden van wat later wel De Hollandse Kolonie werd genoemd; de dichters Campert, Andreus en Kousbroek en de schilder Constant.[54]

Van de bijzondere status van Rodenko binnen de groep van experimentele dichters wist de buitenwereld niets. Zijn gedichten werden opgenomen in *Atonaal*, de bloemlezing uit de nieuwe poëzie die Simon Vinkenoog in 1951 op verzoek van uitgever Stols samenstelde, waardoor hij er echt bijhoorde.[55] Rodenko's houding ten opzichte van deze bloemlezing was echter ambivalent. Aan de ene kant was zij een mooie demonstratie van wat de nieuwe poëzie kon zijn, maar aan de andere kant vond hij zijn gedichten niet thuishoren in een bundel met deze titel. Ook was het bezwaarlijk dat hij gepresenteerd werd samen met Koos Schuur, die hij later in een van zijn kritieken 'schromelijk overschat' noemde, een van de leidende figuren van 'het bombastische tijdschrift *Het Woord*'.[56] Ook tegen het werk van Hanlo had hij de nodige bezwaren.[57]

In het interview met Fokkema en Van Deel uit 1975 vertelde hij over zijn deelname aan *Atonaal*: 'Bovendien had Simon Vinkenoog mij in zijn bloemlezing *Atonaal* opgenomen, waardoor de indruk gewekt werd dat ik bij "de groep" hoorde en dus wel precies zou weten wat "de groep" nu eigenlijk wilde. Wel, dat wist ik niet. In de eerste plaats omdat er geen "groep" wás die iets bepaalds wilde: er waren alleen maar een aantal dichters die onvrede hadden met de bestaande Nederlandse poëzie, dichters die een meer europees getinte poëzie schreven en zich daardoor met elkaar verbonden wisten – zonder de noodzaak te voelen van gezamenlijke "programma's". En – maar dat vloeit er eigenlijk al uit voort – in de tweede plaats omdat zij het zelf niet wisten.'[58]

De bloemlezing was dus niet principieel tot stand gekomen. Ook Rodenko verleende zonder diepgaande discussies zijn toestemming voor opname en liet Vinkenoog zelf de gedichten uitkiezen.[59] Die koos uiteindelijk 'Wandeling', 'Februarizon', 'Constellatie' en 'Het Beeld'. Rodenko wilde de goede zaak, de doorbraak van de moderne poëzie in Nederland, dienen, zei hij later vaak, en liet daarvoor zijn principes graag varen.

In zijn bespreking van de bloemlezing in de *Nieuwe Rotterdamse Courant* benadrukte hij dit strategisch aspect. *Atonaal* was niet alleen belangrijk omdat '[...] de nieuwe Nederlandse poëzie [...] hier voor het eerst in min of meer "gesloten formatie" ter beoordeling staat', maar ook omdat duidelijk werd dat zij voor het eerst volwaardig participeerde in de moderne Europese poëzie, de poëzie die voor hem een referentiepunt was: '[...] de jongere dichters zijn zich bewust dat zij in feite niets nieuws brengen, dat zij alleen bezig zijn een achterstand tegenover het buitenland in te halen'.[60]

Hij vond het de moeite waard deze poëzie te verdedigen, zelfs in een oeverloos gepolemiseer met Hendrik de Vries. In het voorjaar van 1952 publiceerde Rodenko in het *Haagsch Dagblad* twee artikelen waarin hij het verschil tussen 'experimentalistisch' en 'experimenteel' aan De Vries probeerde uit te leggen. Die had de jonge dichters verweten 'experimentalistisch' te dichten en over te doen wat al eerder was gedaan door Théo Reeder en Paul van Ostaijen. Hij legde De Vries uit dat het de experimentele dichter ging om het proefondervindelijk dichten. Hij: '[...] dicht van een nulpunt uit, dat wil zeggen zonder een apparaat van vooropgestelde prosodische regels en voorschriften'. En dat was nieuw in Nederland.[61] Over de experimentele dichters zou Rodenko daarna nog veel publiceren. Niet alleen in *Maatstaf*, maar ook in de *Nieuwe Rotterdamse Courant*, en een enkele keer in het *Haagsch Dagblad*. Hij was door deze kranten speciaal gevraagd om over het werk van zijn generatiegenoten te schrijven.

Hij bundelde een aantal stukken in *Tussen de regels. Wandelen en spoorzoeken in de moderne poëzie* poëzie, dat als pocket in een oplage van 10.000 exemplaren in juni 1956 bij Bakker verscheen. De bundel bestaat uit twee afdelingen. De eerste, 'Empirische poëziekritiek', bevat theoretische stukken over het gedicht als een machine en de criticus als ingenieur die haar onderzoekt. In de tweede afdeling, 'Leren dichten leren fietsen', staan kritieken uit de periode 1950-'56 over afzonderlijke bundels van de moderne dichters.

Kouwenaar besprak het boek en wees erop dat de experimentele dichters veelzijdige jongens zijn, maar dat ze het essay 'schuwen als de pest'. Rodenko was een plezierige uitzondering, al ging zijn essayistische productie ten koste van zijn poëzie. Hij was als essayist een echte experimenteel, omdat hij niet generaliserend te werk ging.[62]

Ook het groot aantal essays en kritieken dat Rodenko schreef over de experimentelen vertekende het beeld van zijn verhouding tot deze dichters. Het leek erop dat hij het allemaal geweldig vond. Al in 1953 nuanceerde hij echter zijn standpunt in het voor het *Haagsch Dagblad* geschreven '"Iedre keel zijn eigen profeet"'. De noodzaak van het sluiten van de rijen was voorbij, het was tijd voor een eerste evaluatie. De experimentele dichters hadden, afgezien van een 'gemeenschappelijk "klimaat" [...] betrekkelijk weinig met elkaar te maken', was zijn conclusie. Een voor een besprak hij hun werk, maar dat van Campert en Kousbroek hoorde daar niet bij. De eerste schreef parlandoachtige gedichten en de tweede vond hij te intellectualistisch.

Het positiefst was hij over Claus, die 'veel harder, verbetener en opstandiger' aandeed dan Vinkenoog en Andreus. Claus kende een passieve wanhoop, maar had ook het vermogen, tegen beter weten in, in opstand te komen tegen de wereld, wat Rodenko waarschijnlijk deed denken aan zijn eigen positie als Don Quichot. Lucebert noemde hij een omstreden figuur, omdat hij schommelde tussen het sublieme en het ridicule.

De beoordeling van zijn eigen poëzie moest Rodenko aan anderen overlaten. Zelf typeerde hij haar als pre-experimenteel, maar door veel critici werd zij in één adem besproken met het werk van dé experimentele dichters. Dat kwam ook door het tijdstip waarop in De Windroos-reeks Rodenko's bundel *Gedichten* verscheen. In de eerste afdeling 'Kamerpoëzie' staan 'oorlogsgedichten', die hij in 1948 apart in de bundel *Kamerpoëzie* had willen bundelen als afsluiting van een periode. Hij tekende toen een contract met F.G. Kroonder te Bussum voor de Bayard-reeks (redactie A. Marja en H. Drijvers).[63] De gedichten die hij na de oorlog had geschreven, hoorden daarin niet thuis.

De reeks van F.G. Kroonder werd niet voortgezet en Rodenko probeerde het in mei 1950 bij de *Podium*-reeks van uitgeverij De Driehoek. Die serie ging ook niet door en hij stapte over naar De Windroos-reeks van Ad den Besten, die al eerder om werk had gevraagd. De bundel die hij eind 1950 naar Den Besten stuurde, zou *De westenwind heeft twee gezichten* heten en bestond uit oud en nieuw werk.

Den Besten kreeg de vrije hand in de samenstelling. Toen die schreef het gedicht 'Picasso' niet bijzonder te vinden, was Rodenko meteen om. Hij zag zelf ook dat in dit gedicht, dat kort daarvoor in *Podium* had gestaan, de invloeden van García Lorca iets te opvallend waren.[64]

Ook veranderde Den Besten de volgorde van de gedichten en het aantal afdelingen. Bovendien had hij commentaar op de titel, die hij te mysterieus vond. Rodenko legde hem uit dat hij deze regel uit het gedicht 'Dit uur...' had gekozen, omdat het westen in de mythologie van Grieken, Romeinen en Kelten de streek van de poëzie, het mysterie en het avontuur was. Ook het eiland der doden lag in het westen. Daarmee kon hij Den Besten niet overtuigen en de bundel heette uiteindelijk gewoon *Gedichten*.[65]

Het steeds maar uitstellen van de publicatie verklaart de tweestemmigheid van de bundel. De eerste afdeling 'Kamerpoëzie' bevat 'persoonlijke', trage gedichten, de tweede afdeling 'Arabisch' 'intellectuelere' poëzie. Zij verwijst meer naar en is een verwerking van werk van andere dichters onder wie Achterberg en, zoals Rodenko zelf had aangegeven, García Lorca. Rodenko was als dichter aan het veranderen.[66]

Het was zomer 1951, de bundel verscheen in De Windroos-reeks en een paar maanden daarna stonden zijn gedichten in *Atonaal*. Rodenko's poëzie werd daarom door Anthonie Donker samen met werk van Campert en Andreus in één artikel besproken. Donker had niet veel op met deze 'uitingen van onlust', die vol stonden met beelden die hij 'landerig' noemde, een kwalificatie die in behoudende kringen vaker opdook als het over moderne literatuur ging. Rodenko had volgens Donker als reactie op 'de levenstoestand na 1940' beter geen poëzie kunnen schrijven – 'de wereld is ervoor aansprakelijk, de dichter alleen voor het al of niet poëzie worden ervan' – en hij las daarom liever de opgewekte Andreus en de verrassende Campert.[67]

In de *Nieuwe Rotterdamse Courant* van 12 januari 1952 was de verder onbekend gebleven criticus Peter van Berkel positiever. Onder de titel 'Beeldspraak voor blinden' noemde hij de gedichten van hoog niveau en Rodenko een dichter die nog veel invloed zou uitoefenen op jonge talenten. Vooral de beeldspraak fascineerde hem. De dichter had alles 'anders' moeten zeggen, omdat mededelingen als 'de nacht is duister' geen betekenis meer voor hem hadden; 'En daarom sprak ik van "beeldspraak voor blinden", omdat door het wonder van zijn poëzie een onmogelijkheid tot mogelijkheid werd omgedicht.' Dat was een analyse die Rodenko aangesproken moet hebben.

In de kritiek waren twee kampen te onderscheiden. Critici als Michel van der Plas en, het kon haast niet anders, Hendrik de Vries zagen er niets in. Ze vonden Rodenko goedbeschouwd geen dichter. De bundel bewees volgens De Vries dat de nieuwe poëzie niet meer en niets minder was dan 'experimentalisme'. *Parool*-criticus Gomperts nam een tussenpositie in. Hij wees op enkele technische tekortkomingen, maar Rodenko was voor hem wel een echte dichter. Meer in de lijn van Van Berkel lagen de besprekingen door Mulisch en door Bordewijk. De laatste was enthousiast over de beelden, maar vond het tweede deel van de bundel minder sterk. Het gedicht 'De dichter' vond hij het mooist.[68] De bundel werd goed verkocht en in 1954 verscheen een tweede druk.

De kritieken op zijn eigen werk en dat van anderen maakten duidelijk dat er over de nieuwe poëzie wat uit te leggen viel. Uitgever Bert Bakker bood hem die mogelijkheid, al speelden voor hem andere motieven een rol. Hij zag dat de experimentelen bundels lieten verschijnen bij concurrerende uitgevers en dat hun poëzie handel was geworden. Hij vermoedde begin 1954 mogelijkheden om met de 'moderne' Rodenko iets te doen. Samen bedachten ze de bloemlezing *Nieuwe griffels schone leien, Van Gorter tot Lucebert, Van Gezelle tot Claus, Een bloemlezing uit de poëzie der avant-garde*, waaraan Rodenko vooral tijdens de zomermaanden werkte. De bloemlezing verscheen in oktober van dat jaar en zorgde voor naamsbekendheid bij een betrekkelijk breed publiek.

De visie die hij in zijn inleiding op de experimentele poëzie verkondigde, was nieuw. De experimentelen die hadden geproclameerd dat er een lyriek was die ze wilden afschaffen, werden nu geconfronteerd met een bloemlezing die opende met een gedicht van Gezelle en waarin ook plaats was voor poëzie van Leopold, Hoornik en zelfs Hendrik de Vries.

Rodenko beschouwde het werk van de experimentelen als de synthese van de ontwikkeling van de moderne Europese poëzie. Ook Nederland had een avant-gardistische ontwikkeling doorgemaakt, al was die grotendeels 'ondergronds' gebleven. Daarom kon hij beginnen met Gezelle en eindigen met Lucebert: in het gedicht 'Ter inleidinge' van Gezelle klonk namelijk dezelfde 'toon' als in de gedichten van Lucebert.

De brede keuze van dichters werd ook ingegeven door Rodenko's invulling van het begrip 'avant-garde': 'Avantgardist is hij die zich bewust is op de drempel van een nieuwe tijd, een nieuwe wereld te staan en deze creatief tracht te doordringen.' Zo geformuleerd, hoorden meer dichters er thuis dan het kleine groepje experimentelen. In de inleiding wees hij op drie avantgardistische ontwikkelingen. Belangrijk waren de 'nulpunt-theorie' – de dichter gaat niet van een vooropgestelde wereldbeschouwing uit, maar ontwikkelt die tijdens het schrijven –, de verzelfstandiging van het beeld, en de vervanging van het 'logisch-constructieve door het associatieve versverband'. Daarnaast ging hij in op de verabsolutering van de klank. Als deze twee laatste tendensen elkaar in evenwicht hielden, was er sprake van een hoogtepunt van de avant-gardekunst. Dan was noch het beeld, noch de klank, maar het gedicht autonoom.

Ook als bloemlezer kreeg Rodenko goede en slechte kritieken. In *Critisch Bulletin* verschenen onder de titel 'Over en weer' een positieve bespreking van Anthonie Donker, hij miste alleen Nijhoff, en een negatieve van Karel Jonckheere. De laatste vond dat de gekozen gedichten, ook die van de ouderen, de naam 'afval' verdienden. Ze waren geschreven als speeltje, maar nooit bedoeld als serieus werk.[69]

Het publiek kocht de bloemlezing gretig, wat ook kwam door de pocketboekuitgave. Bakker startte begin 1954 met zijn Ooievaarreeks, 'een serie spotgoedkope boeken op goed papier en met frisse omslagen', waarin aanvankelijk alleen detectives met spannende titels als *Kamer 13, Hallo, hier de zedenpolitie!* verschenen. Voor de 'frisse' omslagen zorgde de Haagse schilder Herman Berserik.

Rodenko's bloemlezing was het achtste deel uit de Ooievaarreeks. De oplagen waren hoog, de prijs laag. Van de eerste druk verschenen 10.000 exemplaren, die voor f 1,45 over de toonbank gingen. Een tweede druk van 7500 exemplaren verscheen een paar maanden later en de laatste, tiende druk verscheen in 1977 in een oplage van 6000 exemplaren. Als samensteller werd Rodenko er niet rijk van: Bakker betaalde hem slechts één keer vijftig gulden.[70]

Met de bloemlezing maakte Rodenko school. De dichter H.C. ten Berge schreef daarover: 'Toen ik als scholier er in geslaagd was drie weken lang mijn zakgeld op te sparen, kon ik tegen betaling van f 1,45 – het was voorjaar 1955 – in de boekhandel Paul Rodenko's *Nieuwe griffels schone leien* aanschaffen.' De inleiding en de gedichten brachten hem in verwarring en vervoering, hoewel hij niet alles begreep uit de inleiding. 'Ondanks half of helemaal niet begrepen zaken die Rodenko blijkbaar wel glashelder voor ogen stonden, voelde je dat hij zich op een indringende manier met het wezen van de 20ste eeuwse poëzie bezighield.'[71] Hans Keller herinnerde zich het subversieve van de bloemlezing: 'Uit Rodenko's inleiding verrezen steeds meer wegwijzers naar gebieden in de poëzie, waarvan ik nog nooit gehoord had. Verboden terreinen vermoedelijk en daarom las ik zijn stuk als een verboden verhaal, waarvan ze op school wel zouden zeggen dat je er niets goeds van leerde, als ze merkten dat je het las.'[72] De experimentelen zelf waren ingenomen met *Nieuwe griffels schone leien*. Het boek gaf hun poëzie een plaats in de wereldliteratuur. 'Het was een doorbraak', zou Remco Campert jaren later zeggen. En volgens Kouwenaar temeer belangrijk omdat hun gedichten ineens in een context werden geplaatst: 'Dat had niemand nog eerder zo bekeken.'[73]

Dit gaf Rodenko, maar ook Bakker, moed om een tweede bloemlezing in pocketeditie te maken. *Met twee maten; de kern van 50 jaar poëzie, geïsoleerd en experimenteel gesplitst door Paul Rodenko* verscheen in december 1956 in een oplage van 15.000 exemplaren, maar was minder succesvol dan haar voorganger. De tweede druk verscheen in 1969 (700 exemplaren) en de derde in 1974 (600 exemplaren).

Met deze bloemlezing wilde Rodenko een antwoord geven op de vraag 'Experimentelen wat nu?' Zij moest een bezinning zijn op de situatie waarin de experimentele dichters zich, nu hun poëzie mode was geworden, bevonden. Het antwoord daarop gaf hij door het ontwerpen van een 'twee-poëzieën-stelsel'. In plaats van één bloemlezing, maakte hij er twee. In de eerste, 'koude', historische afdeling stonden gedichten gekozen op grond van vroeger geldende opvattingen over mooie poëzie; hij nam gedichten op die doorgaans ook in meer traditionele bloemlezingen te vinden waren. De tweede afdeling was samengesteld vanuit experimenteel perspectief. Er stond werk van ouderen in – het eerste gedicht was net als in de eerste afdeling van Albert Verwey – maar meer van de experimentele dichters. Dit was de 'warme' afdeling, waarin gedichten stonden die het 'contemporain poëtisch bewustzijn' vertegenwoordigden of naderden.

De twee afdelingen werden gesplitst door een essay, dat wel eens zijn beste beschouwing over de essentie van de moderne poëzie is genoemd.[74] Hij gaat uitvoerig in op de 'poëzie van het echec', die hij illustreert aan de hand van Achterberg.[75] Die ondernam in zijn gedichten verwoede pogingen 'een dode' tot leven te wekken, maar moest elke keer zijn nederlaag erkennen. En ook Pierre Kemp, die in zijn gedicht 'Bedromerij' verslag doet van een even oog in oog staan met 'het Ontzaglijke', was een voorbeeld van een echecdichter.[76]

Het Ontzaglijke of het Andere werd van de werkelijkheid gescheiden door een vlies – Rodenko sprak dan ook van 'de poëzie van het vlies' – dat nog wel het meeste leek op een dunne eierschaal. Door de osmotische werking ervan kon de dichter via het vlies even deelnemen aan dat Andere. Ook dit bewees dat dichten 'onderweg zijn' is en het gedicht niet meer dan een noodwoning. De experimentelen konden zich niet neerleggen bij het bereikte resultaat, maar moesten verder.

Rodenko schreef over het essay aan J.A. Mooij: 'Ik heb dit essay bijvoorbeeld in een toestand van grote "inspiratie", onder hoogspanning om zo te zeggen (nachtenlang doorwerkend) geschreven, en het is mogelijk dat er meer aanvechtbare dingen in staan dan in alles wat ik tot nog toe geschreven heb; maar tegelijkertijd heb ik het gevoel dat het het beste is wat ik tot dusver geschreven heb, omdat er werkelijk nieuwe dingen in staan [...] het was oorspronkelijk mijn bedoeling, een aantal a-verzen en een aantal b-verzen nader te analyseren om aldus het verschil duidelijker te demonstreren; het zou dan aanschouwelijker geworden zijn, terwijl ik nu erg veel aan de speurzin van de lezer overlaat.'[77]

Wie wel of niet en in welke afdeling was opgenomen, werd een heet hangijzer in de kritiek. De katholieken waren volgens Gabriël Smit te weinig vertegenwoordigd. Hij vond bovendien dat er te veel nadruk op het lichamelijke was gelegd.[78] Commentaar was er ook in 'eigen' kring. Rodenko had met zijn opmerkingen over het echec-karakter van de experimentele poëzie geprobeerd haar in verband te brengen met de bodemloosheid van Sjestov, maar dat zag niemand.[79] In *Podium* verweten Simon Vinkenoog en Cees Buddingh' hem met deze bloemlezing de jonge Nederlandse gedichten te hebben verraden; zij was 'een klap in het gezicht van de moderne Nederlandse poëzie'. Tegenstander Aafjes was met vijf gedichten vertegenwoordigd en Vasalis met zeven. Nee, Paul Rodenko had er niets (meer) van begrepen.

Hij beet van zich af en positioneerde zich voor het eerst ten opzichte van de groep dichters die hij nu nadrukkelijk Vijftigers noemde: 'Ik behoor niet tot de Vijftigers en heb me nooit geroepen gevoeld hun profeet te zijn.' Het ging hem om de experimentele poëzie die veel breder was dan die van de Vijftigers. Sommigen hadden daaraan meegedaan, anderen nauwelijks. Als je het werk van Lucebert en Claus tegenover dat van Campert zette, wist iedereen toch meteen wat hij daarmee bedoelde. Vinkenoog en Buddingh' waren met hun kritiek in zijn ogen zakenlui die vreesden dat zo het succes van de experimentele poëzie verspeeld zou worden. De nieuwe poëzie was voor hen een spelletje, waarover in oppervlakkige slogans gesproken kon worden. Het was een zaak geworden, de zaak B&V, die handelde in succespoëzie. De bloemlezing was niet aan hen besteed geweest.[80]

Ook met de Vijftigers had Rodenko een eind samen kunnen gaan, maar na deze reacties begreep hij dat het experimentele avontuur ten einde was.

Een jaar later, in 1958, stelde hij voor *Maatstaf* een speciaal nummer over de experimentele poëzie samen, waarin hij bijdragen van voor- en tegenstanders verzamelde. Daarin verschenen ook zijn (te) lange briefwisselingen met Gerrit Borgers, Hans Warren en Sybren Polet over hoe het allemaal gekomen was. Het laatste woord was aan Rodenko zelf. In 'Balans en perspectief' stelde hij dat er geen experimentelen meer waren, 'maar alleen een aantal dichters die, elk op hun eigen manier "ongebonden poëzie" schrijven; het "perspectief" kan dus alleen maar persoonlijk zijn'. Een groot deel van dit stuk ging over de voorgeschiedenis en hij beweerde nogmaals dat de experimentele poëzie een verlate doorbraak van het modernisme in Nederland was. Het was niet begonnen in 1950, maar allemaal terug te voeren naar Baudelaire, 'de vader van de moderne poëzie'.

Dat was ook de opmaat voor het grote essay over de experimentele poëzie waaraan hij in de jaren zeventig werkte en waarvan een deel, postuum, onder de titel 'De experimentele explosie in Nederland' in *De Gids* werd gepubliceerd.[81] Hij zette in met een correctie op Vinkenoogs revolutionaire opmerking uit de inleiding van *Atonaal*: 'De Nederlandse poëzie begint in 1950' werd bij Rodenko 'De Nederlandse wereldpoëzie begint in 1950'. De moderne wereldpoëzie was ontstaan in de Romantiek met dichters als Coleridge, Hölderlin en Novalis, omdat zij als eersten de vraag naar het maakproces van een gedicht stelden.

Centraal in het essay stonden de begrippen katabasis en anabasis. De moderne poëzie berustte op een voor de dichters zelf onbewuste oude vruchtbaarheidsmythe van marteling, kruisiging, afdaling in de onderwereld (katabasis) en de wedergeboorte (anabasis). Het was in andere woorden en uitgebreider hetzelfde als wat hij in 1946 over Millers opvattingen over het kunstenaarschap had beweerd.[82] Het idee van katabasis was door het christendom onderdrukt, want dat had alleen belangstelling voor de uiteindelijke weg omhoog, de herrijzenis. Elke afdaling naar het onderaardse, de nachtzijde van het bestaan werd in een christelijke cultuur als de West-Europese verbannen naar randgebieden, naar de mystiek. De Romantici nu waren de eersten die weer belangstelling hadden voor deze 'verboden' nachtzijde en werden gevolgd door de poètes maudits.

Rodenko plaatste de romantische dichter in een sociologisch kader: 'Het begin van de moderne poëzie in brede zin valt samen met het begin van het industriële tijdperk: voor de vooruitgangsideologen een glorieuze tijd, voor de dichter een "dürftige Zeit". Welke houding kan de dichter nu als sociaal individu, als medemens, aannemen in deze verschraalde tijd? Juist de bezinning op wat poëzie in wezen is doet de dichter beseffen dat hij in de gemechaniseerde, op het nuttigheidsprincipe stoelende maatschappij steeds meer geïsoleerd raakt, steeds verder in de marge gedwongen wordt. Hij is een outlaw, iemand die als dichter buiten de 'wet' staat, dat wil zeggen buiten het geheel van normen en waarden dat door de maatschappij als goed en positief gewaardeerd wordt.'[83] De dichter als iemand die buiten de maatschappij staat, een poète maudit. Zo'n dichter wilde Rodenko zijn en in het essay kreeg zijn credo 'Ik sta apart' wederom een plaats.

De nadruk van de moderne poëzie was steeds minder op het gedicht als 'af' product komen te liggen, maar meer op het proces van het dichten. Daarom is de moderne poëzie bij uitstek experimenteel te noemen. Deze poëzie was aan Nederland bijna geheel voorbijgegaan, wat het euforiegevoel van de Vijftigers verklaarde. Zij hadden het idee het wiel van de moderne poëzie uitgevonden te hebben en realiseerden zich niet voldoende dat anderen dat lange tijd voor hen al hadden gedaan.

In het essay figureerden niet de Vijftigers, maar Gerrit Achterberg als het belangrijkste Nederlands referentiepunt: 'Naar mijn weten is nergens in de moderne poëzie (of het moet zijn bij de zojuist aangehaalde Lucebert, maar dan toch minder pregnant, minder maniakaal zou ik bijna zeggen) deze problematiek van de twee wegen, de weg omlaag en de weg omhoog, scherper tot uitdrukking gebracht dan bij Gerrit Achterberg, bij wie het tot zijn centrale thema van zijn hele poëzie is geworden (het Orpheus-Eurydice-motief is er een van de vermommingen van).'[84]

3. GERRIT ACHTERBERG

In het interview met Piet Calis beweerde Rodenko tot 1947 geen Nederlandse poëzie te hebben gelezen. Hij vertelde verder: 'Na de oorlog woonde ik in Parijs, waar op een gegeven moment een brief van Sierksma kwam met de vraag of ik mee wilde doen aan een essaybundel over Achterberg. Nu had ik nog nooit van Achterberg gehoord, zodat ik zijn bundels opvroeg en hem ben gaan lezen. En met mijn interesse voor Achterberg ben ik geleidelijk ook belang gaan stellen in andere Nederlandse dichters.'[85]

Toen Sierksma hem in de zomer van 1947 vroeg mee te werken aan een bundel essays over Achterberg, kende hij diens werk wel degelijk. Als redacteur van *Columbus* had hij immers al voorgesteld gedichten van hem te publiceren.[86] Rodenko wilde dan ook graag meewerken en zette zich direct na het verzoek aan het werk. Hij was op dat moment in Nederland en bezocht Jan Vermeulen in Wassenaar, die vanaf 1943 bevriend was met Achterberg.

Vermeulen vertelde toen uitvoerig over wat inmiddels 'het geheim van Achterberg' was gaan heten.

Achterberg was eerst verliefd geweest op Bep van Zalingen en dichtte daarover in *Afvaart*. Daarna had hij een verhouding gehad met een hospita in Utrecht, met wie hij allerlei moeilijkheden kreeg. Volgens Vermeulen had Achterberg een moordcomplex en liep hij daarom altijd met een revolver rond, wat in 1937 tot een catastrofe zou leiden. Op een zeker moment kwam de dochter van de hospita, een meisje van zeventien, de kamer van Achterberg binnen om het eten te brengen. Hij probeerde haar 'op te vrijen', maar werd gestoord door de moeder. Achterberg pakte zijn revolver, deed de deur op slot en wilde zich voor de ogen van beide vrouwen van kant maken. Moeder en dochter dachten echter dat hij hen wilde vermoorden, openden daarom het raam en gilden. Achterberg begon te schieten, doodde daarbij de moeder en verwondde de dochter.

Achterberg werd daarna ter beschikking gesteld van de regering en verbleef in verschillende klinieken. In 1943 kwam hij vrij. Hij had zijn psychiaters verteld nooit meer zoiets te zullen doen, maar volgens Vermeulen klopte dat niet. Hij had zelf van Achterberg gehoord dat hij in dezelfde situatie daartoe weer in staat zou zijn.

Eenmaal thuisgekomen, noteerde Rodenko het verhaal in een boekje en ging hij verder met zijn essay over de poëzie van Achterberg.[87] Dat essay kreeg een wending. Na wat hij had gehoord, kon hij niet anders dan Achterbergs werk verbinden met zijn fascinatie voor het pathologische in de kunst.

Rodenko schreef 'Don Quichot in het schimmenrijk', waarin hij Achterberg een nieuwe Don Quichot noemde. Hij was aan één kant normaler, omdat hij de windmolens niet voor reuzen aanzag, maar gekker omdat hij zijn gevecht tegen het Niets voortzette. Achterberg ondernam in zijn gedichten pogingen een geliefde uit de dood terug te halen, al moest dit volgens Rodenko niet te letterlijk worden genomen. De 'gij' uit Achterbergs gedichten was een katalysator om te kunnen dichten over het 'probleemdood'.

Daarnaast psychologiseerde hij over de opdrachten aan vrienden en bekenden die aan de bundels van Achterberg voorafgingen. Hij noemde deze mensen 'pottenkijkers', die Achterberg nodig had om het 'voltooide lot' waar te maken. 'En hij heeft deze gasten, deze getuigen des te dringender nodig, naar mate het feit – het winnen van de geliefde in het duel met "het niet" – onmogelijker schijnt.' Achterberg had met andere woorden de commentaren van mensen als Hoornik en Aafjes nodig om het 'mystieke huwelijk' met zijn geliefde te realiseren. Dat vond Rodenko opvallend, omdat hij had verwacht dat voor een 'absoluut' dichter het vers voldoende zou zijn bij het tot stand brengen van het onmogelijke. Het stelde hem teleur dat Achterberg buiten het vers om 'hulp' ging zoeken.[88]

De essaybundel zou in 1948 uitkomen onder de titel *Commentaar op Achterberg*, maar Rodenko's essay werd in november 1947 voorgepubliceerd in *Podium*.[89] Achterberg las het en raakte 'overstuur'. Hij had zich weten te ontworstelen aan psychiatrische dwangverpleging en werd nu met de mededeling dat hij in een bepaald opzicht gekker was dan Don Quichot teruggeworpen in de waanzin. Vooral de opdrachtentheorie stoorde hem. Hij wilde publicatie in de bundel voorkomen en dreigde uitgever Bakker met advocaten. Hij schreef aan Bakker: 'Ik vind het erg jammer, niet eerst de inhoud van "Commentaar" te hebben gekend, alvorens te fotograferen. Ben je ook niet van mening, dat ik moeilijk naast het artikel van Paul Rodenko kan staan? Ik heb er met Eddy [Hoornik, K.H.] over gesproken en hij adviseerde mij je te verzoeken de foto's achterwege te laten.

Mocht je liever het artikel van P. R. laten vallen, dan heb ik niet het minste bezwaar tegen het beeldcommentaar, integendeel, die wij gezien hebben waren prachtig. (tenzij de andere artikelen ook in de geest van P. R. zijn...).

Ik schrijf je dit alvast, opdat je eventueel dan P. R. niet zoudt zetten.

Kun je voor hem niet Joop Hemmerlé nemen wiens essay in *Kroniek voor Kunst en Kultuur* staat (slot deze maand)? Het is mijn schuld, ik had dit eerder moeten doorzien.

Hoe vind jijzelf het artikel van Rodenko? Denk vooral niet dat ik zeur, maar Eddy kan zich met de toon van het bewuste stuk ook niet verenigen. [...] Je stuurt me toch de proeven nog even?'[90]

Achterberg deed zijn best de regie rond het schrijven over zijn werk in handen te houden. Hij werd geholpen door mensen als Ed. Hoornik en Nico Donkersloot alias Anthonie Donker, die er alles aan deden zijn geheim te bewaken. Het was dan ook niet voor niets dat Achterberg juist met Hoornik daags daarvoor de kwestie uitvoerig had besproken en aan Donkersloot schreef: '[...] las je Paul Rodenko in het nieuwe *Podium*. Is dat poëziekritiek?'[91]

Bakker liet een kantoorbediende bij Rodenko een brief brengen die aan duidelijkheid niets te wensen overliet: 'Er is groot gezanik aan de gang over uw aandeel in "Commentaar op Achterberg". Ik heb zaterdagmiddag een zeer uitvoerig gesprek met Achterberg over uw stuk gevoerd. Hij staat op zijn achterste benen en is van plan een aanklacht tegen u in te dienen wegens smaad. [...] Hij voelt zich in staat, om talloze van uw beweringen te ontzenuwen.' Bakker wilde het liefst diezelfde middag een gesprek. Daarna moest Rodenko maar eens met Achterberg gaan praten.[92]

Door de zweer aan zijn voet, die hem had verhinderd Sierksma in Groningen te bezoeken, kon hij zijn huis niet verlaten. 'Ben momenteel aan mijn kamer gekluisterd vanwege een zweer aan mijn voet. Kunt u mij niet bezoeken? Desnoods 's avonds. Ben uiteraard elke dag thuis', krabbelde hij in haast op de brief, die de bediende meteen mee moest nemen.[93]

Rodenko was trots op zijn stuk. Hij noemde het in een brief aan Van Santen 'zuiver existentialistisch-fenomenologisch'.[94] Toen deze over de deining hoorde, legde hij de oorzaak van de paniek uit. Rodenko had de spijker op de kop geslagen en daarvan waren de mensen geschrokken. Het was een psychonalytische behandeling *en plein public*, maar wat was daarop tegen? Freud had toch hetzelfde gedaan met Sofokles en Dostojevski en hun reputatie was daardoor in het geheel niet geschaad. Achterberg werd te veel beschermd door mensen als Ed. Hoornik en Anthonie Donker, die meenden dat alleen zij over zijn werk mochten schrijven. Van Santen stond achter Rodenko en wilde alles voor hem doen. Zo'n kwestie was precies wat ze nodig hadden om aandacht te vragen voor hun opvattingen. Ze moesten er een halszaak van maken en het gevecht met de gevestigde literaire orde aangaan.[95]

Ook Hermans kreeg uitvoerig verslag van de 'deining', net op het mo-

Paul Rodenko en Gerrit Achterberg

ment dat Rodenko had gehoord dat Ed. Hoornik en Anthonie Donker een stuk tegen hem wilden schrijven. Zij waren geschokt door de toon van zijn stuk, 'waarschijnlijk omdat ik heel gewoon over poëzie praat en niet de traditionele hiërarchische toon gebruik'. Hermans was niet bang voor dit soort aanvallen, zelfs niet voor een juridisch proces, want dat zou alleen maar reclame zijn voor Rodenko's werk. Maar aan de andere kant moest hij toegeven dat het een vervelende kwestie was, omdat niet iemand als Ina Boudier-Bakker was beledigd, maar Gerrit Achterberg. Rodenko kon op hem rekenen. Als Hoornik en Donker een stuk tegen hem zouden schrijven, dan zou Hermans ze in *Criterium* 'een beetje uitsliepen'.[96] Het beste was waarschijnlijk toch dat de kwestie op een fatsoenlijke manier werd opgelost.

Dat werd zij ook. Op 23 december schreef Rodenko aan Hermans dat 'de tweede Vredesconferentie in hotel De Wereld in Wageningen' – hier werd eerder de capitulatie van de Duitsers getekend – een succes was geworden, al had het gesprek tussen hem en Achterberg daar uiteindelijk niet plaatsgevonden. Ze hadden moeten uitwijken naar restaurant Nol in 't Bosch. Hij was daar samen met Bakker in de auto naartoe gegaan en had Achterberg ervan weten te overtuigen dat zijn stuk zakelijk van aard was en allerminst een afwijzing van zijn werk inhield. Ze waren als beste vrienden uit elkaar gegaan en Achterberg had zelfs beloofd de volgende bundel aan hem op te dragen. Maar toen hadden ze al de nodige borrels op. Wel had Rodenko toegezegd een naschrift voor het stuk in de bundel te schrijven, waarin hij niets terugtrok maar zou proberen uit te leggen dat het stuk alleen een structurele analyse was en geen esthetische waardering. Existentiële geladenheid en schoonheid waren voor hem identiek en het werk van Achterberg zoals hij dat had geanalyseerd kon niet anders dan mooi zijn.[97]

Toen het stuk in 1948 in *Commentaar op Achterberg* verscheen, viel daarin te lezen: 'In een persoonlijk gesprek wees Achterberg mij erop dat de "opdrachten" van zijn bundels, waar ik zo vergaande conclusies uit getrokken had, stuk voor stuk psychologisch zónder een beroep op de publiek-theorie te verklaren zijn. Dat is heel goed mogelijk, maar de psychologie is een gecompliceerde zaak en het *resultaat* – het enige waar ik als criticus mee te maken heb! – is in ieder geval, dat wij in elke bundel een mijnheer op de voorste rij instemmend zien knikken (een mijnheer, die daar zit als *symbool* voor het feit, waar het hier om gaat: de gevoeligheid voor andermans oordeel, de behoefte aan "medestanders").'

Achterberg ging niet meer in discussie, maar de bundels die daarna verschenen bleven opdrachtloos. Jaren later schreef hij erover aan de neerlandicus R.P. Meijer, hoogleraar in London: 'Na Rodenko's uiteenzetting over de opdrachten (in "Commentaar") bleven deze achterwege.'[98] Wel kregen afzonderlijke gedichten af en toe een opdracht mee. Boven de eerste versie van 'Eben Haezer', dat in 1955 in *Maatstaf* verscheen, staat: 'Voor Paul Rodenko'. Die versie kwam niet in Achterbergs *Verzamelde gedichten* te staan en Rodenko schreef er daarom in zijn exemplaar zelf bij: '*Maatstaf*: voor Paul Rodenko.'[99]

Het was de bedoeling dat *Commentaar op Achterberg* gepromoot zou worden tijdens een symposium in Nol in 't Bosch in Wageningen-Hoog. Achterberg zou daarbij aanwezig zijn en de beste bijdrage uitkiezen. Het verschijnen van de bundel had hem echter al zoveel energie gekost – ook met andere bijdragen was hij het niet altijd eens – dat het hem werd ontraden mee te doen aan deze happening, die dus niet doorging.[100]

Rodenko was inmiddels terechtgekomen in de kring rond Achterberg, die hij in zijn brieven aan Van Santen en Hermans zo had bekritiseerd. Hij werd een van zijn belangrijkste exegeten, in wie Achterberg steeds meer vertrouwen kreeg. Al snel na de ontmoeting in Wageningen schreef hij aan Achterberg een amicale brief, waarin hij nogmaals probeerde uit te leggen hoe zijn denkwereld in elkaar zat. De term Don Quichot was niet denigrerend, 'maar integendeel de hoogste lof die ik je geven kan: want Don Quichot is voor ons existentialisten de subliemste vorm van menselijkheid'. Ook stuurde hij een gedicht mee dat hij over Achterbergs werk had gemaakt. Het was de bedoeling dat in zijn eerste bundel gedichten een afdeling 'De meesters' zou komen, waarin dat vers uitstekend paste. Naast Achterberg werden daarin andere favorieten als Pablo Picasso, Paul Klee, Henri Michaux en García Lorca bezongen. Als motto zou hij graag 'Wat niet goed is, is niet geschreven' willen gebruiken, een regel waarvan hij wist dat die vaak in Achterbergs brieven voorkwam.[101] Dat mocht. Het gedicht verscheen pas eind 1949 in *Podium* en werd later gebundeld, in een afdeling die niet de titel 'De meesters' kreeg, maar 'Arabisch':

Achterberg

'*Wat niet goed is, is niet geschreven*'

I
Glas. Steen van glas.
Glazen zuurstof.
Roep van glas
(om glas)

(om glas).

Karaffen van gebaren planten zich
geslachtloos voort.
Giraffen van geboorten trillen
op transparante hoeven
Stemmen sluiten zich tot cirkels.
Zwart en wit verwisselen van plaats.

Geen berg is berg
zonder Achterberg.
Geen heelal heelal
buiten dit heelal.
Niets is
dat niet glas is.
Glas is
dat wat goed is.

Zo staat geschreven.

II

Lijnrecht dichtend in de dag.

Over de stoelen de sterren de spiegels
over de wetten de messen de zwangerschap
over het bukken en het zeggen
over de schimmel de traagheid het laatste blad
over de schaduw van een vrouw die haar kous ophaalt
over stilten die wit zijn van de termieten
over de handelsschool en de stadsbibliotheek
over het Rechte het Gele het Zware
het Kleverige en het Ongevere
het Schielijke het Nooitmere het Alombekende
over de fracties van seconden
over de fracties-van-fracties-van-seconden
over de fracties-van-fracties-van-fracties van-
    zwermen in hechte kolonnen
    sprinkhanen van passie uit.

Nevels van namen rookgebaren
drijven door wanden van spinneweb.

Tot op de botten kaalgevreten
spelen kinderen in de regen.
Auto's zijn tot as vergaan gerafeld.
het licht geluid van treinen
ijlt in vicieuze cirkels rond.
Politiemannen wapperen
als wasgoed op de pleinen.

Lijnrecht dichtend in de dag.
Woorden lepelend uit walvisogen.
Woorden van goud.
Woorden van riet.
Woorden van water.
Woorden als monniken.
Woorden als jakhalzen.
Woorden als schaamlippen.

Woorden
trillende als pijlen in een schietschijf.
Woorden als konijnen
in het koplicht
van de dood.

(De tijd verbloedt
op t' witte laken
van het vers).[102]

Met dit gedicht, waarin Rodenkiaanse en Achterbergiaanse taal en beelden samenkomen, sloot hij Achterberg voor altijd in zijn armen. Zijn poëzie was een heelal, een totale werkelijkheid, zij gaf de dingen een bestaansrecht. Achterberg was dé Nederlandse dichter.[103]

Achterberg op zijn beurt voelde van de dichters uit *Atonaal* de meeste affiniteit met Rodenko. Hij vertelde een keer dat die als enige schreef 'in vormen die ik aanvaarden kan'. Hij bewonderde zijn beelden, die 'scheermesscherp' gesneden waren. Rodenko was op zijn manier een jongere Marsman 'in de stoutmoedigheid waarmee hij de beelden aandurft'. En toen hij een vergelijking maakte met zijn eigen werk, vertelde hij Rodenko nieuwer, technischer en minder romantisch te vinden.[104]

Over het gedicht 'Achterberg' schreef hij aan Rodenko het 'magnifiek', een 'rivier' te vinden.[105] Maar de surrealistische sfeer uit het eerste deel moet hem toch vreemd zijn geweest, en het opsommen van onderwerpen die rechtstreeks uit zijn eigen werk kwamen, was een procédé dat hij zelf niet toepaste.[106] Het gedicht was de bezegeling van een vrienschap en wat nog belangrijker was: Rodenko had hiermee laten zien zijn werk te waarderen. Achterberg beloofde hem daarom ook een gedicht over hem te schrijven, maar daarvan is het nooit gekomen.

Rodenko zocht Achterberg enkele keren thuis op, eerst in Neede, later in Leusden. Meestal in gezelschap van Bert Bakker, een enkele keer met Ed. Hoornik of Jan Vermeulen. Ook in Den Haag zagen ze elkaar wel eens. Als Achterberg in Den Haag was, logeerde hij met zijn vrouw Cathrien bij Bakker of bij diens secretaresse Daisy Wolthers. In de periode van oktober 1952 tot en met maart 1953 waren Gerrit en Cathrien Achterberg langere tijd bij haar en in deze periode kwam Rodenko een paar keer langs. Gecorrespondeerd werd er nauwelijks. Als er een brief uit Leusden kwam, was die van Cathrien Achterberg. De dichter zette zelf alleen zijn naam onder de brief.

Tot diepe gesprekken tussen Achterberg en Rodenko kwam het nooit. Achterberg was ook een einzelgänger. Ab Visser, die hem vaak in Den Haag ontmoette, typeerde de dichter als volgt: 'Hij was een bewoner van een andere wereld dan de zichtbare wereld waarin hij leefde en die hem in wezen matig interesseerde.'[107] Daardoor was hij voor velen een moeilijke man, maar voor Rodenko werd hij daardoor als dichter en mens juist interessanter.

Achterberg kennen en deel uitmaken van zijn vriendenkring had voor Rodenko één groot nadeel. Hij zou nu nooit meer 'vrij' over hem kunnen schrijven. Achterberg was bij uitstek 'een geval' geweest waaraan hij in *De draad van Ariadne* uitvoerige beschouwingen had kunnen wijden, maar met zijn psychopathologische invalshoek moest hij nu voorzichtig zijn. In 1949 vroeg Vinkenoog hem of Rodenko niet eens wilde schrijven over de overeenkomsten tussen Artaud en Achterberg, maar daar antwoordde hij wijselijk niet op.[108]

De code in de kring rond Achterberg was niet over diens 'waanzin' te praten of te schrijven. Een enkele keer besprak Rodenko in intieme kring de psychiatrische kanten van Achterberg. Met Daisy Wolthers bijvoorbeeld, die beweerde dat hij een dochtertjescomplex had, wat met veel verve bestreden werd door Rodenko die het hield bij een moedercomplex.[109]

De Achterberg-kring was er om de dichter te beschermen en te stimuleren. En af en toe een eerbetoon te organiseren. Toen Achterberg in 1955 vijftig jaar werd, richtte een comité onder aanvoering van Bakkers echtgenote Victorine Hefting een feestmaaltijd aan in hotel De Lage Vuursche te Lage Vuursche. Rodenko dineerde daar in gezelschap van de jarige en disgenoten als A. Roland Holst, Ed. Hoornik, Mies Bouhuys, A. Marja, Anthonie Donker,

J. B. Charles en Ellen Warmond. Samen boden ze de dichter een tuinbank aan.
 Een ander cadeau was een speciale aflevering van *Maatstaf* met voor Achterberg geschreven gedichten van Hans Andreus, A. Roland Holst en Lucebert. Ook stond daarin het aan Rodenko opgedragen gedicht 'Eben Haezer'. Hij had op zijn beurt een poëtische bijdrage geleverd aan het door Daisy Wolthers samengestelde liber amicorum. Met pen schreef hij daarin een Haags gedicht dat later onder de titel 'Scherzo' werd gebundeld:

Scherzo
Voorhouts voorjaar

Er is een kalfje zon geboren –
Kijk dan (zachte, kelner, kinddier-met springtouw):
Mevrouw van P. draagt een lijster van licht op haar schouder
de generaal draagt een stem van saffraan voor zich uit
de fietsers hebben een tinketink speeldoos gebouwd en
de takken hangen vol teder en vrouwsel
 (Moeder Voorhout ligt koe-ogig te soezen
 te doezen te dromen van dubbetjesgoud)
En de kranten, mijn heer, wat zeggen de kranten?
De kranten, o ja, de kranten die zeggen:

Haags Dagblad: Haagse mussen hebben op de Plaats
 een kleine pagode van strass ingewijd

Haagse Courant: De Apendans is voortaan toegankelijk voor
 giraffen

Het Binnenhof: De Cineac wil haar actualiteiten afschaffen
 en geeft nog slechts *nieuws uit de eeuwigheid*

Het Vaderland: Maar de Overheid staat op het standpunt Dat
 (want Dit is te intiem bij-de-hand
 en wordt cadeau gedaan bij Alwieleefheeft)

De Waarheid: Het Laatste Nieuws: een Sluwe Dief heeft
 De minister van heus van Justitie ontvreemd

Haagse Post: Er komt een Haan met Rose Veren op de Toren

Trouw: En Elke Soldaat krijgt een Trommel van Voren

Rodenko's Nieuwsblad: ... er is een kalfje zon geboren ...[110]

Als bewonderaar van Achterbergs poëzie schreef Rodenko een aantal beschouwingen. In een bespreking van de bundel *Autodroom* (1954), de eerste publicatie over Achterbergs werk na 'Don Quichot in het schimmenrijk', brak hij een lans voor Achterbergs sonnetten, een versvorm waaraan hij zich normaal gesproken stoorde. Toen hij begin 1951 van Achterberg de bundel *Mascotte* kreeg toegestuurd, schreef hij aan Vinkenoog: 'Van Gerrit kreeg ik "Mascotte" toegestuurd. Zo jammer van al die sonnetten, maar toch is het een voortreffelijke bundel.'[111] Aan die sonnetten bij Achterberg raakte hij blijkbaar gewend; wat bij andere dichters een vorm van gemakzucht was, werd bij Achterberg een vorm waarin zich 'een wezenlijk facet van zijn dichterschap' weerspiegelde.

Dat dichterschap bestond uit twee complementerende aspecten: 'Nu eens zoekt hij het levensgeheim actief te veroveren door zich demonisch tegen de werkelijkheid zelf te verzetten, dan weer zoekt hij het geheim in een meer passief gekleurde, minutieuze verkenning, een intens beleven van de werkelijkheid.' Achterberg was vernietiger en cartograaf van de werkelijkheid, die 'dwangmatig, met verdubbeling van intensiteit' op hem afkwam. Vanuit dit perspectief moest ook de sonnetvorm worden bekeken. Door de spiegelende werking van het rijmschema in het sonnet, werd de verdubbelingssensatie verhevigd. En wat misschien wel het belangrijkste was: 'De vaste sonnetvorm is als het ware het sleutelgat waardoor hij de werkelijkheid bekijkt; en zoals bekend neemt de intensiteit van kleuren toe, wanneer men ze door een smalle opening bekijkt.' En zo wist hij de sonnettenschrijver Achterberg naar zich toe te schrijven.[112]

Achterberg was meer dan een medestander. Hij werd Rodenko's 'poëtisch referentiepunt', de Nederlandse Artaud, al heeft hij zelf die vergelijking nooit openlijk durven maken. Bij niemand in het Nederlandse taalgebied hingen het dichten en de dood (en de waanzin) zo samen als bij hem.[113] Daarom had hij hem ook zo'n belangrijke plaats gegeven in zijn essay 'Met twee maten'. Achterbergs gedicht 'Thebe' hoorde bij uitstek bij de poëzie van het echec, omdat hij dichtte 'Een taal waarvoor geen teken is/ in dit heelal,/ verstond ik voor de laatste maal', waarmee de keerzijde van het echec werd verwoord. Hij had de 'taal' even in een flits en op de uiterste rand van wat mensen kunnen, 'verstaan'. Achterberg was een Don Quichot die de dode geliefde tot leven probeerde te brengen, maar begreep dat hij tevreden moest zijn met een glimp van haar te zien.

Rodenko ging nogmaals dieper in op het werk van Achterberg in de door hem samengestelde bloemlezing *Voorbij de laatste stad*, waarvan in 1955 twee drukken verschenen met oplagen van 10.000 exemplaren elk.[114] De titel ontleende hij aan het mottovers van Achterbergs eerste bundel *Afvaart* uit 1931. Hij had er een flinke klus aan gehad. Bakker wilde een beperkte keuze en daartoe kon Rodenko maar niet komen. Met behulp van Daisy Wolthers lukte het hem de definitieve bundel bij de uitgeverij in te leveren.[115] Na in 1954 de experimentelen te hebben voorgesteld aan een breed Nederlands publiek was het nu de beurt aan Achterberg.

In zijn inleiding wees hij op twee aspecten van het werk. Achterbergs poëzie was vooral een poging door het woord of in de ruimte tussen de woorden de geliefde weer tot leven te brengen. Rodenko waarschuwde daarbij wel voor een te biografische interpretatie: 'Het is niet het contingente biografische feit van het verlies van de geliefde, dat de structuur van het dichterschap bepaalt, maar: het is de structuur van zijn dichterschap, die aan dit contingente biografische feit een mythische dimensie weet te geven.'[116]

Ee andere aspect was de religiositeit in Achterbergs gedichten, waarin beelden uit de oud-Egyptische en christelijke godsdienst samenkwamen. Achterberg dichtte 'De dichter is een koe', wat Rodenko in verband bracht met de Egyptische stier Apis, de belichaming van het woord. Deze voorstelling had door de opkomst van het christendom ondergronds moeten blijven, maar was via de romantiek en het symbolisme bij dichters als Achterberg weer manifest geworden.

Rodenko was met de bloemlezing een pleitbezorger van Achterberg geworden en werd dat nog meer toen *Spel van de wilde jacht* in 1957 bij Querido verscheen. De bundel werd ongunstig door de kritiek besproken en Achterberg raakte daarvan zodanig ontstemd, dat hij in een depressie raakte. De critici hadden hem onrecht aangedaan en dat was ook de mening van Bakker, die het plan bedacht een gesprek te arrangeren tussen Achterberg en Rodenko. Tijdens dat gesprek zou Achterberg iets kunnen vertellen over de ontstaansgeschiedenis van de bundel, zodat Rodenko daarna op grond van deze informatie een 'rechtzetting' voor *Maatstaf* kon schrijven.[117]

Op verzoek van Bakker stuurde Querido aan Rodenko een map met alle verschenen kritieken. Die wilde net een stuk over de bundel voor de *Nieuwe Rotterdamse Courant* en het leek hem 'niet fair' te schrijven nadat hij met Achterberg had gesproken. Hij wilde eerst 'blanco' een eigen recensie schrijven, die dan mooi in de 'rechtzetting' betrokken kon worden.[118]

Rodenko schreef voor de *Nieuwe Rotterdamse Courant* 'Een poëtische autobiografie?', een recensie die vergeleken met wat anderen hadden geschreven, positiever was, al had hij ook wat moeite met de samenhang van de bundel. 'Men ziet: het "stuk" zit vol fascinerende motieven en geheimzinnige onderstromen, die men als typisch achterbergiaans herkent, waarvan men wel vagelijk de samenhang vermoedt, of althans vermoedt dat er een samenhang moet zijn, maar waarvan de dramatische opbouw toch niet bepaald evident is te noemen (ook al versta ik daar natuurlijk iets anders onder dan logisch en bevattelijk). Ik heb dan ook zo'n idee, dat Achterberg hier eigenlijk op twee gedachten hinkt; dat hij enerzijds een dramatische verbeelding, anderzijds een soort poëtische autobiografie, een afrekening en zelfreiniging heeft willen geven, iets in de trant van Marsmans *Tempel en Kruis*, en dat men in de drie bedrijven de uitbeelding, de herbeleving, de enscenering van de drie opeenvolgende fasen van zijn dichterschap heeft te zien. De afwachtende, geobsedeerde waakzaamheid eerst, het luisteren, het telkens menen haar te zien, daarbij omringd door achterdochtige, "samenzwerende" lieden (want hij neemt een standpunt in "tegen het standpunt in van iedereen"), daarna de poging tot afdaling in de onderwereld (Hecate), waar hij echter in plaats van de vrouw God ontmoet.'[119]

Rodenko stuurde zijn kritiek naar Achterberg en schreef in zijn begeleidende brief: 'Je ziet dat de bouw van het "spel" mij ook niet helemaal helder is, maar dat ik getracht heb een aantal motieven die er een rol in schijnen te spelen er uit te lichten.' Het meest intrigeerde hem de rol van God aan het einde van het tweede bedrijf: 'Ik bedoel, is het niet zo dat tijdens de wilde jacht op de "zij" de figuur van God zich er op een zeker ogenblik voorschuift en zo het bereiken van het eigenlijke doel verhindert? [...] Enfin, mondeling spreken we daar nog wel over.'[120]

Het gesprek tussen Achterberg en Rodenko vond plaats op 17 november en leidde tot 'Spiegel van de wilde jacht. Kanttekeningen bij Achterbergs *Spel van de wilde jacht*, de reactie van de kritiek en enkele persoonlijke commentaren van de dichter.' Het stuk verscheen begin 1958 in *Maatstaf* en werd later gebundeld in *Nieuw Kommentaar op Achterberg*.[121]

Het was een poging verbanden in de bundel aan te tonen, die door de critici niet waren gezien. Achterberg had hem bijvoorbeeld gewezen op de samenhang van het woordje 'staan' in de laatste regel van het gedicht 'Horeb' en het woord 'stonden' in de eerste regels van 'Watersnood': 'Geef God eer. Wijd open mond en bek,/ hebben we daar staan zingen als een gek' en 'Beelden van Zadkine stonden moeders daar/ babies boven de springvloed uit te beuren.' In deze twee regels betekende staan, staan tegenover Gods wet. Rodenko concludeerde daarna samenhangend: '[...] in een brief had ik Achterberg n.l. al de vraag gesteld of de wat wonderlijke formulering "zingen als een gek" (men zou, waar de dichter door God wordt aangeraakt, toch meer een positieve, in ieder geval meer "poëtische" formulering verwacht hebben:

in "als een gek" klinkt iets te geforceerds, iets gewrongens, het klinkt als een mechanisch geblèr zonder innerlijke overtuiging) – of deze curieuze formulering niet gekozen is om een element van frustratie aan te duiden: in feite betekenen de laatste twee gedichten uit het tweede bedrijf immers dat God als het ware een stokje steekt voor 's dichters pogingen om de geliefde langs een magische weg te bereiken. Op deze interpretatie reageerde Achterberg positief: maar door te spreken van "de wet waar je nu eenmaal onderdoor moet" maakte hij tevens de diepere zin van deze "frustratie" duidelijk, verhelderde hij de functionele plaats van het waternoodgedicht en deed hij mij tevens de interpretatie van de Wilde Jacht als geheel aan de hand, die ik in de loop van dit stuk zal ontwikkelen.'[122]

In Rodenko's stuk passeerden alle critici van Achterberg de revue en werden de bronnen van de bundel openbaar gemaakt. Op een briefje had Achterberg voor Rodenko getypt dat hij bijvoorbeeld over de wilde jacht in het *Folkloristisch Woordenboek* van K. ter Laan had gelezen: 'De tocht van de geesten (zielen door de lucht in de Joeltijd, in de 12 dagen (nachten) tussen Kerstmis en Driekoningen (25 december–6 jan.), volgens de gewone voorstelling aangevoerd door Wodan. De stoet van geestesverschijningen maakte vaak de indruk van blaffende honden.' Ook de *Winkler Prins* was geraadpleegd: 'De wilde jacht is in het volksgeloof de naam voor een leger van geesten, dat onder jachtgeschal en hondengeblaf door de lucht trekt.'[123]

Rodenko begreep dat het gebruiken van dit soort informatie niet paste bij zijn werkwijze en dat hij haar moest verdedigen. Achterberg zelf was niet in staat geweest zijn gedichten in proza te ontleden, waardoor hij als criticus zijn vrijheid had gehouden. Van Achterberg had hij niets gehoord over diens bedoelingen, maar alleen over het functioneren van zijn dichterlijk denken. Het was daarom verantwoord enkele uitlatingen van de dichter in de beschouwing op te nemen.[124]

In 1962 stierf Achterberg, 56 jaar oud, aan een hartaanval. Hij werd op 22 januari op de Algemene Begraafplaats 'Rusthof' in Leusden begraven. A. Roland Holst, Ed. Hoornik, Jan Vermeulen, maar ook Gerrit Kouwenaar, Harry Mulisch en Simon Vinkenoog waren daarbij aanwezig. En natuurlijk Paul Rodenko. Hij had aan Cathrien Achterberg een paar dagen na het overlijden geschreven: 'Al zagen we elkaar niet zo vaak, je weet hoe nauw Gerrit en ik in geestelijk opzicht verbonden waren, ik heb het gevoel of er iets in de wereld, in mij ontwricht is.'[125]

Voor het herdenkingsnummer van *De Gids* schreef hij 'Dichter en boer'.[126] Hij memoreerde hierin de woorden van Achterbergs broer, die vlak na de begrafenis in intieme kring had gezegd: 'Ja, Gerrit was eigenlijk zo'n goede boer.' Hiermee kon hij instemmen want Achterberg kon door zijn boerse nuchterheid en concreetheid een revolutionair dichter zijn. Hij maakte de poëzie 'nieuw' en liet zien dat zij een avontuur was dat telkens 'opnieuw' moest beginnen. Voor hem was het woord geen schone klank of een 'vervoermiddel' van gedachten. De poëzie was een reële zaak, waarvoor het waard was te sterven.

Maatstaf volgde twee jaar later met een Achterberg-nummer, waarin de brief uit begin 1948 van Paul Rodenko aan Achterberg werd gepubliceerd. En het essay 'Jacht op de vonk der verzen en een vrouw'. De 'deining' uit 1947 kwam uitvoerig ter sprake en hij benadrukte nogmaals dat hij toen niets wist van Achterbergs tragiek. Hij hield ook nu nog zijn Achterberg-mythe in stand.[127]

Toen het nummer van Maatstaf verscheen, was Achterbergs 'geheim' inmiddels geen geheim meer. Ruim anderhalf jaar na zijn dood zond de AVRO-televisie een film uit over het leven van Achterberg, waarin gezinspeeld werd op de gebeurtenissen van 1937. Simon Vinkenoog maakte daarna de kwestie ook voor de laatste twijfelaars duidelijk. Een half uur na de uitzending ging hij naar een Amsterdamse nachtclub en sprak luidkeels de volgende woorden uit: 'Gerrit Achterberg heeft een vrouw gedood.' Voor het eerst had iemand het openlijk gezegd.[128] Een uitvoerig verslag van deze 'rel' in de Haagse Post knipte Rodenko uit en stopte hij bij zijn Achterberg-documentatie.[129]

Hoornik en Nagel hadden meegedaan aan het televisieprogramma en mochten daarom niet meewerken aan Nieuw Kommentaar van Achterberg, dat werd samengesteld door Bakker en Andries Middeldorp. Rodenko had part noch deel gehad aan het televisieprogrogramma en was in de bundel vertegenwoordigd met twee bijdragen. Het boek stond onder supervisie van Cathrien Achterberg. Zij zou ervoor zorgen dat alles wat verwees naar 1937 niet werd opgenomen. Alsof er niets was gebeurd.[130]

Rodenko bleef met Achterberg bezig. In 1964 kreeg hij een stipendium voor een studie over de ontwikkeling van diens dichterschap. Het was zijn bedoeling eerst tot een juiste datering van de gedichten te komen, omdat Achterberg die bewust had versluierd. Hij wilde daarom de brieven in de nalatenschap bestuderen, waarin hij sporen van de ontstaansgeschiedenis van de gedichten hoopte aan te treffen. Pas daarna was het mogelijk de varianten, de sleutel tot zijn dichterschap, nader te onderzoeken.

Voorts wilde hij de kritieken op Achterbergs werk bekijken en nagaan in hoeverre deze zijn poëzie hadden beïnvloed. Voor een beter begrip van het werk was het noodzakelijk literaire invloeden, de invloed van de bijbel, van milieu en opvoeding en 'tenslotte de wijze waarop persoonlijke ervaringen creatief verwerkt werden' bij zijn studie te betrekken.[131]

Het was een flink karwei, vooral omdat hij gaandeweg ontdekte ook uitgebreid aandacht te moeten besteden aan de motieven en symbolen. Een jaar later had hij de motieven en symbolen onderzocht, de woordkeus bestudeerd en de varianten geïnventariseerd. Hij wilde het onderzoek nu een wending geven. 'Ook zou ik – ofschoon ik in principe van het werk en niet van het persoonlijk leven van de dichter uitga – nog een aantal personen willen interviewen, die mij meer gegevens kunnen verschaffen over uitlatingen die Achterberg zelf gedaan heeft omtrent zijn werkwijze, zijn houding tegenover zijn eigen poëzie en die van anderen', schreef hij aan het ministerie. Hiervoor had hij medewerking nodig van de weduwe en andere intimi uit de kring van Achterberg. Hij was tot de ontdekking gekomen dat er zich een soort mythologie van commentaren rond Achterberg had gevormd. Door onderzoek wilde hij proberen tot een 'meer objectieve basis van begrip van deze poëzie te komen'.[132]

Hij kreeg tweemaal een stipendium, maar moest in 1968 melden dat hij alleen een essay over de varianten bij Achterberg in *Nieuw Kommentaar op Achterberg* had gepubliceerd. Dat was het eerdergenoemde 'De duizend-en-één-nachten van Gerrit Achterberg', waarin hij beweerde dat de varianten bepaald werden door de interferentie tussen twee wereldbeelden.[133]

De voorgenomen uitgebreide studie zou er nooit komen. Er zijn notities bewaard gebleven en aantekeningen in Rodenko's exemplaar van de *Verzamelde gedichten*. Daarin schreef hij aan de binnenkant van de kaft dat de dichter was beïnvloed door Leopold, Hendrik de Vries, Hendrik Marsman en Gerard Bruning. Ook was hij ervan overtuigd in de gedichten 'een concrete beschrijving van "haar"' te zijn tegengekomen. In de tweede strofe van het gedicht 'Silhouet' had hij gelezen:

'Het krijgt de oude omtrek. Kleed en haar
zijn nog dezelfde, even los en lang
als van de mode, van uw dood in zwang.
Er is bij dit herleven geen gevaar.'

De laatste versregel werd onderstreept en voorzien van twee uitroeptekens. In de marge schreef hij: 'Daarom valt bij A. steeds de nadruk op het lange haar.' De gebeurtenis van 1937 bleef Rodenko intrigeren.[134]

Een ander plan was 'De wilde jager', een uitgave van Achterbergs *Spel van de wilde jacht*, met analyse, commentaar en verwijzingen naar parallellen in de moderne westerse poëzie en verhalende literatuur. Hij kreeg daarvoor in 1972 een stipendium van de gemeente Amsterdam. Het spel vormde een 'brandpunt' in Achterbergs werk, zo schreef hij in zijn aanvraag, in die zin dat bijna alle motieven uit zijn werk hierin samenkwamen. De opzet was de gedichten stuk voor stuk te analyseren en de samenhang met andere gedichten uit zijn werk te bekijken. Zo was het mogelijk constante motieven op te sporen en daarbij kritisch de gehele literatuur die er over Achterberg bestond te betrekken. Ook zou hij ingaan op de christelijke, heidense en folkloristische motieven, waarbij hij kon beschikken over Achterbergs bibliotheek.[135]

Ook deze studie bleef in het stadium van aantekeningen, wat volgens Rodenko zelf mede kwam door een bijna identieke uitgave van de neerlandica M. Schenkeveld. Zij had met enkele studenten in 1973 *Aantekeningen bij Achterbergs Spel van de wilde jacht* uitgegeven. Deze uitgave had hem tot het kiezen van een nieuwe vorm gedwongen, wat uiteindelijk niet lukte.

Zijn werktekst voor deze uitgave was De Boekvink-editie van *Spel van de wilde jacht*, verschenen in 1967. De gedichten werden voorzien van notities, waarin op verbanden met andere gedichten, de mythologie en psychoanalytische literatuur werd gewezen. Op het titelblad schreef hij dat het centrale thema van de bundel 'inklimming' was. De dichter probeerde door zich als grootgrondbezitter te vermommen, binnen te dringen in het reservaat. Dit thema was ook terug te vinden in het gedicht 'December' uit de *Verzamelde gedichten*, waarin staat: 'Het is de December/ van je dood'. En even verder: '[...]ik ga u binnen/ als breker in/ wildvreemde huizen [...].' Rodenko noteerde daarbij, verwijzend naar de titel: '= 15 december '37.'[136]

Het is jammer dat Rodenko zijn studies over Achterberg niet heeft kunnen afronden. Als een van de weinigen was hij werkelijk doorgedrongen in het werk van deze dichter en kon hij het van een brede context voorzien. Hij was een geestverwant, een dichter die hem er in feite toe dwong te erkennen dat leven en werk zeer nauw met elkaar waren verbonden en dat een juist begrip van zijn poëzie meer was dan het lezen van zijn teksten. Biografische accidentia speelden vanaf het eerste essay over Achterberg een rol, maar hij kon en durfde er toen niet over te spreken. Pas na Achterbergs dood kon hij de horizon verbreden, waarbij hij blijkbaar de steun had van Achterbergs weduwe.

In de jaren zestig en zeventig kwamen twee televisieteksten over Achterberg wel gereed. De eerste tekst, 'De poëzie van Gerrit Achterberg', schreef Rodenko voor het programma *Literair kijkschrift* van de NCRV-televisie: het werd op 13 mei 1965 uitgezonden.[137] Aanleiding voor deze uitzending was het verschijnen van de bloemlezing *Het weerlicht op de kimmen*, samengesteld door Achterbergs weduwe.[138] Het programma begon als volgt: 'Op 20 mei van dit jaar zou de dichter Achterberg zestig jaar geworden zijn. Ruim drie jaar na zijn dood is hij nog steeds een omstreden figuur, over wie welhaast iedere criticus zijn eigen theorie heeft.'[139]

Het andere televisieprogramma, *Zoals geschreven door Gerrit Achterberg*, werd door de IKOR uitgezonden op 7 januari 1973. De opnamen vonden plaats op 23 en 24 november van het jaar daarvoor, maar Paul Rodenko was daarbij niet aanwezig.[140] De teksten, met veel gedichten van Achterberg, werden door hem afgeleverd om voorgelezen te worden door Henk van Ulsen. Die begon met het voorlezen uit Achterbergs werk en de karakteristiek die Rodenko ervan had gegeven: 'De in 1962 overleden dichter Gerrit Achterberg zou men een volstrekt dichter kunnen noemen. In de eerste plaats omdat hij uitsluitend dichter was; dichten was voor hem zo noodzakelijk als ademhalen – een zaak van leven en dood; én omdat zijn hele werk zich kenmerkte door een streven naar het absolute, dat geen enkel compromis toeliet.'[141]

HOOFDSTUK 6

'Den Haag: stad van aluinen winden en pleinen'

1. TRAAG DEN HAAG

Enkele leden van de Achterberg-kring woonden of kwamen regelmatig in Rodenko's woonplaats Den Haag. Zij speelden net als hij een rol in het Haagse kunstleven, dat in de jaren vijftig floreerde als nooit tevoren. De stad kon zich toen meten met Amsterdam, hét culturele centrum van Nederland, al viel het velen op dat de sfeer onder Haagse kunstenaars anders was. Dat had volgens hen te maken met het eigen karakter van de stad, waarover ook toen al werd gezegd, geschreven en gezongen: Den Haag is kil, afstandelijk en er gebeurt niets.[1] Rodenko kende Den Haag beter en volgens hem was die distantie een façade, waarachter zich een rumoerige warme wereld bevond. Die façade, die lijkt op het vlies in zijn poëzie van het echec, inspireerde hem tot het schrijven van 'Den Haag':

Den Haag

Prelude

Den Haag: stad van aluinen winden en pleinen.
Winden als pleinen zo wijd.
Pleinen rustig als de grote handpalm
van de grote openheid.
Reigerlijk zijn er de vrouwen, lang en toch lieflijk;
kuis staan zij aan parken, karyatiden van zonlicht,
en lieflijk gaan zij desmiddags; antiektakkend uurwerk.
Zuidelijker later en lynxer, heupruisender; bemerk nu
haar ogen:
een klein ballet, speelkaarten vuurwerk.

Trager de mannen,
meer ingetogen. Hun handen zijn blauw als water,
hun handen zijn als strakke blauwe winden.

Zo vinden zij daaglijks de verte uit, als een
voorwerp waarmee men wijs worden kan, sterven, regeren.
Toch kennen zij deernis, houden van dieren, van honing
en vallende sterren.
Zij staan als uitkijktorens open.
Zij sluiten zich lang en onvermoeid, als bloemen.

Ruim zijn de dagen en toch menselijk, gedempt rumoerig.
Maar de nachten zijn stil en oplettend;
hoe zuiver schaakt de maan in het plantsoen![2]

Den Haag en zijn bewoners waren voor Rodenko een paradox. Hij woonde in een stad met twee gezichten: 'gedempt-rumoerig'. In 'Den Haag' gaf hij een karakteristiek van zijn woonplaats, maar indirect ook van zichzelf. Als burger was hij immers bedachtzaam en 'gedempt', maar als dichter en essayist 'rumoerig', een onruststoker. Paul Rodenko was ook iemand met twee gezichten.[3]

Dat dubbele had hij gemeen met Haagse vrouwen. Voor de buitenwereld lijken ze reigerlijk afstandelijk, maar wie ze beter kent, weet dat zij kunnen veranderen in temperamentvolle roofdieren, waarvoor geen man veilig is. Hun wonderlijke metamorfose vindt plaats op het meest verstilde moment van de dag, de namiddag. Het is deze stilte die Rodenko altijd heeft geïntrigeerd, omdat zij vol spanning zit en het onmogelijke mogelijk lijkt te maken. Het is het ogenblik van 'Stilte, woedende trompet'.

Anders zijn de mannen, die als ambtenaren van een regeringsstad rust, maar vooral orde uitstralen. Zij hebben met 'handen blauw als water' iets kils en lijken levenloos. Maar toch is niets menselijks ze vreemd, al beleven ze het wonder op hun manier ('vallende sterren'). Den Haag is voor Rodenko een spannende stad. Die spanning manifesteert zich in het verschil tussen mannen en vrouwen, tussen de ruime dagen en de stille oplettende nachten en in de vervreemdende ordelijkheid en rust.[4] 'Den Haag dwingt altijd tot vertraging', schreef Kees Fens eens, en dat was precies wat Rodenko nodig had.[5]

Rodenko gaat in het essay 'Over de dichter Nes Tergast' uit 1953 dieper in op de sfeer en het literaire leven in Den Haag. Hij stelt daarin dat Amsterdam alleen qua literaire politiek een centrale plaats inneemt en dat het bijzondere karakter van Den Haag vaak wordt vergeten: 'Het karakter van Den Haag immers – kalmer, bedachtzamer, "diplomatischer" (ook in de zin van: meer "welopgevoed") weerspiegelt zich op een zeer typische wijze in onze letterkunde. Vergeleken met het meer intensieve en rumoerige leven van

Amsterdam mag dit wel eens een zekere indruk van "achterlijkheid" geven, die een weekblad vertoont tegenover een dagblad: het weekblad brengt niet het allerlaatste, nog onverwerkte nieuws – maar wat het wél brengt is meer betrouwbaar en gefundeerd nieuws, nieuws in wijder perspectief.'[6]

Een belangrijke bijdrage aan de Nederlandse letterkunde had Martinus Nijhoff geleverd, een uitgesproken Haagse dichter-criticus. Hij had al voor de Tweede Wereldoorlog geschreven over de 'autonome creativiteit van het woord' en het gedicht als een autonoom taalbouwsel, maar was met deze moderne inzichten nooit de barricaden opgegaan.[7] Daardoor werd zijn invloed op de Vijftigers, de 'Amsterdamse' jongeren die 'verder' dachten te zijn, vaak vergeten. Rodenko had voor hun werk een lans gebroken, maar aan hun luidruchtige wijze van presenteren had hij niet willen meedoen. Hij deed het liever als Nijhoff, de belangrijke modernist, die in zijn werk niet spectaculair modernistisch was.[8]

In Den Haag waren kunstenaars trouwens bijna nooit uit op spektakel en hielden de meesten ook niet van kretologie. Vergeleken met Amsterdam kwamen publieke acties dan ook weinig voor, want dat was eigenlijk niet nodig. Hier dronken traditionele dichters gebroederlijk met hun modernistische collega's een borrel en konden figuratieve en non-figuratieve schilders het samen goed vinden. De Haagse schilder Herman Berserik merkte daar eens over op: 'Dat was overigens iets dat vooral Amsterdamse collega's opviel, dat wij Hagenaars zo vriendelijk met elkaar omgingen. In die dagen was het in de hoofdstad volmaakt onmogelijk dat een realist een "abstracticus" vriendelijk kon begroeten als-ie hem zou ontmoeten.'[9]

In het essay over Tergast karakteriseert Rodenko ook de werkwijze van Nijhoff en Tergast als typisch Haags. Beiden werkten langzaam en consciëntieus. Rodenko legt zo, zonder het expliciet te zeggen, een relatie met zijn eigen poëtica en zijn manier van werken. Wie traag leeft, ziet de wereld immers anders. Hij dikte dit zelf vaak aan door te vertellen dat hij maar één woord per uur kon schrijven, een beeld dat bevestigd werd door het poëticale en 'autobiografische' gedicht 'De dichter':

'Nog aarzelt hij. Het licht
wordt wezenloos als een traan;
de stilte staat pal op zijn borst gericht.
Dan krast hij stom de woorden neer
(één woord per uur)
waarin de dingen als een zweer
moeizaam etterend opengaan.'[10]

Den Haag leek voor Rodenko alle voorwaarden te hebben voor een zuiver en ongestoord kunstenaarschap, maar ook hier werd hij betrokken bij een wereld waarmee hij een ambivalente verhouding kreeg. In Den Haag woonde Bert Bakker, die niet alleen de spil van de Achterberg-kring was, maar ook van het culturele leven in Den Haag. Hij was de directeur van uitgeverij Daamen N.V., maar ook van wat met enige overdrijving de culturele maffia van Den Haag genoemd kan worden.[11] Om deze machtige man kon niemand in de Haagse kunstwereld heen. Ook Rodenko niet en Bakker werd vanaf het begin van de jaren vijftig zijn uitgever en mecenas. Door Bakker verwierf hij een regelmatige bron van inkomsten, maar daarvoor moest hij uiteindelijk wel een artistieke tol betalen.

2. HAAGSE KRINGEN

Rodenko had Bakker eind 1947 voor het eerst ontmoet in verband met de kwestie Achterberg en leerde hem daarna beter kennen in het Haagse caféleven en de literaire salon van de actrice Hélène Oosthoek.[12] Daar was Rodenko terechtgekomen via Gerard Messelaar, met wie hij net als met Jan Goverts de eerste naoorlogse jaren nog wel eens pokerde. De drie ex-*Maecenas*-leden richtten in de zomer van 1945 daarvoor het Haags Intellectueel Pokergenootschap op, waarvan Rodenko echter geen frequent bezoeker werd. Vlak na de oorlog was hij bezig als schrijver een plaats in de Nederlandse literatuur te veroveren en wist dat hij daarvoor niet in hun kring moest zijn. Hij had inmiddels mensen als Hermans leren kennen, met wie hij literair gezien meer affiniteit had.

Ook met Van Loon, die hem door opname van gedichten in *Parade der Profeten* landelijke bekendheid had bezorgd, werd het contact na de bevrijding daarom minder. Die had hem nog weten over te halen om op 1 april 1946 een voordracht over het surrealisme te houden voor de afdeling Letterkunde van de Contactgroep Jonge Kunstenaars, maar daarna zagen ze elkaar nauwelijks meer. Een van de toeschouwers in de Academie voor Bouwkunst aan de Prinsessegracht was Hans van Straten, die in een brief aan zijn vriend Max de Jong schreef: 'Rodenko stottert inderdaad, maar toch heeft hij het klaargespeeld in Den Haag een lezing van een uur te houden over het surrealisme. Hij was net een poppetje dat ze opgedraaid hadden, twee of drie keer haperde hij even.'[13]

Van Loon en Messelaar vonden alles wat Rodenko deed van hoog niveau en begrepen dat hij meer dan zijzelf een echte schrijver zou worden. Ze nodigden hem daarom ook regelmatig uit voor literaire avonden bij vrienden thuis. Het ging er in de Haagse huiskamers anders aan toe dan bij Coos Frielink in Amsterdam, die tussen 1945 en 1954 een salon organiseerde waar 'modernen' als Lucebert hun werk voorlazen. Rodenko moest het doen met traditionelere kringen, zoals die van onderwijzeres Greetje van het Hoff, een vriendin van de vrouw van Messelaar. Een enkele keer was zo'n avond gezellig, maar artistiek gezien kwam hij daar niet verder. Het was de tijd dat hij met vuur en vlam tijdschriften wilde hervormen en zijn destructieve poëtica ontwikkelde. En van die 'dichter-in-een-storm' begrepen ze in de Haagse huiskamers maar weinig.

Van de bijeenkomsten bij Hélène Oosthoek verwachtte hij meer, omdat zij gerenommeerde Haagse letterkundigen inviteerde. Bij haar uitgenodigd worden, betekende dat je bij de groten uit de Nederlandse literatuur hoorde. Oosthoek waardeerde Rodenko's 'onderduik'-gedichten die in *Parade der Profeten* hadden gestaan en die zij van Messelaar had gekregen. Op een zondagmiddag in juni 1947 las ze zijn werk voor op een literaire middag bij Messelaars schoonvader Jan Ubbink en viel daarmee op.[14] 'Ze had veel succes, al betwijfel ik of de oudere garde er veel van begrepen zal hebben', schreef Messelaar aan Rodenko.[15] Snel na deze middag nodigde Oosthoek hem uit voor 'gezellige bijeenkomsten' met 'gelijkgestemden' bij haar thuis. Contacten waren na de oorlog moeilijk op gang gekomen en zij hoopte zo mee te helpen aan de wederopbouw van het Haagse culturele leven.

Hélène Oosthoek was de weduwe van de in de oorlog omgekomen acteur Bob Oosthoek en woonde met haar twee kinderen in de idyllische Vogelwijk. Zij was knap en genoot als actrice aanzien. Het kan niet anders dan dat ook Rodenko onder de indruk raakte van haar charmes, maar hij liet dat niet merken. Hij was in de ogen van Oosthoek daarom geen *homme à femmes*, wat zij gecombineerd met zijn enigmatische verschijning en introverte persoonlijkheid intrigerend vond. Zij sloeg aan het analyseren en als ze hem observeerde, ook later tijdens feesten van Haagse kunstenaars, meende ze zijn verborgen agressie te zien. Een enkele keer probeerde ze met hem daarover te praten, maar dat werd niet op prijs gesteld. Rodenko reageerde daarop met heel hard in haar hand te knijpen, waardoor hij haar vermoedens bevestigde.

Het introverte van Rodenko stond een gesprek 'op niveau' niet in de weg. De weinige woorden die hij sprak over kunst en politiek, waren 'to the point' en gegoten in een vorm die discussie uitlokte. Hij was voor haar 'op en top een kritische geest' en die was welkom op zo'n avond. Rodenko ontmoette hier naast uitgever Bert Bakker, de dichters Martinus Nijhoff, Jacques Bloem en de Griekse dichter-diplomaat Nicolas G. Lély. Over Lély zou Rodenko later een artikel voor *Podium* schrijven en samen met Nijhoff vertaalde hij enkele gedichten van hem.[16]

Bij Oosthoek kwam Rodenko dus voor het eerst in contact met belangrijke figuren uit de Haagse kunstwereld. Nijhoff was bijvoorbeeld niet alleen een gevierd dichter en criticus, maar ook iemand die op ambtelijk niveau relaties had. Na de oorlog was hij lid van de Letterkundige Ereraad die de schrijvers moest zuiveren, adviseerde hij onderwijsminister G. van der Leeuw en werd hij voorzitter van de Rijkscommissie voor eregelden aan letterkundigen.[17] En, wat voor een Haagse kunstenaar erg belangrijk was, hij was een bekende van uitgever Bakker. Bij Nijhoff in een goed blaadje staan, deed Rodenko aan het begin van zijn carrière geen kwaad.

Hij bezocht hem een enkele keer thuis aan de Kleine Kazernestraat, maar vriend van Nijhoff werd hij niet. De afstand tussen beiden was te groot. Nijhoff was inderdaad het tegendeel van een revolutionair en eerder een heer van stand en zeer bourgeois. En daarmee behoorde hij tot Rodenko's 'heren: meervoud' en de 'goudgebrilde' heren aan wie hij en Aimé van Santen zo'n hekel hadden.[18]

Voor Bakker was Nijhoff een literaire autoriteit, door wie hij zich graag liet leiden. Toen die erop aandrong Rodenko als vaste medewerker van *Maatstaf* te benoemen, volgde hij dat advies meteen op.[19] Ook Ed. Hoornik – voor de oorlog speelde hij al een leidende rol binnen *Criterium* – adviseerde Bakker in dit soort zaken. Zijn kritische en dichterlijke praktijk verschilde van Rodenko, maar hij vertelde aan Bakker desondanks 'fiducie' in hem te hebben. Hij had hem daarom in 1947 al eens gevraagd een bijdrage voor *Vrij Nederland* te schrijven, waarvan hij redacteur was.[20] Voor Bakker was het duidelijk dat hij deze jonge auteur in zijn fonds en in de redactie van *Maatstaf* moest opnemen.

Rodenko had Hoornik via Hermans leren kennen en ontmoette hem regelmatig in Amsterdam en Den Haag.[21] Hoornik had een grote Haagse kennissenkring, waartoe ook weer Nijhoff en uitgever Alexandre A.M. Stols behoorden. Bakker kende hij al van voor de oorlog en uit de kring rond Achterberg.[22] De gesprekken die Rodenko met Hoornik voerde, maakten indruk en hij memoreerde ze in het interview met Piet Calis: 'Wij hadden niet zozeer een literair, als wel een persoonlijk kontakt, al heb ik voor bepaalde dingen van hem altijd wel bewondering gehad en hebben wij in die tijd heel stimulerende gesprekken met elkaar gehad.'[23] Hoornik was voor Rodenko een figuur die hem kon inwijden in de wereld van de grote literatuur, zonder allerlei principiële discussies te voeren. Een vertrouwd en warm iemand. Hij had hem even rond de kwestie Achterberg als vijand gezien, maar dat was na hun eerste contact snel over.[24]

Er was misschien een kwestie die een belemmering had kunnen zijn voor opname van Rodenko in de kring rond Bakker en dat was zijn gedrag tijdens de Tweede Wereldoorlog. Hij zal er zelf ook bang voor zijn geweest dat Bakker iets over het tekenen van de loyaliteitsverklaring of de wandel van zijn vader te weten zou komen. Bakker was afkomstig uit verzetskringen en nam een onverzoenlijke houding aan ten opzichte van Duitsers en landverraders. In een interview zei hij daar eens over: 'Iedere mof is een potentiële schoft, ook nu nog. En eerst als ik het aan den lijve ondervind, erken ik dat er ook goede Duitsers zijn.'[25] Oud-*Podium*-redacteur J. B. Charles was met Bakker bevriend en dacht er hetzelfde over. Hij trok ten strijde tegen landverraders in venijnige stukken, die in *Maatstaf* verschenen.[26] Rodenko moest op zijn hoede zijn. Bakker en Charles vroegen zich wel eens af wat zijn rol tijdens de bezetting was geweest en vermoedden dat er met zijn vader iets niet helemaal in orde was, maar vielen hem er niet mee lastig. Alleen Victorine Hefting, Bakkers vrouw, vroeg hem een keer wat hij tijdens de oorlog had gedaan. Hij kwam toen met een onduidelijk verhaal over koerierswerk, maar veel wilde hij er niet over zeggen. Dat was voor haar voldoende, vooral omdat zij zich niet kon voorstellen dat deze zachte man iets kwaads op zijn geweten zou hebben.[27]

Toen Rodenko eenmaal de stal van Bakker was binnengepraat door mensen als Hoornik en Nijhoff, kon hij echter geen kant meer op. Met financiële regelingen, beloftes en imponerend gedrag sloot Bakker hem verstikkend in zijn armen. Alles wat hij schreef, kwam in *Maatstaf* of in door Bakker uitgegeven bundels, die in grote oplagen verschenen en waaraan vooral Bakker verdiende. Toen Ed. Hoornik Rodenko eind 1957 vroeg voor een kroniek voor *De Gids*, antwoordde hij niet alleen te langzaam te werken om nog iets naast *Maatstaf* te doen, maar ook dat Bakker fel tegen was. Die vreesde niet alleen dat hij dan niets meer voor *Maatstaf* zou schrijven, maar beschouwde werken voor een ander blad blijkbaar ook als overspel. Rodenko was van hem.[28]

Victorine Hefting was directrice van het Haags Gemeentemuseum geweest en kende net als haar man veel ambtenaren. De kring van Bakker had dan ook vertakkingen naar de ambtelijke wereld van de gemeente en van het ministerie van Onderwijs, Kunsten en Wetenschappen aan de Nieuwe Uitleg 1. Van die contacten profiteerden Bakkers vrienden en auteurs. Achterberg kreeg bijvoorbeeld regelmatig een regeringsopdracht en ook Rodenko had er voordeel van.[29]

De cyclus 'Kleine haagse suite', waartoe ook het gedicht 'Den Haag' behoort, was zo'n opdracht van het ministerie.[30] De opdracht tot het schrijven van 'een gedicht, een gedichtenreeks, een novelle of een literaire plaatsbeschrijving waaruit het karakter en de atmosfeer' van de stad 's-Gravenhage moest blijken, kreeg hij op 3 januari 1955.[31] Bij inlevering van honderd versregels kon hij vierhonderd gulden tegemoet zien.

Het schrijven van de gedichten ging moeizaam. De afspraak was het manuscript in december 1955 bij het ministerie in te leveren, maar in de zomer van 1956 was hij nog niet klaar. De ambtenaren deden daar niet moeilijk over en op 27 juli 1956 verleende de waarnemend chef van de Afdeling Kunsten hem tot 1 oktober uitstel, wat echter geen soelaas bood.[32] Begin november van datzelfde jaar bereikte een brandbrief het ministerie met daarin tekst en uitleg over het almaar uitblijven van de gedichten. Rodenko was naar eigen zeggen overwerkt en vastgelopen met zijn werkzaamheden. Reden genoeg om de brief te eindigen met een smeekbede, waarin hij het ministerie verzocht het honorarium alvast uit te betalen.[33] De chef van de Afdeling Kunsten, dr. Jan Hulsker, reageerde kordaat met een toezegging en accepteerde een nieuwe inleverdatum: eind november 1956, slechts een maand later. Ook dat lukte niet en pas op 18 januari 1957 kon Hulsker een korte bedankbrief sturen voor de vijf gedichten die samen de 'Kleine haagse suite' vormen.

Als secretaris-penningmeester van de in 1947 opgerichte Haagse Jan Campert-stichting had Hulsker eerder zaken gedaan met Rodenko. In december 1952 – in dat jaar zaten ook Nijhoff en Bakker in het bestuur – droeg de stichting hem op een studie te schrijven over Hans Lodeizen, die een halfjaar later klaar moest zijn. Het lukte hem toen het manuscript in september 1953 in te leveren, hij was dus maar een paar maanden te laat. De studie verscheen eerst in *Maatstaf*, hoe kon het ook anders, en in 1954 als *Maatstaf*-deeltje bij Bakker, die als bestuurslid ook de opdracht had gegeven.[34]

Jan Hulsker was eveneens vergroeid met de kring van Bakker en het Haagse kunstleven. Hij studeerde Nederlands en promoveerde na de oorlog op de schrijver Aart van der Leeuw. Voordat hij bij het ministerie kwam te werken, was hij leraar Nederlands, filmrecensent van *Het Vaderland*, lid van de Centrale Commissie van de Filmkeuring en vanaf 1948 hoofd van de afdeling Kunstzaken van de gemeente Den Haag. Later publiceerde hij over Vincent van Gogh.

Een prominente Hagenaar dus, die regelmatig was te vinden bij Bakker thuis aan de Koninginnegracht. Ook bezocht hij samen met hem de Haagse Kunstkring of café De Posthoorn, in de jaren vijftig pleisterplaatsen van artistiek Den Haag. De twee waren, gesteund door Bakkers vrouw Victorine Hefting en de PVDA-wethouder van Onderwijs en Kunsten Jan van Zwijndregt, de pilaren waarop het naoorlogse artistieke leven in Den Haag steunde. Bij bijna elk cultureel evenement waren ze betrokken.[35] Dat had een schaduwzijde. Wie bij de heren niet in de gunst viel, had pech. Vooral Bakkers optreden was ronduit dictatoriaal, want hij meende op alle culturele fronten de dienst te kunnen uitmaken.

Ook Pierre H. Dubois, sinds 1 augustus 1952 werkzaam als redacteur letteren en toneel bij *Het Vaderland*, ondervond daar de gevolgen van. Volgens Bakker had hij een bepaald boek te onvriendelijk besproken en hij zocht hem daarom in gezelschap van Gerrit Borgers thuis op. Bakker bulderde dat hij dat nooit had mogen schrijven en: 'Hier in Den Haag maak ik uit wat er gebeurt!' Dubois maakte duidelijk het daar niet mee eens te zijn en het daar ook nooit mee eens te zullen worden. Voor hem was na deze ontmoeting één ding duidelijk: 'De draden die samenkwamen in het huis aan de Koninginnegracht gaven grond aan de suggestie dat daar de kunstpolitiek werd gemaakt.' Wilde hij als criticus geloofwaardig blijven, dan moest hij zich op afstand houden van dit Haagse gekonkel.[36]

Rodenko raakte er wel bij betrokken. Hij kende Hulsker via Bert Bakker, al was er geen sprake van een echte vriendschap en bleef het bij een praatje aan de borreltafel. Maar hij had er bij de toekenning van de opdracht en de moeizame afronding ervan, voordeel van gehad hem vaak ontmoet te hebben. En, dat was misschien nog belangrijker, hij was auteur uit de stal van diens grote vriend Bakker. Die schepte in de Amsterdamse kunstenaarssociëteit De Kring vaak op over zijn relaties in Hoge Haagse Kringen, die de arme kunstenaars uit de financiële nood konden helpen. Daar was veel grootspraak bij, maar het kan niet anders dan dat hij daarbij ook doelde op zijn omgang met machtige ambtenaren als Hulsker.[37]

Dat bleek maar al te duidelijk toen Bakker vlak na inlevering van de gedichten over Den Haag probeerde via Hulsker voor Rodenko een uitkering te regelen, omdat hij veel schulden had. Doorgaans was dat voor Bakker geen probleem, maar nu lag de zaak moeilijker.[38] Hij schreef aan Rodenko: 'Ik ben met Hulsker nog steeds bezig. Het gaat ditmaal zwaarder dan anders, maar we moeten goede moed houden.'[39] Bakkers bemiddelingen hadden uiteindelijk succes, want in juli 1957 kreeg Rodenko een bedrag, dat meteen werd gestort op de rekening van Bakker, die daarmee alle schulden betaalde. Rodenko was opgelucht en hij schreef aan Bakker: 'Je bent als vriend en uitgever een unicum, het is werkelijk ongelooflijk wat je allemaal voor me gedaan gekregen hebt: je kunt zelf nagaan hoe ik ervoor had gezeten zonder je bemoeiingen.'[40]

De leden van het Ondersteuningsfonds, die onder leiding van professor W.J.M.A. Asselbergs het ministerie adviseerden, voelden zich echter met deze toekenning gepasseerd. Zij konden zich wel vinden in een kleine subsidie, maar niet in de royale die hij uiteindelijk kreeg. Hij was een auteur 'die zeer wel tot werken in staat geacht moet worden en zich zodanig regelmatig inkomsten moet weten te verzekeren'. Bovendien vonden ze dat overheidsgelden niet gebruikt mochten worden voor het delgen van schulden van auteurs.[41] De toekenning was blijkbaar gedeeltelijk in huize Bakker geregeld.

In het Haagse kunstenaarswereldje waren zoals overal contacten belangrijk. Het bijzondere van Den Haag was echter dat hier rijks- en gemeenteambtenaren, mensen die het geld verdeelden, zich onder het kunstenaarsvolk begaven. Niet alleen de eerdergenoemde Hulsker en Van Zwijndregt, maar ook een zwaargewicht als mr. H.J. Reinink, secretaris-generaal van het ministerie van Onderwijs, Kunsten en Wetenschappen werd regelmatig gesignaleerd op feesten van Haagse kunstenaars en in de omgeving van Bakker.[42]

3. DE POSTHOORN

De meeste Haagse kunstenaars bezochten café De Posthoorn aan het Lange Voorhout 39a. Een etablissement met een dergelijke naam bestond al sinds 1934 aan het Smidsplein, tegenover de Koninklijke Schouwburg, maar door de bombardementen in maart 1945 was het van de Haagse stadskaart weggevaagd. De uitbater Jan Knijnenburg zette dit café na de oorlog voort in een voormalige autotoonzaal, schuin tegenover het Paleis Lange Voorhout. Binnen de kortste keren was het café weer een ontmoetingsplaats van artistiek Den Haag en kon je het volgens Rodenko vergelijken met een café als Eylders bij het Leidseplein in Amsterdam.[43] Na zijn Parijse periode was het café vaak het startpunt voor een lange avond uit. Dichters, schilders en ook journalisten verzamelden zich 's middags om een uur of vijf rond de kachel in De Posthoorn om na de nodige consumpties – voor Rodenko waren dat meestal jenevertjes voor de prijs van vijftig cent – naar kunstenaarssociëteit Pulchri te gaan. De doorzetters gingen daarna door in het nachtcafé Slawa in de Lange Houtstraat waar de Wit-Russische Olga de scepter zwaaide of in muziekcafé Scala. Slawa was 'een soort nachtelijke dependance van De Posthoorn (borrel een gulden) en Scala, waar je meer muzikanten en mensen met vlooientheaters treft; soms ook mij (borrel normale prijs). Beide tot drie uur', zoals Rodenko de clubs zelf eens omschreef.[44]

Den Haag en Scheveningen kenden in de jaren vijftig een uitbundig nachtleven, wat wel eens in verband is gebracht met de teloorgang van Den Haag als 'het administratieve, politieke en rituele centrum van de blanke Nederlandse samenleving'. Den Haag was, zoals Willem Wilmink het in een van zijn liedjes verwoordde, 'de Weduwe van Indië'. Na de repatriëring was er een demi monde ontstaan, die door dit verval getekend werd, maar er tegelijkertijd haar 'obscure glorie' aan ontleende. Wat er in Den Haag gebeurde, leek op wat er in de jaren twintig in Berlijn als reactie op historische veranderingen had plaatsgevonden. Er ontstond een uitgaansleven, waarin oer-Hollandse normen en waarden niet meer bestonden.[45] Bijna alles kon. Het was het rumoerige Den Haag, waarin Rodenko zich vrij kon voelen. Er was een sfeer waarin onder invloed van drank over kunst gesproken werd en waarin niet gehinderd door praktische bezwaren de meest fantastische plannen werden gesmeed.

Rodenko ontmoette in De Posthoorn de al eerdergenoemde Gerard Messelaar, Ed. Hoornik, Nes Tergast én Bert Bakker, met in diens kielzog soms Jacques Bloem, Martinus Nijhoff, Gerrit Achterberg of Adriaan Roland Holst. Bakker was in het café vaak de spil van het gezelschap, maar ook een lastige gast. Hij was een extreme drinker, waardoor hij agressief werd en grootheidswanen kreeg. Hij zei dan tegen vrouwen, zelfs in de ogen van de bevrijde kunstenaars, de meest ongepaste dingen en probeerde mannen te imponeren door duidelijk te maken dat hij ook in het uitgaansleven de baas was. Met veel bombarie kwam hij dan nachtclub Slawa binnen, die hij in een mum van tijd met zijn brute verbale geweld schoonveegde. Voor mensen uit het Westland, zoals hij dat dan zei, was geen plaats meer. Zij moesten het veld ruimen voor de Haagse kunstenaars, die inderdaad snel daarna een voor een binnendruppelden.

Hij was Rodenko's tegenpool. Zijn optreden deed hem ongetwijfeld denken aan dat van zijn vader, die ook onder invloed van drank agressief werd en de zaken nog meer dan gewoonlijk naar zijn hand probeerde te zetten. Die avonden met Bakker waren slopend en vaak kon hij de dag daarna nauwelijks werken. Toen hij daardoor een keer voor *Maatstaf* de kopij niet op tijd kon inleveren, schreef hij aan Bakker: 'Ik heb het eenvoudig niet voor elkaar kunnen krijgen, ben volkomen afgeknapt. Voortaan geen Slawa meer als ik aan een stuk bezig ben: ik was er in gezelschap van een kater volkomen uit en ben er nog niet weer in kunnen komen.'[46]

Rodenko kwam in Den Haag terecht in een milieu waarin net als bij hem thuis veel werd gedronken. Voor een aantal kunstenaars was drinken vaak de enige manier om te kunnen genieten van de vrijheid na vijf jaar Duitse bezetting. De herinnering aan de jaren van onderdrukking en verwoesting bleef ook in Den Haag lange tijd door de puinhopen zichtbaar en leek te moeten worden weggepoetst met drank. Bovendien was drinken een vorm van nonconformisme. In de roes nam je afstand van de knellende maatschappelijke banden en kwam er ruimte voor creativiteit. Voor Rodenko was het drinken niet alleen een geïntegreerd deel van zijn Russische identiteit, maar ook van het poète maudit zijn. Hij had over hen immers geschreven dat in hun leven armoede, alcoholisme, zwerfzucht, waanzin en zelfmoord een overheersende rol speelden.[47] De dronkenschap bracht ze net als de psychose en neurose in een wereld waar andere wetten golden en daarin volgde hij ze graag.

In De Posthoorn kwamen naast schrijvers veel schilders of dubbeltalenten. Wim Hussem bijvoorbeeld, die voor de oorlog al tot de kennissenkring van Nes Tergast, Jacques Bloem, Jan Campert en Simon Carmiggelt had behoord. Een oudgediende.[48] Hij werkte en woonde van 1934 tot zijn dood in 1974 in een verbouwd badhuis in de Mijtensstraat in de Schilderswijk, waar Rodenko hem een enkele keer opzocht en onder de indruk raakte van zijn abstracte werk. Een weerslag van dit bezoek is te vinden in zijn Hussemstuk, waarmee Hermans zo'n moeite had.[49] Hussem was er zelf erg tevreden over geweest en schonk Rodenko ter bezegeling van hun artistieke vriendschap in 1951 een tekening met de titel 'Dode vogel'.[50]

In De Posthoorn werd onder een abstract schilderij van Hussem, gemaakt in opdracht van de eigenaar, veel over moderne schilderkunst en poëzie gesproken. Hussem voerde dan het hoogste woord, bijgestaan door zijn vriend Jaap Nanninga, die eveneens abstract schilderde en van wie ook schilderijen in het café hingen.[51] Samen werden ze 'de pasja's van De Posthoorn' genoemd of zoals Hussem het zelf uitdrukte 'de zware mannen van het etablissement'.[52] Rodenko zat vaak te luisteren naar Hussems verhalen over het zenboeddhisme, waarmee die in de tweede helft van de jaren dertig had kennisgemaakt en dat een inspiratiebron voor zijn schilderkunst was.

Eén kwestie hield de gemoederen in De Posthoorn lange tijd bezig en maakte de doorgaans rustige kunstenaars strijdvaardig. In 1950 was de jaarlijkse Jacob Marisprijs toegekend aan Pieter Ouborg voor zijn abstracte pastelkrijttekening 'Vader en zoon' en dat werd door veel mensen niet begrepen. Hoe was het mogelijk dat een jury onder leiding van de bekende W. Jos de Gruyter dit kindergekrabbel kon belonen, vroegen ze zich af. Criticus R. E. Penning van het *Haagsch Dagblad* noemde 'Vader en Zoon' zelfs 'een onbetekenende krabbel, een vluchtig schetsje' en de bestrijder van moderne kunst J. M. Prange van *Het Parool* maakte het publiek buiten Den Haag duidelijk dat het om een zeer onbeduidend kunstwerk ging. De rel die ontstond leek op die rond de Cobra-tentoonstelling in Amsterdam in 1949.

In de kringen van De Posthoorn reageerden ze woest op deze onnozele reacties. Hussem, Tergast en zelfs de aristocratische Karel van Boeschoten, directeur van uitgeverij Nijhoff, startten daarom op 3 juli 1950 een handtekeningenactie, die vooral was gericht tegen de conservatieve journalisten.[53] Rodenko zorgde er toen voor dat de kwestie aandacht kreeg in *Podium* door in de rubriek 'De proppenschieter' van het augustus-septembernummer uit 1950 enkele stukken over de Ouborg-rel van onder anderen Nes Tergast te publiceren. Ook was een foto van het gewraakte kunstwerk opgenomen, op verzoek van Rodenko afgestaan door Ouborg, die bereid was het dure raster dat ervan gemaakt moest worden zelf te betalen. De kwestie had hem zeer geraakt en voor een verdediging van zijn kunstwerk had hij veel over.

De eigenaar van De Posthoorn hield wél van moderne kunst en op 20 juli 1956 opende hij naast het café Galerie De Posthoorn. Zij werd een verzamelpunt van belangrijke Haagse avant-gardeschilders die algauw de naam Posthoorn-groep kregen.[54] Hussem en Nanninga exposeerden daar en ook Jan Roëde.[55] Rodenko leerde deze abstracte schilder begin jaren vijftig kennen en werkte mee aan zijn boekje met tekeningen en grappige teksten *Je kunt niet alles begrijpen*, dat in 1955 bij A.A.M. Stols verscheen. Voor deze uitgave schreef hij een voorwoord, 'Werkelijkheid in negligé', waarmee de uitgever gezien het succes van eerdere bloemlezingen van Rodenko de verkoop hoopte te bevorderen.[56] Haagse kunstenaars stimuleerden en hielpen elkaar en daar was dit boekje een voorbeeld van.

Rodenko ontmoette naast kunstenaars, ambtenaren van het type Jan Hulsker en journalisten, ook juristen en artsen, psychologen en psychiaters in De Posthoorn. De bekende psychiaters Plokker en Schenk, die hij zo graag voor *De draad van Ariadne* had willen engageren, waren eminente Posthoorn-gangers. Ook de jurist F.W. ter Spill, werkzaam als secretaris van het Scheidsgerecht Voedselvoorziening en een vriend van Tergast, was een bekende uit De Posthoorn die werk had ingeleverd voor het tijdschrift. Ze spraken in het café wel eens over criminologie en erotiek en vonden dat beide met weinig fantasie werden bedreven en altijd op hetzelfde neerkwamen. Het was de moeite waard in een essay daar eens dieper op in te gaan.[57] Later zou Rodenko voortborduren op dit thema en seksualiteit in tegenstelling tot liefde een techniek noemen. Daardoor was zij ook weer *law and order*, wat bleek uit de droge boekjes over seksuele technieken.[58]

4. DE HAAGSE KUNSTKRING

Naast informele ontmoetingsplaatsen als De Posthoorn kende en kent Den Haag een aantal kunstenaarsverenigingen. De oudste was Oefening Kweekt Kennis, opgericht in 1834, waarvan Rodenko in de jaren vijftig deel uitmaakte. Het genootschap stond toen onder voorzitterschap van Ben van Eijsselsteijn, recensent van de *Haagsche Courant*. Die organiseerde om de twee weken lezingen van Nederlandse, Duitse en Belgische schrijvers in de Grote Zaal van Pulchri, die besloten werden met 'het servetje', een eenvoudige maaltijd voor bestuur en gastspreker.[59]

Belangrijker voor Rodenko was de Haagse Kunstkring, na de oorlog eerst gevestigd aan de Lange Houtstraat 7 en daarna in het gebouw van het Rijksbureau voor Kunsthistorische Documentatie aan de Korte Vijverberg 7. In 1957 betrok de kring het huidige pand aan de Denneweg.[60] De kring werd opgericht in 1891 en is naast Pulchri aan het Lange Voorhout nog steeds de tweede kunstenaarsvereniging van Den Haag. Meer dan Pulchri is zij het thuis van alle disciplines en vanaf het begin bestonden er daarom vijf afdelingen: de eerste afdeling voor de beeldende kunstenaars, de tweede voor architectuur en kunstnijverheid, de derde voor de letteren, de vierde voor de muziek en de vijfde voor kunstlievende leden.

In oktober 1948 had de secretaris van de Haagse Kunstkring Rodenko al eens gevraagd lid te worden. Hij nodigde hem toen uit voor een voorleesavond van de Afrikaanse dichter Van Wijk Louw, zodat hij zou kunnen kijken of de sfeer hem beviel. Ze hadden hem er graag bij, want door zijn publicaties in *Columbus* en *Podium* zou hij een lid met een zekere literaire standing zijn. En die hadden ze nodig, want door de oorlog was de Haagse Kunstkring in het slop geraakt.[61] Het is niet bekend of Rodenko op de voorleesavond is geweest, maar lid werd hij toen in ieder geval nog niet. Dat gebeurde pas in 1951, toen hij werd overgehaald door Nico Wijnen, die hij in 1948 via Ed. Hoornik had leren kennen. Hoornik en Wijnen hadden beiden in een concentratiekamp gezeten en zochten elkaar na de oorlog uit een soort lotsverbondenheid regelmatig op. Wijnen was na Bakker de tweede regelneef in Den Haag, die zonder meer goede dingen voor Rodenko deed, maar daarbij nooit het eigenbelang uit het oog verloor. Hij noemde zich de beste vriend van Rodenko, maar die zag dat zelf waarschijnlijk anders. Wijnen dichtte zelf ook en liet zich daarom graag in gezelschap van een belangrijk dichter als Rodenko zien. Dat die niet veel in zijn verskunsten zag, probeerde hij dan ook zoveel mogelijk verborgen te houden.[62]

Wat eerder niet was gelukt, lukte Wijnen wel. Hij kreeg Rodenko zover dat hij lid werd van de Haagse Kunstkring, al moest hij daarbij geholpen worden door de secretaris van Pulchri. Die gaf Rodenko op vriendelijke wijze te kennen dat hij te vaak als introducé op de sociëteit verscheen en de regels zo'n regelmatige introductie verboden.[63] Hij adviseerde hem lid te worden van de literaire afdeling van de Haagse Kunstkring, want dan had hij ook toegang tot de sociëteit van Pulchri. Wijnen maakte Rodenko daarna onder gunstige voorwaarden lid. Hij hoefde geen contributie te betalen als hij maar op de een of andere manier een zichtbare bijdrage leverde aan de derde afdeling. Het beste was bestuurslid te worden met als taak de bevordering van de nieuwe kunststromingen binnen de kring. Het was voor Wijnen een poging de nog steeds bijna dode derde literaire afdeling tot leven te wekken, waar hij met deze belangrijke dichter en essayist mogelijkheden toe zag.[64]

Op 3 juli 1951 leverde Rodenko het inschrijvingsformulier in, maar hij was al tot bestuurslid benoemd op de ledenvergadering van 30 juni. Albert Vogel en Gerard Messelaar traden toen af om plaats te maken voor de nieuwe voorzitter Antal Sivirsky, geboren in Hongarije en privaatdocent Hongaars in Utrecht, en de nieuwe secretaris Nico Wijnen. De voordrachtskunstenares Maud Cossaar, al voor de oorlog actief in de kring, de econoom en francofiel Rits Kruissink en Paul Rodenko werden de nieuwe leden.[65]

Eigenlijk was Rodenko er een beetje ingeluisd, want hij was helemaal niet praktisch ingesteld en dat werd nu wel van hem verwacht. Als Wijnen inderdaad die goede vriend was voor wie hij zichzelf zo graag uitgaf, had hij geweten dat Rodenko zich als bestuurder hoogst ongemakkelijk zou voelen. Discussies over het wel of niet verkopen van een piano of subsidiekwesties boeiden hem maar matig en als het even kon, drukte hij zich voor dit soort gesprekken. Rodenko was vaak niet aanwezig op bestuursvergaderingen. De functie was eigenlijk een blok aan zijn been.

Het actiefst was hij nog in het eerste jaar, toen hem gevraagd werd teksten te schrijven voor een cabaretprogramma als afsluiting van de zogenaamde culturele week op 27 oktober in de grote zaal van het Kurhaus. Dat was iets creatiefs en werk dat hij kon doen op tijdstippen die hem pasten. Hij vond het ook nog wel interessant om tijdens het symposium 'Vertalen als kunst' te praten over het vertalen van poëzie, maar zo'n avond zelf organiseren kon hij niet.[66]

Het symposium vond plaats kort na de viering van zestig jaar Haagse Kunstkring, wat ook weer de nodige organisatie vereiste. De feestelijkheden begonnen met een jubileumtentoonstelling van schilders in het Gemeentemuseum, die geopend werd op 16 september 1951. Hoogtepunt was de zogenaamde 'culturele avond' op 29 september in Pulchri. Op deze avond – 'avondkleding niet verplicht' – las voordrachtskunstenares Maud Cossaar na de pauze vier gedichten van Rodenko voor. In de zaal zaten eregasten als burgemeester Schokking, Jan Hulsker en Van Zwijndregt. Een andere bijdrage van de derde afdeling aan de festiviteiten was een expositie van handschriften en portretten in het Haags Gemeentemuseum. Rodenko was aanwezig met een krabbel en een portret gemaakt door de Haagse schilder Ronald Lindgreen. Het was Wijnen gelukt. Van de kring was een prominente dichter bestuurslid geworden, die zichtbaar een bijdrage leverde. Of die er zichzelf als bestuurder prettig voelde, vroeg hij zich niet af.[67]

Deze belangrijkste dichter van de kring mocht eind 1952 een gedicht schrijven voor de nieuwjaarskaart, die geïllustreerd zou worden door tekenares en kringgenote Quirine Collaard. Dat werd 'Het Bandoebeest':

Het Bandoebeest
Ha zie het schip van 't jaar ligt klaar
De wind staat gewiekst in de wimpel te turnen

De zeilen zijn hoge kretensische urnen
Gevuld tot de rand met honing en melk

Het scheepsvolk wij. En in ons lijf
Rekt zich met staartgestel en manen
Met klinkklaar oog en blanke sabel
Het Bandoebeest dat wij eens waren

Het Bandoebeest dat alles kon
Van knikkeren tot Napoleon
Het Bandoebeest met snor en manen
Keert elk jaar éventjes weerom

Elk nieuwjaar zijn wij even kinderen
Met klinklaar oog en ridderkruis
'Nu gaat de reis pas goed beginnen'
Maar o zo gauw is men weer thuis

O Bandoebeest nu gaan wij varen
Het nieuwjaarschip ligt aan de ree
Leen ons nog eenmaal kruis en manen
Dan gaan wij weer gewillig mee.[68]

In het gedicht, dat lijkt op een nonsensvers en waarvan het begin doet denken aan 'het schip van de wind ligt gereed voor de reis' uit 'Paradise Regained' van Hendrik Marsman, brengt Rodenko zijn geliefde thema van wedergeboorte in verband met de behoefte op nieuwjaarsdag opnieuw te beginnen.[69] In de vorm van het Bandoebeest, waarin een verwijzing naar meer primitieve culturen zit opgesloten, komt dan het oorspronkelijke, het kind-zijn, van de mens weer even boven. Even, want al snel duwt het dagelijks leven het oorspronkelijke, het kinderspel, weer weg.[70]

Rodenko had ook in de Haagse Kunstkring contact met schilders. Hij ging voor sommigen zelfs de geschiedenis in als woordvoerder van de schildersgroep Verve, die bestond uit leden van Pulchri en de Haagse Kunstkring.[71] Het was een beetje hetzelfde verhaal als bij de Vijftigers, want ook bij hen was hij toevallig betrokken geraakt. Bakker had hem namelijk bij het eenjarig bestaan in 1952 verzocht een essay te schrijven naar aanleiding van, en niet over, hun werk. Hij was ook nu weer een uitlegger op afstand en achteraf.

Het eenjarig bestaan van Verve werd gevierd met het zogenaamde 'Nuits des Arts', een feest in de Haagse Dierentuin, en de uitgave van het boek *Verve* door Bakker. Daarin stonden ook stukken van kunstcriticus W. Jos de Gruyter en Jan Hulsker, die in de inleiding de bloei van het Haagse toneel- en muziekleven prees. Hij verwachtte dat Verve ook Den Haag op het gebied van de schilderkunst groot kon maken.[72] Verve werd opgericht door Theo Bitter, Frans de Wit, Jan van Heel, Nol Kroes en Willem Schrofer, die ook de naam bedacht. Rodenko kende deze mensen, het waren vooral figuratieve schilders, uit het sociëteitsleven, en wist ook dat ze wilden breken met het verleden, maar niets moesten hebben van manifesten. Dat was vooral zijn verwantschap. Het was hem bovendien sympathiek dat de leden van Verve het contact met het publiek belangrijk vonden en workshops organiseerden in de Haagse Dierentuin en in de volkswijken Moerwijk en Spoorwijk. Zij spraken met de bewoners over moderne kunst, wat na de Ouborg-rel geen overbodige luxe was.[73]

Het *Verve*-essay 'Kunst zonder achterland' werd een stuk over de positie van de kunstenaars na de Tweede Wereldoorlog. Die stelden volgens Rodenko geen programma's meer op – in dat opzicht was Verve dus exemplarisch voor de moderne kunst van die tijd –, maar werkten zonder wereldbeschouwelijke achtergrond. Geen dogmatische 'ismen', maar spontaniteit en naïviteit. Alleen het spelelement in de kunst doet er nog toe: '[...] en voor de kunstenaar, de beeldende zowel als de dichtende, betekent dit: een afwerpen van de profetenmantel en een terugkeer tot zijn normale werkzaamheid: het *openhouden* van de intellectuele en emotionele speelruimte, dat wil zeggen: het vrijhouden van de wegen die leiden kunnen naar een soepeler aanpassing aan nieuwe levensvoorwaarden. "Verve", spontaneïteit, onbevooroordeelde natuurlijkheid, kortom "spel" tegenover Natuur (met een starre, programmatische hoofdletter): het betekent de terugkeer van de kunstenaar in de maatschappij; het is de enige reële vorm waaronder hij – als kunstenaar – in een wereld zonder achterland aan de oplossing van maatschappelijke problemen kan meewerken.'[74]

Bakker raakte steeds meer betrokken bij de activiteiten van de Haagse Kunstkring, wat blijkt uit de uitgave van het boek over Verve. Vanaf het verschijnen van *Maatstaf* in 1953 was hij uit tactische overwegingen zelfs voorzitter van de literaire afdeling van de Haagse Kunstkring geworden en werd hij ook hier Rodenko's 'baas'. *Maatstaf* werd al snel het officieuze huisorgaan van de Haagse Kunstkring en over alles wat er in Den Haag of in de Haagse Kunstkring gebeurde, verschenen daarin artikelen. Rodenko kreeg daarom regelmatig verzoeken van Bakker, die hij alleen al vanwege de verdiensten niet kon weigeren.

Bakker bestuurde de derde afdeling van de Haagse Kunstkring zoals hij alles bestierde: met veel bombarie en overtuigingskracht. Het lukte hem groten uit de Nederlandse literatuur te engageren voor de zogenaamde *Maatstaf*-avonden, omdat hij zachte dwang uitoefende op zijn auteurs om mee te werken. Onder het publiek bevonden zich dan steevast Hulsker en Van Zwijndregt. Een speciaal nummer over Den Haag, waarin Rodenko's stuk over Tergast verscheen, werd bijvoorbeeld gepresenteerd op een *Maatstaf*-avond over Den Haag in november 1953. Daarom had Bakker Rodenko ook gevraagd in zijn essay vooral te benadrukken dat Tergast een Haagse dichter was, want dan paste het zo mooi in het geheel: 'Wil je in de eerste regels laten uitkomen dat Nes een Haagse dichter is?' schreef hij aan hem.[75] Ook vond hij de begrippen en de stijl vaak onnodig moeilijk en niet geschikt voor een groter publiek.[76] Dit soort regieaanwijzingen kreeg Rodenko daarna steeds vaker en hij volgde ze ook op. Ze waren een bedreiging voor zijn geestelijke vrijheid en ze zouden van hem uiteindelijk een andere kunstenaar maken. Minder bevlogen en meer aangepast.

Toen Rodenko eind 1956 aankondigde Den Haag en dus ook de Haagse Kunstkring te verlaten, kwam Nico Wijnen in actie. Hij schreef aan het Dagelijks Bestuur een brief waarin hij voorstelde hem tot erelid te benoemen.[77] Wijnen ontmoette echter nogal wat tegenstand bij deze eenmansactie. Het bestuur erkende het belang van Rodenko voor de Nederlandse literatuur en de 'trekpleisterfunctie' die hij voor de derde afdeling had vervuld, maar goedbeschouwd had hij niets voor de Haagse Kunstkring gedaan. Hij kwam nooit op vergaderingen en vertikte het zelfs zijn contributie te betalen. Vooral zijn gedrag in 1955 – de Haagse Kunstkring kampte toen met ernstige geldzorgen – zinde het bestuur niet. Tot dat jaar hoefde hij geen contributie te betalen, maar dergelijke vrijstellingen waren in 1955 onmogelijk geworden en het bestuur stelde hem toen een gereduceerde contributie voor. In plaats van veertien gulden per jaar zou hij tien gulden betalen. Rodenko stemde in met dit voorstel, maar betaalde het bedrag nooit.[78] Daar was het bestuur nog steeds boos over.

Het lukte Wijnen meestal zijn zaakjes goed te regelen en nu dus ook. Rodenko werd erelid en schreef aan Wijnen toen hij het bericht had ontvangen, daar erg blij mee te zijn. Hij beloofde regelmatig vanuit zijn nieuwe woonplaats langs te komen.[79] Rodenko bleef nog lange tijd met de kring verbonden. Tot 1964 was hij als adviserend lid betrokken bij de ballotage van nieuwe leden.

5. HAAGSE VROUWEN

Op de *Maatstaf*-avonden van Bakker voerde Paul Rodenko zelden het woord. Hij hield wel eens lezingen, maar eigenlijk nooit in Den Haag. Bakker wist dat hij dat niet plezierig vond en vroeg hem daarom niet voor zijn avonden. Hij kende Paul Rodenko als iemand die zich in een onbekend gezelschap probeerde te verschuilen achter mensen die mondiger waren. Het liefst had hij dan gezelschap van Bakker zelf, die alle aandacht naar zich toe wist te trekken. Toen hij eind jaren vijftig naar de promotie van de dichter Leo Vroman in Utrecht wilde gaan, deed hij zijn uiterste best Bakker mee te krijgen. Hij vroeg aan hem: 'Ga je maandag nog naar Utrecht? Ik ga in ieder geval, maar ik hoop zeer dat jij ook komt want ik vind het altijd bijzonder moeilijk om in mijn eentje iemand aan te spreken die ik niet ken, en dan nog bij zo'n gelegenheid waarbij je door een kring van mensen heen moet dringen.'[80]

Hoewel hij zich bij vrouwen meer op zijn gemak voelde, vond hij het ook op latere leeftijd nog steeds moeilijk als het op versieren aankwam. Hij was voor de buitenwereld daarom iemand die alleen vriendschappelijk met vrouwen omging. Het zal wel door zijn spraakgebrek komen, was de algemene opinie, het dwingt hem tot een rol op de achtergrond. Schrijfster Helga Ruebsamen observeerde haar stadgenoot en raakte ervan overtuigd dat hij niet geïnteresseerd was in vrouwen. Het is een man die leeft voor het schrijverschap, was haar conclusie.[81] Dat was niet waar, want Paul Rodenko was zeker niet aseksueel, integendeel. Alleen, zijn erotiek bleef net als zijn agressie meestal ondergronds, 'gedempt rumoerig'. Hij liet zich niet gemakkelijk gaan en wachtte het initiatief van de ander af.

Veel vrouwen vonden dat terughoudende juist spannend. Bovendien was het aangenaam dat hij als gevolg van de drank niet opdringerig werd en ongevraagd aan je ging zitten. Hij was een verademing naast mannen als Wijnen, die iedere vrouw bruut probeerde te veroveren en daarom 'Nico van de Konijnen' werd genoemd. Of Bakker, die na enkele glazen alcohol elke kans aangreep om een vrouw verbaal of non-verbaal lastig te vallen. 'Zijn hier nog lekkere wijven', riep hij dan. Of als hij het naar zijn idee wat minder bont maakte, met het glas in de hand: 'Op de machtige dijen van mijn Vicje', waarmee hij zijn vrouw Victorine Hefting bedoelde.[82]

Alleen was het voor een aantal vrouwen onbegrijpelijk dat de bij uitstek niet-macho Rodenko als criticus de poëzie als een mannenzaak beschouwde. In een bespreking met de titel 'Postexperimentele damespoëzie' schrijft hij over het werk van de dichteressen Lydia Dalmijn, Christine Meyling, Nel Noordzij en Mea Strand: 'Filosofen en mythologen hebben de begripsparen vorm-stof en verticaal-horizontaal in verband gebracht met de polariteit mannelijk en vrouwelijk, en wanneer het waar is dat de vormwil en het verticale typisch mannelijk, de onwil om zich ver van de stof en het horizontale vloeiende te verwijderen typisch vrouwelijk zijn, dan wordt het begrijpelijk waarom de postexperimentele poëzie juist zoveel dichteressen voortbrengt. [...] Waar de vormwil – en onder vorm versta ik niet direct rijm en metrum: bij de eigenlijke experimentelen is de vormwil, zoals onder andere blijkt uit hun taaldestructie en -reconstructie, zeer sterk aanwezig – ontbreekt en de dichter zich passief laat gaan op invallen en associaties lusten en neigingen, ontstaat een weke, vrouwelijke (zich tussen de polen charmant en hysterisch bewegende), conflictloos en amorf voortkabbelende poëzie, die soms kan bekoren, soms ook even kan treffen, maar de dimensie mist, de dimensie die kunst onderscheidt van tijdverdrijf.'[83]

Duidelijke taal waarmee Rodenko de dichteressen afzet tegen de revolutionaire en mannelijke Vijftigers. Bijna een jaar later herhaalde hij dergelijke standpunten nog eens in een bespreking van het werk van Lizzy Sara May en Ankie Peypers, al komen deze dichteressen er iets beter af. In 'Twee moderne dichteressen' signaleert hij het ontstaan van een nieuwe typische vrouwelijke poëzie, die speels, charmant, eenvoudig en kinderlijk in de goede zin van het woord is, maar toch aan de hoekige experimentele poëzie van de mannen niet kan tippen.[84]

Alleen in de poëzie van Ellen Warmond zag hij tot op zekere hoogte raakvlakken met die van de Vijftigers. Zij gaat te veel uit van een vooropgezette levensbeschouwing en creëert niet, oordeelde Rodenko in besprekingen van haar werk.[85] Of deze milde beoordeling te maken heeft met het feit dat hij de dichteres van Haagse feesten kende, blijft de vraag.

Het lijkt erop dat Rodenko zijn mannelijkheid die hij in het dagelijkse leven niet kon laten zien, compenseerde door in zijn poëzie en kritieken gespierde taal te gebruiken. Aan de andere kant was hij met zijn man-vrouw-tegenstellingen een kind van zijn tijd. Hij postuleerde ze in het midden van de jaren vijftig, een tijd waarin de traditionele opvattingen over mannen en vrouwen nog diep in de samenleving verankerd lagen.

Paul vertoonde zich met Carla, sinds eind 1948 zijn vriendin, regelmatig in Haagse cafés en nachtclubs en op feesten van kunstenaars, waar geen einde aan leek te komen en die vaak eindigden bij iemand thuis. De keren dat ze er niet bij was, liepen wel eens dramatisch af voor Paul, bijvoorbeeld als hij door de politie in dronken toestand thuis werd gebracht. Meestal lieten zijn kunstenaarsvrienden het niet zover komen en brachten zij hem thuis.[86]

In de ogen van veel kunstenaars vormden ze een bijzonder stel. De enigmatische Paul ging gekleed in een lange regenjas en droeg zijn haar net iets langer dan de meeste mannen van zijn leeftijd. Gecombineerd met een zwarte bril was hij in de ogen van Haagse kunstenaars een echte Franse intellectueel. Carla paste daar met haar licht kastanjebruin haar tot op de schouders goed bij. Zij was een vrouw die je eerder verwachtte tegen te komen in de Parijse Saint-Germain-des-Prés. Hun relatie was serieus en Carla besloot rond 1950 bij de familie Rodenko een kamer te huren. Zij woonde naast Olga op de eerste verdieping, dicht bij Paul die een voorkamer vol boeken op de tweede etage had. Ze leefden zo zonder getrouwd te zijn toch 'samen'. Over een huwelijk spraken ze niet en ze keken er dan ook van op toen Pauls vader daar een keer over begon. Ze hadden daar nog nooit over nagedacht en zagen er de noodzaak niet van in. De vraag had ze even aan het denken gezet, maar ze kwamen tot de conclusie het maar niet te moeten doen. Het was voor Paul te veel 'law and order' en stond haaks op het exces van de echte liefde.

Toen Paul en Carla zo'n twee jaar hadden samengewoond kwam hun relatie onder druk te staan. Eind 1952 waren ze naar Parijs gegaan om Vinkenoog te bezoeken en na terugkomst in Nederland ging het niet goed met Paul. Hij was oververmoeid, kreeg een angina en lag lange tijd op bed. Pas eind november kreeg hij het gevoel er een beetje bovenop te komen en was hij voor het eerst in staat een bedankbrief voor de week in Parijs aan Vinkenoog te schrijven.[87]

De malaise markeerde een nieuwe periode in zijn leven. Volgens Paul was er een direct verband tussen die vermoeidheid en ziekte en het werk dat hij toen al geruime tijd deed. Hij was op 1 maart 1952 als documentalist in dienst getreden bij de Afdeling Voorbereiding Instructie en Persaangelegenheden van de Stichting Landverhuizing Nederland. Deze baan vervulde hij ondanks het internationale karakter van de stichting niet uit roeping, maar omdat hij financiële problemen had gehad. Het was zijn eerste betrekking na het ontslag bij de KLM eind 1949, want een vaste baan probeerde hij altijd zo ver mogelijk van zich te houden.[88]

Ed. Hoornik had zich zijn financiële besognes aangetrokken en vreesde dat dit dichterlijk en essayistisch talent door geldgebrek ten onder zou gaan. Hij vroeg daarom Wijnen, die ook bij de Stichting Landverhuizing werkte, een baantje te regelen.[89] Dat was blijkbaar geen probleem en binnen de kortste keren zat Paul bij hem op kantoor aan het Piet Heinplein 6. Meer dan bij de KLM hadden de collega's begrip voor zijn kunstenaarsleven met veel drank en weinig nachtrust en niemand keek ervan op als hij pas tegen lunchtijd met het werk begon. Wijnen deed dat ook, want door zijn verblijf in Dachau had hij 's nachts regelmatig last van nachtmerries en lukte het hem niet op 'normale tijden' te beginnen.

Paul was daar trouwens niet de enige werknemer met artistieke aspiraties. Wijnen noemde zich dichter en W.G. Kierdorff, werkzaam als 'sociaal voorlichter' commies-A, zou later bekend worden als de Haagse detectiveschrijver Pim Hofdorp. Hij schreef topografische politieromans die zich afspeelden in verschillende Haagse wijken en die verschenen in de zogenaamde Haagse Mysterie Reeks.[90] De Stichting Landverhuizing Nederland wilde Nederlanders door voorlichting stimuleren het land te verlaten, omdat volgens berekeningen van de overheid Nederland te vol zou worden en er een gebrek aan grondstoffen zou ontstaan. Een van Rodenko's taken was het schrijven van wervende artikelen over emigratie, bestemd voor dagbladen van 'de kleine pers'. Deze streekbladen zaten vaak verlegen om kopij en waren bereid propaganda van de stichting te plaatsen. Zo schreef hij voor diverse bladen artikelen met titels als 'Van tarzan tot emigratieland', waarin mensen warm gemaakt moesten worden voor een definitief vertrek naar een ander land.[91]

Kort nadat Rodenko was aangesteld, werd zijn vroegere schoolgenoot, de latere mediasocioloog Peter Hofstede bij de dienst benoemd. Dat was op een vreemde manier gegaan en zegt iets over de gang van zaken daar. In het holst van de nacht ontmoette hij in nachtclub Slawa Wijnen in gezelschap van Paul Rodenko. Nadat ze wat hadden gedronken, informeerde Wijnen terloops of Hofstede misschien iets voelde voor een functie op 'zijn' kantoor. Hofstede leek het wel wat en binnen een mum van tijd werkte ook hij voor de Stichting Landverhuizing Nederland. Hofstede verbaasde zich er eerst over dat Paul voor een ambtenarenbestaan had gekozen, maar kreeg snel in de gaten dat die daar niet slecht af was. Hij zag namelijk niet alleen Paul 'in de loop van de ochtend' arriveren, maar ook dat hij dan alle tijd nam om te herstellen van de avond daarvoor. Hij dronk een flesje tomatensap dat moest dienen als medicijn tegen de kater, waarna meestal vertaalwerk op tafel kwam. Slechts een enkele keer werkte hij aan een artikeltje voor een streekblad.

De aanwezigheid van mensen als Rodenko leidde tot vreemde taferelen op kantoor. Die moest bijvoorbeeld een keer informatie hebben over stoomschepen en hoorde na het draaien van het nummer een stem die zei: 'U bent verbonden met het stoomwezen.' Hij legde meteen de hoorn neer en vertelde zijn collega's dat hem iets wonderbaarlijks was overkomen: 'Het stoomwezen heeft tot mij gesproken.'[92]

Een kantoorman was Rodenko niet. Hij vond het maar een vervelende klerkenbaan, ook al kon hij zich op kantoor nogal wat vrijheden permitteren. Hij schreef aan Vinkenoog een klein half jaar na zijn aanstelling: 'Je moet weten dat ik het laatste half jaar volkomen met mijn tijd overhoop lig. Ik die nooit aan geregeld werk gewend ben geweest ben nu ambtenaar en moet de hele dag op kantoor zitten, terwijl ik tegelijk mijn stukjes schrijf, een boek vertaal en studeer. Het is soms zulk een mallemolen dat ik soms gewoon niet meer weet wie ik ben, waar ik mee bezig ben of het dag of nacht is en of het juli of augustus is.'[93]

Later schreef hij in een briefwisseling met de dichter Hans Warren over de wereld der ambtenarij: 'Ik ben ook eens een poosje emigratie-ambtenaar geweest. Niet uit roeping, maar omdat de mogelijkheid zich nu eenmaal voordeed, omdat ik het salaris best kon gebruiken, en ook omdat ik wel zin had in een tijdelijke rustkuur. De rustkuur viel tegen; niet omdat ik achter mijn bureau nu bepaald iets te doen had (dat hebben alleen de allerlaagste en de hogere ambtenaren, ik zat er veilig tussenin), maar omdat ik steeds meer geïntrigeerd werd door de vraag wat nu eigenlijk het nut van zo'n emigratiedienst was. Goed, Holland wordt te klein, het industriële productieproces kan het matrimoniale productieproces niet bijbenen, een aantal individuen kunnen zich niet "ontplooien" (dat wil zeggen een bromfiets kopen), en dus moeten ze naar Australië "afgestoten" worden, waar ze na verloop van tijd wél een bromfiets kunnen kopen (of zich misschien zelfs in een auto en een volautomatische wasmachine kunnen "ontplooien"). Er werden hier alleen maar op grote schaal problemen verschoven en het werd me maar niet duidelijk wát ik, voor zover ik iets deed, eigenlijk deed [...]. Kortom, telkens wanneer ik me in nader contact begaf met wat men de maatschappij of het "werkelijk leven" noemt, voelde ik me een soort Kafkafiguur die misschien heel interessant en belangwekkend werk doet, maar waarvan de zin en het uiteindelijk nut hem ten slotte ontgaat.'[94]

Paul Rodenko vond het moeilijk na zijn bezoek aan Vinkenoog in Parijs weer aan het werk te gaan, maar begreep dat hij niet kon vluchten in langdurige ziektes. Hij nam daarom in november ontslag, 'maar men heeft me gevraagd, nog tot de 1e januari te blijven; men hoopt voor die tijd een zowel financieel als het werk zelf betreft aantrekkelijke positie binnen de emigratiedienst voor mij uit te dokteren. Dat wacht ik nu maar af', schreef hij aan Vinkenoog.[95]

Ruim voor de vakantie met Carla in Parijs was er een jonge vrouw bij de emigratiedienst komen werken. Vanaf 16 juli 1952 bracht de eenentwintigjarige in Groningen geboren Albertine Henriëtte Schaper, roepnaam Jettie, de 'kleine pers' in kaart. Met dat systeem zouden de emigratieambtenaren een beter overzicht krijgen van de bestaande streekbladen. Jettie Schaper kwam uit de betere Haagse kringen. Zij woonde bij haar ouders in een herenhuis aan de Toussaintkade tegenover de Koninklijke Stallen, dicht bij het kantoor van de emigratiedienst. Haar vader dr. Frederik Johan Schaper, zoon van de beroemde SDAP'er J.H. Schaper, was een vooraanstaande Haagse psychiater en seksuoloog. Hij had twee dochters, Jettie en Hanneke.[96]

Jettie Schaper had met haar paar jaren Vrije Academie, waar ze tekenlessen had gevolgd, net zomin de baan van haar leven als Paul Rodenko. Zij was een creatieve vrouw, die het werk waarvoor zij was aangenomen niet uitdagend genoeg vond. Onder het knippen van de kranten keek ze liever naar de elf jaar oudere man die precies tegenover haar zat en op wie ze binnen de kortste keren verliefd werd. Deze man was haar ideaal, want Jettie had maar één droom: trouwen met een kunstenaar. Paul Rodenko was toen een bekende dichter en essayist en zij deed dan ook haar uiterste best bij hem op te vallen. Hij hield van stripverhalen als Ollie B. Bommel, die zij daarom voor hem ging uitknippen. Hij nam ze aanvankelijk nietsvermoedend in ontvangst om vervolgens verder te gaan met zijn eigen bezigheden. De achterliggende amoureuze bedoelingen had hij niet in de gaten.

Jettie gaf het niet op en verleidde Paul tot vrijpartijen in een van de kamers van het grote huis van Wijnen aan de Van Blankenburgstraat.[97] Zij veroverde de man van wie mensen wel eens dachten dat hij eigenlijk niet van vrouwen hield. Liefde was een exces, een grensoverschrijding, zou Paul later in een interview beweren, en dat liet Jettie hem ervaren.[98]

De amoureuze escapades in het vreemde huis waren voor Jettie niet genoeg; zij wilde een echte relatie. Zij zag één probleem: Carla Termeer. Die had al snel iets gemerkt van de verwikkelingen op het werk en wilde dat er een einde aan zou komen. Maar Paul ging ondanks haar regelmatig geuite bezwaren door en voor Carla was er toen maar één mogelijkheid: 'Toen hij zich daar niets van aan leek te trekken, heb ik zelf mijn conclusies getrokken en met hem gebroken: ik was razend, en voor mij was de maat vol.'[99]

Carla wist niet dat Jettie een pressiemiddel had gebruikt en dat hij daarom onmogelijk met zijn minnares kon breken. Tijdens Carla's laatste 'stormachtige' samenzijn met Paul Rodenko had hij namelijk niet verteld dat Jettie 'zwanger' was. Hij vertrok na de breuk met Carla daarom meteen naar de Toussaintkade, Carla Termeer in zijn ouderlijke woning achterlatend. Zij bleef nog even wonen in de Anthony Duyckstraat, maar nam wel abrupt afstand van het kunstwereldje, dat onlosmakelijk verbonden was met Paul Rodenko. Ze wilde voorlopig confrontaties uit de weg gaan en meed cafés als De Posthoorn. Later herstelde zij het contact met Rodenko.

Het eerste kind van Paul en Jettie werd ruim vier jaar later geboren. De zwangerschap was een verzinsel, waarmee Jettie succesvol haar kunstenaar voor zich had weten te winnen. Hoe Paul Rodenko reageerde toen uitkwam dat ze niet echt zwanger was, is niet bekend, maar een reden om het uit te maken was het in ieder geval niet. Daarvoor zat hij ook te vast in de armen van de vrouw die hem nooit meer met een ander wilde delen.

6. SOCIETYHUWELIJK

Over de relatie tussen Jettie en Paul werd in de Haagse Kunstkring en De Posthoorn gepraat. Boze tongen beweerden dat de intellectuele Paul Rodenko vooral was gevallen voor de vader van Jettie, omdat hij met deze seksuoloog goed kon praten over allerlei gevallen uit diens praktijk. Bovendien lustte Schaper graag een borrel, wat hun gesprekken over onderwerpen uit de seksuologie er nog aangenamer op maakte. Het was een oordeel van mensen die Paul oppervlakkig kenden, al was het waar dat de thema's van Schaper ook zijn thema's waren.[100] De gevallen van Schaper boeiden hem en hij zou niet voor niets na diens dood de medische dossiers erven.[101] Die bevatten boeiend materiaal, dat misschien in aangepaste vorm in zijn essays of de sprookjes van duizend-en-een-nacht is verwerkt.

In huize Bakker ging het 'geval' Rodenko in aanwezigheid van Ed. Hoornik en Mies Bouhuys regelmatig over de tong. Bakker vond dat je in dit soort gevallen moest trouwen en dat advies zal hij ook aan Paul Rodenko hebben gegeven.[102] Die begreep dat hij zijn verantwoordelijkheid als vader niet kon ontlopen en dat er niets anders op zat dan een huwelijk. Hij voelde passie voor Jettie, maar dat was op zich voor hem nog geen reden om met haar te trouwen. Maar nu hij vader zou worden, lag de zaak anders.

Het huwelijk tussen de tweeëndertigjarige Paul Rodenko en de eenentwintigjarige Jettie Schaper vond plaats op zaterdag 16 mei 1953 om 11.30 uur in het Haagse stadhuis aan de Javastraat.[103] Het trok de aandacht in Den Haag, wat vooral kwam door de regisseur van het hele gebeuren, Bakker. Hij zorgde ervoor dat de wethouder Jan van Zwijndregt het paar trouwde, want die had dat drie jaar eerder ook voortreffelijk gedaan bij zijn eigen huwelijk met Victorine Hefting.[104] In de zaal zaten naast familie en kennissen de ambtenaar Jan Hulsker en veel Haagse kunstenaars.[105]

Jettie en Paul gingen in een koets naar het stadhuis. Jettie was gekleed zoals het toen hoorde bij een vrouw die geen maagd meer is. Zij droeg een donker mantelpak met lichte hoed, hij een zwart kostuum met een grote witte anjer. Van Zwijndregts toespraak was in stijl en ging vooral over het artistieke leven van de bruidegom. Het meestal droge ambtelijke praatje lardeerde hij met allerlei citaten uit Paul Rodenko's werk en dat zorgde voor een geanimeerde stemming in de zaal.

Getuige uit de familie Schaper was de historicus en medewerker van *Vrij Nederland* Bertus Schaper, een oom van Jettie. Bakker was natuurlijk zelf ook getuige en had bovendien zijn vrienden Hussem en Jacques Bloem gevraagd hun handtekeningen te zetten.[106] Met deze prominente bezetting liet hij de buitenwereld zien dat deze vaste medewerker van zijn net verschenen

Het huwelijksfeest van Paul Rodenko en Jettie Schaper (1953).
Tweede van links staand, de dichter J. C. Bloem.

Maatstaf een auteur was die ertoe deed. Ook dit huwelijk was een beetje *Maatstaf*-promotie.

Na de receptie van 13.30 uur tot 15.30 uur bij de familie Schaper thuis, werd er gedineerd in café Cecil vlak bij de Denneweg. Daarna was er een feest in Pulchri, waarvan zelfs een kort verslag verscheen in *Het Vaderland*. Het huwelijk van Paul en Jettie was Haags nieuws. Een uitgebreider bericht met foto van dit 'societyhuwelijk' bracht het *Haagsch Dagblad*, waarin de verslaggever het volgende, niet geheel zonder fouten, optekende: 'Heel de Nederlandse artistieke wereld was vertegenwoordigd op het feest, waar een Russisch ensemble muzikale sfeer verschafte. Rodenko namelijk is Nederlander, maar werd te Riga geboren uit Russische ouders. En hoe Haags hij thans is, ergens is hij nog een Rus gebleven: hoogtepunt van het bruiloftsfeest was de originele gopak, een virtuoze hurkdans, door de bruidegom met veel elan vertoond.'[107]

De huwelijksreis voerde Jettie en Paul Rodenko naar Neckargemünd in Duitsland, van waaruit ze hun collega's van de Stichting Landverhuizing Nederland een 'invulansichtkaart' stuurden. 'Angekommen: tipsy, Quartier: ja, Essen: auch (viel), Durst: schrecklich, Stimmung: heiss, Geld: nein' vulden ze op de kaart in en op de achterkant bedankten ze collega's voor de prachtige plant en de getoonde belangstelling.[108] Paul had uiteindelijk per 1 februari

1953 ontslag genomen, Jettie Rodenko werkte daar nog tot 1 juni van dat jaar.[109] Na thuiskomst betrokken ze de tweede etage van een woning aan de Van Hoornbeekstraat 9 in het Statenkwartier. Een eigen huis hadden pasgetrouwde stellen slechts in uitzonderlijke gevallen, want zoals in alle grote steden was er in de jaren vijftig in Den Haag woningnood. Veel jonge echtparen waren veroordeeld tot inwoning bij ouders of onbekenden. Paul en Jettie Rodenko deden het laatste en hadden daarmee pech. Ze kwamen terecht in een woning waarin het onmogelijk was als kunstenaars te leven. In het huis woonden namelijk drie dames op leeftijd, die daarvan niets begrepen en geen benul hadden van wat de twee overdag thuis uitspookten.

Paul was net als Jettie een groot deel van de dag thuis, want hij leefde nu weer van de pen. In het begin probeerde hij nog wel eens een vaste betrekking te krijgen, maar hij had met zijn sollicitaties geen succes. Op 23 juli las hij bijvoorbeeld in *De Telegraaf* dat het Advies Bureau Rouma & Co op zoek was naar iemand voor de redactionele leiding van het wekelijks bijvoegsel van een Nederlands dagblad. Met zijn ervaring als redacteur van literaire bladen dacht hij hiervoor in aanmerking te komen, maar hij werd niet eens uitgenodigd voor een gesprek.[110] Ook solliciteerde hij in die tijd naar de functie van hoofdcommies bij de Afdeling Kunstzaken van de Gemeentesecretarie van Den Haag. Er was daar door het vertrek van Jan Hulsker naar het ministerie een vacature ontstaan. Zijn sollicitatie getuigde van weinig zelfkennis. Op 6 augustus 1953 kreeg hij een afwijzingsbriefje. Pas later hoorde hij dat de baan was gegaan naar Gerrit Kamphuis, een vriend van Bakker, die bij de benoeming een adviserende rol op de achtergrond had gespeeld. Die kende Paul Rodenko goed genoeg om te begrijpen dat dit geen baan voor hem zou zijn.[111]

Het lukte Rodenko één keer voor korte tijd een baantje bij het Medisch Pedagogisch Bureau aan de Jozef Israelslaan 56 te krijgen. Hij werkte hier in de zomer van 1954 drie maanden als vervanger van zijn zus Olga, die zwangerschapsverlof had gekregen. Op het psychoanalytisch georiënteerde bureau werden op verzoek van bijvoorbeeld de Voogdijraad kinderen onderzocht door een kinderarts, een psychiater, een psycholoog en een psychiatrisch geschoold maatschappelijk werker. Het werken met kinderen ging hem goed af, alleen waren de stafvergaderingen lastig. Hij moest dan zijn verslagen voorlezen, wat door het stotteren moeilijk ging. Zijn collega's boden wel eens aan dit van hem over te nemen, maar daar wilde hij niets van weten. Het stotteren hoorde bij hem.[112]

Ook Jettie was sinds 1 juli 1953 zonder baan en zij bracht de dagen door met tekenen én dichten. Onder de naam Juliette van Hoornbeek publiceerde zij enkele gedichten in *Maatstaf*, waarvan het eerste verscheen in december 1953:

Vogels 1

Ach mijn kleine vogel vloog weg –
waarheen?
Ik wou hem juist uit mijn hand gaan voeren.
Ach, waarom vloog mijn kleine vogel toch weg?

Het was de vogel van mijn ogen –
waarheen vloog hij toch?
Kon mijn hart hem maar volgen...
Ach, waarom vloog mijn kleine vogel toch weg?

Mijn hart heeft geen vleugels,
het kan mijn ogen niet volgen.
Mijn hart is te veel in mijn hoofd.
Ach, waarom vloog mijn vogel toch weg?

Eens zal mijn hart ogen vinden
waarin mijn kleine vogel ligt;
dan kan ik al mijn kleine vleugels spreiden...
Ach, waarom vloog mijn kleine vogel toch weg?'[113]

Jettie was door haar huwelijk met Paul deel gaan uitmaken van de kring van Bakker, met wie zij net als haar man een gecompliceerde verhouding kreeg. De prominente rol die hij in het leven van Paul speelde, stoorde haar, omdat alleen zij die rol mocht spelen. Dat maakte Bakker bijna onmogelijk, want hij was op de een of andere manier altijd aanwezig. Toen ze net terug waren van hun huwelijksreis lag er al een brief van Bakker, waarin hij schreef te hopen dat ze een leuke reis hadden gehad, maar eigenlijk nog meer te hopen dat Paul druk voor hem aan het werk was. Dwingend eindigde hij met: 'Paul dat moet'.[114] Ook daarna kwamen er regelmatig brieven en telegrammen met mededelingen als 'Laat me niet in de steek, want ik ben bijzonder op je stukken gesteld', 'Het wachten is alleen op jou' en 'Ben je al klaar?'[115]

Jettie vond dat Bakker haar man op de zenuwen werkte en hem bovendien te weinig en altijd te laat betaalde. In september 1955 weigerde hij bijvoorbeeld een voorschot te geven en adviseerde hij maar geld te lenen bij vader Schaper.[116] Zij wist dat Paul geen zakelijk inzicht had en zich te gemakkelijk door Bakker liet overdonderen. Hier zag zij een taak voor zichzelf. Vanaf het begin van het huwelijk ging zij de geldzaken regelen. Daarnaast wilde ze hem beschermen tegen Bakker. Het was duidelijk dat haar Paul een belangrijke plaats binnen *Maatstaf* innam en ze vond het onverteerbaar dat Bakker zo moeilijk deed als het op betalen aankwam. Hij gaf op een avond meer uit dan Paul in een maand verdiende. Als Bakker dronken was, noemde hij Paul Rodenko 'De grootste essayist', en vertelde er dan bij dat Nijhoff dat ook al gezien had. Daar moest toch wat tegenover staan.[117]

Meer dan Carla Termeer bezocht Jettie De Posthoorn en de Haagse Kunstkring, waar zij Bakker regelmatig ontmoette. Het ging er dan met veel drank soms wild aan toe en Bakker was dan ook wel eens onbeschoft tegen haar, maar probeerde dat later altijd weer goed te maken. Hij had er veel belang bij dat de relatie goed bleef, want dan bleef Paul in ieder geval voor hem werken. Half april 1954 was het weer een keer uit de hand gelopen en Bakker schreef ter verontschuldiging aan Paul en Jettie dat hij een 'rotzak' was en: 'Jettie, ik ben dol op je en van Paul houd ik (in 't normale).'[118]

Paul was het met Jettie eens, maar vond het moeilijk Bakker op zijn plaats te wijzen. Hij liet wat Bakker zei of deed vaak gebeuren en alleen als Jettie erg aandrong, stuurde hij een boze brief. Ook begreep hij dat Bakker met zijn opdrachten en aanwijzingen een bedreiging voor zijn geestelijke vrijheid was, maar wat moest hij anders. Bovendien stond daar iets tegenover. Hij kon zich achter de brute, haast Russische, Bakker vaak verschuilen en bovendien waren zijn contacten soms van levensbelang. Steeds vaker waren er financiële problemen en die wist Bakker bijna altijd op te lossen.

7. VLUCHT UIT DEN HAAG

Jettie hield van het Haagse uitgaansleven en deed met de drank nauwelijks onder voor de als goede innemer bekendstaande Paul Rodenko. Ze hield ervan in het middelpunt van de belangstelling te staan en in juni 1954 publiceerde het *Haagsch Dagblad* een foto van haar dansend met de schilder Jan van Heel op het tuinfeest 'De blijde Muzen'. Het was het jaarfeest van Pulchri Studio en de Haagse Kunstkring, dat in de tuin van Pulchri werd gevierd.[119] Daar trad toen een balalaika-ensemble op dat Paul Rodenko's lievelingsmuziek speelde. Hij haalde een andere Haagse krant. 'Paul Rodenko danste ook nog solo, maar dat had uiteraard een wat meer Russisch karakter,' berichtte de *Haagsche Courant* de maandag na het feest. De verslaggever merkte ten overvloede op dat op dit feest voor beeldhouwers, dichters, schilders, acteurs en schrijvers de drank en de dans een grote rol hadden gespeeld.[120]

Jettie en Paul Rodenko ontmoetten hun vrienden niet alleen in De Posthoorn en op de Haagse Kunstkring, maar ook thuis. Ze kwamen dan het liefst na cafébezoek of in het gunstigste geval vlak daarvoor om met een borrel op gang te komen. Dit veroorzaakte veel overlast voor de oude huisgenoten, want op het moment dat zij het bed in stapten, belden de eerste bezoekers luid aan om zich vervolgens met veel lawaai via de trap naar boven te begeven. Door het vele drinken moesten ze bovendien om de haverklap naar het toilet, dat zich op hun etage bevond.

Na een half jaar was de eigenaresse het beu en schakelde zij een advocaat in, die Paul en Jettie de redenen van de huuropzegging meedeelde: 'U maakt nl. van de nacht de dag en ontvangt uw vrienden en relaties regelmatig 's avonds laat tot in de morgen, hetgeen natuurlijk niet mogelijk is in een huis, waar anderen met u samenwonen. Het gevolg hiervan is, dat mijn cliënte, zowel als de medebewoonsters 's nachts niet meer kunnen slapen door het lawaai, het drukke gepraat, het op- en neerlopen op de trap, waarop geen loper ligt, het drukke bezoek van u en uw gasten aan het toilet e.d. meer.'[121]

Ze moesten in november vertrokken zijn, maar op 17 december 1953 zaten ze er nog. Pas toen de advocaat met uitzetting dreigde, maakten ze aanstalten te vertrekken. In een brief aan de afdeling Huisvesting van de gemeente Den Haag – opgesteld door Jettie en geschreven door Paul – werd de andere kant van de situatie aan de Van Hoornbeekstraat geschetst.[122] De drie dames, van wie een onder behandeling van een psychiater was, gingen volgens Paul en Jettie erg vroeg naar bed. Daar kon je toch geen rekening mee houden. Bovendien waren de besprekingen op 'ongewone' tijden inherent aan zijn werk: 'Juist deze besprekingen zijn voor mij het belangrijkst, omdat in mijn vak buiten de officiële kantooruren om de meeste contracten en afspraken tot stand komen. Het alternatief is dat ik mijn zakenrelaties buitenshuis, in restaurants, moet ontvangen, hetgeen voor mij een veel te zware belasting betekent. Op deze wijze wordt mijn gehele bestaansgrond bedreigd: ik moet nu eenmaal werken 's avonds, wanneer ik b.v. de volgende ochtend een artikel moet afleveren, ik móét nu eenmaal mijn relaties kunnen ontvangen.'

Voor het vinden van een nieuwe woning werd de hulp ingeroepen van Victorine Bakker-Hefting, die ook ambtenaren van Huisvesting kende. Door haar inspanningen zorgde de gemeente voor een flat met eigen opgang aan het Groenewegje 151, boven een pakhuis van Hero, dus zonder onderburen. Er was één probleem. De vorige bewoners vroegen voor de overname van de stoffering duizend gulden, maar dat bedrag konden ze van Bakker lenen.[123] Ze waren door de lening nog afhankelijker van hem geworden, maar konden nu wel 's nachts ongestoord hun gang gaan.

Hun nieuwe huis had twee grote kamers en een kleine slaapkamer. Een badkamer was er niet, zodat ze naar hun ouders moesten om te baden. De flat was verder een hele vooruitgang, ook qua ruimte. Olga vond er met haar eerste kind nog een tijd onderdak. Ook namen Paul en Jettie een herdershond, die ze Doenja noemden. Met z'n allen woonden ze in een huis met veel kleuren, vreemde attributen aan de muur en een opvallend grote volière. De Haagse kennissen kwamen er allemaal wel eens: Ed. Hoornik, Mies Bouhuys, Bert Bakker, Nico Wijnen en Hans Andreus. Die was in 1954 weer in Den Haag komen wonen omdat hij in therapie was bij dr. Maarten Lietaert Peerbolte. Hij zag Paul Rodenko toen niet alleen in De Posthoorn, maar zocht hem ook een enkele keer thuis op.[124] Over een van die bezoekjes gaat het gedicht 'Herinnering aan Paul Rodenko', geschreven vlak na Paul Rodenko's dood:

Herinnering aan Paul Rodenko

De volière die (driehoog)
een kamermuur besloeg.
Het Turkse waterpijpentoestel.
Twee dichters, maar de dialoog
nauwelijks literair te noemen;
tussen ons achteloos ja en nee
het milde van de drank; de balalaika.
Dan toch een paar sleutelwoorden
en plotseling danst zijn denken koord,
Blondin over de Niagara.
Binnen een duister en doodstil Den Haag.
Ik moet de laatste trein nog halen.
Ik reis van toen door naar vandaag;
de te jonge foto op het journaal,
waarbij zijn dood wordt voorgelezen,
een smal voldongen feit. Maar ik denk:
het werkelijk nieuws heeft híj geschreven.[125]

Het Groenewegje ligt in het centrum van Den Haag. In de jaren vijftig werkten er veel hoeren, waardoor de straat voor hem als kunstenaar nog meer een vrijplaats was. Niemand keek daar op van het komen en gaan van mensen op ongewone tijdstippen. Toen hij met zijn gedichtencyclus over Den Haag bezig was, overwoog hij daarin ook een ode aan zijn straat op te nemen. Hij kwam niet verder dan één versregel, die te veel deed denken aan 'Ambrosia, wat vloeit mij aan?' van Jan Engelman:

'Groenewegje, in de vertes gloeien vrouwen aan.'[126]

Met de aanloop van mensen liep het uit de hand. Zelf vertelde Rodenko tijdens het *Haagse Post*-interview in 1975 daarover:' Ik had in Den Haag wat al te veel vrienden, die alsmaar kwamen aanlopen en die je de deur niet kon wijzen. Ik kwam nauwelijks tot werken. Voortdurend aanloop, nachtenlang praten met halve en aankomende dichters of mensen die dachten dat ze het waren – dat is natuurlijk nog het ergste soort – ja god, ik ben nu eenmaal gastvrij.'[127]
Tijdens de nachtenlange gesprekken werd er veel gedronken en dat beangstigde Jettie. Zij hield zelf van dit uitbundige leven met kunstenaars, maar zag dat haar Paul eronderdoor dreigde te gaan. De vrijheid-blijheidideologie was mooi en aardig, maar leverde geen cent op. Steeds vaker kwam hij na een avond stappen niet tot werken en om de spanning die dat veroorzaakte te verminderen, ging hij weer drinken. Zij was het zakelijke type en moest dus ook de knoop doorhakken. Als zij 'haar' Paul helemaal voor zichzelf zou hebben, kwam het wel weer goed. Dan kon hij zich helemaal wijden aan het werk en het drankgebruik matigen. Een woonplaats ver van Den Haag en Amsterdam was de oplossing. Ze begreep dat dit ook voor haar een ingrijpende verandering zou betekenen, maar op dat moment zag ze geen andere mogelijkheid dan uit de stad te vertrekken. Naar Warnsveld bijvoorbeeld. Tijdens zijn puberteit was Paul er wel eens met zijn neef Moela Maso geweest en ook van Bakker had hij erover gehoord. Samen met Victorine zonderde die zich daar regelmatig af om kopij voor *Maatstaf* te lezen en te beoordelen.[128] Dit was de plek waar ook Paul ongestoord zou kunnen werken.
Toen eind 1956 de leden van de Haagse Kunstkring hoorden over de verhuisplannen, stonden die versteld. Zij hadden zich wel eens zorgen gemaakt over het vele drinken en een paar kunstkringers hadden er wel eens met hem over gesproken, maar dat had eerder een averechtse werking gehad. Hij wilde niets weten van deze bemoeizucht. Bovendien hadden ze niet veel recht van spreken, dat begrepen ze ook wel, want zelf wisten ze ook goed raad met de alcohol. Pratend op de kring over het vertrek van Paul Rodenko, kwamen ze tot de conclusie dat verbanning naar het verre Warnsveld geen oplossing zou zijn. Iedereen voelde dat je als kunstenaar elkaar nodig had en dat gold ook voor Paul. Hij was een einzelganger, maar wel een die zich artistiek liet meeslepen door de gemeenschap en door anderen geprikkeld moest worden. Ze wisten van de rol die Bakker en consorten in zijn leven speelden en die zou hij nu moeten missen. In zijn isolement was de drank de enige partner en die zou hem volledig te gronde richten, zo schatten ze in.[129]

Daar kwam nog bij dat hij op het moment van vertrek meer dan ooit onder kritisch vuur kwam te liggen. Het literaire klimaat in Nederland veranderde en de experimentele dichters, met wie hij naast Achterberg toch de meeste affiniteit was blijven voelen, waren bijna klassiek geworden. Hijzelf was bovendien meer dan zij het levende bewijs van wat hij in een aantal artikelen beweerd had over de verandering en opeenvolging van literaire klimaten. Hij had daarin verkondigd dat elke dichtersgeneratie binnen een bepaald klimaat werkt, waarin dezelfde woorden, formules, grammaticale en prosodische vormen een bijna 'magische' werking hebben. Als de inhoud van dit klimaat verandert, is er sprake van een generatiewisseling. Bepaalde dichters verdwijnen dan naar de achtergrond om plaats te maken voor dichters die meer aansluiten bij de het nieuwe literaire klimaat.[130]

Wat Paul Rodenko hier beweerde, lijkt veel op wat Thomas S. Kuhn een aantal jaren later zou opmerken over paradigma's die elkaar in de wetenschap opvolgen. In een bepaalde periode hebben wetenschappers impliciet (Rodenko gebruikt het woord magisch) een consensus bereikt over methoden van onderzoek en modeloplossingen. Zo'n paradigma houdt dan een bepaalde tijd stand, om dan plaats te maken voor andere opvattingen over wetenschappelijk onderzoek.[131]

En die paradigmawisseling, of in Rodenko's terminologie klimaatsverandering, kondigde zich voorzichtig aan in het midden van de jaren vijftig. Er waren andere critici en dichters 'voorgrond' geworden, die Paul Rodenko's essays en gedichten niet konden waarderen. Hij gebruikte een taal die voor hen niets magisch meer had, maar eerder irriteerde. Zijn werk werd daarom soms op honende wijze belachelijk gemaakt. Opvallend was dat een van zijn vroegere vrienden en medestanders, Willem Frederik Hermans, daartoe de aanzet had gegeven.

HOOFDSTUK 7

Buitenstaander

1. ONDER VUUR

Op zaterdag 29 augustus 1959 sprak Sybren Polet voor de VARA-radio in het programma *Boekenwijsheid* drie minuten over Rodenko's net verschenen boek *De sprong van Münchhausen*. Polet had de nodige kritiek op de bundel essays en kritieken – Rodenko werkte te schematiserend en verabsoluteerde bepaalde facetten te sterk –, maar deed desondanks zijn uiterste best de luisteraars van het belang van dit werk te overtuigen. Hij begreep dat die luisteraars vaak de neiging kregen 'de meester' tegen te spreken, maar dit rechtvaardigde niet 'de volstrekt denigrerende toon die de laatste tijd ten aanzien van Rodenko bon ton is'.[1]

Polet wilde Rodenko beschermen tegen de kritiek die vanaf midden jaren vijftig over hem heen was gekomen en waaraan hijzelf ook had meegedaan. Hij had Rodenko, die hem in 1950 in zijn 'Poëziekroniek' in *Podium* als veelbelovend talent de moderne Nederlandse poëzie had binnengehaald, in 1958 in hetzelfde tijdschrift stevig onder handen genomen.[2] In zijn 'Naar een nieuw funktionalisme?' bekritiseerde hij Rodenko's tomeloze generaliseringen en vage invulling van het begrip 'experimentele poëzie' en verweet hij hem te veel gericht te zijn op de Franse literatuur. Ook miste hij in de essays 'een leidende idee'.[3]

Deze reageerde hierop in 'Naar een nieuw formalisme?', dat verscheen in het *Maatstaf*-nummer over de experimentele poëzie uit 1958. Hij schrijft daarin een *experimenteel* denker te zijn, voor wie de wereld een wordende wereld is; leidende ideeën doen er niet toe, want die zouden toch statisch rationalistisch zijn. Er was dus even een kwestie tussen beiden geweest en Polet wilde het via de radio blijkbaar weer goedmaken.[4] Hij kende Rodenko persoonlijk en vreesde dat deze harde aanvallen hem diep zouden raken. Voor hem was hij net als Kafka de zoon van iedereen. Hij vond hem een hulpeloze in een bureaucratische wereld, iemand die je moest beschermen.[5]

Met de 'denigrerende toon' die Polet in reacties op Rodenko beluisterde, was Willem Frederik Hermans begonnen. Een aantal jaren na het debacle met *De draad van Ariadne* verschenen in *Podium* stukken waarin hij prominenten uit de Nederlandse literatuur bekritiseerde en die later werden gebundeld in *Mandarijnen op zwavelzuur*. Het was een oud plan waarover Hermans Rodenko al in 1950 had geschreven. Hij wilde toen een boek schrijven dat *De essayisten* moest gaan heten en waarin alle filosofische en literaire essayisten zouden worden 'fijngemalen'. Ze mochten van Hermans alleen nog maar schrijven over slapen in de kerk, het roken van sigaretten, de benen van pin-upgirls, de geneugten van een bezoek aan de kapper en culinaire en erotische receptuur. Al het andere was 'geklets'.[6]

Rodenko had toen niet kunnen vermoeden een van zijn slachtoffers te worden, maar in de zomer van 1956 was ook hij aan de beurt. Hermans schreef in *Podium* eerst onder de indruk te zijn geweest van zijn poëzie en essays, maar dat zijn latere gedichten te veel op die van Lorca leken en zijn essays waren verworden tot moeizame epistels geschreven in volzinnen 'zwaar als gesmolten olifantenvet of vertaald Duits'. Dat Duitse had hij aanvankelijk nog zo geprezen in de verhalen die Rodenko hem in 1946 voor *Criterium* had gestuurd, maar de tijden waren veranderd. Zijn werk kon hij nu, bijna tien jaar later, niet anders kwalificeren dan als 'zwaarmoedig gemodder'.[7]

Rodenko was een studeerkameremigrant geworden en je moest volgens Hermans wel Daamen N.V. heten om daarvan onder de indruk te raken.[8] Van Bakker, de directeur van deze uitgeverij, moest hij dus ook al niet veel hebben. Hij vond hem 'een schurk' en het was bedenkelijk dat zijn vroegere vriend Rodenko bij zijn 'kliek' betrokken was geraakt. Hij zag dat het in Nederland bij de verdeling van gelden en prijzen om vriendjespolitiek ging en vermoedde, terecht, dat Bakker daarin een cruciale rol speelde.[9]

Van Gerrit Borgers kreeg Rodenko het stuk van Hermans vóór publicatie in *Podium* ter inzage – Borgers verwachtte niet dat hij er 'ondersteboven' van zou zijn – met het verzoek er in hetzelfde nummer op te reageren. Dat gebeurde. In 'Commentaar op de "Proto-Mandarijn"', corrigeerde hij Hermans' uitspraak dat hij in het verleden alleen maar plannen had gemaakt en nooit iets had uitgevoerd op één punt. Hij had nooit een opera willen schrijven, dat was 'vuige laster'.[10] Ook was hij nimmer redacteur geweest van een tijdschrift met de naam *West-Europa*. Dat had een keer ten onrechte zo op een omslag van *Columbus* gestaan, maar Rodenko keek ervan op dat Hermans alles geloofde wat gedrukt stond. Het blad *Oost-Europa*, dat hier eigenlijk bedoeld was, was bovendien niet verschenen.[11]

Het leek alsof Hermans een banvloek over Rodenko had uitgesproken, want het ene na het andere kritische stuk volgde. Hij had vroeger ook wel eens kritiek gekregen, maar nu ging het er opeens harder aan toe. Een aantal critici sleep dan ook de messen toen in 1959 *De sprong van Münchhausen* bij Bakker verscheen. Rodenko had de bundel, die fraai in linnen gebonden was uitgegeven, op een bijzondere manier gecomponeerd en had er zelf grote verwachtingen van.[12] Het boek bestaat uit vier afdelingen – 'Vormen op zoek naar een inhoud', 'De demonie van het systeem', 'De zuigkracht van de chaos' en 'Het vierde zien' –, die beginnen met een fabel.[13]

In de fabel van de eerste afdeling wordt de vraag gesteld naar de betekenis van lezen in de hedendaagse cultuur: '"De ene vorm die mij bewaarde is heen", schrijft Achterberg. Schrijft hij uit eigen nood, schrijft hij uit naam van de moderne mens? God is niet dood, hij is verkaveld; zijn ledematen zijn over de aarde verstrooid, men noemt ze ismen, specialismen, technieken. Wie zal ze bijeenlezen? Wie weet nog wat lezen is? "Lezen" als verzamelen, binden, tot leven tellen, genezen. En hoe leert men lezen?'[14] De vraag wordt beantwoord in stukken over lichte lectuur, de functie van het boek in de samenleving, en beeldlectuur. Met deze onderwerpen staat de afdeling wat los van de drie volgende, die meer een eenheid vormen.

In de tweede afdeling, 'De demonie van het systeem', wordt gewezen op het angstaanjagende van de werkelijkheid. Hierin staat ook het stuk over Hermans' *Moedwil en misverstand*, waarin hij het oedipale complex veralgemeniseerde tot het 'heren:meervoud', zijn vijand.[15] Met 'De zuigkracht van de chaos' van de derde afdeling wordt de specifiek-moederlijke ongespecialiseerde oergrond bedoeld. In de fabel plaatst Rodenko het Systeem tegenover de Chaos en Oergrond, maar maakt duidelijk dat een eenzijdige keuze voor een van beide onmogelijk is. Hij kiest voor een tussenpositie: 'Zo ziet zich de moderne mens (misschien met een griezel van wellust, de masochist) als een Münchhausen tussen twee Muilen geplaatst: de Muil van het Systeem en de Muil van de Oergrond.'[16] In deze afdeling staan stukken over Simon Vestdijk, Nabokov en Max Croiset. 'Het vierde zien' gaat over dichters, die weten te ontsnappen aan de in de vorige twee afdelingen genoemde machten. Zij maken de sprong van Münchhausen en vertegenwoordigen de verticale richting waarover Rodenko in zijn debuutessay 'Pro Domo' al had geschreven.

Het idee om de bundel zo samen te stellen, had Rodenko pas op het laatste moment gekregen. Hij schreef daarover aan Bakker: 'Ik had een indeling gemaakt in proza en poëzie, binnenlands proza en buitenlands proza, enfin heel gewoon; maar plotseling, toen ik de stukken doorlas kreeg ik het idee er een veel hechtere opbouw aan te geven. Ik moest hiervoor de volgorde totaal omgooien, een andere inleiding maken en vier fabels schrijven. [...] Zoals je aan de inhoud ziet, bestaat het boek uit vier afdelingen, elk voorafgegaan door een min of meer kryptische fabel, die bij het lezen van de afzonderlijke stukken duidelijker wordt: met "fabel" bedoel ik een soort "résumé" van de inhoud van elke afdeling, waar het om gaat.'[17]

Over die 'hechtere opbouw' en de opgenomen essays en kritieken waren niet alle critici even enthousiast.[18] Max Nord schreef in *Het Parool*: 'Dit proza is veelal slordig, dikwijls ook slecht geschreven.' Ook stoorde hij zich aan het te pas en te onpas gebruiken van allerlei filosofische termen. Het was niet meer dan gewichtigdoenerij.[19] Hans Andreus vond dat Rodenko met veel eruditie over de avant-gardistische poëzie had geschreven, maar dat hij de experimentele poëzie te systematisch had behandeld. Ook op andere punten sloeg hij de plank wel eens mis, wat Andreus aan den lijve had ondervonden: '[...] in sommige gedichtenbundels van mij laat hij mij beïnvloed zijn door schrijvers die ik destijds nog nooit had gelezen (Burssens en Hölderlin)'.[20]

Volgens Kees Fens werd de psychoanalyse te veel als een levensbeschouwing gepresenteerd. De essays waren voor 'medegelovigen' geschreven, want 'voor wie de wereld wijder is dan de materiële aardbol, blijft er een leegte'.[21] Zijn oordeel baseerde hij vooral op een essay over Simon Vestdijks *Ivoren wachters*, waarvoor volgens hem Freud een tien zou hebben gegeven.[22]

Polet werd in zijn radioverdediging van Rodenko geholpen door twee oude bekenden, die zich in hun kritieken lieten leiden door persoonlijke argumenten. De eerste was Hans Warren. Warren en hij hadden na het weekend in Assumburg eind 1945 sporadisch contact gehouden – benadrukte het on-Nederlandse van Rodenko's werk en wees erop dat hij nu eenmaal niet voor domoren schreef. Met die laatste opmerking vergoelijkte hij de wisselende kwaliteit van de stukken; 'Dat men toch nogal eens weinig waarderende opmerkingen hoort, komt meestal daaruit voort (men neemt eenvoudig niet de moeite hem te volgen) en ook wel eens doordat hij, ook maar een mens, van zijn pen moet leven en dus vaak concessies moet doen.'[23]

Hans van Straten, door wie Rodenko ooit in de redactie van *Columbus* was binnengehaald, begon zijn kritiek in *Het Vrije Volk* met een kritische noot. Rodenko associeerde er soms maar op los om achter de waarheid te komen en kon zich daarom meten met een orthodox-freudiaanse analyticus.[24] Dat nam niet weg dat Van Straten waardering had voor deze avontuurlijke denker, die ten onrechte door zoveel mensen werd veroordeeld.

Die critici waren volgens hem afkomstig uit twee kampen. Het eerste bestond uit experimentelen, die sinds het conflict met Buddingh' en Vinkenoog in 1957 hem maar een 'verdoemelijke intellectueel' vonden. Zij hielden er niet van zich rekenschap te geven van wat er in de wereld en in de kunst aan de hand was, laat staan dat zij wilden nadenken over hun eigen positie daarin.[25] De intellectuelen daarentegen vonden Rodenko juist 'een fantast, een wild geworden goochelaar met ideeën en begrippen, een charlatan [...]'. De waarheid was echter dat Rodenko een fantastisch denker was, 'een es-

sayist met hoogst originele en psychologische achtergronden, een modern dichter, een man met grote belezenheid, onder andere in het Russisch, Spaans en Arabisch'. En dat paste volgens hem niet in het beeld dat men zich op het Leidseplein van een dichter had gevormd. 'Daarom: weg met hem.'
Een van die Amsterdamse intellectuelen was Aad Nuis. Hij schreef in het eerste nummer van *Tirade*, uitgegeven door Van Oorschot als opvolger van *Libertinage*, onder de titel 'Een parvenu van de taal' over Rodenko: 'In een met de voet geschreven klerkentaal, met dodelijke ernst, worden de platitudes en onverteerbare resten van populair-wetenschappelijke verhandelingen opgestapeld tot bouwwerken van domheid. [...] Hij hoort uit de Nederlandse literatuur hard en grondig te worden weggelachen.'[26] Dat ze bij *Tirade* niets moesten hebben van Rodenko, benadrukte de redactie door na het stuk van Nuis een gedicht van Theodor Sontrop te plaatsen, geschreven naar aanleiding van de essaybundel *Tussen de regels*:

> Tussen de regels
>
> Dan, een bliksemflits, wordt het U evident:
> Zij willen terug in 't warme moederlijf.
> Voor hem die weet heeft van het subconsciente
> Wil Roland Holst weg uit dit aards bedrijf;
>
> Maar niet naar een groen water of het groene Erin
> Staart hij met boven het oog de hand.
> 'Neen' zegt hij droogweg en tot aller lering
> 'Hij zoekt het vochtig voedend moederland.'
>
> Met aqua fructus dopend, een nieuwe Jan Baptist,
> O Ródenko, groot strijder voor de mythe,
> Verklaart gij telkens weer wat ieder wist,
> Waarbij Freud enz. een aantal veren lieten.
>
> Voor U is, lijkt het mij, de uterus
> Wat voor een protestant soms Luther is.

Het polemische stuk van Nuis en het gedicht moesten duidelijk maken waar de redactie van *Tirade* stond. Ze waren met een nuchtere en een relativerende houding erfgenamen van *Forum* en dus tegenstanders van Rodenko.[27]
Nuis was afkomstig uit kringen rond het 'tegendraadse' Amsterdamse studentenblad *Propria Cures*, waarin hij in juli 1956 ook al tegen Rodenko

tekeer was gegaan. *Tussen de regels* was toen net uit en hij schreef in bijna dezelfde bewoordingen als in *Tirade*: 'Rodenko schrijft slecht; dat zou allemaal zo erg nog niet zijn als hij bovendien niet zo slecht dacht. *Tussen de regels*: het is de ergste verzameling wartaal die ik het laatste jaar onder ogen heb gehad. In een met de voet geschreven klerkentaal, met dodelijke ernst worden de platitudes en onverteerde resten van populair-wetenschappelijke handelingen opgestapeld tot bouwwerken van domheid.'[28]

De medewerkers van *Propria Cures* hadden sowieso niets op met de experimentele dichters, maar ook niet met uitgever Bert Bakker. Voor het nummer van *Maatstaf* over de experimentele poëzie uit 1958, hadden ze bij voorbaat geen goed woord over. Vooral Rodenko, de gastredacteur, kreeg ervan langs. In *Propria Cures* van 11 april 1959 werd hem door ene H. Delano kwalijk genomen dat hij daarin over de terbraakianen had beweerd dat die nog steeds vasthielden aan de 'minimumwaarden' en zich in hun schuilkelders hadden verschanst uit angst voor de Koude Oorlog. Maar Rodenko was volgens Delano geen haar beter: 'Nee, Rodenko gaat wel op avontuur uit en daarom heeft hij zich in 1953 verbonden aan een blad als *Maatstaf* dat al spoedig het verzamelpunt bleek – de goede medewerkers niet te na gesproken, al blijft het bedenkelijk dat deze zich hebben laten strikken – van voormalige collaborateurs en, zo het werkelijk met een krachtmeting mocht komen, van potentiële.'[29] Vooral deze opmerkingen over de oorlog schoten bij Bakker in het verkeerde keelgat. De auteur H. Delano was de classicus en latere uitgever Johan Polak, wist Bakker, en hij schreef over hem aan Rodenko: 'Wij kunnen deze zak alleen maar dood verklaren.'[30]

Van dit soort kritiek, waarbij het vaak meer ging om de retoriek dan de inhoud, was ook sprake in een lange bijdrage van E.M. Janssen Perio, die in de herfst van 1959 verscheen in *Cahiers voor Letterkunde*: 'Tjonge, denkt men steeds weer bij de lectuur van Rod. hoofdschuddend, het kon er dus nog dikker opgelegd worden, hier vielen dus van dikke thema's nog wat dikkere phrasen te zagen, hier kon blijkbaar een duldzame vergelijking nog iets langer uitgemolken worden, hier viel er essayistisch dus nog smeüıger te kliederen – voor Rodenko, de Karel Appel van het essay: "ik rotzooi maar wat an..."'[31]

Rodenko las de stukken, maar reageerde niet.[32] Een paar jaar daarvoor was hij alleen op verzoek van Borgers kort ingegaan op Hermans' aanval en 'Moeite met Rodenko' van Evert Straat, dat in de winter van 1955-'56 in drie delen in *Maatstaf* was verschenen. Straats toon was dan ook serieuzer. Hij vond dat zijn teksten niet uitmuntten door 'helderheid en bevattelijkheid' en dat hij begrippen uit de psychoanalyse te pas en te onpas gebruikte. Dit was inhoudelijke kritiek op het experimentele denken en Straat bood hem een mooie gelegenheid dit nog eens uit te leggen. Daarom werd deze relatief milde 'aanval' waarschijnlijk ook in 'zijn' *Maatstaf* opgenomen.

Hij legde Straat uit een essayist te zijn die solidair was met zijn object en zich dus 'creatief' daarin verplaatste. Dit was het 'experimentele denken' dat wel gebruikmaakte van begrippen, 'maar zonder aan die begrippen een andere dan een voorlopige en metaforische betekenis toe te kennen; de begrippen waarvan het experimentele denken gebruik maakt zijn begrippen "in situatie", ze betekenen niets *buiten* de concrete samenhang van de tekst'.[33] Met dit soort uitleg hoefde hij zich bij de andere critici niet te verdedigen. Er zat niets anders op dan de schimpscheuten over zich heen te laten komen.

Dat ook zijn 'steun en toeverlaat' Bakker eind jaren vijftig moeite met hem kreeg, was naast al die kritiek extra vervelend. Voor Rodenko was het op tijd inleveren van kopij altijd al een probleem geweest, maar dat ging Bakker steeds meer storen. Hij kon het aanvankelijk accepteren, omdat hij zeker was van een goede verkoop, maar hij merkte dat zijn auteur ook commercieel gezien minder aantrekkelijk was geworden. Bijna beschuldigend schreef hij in de zomer van 1959 aan Rodenko dat de verkoop van *De sprong van Münchhausen* al snel helemaal stil was komen te liggen en dat van de nieuwe dichtbundel *Stilte, woedende trompet* 'de voorverkoop eenvoudig bedroevend' was geweest.[34]

Stilte, woedende trompet was al met de nodige ergernissen aan Bakkers kant tot stand gekomen. Rodenko had eind 1957 een letterkundige opdracht, goed voor duizend gulden, van het ministerie gekregen voor het schrijven van een bundel gedichten over een zelf te kiezen onderwerp.[35] De opdracht was een aardige geste, want hij had toen al gedichten voor bundeling klaarliggen. Het was volgens Bakker alleen nog een kwestie van definitief samenstellen geweest en hij begreep niet dat hij daar zoveel tijd voor nodig had. Rodenko had toegezegd begin januari 1958 zijn nieuwe bundel, die *De jaargetijden* zou gaan heten, in te leveren, maar het duurde ruim een jaar langer.

Stilte, woedende trompet verscheen in augustus 1959. De titel was uiteindelijk veranderd, omdat met een verwijzing naar het gedicht 'Besneeuwd landschap' meer het paradoxale in de gedichten werd benadrukt. De bundel bestaat uit vijf cycli: 'Het strelende', 'Het stromende', 'Tweekoppige zomer', 'Schouwspel voor niemand' en 'Besneeuwd Landschap' – en opent met het poëticale Artaudiaanse gedicht 'Robot Poëzie'.[36]

De verandering van zijn poëzie die in de tweede afdeling van *Gedichten* was begonnen, zette zich in deze nieuwe bundel door. De gedichten waren onpersoonlijker én intellectueler. Er kwamen toespelingen op de bijbel in voor en hij had thema's uit de klassieke mythologie gebruikt, die hij echter, net als de begrippen in zijn essays, naar zijn hand zette. Het gedicht 'Voortijdige constellatie' bijvoorbeeld lijkt een herhaling van de Dionysos-mythe, maar die wordt als zodanig onderuitgehaald als de vrouw in het gedicht beweert: 'Ik ben niet die ik ben [...].' De beelden die de dichter maakt zijn maar schijnfiguren. Hij was met zijn 'vrije' omgang met de wereldliteratuur in het voetspoor van de dichter Ezra Pound getreden.[37]

Het voor Rodenko zo belangrijke paradoxale in de bundel viel de critici wel op, maar een aantal vond het jammer dat de agressieve gedichten de overhand hadden gekregen. 'De poëzie is een gloeiende bol/ de poëzie is een woedende maagzweer', lazen ze in 'Woorden van brood' en dat was voor lezers van het eerste uur even wennen. Slechts een enkel gedicht was 'liever':

JIJ-MEI

Ik mors je over al mijn paden liefste
Jij-rood de rozen en jij-blinkende het blauw
Jij-kano's in de blik van elke vrouw
Jij-beelden in parijzen van het water
Jij lentebroden in de manden van de straten
Jij-kinderen die met een hoofdvol mussen
Achter de zonnebal aandraven
Jij-mei jij-wij
Jij-herteknieën van de zuidenwind.

Ik juich je sterrelings.

'Jij-mei', geschreven in mei 1951, plaatste Rodenko in de tweede afdeling 'Het stromende', over het voorjaar. Het gedicht lijkt op een klankgedicht en bezingt door de herhaling de alomme aanwezigheid in de wereld van de 'jij' op wie de 'ik' verliefd is.[38]

De bundel kreeg opvallend weinig aandacht in de kritiek.[39] Ook vroegere bewonderaars liepen niet over van enthousiasme. Morriën, een liefhebber van de eerste gedichten uit *Parade der Profeten*, wees op het verschil tussen de 'agressieve' en 'lieve' gedichten. Alleen de lieve spraken hem aan: hij herkende hierin de stemmingen en gevoelens uit de eerste bundel. De 'agressieve' raakten hem niet, wat kwam door het weinig flitsende van Rodenko's woede. Zijn eindoordeel luidde: 'Rodenko draagt beelden aan en stapelt symbolen op elkaar, die van zijn literaire en mythologische eruditie getuigen, maar die aan zijn gedichten tevens een belerende en orerende wending geven, zonder dat de lezer erdoor van zijn stuk wordt gebracht, en zonder dat, neem ik aan, vlasblonde meisjes wroeging beginnen te voelen over de kleur van haar haren.'⁴⁰ Morriën verwees met de laatste opmerking naar het gedicht 'Woorden van brood', waarin Rodenko de volgende regels van de Poolse dichter Juljan Tuwim had ingevoegd:

('Laten de lieve, kwijnende
vlasblonde meisjes
de poëzie gaan haten.')

J. H.W. Veenstra van *Vrij Nederland* vond de bundel teleurstellend en noemde Rodenko tot op zekere hoogte een imitator van Marsman, Nijhoff, Van Ostaijen en Claus: 'Ik wil hiermee niet zeggen dat de imitatie het meest opvallende is van Rodenko's poëzie, die eigenlijk een experimenteel aangeklede natuur- en liefdeslyriek is en die ik het meest waardeer waar ze speels, luchtig en "zomaar" is.'⁴¹

Waarschijnlijk begreep Rodenko zelf ook dat zijn poëzie te intellectualistisch was geworden en niet meer 'zomaar' was. Zijn poëzie uit de eerste bundel had plaatsgemaakt voor een poëzie waarin thema's en motieven uit de wereldliteratuur intellectueel waren verwerkt. Hij schrok zelf ook toen hij de eerste gedichten vergeleek met zijn latere werk. In huiselijke kring sprak hij daar een enkele keer over en citeerde dan het zenboeddhistisch geheim van de boogschutter: 'Je kunt alleen maar raak schieten door niet te denken.'⁴² Dergelijke inzichten in het eigen schrijverschap kunnen verlammend werken. De schrijver realiseert zich te veel boodschapper te zijn geworden van een bepaalde idee; hij is niet langer een schepper uit het niets, wat zo'n belangrijke rol in Rodenko's poëzie had gespeeld.⁴³ En dat vonden veel critici van *Stilte, woedende trompet* waarschijnlijk ook.

Ondanks alle kritiek waren er eind jaren vijftig enkele lichtpuntjes. In 1958 kreeg hij voor *Tussen de regels* de Essayprijs 1957 van de gemeente Amsterdam.⁴⁴ De prijs van tweeduizend gulden en de oorkonde werden hem op vrijdag 30 januari 1959 overhandigd in de aula van het Stedelijk Museum. De jury, bestaande uit dr. J.C. Brandt Corstius, prof. dr. C.W. Mönnich en dr. F. Sierksma, oordeelde bijna tegen de stroom in dat hij de belangrijkste criticus van dat moment was: 'Hij geeft daarbij blijk van een brede oriëntatie op internationaal poëtisch terrein, zodat hij er steeds in slaagt de moderne Nederlandse poëzie te plaatsen in het geheel van de hedendaagse letterkundige verschijnselen.'⁴⁵

Rodenko was inmiddels zelf ook een gerespecteerd jurylid, zat in 1955 in de jury van de P.C. Hooftprijs en voor de jaren 1956, 1957, 1961, 1964 en 1975 in die van de Poëzieprijs van de gemeente Amsterdam.⁴⁶ Samen met prof. dr. P. Minderaa en W. J. van der Molen had hij in het jaar dat hijzelf de Essayprijs ontving de poëzieprijs toegekend aan Maurits Mok en Guillaume van der Graft.

In 1960, toen Rodenko even geen jurylid was, werd hem de Poëzieprijs van de gemeente Amsterdam, groot twaalfhonderdvijftig gulden, toegekend. De jury bestond dat jaar uit Gabriël Smit, Bert Voeten en Jan G. Elburg, die hun juryrapport als volgt begonnen: 'Als gevolg van zijn knap doorwerkte, in brede kring bijval en tegenspraak uitlokkende essays is men de afgelopen jaren geneigd te vergeten, dat Paul Rodenko niet in de laatste plaats dichter is. Reeds zijn in 1951 verschenen bundel *Gedichten* en zijn bijdragen aan de nu al historie geworden bloemlezing *Atonaal* bewezen, dat hij een lyricus van groot indringend vermogen is, die aan de hedendaagse Nederlandse poëzievernieuwing een onverwachte schoonheid weet toe te voegen.' De bundel *Stilte, woedende trompet* was wederom een hoogtepunt, want: 'Het is in de eerste plaats Rodenko's verdienste, dat zijn poëzie zich niet zonder meer laat lezen als een uiting van een bepaalde gedachtengang, maar dat de lezer door zijn scheppend vermogen een grotere ruimte van het bestaan gewaar wordt.'[47]

Het was 1960 en wat wel eens Rodenko's periode van zwijgen is genoemd, was begonnen. Er verschenen tot 1975 geen gedichten meer en zijn kritische werk kwam zo goed als stil te liggen. Kees Fens, oud-redacteur van *Merlyn*, vroeg zich later af of het zwijgen kwam door de literatuur die rond 1960 verstarde. Alleen een groot dichter als Achterberg was voor hem misschien nog interessant genoeg om over te schrijven. Of ontbrak het hem aan mogelijkheden om in een krant of tijdschrift te publiceren? Ook de verandering in literatuurbenadering kon hem parten hebben gespeeld. Rodenko legde zelf de nadruk op de werkgerichte benadering, maar voelde zich misschien niet aangetrokken tot het in 1962 opgerichte *Merlyn*, omdat dit tijdschrift wel dezelfde werkwijze propageerde – biografische en andere buitenliteraire factoren speelden geen rol bij de beoordeling van literatuur –, maar te weinig aandacht had voor de context. Fens vermoedde terecht 'dat de literatuuropvattingen van het tijdschrift niet rijmden met die van hem, die sterk aan een levensbeschouwing gebonden waren.'[48]

Wiljan van den Akker veronderstelde dat het minder enthousiaste onthaal van zijn werk en een verandering van literair klimaat hem hadden doen zwijgen. Rodenko zou volgens hem nooit hebben kunnen instemmen met 'een soort poëzie die juist het onderscheid tussen het hoge en het lage, het verhevene en het banale wilde opheffen'. Van den Akker doelde hiermee op de readymades van *Barbarber*-mensen als J. Bernlef en K. Schippers en de 'rauwe straattoon' van de *Nieuwe Stijl*ers als Armando en Vaandrager. Zij bepaalden het literaire beeld van eind jaren vijftig.[49]

Er waren naast persoonlijke – waarover later meer – inderdaad literaire factoren in het spel. Rodenko had zich altijd een buitenstaander gevoeld, maar had bij het uitdragen van zijn poëtica Nederlandse voorbeelden nodig. De Vijftigers waren, ondanks alle bezwaren, zo'n referentiepunt geweest. Met de literatuurtheorie en -praktijk van begin jaren zestig miste hij elke aansluiting. Over de autonomistische benadering van *Merlyn* zei Rodenko in het *Revisor*-interview uit 1975, dat zij te programmatisch was doorgedreven. Zij was hem blijkbaar te veel een theorie, een leidende idee. Bovendien wilde hij verder kijken dan de tekst en ook de figuur die erachter staat erbij betrekken: 'Waarmee ik niet bedoel de "vent", de biografie of de psychologische geaardheid van de dichter, maar datgene wat hij misschien zonder het zelf te weten tot uitdrukking wil brengen. Niet de mens, maar de dichter in zijn rol van dichter. De daimon of de creatieve genius achter het werk.'[50]

Merlyn stond ook letterlijk ver van hem af. Hij was er de man niet naar om contact ter zoeken met mensen als Fens en de andere merlinisten H.U. Jesserun d'Oliveira en J.J. Oversteegen. Toen de laatste eens gevraagd werd hoe de relatie tussen *Merlyn* en Rodenko was geweest, antwoordde hij hem wel herkend te hebben als 'geestverwant' in aanpak en literatuuropvatting. Hij vond alleen zijn stukken onnodig ingewikkeld. Daar kwam nog bij, aldus Oversteegen, dat Rodenko zich in die tijd nogal isoleerde.[51]

Een tijdschrift als *Barbarber*, voor het eerst verschenen in 1958, zette zich af tegen de experimentelen, omdat zij het onderscheid tussen het poëtische en het niet-poëtische in stand hadden gehouden. Hun devies was: 'Doe maar gewoon, dan doe je al poëtisch genoeg.' De dadaïst Duchamp, de kunstenaar die aan het begin van deze eeuw een fietswiel als kunst had tentoongesteld, was hun grote voorbeeld. Die keek ook anders naar de werkelijkheid, maar het grote verschil met Rodenko was, dat die het onderscheid tussen het poëtische en niet-poëtische niet wilde opheffen. Rodenko's dichter stond juist buiten de maatschappij en dichten was een ontdekkingstocht naar het Andere *achter* de werkelijkheid. *Barbarber* speelde in Rodenko's ogen een leuk spelletje, maar met 'echte poëzie' had het weinig te maken.

In het najaar van 1962 evalueerde hij op verzoek van *De Gids* de literaire stand van zaken in Nederland. Hij moest teleurgesteld constateren dat de jonge dichters weer subjectieve bekentenispoëzie schreven en verslag uitbrachten over hun onmacht of levensaanvaarding '*malgré tout*, maar in beide gevallen brengt de dichter verslag uit *over* een ervaring en tracht niet in het gedicht zelf de ervaring tot iets nieuws te transformeren'. Van de experimentelen hadden sommigen wel het jargon overgenomen, maar hun poëtische praktijk was oppervlakkig. Van de poëzie van het echec en de bodemloosheid van Sjestov stond zij ver af, impliceerde hij.[52] Rodenko was weer bij af en zijn verzuchting leek op die in zijn programmatische inleiding in *Columbus* eind 1946. Daarin riep hij immers op 'dichter-in-een-storm' te zijn en afscheid te nemen van de subjectieve bekentenislyriek.⁵³

Toen in het voorjaar van 1969 Bert Bakker vertrok als redacteur van *Maatstaf*, vroeg de redactie Rodenko tien jaar na het verschijnen van het speciale nummer over de experimentele poëzie iets te schrijven over zijn eerder gedane voorspellingen. Hij had in 1958 de nieuwe poëzie 'passief, horizontaal en vormloos' genoemd en had alleen verwachtingen van dichters als Armando en Hugues Pernath. Tien jaar later was er volgens hem echter iets onverwachts gebeurd: 'Althans een huwelijk tussen dada en de huisbakken anekdotisch-realistische poëzie van voor de oorlog mag men toch wel onverwacht noemen.' 'Leukheid' was het criterium geworden, wat ook bleek uit de massale poëziemanifestaties: 'Een dichter die vanaf een podium een massaal publiek wil trachten te boeien en die zich niet rechtstreeks "in de trots of rebellie van het gedicht" kan uiten (want zijn poëzie is immers indirect, guerrilla-poëzie) en die evenmin over de mimische en contorsionistische gaven van een Johnny the Selfkicker beschikt, komt al gauw in de verleiding het spelelement te misbruiken om de lachers op zijn hand te krijgen.'

Hij had Johnny the Selfkicker waarschijnlijk op de televisie gezien als een van markantste performers tijdens een poëziemanifestatie in het Amsterdamse theater Carré in 1966. Die bracht daar zijn gedichten ten gehore terwijl hij de meest vreemde geluiden en bewegingen maakte. Het was de eerste grote Nederlandse poëziehappening – in Amerika waren dit soort manifestaties al eerder bekend – die was georganiseerd door zijn vroegere 'medestander' Simon Vinkenoog en Olivier Boele. Dit was Rodenko te veel uiterlijk vertoon en had niets te maken met het optreden van Artaud. Die had als dichter op het podium bijna letterlijk de vellen van zijn lichaam willen trekken en kon uiteindelijk alleen maar zwijgen. Hier leek het erom te gaan zoveel mogelijk herrie te maken. Het was eigenlijk het rumoerige dagblad tegenover het meer weloverwogen weekblad, Amsterdam tegenover Den Haag.

Er was volgens Rodenko nog hoop, maar die lag voor hem weer in het buitenland. Hij zag op afstand wat er in 1968 in Parijs gebeurde en dat deed hem terugverlangen naar zijn eigen vormende jaren in die stad. Na de politieke beroering daar, zou er weer een roep om een andere poëzie komen: 'Nee, de jaren zestig zie ik eigenlijk als een soort grote vakantie na alle inspanningen van de jaren vijftig, een grote vakantie waarin enkele leuke kiekjes genomen en een paar mooie sportieve prestaties geleverd zijn – maar uiteindelijk zullen we toch de moeizame weg moeten hervatten van de revolutie, de barricaden en de werkelijke poëzie.'⁵⁴

2. DRAMATISCH INTERMEZZO

Zijn essays werden niet door iedereen meer serieus genomen, als dichter was hij slachtoffer van zijn eigen intellectualisme geworden en als criticus van een voorbije poëzie leek Rodenko uitgespeeld te zijn. Toch zweeg Rodenko minder dan vaak wordt gedacht. Hij liet eind jaren vijftig als toneelschrijver van zich horen. In 1955 had hij zijn oude passie al opgepakt met het schrijven van het het poppenspel *Jan Klaassen en de vredesmachine*.[55] In hetzelfde jaar kwam hij bovendien in contact met toneelgroep Puck uit Amsterdam, een gezelschap dat door Egbert van Paridon, Cas Baas en Wim Vesseur was opgericht uit protest tegen het bestaande toneel. De toneelgroep was op zoek naar een vertaler voor *La Dama Boba* van Lope de Vega en op advies van Ed. Hoornik en Mies Bouhuys, die Spaans had gestudeerd en al eerder het stuk *Jacht op een ponnie* voor Puck schreef, wendde zakelijk leider Hans Tobi zich tot Rodenko.[56] Het stuk ging op 17 maart 1956 als *De dwaze dochter* in première in het Van Nispenhuis aan de Amsterdamse Stadhouderskade. De regie was in handen van Cas Baas en de troep bestond uit aankomende talenten als Piet Römer, Leen Jongewaard, Jules Croiset en Lodewijk de Boer. Daarna vertaalde Rodenko voor Puck het blijspel *Les Follies Amoureuses* van Jean François Regnard. Het ging in oktober 1957 in Amsterdam in première als *Verliefde dwaasheden* onder regie van Guus Verstraete.

Verstraete was ondanks Rodenko's trage werken tevreden over de samenwerking. Toen hij in 1958 hoorde dat het ministerie van Onderwijs, Kunsten en Wetenschappen van plan was de Nederlandse toneelschrijfkunst met subsidies te stimuleren, vroeg hij Rodenko een toneelstuk te schrijven.[57] Rodenko stemde in en kreeg meteen een voorschot van f 500,- op het honorarium van f 2000,-.[58] Een tweede voorschot volgde in juni 1959.[59]

Die voorschotten waren een belasting voor het gezelschap, omdat het ministerie pas tot betaling zou overgaan als Rodenko zijn stuk klaar had en dat gebeurde maar niet. Hij vluchtte telkens in verontschuldigingen en kon in 1960 alleen twee plannen inleveren.

Het eerste stuk, *Chantage*, zou gaan over een lector die tijdens een congres in het buitenland de bloemetjes buitenzet en gefotografeerd wordt in een pikante positie met een vrouw van lichte zeden. Met die foto's probeert iemand hem te chanteren, wat niet lukt omdat de lector daarvan juist geniet. Eindelijk voelt hij zich iemand die ertoe doet en gezien is bij de vrouwen. Verder was Rodenko nog niet, maar hij hoopte snel tot een afronding te komen van dit naar zijn idee aardige gegeven.

Een ander stuk in de maak kreeg de werktitel *Wie is mijn moordenaar?* en speelt zich af op de afdeling Hagel en Sneeuw van het Rijksbureau voor

Weerdocumentatie. Het is zomer en de afdeling heeft maar weinig te doen. Af en toe komt er een drukke typiste in bikini langs die direct weer verdwijnt naar de Afdeling Mooi Weer. Alle medewerkers kijken jaloers, omdat zij zich de hele dag zitten te vervelen in winterse kleding. De chef van de afdeling ligt onder zijn bureau, maar daar maakt niemand zich druk om. Het is immers rustig en waarom zou je zo'n man niet een slaapje gunnen. Dan komt er een inspecteur van politie binnen die meldt dat er iemand op het bureau is vermoord. Tot zijn schrik ontdekt de politiefunctionaris dat er iemand onder de tafel ligt te slapen met een kogelgat in zijn hoofd. Als hij goed kijkt, ziet hij dat hij het zelf is die daar op de grond ligt. Als hij dit de medewerkers vertelt, roepen die in koor: 'Goed zo, hij heeft het ontdekt, goed gededuceerd.' Hij komt tot de ontdekking dat hij zich in het hiernamaals bevindt.

In het tweede bedrijf zijn de ambtenaren familieleden en vrienden geworden die de inspecteur helpen om uit te vinden hoe het zo is gekomen dat hij vermoord is. Verder was Rodenko nog niet, maar hij wist dramaturg Rooduijn wel te vertellen wat de bedoeling van zijn stuk zou zijn: 'Waar het om gaat is, dat deze "inspecteur" eigenlijk Elckerlijk is, Everyman (ik wilde hem in het stuk ook Elkerlik noemen) en dat hij dus als het ware geconfronteerd wordt met zijn leven: wat heeft hij gedaan met zijn leven?'[60] De tijd verstreek en in augustus 1961 was er nog niets klaar. Rooduijn schreef in oktober nog een brief, echter zonder resultaat. Het ministerie trok uiteindelijk de opdracht in.[61]

Rodenko was in die tijd ook aan het werk voor Kees van Iersel, die sinds 1955 voor de VARA-televisie toneelstukken regisseerde. Hij was een vernieuwer die elementen als eenvoudige stilering en het experimenteren met publiek en toneelruimte introduceerde. Ook had hij al vroeg werk van Sartre, Pirandello en Schierbeek op de televisie gebracht.[62]

Van Iersel ontdekte in maart 1959 bij het uitpakken van de boodschappen dat die waren verpakt in het kerstnummer van *Elseviers Weekblad* uit 1955. Zijn oog viel toen op het daarin verschenen verhaal 'De man die zichzelf bedroog' van Rodenko, dat hij meteen ging lezen.[63] Hij schreef hem daarna een brief met het verzoek er een televisiebewerking van te mogen maken.[64] Rodenko reageerde per omgaande post en verstrekte nog bijzonderheden over het verhaal.[65] Het was gebaseerd op een in de oorlog geschreven toneelstuk, waarvan het manuscript tijdens het Bezuidenhout-bombardement verloren zou zijn gegaan. Dat Van Iersel dramatische mogelijkheden in het verhaal had gezien, was begrijpelijk.[66]

'De man die zichzelf bedroog' is een psychologisch verhaal, vol dialogen. De hoofdfiguur is de Haagse zenuwarts en schilder L. – door de combinatie schilder-psychiater vertoont hij gelijkenissen met H. J. Plokker –, die in café De Posthoorn aan een paar stamgasten de volgende vraag stelt: 'Is het doorsneehuwelijk niet een abstractie, waarbij de natuurlijke rijkdom van de liefde geleidelijk aan door simpele, rechte lijnen van sleur en economische noodzaak wordt vervangen?' Aan de hand van een geval uit zijn praktijk, geeft hij het antwoord.

Een patiënte met klachten over slapeloosheid en prikkelbaarheid had het gevoel dat haar man, een Haagse advocaat, niet meer om haar gaf en was verliefd geworden op een ander. Voordat er echter wat kon gebeuren, botste zij op de Kneuterdijk tegen een auto, waarin toevallig die bewuste man zat. Die bleef ongedeerd, maar zijzelf werd in een ziekenhuis opgenomen.

De zenuwarts probeerde toen een bijzondere behandeling uit en adviseerde zijn patiënte partieel geheugenverlies te simuleren. Zij moest doen alsof ze haar eigen man niet meer herkende. Toen haar echte man hoorde over haar aandoening, kreeg hij het advies opnieuw zijn vrouw te veroveren. De kans was volgens de zenuwarts groot, dat er dan weer 'wat geheugen loskomt'. De echtgenoot volgde het advies op en als nooit tevoren maakte hij haar het hof. Het lukte hem met haar naar bed te gaan.

Na het avontuur was hij woedend op zijn vrouw, omdat zij hem had bedrogen met een 'ander'. Op dat moment greep de zenuwarts in en gaf de twee een analyse van zijn experiment. De twee kwamen weer bij elkaar. De zenuwarts besluit zijn verhaal met de woorden: 'Inderdaad ligt het huwelijk, het samenleven van man en vrouw, als logische consequentie al in de liefde als zodanig besloten; en het volmaakte huwelijk bestaat uit een dubbele driehoeksverhouding, die als een davidster in elkaar grijpt: de man moet tegelijk minnaar en echtgenoot zijn en als zodanig een driehoeksverhouding met zijn vrouw vormen, waarbij de zorgeloze minnaar steeds weer de serieuze echtgenoot bedriegt, en omgekeerd moet de vrouw tegelijk echtgenote en minnares zijn.'

De meeste mensen uit Rodenko's omgeving hadden het verhaal niet opgemerkt, want het was in Haagse kunstkringen niet bon ton het rechtse *Elseviers Weekblad* te lezen. Het was ook niet bepaald Rodenko's lijfblad en hij zou later de medewerkers ervan in zijn Sneek-lezing niet voor niets op één hoop gooien met mensen als Stalin, Franco en Salazar, maar hij had toen geld nodig.[67]

A. Marja had het wel gelezen en was ziedend. Hij schreef hem in een brief het ondenkbaar te vinden in de 'cultuursituatie van 1955' te publiceren in *Elseviers Weekblad*. Fatsoenlijke mensen verleenden geen medewerking aan bladen als *De Telegraaf*, *Elseviers Weekblad* en *Haagse Post* en daar was ook Bakker, Rodenko's 'broodheer', het mee eens. Die stuurde volgens Marja principieel aan dit soort bladen zelfs geen recensie-exemplaren.⁶⁸ Marja was zelf ook benaderd, maar had natuurlijk geweigerd, hoewel ook hij de aangeboden tweehonderd gulden goed kon gebruiken. Door dit bedrag te noemen, probeerde hij Rodenko op de kast te krijgen, want hij wist dat die er honderdvijftig gulden voor had gekregen. Hetzelfde bedrag was namelijk ook Marja geboden.⁶⁹

De kwestie bleef Rodenko achtervolgen. Toen in 1959 *Propria Cures* Marja ervan beschuldigde dat hij een vervelend stuk over radiomedewerker dr P. H. Ritter jr. in *Elseviers Weekblad* had willen plaatsen, maar dat dit was geweigerd, stuurde die een woedende ingezonden brief, waarin hij de naam Rodenko noemde. In 'Tussen de middenstanders?' schreef hij nimmer aan dit blad van de 'belastingschichtige middenstand' een artikel aangeboden te hebben, hoewel hij wel eens door hen was benaderd. Hij had geweigerd, in tegenstelling tot Rodenko, 'die er toen in mijn plaats is ingetrapt, ondanks het feit dat zijn werkgever Bert Bakker (Daamen) zelfs geen recensie-exemplaren van zijn uitgaven aan deze spreekbuizen der reactie wenst te sturen'.⁷⁰

Van Iersel wist van deze geschiedenis niets af en was alleen geïnteresseerd in het verhaal. Op 3 april 1959 bezocht hij Rodenko om het een en ander te bespreken. Deze zette zich meteen aan het werk. Hij leverde eind mei 1959, na tien dagen ploeteren, de tekst voor het televisiespel in, dat op donderdag 3 september uitgezonden zou worden.

Hans van Straten sprak voor *Het Vrije Volk* met Rodenko de dag voor de uitzending over diens fascinatie voor 'amoureuze ontwikkelingen' en zijn onbekendheid met het fenomeen televisie.⁷¹ Ook de tv-redacteur van *De Telegraaf* interviewde hem en kreeg te horen: 'Ik wilde vroeger nooit iets van televisie weten. Ik had zelfs nog nooit een televisiespel gezien toen ik van regisseur Kees van Iersel het verzoek kreeg of ik niet een tv-spel kon schrijven. Ik heb "ja" gezegd en ben aan het werk gegaan. Kees van Iersel heeft me eerst een indruk gegeven en toen kwam het spel vanzelf. Ik heb er lang over nagedacht, maar schreef het in ongeveer tien dagen. Ik geloof niet dat men het als experimenteel spel moet zien. Het is eerder een plezierige les in de kunst van het huwelijk, die door vele echtparen helaas nog niet goed verstaan wordt. Het spel heeft dan ook zeer zeker een goede moraal.'⁷²

Toen het blijspel 's avonds om tien voor negen begon, waren veel kijkers verbaasd over het begin. De televisieomroeper stelde psychiater Westerhuis, gespeeld door Lo van Hensbergen, enkele vragen over diens boek *Het huwelijk als abstracte kunst*. Die vertelde dat man en vrouw niet alleen goede echtgenoten moesten zijn, maar ook goede minnaars, omdat 'elk menselijk conflict in de grond van de zaak een huwelijksconflict is'.⁷³ Een concreet geval uit de praktijk van zijn collega dokter Oosterhuis zou dat verduidelijken.

Na het interview begon het spel. Kees Brusse speelde de Haagse advocaat Huib Martens, Andrea Domburg zijn vrouw Ellen Martens. De psychiater sloot de uitzending af met een epiloog.

Het televisiestuk kon eind jaren vijftig door zo'n honderdduizend kijkers ontvangen worden, wat een bijzondere ervaring voor de toneelspelers was. Zij speelden het stuk live en elke fout zou direct door een groot publiek gezien worden. Iedereen was dan ook nieuwsgierig naar de persreacties.

Die waren over het algemeen positief. De *Nieuwe Rotterdamse Courant* kopte 'Plezierig televisiespel van Rodenko' en vond het een humoristisch stuk met interessante dialogen. Vooral het spel van Kees Brusse werd geprezen.[74] *Het Parool* typeerde het als een vaardig geschreven 'luchthartige zedenles' met 'geestige filosofietjes'.[75] *De Telegraaf* signaleerde wat gebreken, maar hoopte dat Rodenko in de toekomst voor de televisie zou blijven schrijven. Er was één ergernis. De Haagse advocaat zat aan het ontbijt de *Bussumse Courant* te lezen.[76] Het *Algemeen Handelsblad* was het meest enthousiast. Onder de titel 'Briljant tv-debuut van Paul Rodenko' werden vooral de geestige sprankelende dialogen geprezen.[77] Negatief daarentegen was de recensent van *Het Vrije Volk*, die in 'Paul Rodenko slaat tv-plank mis', het beredeneerde van het geheel bekritiseerde. Alles in het verhaal moest een verklaring hebben, iets wat funest is voor een komedie waarin het domme toeval zo'n belangrijke rol speelt: 'Het beste is dat Paul Rodenko maar weer essays gaat schrijven. Voor de tv mist hij de vaart en de charme.'[78]

Rodenko volgde deze raad in eerste instantie niet op. Als toneelschrijver had hij een opvallend debuut gemaakt en hij was nog nooit bij zo'n groot publiek bekend geweest. Er verscheen in 1959 onder de titel 'Modern experimenteel auteur werkt voor toneel en tv' zelfs een interview met foto in het blad *Startklaar*, een uitgave van Caltex Petroleum in Nederland.[79] Een jaar later volgde een stuk in *Tussen de rails*. Dat was hem als essayist en dichter nog nooit overkomen en zulke positieve aandacht was welkom na alle kritiek. Maar wat misschien nog belangrijker was, het werk voor de televisie betekende brood op de plank.

Van Iersel verliet de VARA in 1962 en werd artistiek leider van toneelgroep Studio. Samen met Rodenko werkte hij het televisiespel om tot een toneelstuk, dat als *Harten twee harten drie* op 13 september 1962 in de Stadsschouwburg van Tilburg in première ging met Ingeborg uit den Bogaard en Bram van der Vlugt in de hoofdrollen.

Ook over de toneelversie waren de kranten enthousiast. Niet alleen van de *Nieuwe Tilburgse Courant* en het *Nieuwsblad van het Zuiden* kreeg hij complimenten, maar ook *Het Vrije Volk* schreef waarderend over het stuk. Jan Spierdijk van *De Telegraaf* hoopte dat deze geestige en spirituele komedie het land zou ingaan, wat ook gebeurde.[80] Begin 1963 speelde Studio het in De Brakke Grond in Amsterdam, een door Studio-decorontwerper Wim Vesseur verbouwde veilinghal, waar Studio tot 1970 regelmatig voorstellingen gaf. *Het Parool* schreef over de eerste voorstelling dat het Amsterdamse publiek veel moest lachen en langdurig had geapplaudisseerd. Later speelden amateurtoneelgezelschappen het stuk, waarbij gebruikgemaakt kon worden van het door Bakker uitgegeven tekstboekje, dat in 1963 verscheen.[81]

Het was niet bij één televisiestuk gebleven. Op 6 juli 1960 zond de VARA *Het legaat* uit, waarvoor hij in september 1959, direct na het succes van zijn eerste stuk, de opdracht al had gekregen. Begin 1960 begon hij pas met schrijven, wat moeizamer ging dan bij het eerste stuk omdat hij zich niet meer kon baseren op een eerder bedacht plot. Vlak na nieuwjaarsdag 1960 schreef hij aan Van Iersel wel plannetjes te hebben, maar dat er nog niets op papier stond. Er was met de VARA een afspraak gemaakt over het verstrekken van een voorschot bij inlevering van een synopsis, zodat hij rustig aan het werk kon. Die synopsis was er nog niet, maar het leek hem verstandig het bedrag toch uit te betalen, anders zou het stuk weer blijven liggen. 'Niets is zo fnuikend voor de inspiratie als ideeën koud te laten worden', liet hij Van Iersel weten.[82]

Het voorschot werd uitbetaald en het lukte Rodenko uiteindelijk een stuk in te leveren. Op donderdag 6 juli konden Nederlandse televisiebezitters vijf kwartier kijken naar *Het legaat*, een ingenieus detectiveverhaal, gespeeld door Kees Brusse, André van den Heuvel, Ton Kuyl, Johan te Slaa, Wim Burkunk en jonge talenten als Joop Admiraal en Femke Boersma.

Ook deze keer waren er interviews. Op de vraag van M. Schroevers van de omroepgids van de VARA hoe het mogelijk was dat een man van het woord zo'n beeldend televisiestuk kon maken, antwoordde Rodenko dat hij als kind kunstschilder had willen worden. Hij tekende toen al veel: 'Vooral bloemen, huizen en een wei met beesten.' Zijn intellectualisme had echter een verdere ontwikkeling als schilder in de weg gestaan: 'Maar naast al dat denken in de diepte en dat dichten in de breedte had hij nu eenmaal zoiets als een fotografische instelling. En wat je geestelijk bezit, raak je nooit kwijt.' *Het Vrije Volk* vroeg hem het stuk te typeren: 'Een thriller kun je het beslist niet noemen. In een thriller gebeurt aan het eind een moord. In mijn stuk wordt alles tot aan het slot in het vage gehouden.'[83]

En dat vonden veel critici nu juist een minpunt. Over *Het legaat* was niemand echt tevreden. De *Nieuwe Rotterdamse Courant* schreef bijvoorbeeld: 'Een moeizaam geconstrueerd geval, waaraan de scherpzinnige essayist zich duidelijk had vertild.'[84] *Het Vaderland* deed daar nog een schepje bovenop en vond dat het stuk 'niet veel om het lijf had'.[85] De ontvangst van zijn tweede televisiestuk was voor Rodenko teleurstellend.

Van Iersel zette Rodenko ook aan het werk voor toneelgroep Test, die hij in 1955 samen met Jacqueline Sandberg en Amy van Marken had opgericht. Dit gezelschap speelde voor een klein publiek stukken als *Wachten op Godot* van Samuel Beckett in een klein zaaltje boven Tuschinski in Amsterdam. Rodenko schreef voor Test de eenakter *De Seinpaal*, die twee maanden na zijn tweede televisiestuk in première ging.

In *De Seinpaal* denkt een vrouw, Eva, na over haar leven, daartoe gedwongen door de seinwachter, Adam, van een niet meer in gebruik zijnde spoorlijn. Eva voert met Adam een symbolisch gesprek, waarin zij een onderscheid maakt tussen de voorbijgaande en de eeuwige liefde. Adam wil alleen iets weten van de eeuwige liefde, waardoor hij echter in de problemen komt. De liefde is namelijk menselijk en kan op geen enkele manier met het eeuwige goddelijke vergeleken worden.

Samen met *De knop* van Harry Mulisch en *Het huis* van Sybren Polet werd het stuk opgevoerd op 23 september 1960 in het Haagse Kurhaus onder auspiciën van het Nederlands Toneelverbond, het Nederlands Centrum van het Internationaal Theater Instituut én de Haagse Kunstkring. De acteurs Fien Berghegge, Shireen Strooker, Henk van Ulsen en Johan Walhain hadden met deze stukken vóór de uitvoering in Den Haag commotie veroorzaakt in Brussel, waar ze in mei de eenakters in het kader van het Festival International du Théâtre hadden gespeeld. Tijdens het stuk van Mulisch was het daar zelfs tot een handgemeen gekomen, al bleef onduidelijk of dat te maken had met de Belgische taalkwestie – het stuk werd in het Nederlands gespeeld – of met de kwaliteit van het stuk. Sommigen veronderstelden zelfs dat het doorgestoken kaart was, al viel het de verslaggever van *Het Vrije Volk* op dat Rodenko en Polet, beiden aanwezig in de zaal, zichtbaar schrokken van het gebeurde. Polet werkte zelfs eigenhandig een oproerkraaier de zaal uit.[86]

Michel van der Plas was in Brussel aanwezig en beoordeelde Rodenko's stuk, gespeeld door Fien Berghegge en Johan Walhain, als volgt: 'Rodenko's eenakter "De Seinpaal" laboreerde, met die van Mulisch, aan de dwangopvatting dat avant-gardetoneel van absurde taal overladen, zwaar geaccentueerde symboliek gebruik moet maken om te kunnen schokken. Wat in aanvang steeds weer een aanvaardbare situatie leek, werd begraven onder bizarrerie die zichzelf al te graag hoorde en zag. De auteur had leentjebuur gespeeld bij een reeks auteurs die al jaren geleden als dé avant-garde geaccepteerd waren, zonder aan al dat geleende iets overtuigends, en, vooral iets persoonlijks te kunnen toevoegen.'[87] Ook naar aanleiding van de opvoering in Nederland was er kritiek. Emmy van Lokhorst vond het te filosofisch en had moeite had met de symboliek: 'Wat hij tekortschoot, aan dramatische spanning trachtte hij te vergoeden door enkele vondsten, zoals de pop, die als derde fungeert, met de krant in de handen, waarachter zijn gezicht schuilgaat. Als de vrouw deze krant wegrukt, kijkt zij in een doodshoofd.'[88] De verslaggever van *De Tijd* vond de symboliek te doorspekt van psychoanalyse en 'beschouwingen over de menselijke aard in het algemeen'. Hij had het stuk niet kunnen volgen, omdat het te literair was en Rodenko zijn toneeleffecten baseerde op bizarre invallen.[89] Anton Deering van het *Algemeen Dagblad* vond Rodenko's stuk het meest experimenteel. De spanning bleef de hele tijd bewaard, ondanks de handicap van de actrice Fien Berghegge, die vlak voor de voorstelling een ongeluk had gehad en het stuk grotendeels zittend moest spelen.[90] De spierverrekking belemmerde Pierre H. Dubois tot het vellen van een juist oordeel. Doordat de actrice de hele tijd op een stoel zat, werd de enscenering anders dan bedoeld en kritiek geven zou niet op zijn plaats zijn. Wel wilde hij kwijt de symboliek verwarrend en quasi-diepzinnig te vinden.[91]

Na de voorstelling was er een forum waaraan de drie auteurs deelnamen. Rodenko legde de zaal uit dat de vrouw in zijn stuk de liefde als een realiste en relativiste ziet en de man als iets vergoddelijkts, maar dat hij daardoor afdwaalt van het menszijn.[92] Toen hem werd gevraagd wat nu precies experimenteel toneel was, antwoordde hij nuchter: 'We schrijven zoals we gewend zijn, dat is alles.'[93]

De drie stukken werden daarna nog gespeeld in het Rotterdamse theater De Lantaren en uiteindelijk gepubliceerd in een speciaal dubbelnummer van *Podium-Gard Sivik*, waarin ook de zogenaamde 'Toneelenquête 1960' verscheen.[94] Redacteur Hans Sleutelaar stuurde honderd mensen in Nederland en Vlaanderen een vragenlijst over de situatie van het Nederlandstalige toneel. Rodenko's antwoorden komen een paar keer terug in de samenvatting die Sleutelaar van alle reacties maakte. Op de vraag of het toneel voldoende uitdrukking geeft aan de drama's die zich buiten het theater afspelen, antwoordde hij: 'Er spelen zich geen drama's buiten het theater af. Buiten het theater zijn er alleen vreemde (komische, lugubere) toestanden.' Ook expliciteerde hij zijn opvattingen over het experimenteel toneel. Dat bestond volgens hem alleen in psychiatrische klinieken, waarmee hij het in de jaren dertig ontwikkelde psychodrama van J. L. Moreno bedoelde. Moreno liet psychiatrische patiënten conflicten en ervaringen naspelen, waardoor die beter verwerkt konden worden. Rodenko zag mogelijkheden voor deze technieken binnen het theater, maar dan moesten heel andere accenten gelegd worden: '[...] nl. op de scènische mogelijkheden die de reactivering van verdrongen prelogische bewustzijnslagen biedt; dus: hoe men de totale mens (de "ruimte van het volledige leven"), in zijn bewuste én zijn persoonlijk-onderbewuste én zijn collectief onbewuste componenten, scenisch en artistiek vorm kan geven'. Dit soort experimenten hoorden volgens hem alleen thuis in het atelier en niet in het theater, want: 'Toneel is een daad, een rite, een manifestatie, moet overtuigen, mag niet aarzelen; toneel moet "uit één stuk" zijn, mag niets aan het toeval overlaten, vereist zorgvuldige opbouw en planning. Dit alles lijkt me volkomen in strijd met het begrip "experimenteel".'

Van Iersel bezorgde Rodenko voor een korte periode een plaats in de wereld van toneelschrijvers op een moment dat hij weinig affiniteit meer voelde met de actuele literatuur. Het was een welkom intermezzo geweest, waarover toneelcriticus Ben Stroman in zijn geschiedenis van het Nederlandse toneel schreef: 'Het leek erop dat we een spitse blijspelschrijver rijk waren geworden. Er is niets van gekomen.'[95] Toneel was toch iets anders dan gedichten en essays schrijven. Het was geen zoektocht naar het Andere, maar iets statisch, een rite, vertelde hij in het interview met *Podium-Gard Sivik*. Betrokkenheid bij het theater had Rodenko verder ook niet. Toen Ton Neelissen van het *Haarlems Dagblad* hem vroeg of hij wel eens naar toneel ging, was het antwoord 'nee'.[96]

Later zou Rodenko over zijn korte toneelcarrière zeggen: 'Ik ben op een zeker ogenblik gaan werken voor de televisie. Het eerste stuk werd goed ontvangen. Toen heb ik ook een ander gemaakt – dat was ook minder, dat wist ik – en dat was plotseling überhaupt niks. Toen heb ik nooit meer een andere opdracht, een nieuwe kans, gekregen. Dat was wel teleurstellend.'[97] Toch was zijn kennismaking met het toneel niet voor niets geweest. Hij had contacten gelegd en tot aan zijn dood vertaalde hij gemiddeld een toneelstuk per jaar voor diverse toneelgezelschappen.[98]

3. FAMILIELEVEN

Rodenko's zwijgen als dichter en essayist eind jaren vijftig had niet alleen met een verandering van het literair klimaat en zijn werk als toneelschrijver te maken. Ook persoonlijke omstandigheden speelden een rol. De belangrijkste ommekeer was het vertrek van Paul en Jettie uit Den Haag. Officieel woonden ze sinds 8 januari 1957 in Warnsveld in de Achterhoek, een dorp met bijna zesduizend inwoners onder de rook van Zutphen. Ze hadden daar met financiële hulp van Jetties ouders een nieuwbouwwoning van het type twee-onder-één-kap aan de Anjerlaan 16 gekocht.[99]

De 'middenstandswoning', zoals Paul en Jettie hun huis zelf typeerden, had beneden een grote woonkamer, een keuken, een kelder en een toilet en boven drie slaapkamers, een douchecel en een vliering. In de woonkamer was een schouw met zware balken en open haard en op de vloer hadden ze zwart-witte marmoleumtegels laten leggen. Het mooiste was de grote zonnige tuin aan drie zijden van het huis.[100] De verhuizing naar hun nieuwe huis eind 1956 was chaotisch geweest, want net toen ze alles hadden ingepakt, werd vader Schaper ernstig ziek. Ze konden toen niet weg uit Den Haag en moesten tussen de verhuisdozen bivakkeren. Het had Rodenko lange tijd van zijn werk afgehouden.

Toen ze in hun nieuwe huis nog maar net alles hadden uitgepakt, vertrokken ze weer voor drie maanden naar Den Haag, waar ze bij de familie Schaper aan de Toussaintkade logeerden. Jettie was een aantal maanden voor de verhuizing zwanger geworden. De geboorte van haar eerste kind was namelijk niet geheel zonder risico's; zij was sinds het najaar van 1955 suikerpatiënt en wilde zo dicht mogelijk in de buurt van haar behandelend internist in Den Haag zijn.

Jetties suikerziekte had zich op een vreemde manier gemanifesteerd. Toen zij met Paul, Rits Kruissink en zijn echtgenote, haar moeder en zuster in september 1955 op vakantie was in Menton aan de Franse Côte d'Azur viel ze van een rots en moest ze enige tijd verzorgd worden.[101] Het leek net of de val de ziekte had veroorzaakt, maar waarschijnlijk kreeg zij in Frankrijk haar eerste hypoaanval en viel zij flauw. Aan het einde van dat jaar gebeurde dat weer; ze werd toen een poosje ter observatie opgenomen in een kliniek, waar de artsen vaststelden dat zij suikerziekte had. Jettie kon redelijk leven met deze chronische kwaal, al moest ze haar hele leven 's middags na de warme maaltijd zichzelf insuline inspuiten.

Jettie kreeg op 30 mei 1957 in kliniek Frankenslag aan de Prins Mauritslaan, een dochter, Ludmila Katherina, die met de keizersnede ter wereld kwam. Haar eerste Russische naam werd haar roepnaam, met de tweede naam was ze vernoemd naar haar oma van moederszijde. Ludmila, door Paul al gauw Milotsjka genoemd, kreeg haar eerste brief van de dichter Adriaan Roland Holst, een bekende uit de kring van Bakker. Die stelde zich voor als oom Jany en feliciteerde haar met de 'behouden aankomst' en had eigenlijk ter gelegenheid van de geboorte een gedicht willen schrijven: '[...] maar door angst voor kritiek van je vader, kwam ik er nooit toe'.[102]

Tijdens het verblijf in Den Haag was Paul nauwelijks aan werken toegekomen. Hij had overdag de beschikking over de kamer van zijn schoonzuster, maar moest 's avonds elders in huis een rustig plekje zien te vinden. Dat was funest voor zijn concentratie. Toen ze na de bevalling weer thuis waren in Warnsveld, was er tot overmaat van ramp van werken voorlopig weer geen sprake. Als vader van een levendige dochter was het nauwelijks mogelijk rustig achter zijn bureau te gaan zitten. Bovendien was Jettie lange tijd zwak. Hij schreef voornamelijk kleinere bijdragen. Voor de krant bijvoorbeeld en voor *Delta*, een cultureel informatieblad voor het buitenland waarvoor hij sinds het voorjaar van 1958 was gaan schrijven. Iets groters zat er niet in.[103] Het *Maatstaf*-nummer over de experimentelen dat hij in 1958 moest samenstellen, kwam dan ook moeizaam tot stand. Paul was een essayist van de lange adem, maar moest zich door huiselijke omstandigheden nu beperken tot snelle tussendoortjes.

Toen er begin 1959 een tweede kind op komst was, besloten Paul en Jettie op zoek te gaan naar een groter huis. Het was een goed moment om hun verblijf in het Oosten te evalueren en ze kwamen tot de conclusie dat ze toch liever weer naar het Westen zouden verhuizen. Zoals zijn vrienden hadden voorspeld, miste Paul in Warnsveld het Haagse kunstleven en de aansporingen en ideeën van Bakker. De relatie met zijn uitgever was voor Rodenko gecompliceerd, maar Bakker had er wel altijd voor gezorgd dat hij aan het werk bleef. De contacten gingen nu vooral schriftelijk en dat was moeilijker. Slechts een enkele keer zagen ze elkaar in Den Haag of bezocht Bakker hem in Warnsveld, maar samen uitgaan in de Haagse Kunstkring en nachtclub Slawa kwam niet meer voor. In het *Haagse Post*-interview uit 1975 vertelde Paul Rodenko over zijn geringe productiviteit in de jaren zestig: 'Ik mis de stimulans van Bert Bakker, ja dat zou je kunnen zeggen. Dat is niet uitsluitend zo, maar het heeft er wel mee te maken. Het is ook zo, ik ben hier naar toe verhuisd om wat meer rust te hebben.'[104]

Die rust was het enige aantrekkelijke in Warnsveld, vooral in de zomer. In hun eventuele nieuwe woonplaats wilden ze er daarom op dit punt niet op achteruitgaan. Paul genoot van de bossen in de omgeving en van de eigen tuin, waar hij de eerste zomer aalbessen en zwarte bessen kon oogsten. Het buitenleven gaf hem een 'vrij' gevoel. 's Zomers zat hij als het even kon in de zon te werken, waardoor hij er met een bruin getinte huid altijd gezond uitzag. In de bossen rond Warnsveld maakte hij zijn voor hem zo belangrijke dagelijkse wandelingen met de hond.

De wintertijd in Warnsveld was daarentegen verschrikkelijk. In sociaal opzicht was er niets te beleven en dat merkten ze vooral in de wintermaanden. Paul had nog wel eens een uitje naar het Westen voor een vergadering of iets dergelijks, maar Jettie zag in de winter nauwelijks iemand. Dat viel haar zwaar, omdat ze een stormachtige tijd in het Haagse uitgaansleven achter de rug had.

Een goed alternatief leek het Noord-Hollandse Bergen, waar dichter Maurits Mok en zijn vrouw en Jany Roland Holst woonden. Vooral met Mok, die hij in 1956 als medejurylid van de Poëzieprijs van de gemeente Amsterdam had leren kennen, kon hij het goed vinden. Een regelmatiger contact werd door beiden op prijs gesteld. Bergen was bovendien in de buurt van Den Haag, Amsterdam en Leiden, wat ook belangrijk was in verband met Pauls plannen af te studeren in de psychologie. Met zijn doctoraal verwachtte hij gemakkelijker een klein baantje te kunnen krijgen.

Bovendien zouden zij in Bergen gepaste aanspraak hebben. Paul schreef daarover aan Bakker: 'Hier lukt dat niet: ik zit in het Gesprekscentrum afdeling Zutfen [sic] en omstreken, alsmede in de Kring voor Wetenschappelijk Onderhoud – een zeer oud gezelschap van hoge standing, maar waarvan de leden eveneens zeer oud zijn. Heel aardige mensen, oude rechters, oude artsen, oude dominees, oude leraren – ik heb er misschien nog wel eens wat aan, maar Jettie helemaal niets. En onze buren zijn ook allemaal oude mensen; en als het toevallig eens jonge zijn, zijn het handelsreizigers, met dienovereenkomstige vrouwen wier gespreksthemata zich bewegen tussen de prijs van de thee en die van de babywol.'[105]

Toen Mok een woning voor Paul en Jettie in Bergen op het oog had, waren ze dan ook geïnteresseerd.[106] Het leek even serieus, vooral toen Bakker schreef dat hij Roland Holst wilde inschakelen bij het vinden van woonruimte. De plannen waren echter snel van de baan. Het was waarschijnlijk te veel geregel en bovendien had Paul even zijn handen vol aan het toneelwerk. Toen het tweede kind werd geboren, woonden ze nog in Warnsveld.

Wladimir kwam op 26 augustus 1959 operatief in Den Haag ter wereld en was als baby meteen een grote zorg. Hij zag na zijn geboorte knaloranje en er werd even voor zijn leven gevreesd. Het was een zware operatie geweest en er werd op een gegeven moment rekening mee gehouden dat Jettie het niet zou redden.

Toen ze weer thuis waren, werd er een groot beroep op Paul gedaan. Jettie bleef weer lange tijd ziekelijk en het runnen van de huishouding kwam grotendeels op hem neer. En dat alles in een huis dat te klein was voor een gezin met twee kinderen, waarvan de vader bovendien thuis werkte. Wladimir huilde veel en Paul had geen plekje waar hij even afstand van de drukte kon nemen en kon schrijven. Hij werd er bijna zenuwziek van en sjouwde de wieg van de ene kamer naar de andere, wat allemaal niet hielp. Tot overmaat van ramp begon Ludmila soms ook nog te huilen, zodat hij helemaal niet meer wist waar hij het zoeken moest. Begin 1960 was een nieuw huis daarom een kwestie van 'to be or not to be'.

Het lukte tot hun eigen verbazing snel hun huis in Warnsveld te verkopen en voor ongeveer dezelfde prijs een groter huis in Zutphen te kopen. Ze vreesden alleen dat een woonvergunning een probleem zou zijn, omdat het huis in tweeën was verdeeld en zij graag het hele huis wilden. Paul vroeg daarom aan Bakker of hij misschien invloedrijke personen in Zutphen kende die hem aan een woonvergunning konden helpen. De omstandigheden leken hem gunstig. De man die hun huis in Warnsveld had gekocht, was directeur van een bustehouderfabriek: '[...] en de zaak wordt nu zo voorgesteld dat het erom gaat, die bustehouderman aan een huis te helpen: en dit kan alleen wanneer ik een huis in Zutfen [sic] krijg; en voor de industrie doet de huisvesting veel'. Ook vroeg hij meteen aan Bakker een voorschot om de kosten van de komende verhuizing te dekken.[107] Het ging met de woonvergunning gemakkelijker dan ze hadden gedacht. Alleen liet Bakker ze in de steek, vonden ze, want hij maakte slechts achthonderd gulden over, terwijl ze op tweeduizend hadden gerekend. Paul schreef aan Bakker: 'Ik kan in dit kleine huis nauwelijks meer werken en word langzamerhand zenuwziek. Ik kan het eenvoudig niet volhouden en als dat andere huis niet doorgaat, moet ik het schrijven opgeven en een baantje zoeken; het is niet meer te doen.'[108]

Dat laatste was als een dreigement aan het adres van Bakker bedoeld, maar die maakte niet meer geld over. Ondanks de financiële krapte verhuisde de familie Rodenko op 12 maart 1960 naar een herenhuis aan de Rozenhoflaan 16, dicht bij het centrum van Zutphen. Het was een huis met allure. Je kwam binnen in een grote marmeren hal met een royale en stijlvolle trap naar boven, waar Paul aan de voorkant zijn studeerkamer inrichtte. Het werd een kamer met veel boeken, schilderijen (van de Haagse schilder Jaap Nanninga) en een aquarium. Dit werd zijn plek in huis waar hij zich kon terugtrekken, een plek waar hij zo naar had verlangd. Het huis had meer plaatsen waar hij alleen kon zijn. Er was een zolderkamer en bij mooi weer bood het balkon aan de achterzijde van het huis een mogelijkheid voor retraite.

Het statige huis stond aan een laan waar vooral beter gesitueerden woonden. Artsen en notarissen, die overdag van huis waren en pas 's avonds thuiskwamen. Het leven van de Rodenko's was hier anders. Ze hadden weinig contact met de buren. Dat hoefden ze ook niet. Ze waren blij met de enorme bomen die in de tuin stonden, want die garandeerden op een onopvallende manier hun privacy.[109]

Zutphen was dan wel een stad, met een mooie oude stadskern en prachtig gelegen aan de IJssel, maar literatuur speelde hier geen rol van betekenis. De dichter Jacques Bloem had er van 1942 tot 1946 als griffier bij het kantongerecht gewerkt en had het hier 'onhoudbaar vervelend' gevonden.[110] En dat was begin jaren zestig nog steeds zo. Gelijkgestemden vonden ze er dan ook niet en Zutphen was sociaal gezien geen verbetering. Het was daar voor nieuwkomers sowieso moeilijk om aansluiting te vinden. Zutphen was een stad van klieken, van mensen die op grond van hun plaats op de maatschappelijke ladder contact met elkaar zochten. De ontmoetingen die er waren, speelden zich thuis af; in het toch al niet zo florissante uitgaansleven vertoonden oudere mensen zich niet of nauwelijks.

Er woonden maar een paar kunstenaars in Zutphen, intellectuelen waren er wel meer. Paul zag ze af en toe tijdens bijeenkomsten van de Kring voor Wetenschappelijk Onderhoud, waar ze bijna allemaal lid van waren. Op 5 oktober 1964 hield hij voor dit genootschap een lezing in de Grote Sociëteit over 'Achtergronden van de moderne poëzie'. Intellectueel Zutphen hoorde daar over het zienerschap van de moderne dichter, die het Andere wilde bereiken en daarvoor de taal gebruikt.[111]

De situatie verbeterde toen in 1961 zijn zuster Olga naar het Oosten kwam om te gaan werken als psychotherapeute in Nederlands Mettray, een tehuis voor moeilijk opvoedbare jongens in Eefde.[112] In 1963 woonde ze zelfs nog een tijdje met haar twee dochters en zoon bij Paul en Jettie in huis om zich daarna zelfstandig in Zutphen te vestigen. Het was bij de Rodenko's gewoonte om elke dag rond een uur of halfvijf te gaan borrelen bij de open haard en daar kon zij nu ook regelmatig bij zijn. Het waren, zeker samen met Olga, de meest Russische momenten aan de Rozenhoflaan, waar Paul altijd naar uitkeek. Er werd muziek gemaakt en gedanst en iedereen deed dan mee. Jettie, die soms de vleugel bespeelde, en zijn kinderen, die dat Russische immers ook hadden, zoals hij aan de journalist van het *Zutphens Dagblad* vertelde.[113]

De Rodenko's leefden geïsoleerd aan de Rozenhoflaan, maar kregen op een bepaald moment contact met de overburen, Harry en Mona Bekkers. Zij borrelden dan ook regelmatig mee. Paul had de negen jaar jongere Harry Bekkers een keer ontmoet toen hij de kinderen naar school bracht. Tijdens dat eerste gesprek had hij aan Bekkers verteld kinderen 'heerlijk' te vinden, omdat ze 'geboren dichters' waren. Die conversatie werd meteen voortgezet in het café om de hoek en later bij elkaar thuis. Vaak waren hun kinderen, Karin en Peter Bekkers, inmiddels bevriend met Wladimir, die vaak Dimir werd genoemd, daar ook bij. De Rodenko's en de Bekkers werden op een gegeven moment 'verstrengelde' families, zoals ze het zelf noemden.[114]

Bekkers was net als Paul geïnteresseerd in kunst en politiek, maar had tegenovergestelde opvattingen. De twee hadden tijdens het borrelen dan ook regelmatig meningsverschillen. Harry Bekkers vertelde daarover: 'Als ik tekeer was gegaan tegen het feminisme, mocht ik wel eens een paar dagen niet komen. Maar daarna kwam het altijd weer goed. Ik heb er vaak over nagedacht of we nu echte vriendschap hadden. Eigenlijk waren we voor vriendschap alle twee te solipsistisch. Het was een aantrekken en afstoten. Niet een aan de ander optrekken of in elkaar verliezen. Maar we konden ook niet zonder elkaar, ik hield heel veel van hem.'[115]

4. 'VAARWEL VADER'

Op 26 januari 1960, vlak voor de verhuizing naar Zutphen, stierf Iwan Rodenko. Pauls hele leven had in het teken gestaan van zijn vader, aan wie hij niet alleen zijn Russische identiteit had kunnen ontlenen, maar tegen wie hij zich ook had afgezet. Door hem was hij de kunstenaar geworden die hij was. Hij nam afscheid van hem in een periode van artistieke vertwijfeling en de klap kwam daardoor extra hard aan.[116] De dood van Iwan Rodenko hadden Paul en Jettie al lang zien aankomen. Sinds hun huwelijk in 1953 was het slecht met hem gegaan en ze kregen dan ook regelmatig wanhopige brieven van Pauls moeder over de situatie in de Anthony Duyckstraat 100. Dat waren hartenkreten.

Vooral financieel hadden ze het moeilijk, want veel had de pro-sovjethouding van Iwan Rodenko niet opgeleverd. Begin jaren vijftig, hij had de kerk toen na een ruzie allang weer verlaten, dreef hij met zijn firma via de Russische Handelslegatie in Amsterdam wat handel met Russische bedrijven, maar grote transacties zullen dat niet geweest zijn. Daarna hield hij nog wel contact met de Russische ambassade, wat hem in 1957 werk als leraar Russisch opleverde. De Russen hadden hem gevraagd enkele personeelsleden van de KLM Russisch te leren, omdat zij zouden worden ingezet op de nieuwe lijndienst met Moskou. Iwan Rodenko verdiende er zo'n vier gulden per uur mee en had er veel plezier in. Met zijn lessen ging hij soms eindeloos door, zonder daar extra geld voor te vragen. Het doceren was een kwaliteit, die hij te laat had ontdekt en waarin hij zich helemaal kon uitleven.[117]

Zijn gezondheidstoestand was toen al zorgelijk. Hij moest de tol betalen voor een enerverend leven met uitbundig drankgebruik en kreeg de meest vreemde kwalen als open wonden aan zijn benen en onverklaarbare koortsaanvallen. Ook werd hij steeds neerslachtiger, wat waarschijnlijk kwam doordat hij zich realiseerde dat hij gauw zou doodgaan en dus nooit meer zijn geboorteland zou zien. Jeanne Rodenko schreef al in 1954 aan haar zoon dat zij hem soms met geen stok de deur uit kreeg, omdat hij 'zo down' was.[118] Daarna was het alleen maar erger geworden.

Zij bleef tot het laatste moment zorgzaam. Het greep haar aan dat hij regelmatig een arts moest bezoeken, omdat zij wist dat hij zich niet graag de les liet lezen: 'Nu moet die arme ziel zo heen en weer gesjouwd worden. Ik had zo verschrikkelijk met hem te doen: het heeft hem erg aangepakt', schreef zij vol medelijden.[119] Jeanne Rodenko was net als haar zoon een introverte persoonlijkheid en reageerde somatisch op deze problemen. Ze kreeg evenwichtsstoornissen en werd doof, 'zo erg dat paps met gebaren moet spreken'.[120]

Het was in hun huwelijk altijd haar taak geweest de boel bij elkaar te houden en dat deed ze nu ook. Via Paul leende ze geld bij Bert Bakker en ze verkocht haar sieraden.[121] Een enkele keer vroeg ze haar kinderen om geld, maar bij hen was ook niet veel te halen. Ook zorgde ze voor een nieuwe woning, want het huis aan de Anthony Duyckstraat 100 was te groot en te duur geworden. Het lukte haar in 1957 een ander huis te vinden in de Marconistraat dicht bij de Weimarstraat, dat wel veel kleiner was, maar dat had weer het voordeel dat ze wat inboedel konden verkopen. Met het geld konden ze weer even vooruit.

In de woning aan de Marconistraat beleefde Iwan Rodenko nog enkele trieste jaren. Met het uitbundig eten en drinken was het vrijwel gedaan. 's Ochtends wat havermout met water, 's middags een boterham met een ei of zoutloze kaas met tomaten en komkommer. Aan het avondeten kwam hij vaak niet eens toe. Vooral de nachten waren een hel. Hij zat in de woonkamer omdat hij niet kon slapen van de kou en soms kon hij daardoor helemaal niet meer lopen. De koudeaanvallen probeerde hij te verhelpen door met een jas aan voor de kachel te gaan zitten, maar zelfs dat hielp niet.[122]

Begin 1960 was de situatie hopeloos. Iwan Rodenko gaf bloed op, dat volgens de dokter afkomstig was uit het hart. Hij stierf op 26 januari 1960 op zeventigjarige leeftijd, volledig uitgeput, en werd opgebaard in de rouwkapel van het Rode-Kruisziekenhuis. Een kleine rouwadvertentie verscheen in *Het Vaderland*, de krant waarop Iwan en Jeanne lange tijd geabonneerd waren geweest. Twee dagen later vond de crematie plaats in Driehuis-Westerveld. In een lijkwagen met veel witte seringen en paarse tulpen vertrok de emigrant voor de laatste keer uit Den Haag, gevolgd door een auto met zijn vrouw en Paul en Olga met partners en kinderen.

Het Vaderland publiceerde op 27 januari 1960 onder de titel 'Ir. I. Rodenko overleden, bestuurslid van de N.V. Nederlandse Wereldverkeer Mij.' een korte necrologie, waarin hij als een prominente Haagse burger werd herdacht. Het stuk lijkt een laatste streek van de overledene te zijn, want zelfs na zijn dood werd een prachtig militair wapenfeit aan zijn leven toegevoegd: 'De heer Rodenko, die in Odessa werd geboren, en uit een oude kozakkenfamilie stamt, was gedurende de Eerste Wereldoorlog adjudant van de gouverneur van Warschau. Hij werd door de Duitsers krijgsgevangene gemaakt, maar wist te ontsnappen en kwam in 1917 in ons land. Nadat hij gedurende een jaar colleges had gevolgd te Delft, legde de heer Rodenko zich toe op het bouwen van bruggen en fabrieken in Oost-Europese landen. Later werd hij directeur van een handelsmaatschappij, die tot de Tweede Wereldoorlog zaken deed met landen in Oost-Europa.'

Op donderdag 28 januari 1960 deed *Het Vaderland* ook nog verslag van de crematieplechtigheid. Ephraïm Maso, Iwan Rodenko's Russische vriend, vertelde het te betreuren dat Iwan zijn laatste rustplaats niet had mogen vinden in hun beider geboorteland, maar benadrukte dat hij in Nederland zijn tweede vaderland had gevonden. De gastvrijheid hier had hij altijd zeer gewaardeerd. Daarna was het woord aan zijn zoon. De aanwezigen waren volgens de krant vooral ontroerd, omdat die zijn vader had geprezen om het gevoel van onafhankelijkheid dat hij zijn kinderen had meegegeven. Paul nam in het Russisch afscheid van zijn vader met de woorden: 'Vaarwel vader.'

Een week na de begrafenis schreef Paul aan Bakker over de dood van zijn vader: 'Ja, je weet dat ik altijd erg op mijn vader gesteld was, dus het was, al zag ik zoiets wel aankomen, toch een hele slag. Het ging het laatste half jaar al erg slecht met hem en daarom heb ik mijn ouders, hoewel Jettie nog niet van haar ziekte hersteld was, met de kerstdagen hier te logeren gevraagd: ik ben nu achteraf natuurlijk bijzonder blij dat we het toch gedaan hebben, want nu heeft hij tenminste nog even genoten van zijn kleinzoon.'[123]

Een half jaar later, een dag voor zijn vaders geboortedag, schreef hij aan zijn moeder: 'Morgen zal ik ongetwijfeld veel aan jou en paps moeten denken; in ieder geval kan ik als zoon wel zeggen dat ik dankbaar ben dat jullie ondanks ruzies altijd bij elkaar gebleven zijn en dat we altijd een gesloten gezin gevormd hebben.'[124]

Voor Jeanne Rodenko brak een vreemde tijd aan. Ze had een moeilijk leven achter de rug met een man voor wie ze, net als haar zoon, tegenstrijdige gevoelens koesterde. Haar kleinzoon Marc à Campo, de zoon van Olga, vertelde ze later over zijn opa: 'Hij was geen goede man, maar ik heb wel van hem gehouden.'[125] Na zijn dood was zij van het ene op het andere moment directrice van de N.V. Nederlandse Wereldverkeer Mij. geworden, maar dat leek meer dan het in werkelijkheid was. Er werden al jaren geen zaken meer gedaan en daarom hief zij op 7 augustus 1961 de vennootschap met terugwerkende kracht op. Ze hield er geen cent aan over.[126]

Jeanne leefde daarna nog twintig jaar. Op haar moeilijke tijd met Iwan volgde een aangenamer leven met de Oostenrijker Zimmermann. Hij was de vader van de eerste man van Olga en had Jeanne al snel na de dood van Iwan opgezocht. Hij was weduwnaar en vond troost bij deze lieve zorgzame vrouw, met wie hij geruime tijd in een appartement aan de Neubangasse 56/4 in Wenen woonde. Na zijn dood vertrok Jeanne naar Zutphen, waar ze op 3 maart 1980 stierf.

5. LITERAIR KLUSSEN

Ook Paul en Jettie hadden niet kunnen delen in een erfenis van de N.V. Nederlandse Wereldverkeer Mij. Integendeel. Paul draaide zelfs op voor een groot deel van de crematiekosten van zijn vader, omdat er geen cent was nagelaten.[127] Een erfenis was welkom geweest, want sinds hun verhuizing naar Warnsveld waren er vaak geldzorgen. In Den Haag hadden ze het al niet breed, maar in Warnsveld waren ze op een gegeven moment straatarm. De uitkering die Bakker in de zomer van 1957 met Hulsker regelde, was dan ook een noodsprong geweest. De schulden waren hoog opgelopen, doordat Paul door de verhuizing en de geboorte van zijn dochter lange tijd niet had kunnen werken. Door bemiddeling van Bakker was het toen ook nog gelukt een uitkering van het Ondersteuningsfonds van de Vereniging van Letterkundigen te krijgen, maar het waren druppels op een gloeiende plaat.[128]

Het geld dat het ministerie in 1957 ter beschikking stelde, werd meteen gestort op de rekening van Bakker, die Rodenko als het ware onder curatele stelde. Hij moest hem alle rekeningen opsturen, waarna hij contact zou opnemen met de desbetreffende schuldeisers. In de zomer van 1957 maakte Paul daarom een overzicht, waaruit bleek dat ze niet alleen nog belasting over 1954 moesten betalen, maar dat ook leveranciers, winkeliers en artsen al jaren op geld zaten te wachten.[129]

De rekeningen werden betaald door Bakker, die hoopte dat Rodenko, bevrijd van geldzorgen, weer voor hem aan het werk zou gaan. Hij begreep dat hij van geldzaken geen verstand had en gaf Paul en Jettie ongevraagd een dringend advies. Ze mochten niet meer op krediet kopen en het beste was per maand een begroting te maken. Hij had tot zijn schrik gehoord dat Jettie een autootje wilde kopen, maar dat moest ze uit haar hoofd zetten. Bakker bemoeide zich nu niet alleen meer met Rodenko's werk, maar had, zelfs in Warnsveld en Zutphen, ook financieel bijna alle touwtjes in handen.[130]

Het advies van Bakker volgden Paul en Jettie blijkbaar niet op, want een jaar later werd wegens wanbetaling de elektriciteit afgesloten en in 1957 waren er weer veel schulden. Rodenko kwam daardoor nauwelijks tot werken, wat voor Bakker een reden was om iedereen en alles in te schakelen om 'zijn auteur' te redden en aan het werk te krijgen.

Hij vreesde dat Rodenko door de problemen geen energie meer zou hebben om verder te gaan met de commercieel succesvolle bewerkingen van de sprookjes van duizend-en-een-nacht, waarvan in 1960 inmiddels vier delen in grote oplagen waren verschenen.[131] Rodenko had al aangegeven de meeste Arabische verhalen inmiddels gebruikt te hebben en dat er dus iets anders

· 263

moest komen. Hij bedacht toen de 'Helse vertelsels', waarin hij bewerkingen van verhalen uit de Europese Middeleeuwen en Renaissance (Boccaccio en La Fontaine) bijeen wilde brengen. Een eerste deel kwam echter maar niet uit zijn pen. Om wat druk op de ketel te zetten, stopte Bakker de maandelijkse bijdragen van honderd gulden. Dit bedrag kreeg Rodenko als doorlopend voorschot voor de vertelsels en het was zijn enige vaste bron van inkomsten. Het was een harde actie, die Rodenko tot openheid van zaken dwong. Hij schreef in de zomer van 1960 aan Bakker dat de bewerkingen zijn belangrijkste bron van inkomsten waren en dat hem er alles aan gelegen was het eerste deel van de nieuwe serie af te maken. Hij had er bovendien genoeg plezier in: '[...] ik doe het nu volgens een iets andere formule, natuurlijk de nodige portie "sex", maar daarbij een aantal "wetenschappelijke noten" (wetenschappelijk tussen aanhalingstekens)'.[132] Er mocht blijkbaar niet de indruk ontstaan dat Rodenko 'eenvoudige' pornografische boekjes schreef. Er was echter één groot probleem en dat was het geld. Hij moest voortdurend andere kleine dingen doen – over zijn toneelwerk voor Van Iersel schreef hij vreemd genoeg niet – om zo het huishouden draaiende te houden. Bovendien stonden allerlei leveranciers met oude rekeningen voor de deur. Hij vroeg aan Bakker weer een voorschot, zodat hij verder kon met zijn bewerkingen.

Bakker wilde per se met Sinterklaas het eerste deel van de *Helse vertelsels* in de winkel hebben en vroeg Rodenko voor de tweede keer zijn schulden op papier te zetten. Rekeningen van de internist, de huisarts, boekhandels, de kruidenier en de slager hadden ze sinds lange tijd niet betaald. De schulden waren opgelopen tot ruim vierduizend gulden, hypotheek en de belasting niet meegeteld.[133]

Daarom werd op 12 september 1960 Asselbergs bij Bakker op de koffie uitgenodigd om over het geval Rodenko te spreken. Die was toen nog steeds voorzitter van het Steunfonds van de Vereniging van Letterkundigen en voorzitter van de Rijkscommissie Ondersteuning van Letterkundigen. Ook Roland Holst, op dat moment bij Bakker op bezoek, werd betrokken bij de kwestie en kreeg de opdracht een brief naar de Rijkscommissie te sturen met het verzoek Rodenko een eenmalige uitkering te verstrekken. Met deze brief hoopte Bakker meer gewicht in de schaal te leggen en de commissie gemakkelijker om te krijgen. Hij besprak met Asselbergs ook de mogelijkheden voor een baantje voor zowel Paul als Jettie. Asselbergs kende de burgemeester van Zutphen en zou bij hem daar zijn best voor doen.[134]

De baantjes kwamen er niet, een bedrag van duizend gulden van het ministerie wel, en wat voor Bakker het belangrijkst was: *De el van liefde*, het eerste deel van *Helse vertelsels*, lag in december 1960 in een oplage van 20.000

exemplaren in de boekhandel. Het boekje werd daarna vele malen herdrukt; er zouden uiteindelijk 80.000 exemplaren op de markt komen.

Rodenko ging daarna door met zijn 'onstichtelijke historiën uit vrijmoediger eeuwen', maar het kostte hem steeds meer moeite de bestaande verhalen creatief te bewerken. Er verschenen in 1962 en 1964 nog bundels, maar daarna lukte het een aantal jaren niet meer.[135] Om er toch nog geld aan te verdienen bundelde Bakker de verschenen boekjes in 1964 in de *Vrijmoedige liefdesverhalen*, samen bijna dertienhonderd bladzijden dik, geïllustreerd door Peter Vos. Zo zorgde Rodenko toch weer voor inkomsten van uitgeverij Bakker. Pas in 1970 zou een volgend deel verschijnen, *De opblaasvrouwtjes en andere stoute stories van nu en straks*.

De bewerkingen, de bloemlezingen en de essays voor *Maatstaf* waren Rodenko's belangrijkste bron van inkomsten geweest, maar hij verdiende er niet genoeg mee om van te leven. Daarnaast moest hij andere 'klussen' aannemen en daarom was het televisiewerk ook even zo belangrijk geweest.

Het liefst kluste Rodenko als vertaler. Hij was bijvoorbeeld tot 1960 een van de vertalers van de prestigieuze Russische Bibliotheek van uitgever Geert van Oorschot, met wie hij al in 1947 door bemiddeling van diens adviseur Charles B. Timmer in contact was gekomen. Hij vertaalde voor hem immers *De twaalf* van Alexander Blok.[136] Over die vertaling was Van Oorschot tevreden geweest en hij nodigde hem daarom in 1953 uit voor zijn exclusieve club van vertalers, vooral afkomstig uit de Slavische school van professor Becker in Amsterdam.[137] Het was het begin van een moeizame relatie, want Van Oorschot was net als Bakker op alle punten zijn tegenpool.

Rodenko kreeg bij de 'werkverdeling' de opdracht *De jongeling* van Dostojevski te vertalen, maar wilde dat alleen doen als er een speciale regeling getroffen zou worden, omdat hij in tegenstelling tot de meeste andere vertalers van de pen leefde. Het liefst wilde hij een vaste dienstbetrekking bij Van Oorschot, zodat hij in Zuid-Frankrijk zou kunnen gaan wonen.[138] Hij was daar met Jettie op vakantie geweest en merkte er goed te kunnen werken. Van Oorschot reageerde in eerste instantie niet afwijzend op dit verzoek, want hij had inmiddels al enkele voorschotten aan Rodenko overgemaakt en zag daarom wel iets in een structurele regeling. Dat zou de zaak een stuk overzichtelijker maken. Alleen wilde hij wel weten hoever hij met zijn vertaling was. De afspraak was dat de kopij op 1 januari 1955 ingeleverd zou worden, maar hij had eind 1954 nog niets gezien. Alleen als Rodenko kon aantonen dat er schot in de zaak zat, wilde hij verder praten.[139] Rodenko kon nog niets laten zien. En toen bleek dat begin 1956 al meer aan voorschotten was uitbetaald dan het afgesproken honorarium, was Zuid-Frankrijk van de baan.[140]

De jongeling verscheen in september 1956, veel later dan Van Oorschots bedoeling was geweest. Die confronteerde Rodenko een paar weken na verschijning met een rekening van de correctie van de drukproeven. Hij had de manuscripten te slordig ingeleverd met als gevolg dat de drukproeven eindeloos gecorrigeerd moesten worden. Dat betekende een extra kostenpost van twaalfhonderd gulden, een bedrag dat Rodenko eigenlijk helemaal moest betalen. Nu wilde Van Oorschot niet de moeilijkste zijn en hij was bereid de helft van het bedrag voor zijn rekening te nemen.[141]

Ondanks de moeizame relatie, zette Van Oorschot Rodenko daarna aan de vertaling van Dostojevski's *Dagboek van een schrijver*. Hij had er Rodenko speciaal voor opgezocht om hem te vertellen dat het nu sneller moest. Toen dat ondanks de toezeggingen weer niet gebeurde, schreef Van Oorschot enkele verwijtende brieven. Met de vertaling zat Rodenko dan ook behoorlijk in zijn maag en hij vroeg daarom zijn vader enkele stukken grof te vertalen zodat hij niet meer hoefde te doen dan de tekst stilistisch af te werken.[142] Het bleef ondanks deze hulp een geploeter en toen na de dood van zijn vader de voltooiing in zicht kwam, was er weer een probleem.

Timmer had de vertaling gelezen en merkte dat er delen uit het oorspronkelijke boek niet waren vertaald. Van Oorschot wilde opheldering. Misschien vermoedde hij dat er opzet in het spel was en dat Rodenko zo eerder klaar hoopte te zijn. Het lag gelukkig anders. Rodenko had voor zijn vertaling gebruikgemaakt van een editie uit 1895 die door de tsaristische machthebbers aan censuur was onderworpen. Progressieve passages over 'een soort idealistisch getint communisme' uit het deel 'Het land en de kinderen' waren daaruit geschrapt. Timmer had thuis een in 1922 in Berlijn gepubliceerde editie en ontdekte zo de verschillen. In december verscheen het dagboek als tiende deel in de Russische Bibliotheek, met achterin aantekeningen over de censuurkwestie van Charles B. Timmer.[143] Het was het laatste wat Rodenko voor Van Oorschot deed. Toen die hem in 1968 vroeg of hij belangstelling had voor een vertaling van Saltykow, beantwoordde Rodenko die brief niet eens meer.[144]

Vlak voor het verschijnen van het tiende deel uit de Russische Bibliotheek had Rodenko een baantje bij de *Nieuwe Rotterdamse Courant* aangenomen. De afspraak met de hoofdredacteur mr. A. Stempels was dagelijks een column te schrijven, waarvoor de krant hem duizend gulden per maand zou betalen. Hij had de betrekking gekregen door bemiddeling van Adriaan van der Veen, voor wie hij jarenlang poëziekritieken in hetzelfde dagblad had geschreven.

De 'Quaxjes' verschenen vanaf 1 november 1960 op pagina 3 rechts bovenaan onder het pseudoniem Thomas, Paul Rodenko's tweede voornaam, zes keer per week. Centraal stond de figuur Quax, een 'soort kruising tussen Dr. Johnson en Le Père Ubu, Vader Cats en Alexander Woolcott, Victor van Vriesland en Heer Bommel', zoals hij hem omschreef in een brief aan Stempels. Hij wilde in zijn column een pedante quasi-geleerde neerzetten die bombastische onzin uitsprak, maar daartussendoor ook waarheden verkondigde en reageerde op actuele zaken op politiek, artistiek en wetenschappelijk terrein.[145]

Soms waren de Quaxjes flauw, soms geestig, een enkele had een 'ouderwetse' Rodenkiaanse boodschap. Een aardig voorbeeld daarvan is 'Waarom het water nog steeds nat is', verschenen in de krant van 3 mei 1961, waarin hij de starre geleerden, net als hij dat als gymnasiast al gedaan had, op de korrel nam. Quax heeft bij toeval het droge water uitgevonden als hij op zoek is naar het zelffluitende water. Hij is een geleerde en moet helaas deze uitvinding aan zich voorbij laten gaan. Het toeval bestaat voor de wetenschap immers niet: 'Een uitvinder, die de naam waardig wil zijn, moet over voldoende zelfdiscipline beschikken om zich niet door het eerste beste toeval op zijpaden, hoe verlokkend ook, te laten leiden, die niets met het gestelde doel te maken hebben. Nee, het droge water was een verzoeking die ik gelukkig nog net op tijd heb kunnen weerstaan. En zo komt het dat we ons nog altijd met nat water moeten behelpen.'[146]

Ook schreef hij af en toe over zijn kinderen Ludmila en Wladimir. In de 'Quax' van 29 november 1960 geeft hij een komische beschrijving van de ontmoeting tussen zijn dochter en Quax: '"Kijk eens papa," wendde Ludmila zich tot mij. "Die oom heeft een bips op zijn bol!"

"Ah," zei Quax, "ik zie dat je dochter het nodige polemische talent heeft: de relatieve kaalheid van diverse schrijversbollen heeft in de polemiek van de laatste jaren in ieder geval een belangrijke rol gespeeld."

"Wat zegt oom zeurkous?" vroeg Ludmila.

"Zeurkous!" riep Quax uit terwijl hij mij een beschuldigende blik toewierp.

Ik bloosde. "U denkt toch niet dat ik haar dat heb geleerd, Meester?" zei ik. "Maar ze heeft de lastige gewoonte alle woorden om te draaien en... dat schijnt nu eenmaal bij de leeftijd te horen."

"Waar is zeurkous dan een omkering van?" vroeg Quax.

'Toen we hier heen gingen vertelde ik dat u zo'n briljante causeur was,' zei ik. "Vandaar waarschijnlijk".'[147]

De hoofdredacteur was aanvankelijk enthousiast over de rubriek en wilde na een proefperiode van drie maanden doorgaan. De reacties van de lezers waren echter verdeeld. Jongeren vonden de rubriek prachtig, ouderen soms 'beneden de standing van de krant'. Een advocaat uit Den Haag had het er erg moeilijk mee en schreef aan de redactie: 'Naar mijn overtuiging ben ik de tolk veler Uwer lezers indien ik U in overweging geef de publicatie van Uw nieuwe rubriek "Quax" te staken. Tot mijn leedwezen moet ik constateren, dat deze poging tot het publiceren van oorspronkelijke humor niet geslaagd mag heten. Zij heeft mij althans nog nooit een glimlach kunnen ontlokken en in deze mening sta ik niet alleen.'[148] De productie van zes Quaxjes per week was voor Rodenko niet vol te houden. Begin 1961 werd het aantal gereduceerd tot vier en snel daarna tot drie per week. Ook de naam Quax kwam steeds minder vaak in de column voor. Rodenko was op zoek gegaan naar een andere vorm en schreef af en toe fabels, wat hij achteraf gezien beter niet had kunnen doen, want in bepaalde Amsterdamse kringen vonden ze dat hij daarmee plagieerde.

Ook als columnist van de *Nieuwe Rotterdamse Courant* werd Rodenko namelijk vanaf het begin op de huid gezeten door *Propria Cures*, met als dieptepunt 'Een beetje plagiaat' van Peter Verstegen. Die publiceerde in de zomer van 1961 – op dat moment was de column al drie weken niet meer verschenen – een stuk, dat als volgt begint: 'De vele stukjes geschreven tegen Quax hebben succes gehad: de rubriek is aan het verdwijnen.' Verstegen had de rubriek niet geapprecieerd en vond eigenlijk alleen de fabels nog de moeite waard, alleen daarmee was wat aan hand: 'Toevallig ontdekte ik Rodenko's bron van inspiratie: 2 boekjes met fabels van James Thurber, (*Fables* en *Further fables of our time*).' De werkwijze van Rodenko was volgens Verstegen identiek en hij had volgens hem een tik overgehouden aan al dat overschrijven van duizend-en-een-nacht en Boccaccio-verhalen, al gaf hij daarbij nog toe dat ze niet aan zijn eigen brein ontsproten waren.[149]

De aanval verscheen op een moment dat Rodenko in een Quax-crisis verkeerde. Hij leverde daarna nog een keer een Quax bij de redactie in, maar toen zij die niet wilde plaatsen, was hij teleurgesteld. Energie om door te gaan had hij niet meer, zodat Verstegen uiteindelijk zijn zin kreeg; de Quax-rubriek verscheen niet meer.[150]

Om geld te verdienen was Rodenko ook een langdurige vaste verbinding aangegaan met het weekblad *De Groene Amsterdammer*. Op advies van C. J. Kelk maakte hij sinds 1958 deel uit van de commissie Boek van de Maand, die maandelijks vergaderde op het kantoor van het weekblad aan het Westeinde in Amsterdam.[151] Daar bespraken de commissieleden pas verschenen boeken uit en binnen- en buitenland, om uiteindelijk één boek uit te roepen tot Boek van de Maand. Over dit boek schreef een van de commissieleden dan een bespreking. In de ruim tien jaar dat hij lid was, schreef Rodenko twee keer zo'n stuk. Het eerste ging over de poëzie van H. W. J. M. Keuls, het tweede over Guillaume van der Graft.[152]

Het werken voor de commissie kon hem midden jaren zestig niet meer echt boeien. Bovendien was het niet altijd op te brengen boeken waarmee hij niets had – het proza van schrijvers als Jacques Vogelaar, Remco Campert en Hugo Raes bijvoorbeeld – te lezen. Rodenko was vaker niet dan wel op vergaderingen en als hij er was zei hij weinig. In maart 1966 werd in de commissie dan ook uitvoerig over de 'kwestie' Rodenko gesproken. Leiker wist dat hij nog wel een tijdje wilde blijven, maar dat zijn persoonlijke omstandigheden hem vaak verhinderden naar Amsterdam te komen. Rodenko bleef inderdaad nog een tijdje, maar begin 1969 kreeg hij de laatste uitnodiging voor een commissievergadering.[153]

Rodenko deed, net als veel andere schrijvers in die tijd, dus de meest uiteenlopende dingen voor het geld en begaf zich soms weer in omgevingen die hij als kunstenaar juist zo bekritiseerde. Vroeger was hij door zijn vader werelden binnengesleept die hij liever meed, maar nu dreven vooral geldzorgen hem in die richting. Hij werd bijvoorbeeld freelance-medewerker bij de NCRV-televisie. De christelijke omroep had hem in maart 1964 gevraagd het televisiespel *Excursion into Murder* van Sidney Carrol te bewerken en vroeg hem toen ook of hij iets voelde voor een redacteurschap van het programma *Literair Kijkschrift* dat de NCRV per 1 oktober 1964 op de buis wilde gaan brengen. Door de invoering van het zogenaamde tweede net, kregen omroepen vanaf die datum gelegenheid 'minderheidprogramma's' over bijvoorbeeld literatuur uit te zenden.[154]

Rodenko werd lid van de zogenaamde werkredactie waarin ook oude bekenden als Ad den Besten en Ed. Hoornik zitting hadden. De redactie vergaderde één keer per maand, meestal in de schrijfzaal van hotel American in Amsterdam, een enkele keer in hotel Polen. Als redacteur werkte hij onder andere mee aan een programma over het schrijversprentenboek dat in 1965 over de Vijftigers was verschenen, het eerdergenoemde programma over Achterberg en een uitzending gewijd aan het kerklied.[155]

Ook schreef hij een zogenaamd televisie-essay dat onder de titel 'Wonen in woorden' op 27 januari 1965 werd uitgezonden en waarin hij misschien wel het meest van zijn poëtica kwijt kon. Het programma duurde tien minuten en had als thema het gedicht als woning, als plek van geborgenheid. Terwijl een stem de tekst van Rodenko uitsprak, werden beelden van Hollandse taferelen – bijvoorbeeld spelende kinderen op straat – vertoond.

De woning, zo luidde de tekst, was bij uitstek de plek waar je je geborgen kon voelen, maar: '[...] een huis heeft ook vensters, vensters waarvoor en waardoor men zich weg kan dromen in een andere werkelijkheid'. Vooral door de nadruk te leggen op het venster, pakte hij de draad van zijn eerste gedichten weer op.[156] Wonen was volgens Rodenko zich een eigen persoonlijke ruimte vormen binnen 'de grote onherbergzame wereldruimte en zo hangt dichten ook met dicht-maken, afschermen samen'. De idee dat het gedicht een gesloten geheel vormde, waarin de dichter zich kon afzonderen, trad vooral in tijden van 'maatschappelijke ontreddering' naar voren: 'Men wil een klein heelal van vrede bouwen in een wereld van geweld.' Maar als dat geweld is geweken, wordt het gedicht een kooi: 'ook de dichter van nu wil "wonen" – maar niet in de beslotenheid van het afgeronde gedicht ... hij begint opnieuw, bij de woorden, de stem, de adem waarin hij samen kan zijn met de ander ... de lezer, de geliefde...'

Literair Kijkschrift stopte begin 1967. Of Paul Rodenko zich op zijn plaats heeft gevoeld, is de vraag. De NCRV vond dat bij het literaire programma het protestants-christelijke element toonaangevend moest zijn, maar gaf tot op zekere hoogte ook ruimte aan andersdenkenden. Tot op zekere hoogte, want toen ze bij de NCRV hadden gehoord over de lezing die Rodenko in oktober 1964 in Sneek had gehouden, moest die zich schriftelijk verantwoorden over zijn blasfemische uitspraken. De omroep wilde weten of ze per abuis geen antichrist of een atheïst in huis hadden gehaald.

In het antwoord dat hij de NCRV gaf, nam hij toch wat gas terug, uit angst voor een conflict. Zoals vaker was gebeurd, moest hij zijn woede dempen en zich aanpassen. Over het door hem in Sneek genoemde gevaar van de bijbel, schreef hij bijvoorbeeld: 'Ik noemde daarop als voorbeeld de bijbel als het belangrijkste boek dat wij westerlingen hebben – en daarom het gevaarlijkste. Als Jan Cremer zou moeten worden verboden omdat het zo gevaarlijk zou zijn, zou er veel meer reden zijn om de bijbel te verbieden – een boek dat in de loop der geschiedenis enorm veel goed en enorm veel kwaad heeft gedaan. Het was een hypothetische stelling, maar de gemoederen waren zo verhit dat men er alleen nog maar een aanval op de bijbel in kon zien.' En dat was niet zijn bedoeling geweest, wilde hij toen de NCRV duidelijk maken.[157]

Een andere 'klus' leek hem meer op het lijf geschreven. Op 7 maart 1959 werd hij benaderd met het verzoek als opvolger van D.A.M. Binnendijk de twintigste druk van de bloemlezing *Dichters van deze tijd* samen te stellen.[158] De uitgever, P.N. Van Kampen & Zoon te Amsterdam, betaalde hem daarvoor vijfhonderd gulden. Rodenko accepteerde de opdracht en presenteerde in 1960 de twintigste druk, waaruit nogmaals bleek dat hij als bloemlezer het contact met de actuele poëzie was kwijtgeraakt. In zijn inleiding moest hij op een omstandige manier verantwoorden waarom er zo weinig gedichten van jongere dichters waren opgenomen: 'Wat de jongsten betreft: ik geloof niet dat het zin heeft, de actualiteit met alle geweld op de voet te willen volgen; dit is een bloemlezing, geen knoplezing. Hoewel er onder de jongsten verscheidenen zijn, van wie met grote zekerheid is te voorspellen dat zij in de volgende drukken hun plaats zullen krijgen, heb ik alleen diegenen opgenomen die ondubbelzinnig acte de présence hebben gegeven.'[159] En dat waren op dat moment voor hem: Ellen Warmond, Cees Nooteboom, Paul Snoek en Hugues C. Pernath.

Rodenko had er een traditionele bloemlezing van gemaakt, al was de keuze tot stand gekomen 'vanuit experimenteel perspectief'. Maar de Vijftigers waren inmiddels gevestigd en hij had werk opgenomen van 'vijanden' als Michel van der Plas en Bert Voeten. Het vuur waarmee hij vijf jaar daarvoor zijn spraakmakende bloemlezing *Met twee maten* had samengesteld, was verdwenen. *Dichters van deze tijd* maakte een uitgebluste indruk.

Er verschenen een paar kritieken. Pierre H. Dubois vond de keuze verantwoord, al verweet hij Rodenko een Nederlands superioriteitsgevoel. Er waren te weinig Vlaamse dichters opgenomen.[160] Ab Visser schreef: 'De geprononceerde smaak of voorkeur van Rodenko is zijn goed recht en zou op zijn plaats geweest zijn wanneer hij een willekeurige bloemlezing had samengesteld. Nu krijgt men de indruk dat deze bundel in bepaalde sectoren meer bekokstoofd dan samengesteld is, waardoor in ernstige mate afbreuk gedaan wordt aan het uitgesproken objectieve karakter dat deze bundel maakte tot wat hij werd.'[161]

De belofte die hij ten aanzien van de jongste dichters had gedaan, kon hij bij de volgende druk moeilijk nakomen. Toen hij in oktober 1963 bezig was met het samenstellen, vroeg hij aan Bakker of die hem misschien een overzicht kon sturen van de naar zijn idee belangrijkste bundels van jongeren van de laatste vier jaren of dat aan iemand anders kon vragen die daar zicht op had. Zelf had hij de laatste tijd geen nieuwe gedichten meer gelezen en de uitgever van *Dichters van deze tijd* verwachtte dat hij daar ook aandacht aan zou besteden.[162] Bakker had geen tijd en Rodenko benaderde zijn vroegere uitgever Ad den Besten met hetzelfde verzoek. Hij begreep dat die een dergelijke vraag vreemd zou vinden en hem zou adviseren het redacteurschap van de bloemlezing maar neer te leggen. In zijn brief aan Den Besten stelde hij daarom nadrukkelijk dat dit een noodgreep was en dat hij zich de komende jaren weer intensief met de poëzie wilde gaan bezighouden. Den Besten hielp en stuurde enkele bundels. Rodenko kon daardoor eind 1963 de kopij bij de uitgever inleveren.[163] De bloemlezing verscheen in 1964 en daarin waren nu ook gedichten opgenomen van onder andere Armando, Cornelis Bastiaan Vaandrager, Georges van Vrekhem, Wim Brinkman, Peter Berger en Willem van Toorn.

Rodenko was een vreemdeling in de Nederlandse literatuur geworden, die anderen nodig had om hem de weg te wijzen. Hij stond letterlijk en figuurlijk weer aan de zijlijn. Vanuit Zutphen ondernam hij nog wel reizen om mee te doen in wereld van de Nederlandse literatuur, maar dat waren meer klussen om den brode. Met zijn 'andere poëzie' en het 'experimentele denken' hadden die werkzaamheden in feite niets meer te maken.

Het literaire klimaat was veranderd, wat volgens Rodenko ook te maken had met het einde van de 'maatschappelijke ontreddering', die tijdens en vlak na de oorlog een belangrijke voedingsbodem voor zijn gedichten en essays was geweest. De moderne dichter kon alleen maar dichter zijn in een *dürftige Zeit*, een verschraalde tijd. Rodenko was een moderne dichter en had de tragiek nodig, die bovendien hoorde bij zijn 'Rus'-zijn, maar nog meer bij hemzelf. Een tragische dichter werd gedwongen buiten de maatschappij en de wet te gaan staan en een outlaw te worden en dat was de ideale dichterspositie. De jaren zestig in de literatuur waren alleen maar leuk en maakten een dergelijke stellingname niet meer nodig.

Het schrijven van toneelstukken gaf een kortstondige voldoening, maar met zijn passie als experimenteel dichter en denker had het niets van doen. Toen de kritiek hem na zijn tweede televisiestuk niet meer goedgezind was, gaf hij het op.

Naast deze literaire veranderingen waren er gebeurtenissen in de privésfeer, die hem lange tijd hadden afgehouden van het schrijven van diepgravende essays. Hij was verhuisd naar het Oosten, was vader van twee kinderen geworden en had zijn eigen vader verloren. Daarnaast waren er de eeuwige geldzorgen, die hem ook weer dwongen andere dingen te doen. En er was de drank die steeds meer greep op zijn leven ging krijgen.

Rodenko kwam in een vicieuze cirkel terecht, waaruit hij zich vanaf het midden van de jaren zestig nog twee keer probeerde te bevrijden. Hij had gehoopt dat er na de gebeurtenissen in mei 1968 weer plaats zou komen voor zijn poëzie en zag kleine tekenen van veranderingen door de opkomst van een mondiale tegencultuur. Hij kreeg weer moed.

HOOFDSTUK 8

'Al leef je nog eens twintig jaren'

1. DE MANIFESTEN

Rodenko had midden jaren zestig de balans opgemaakt van een 'gedempt rumoerig' leven, waarin de literatuur een belangrijke rol had gespeeld. Het schrijven van gedichten en essays was een mogelijkheid geweest om zijn ondergrondse agressie te sublimeren en afstand te nemen van de werkelijkheid, maar 'eigen' werk schreef hij nu nog maar zelden. Op zijn onruststokerij zaten ze niet meer te wachten, al leek het tij in de tweede helft van de jaren zestig te keren.

De moraal ondermijnende boeken van Jan Cremer en Jan Wolkers beleefden toen herdruk op herdruk, wat wees op een beginnende culturele vernieuwing bij een brede laag van de Nederlandse bevolking. De status van een aantal eeuwenoude heilige huisjes – religie, seksualiteit en monarchie – werd voor het eerst niet meer alleen in de studeerkamers van schrijvers en intellectuelen besproken. Zo'n vijftien jaar hard werken aan de wederopbouw van het door de oorlog verwoeste Nederland, leverde een ongekende welvaart op. Na het 'opruimen' van de armoede was het tijd voor een geestelijke bezinning.[1]

Een belangrijke voorhoederol speelde Provo, een groep Amsterdamse jongeren die zich, zij het op een heel eigen wijze, liet inspireren door het anarchisme. De Provo's organiseerden ludieke acties en gooiden als ultieme daad van verzet rookbommen en stenen tijdens het huwelijk van kroonprinses Beatrix met de Duitser Claus von Amsberg op 10 maart 1966 in Amsterdam.

Samen met hippies en bloemenkinderen vormde Provo een op het eerste gezicht interessante tegencultuur voor Rodenko, maar ze waren hem toch te oppervlakkig en hoogstens interessant als 'voorlopige schijngestalten, waarin zich in ieder geval de behoefte aan iets anders manifesteert'.[2] Hun bommengooierij was niet te vergelijken met de latere acties van de Baader-Meinhof-Gruppe in Duitsland. Deze stadsguerrillabeweging tornde met haar bomaanslagen echt aan het fundament van de 'gemaskerde dictatuur', die, volgens Rodenko, in West-Europa altijd zo mooi westerse democratie werd genoemd. Provo speelde alleen maar met het gezag. Rodenko bleef de kosmopoliet, voor wie alleen wat in het buitenland gebeurde interessant was. Hij onderschatte daarom de invloed die Provo in Nederland zou hebben.[3] Zijn internationalisme speelde ook een rol bij zijn beoordeling van het werk van Wolkers en Cremer. De laatste kon aardig schrijven, maar de manier waarop hij op de tv was verschenen, vond Rodenko vreselijk. Hij vertelde aan de interviewer van het *Zutphens Dagblad* hetzelfde als hij eerder over het optreden van enkele dichters had geschreven: 'Alleen dat hij tracht op te treden als een publieke figuur vind ik verkeerd... Dat ligt niet alleen aan hem. Ook aan wat mensen van hem verlangen. Wat iemand schrijft is belangrijk. Wat iemand is vind ik niet belangrijk.'[4]

Rodenko woonde in Zutphen ver van het rumoer in Amsterdam en zijn enige directe bijdrage aan het debat rond de genoemde culturele vernieuwing was zijn lezing in Sneek. Daar had hij in oktober 1964 voor tumult gezorgd met zijn provocerende opmerkingen over zinnenprikkelende literatuur, senator Algra en de slechte invloed van de bijbel. Hij werkte verder aan zijn Achterberg-studies, waar maar geen schot in wilde komen. De invalshoek was misschien voor hem toch te wetenschappelijk. Het had niets te maken met de essays van vroeger, waarin hij op gepassioneerde wijze kon schrijven – ook in verband met Achterberg – over de grote thema's van het leven. Daarnaast belemmerden allerlei problemen in de privé-sfeer hem aan het werk te blijven.

Ook moest hij nog steeds dingen doen die anderen hem opdroegen en die hij niet kon afslaan vanwege het geld. Zijn opdrachtgevers waren toneelgezelschappen als Centrum, Ensemble en Studio, dat sinds 1962 onder leiding van Kees van Iersel stond.[5] De beste afnemer werd de Haagse Comedie, waarvoor hij van 1968 tot 1975 negen stukken vertaalde. De Haagse Comedie was in 1947 het Residentie Toneel opgevolgd en stond vanaf 1950 onder leiding van Paul Steenbergen. Een belangrijke artistieke rol speelde de dramaturge Helen Simonis, die ook de contacten met Rodenko onderhield. Het repertoire van de Haagse Comedie sloot aan bij de toneelstukken die Rodenko zelf had geschreven. Het gezelschap gaf de voorkeur aan stukken waarin de *comédie humaine* op een lichtvoetige wijze werd verbeeld. Niet de tragedie, niet de klucht, maar een genre daar ergens tussenin.[6] De favoriete auteurs waren Christopher Fry en Jean Anouilh. Van de laatste vertaalde Rodenko in 1969 *De bakker, de bakkersvrouw en het bakkersjong* en in 1970 *Vriend Antoine of Onvoldoende voor liefde*. De Haagse Comedie betaalde goed. Voor zijn eerste vertaling van Georges Feydeaus *La puce à l'oreille* kreeg hij drieduizend gulden, waarvan de helft meteen als voorschot werd uitbetaald. Voor het stuk van Anouilh vierduizend gulden, maar dat was dan ook een haastklus.[7]

Het vertalen gaf hem geen intellectuele bevrediging, wat waarschijnlijk kwam doordat hij het voor het geld deed. Hij kon er niet de tijd voor nemen. Hij had er een zekere literaire status aan kunnen ontlenen – ook gezien het groot aantal vertalingen dat op zijn naam kwam te staan –, maar zag het meer als een ambacht. Zijn passie en eruditie kon hij er niet in kwijt. In het *Haagse Post*-interview uit 1975 vertelde hij daarover: 'Het is mijn eigenlijke werk niet: mijn essays en gedichten komen er altijd door in het gedrang en dat is ook de reden waarom je eigenlijk, ja, eigenlijk voortdurend, onder hoogspanning werkt. [...] Met mijn eigen werk leef ik helemaal in mezelf, met vertalingen leef ik me in de persoon van een ander in, degeen die het werk oorspronkelijk geschreven heeft, en dat gaat me makkelijker af. Vertalen is net als een kruiswoordpuzzel. Geen echt denkwerk, en 't is ook plezierig dat je een object tegenover je hebt.'[8]

Het oplossen van kruiswoordpuzzels leek zijn voorland te zijn en dat zal hem beangstigd hebben. Daarom greep hij twee mogelijkheden aan om zijn intellectuele leven een nieuwe wending te geven. Hij ging weer psychologie studeren én werd redacteur van de Manifesten-reeks van zijn vroegere KLM-chef Hornstra, die hem daarvoor in 1966 benaderde.[9] Het verzoek kwam een beetje uit de lucht vallen, want hij had het contact met Hornstra verloren.

Hornstra was nog steeds radencommunist. Hij woonde inmiddels in het Friese Bakhuizen, wat te maken had met een belangrijke verandering in zijn leven. Hij had zijn voornaam Leo in Lieuwe veranderd, omdat de Hornstra's van oudsher een Friese familie waren. Hij was bovendien daar gaan wonen waar hij thuishoorde: in Friesland.[10]

De Manifesten-reeks was echter een Hollandse onderneming, waarover Hornstra voordat hij Rodenko benaderde al met de Haagse uitgever Louk Boucher was overeengekomen, dat hij die zou uitgegeven. Ook de driekoppige redactie was in feite toen al rond: Rodenko, Hornstra en de priester-filosoof A.G. Dekker. De laatste was een uitgetreden priester, die uiteindelijk maar een korte periode mee zou doen. Adviseur op de achtergrond was de anarchist Arthur Lehning, die een deeltje over Bakoenin zou verzorgen. Daarnaast wilde Hornstra werk van Karl Marx, Rosa Luxemburg, Mao Tsetoeng, Sartre en de neomarxisten Erich Fromm en Ernst Bloch in vertaling uitgeven.

Hornstra beschouwde Rodenko nog steeds als een politieke geestverwant, iemand die op zijn plaats was in deze linkse redactie. In de brief waarin hij hem uitnodigde, heeft hij het bijvoorbeeld over 'onze kameraad Rinus van der Lubbe'.[11] Die was voor zowel Hornstra als Rodenko een interessante revolutionair, vanwege zijn contacten met de radencommunistische Linkse

Arbeiders Oppositie. Deze groepering wilde op geen enkele wijze meewerken aan het parlement of de vakbeweging, omdat het land door arbeidersraden geregeerd diende te worden.[12] Dat anarchistische en zijn destructieve daad van brandstichting in de Rijksdag in Berlijn, boeiden Rodenko bij Van der Lubbe, maar over iemand spreken als 'onze kameraad' was zijn stijl niet. Dat deed hem te veel denken aan partijpolitiek, al maakte hij er bij Hornstra geen punt van.

Hornstra wilde per se een herdruk van de *Grondbeginselen der communistische produktie en revolutie* uit 1931 in zijn reeks opnemen. Het was een soort handboek voor een maatschappij die door raden (sovjets) werd bestuurd, dat nu onder de titel *Het Radencommunisme* zou verschijnen. Het begint met een hoofdstuk over de grondbeginselen der communistische productie en distributie en eindigt met opmerkingen over het doorvoeren van het communisme in het boerenbedrijf. Een boekje vol praktische politiek dus, maar ook gortdroog.[13]

Hoewel Rodenko Hornstra met deze uitgave waarschijnlijk een beetje door vond slaan, was hij voor de rest van de plannen wel te vinden. Hij zag na jaren weer mogelijkheden iets met zijn 'onruststokerij' te doen, waardoor hij uit zijn intellectuele en persoonlijke impasse zou kunnen komen. Hij schreef dan ook aan Hornstra graag mee te willen werken aan de 'sociaaltheoretische reeks', op voorwaarde dat die meer 'pamflettisch' van aard zou zijn.[14] Dat sprak Hornstra aan en hij liet hem daarom de tekst voor de uitgeversbrochure schrijven. Het werd een typisch Rodenkiaanse tekst, waarin de hoop werd uitgesproken dat de reeks zou inspireren tot 'tegendraads denken, schrijven en handelen'.[15] Het vuur waarmee hij vlak na de Tweede Wereldoorlog plannen voor tijdschriften bedacht, was weer even terug.

Rodenko was niet alleen redactielid, maar zou ook enkele teksten vertalen. Die vertalingen ontstegen nu het niveau van een kruiswoordpuzzel, omdat hij mogelijkheden zag ze te combineren met zijn tegendraadse destructieve poëtica. Zijn eerste vertaling was *Marx' visie op de mens* van Erich Fromm, dat in 1967 verscheen.[16] Hij had deze tekst met plezier vertaald, wat niet gezegd kon worden van de daarbij horende bloemlezing uit Marx' klassieke filosofische geschriften. Dat was 'ploeteren' geweest en hij had af en toe het gevoel gehad met een bijbelvertaling bezig te zijn.[17] Het duurde dan ook even voordat de vertaling onder de titel *Parijse manuscripten en andere filosofische geschriften* in 1969 verscheen.

Door deze monnikenarbeid had hij het marxisme, waarmee hij in Parijs onder invloed van Sartre en Artaud had afgerekend, op een andere manier leren kennen. Hij was getroffen door wat de neomarxist Erich Fromm had geschreven over de vroege geschriften van Marx. Daaruit kwam namelijk een gepassioneerde en messianistische denker naar voren, iemand die meer aansloot bij zijn eigen poëtica dan hij altijd had gedacht. Bij de jonge Marx ging het om de mens, die zich moest bevrijden uit de dwang van de economische bepaaldheid en zich kon 'herscheppen' tot een 'vrije ongespecialiseerde mens'. En dat leek op zijn thema van destructie en creatie, van dood en wedergeboorte.

Rodenko raakte door zijn werk als redacteur ook geïnteresseerd in de neomarxist Ernst Bloch, die het marxisme verbond met de utopie, waarmee Marx en Engels juist hadden afgerekend.[18] Hij had zich in Parijs druk gemaakt over de passieloze wetenschappelijkheid van Marx' theorie en zag nu dat Bloch irrationele elementen daaraan had toegevoegd. Vooral met zijn ideeën over de zuigkracht van het Nieuwe, het 'nog-niet-bewuste', en de vernietiging van het bestaande kwam het marxisme in de buurt van Rodenko's eigen destructie en creatie. Een paar jaar later zou hij de denkbeelden van deze twee nieuwe medestanders Fromm en Bloch dan ook noemen in zijn studie 'De experimentele explosie in Nederland'.[19]

Als laatste deeltje verscheen in 1970 Mao Tse-toeng *Gedachten en gedichten*, waarvan Hans Hom de gedachten en Rodenko op grond van Engelse en Franse uitgaven de gedichten vertaalde. En toen was het afgelopen met de manifesten. Hornstra had ruzie gekregen met uitgever Boucher, omdat die niet zijn best zou hebben gedaan vier boekjes per jaar uit te geven. Boucher vond dat hij niet anders kon, omdat de vertalingen te veel vertragingen opliepen. Een patstelling, die waarschijnlijk te maken had met een botsing van karakters. Hornstra probeerde toen de reeks onder te brengen bij de linkse uitgeverij Van Gennep in Amsterdam, maar dat werd een mislukking. Hij had afgesproken dat Van Gennep ook een boek van hemzelf zou uitgeven, maar deze psychoanalytische studie vonden ze op de uitgeverij zo vrouw- en homo-onvriendelijk, dat van een verdere samenwerking geen sprake kon zijn.[20]

Het mislukken van de reeks was een deceptie voor Rodenko, want het werken hiervoor bracht zijn denken weer op gang, zoals hij vroeger na kennismaking met nieuwe schrijvers en filosofen ook verder had kunnen werken aan zijn poëtica. Bovendien had hij twee projecten niet kunnen afronden, waarvan één hem zeer na aan het hart lag. Hij zou nog werk van de marxistische literatuursocioloog Georg Lukacs en een politieke tekst van De Sade vertalen. Met dat laatste wilde hij aansluiten bij de De Sade-revival die er in 1967 in Frankrijk was. Hij werd daarvoor enthousiast na lezing van een artikel van Laurens Vancrevel, pseudoniem van Meulenhoff-uitgever Laurens van Krevelen, in *Litterair Paspoort*. Daarin haalt deze de Franse filosoof Roland Barthes aan, die had beweerd dat het irrationalisme van De Sade een revolutionair denken op gang kon brengen.[21] Rodenko had een deel van de prospectustekst al geschreven, waarin hij De Sade een belangrijke voorloper van Nietzsche, Freud, Kafka en de negatieve theologie noemt. Hij was voor hem een medestander, want: 'Nooit is de dialectiek tussen vrijheid van het individu en de dwang van de staat radicaler tot uitdrukking gekomen dan in het werk van De Sade.'[22]

2. NOG ÉÉN KEER STUDENT

De tweede mogelijkheid om zijn leven een andere wending te geven was de studie psychologie. Paul en Jettie hadden vaak tegen elkaar gezegd, dat een oplossing voor al die financiële misère een vaste baan voor Paul zou zijn. Het was een concessie, want hij wilde zich liever niet meer binden aan een organisatie en daarom moest het baantje ook een intellectuele uitdaging betekenen. Het beste was dat hij aan een universiteit zou afstuderen, omdat hij verwachtte als doctorandus eerder op gepaste wijze aan de slag te kunnen. Hij had het vanaf begin jaren zestig met Jettie al gehad over het afstuderen in de psychologie, zodat hij een praktijk als psychotherapeut zou kunnen beginnen. Daar moest het nu eindelijk maar eens van komen.[23]

Omdat hij zijn kandidaatsexamen psychologie al in 1951 in Amsterdam had behaald, verwachtte hij met het doctoraal te kunnen beginnen. Voor de zekerheid wedde hij op twee paarden, want stel je voor dat het hem niet lukte als student psychologie toegelaten te worden. Dat had hij immers in Utrecht al eerder meegemaakt. Hij schreef daarom eind 1965 ook een brief aan de 'Zeer geachte Anton van Duinkerken' die als prof. dr. W.J.M.A. Asselbergs was verbonden aan het Instituut Nederlands van de Katholieke Universiteit in Nijmegen. Daarin vroeg hij Asselbergs, die in het verleden een paar keer zijn financiële redder in de nood was geweest en veel van zijn privéleven wist, te onderzoeken of het mogelijk was met een kandidaats in de psychologie het doctoraalexamen Nederlandse taal- en letterkunde af te leggen. Hij begon zijn brief als volgt: 'Zou ik u binnenkort eens kunnen spreken? Het gaat hierom: ik zou graag willen afstuderen, Nijmegen is voor mij de dichtbij zijnde universiteitsstad en u bent de enige hoogleraar die ik in Nijmegen ken.' Het was voor hem niet te doen om met psychologie door te gaan, zo stelde hij het voor, omdat hij niet in staat was de vele practica te volgen. Maar dat was niet de enige reden, vervolgde hij: 'Bovendien is psychologie voor mijn doel een nuttige hulpwetenschap, maar uiteindelijk is het er mij om te doen mijn essayistisch en critisch werk een meer wetenschappelijke basis te geven.'[24]

Asselbergs reageerde met de mededeling dat het verzoek in de sectievergadering besproken zou worden.[25] Die bespreking liet wel erg lang op zich wachten, want pas op 6 juni 1966 deelde de senior van de sectie Nederlands, prof. dr. A.A. Weijnen, mee dat het onmogelijk was op grond van een kandidaats psychologie vrijstelling te krijgen voor een kandidaatsexamen in de Nederlandse taal- en letterkunde. Hij zou alles moeten doen, ook Gotisch en geschiedenis. Ze wilden hem slechts op één punt tegemoetkomen: 'Het enige wat wij u zouden toestaan is dat U de stof voor het eerste, het propedeutische tentamen, in gesplitste tentamens zoudt kunnen afleggen. Uiteraard hoef ik U er wel niet op te wijzen dat het moeilijk zal zijn, de studie tot een goed einde te brengen zonder de colleges te volgen.'[26] Nijmegen ging daarom niet door.

Met de psychologie was hij succesvoller. Rodenko had eind 1965 een afspraak gemaakt met de fenomenologisch georiënteerde zenuwarts prof. dr. J.H. van den Berg over het vervolgen van zijn studie psychologie in Leiden, waar die hoogleraar klinische psychologie was. Rodenko maakte indruk op Van den Berg, die het gesprek later als 'aangenaam en van een hoog niveau' omschreef.[27] Rodenko vertelde uitgebreid over zijn plannen en ook dat hij uiteindelijk wilde promoveren. Van den Berg adviseerde Rodenko een brief aan hem als secretaris van de Subfaculteit voor Psychologie te schrijven, omdat zoiets via de officiële kanalen behoorde te gaan. Die brief schreef hij op 15 januari 1966. Hij begon als volgt: 'Gaarne zou ik de subfaculteit voor psychologie het verzoek willen voorleggen, mij in de gelegenheid te stellen aan de rijksuniversiteit van Leiden een doctoraal examen in de psychologie af te leggen. Ik heb in 1950 aan de gemeente-universiteit van Amsterdam candidaatsexamen gedaan en had mijn studie reeds lang willen voltooien, maar ben daartoe helaas niet zonder meer in de gelegenheid omdat ik een gezin heb te onderhouden en van letterkundig werk moet leven. Op het ogenblik doet zich de mogelijkheid voor dat ik gemiddeld twee a drie dagen in de week aan studie zou kunnen besteden, en mijn vraag is: zou u eventueel bereid zijn in mijn geval een zekere clementie te laten gelden en een regeling te treffen, waarbij mij gedeeltelijke ontheffing zou kunnen worden verleend van het verplichte volgen van colleges en practica en waarbij ik een belangrijk deel van mijn studie thuis zou kunnen verrichten?' Rodenko leefde nog steeds een tijdloos Russisch leven en vermeldde dus per abuis dat hij in 1950 zijn kandidaats had behaald, wat alleen maar 'ongeveer' klopte.

Na deze inleidende woorden volgde een bibliografie en een curriculum vitae, waarin werd benadrukt dat zijn vader een Rus was en zijn moeder was geboren uit Engels-Nederlandse ouders. Ook schreef hij over zijn psychologisch-fenomenologische wijze van literatuurbenadering en de werkervaring opgedaan bij de Psychologische Dienst van de KLM. Hij eindigde zijn brief met: '[...] maar in steeds sterkere mate heb ik het gevoel dat het literaire werk alléén voor mij geen levensvervulling is. Wat mij in de literatuur boeit is toch in eerste instantie het verschijnsel mens (en de mens als communicerend wezen, als taalgebruiker bijvoorbeeld): een academische basis die mij in staat zou stellen de problemen die mij bezighouden met een adekwaat wetenschappelijk apparaat te benaderen, lijkt mij daarom onontbeerlijk'.[28]

Van den Berg antwoordde, zoals beloofd, positief en zegde zelfs enkele vrijstellingen toe. De brief eindigde bemoedigend: 'Wat mij persoonlijk betreft, U weet reeds dat ik U graag op alle manieren wil tegemoetkomen. Mocht u conflictpsychologie als topvak willen kiezen, dan zal ik U in ieder geval toestaan dat U Uw stage in de buurt van Uw woonplaats kunt lopen. Ik hoor daarover wel nader.' Er was nog slechts één hobbel te nemen en dat was een gesprek met prof. dr. J. P. van de Geer, die toentertijd belast was met de intake van nieuwe studenten.[29]

Het gesprek met Van de Geer was teleurstellend. Rodenko stelde zich voor als iemand die eigenlijk al psycholoog was en dat het hem daarom waarschijnlijk weinig moeite zou kosten zijn doctoraal te doen. Van de Geer was meer empirisch gericht en vertelde hem dat hij zich nog moest bekwamen in de statistiek en dat hij maar een beperkt aantal vrijstellingen zou kunnen krijgen. De psychologie had zich in de loop der tijd sterk ontwikkeld in de richting zoals de Amsterdamse empiricus De Groot zich dat had voorgesteld en fenomenologen speelden nog meer dan begin jaren vijftig een rol in de marge. Dat viel Rodenko tegen en toen Van de Geer met hem meeliep naar het station merkte die zijn neerslachtigheid. Hij vertelde toen aan Van de Geer weinig 'feeling' met vakken als statistiek te hebben en te vrezen dat zijn plan in het water zou vallen.[30]

Waarschijnlijk heeft Van den Berg hem daarna gerustgesteld en geadviseerd conflictpsychologie te doen, omdat daar het cijfermatige minder belangrijk was. Rodenko schreef zich in oktober 1966 namelijk in als student conflictpsychologie, met als bijvak klinische psychologie, bij Van den Berg.

De studie verliep moeizaam, wat ook kwam door de grote afstand tussen Zutphen en Leiden. Soms moest hij 's ochtends al om tien uur op college zijn, wat voor hem niet gemakkelijk was. Een enkele keer bleef hij dan in de buurt slapen bij oude Haagse kennissen als Wim Schulte Nordholt, die inmiddels hoogleraar geschiedenis in Leiden was geworden.[31]

Gedurende het eerste studiejaar, 1966-'67, volgde hij alleen twee werkgroepen over depressies en alcoholisme en een algemeen inleidend college. In het jaar daarop bezocht hij colleges over klinische psychologie, psychotherapie en afasie. In 1968 deed hij werkgroepen over homoseksualiteit en in 1969 was hij alleen aanwezig bij enkele klinische demonstraties van Van den Berg. Die nam zijn studenten dan mee naar de afdeling allergologie van het Academisch Ziekenhuis Leiden, de verslaafdenkliniek Ursula en het algemeen psychiatrisch ziekenhuis St. Bavo in Noordwijkerhout.[32] Rodenko had in Leiden alleen het hoogst noodzakelijke contact met medestudenten. Hij was zesenveertig toen hij begon, de andere doctoraalstudenten begin twintig en dat alleen al schiep een afstand. Bovendien hadden ze moeite met deze oudere medestudent, die een bekend schrijver scheen te zijn, maar van wie ze het fijne niet wisten. Hij stelde tijdens de colleges regelmatig vragen, waarbij hij niet gehinderd leek te worden door zijn stotteren. Sommige studenten ergerden zich daaraan, andere konden nauwelijks hun hilariteit verbergen. Ook de docenten vonden dat stotteren lastig en verdachten hem ervan het als een machtsmiddel te gebruiken. Hij legde met zijn gedrag te veel druk op de groep, was de algemene opinie.[33]

Rodenko bleef jarenlang ingeschreven staan in Leiden, maar in 1974 kreeg hij het verzoek duidelijk te maken wat hij met zijn studie wilde. De studiecoördinator wees hem er toen op dat de geldigheidsduur van de studieactiviteiten beperkt was in verband met de steeds veranderende inzichten binnen het vak psychologie. Hij had toen al jaren niets meer aan de studie gedaan en op deze brief reageerde hij niet eens meer.[34]

De studie was niet geworden wat hij ervan had verwacht, al moet hij intellectueel plezier hebben beleefd aan de werkgroepen over afasie, homoseksualiteit en alcoholisme. Hij schreef een paar interessante referaten, die soms leken op een 'ouderwets' Rodenkiaans essay. 'Een geval van openlijke en mutuele homosexualiteit bij een vrouwelijke indentieke tweeling', waarin hij een casus van enkele buitenlandse psychologen navertelt, is met zijn brede cultuurhistorische uitstapjes daar een voorbeeld van. Het begint als volgt: 'Homoseksualiteit bij tweelingen, in het bijzonder mutuele homoseksualiteit, is een onderwerp dat de mensheid sedert de oudste tijden heeft beziggehouden. Tweelingen spelen bij practisch alle primitieve volkeren, evenals in de mythologie van de antieken, een grote rol; men denke slechts aan de dioskouren-paren Castor en Pollux (Kastor en Polydeikes), Ida en Lynkeus, Romulus en Remus enz. Vooral na de studie van Harris over *The cult of the heavenly twins* (1906) is er zowel van godsdienst-vergelijkende als van psychoanalytische zijde veel belangstelling getoond voor de cultische betekenis van de tweeling. [...]

De goddelijke verering van de tweeling, die meestal als een heldenpaar, bij de antieken in het bijzonder als stedenstichters, wordt voorgesteld, zou in oorsprong berusten op het geloof in een dubbele ziel, een sterfelijke en een onsterfelijke, of ook wel een sterfelijk lichaam en een onsterfelijke ziel.' Rodenko vervolgt zijn stuk daarna met allerlei voorbeelden uit de mythologie om op pagina 3 uiteindelijk toe te komen aan het onderwerp dat hij moest bespreken: de psychosociale ontwikkeling van een lesbische tweeling. Hij bespreekt hun relatie met de ouders en hun eerste seksuele contacten. Het stuk had zo in *De draad van Ariadne* gekund.[35]

Het referaat over alcoholisme, in het voorjaar van 1967 geschreven, is interessant in verband met zijn eigen problematiek.[36] Hij spitst in navolging van de psycholoog Franks het probleem alcoholverslaving toe op het verschil tussen introverte en extraverte persoonlijkheden en komt tot de conclusie dat de eerste groep eerder alcoholverslaafd wordt. De introverte persoonlijkheid heeft namelijk last van angst, die het gevolg is van het niet uiten van emoties en alcohol reduceert die angst: 'Men heeft opgemerkt dat alcohol speciaal gebruikt wordt in tijden van spanning (stress) en er zijn allerlei theorieën naar voren gebracht omtrent het drinken van alcohol als een spanning-reducerend middel.' Het bleef volgens hem wel onduidelijk waarom de alcoholicus per se is gaan drinken en niet zijn heil zocht in veel eten, roken, masturberen of hard werken, want dat waren bij uitstek geschikte manieren om angst te dempen.

Rodenko gaf in zijn referaat indirect een portret van zichzelf. Vooral wat hij opmerkte over de introverte persoonlijkheid en angst, was op hem van toepassing. En het antwoord op de vraag waarom juist de alcohol als angstreducerend middel wordt gekozen, is in zijn geval niet moeilijk te geven. Het drinken was hem thuis met de paplepel ingegoten en maakte, bewust, deel uit van zijn Russische identiteit. Daarna was hij in het Haagse kunstleven terechtgekomen, waarin de drank ook rijkelijk vloeide. Met andere woorden: Rodenko was altijd gewend geweest veel te drinken.

Dat het drinken eind jaren zestig en begin jaren zeventig nog ernstiger vormen ging aannemen, had te maken met de problemen die op hem afkwamen. Dat die problemen gedeeltelijk veroorzaakt werden door het drinken, maakte de situatie nog complexer en uitzichtlozer. Stoppen wilde en kon hij niet. Dat zal te maken hebben met zijn Russische noodlotsdenken – je moet het leven nemen zoals het komt – maar ook omdat hij wist dat er nauwelijks een weg terug was. In zijn referaat schreef hij ook: 'De motivatie voor therapeutische behandeling is bij de meeste alcoholici zwak.' Niet willen stoppen is een van de symptomen van alcoholisme.

3 VIJFTIG

Op 26 november 1970 werd Paul vijftig jaar. Ouder worden was voor hem een beproeving en uit protest liet hij zijn baard staan. Het was een manier om afstand van zichzelf te nemen en een ander te worden. Dat lukte, want met zijn grijze baard leek hij nu nog het meest op een Russische patriarch. Baardig en waardig, maar wel tien jaar ouder. Op deze uiterlijke metamorfose had hij Jettie en de kinderen voorbereid, want al jaren had hij gezegd: 'Als ik vijftig word, wil ik een baard.' Tot die tijd had hij er ondanks het drinken vitaal uitgezien. Hij was slank gebleven en vooral in de zomer benadrukte zijn bruine teint gecombineerd met het achterovergekamde haar de jeugdige strakheid van zijn gezicht. Dat was nu voorbij.

Een paar maanden na zijn vijftigste verjaardag kreeg Paul Rodenko een brief van de Centrale Afdeling Internationale Betrekkingen van het ministerie van Cultuur, Recreatie en Maatschappelijk werk. Dat benaderde hem in de hoedanigheid van belangrijke Nederlandse poëziebloemlezer om een bloemlezing met inleiding samen te stellen uit de Nederlandse poëzie na 1920, die vertaald zou worden in het Servo-Kroatisch. De opdracht maakte deel uit van een cultureel uitwisselingsprogramma Nederland-Zuid-Slavië en een gelijksoortige opdracht zou ook worden gegeven aan een 'Servo-Kroaat', zodat een dubbele bloemlezing zou kunnen verschijnen. Voor de opdracht werd hem een honorarium aangeboden van vijfentwintighonderd gulden. Er zat bovendien een interessante kant aan deze opdracht, want Rodenko moest zelf met de bloemlezing naar Belgrado om te overleggen met de vertaalster. Het zou de eerste keer zijn sedert zijn jeugd dat hij naar Oost-Europa zou gaan. Ruim twintig jaar na zijn pogingen zich samen met Aimé van Santen in te zetten voor de Oost-Europese cultuur in Nederland, kon hij, op een moment dat hij er helemaal niet meer op rekende, eindelijk zijn Slavische missie voltooien.[37]

Hij accepteerde de opdracht en kreeg meteen een voorschot van tweeduizend gulden. Het was de bedoeling dat hij in maart 1971 naar Belgrado zou vliegen, maar het werd mei. De bloemlezing en een conceptinleiding waren niet op tijd klaar en er was een praktisch probleem. Rodenko had zich niet gerealiseerd dat hij een visum nodig had en beschikte bovendien alleen maar over een verlopen paspoort. Hij schreef aan het ministerie: 'Het is dom van mij dat ik hier niet eerder aan gedacht heb, maar zulke praktische dingen ontgaan mij altijd, temeer waar mijn buitenlandse reizen zich al jarenlang alleen tot West-Europa hebben beperkt, waar dergelijke problemen nu eenmaal niet aan de orde komen.'[38]

Maar in mei kon hij beginnen aan zijn Slavische missie, die gedeeltelijk door het ministerie in Nederland en gedeeltelijk door de Zuid-Slavische autoriteiten werd betaald. Op 18 mei om 15.10 uur vloog Rodenko met de Joegoslavische maatschappij YAT naar Belgrado, waar hij met veel egards werd ontvangen door de Nederlandse ambassadesecreatris en twee leden van de Servische Commissie voor Culturele Betrekkingen met het Buitenland. Die gaven hem bij aankomst tweehonderdvijfentwintig gulden zakgeld. Rodenko was ineens een ambassadeur in Oost-Europese zaken en had er met zijn baard ook nog nooit zo Slavisch uitgezien. Na aankomst volgden een paar interessante dagen. Hij werd in Belgrado voorgesteld aan academici en dichters en 'déjeuneerde' met ambassademedewerkers en het hoofd van de Servische Culturele Commissie. Ook kreeg hij een verblijf van een paar dagen in de badplaats Dubrovnik aangeboden.

Afgezien van de interessante contacten, liep ook deze Slavische missie op niets uit. Zoals dat in de jaren veertig en vijftig ook het geval was geweest, gooide de 'praktische politiek' roet in het eten. Toen hij in Belgrado met de autoriteiten sprak over een Servo-Kroatische bloemlezing, werd hij meteen gecorrigeerd door een van de ambtenaren. Servo-Kroatisch bestond niet, de bloemlezing zou vertaald moeten worden in het Servisch, de taal van de autonome republiek Servië binnen de federatie Zuid-Slavië.

Rodenko had toen uitgebreid te horen gekregen over de controverse Serven-Kroaten, die tijdens de Tweede Wereldoorlog nieuwe impulsen had gekregen omdat de Kroaten de zijde van Duitsland hadden gekozen. De Serven voelden er dan ook niets voor de gedichten door een Kroatische vrouw te laten vertalen, zoals de bedoeling was. Rodenko kon niet anders dan daarin meegaan en stelde toen voor enkele germanisten ruwe vertalingen te laten maken, die daarna door Servische dichters gestileerd zouden kunnen worden. Met deze afspraak vertrok hij uit Belgrado, maar eind 1973 moest hij het ministerie berichten nooit meer iets uit Oost-Europa te hebben vernomen. De tegenstelling Serven-Kroaten was daar nog steeds de oorzaak van. Zij zou zich daarna alleen maar verscherpen en in de jaren negentig leiden tot een bloedige oorlog op de Balkan.

Een opdracht voor een kleinere Slavische missie kreeg hij in dezelfde periode. Op verzoek van het Rotterdamse Poetry International vertaalde hij twee gedichten van de Pool Tadeusz Rósewicz, die in de zomer van 1971 op het festival voorlas. De vertalingen, 'Kastanje' en 'Ontwerp voor een hedendaags liefdesgedicht', werden in stencilvorm gepubliceerd.[39]

Daarna ging het bergafwaarts met Paul Rodenko. Dat kwam niet alleen door het vorderen der jaren, het mislukken van zijn studie, het einde van de Manifesten-reeks en de gestrande Slavische missie. Meer dan toen de kinderen nog klein waren, voelde hij vanaf 1970 de druk van het gezinsleven.

De financiële zorg voor twee schoolgaande kinderen kwam grotendeels op hem neer, want Jettie had geen bron van inkomsten. Pas in 1974 ging ze, omdat het echt niet meer anders kon, drie halve dagen per week werken als assistente bij de oogarts dr. A. C. Copper, die een praktijk had aan de Coehoornsingel. Later tikte ze ook nog medische rapporten uit voor een neuroloog, maar met haar verdiensten kon het huishouden niet draaiende worden gehouden.

Jettie was nooit uit geweest op werk buitenshuis, want zij voelde zich vooral de vrouw van de essayist en dichter Paul Rodenko. Daarvan had ze immers al gedroomd tijdens de eerste ontmoeting met hem op de Stichting Landverhuizing Nederland. Als vrouw van een kunstenaar was het haar taak hem te stimuleren in zijn werk en de zaken te regelen. Daarvoor had ze al haar eigen aspiraties opgegeven.

Hoewel volgens Bakker Jettie geen boekhoudkundig wonder was, had ze het eerder dan haar man in de gaten als het financieel mis dreigde te gaan. Op dat punt was er in hun huwelijk nog steeds niets veranderd. Paul vond dat het geen zin had bij dreigende catastrofes actief iets te ondernemen en hoopte maar dat het weer goed zou komen, maar Jettie wist dat als het op geld aankwam zaken zo niet werkten. Zij greep in, maar dat ingrijpen betekende dat Paul harder moest werken of weer eens bij Bakker om geld moest vragen. Paul en Jettie hielden van elkaar – iedereen in hun omgeving zag dat ze 'iets warms' hadden – maar Paul kreeg het toch vaak benauwd als Jettie hem op deze manier op de huid zat. Hij reageerde hierop door zich terug te trekken en niets meer te doen, waar Jettie weer niet tegen kon.

Ook het opvoeden van de kinderen zal hem na zijn vijftigste zwaarder zijn gevallen. Hij was, zeker voor die tijd, een oude vader. Ludmila en Dimir waren in 1970 dertien en elf jaar oud en eisten op een andere manier aandacht van hem dan vroeger. Hij had in het begin een bijna literaire belangstelling voor zijn kinderen gehad, maar zag nu als opvoeder de problemen op zich afkomen. Toen ze klein waren, had hij genoten van hun kinderlijke onschuld, want dat had iets bevrijdends. Ze waren voor hem bijna de paradijselijke 'ongespecialiseerde mens', die 'vandaag dit, morgen dat kan doen, jagen, vrijen, dichten, al naar het hem belieft'. En had Lucebert niet geschreven 'poëzie is kinderspel', waarmee hij volgens Rodenko bedoelde dat de dichter weer kind moest worden? Onbezonnen en onbevooroordeeld.[40] Dit soort gedachten over poëzie verbinden met zijn eigen kinderen was voor de intellectuele Rodenko het aantrekkelijke van het vaderschap. Minder raad wist hij met de praktische kanten van het opvoeden, waardoor er vooral tussen zijn zoon Dimir en hem een verwijdering ontstond.

Als klein kind had hij aan Dimir veel plezier beleefd. Hij observeerde zijn zoon zoals hij vroeger als student psychologie bij Rita Vuyck kinderen observeerde, en bewonderde zijn fantasiewereld.[41] Dimir was volgens zijn jeugdvriend Peter Bekkers iemand die verzinsels serieus nam en bijvoorbeeld meende dat een stuiver meer waard was dan een dubbeltje, gewoon omdat hij die mooier vond.[42] Hij was een dromer, maar anders dan zijn vader, droomde hij niet weg in de boeken, maar in het water. Hij was een waterrat die onmenselijk lang onder water kon zwemmen en van vissen hield. Als het maar met water te maken had. De enige boeken die hij las, gingen dan ook over diepzeeduiken.

De 'literaire' belangstelling van Rodenko voor zijn zoon verdween gaandeweg. Hij moest zich steeds meer bezighouden met zaken als bijvoorbeeld schoolkeuze. Dat was bij Dimir niet gemakkelijk, want hij had de pech een vroege leerling te zijn, waardoor hij op de lagere school elk jaar net met de hakken over de sloot over ging. Een gymnasiale opleiding zoals zijn vader die had genoten, zat er voor hem dan ook niet in. Dat wilde Dimir ook niet, want zijn eigenlijke wens was diepzeeduiker worden. Het was een onmogelijke wens, want toen hij wat ouder werd, bleek hij een vergroeiing in zijn rug te hebben. Paul en Jettie wisten niet goed wat ze met hem aan moesten en volgden uiteindelijk het advies van tante Olga op, hem als 'doener' naar een koksschool te sturen. Dat gebeurde uiteindelijk en Dimir voelde zich daar op zijn plaats, in een wereld die ver van die van zijn vader af stond. Een nagelaten opzetje voor een gedicht lijkt geïnspireerd te zijn door de gruwelijke kant van het werk van zijn zoon:

'Radeloos ree, de stad,
onder een hemel van koksmessen
pompend het hart.'[43]

Paul nam steeds meer afstand van zijn zoon. Die begreep die houding van zijn vader niet en kon niet anders dan teleurgesteld afdruipen. Hij trok daardoor steeds meer naar zijn moeder.

Bij Ludmila gebeurde juist het tegenovergestelde. Zij wist dat het soms beter was haar vader niet te storen en was tevreden met de aandacht die ze op andere momenten van hem kreeg. Paul vertelde zijn dochter dan verhalen uit de Griekse mythologie, die hij met behulp van stripfiguren als Tom Poes, Ollie B. Bommel en de door hem bedachte wijze vogel Rok begrijpelijker probeerde te maken. Ludmila hield van zijn verhalen, die ze later herkende toen ze naar het gymnasium ging. Paul kon een meer intellectuele rol in haar leven spelen en daardoor was hun verwantschap groter.[44]

Paul Rodenko moest van tijd tot tijd de werkelijkheid ontvluchten en afstand nemen. Zijn eerste vriendinnen Annetje Houwing en Carla Termeer hadden dat gemerkt, en ook Jettie wist dat. Hij zat dan op zolder en ook zijn kinderen realiseerden zich pas toen ze zelf wat ouder waren hoe triest hun vader kon zijn. Het moet een aangrijpend beeld voor ze zijn geweest.

Een andere manier om afstand te nemen bleef de drank en die zou na zijn vijftigste meer dan ooit een noodlottige rol in zijn leven spelen. Er werd nog steeds aan het einde van de dag geborreld, maar de sfeer was anders. Muziek werd er nog wel gemaakt, maar dansen was een onmogelijke opgave voor Paul Rodenko geworden. De dans was net als de muziek een manier om grenzen te verleggen en in een van zijn laatste stukken noemde hij de dans dan ook 'het symbool van de vrijheid'.[45] Op zijn vijftigste was zijn leeftijd hem al een last geworden.

Tijdens de borrels aan het einde van de middag en het gesprek over van alles en nog wat vergat Paul Rodenko de druk der omstandigheden. Als die echt te hoog werd, vluchtte hij het liefst naar Zuid-Europa, dat hij samen met Jettie immers al in de beginjaren van hun huwelijk had leren kennen als een gebied waar hij tot rust kon komen. Eerst waren Menton en Cagnes-sur-Mer aan de Franse Rivièra hun favoriete bestemmingen geweest, later werd een vakantiehuisje in het Italiaanse Grimaldi, vlak over de Frans-Italiaanse grens, hun favoriete oord. Hij schreef in 1969 daarover aan Bert Bakker toen zijn laatste deeltje erotische vertellingen *De opblaasvrouwtjes en andere stoute stories van nu en straks* maar niet afkwam: 'Je weet, ik ben daar al een paar keer eerder geweest en heb daar altijd goed kunnen werken; het is zo gebouwd dat je er alle privacy hebt. Voor mij is Grimaldi altijd iets geweest als voor jou Gapinge: een plek om ongestoord te kunnen werken. Ik ben er wel zeker van dat ik er dan kom, als ik eenmaal van alle soesa hier verlost ben.'[46]

Paul kon daar als zonaanbidder beter werken en tijdens de vakantie zagen zijn kinderen hoe hij enigszins onbeholpen op het strand met zijn oude Remington eindelijk zijn erotische vertellingen of een vertaling wist af te ronden. Niet voor niets stelde hij midden jaren vijftig aan uitgever Van Oorschot voor, een permanent verblijf daar te subsidiëren, wat goedbeschouwd geen slecht idee zou zijn geweest.[47] Het was ook na zijn vijftigste de belangrijkste manier om even tot zichzelf en tot werken te komen, maar het was helaas wel een manier die veel geld kostte.

4. RAMPSPOED NA RAMPSPOED

Het jaar nadat Rodenko vijftig was geworden, was een financieel rampjaar, ondanks de beurs die hij van het Fonds voor de Letteren had gekregen. Het ministerie van Cultuur, Recreatie en Maatschappelijk Werk had na acties van schrijvers een structurele oplossing gevonden voor hun slechte financiële positie door in de zomer van 1965 de Stichting Fonds voor de Letteren op te richten.[48] Hiermee zou een einde komen aan het incidenteel toekennen van eregelden en stipendia en werd overgegaan tot het verlenen van zogenaamde werkbeurzen. Bij de acties was Rodenko niet betrokken, maar hij was wel een van de eersten die ervan profiteerden. Op 15 november 1965 kreeg hij een brief van Hulsker, die secretaris-penningmeester van het fonds was geworden, waarin hem een beurs van zesduizend gulden werd aangeboden, zonder dat hij overigens een aanvraag had ingediend.[49] De uitkeringen van het fonds werden daarna structureel en liepen uiteindelijk op tot achtduizend gulden. Alleen in 1973 kreeg hij niets, omdat in dat jaar het Amsterdams Fonds voor de Kunst hem een beurs van tienduizend gulden verstrekte.[50]

Deze structurele uitkeringen waren welkom, omdat de toelagen van Bakker stopten. Bakker was in 1968 al drie keer opgenomen geweest in de Rudolf Steinerkliniek in Scheveningen en was het jaar daarop op zevenenvijftigjarige leeftijd aan kanker overleden. Met zijn neef en opvolger, Bert Bakker jr., kreeg Rodenko een andere relatie. In het begin was die nog wel bereid financieel bij te springen, maar hij wilde minder ver gaan dan zijn oom.[51]

In 1970 waren *De opblaasvrouwtjes en andere stoute stories van nu en straks* verschenen – het was een opdracht van de oude Bert – maar op een voortzetting van de reeks zat de jonge Bert niet te wachten. De laatste erotische vertelling was een verhaal dat zich afspeelt in de toekomst. De hoofdpersoon heeft de vrouw uitgevonden die hij zodanig weet te programmeren dat ze alle liefdeswensen kan vervullen. Er is één nadeel aan deze uitvinding. Ze leeft niet en loopt na gebruik leeg. Maar ze kan onder het kussen bewaard worden.[52] Rodenko was, zij het met een zekere weerzin, al begonnen aan een volgend deel, *Het ontuchtige ei*, maar kreeg daarbij geen enkele steun van zijn nieuwe uitgever.

Dat stoorde hem en in de zomer van 1971 stuurde hij een lange brief naar Bert Bakker jr., waarin hij, zoals hij dat gewend was geweest bij zijn oom, uitvoerig inging op de persoonlijke omstandigheden: 'In de eerste plaats ben ik het afgelopen jaar nog al veel ziek geweest (vrouw en kinderen trouwens ook herhaaldelijk), waardoor steeds in financiële moeilijkheden, daardoor weer down gedeprimeerd waardoor ik nergens behoorlijk mee op kon schieten –

je begrijpt, één grote vicieuze cirkel. Daardoor wil er ook geen schot komen in m'n boekje voor jou. Ik was er te down voor, zat te diep in de zorgen, had trouwens ook de indruk dat het vorige geen groot succes was (maar misschien kwam dat ook wel door mijn toch al te downe stemming, al lijkt mij de opmerking van sommige kritici dat het te veel woordspel en te weinig verhaal was niet helemaal onjuist).' Hij wilde graag een 'push' van de jonge Bert Bakker en stelde hem voor zijn oude essays uit *Columbus* en *Podium* te bundelen, omdat daar op universiteiten vraag naar zou zijn.[53]

Bert Bakker jr. liet de brief onbeantwoord. Rodenko schreef hem daarom begin 1972: 'Wat betreft *Het ontuchtige ei*. Tja, ik heb je een paar keer geschreven, het laatst heel uitvoerig op 1 september '71, maar je hebt me nooit geantwoord en ik had daarom de indruk dat je er toch eigenlijk geen belangstelling meer voor had, evenmin als voor ander werk van mij. Dat heeft me bij alle andere dingen ook geremd natuurlijk. Ik ben indertijd aan het boekje begonnen en heb de verhalen die erin moeten komen in grote trekken op schrift gesteld, dus als je denkt dat het zin heeft en dat het, hoewel de tussenliggende periode erg lang is geworden, toch nog de reeks als geheel zou kunnen ophalen, kan ik het bundeltje alsnog voor de najaarsaanbieding klaar maken (voorjaar haal ik niet).' Hij besloot zijn brief met: 'Maar zolang ik zo in de puree zit als de laatste tijd kan ik me eenvoudig niet concentreren, ik kom alleen nog maar tot wat vertaalwerk.'[54] Rodenko was zijn mecenas kwijt en werd nu afhankelijk van andere mensen die de zaken voor hem wilden en konden regelen.

Van die 'puree' deed Johan van der Woude, consulent van de schrijversvakbond Vereniging van Letterkundigen, verslag in een brief aan het Voorzieningsfonds voor Kunstenaars. Rodenko had daar een aanvraag ingediend in verband met de hopeloze financiële situatie, waarover hij ook aan Bert Bakker jr. had geschreven.[55] Van der Woude bezocht hem daarom in Zutphen op 27 maart 1972 en was ondersteboven van het verhaal dat hij hoorde. Hij noteerde in zijn verslag dat de Rodenko's geïsoleerd leefden in Zutphen – 'een stad met 101 kliekjes' – en dat de financiële problemen groot waren. Ze konden geen ziektekostenverzekering betalen, wat riskant was in verband met de suikerziekte van Jettie. Ook konden ze geen beroep doen op de Bijstandswet, omdat ze een eigen huis hadden en dat eerst zouden moeten 'opsouperen'. De levensomstandigheden waren volgen Van der Woude minimaal en werkten ten nadele van de twee kinderen en Rodenko's werk. Er moest wat gebeuren, vooral omdat voor een 'essayist van zijn kaliber' in 1971 nog nauwelijks plaats was in een tijdschrift of dagblad.

Rodenko had ook verslag moeten doen van zijn lopende werkzaamheden. Hij vertelde over zijn tekstkritische uitgave van Achterbergs *Spel van de wilde jacht* en een studie over Achterberg 'die een 600 pagina's groot zal worden'. Daarnaast was hij bezig met een toneelstuk, de eerste opzetjes voor nieuwe essays en een roman. Met die roman bedoelde hij de zogenaamde 'Roman uit het hiernamaals' met als thema 'wedergeboorte' en door hemzelf gekwalificeerd als 'niet het gemakkelijke type'. Hij was er vanaf 1968 al af en toe mee bezig geweest. De roman zou lijken op een avonturenroman, maar was gebaseerd op het Tibetaanse dodenboek, waarin het thema van de wedergeboorte een belangrijke rol speelt. Het was ook nog een satire op de hedendaagse maatschappij: 'of anders gezegd: verval aan [sic] de wereld en psychische regeneratie'. Er kwam uiteindelijk één hoofdstuk klaar, waarin de filosoof Schopenhauer als middelaar tussen westerse en oosterse filosofie een rol speelt.[56]

Van der Woude concludeerde in zijn verslag dat Rodenko 'bijna een krepeergeval was' en dat hij op alle mogelijke manieren geholpen moest worden. Hij adviseerde het Voorzieningsfonds daarom twaalfduizend gulden over te maken, waarvan na aftrek van de achterstallige belasting vierduizend over zouden blijven. Ook was het verstandig dat het fonds in verband met de uitkering van een zogenaamd eregeld contact op zou nemen met Theun de Vries, die dat voor het ministerie regelde. De eregelden werden sporadisch toegekend aan oudere schrijvers, die zich verdienstelijk hadden gemaakt voor de Nederlandse literatuur. Rodenko zelf werd aangeraden enkele schilderijen uit de expressionistische school De Ploeg, een erfenis van de familie Schaper, te verkopen.[57] Hij kreeg verder nog duizend gulden uit het noodfonds en zijn jaarlijkse beurs van de Stichting Fonds voor de Letteren.

Over de zaak Rodenko werd ook daarna uitvoerig in bepaalde kringen gesproken. In april 1972 verstrekte de gemeente Amsterdam een stipendium van vijfduizend gulden.[58] Rodenko was even uit de brand, voor het eerst zonder de hulp van Bert Bakker. Zijn mecenassen waren nu instanties. De anarchist Rodenko had zich daar altijd verre van willen houden, maar werd nu door armoede in de armen van vadertje staat gedreven.

Begin 1973 was de situatie verbeterd en kon hij aan Johan van der Woude schrijven dat hij weer het een en ander op de rails had gezet. Op 7 januari was bijvoorbeeld een televisieprogramma *Zoals geschreven door Gerrit Achterberg* met zijn teksten uitgezonden en hij werkte hard aan een vertaalopdracht van de Haagse Comedie.[59] Kort daarna kreeg hij een opdracht van het ministerie van Cultuur, Recreatie en Maatschappelijk Werk om een studie over de voorgeschiedenis en context van de visuele poëzie in Nederland te schrijven. Het honorarium bedroeg drieduizend gulden.[60] De visuele poëzie was niet echt zijn onderwerp, maar hij accepteerde de opdracht met voorschot, waaraan hij echter nooit is begonnen.[61]

In de herfst bleek 1973 toch nog een kwaad jaar te zijn. De spiraalvormige vergroeiing van de wervelkolom, kyfose genoemd, van Pauls veertienjarige zoon Dimir, had zulke ernstige vormen aangenomen dat hij geopereerd moest worden. Als er niets werd gedaan, zou hij een bochel krijgen en zouden het hart en de longen in de verdrukking komen. Het was een zaak van leven of dood. In september werd Dimir voor een aantal zware operaties opgenomen in de Anna-Kliniek in Leiden.[62]

Daar lag hij lange tijd in het gips en als 'een moderne Christus met (ijzeren, door de schedelwand geboorde) doornenkroon, waaraan een gewicht van zeven kilo hangt, met nog eens zeven kilo aan de voeten', zoals Paul het bijna literair beschreef.[63] Het was een onrustige tijd, die Paul en Jettie gedeeltelijk in Zutphen en gedeeltelijk aan de Ericalaan in Kijkduin bij Daisy Wolthers doorbrachten. Daisy Wolthers, tot eind 1956 secretaresse van Bert Bakker en nu medewerkster van het Letterkundig Museum, was bevriend gebleven met de Rodenko's.

Paul kwam weinig aan werken toe, maar toen Dimir weer thuis was, werd de situatie nog moeilijker. De operaties waren gelukt, maar hij moest nog geruime tijd in een soort korset revalideren. Hij was een moeilijke patiënt, die zijn ouders op de zenuwen ging werken, omdat hij dag en nacht alle aandacht opeiste. Paul en Jettie sliepen slecht en werden beiden geprikkeld, wat weer een slechte uitwerking had op hun dochter Ludmila.

Dimir had er in Leiden bovendien nog een probleem bij gekregen. Hij had in het ziekenhuis op een kamer gelegen met volwassen mannen, die om de pijn en ellende te vergeten 's avonds de jeneverfles uit hun nachtkastje haalden. Dimir dronk met ze mee en ontdekte in deze moeilijke en pijnlijke periode van zijn leven de verzachtende werking van de drank. Hij zou enkele jaren later alcoholist worden.

Paul schreef over zijn situatie aan Guus Sötemann: 'Maar je hebt geen idee wat een ellende zo'n moeilijke patiënt, met wie je dag en nacht bezig moet zijn, in huis teweeg kan brengen! Aan slaap komen we maar heel partieel toe, mijn vrouw (die ook nog suikerpatiënte is) is door oververmoeidheid ernstig ziek geworden, ik ben ook een poosje ziek geweest; we zijn er nu wel weer voor een deel bovenop, maar het blijft een zenuwentoestand die werken en lezen zo niet helemaal onmogelijk dan toch wel bijzonder moeilijk maakt, temeer omdat mijn dochter van zestien, die buiten de school tenminste nog een beetje hielp, de situatie niet meer aankon en er vandoor is gegaan (na het nodige speurwerk heb ik haar teruggevonden en zij komt over enkele dagen weer thuis).'[64]

Paul ging nog meer drinken dan hij al deed en pleegde daardoor een ernstige aanslag op zijn gezondheid. Hij kreeg flauwtes en bloed in de ontlasting. Begin 1974 was hij zo ernstig ziek, dat hij opgenomen moest worden in streekziekenhuis Het Nieuwe Spittaal. Het was eerst onduidelijk wat hij had en de artsen vroegen hem daarom zijn klachten op te schrijven. Uit deze 'medische rapporten' blijkt dat hij zich al langere tijd niet goed voelde.[65] Hij was kortademig en had vaak urenlang de hik. Zijn voeten voelden aan als 'hoeven' en waren koud en gevoelloos. Dat gevoel straalde soms uit tot bij de knie. Het was net alsof hij 'op prothesen' liep. Ook zijn vingers waren regelmatig stijf en bleven dan in een bepaalde houding staan. Een enkele keer kreeg hij spontaan blauwe plekken en epileptische aanvallen. Hij werd bovendien duizelig na het drinken van alcohol en het horen van popmuziek. Bij zenuwachtigheid kreeg hij jeuk onder de voeten.

De beschrijvingen van zijn klachten waren uitvoerig en nauwkeurig en doen denken aan de eerste gedichten, waarin hij schreef over handen die als zwammen aan het lichaam groeiden.[66] Hij was in staat met een zekere afstand naar zijn eigen lichaam te kijken en het lijkt of hij probeerde door nauwkeurige beschrijvingen er vat op te krijgen.

De artsen vermoedden op grond van deze beschrijvingen een interne of een neurologische aandoening. Er werd een EEG-onderzoek gedaan en bloed afgenomen. Ook moest hij een onderzoek ondergaan waarbij de artsen met slangetjes in zijn maag gingen. De eerste keer nuchter, de tweede keer na het drinken van alcohol. De uitkomsten van het onderzoek maakten duidelijk dat hij een maagbloeding had gehad. Hem werd dringend aangeraden rust te houden, niet meer te drinken – de alcohol was de belangrijkste oorzaak – en zich aan een dieet van lichte en gemalen kost te houden.

De ziekenhuisopname werkte als een *time-out*. Tussen de onderzoeken door dacht hij veel na en observeerde hij de vreemde ziekenhuisomgeving waarin hij was terechtgekomen. In zijn notitieboekje schreef hij bijvoorbeeld precies op wie bij hem op de kamer lagen en wat voor indruk de zusters op hem maakten: 'Zuster Schekmaker (= leuke), Deulink (dikkertje met bril).'

Hij vroeg Jettie boeken, kranten en tijdschriften mee te nemen, want hij moest lezen. Voor de ontspanning detectives (Agatha Christie) en voor het bedenken van nieuwe onderwerpen voor zijn essays van Hans Magnus Enzensberger *Museum der modernen Poesie* – vooral de inleiding boeide hem – en van Theodor Roszak *Opkomst van een tegencultuur*.[67] Ook noteerde hij opvallende dingen uit weekbladen: '"Ambitie is angst voor de dood, denk ik" (Aart Gisolf, tv-arts in *Vrij Nederland*, 26.1.1974)' en 'Jan Arends zelfmoord: uit raam gesprongen'. Ook maakte hij, onduidelijke, aantekeningen in het Russisch. En: 'Pr. Bernardfonds bellen (belangrijk dat mensen als Voeten en Morriën ervan horen, die hebben veel vingers in de pap).'

Paul wilde dus verder en de instanties moesten weten dat hij ziek was. In zijn aantekenboekje schreef hij hoopvol, als was het een opdracht aan hemzelf: 'Daarom: in lege speelkamer lage boekenkast reserveren voor mijn werk: alle manuscripten (toneelstukken + alle dingen die ik wil bundelen) apart bij elkaar, aanloopjes, ideetjes, "Work in progress".' Maar om weer te kunnen werken, had hij financiële hulp nodig en daarom moesten Morriën en Voeten ervan weten.[68] Met Guus Sötemann, toentertijd hoogleraar Nederlandse letterkunde in Utrecht, had hij door zijn jurylidmaatschap van de Busken Huet-prijs van het Amsterdams Fonds voor de Kunst nog het meeste contact. Toen die over zijn misère hoorde, benaderde hij meteen volgens plan Bert Voeten en Adriaan Morriën, die beiden belangrijke contacten hadden in de Vereniging van Letterkundigen. Zij kregen van Sötemann de opdracht aan 'alle bellen' te trekken.[69]

Bert Voeten had Paul Rodenko een jaar voor zijn ziekte voor het eerst sinds lange tijd weer ontmoet, toen hij samen met hem in de jury van Nijhoffprijs voor vertalingen zat. Het contact was daardoor gemakkelijker gelegd. Hij schreef aan Rodenko: 'Na het telefoontje van Guus heb ik onmiddellijk Coby Eggink gebeld, die van de toestanden bij jullie volledig op de hoogte bleek. Zij verzekerde mij dat er "alles aan gedaan wordt". Behalve uit het Ondersteuningsfonds, krijg je ook een uitkering uit het Voorzieningsfonds, men neemt de premie voor je ziekenkostenverzekering voor zijn rekening en er zal ook nog uit andere potjes worden geput.'[70]

En er kwam uit een ander potje een eregeld van vijfendertighonderd gulden, eind 1974 toegekend door het ministerie van Cultuur, Recreatie en Maatschappelijk Werk. Tot zijn dood zou hij dat bedrag jaarlijks blijven krijgen. Paul Rodenko leek financieel even een geredde, maar bleef, eenmaal uit het ziekenhuis, drinken.

5. 'RODENKO-REVIVAL'

Begin februari 1974 kreeg Rodenko een brief van Piet Calis, een van de samenstellers van de literatuurgeschiedenis voor het onderwijs *Het spel en de knikkers*, dat werd uitgegeven door Meulenhoff Educatief bv in Amsterdam.[712] Calis verontschuldigde zich voor het feit dat hij niet voldoende op de hoogte was geweest van de problemen in het gezin Rodenko en hij wilde daarom niet nog eens tot spoed aansporen wat betreft het profielboekje over de Vijftigers dat Rodenko voor hem zou samenstellen.[72] De profielboekjes behandelden een aspect of periode uit de tweedelige literatuurgeschiedenis en konden door leerlingen gebruikt worden als verdiepingsstof. Begin jaren zeventig was Calis met Rodenko overeengekomen dat hij een schoolboekje over de Vijftigers zou maken, maar dat werd een moeizame geschiedenis. Er werd veel gebeld door Calis, maar een afgerond manuscript kreeg hij niet. Het enige concrete dat na drie jaar was bereikt was de inleiding en de illustratie op het omslag. Daar zou volgens de wens van Rodenko het schilderij 'Vrijheidschreeuw' van Karel Appel op komen.[73] Rodenko vond het idee wel interessant, maar wilde meer dan een schoolboek, want door dat 'genre' voelde hij zich te veel gebonden. Bakker had er vaak op gewezen dat hij te moeilijke woorden gebruikte en die kritiek verwachtte hij nu ook. Hij had Calis al eens voorgesteld er twee boekjes van te maken, een voor scholieren en een voor een algemeen publiek en begin 1974 kon Calis meedelen dat de algemene uitgeverij Meulenhoff daar wel voor voelde. Dit was een stimulerende mededeling voor Rodenko, die zich na opgekrabbeld te zijn uit zijn ziekbed, weer aan het werk zette.

In het souterrain van het huis hing een groot schoolbord, waarop de geschiedenis van de moderne poëzie in schema's werd weergegeven. Bovenaan stonden Coleridge, Novalis en Blake, de aartsvaders van de moderne poëzie, daaronder verbonden met pijlen E.A. Poe, Gérard de Nerval en Baudelaire. Het was de basis voor zijn onvoltooid gebleven *De experimentele explosie in Nederland*. Op sommige mensen maakte het bord een vreemde indruk. Hans Warren zocht hem in deze tijd op en schreef: 'En daar was het ook al zo triest met allerlei onzinnige teksten en formules op grote schoolborden aan de wanden.'[74]

Op het moment dat hij bezig was de voorgeschiedenis van de Vijftigers op zijn schoolborden te beschrijven, ontmoette hij in november 1974 bij uitgeverij De Bezige Bij in Amsterdam sinds jaren weer een aantal van hen: Hugo Claus, Sybren Polet, Jan Elburg, Bert Schierbeek, Simon Vinkenoog, Remco Campert en Gerrit Kouwenaar. Het weerzien was georganiseerd door Vinkenoog en uitgeverij De Bezige Bij, omdat Bij-uitgever Geert Lubberhuizen het plan had opgevat in 1975 een 'versierde' bloemlezing te publiceren. In dat jaar 'bestond' de beweging van Vijftig namelijk vijfentwintig jaar. De afspraak was daarom gemaakt om in november met 'een paar ouwe jongens', zoals Vinkenoog dat omschreef, bij elkaar te komen om de grote lijnen voor het jubileumboek uit te zetten.[75]

Ze bespraken de opzet van het boek en Rodenko voelde het meest voor een uitgave waarin iedereen uitspraken doet over zijn eigen poëzie en de taak van de dichter.[76] Het liep anders. De uitgever gaf in overleg met vooral Vinkenoog uiteindelijk de neerlandicus R.L.K. Fokkema de opdracht een studie over de Vijftigers te schrijven, die uiteindelijk als *Het komplot der Vijftigers* in 1979 verscheen.

Rodenko was, ook fysiek, even helemaal terug in de literatuur. Hij had zijn 'ouwe jongens' weer ontmoet – over de meningsverschillen van ooit werd niet meer gesproken –, werkte voor Meulenhoff aan twee publicaties én publiceerde zijn verzamelde gedichten. De jonge uitgever Jaco Groot van De Harmonie in Amsterdam was een liefhebber van Rodenko's gedichten en vond het jammer dat zijn werk niet meer te koop was. Hij belde hem begin januari 1975 op met de vraag of hij zou voelen voor een bundeling van zijn oude gedichten. Rodenko voelde er veel voor en omdat Uitgeversmaatschappij Holland geen bezwaar had tegen herdruk van de bundel *Gedichten*, lag *Orensnijder tulpensnijder. Verzamelde gedichten* snel in de winkel. Naast de eerder gepubliceerde twee bundels nam Rodenko het lange gedicht 'Hij', de 'Kleine haagse suite' en in de afdeling 'Brandpunten' zes zeer korte gedichten op.[77] In 'Brandpunten', waarschijnlijk aan het begin van de jaren zeventig geschreven, gaat het hem erom te laten zien dat stilte en beweging, rust en rumoer op een punt samen kunnen komen. Een geliefd thema in zijn poëzie, dat ook een centrale rol had gespeeld in zijn gedicht 'Den Haag':

Gedicht
Romp van vlammen, geduld: –
eenzamer het woord.[78]

In de 'Verantwoording' benadrukte hij dat deze bundeling geen definitief afscheid van de poëzie was: 'Er was een zekere vraag naar een herdruk van de oorspronkelijke bundels en een uitgever was bereid ze gezamenlijk te herdrukken, met nog enkele ongebundelde gedichten; voilà tout.' En over de keuze van de titel *Orensnijder tulpensnijder* schreef hij, dat daarmee de twee kanten van zijn poëzie werden aangeduid: '[...] wat Adriaan Morriën in een bespreking noemde: de agressieve en de "lieve" gedichten'.[79] In werkelijkheid was het anders gegaan. Hij had aan uitgever Jaco Groot een paar titels ter keuze voorgelegd en die koos voor *Orensnijder tulpensnijder*. Groot zag het als een eerbetoon aan zijn eigen vader die bloemenkweker was geweest.[80]

In het interview met Van Deel en Fokkema legde Rodenko de titel wat omstandiger uit: 'Ik heb er een zekere dubbelzinnigheid mee willen aanduiden, laten we zegen de paradox van mijn eigen poëzie. De titel is ontleend aan het gedicht "Het Beeld". Het gaat in dit gedicht om een houtsnijder, symbool voor de dichter natuurlijk, die bezig is met veel liefde en geduld een beeld te snijden. Ik gebruik daarbij het woord "Schoudertulpensnijder", waarmee ik wil uitdrukken dat hij, al werkende aan het beeld – dat bijvoorbeeld een vrouw zou kunnen voorstellen – de vorm van een schouder zo tracht te snijden en te polijsten dat hij zo glad wordt als een tulp. Zo glad en zo puur, zo zuiver. Maar om dat pure te bereiken, moet hij niettemin *snijden* – een agressieve bezigheid.'[81] Met de besprekingen van de bundel viel het tegen, wat begrijpelijk was, omdat hij nauwelijks nieuw werk had gepubliceerd. *Orensnijder tulpensnijder* is meer een 'historisch document', schreef Pierre H. Dubois lang na verschijnen in *Het Vaderland*. De gedichten hadden voor hem dan ook geen actualiteitswaarde meer.[82] Dat concludeerde ook Kees Fens, voor wie de dichter Rodenko vooral een 'beeldenmaker' was. Hij vond zijn beginregels 'over het algemeen ijzersterk'. Daar stond tegenover dat sommige beelden na twintig jaar iets geforceerds hadden en soms zelfs komisch aandeden.[83]

Critici als Hans Warren, Wam de Moor en Nico Scheepmaker waren positiever, vooral vanwege de herinnering. De gedichten uit de eerste afdeling 'Kamerpoëzie' waren ze nooit vergeten en bij herlezing werkten ze bij Scheepmaker nog steeds 'elektriserend op mijn poëtische ziel'. Ook Redbad Fokkema was nog steeds het meest enthousiast over de eerste gedichten, die volgens hem het meest 'Rodenkiaans' waren.[84]

Rodenko's poëzie was, vertaald in zijn eigen terminologie, nog steeds achtergrond. Zij paste niet bij het literaire klimaat van midden jaren zeventig, dat grotendeels werd gedomineerd door neoromantici als Gerrit Komrij.[85] Hij voelde verwantschap met dichters als H. C. ten Berge en Hans Faverey, de meest hermetische dichters uit die tijd, maar begreep dat zij individuen waren, geen vertegenwoordigers van een klimaat.[86]

Het zou interessant zijn de poëtica's van Rodenko en Faverey met elkaar te vergelijken, omdat ook Faverey geïnteresseerd was in de poëzie als taalproces en het gedicht als een gesloten eenheid. Er is door Arjen Mulder wel eens geschreven over zijn 'zuiverende schrijfwijze' en zijn verbanning van subjectiviteit en particuliere psychologie. In de woorden van Mulder: 'Voorkom vervuiling, schrap jezelf'. En dat doet denken aan Rodenko's slakken van herinnering, verleden en traditie, die van zijn lichaam gevild moesten worden.[87]

Toen Fokkema, inmiddels geschiedschrijver van de Vijftigers, had gehoord over het verschijnen van de verzamelbundel, benaderde hij Rodenko voor het eerdergenoemde *Revisor*-interview. Zo zou hij wat aan de 'onderschatting' van dit in zijn ogen bijzondere werk kunnen doen. Het was de bedoeling dat hij samen met criticus Tom van Deel het interview zou afnemen, dat een deel van het gesprek werd uitgezonden in het radioprogramma *Literama* van de NCRV en het gehele gesprek werd afgedrukt in het nieuwe literaire tijdschrift *De Revisor*.

Van Deel en Fokkema gingen naar Zutphen en spraken uitvoerig met Rodenko, maar waren niet tevreden over het resultaat. De bandrecorder had maar twintig minuten van het interview opgenomen, waarvan ook nog een groot deel werd gevuld met balalaikaspel van Rodenko.[88] Fokkema had wel voldoende materiaal voor het radioprogramma, dat dan ook werd uitgezonden op 21 april 1975, maar niet voor een tijdschriftpublicatie.[89] Ze vroegen hem toen of hij de antwoorden op de vragen schriftelijk wilde aanvullen. Rodenko hechtte veel waarde aan dit interview, dat hij zelf ook als een ondersteuning van zijn comeback beschouwde.[90] Deze geheel door Rodenko geredigeerde versie van het vraaggesprek verscheen uiteindelijk onder de veelzeggende titel 'Echte poëzie is spelen met vuur' in het aprilnummer van *De Revisor*. In de lead wezen de interviewers erop dat Rodenko als dichter en essayist 'bepaald onderschat' was: 'Zijn poëzie is nogal ontoegankelijk genoemd (vooral de tweede bundel), en zijn essays lijden soms aan een erudiet soort formuleringen en gewaagde hypothesen, maar in beide gevallen is een hernieuwde kennismaking met Rodenko verrassend.'[91]

De verkoop van *Orensnijder tulpensnijder* liep goed. Op 1 januari 1976 kon uitgever Jaco Groot aan Rodenko schrijven, dat hij 1022 exemplaren had verkocht: 'Zeker gezien het aantal recensies vind ik dat een uitstekend resultaat.'[92] Daarna werden de overgebleven 665 exemplaren ook nog verkocht. In 1981 zou een tweede druk verschijnen.

De goede verkoop kwam niet alleen door het interview met Fokkema en Van Deel, maar ook door Rodenko's optreden tijdens de Poetry Nationalavond van Poetry International in Rotterdam op 9 juni 1975, een paar weken voordat de bundel verscheen. Die avond was ook in het kader van vijfentwintig jaar Vijftigers georganiseerd. De organisatie wilde nog eenmaal deze dichters als gesloten formatie aan het publiek voorstellen. Rodenko kwam ook en had in de Rotterdamse Doelen zijn laatste optreden. Hij las daar zonder te stotteren, maar ietwat verlegen, van achter een grote zwarte bril enkele gedichten voor, waaronder 'Bommen' en 'Woorden van steen'.

Na zijn voordracht werden zijn stencils goed verkocht door boekhandel Van Gennep. Jaco Groot schreef aan hem: 'Ik was in Rotterdam afgelopen maandag en heb na afloop nog naar je gezocht. De mensen die ik sprak vonden allemaal dat je het heel goed gedaan hebt (ik ook) en ik las in het *Handelsblad* dat jij de enige was van wie de poëziestencils uitverkocht waren.'[93]

Het optreden was indrukwekkend, daar waren veel mensen het over eens. In de zaal zaten ook Jettie, Ludmila, Dimir en oude bekenden als Hans Warren, Maurits Mok en bijna alle Vijftigers. Alleen Lucebert, Hugo Claus en Hans Andreus waren er niet bij. Tijdens Poetry International werden oude contacten aangehaald en 's avonds werd ouderwets lang met elkaar geborreld. Niemand hoefde naar huis, want de organisatie had voor iedereen een hotelkamer in Rotterdam gereserveerd.

In Rotterdam was ook Laurens van Krevelen van uitgeverij Meulenhoff als lid van de zogenaamde Poetry International-werkgroep aanwezig. Van Krevelen was inmiddels een bekende van Rodenko, van wie hij niet alleen een boekje over de experimentele poëzie wilde uitgeven, maar ook oude essays uit de tijd van *Columbus* en *Podium*. Voor dit plan, dat Rodenko in 1971 zonder succes Bert Bakker jr. had voorgelegd, had hij Van Krevelen als een bewonderaar van zijn essays wel kunnen interesseren. Die had bovendien met Rodenko afgesproken dat er een nieuw inleidend stuk opgenomen zou worden, waarin de oude essays een bepaalde context kregen.

Rodenko wilde daarnaast ook een essay schrijven over de kunstenaar en het engagement. Het bleef bij de volgende notities, die uiteindelijk wel verwerkt werden in zijn inleidende stuk: 'Taak van schrijver; altijd tegen establishment, law & order, schrijver is vernietiger, maatschappelijk niet geïntegreerd – en voorgoed alléén met de revolutionaire krachten, Baader-Meinhof. Maar hij is op hun kant, maar identificeert zich er niet mee! Hij blijft vrij.'[94]

De bundel verscheen in het voorjaar van 1976 onder de titel *Op het twijgje der indigestie*, waarmee hij verwees naar de polemiek met Sierksma in 1947. Die had hem ooit verweten de psychologie en de redelijkheid te snel overboord te hebben gezet om een stap in het ongewisse te kunnen maken. Sierksma vond het kortzichtig om de stamtak van de psychologie waarop men stevig zit te verwisselen voor het breekbare twijgje der indigestie, de onzekerheid. Rodenko verdedigde zich toen door te stellen dat hij afrekende met de traditionele psychologie en dat hij meer verwachtte van de fenomenologen, die de psychologie niet gebruikten als middel van zelfrechtvaardiging. Hij koos voor de persoonlijke ergernis, de woede en het exces. Bijna dertig jaar later dacht hij er nog net zo over, want het traditionele psychologisch gezichtspunt was de norm gebleven. Zijn essays zouden nog steeds kunnen bijdragen aan een verandering.[95]

Het was trouwens een idee van Van Krevelen het boek zo te noemen, want zelf gaf hij de voorkeur aan *De draad van Ariadne*.[96] Als inleiding diende, anders dan in eerste instantie de bedoeling was, zijn verhaal 'Een kwestie van symmetrie' met de 'godverdommes' waaraan de redactieleden van *Columbus* zich in 1946 gestoord hadden. Hij had Van Santen vlak na de oorlog al geschreven dat hij niet boos kon worden in een essay, maar wel in een verhaal of gedicht. Het verhaal moest dus ook in deze bundel duidelijk maken dat Rodenko nog altijd boos was. Het diende als een 'signaal of alarmbel: [...] bewustmaking van een explosieve situatie: het dóórbreken – met gewelddadige randverschijnselen – van een nieuw wereldbeeld, althans een nieuw wereldbeleven (niet nu, plotseling, maar al beginnend met de poètes maudits) dat zich uit de cocon van oude denk- en gevoelschemata wil bevrijden.'[97]

De verantwoording heette 'Brief aan een kritische vriend' en was gericht aan zijn uitgever. Hij legde daarin zijn destructieve poëtica nog eens uit en verklaarde zich solidair met Baader-Meinhof. Dat laatste werd niet door iedereen gewaardeerd. Geschrokken schreef een criticus dan ook over de te links bevonden Rodenko: 'En als het nu nog bij roepen bleef: ook het werpen van bommen acht Rodenko een zinvolle bezigheid. De mensheid moet immers worden gewaarschuwd dat elke poging die Rodenko afkeurt, funest is?! En aangezien alles verkeerd is... Hoewel, als boosdoeners noemt Rodenko wel CIA-agenten en multinationals, maar niet KGB-agenten en vakbonden. Streven die laatsten dan geen macht na?'[98] Voor sommigen was hij blijkbaar nog steeds een gevaarlijke linkse Rus of een fellow-traveller.

Net als *Orensnijder tulpensnijder* was deze bundeling voor veel critici vooral historisch interessant en een gelegenheid om in het algemeen bij het werk van de essayist Rodenko stil te staan. Tom van Deel begon zijn bespreking in *Vrij Nederland* met de constatering dat essayisten die een bepaald soort proza of poëzie voor hun rekening nemen, niet meer bestonden. Rodenko, 'de legendarische exegeet en profeet van Vijftig, of beter gezegd de experimentele poëzie', was een uitzondering.

Zijn werk roept aan de ene kant bewondering op, want hij plaatst aspecten van de literatuur altijd in een context. Zijn betogen zijn altijd op iets groters gericht, hij betrekt bij de teksten maatschappelijke en geesteshistorische factoren. Aan de andere kant miste Van Deel coherentie in de essays: 'Rodenko is een intuïtief essayist, een die contempleert tijdens het schrijven, die wel degelijk vanuit een conceptie werkt, maar vanuit een die systematiek niet hoog in het vaandel voert.' Van Deel besloot zijn bespreking als volgt: 'Geen nieuwe essayist dus, deze aloude Rodenko, die consequent het experimentele pad bewandelt. Wel mag er van mij een essayist als hij opstaan – nu – geen lolbroek, geen verkoper van vlotte praatjes, wel graag iets minder warrig, iets minder bloedernstig, als dat kán.'[99]

Op het twijgje der indigestie riep ondanks het veranderde literaire klimaat toch reacties op bij enkele jongeren. Piet Meeuse schreef in april 1976 aan Rodenko buitengewoon geboeid te zijn door het boek. Het trof hem dat zijn denkwereld net als die van hem gevormd werd door Dostojevski en het surrealisme. Meeuse vond ook de *Keldermémoires* een belangrijk werk, omdat hierin de psychologie werd overwonnen. Rodenko was voor hem bovendien de enige Nederlander die met kennis van zaken over de poètes maudits had geschreven.[100] Meeuse zou later een belangrijke vertaler, essayist en redacteur van *De Revisor* worden, in wiens werk dezelfde referentiepunten als in dat van Rodenko voorkomen.[101]

De bundel bevatte niet echt nieuw werk, maar door het samenstellen ervan werd hij wel gestimuleerd tot het schrijven van twee nieuwe stukken. Het eerste was het essay 'Over materiepoëzie', dat in november 1975 in *De Revisor* verscheen.[102] Door het interview had de redactie hem 'herontdekt' en zij stimuleerde hem dit essay over de vervreemding van de dingen en de belangstelling van de dichter voor deze ahumane wereld te schrijven.

In het essay komt de naam van de Franse filosoof Michel Foucault voor, over wie hij in het ziekenhuis was gaan lezen. Hij was voor hem een verwante geest en hij schreef in zijn notitieboekje: 'Ik spreek van paideuma, gevormd door het creatieve principe in de mens (Zie "Medea" II). Ik merk nu dat ik hiermee in zekere zin vooruit ben gelopen op het structuralisme van Foucault bv.: épithêm (= paideuma), die de gehele zienswijze van een cultuurperiode bepaalt. [...] Foucault: de mens verdwijnt. Dat is precies wat ik betoogd heb: de door het humanistische denken gevormde mens verdwijnt: dat is de inhoud van "Het einde van de psychologische roman" en "De draad van Ariadne". De humanistische mens met zijn psychologie, en zijn waardigheid zijn "fatsoen" ("Verzoening met de soldaat") verdwijnt.'[103]

Rodenko had weer een Franse medestander, wiens denken bovendien geworteld was in Rusland. In het interview met Fokkema en Van Deel zei hij daarover: 'Ik heb veel gelezen, veel geleerd van bijvoorbeeld Roman Jakobson en de Russische formalisten (al kende ik ze nog niet toen ik min of meer theoretische stukken schreef als "De criticus als ingenieur") en ik merk nu dat mijn manier van benadering veel overeenkomsten vertoont met die van de structuralisten, Barthes, Foucault, de mensen van *Tel Quel*; de structuralisten die overigens óók uit het Russische formalisme zijn voortgekomen, dat op zijn beurt een wetenschappelijke zijtak is van het Russische futurisme. [...] Dat was toen, in de eerste jaren van de Russische revolutie, een ongelooflijk creatieve en vruchtbare tijd, juist door de voortdurende wisselwerking tussen theorie en praktijk.'[104]

Een kleiner essay verscheen op de achterpagina van het *NRC Handelsblad* van 25 oktober 1975. In 'Reclamekunstenaars: de alchemisten van onze tijd' beschreef hij de overeenkomsten tussen de medische wetenschap en de reclame. Beide willen ze de mens beter maken.[105] Hij had met de redacteur afgesproken vaker een 'mini-essay' voor de krant te schrijven, maar kon dat niet waarmaken. Een opzetje voor een volgende bijdrage had hij al wel klaarliggen. Die zou moeten gaan over het veelvuldig gebruik van 'o.k.' in de Nederlandse taal.[106]

Er waren ook plannen voor nieuwe gedichten. Met de Zutphense graficus André Kerkhoven had hij afgesproken een boek te maken, met gedichten van hemzelf en houtsneden van Kerkhoven, rond het magische kaartspel de tarot. De twee hadden elkaar begin 1972 tijdens het uitlaten van de honden ontmoet en tijdens een van de gezamenlijke wandelingen werd dit plan gesmeed. Kerkhoven ging in 1975 meteen aan het werk, Rodenko niet. Het boekje dat na zijn dood bij uitgeverij Bzztôh verscheen, was door Kerkhoven gemaakt met de hulp van Jettie. Samen hadden ze fragmenten uit zijn gedichten en opzetjes van nieuwe gedichten – Rodenko had er een paar opgeschreven in de dummy van *Orensnijder tulpensnijder* – aan elkaar geplakt en bij de houtsneden geplaatst. De bundel kan niet worden gezien als onderdeel van Rodenko's dichterlijke oeuvre.[107]

6. 'GROOT BEELDENMAKER GESTORVEN'

Een Rodenko-revival terwijl hij nog leefde, was vooral mooi en aardig voor de buitenwereld, maar eigenlijk kon hij de vele opdrachten die plotseling op hem afkwamen niet aan. Paul Rodenko leek na de ziekenhuisopname met die hernieuwde aandacht een gelukkig mens te zijn, maar de waarheid was anders. De zorgen waren niet verdwenen, al waren ze begin 1975 van geheel andere aard. Ze hadden brand gehad aan de Rozenhoflaan en de badkamer was geheel uitgebrand. De brandweer had niet kunnen voorkomen dat de hele bovenverdieping was aangetast door rook, waardoor zijn boeken en manuscripten in de studeerkamer voor de tweede keer in zijn leven waren beschadigd. Het was 's nachts gebeurd en Dimir was net op tijd wakker geworden om de familie te waarschuwen.

Het bleef daarna lange tijd een chaos in het huis, want herstel kostte geld en dat was er niet. Ze waren onderverzekerd. Rodenko deed daarover verslag aan De Bezige Bij-uitgever Geert Lubberhuizen, toen die hem had uitgenodigd voor de presentatie van Luceberts *Verzamelde gedichten* in Amsterdam: 'Omdat we net een hevige brand gehad hebben (en natuurlijk onderverzekerd waren!), waardoor het hele bovendeel van ons huis (slaapkamers – we waren in diepe slaap, konden maar net het vege lijf redden –, badkamer, zolder, dak) hersteld moet worden, met als konsekwentie voortdurend in- en uitloop van verzekeringsmensen, taxateurs, tegentaxateurs, schade-experts, aannemers, schoonmaakbedrijfsmensen, en simpele handwerkslieden, – als gevolg van dit alles zien Jettie en ik tot onze spijt geen kans bij de feestelijke onthulling van Luceberts Verzamelde gedichten aanwezig te zijn. We zitten in zak en as en kunnen moeilijk gehuld in zakken komen aanzetten (niet dat álle kleren verbrand zijn, maar het meeste zit onder het roet en condenswater).'[108]

Een paar maanden na de brand zocht *Haagse Post*-journalist Martijn de Rijk Paul Rodenko thuis op voor een interview in verband met de zogenaamde Rodenko-revival. Het zou positieve aandacht bij een groot publiek betekenen, maar het pakte anders uit dan vooral Jettie had verwacht. In plaats van een hommage werd het gesprek zoals dat in eerste instantie gepubliceerd zou worden een stuk waarin vooral zijn tobberige bestaan werd benadrukt. Er was bij de Rodenko's altijd wel iemand ziek en voortdurend geldgebrek, was de algemene teneur van De Rijks eerste versie. Rodenko kwam erin naar voren als een auteur die bovendien alleen maar bedelde bij zijn uitgever, niets presteerde en altijd deadlines overschreed, omdat hij niet lekker was of omdat de schrijfmachine het niet meer deed. Hij schreef daarom een brief met de volgende korte tekst aan de hoofdredacteur van de *Haagse Post* A. Heerma van Voss: 'Hierbij verbied ik u het artikel over mij, samengesteld door de heer Martijn de Rijk, te publiceren. Ik behoud mij in deze alle rechten voor.'[109]

De Rijk ging om de zaak bij te leggen weer naar Zutphen en kreeg toen vooral de wind van voren van Jettie. Zij voerde het woord en hij kreeg de indruk dat Rodenko zelf veel minder met het geschetste beeld zat dan zijn echtgenote. Die viel hem bovendien aan op een stuk van hem over weggelopen minderjarigen dat net was verschenen. Dat was een trap tegen haar zere been geweest, want een jaar daarvoor was hun dochter Ludmila weggelopen, omdat zij de druk van de omstandigheden te veel vond worden.

Het resultaat was dat De Rijk zijn tekst aanpaste. Achteraf begreep hij dat het niet helemaal in de haak was wat hij over 'er was altijd wat bij de Rodenko's' had geschreven. Die informatie had hij namelijk niet verkregen tijdens het interview, maar van uitgever Bert Bakker jr. Hij had toestemming gekregen op de uitgeverij het dossier Rodenko in te zien. De Rijk stond tegenover de bezwaren van de Rodenko's niet stevig genoeg in zijn schoenen en herschreef het stuk. In het daarna gepubliceerde interview kwam Rodenko normaler en gezonder naar voren en in de lead stond verwachtingsvol: 'Nu lijkt de dag aangebroken dat Rodenko eindelijk gewaardeerd gaat worden voor wat hij werkelijk is: dichter en essayist.'[110]

Vooral Jettie hechtte eraan dat een gezond en werklustig beeld naar buiten gebracht zou worden. Zij wilde dat haar man het niet zou opgeven en door zou gaan met schrijven. De mensen die hem in deze tijd ontmoetten, zagen dat het niet goed ging. De redacteuren van de Socialistische Uitgeverij Nijmegen (SUN) hadden in die tijd contact met hem in verband met de opdracht Lucien Sève's *Marxisme et théorie de la personnalité* te vertalen. Het boek van deze Franse communist was populair bij marxistische psychologiestudenten, voor wie het vanwege het Frans ontoegankelijk was. Toen de SUN gevraagd werd het werk te vertalen, dachten ze meteen aan Rodenko, wiens essayistische en poëtische werk door de redactie werd bewonderd.

Bovendien kenden ze hem van zijn Marx-vertalingen, die in de Manifestenreeks waren verschenen.
   Zutphen ligt niet ver van Nijmegen en het lag voor de hand dat Rodenko ten kantore van de uitgeverij het een en ander zou bespreken. Toen hij daar verscheen schrok de redactie van zijn fysieke gesteldheid en zijn moeilijke spreken. Er werd daarom niet alleen over de contractvoorwaarden gesproken en de te gebruiken marxistische terminologie, maar ook over zijn persoonlijke misère. Hij vertelde dat er van alles was gebeurd: de brand, het weglopen van zijn dochter die inmiddels een zoontje, Boris, had gekregen, de ziekte van zijn zoon en zijn eigen gezondheid. Rodenko uitte zijn zorgen en de redactie van SUN was aangeslagen toen hij weer was vertrokken. Hij beloofde een proefvertaling te maken, maar toen ze daar later wel eens voorzichtig naar informeerden, hoorden ze niets van hem. Ze begrepen waarom dat was.[111]
   Ook anderen die hem in die tijd opzochten schrokken van zijn gesteldheid. Zijn jeugdvriend Wim Renardel de Lavalettte, die als jurist lange tijd in Suriname had gewerkt, kreeg weer meer contact met hem. Hij zocht hem op en trof een nauwelijks aanspreekbare Paul Rodenko aan. Hij zat dronken, uitgeteld, in een hoekje en kon het zelfs niet meer opbrengen zijn balalaika te bespelen. Vooral uit dat laatste kon hij opmaken dat het echt slecht met hem ging, want hij wist als geen ander dat de Russische muziek van kinds af aan zijn lust en leven was geweest.[112]
   Hans Warren was begin 1975, vlak na de brand, in Zutphen en beschreef zijn indrukken in *Geheim dagboek 1973-1975*: 'De honden waren in de jaren dat ik ze niet gezien had wrakken geworden, vooral de eens zo mooie trotse Alef, de Duitse herder. Nu getroffen door verlamming in zijn achterpoten, een stumper die zich moeizaam voortsleepte door Pauls werkhok, beneden. [...] Ik weet niet waar het aan lag, niet enkel aan die brand en de alles doordringende stank. Het was er verlopen, uitgeleefd, dood, zo voelde ik het tenminste.'[113]
   Een jaar later was de situatie er niet beter op geworden. Alsof hij al niet te veel toezeggingen had gedaan, sprak hij op een redactievergadering van *De Gids* met de redacteuren af dat hij in 1976 zou beginnen met poëziekronieken. 'Rodenko moest uit de provincie getrokken worden', zou redacteur Gerrit Kouwenaar daar later over zeggen.[114] Rodenko nam het werk serieus, al moet hij zelf begrepen hebben dat hij de energie voor dit alles niet meer had. Hij wilde net als vroeger de poëzie van een internationale achtergrond voorzien en hij verzocht uitgeverij Meulenhoff dan ook hem te abonneren op *Tel Quel* en *International Book Review*. Ook zouden er delen van de Meulenhoff-versie van zijn studie *De experimentele explosie* in *De Gids* worden

opgenomen. Van het eerste kwam het niet meer, het tweede gebeurde pas na zijn dood.

Het was te veel. Er waren intellectuele prikkels, plannen en er was belangstelling, maar het lichaam gaf het op. Het drinken werd erger en vaak bleef hij tot vijf uur 's middags katerig in bed liggen. Jettie probeerde hem aan het werk te krijgen, maar hij kroop daardoor nog meer in zijn schulp. Begin 1976 gingen ze nog naar Italië om wat op te knappen, maar Grimaldi hielp nu ook niet meer.

Op 8 juni 1976 was het mis. Paul kreeg niet alleen voor de tweede keer een maagbloeding, maar ook ernstige problemen met zijn lever. Daarnaast was hij in de war, wat kan duiden op de bij chronische alcoholisten veelvoorkomende ziekte van Wernicke of het syndroom van Korsakov. Hij werd met spoed opgenomen in het streekziekenhuis Het Nieuwe Spittaal in Zutphen, waar hij op de intensive care werd geketend aan allerlei medische apparaten. Zijn zuster Olga zocht hem op en zag hoe hij voor de laatste keer de vrijheid zocht. Hij wilde zich ontdoen van de slangen en door het venster naar buiten kijken. 'Ik moet rond kunnen lopen,' zei hij voortdurend.[115]

Paul was ernstig ziek. In de nacht van 8 op 9 juni stierf hij aan de gevolgen van een maagbloeding. Tijdens het laatste samenzijn met Jettie vertelde hij haar niet verder te kunnen, want het was hem te veel geworden. Hij wilde dood en gaf zijn moeizame bestaan op. Jettie was razend en verdrietig tegelijk. Zij voelde zich in de steek gelaten en raakte volkomen overstuur. 's Ochtends om zeven uur belde zij Wim Renardel de Lavalette, omdat zij iemand nodig had om orde op zaken te stellen. In plaats van Renardel de Lavalette zelf reisde zijn vrouw meteen af naar Zutphen, waar zij het huis in wanorde aantrof.

De begrafenis werd geregeld en de rouwkaart gemaakt. 'Het zal voor ons heel moeilijk zijn, zonder hem verder te leven' kwam erop te staan. De begrafenis was op 12 juni 1976, een warme zomerdag, om twee uur 's middags op de Oosterbegraafplaats in Zutphen. Olga, Jettie, Ludmila en haar zoontje Boris, en Dimir namen afscheid van hun broer, man, vader en grootvader, die bijna zesenvijftig jaar oud was geworden. Pauls moeder was er tot haar grote spijt niet bij, omdat zij vanwege de afstand Wenen-Zutphen niet op tijd kon zijn.

Er waren letterkundigen aanwezig: Piet Calis, Gerrit Kouwenaar, Sybren Polet, Johan van der Woude, Gerrit Borgers, Ad den Besten, Jacco Groot, Harry Mulisch en Jan Hein Donner. Sommigen hadden de indruk dat hij er zelf een einde aan had gemaakt. Had hij niet over de gedoemde dichters geschreven: 'Maar dit houdt in dat de dichter, biologisch gezien, aan zijn eigen dood werkt: zijn creativiteit *richt zich* op zijn eigen dood, zijn dood is het doel van zijn kunstenaarschap. In psychoanalytische termen: zijn creativiteit hangt niet met de eros, de levensdrift samen, maar met de doodsdrift; we hebben gezien dat voor de poète maudit de creativiteit een crimineel karakter draagt en wezenlijk *destructief* is: uiteindelijk blijkt de zin van deze destructiviteit de *zelfdestructie* te zijn, want in de zelfdestructie schept de dichter zichzelf.'[116] Een zelfmoord was het niet geweest, maar wel een aansturen op, of op zijn Russisch gezegd: 'Aan het noodlot ontkom je niet.' Hooguit een 'passieve zelfmoord', zou zijn dochter het later noemen. Haar vader was, ondanks alle waarschuwingen, immers blijven drinken.[117]

De Haagse dichter Gerard Fieret droeg een gedicht voor en daarna sprak Gerrit Borgers: 'Paul, hoewel je al jaren geleden vanuit het Westen in Zutphen bent gaan wonen, was je invloed in onze kringen nog zeer groot. Men noemde je wel eens de woordvoerder van de Vijftigers, doch je was de wegbereider.' Daarna richtte Wim Renardel de Lavalette het woord tot Paul: 'Paul, hoewel geen literaire banden ons bonden, ben ik toch veertig jaar je vriend geweest en ik weet dus, wat jouw heengaan voor je vrouw en kinderen betekent. Het gezegde *les extrêmes se touchent* ging voor ons niet op, in tegendeel, de band die ons altijd bond, was dat we beiden individualisten waren.'[118]

Daarna werd er gezwegen. Terwijl iedereen met zijn gedachten bij Paul was, gebeurde er een wonder. Van achter een heg verbraken de klanken van Russische muziek de stilte van de middag. Dimir had een grammofoon meegenomen en draaide voor zijn vader Russische muziek. 'Notsj', een gedicht van Alexander Blok, op muziek gezet door Boris Rubaschkin:

Nacht, straten, apotheek, lantaren,
Een zinloos schijnsel in de mist.
Al leef je nog eens twintig jaren –
Geen uitweg – alles is beslist.

Je sterft en wordt opnieuw geboren
Alles herhaalt zich vroeg of laat:
Rimpels in het kanaal bevroren,
Nacht, apotheek, lantaren, straat.[119]

Veel schrijvers stuurden als blijk van medeleven een brief aan Jettie. De door Rodenko bewonderde H.C. ten Berge schreef bijvoorbeeld Paul niet persoonlijk gekend te hebben, maar dat hij voor hem behoorde tot de weinigen die men hoogacht en hoogschat. De kennismaking met *Nieuwe griffels schone leien* was van beslissende invloed geweest op de richting van zijn literaire belangstelling.[120]

Alle kranten en het televisiejournaal berichtten over het overlijden van Paul Rodenko. Hij werd vooral gememoreerd als woordvoerder van de Vijftigers en schrijver van vrijmoedige erotische vertellingen. Een enkel stuk was persoonlijker, zoals dat van Adriaan van der Veen, wie de jonge Rodenko als volgt was bijgebleven: 'Rodenko zag kans om in zijn korte leven zowel gesloten te zijn als bijzonder hartelijk. Op feestjes na de oorlog in Den Haag waar hij woonde, speelde hij met zijn zuster Olga de balalaika en overtuigde iedereen ervan dat wodka, die hij graag dronk, een godendrank was.'[121] Het was Paul Rodenko ten voeten uit: gedempt-rumoerig.

Kees Fens benadrukte dat Paul Rodenko vooral een dichter was gebleven en hij noemde hem een groot beeldenmaker. Een paar maanden daarvoor had hij hem nog geroemd om de 'ijzersterke beelden' aan het begin van zijn gedichten. Hij begon zijn necrologie als volgt: 'Paul Rodenko kwam als vreemdeling de Nederlandse literatuur binnen en is, ondanks vele en veelsoortige activiteiten in de Nederlandse taal, binnen die literatuur nooit genaturaliseerd.'[122] Dat beeld van Paul Rodenko als vreemdeling in de Nederlandse literatuur overheerste ook de biografische informatie in de andere overzichtsartikelen. Paul Rodenko stierf als de zoon van een Russische vader en een Engels-Nederlandse moeder en had tot 1947 nog nooit Nederlandse poëzie gelezen. Hij wilde internationalist zijn en het was hem gelukt zo de Nederlandse literatuurgeschiedenis in te gaan.

Jettie moest alleen verder. Als eerbetoon aan haar overleden man liet ze lange tijd het schoolbord in het souterrain hangen. Alsof haar schrijver elk moment weer thuis kon komen. Ze woonde nog een tijdje in het grote huis in Zutphen, maar vestigde zich na enkele jaren weer in Den Haag. Ze had de stad immers verlaten om haar Paul en er was nu geen reden meer om langer van huis te blijven. Ze betrok een tweekamerflat in de Sirtemastraat, waar ze tot haar dood op 19 juni 1985 met de herdershond Alef woonde. Haar overlijden op die dag was plotseling, maar niet onverwacht. Jettie had al vaker gezegd niet ouder dan drieënvijftig te willen worden. Zij hield woord. Zij nam afscheid van het leven een dag voor haar verjaardag. Op haar rouwkaart kwam een van Paul Rodenko's 'Brandpunten':

> 'Kringen verdringen oudere kringen:
> hard slaapt de kei.'

Ruim een jaar later stierf Dimir op zevenentwintigjarige leeftijd. De drank was ook hem noodlottig geworden. Ludmila Rodenko was met haar zoon Boris een overlevende. Voor de rouwkaart van haar broer koos zij twee strofen uit het vroege gedicht 'Wandeling' van haar vader:

'Hoe komt het kluwen van de zon ontward
wie heeft de tegels uitverteld
de angsten van het hart
zijn salamanders

Het uur blijft stom
waarom waarom
zijn alle dingen anders?'

Epiloog

Een jaar na zijn dood werd Paul Rodenko postuum de Dr. Wijnaendts Franckenprijs van de Maatschappij der Nederlandse Letterkunde toegekend. Volgens het juryrapport was hij vooral de essayist der Vijftigers. Hij had het werk van deze moderne Nederlandse dichters van commentaar voorzien en met bloemlezingen bij een groot publiek geïntroduceerd. Daarnaast had hij al in de jaren vijftig de nadruk op de autonomie van het kunstwerk gelegd.[1]

De jury waardeerde bovendien Rodenko's belezenheid, ook op gebieden buiten de literatuur: psychologie, filosofie, religie en humanisme. Hierdoor was hij in staat relaties in 'historische en ruimtelijke' zin te leggen: 'Rodenko's opstellen verbijsteren door de soepelheid waarmee de criticus zich door de Europese literaire historie beweegt.'

Rodenko was meer dan de essayist der Vijftigers. De afstand was in 1977 nog te klein om tot een bredere waardering van Rodenko's werk te komen. Dichten had voor hem met waanzin, zelfmoord, alcoholisme en exces te maken, schrijft hij in zijn inleiding bij de bloemlezing *Gedoemde dichters*. Deze belangstelling inspireerde hem tot het schrijven van belangrijke essays over Artaud, maar vooral Achterberg. Van de laatste werd hij een belangrijke pleitbezorger. Achterbergs biograaf benadrukt dat het Rodenko is geweest die met zijn bloemlezing *Voorbij de laatste stad* Achterberg een publiek van tienduizenden heeft bezorgd.

De poëzie is met het kwaad verbonden. Haar schrijven en lezen moest voor Rodenko iets gevaarlijks hebben. In belangrijke essays als 'Henry Miller en het probleem van de obsceniteit' en 'Het einde van de psychologische roman' deed hij voorstellen voor een kunst die de mens zijn zekerheden zou kunnen ontnemen. Deze essays preludeerden op zijn latere verbinding van het autonome gedicht met het anarchisme. De schrijver is maatschappelijk niet geïntegreerd en is uit op ontwrichting van het fundament van de maatschappij: de taal. Door al in 1946 te schrijven over Millers noodzaak daarom obscene taal te gebruiken, kon hij samen met generatiegenoten als Hermans en Van het Reve een wegbereider van de culturele revolutie in het Nederland van de jaren zestig zijn.

Door de uitgave van Rodenko's *Verzamelde essays en kritieken* in 1991 en 1992, onder redactie van Wiel Kusters, Laurens van Krevelen, Ludmila Rodenko, Daisy Wolthers en Koen Hilberdink, zou er voor het eerst aandacht komen voor een bredere context van zijn werk. Er verscheen een speciaal nummer van *Bzzlletin*, waarin uiteenlopende bijdragen werden opgenomen van Wiel Kusters (over de poëzie), Odile Heynders (Rodenko en Achterberg), Koen Vergeer (over lichamelijkheid in Rodenko's poëzietheorie), Truusje van de Kamp (over Rodenko en de schilderkunst) en Koen Hilberdink (biografische schets).

De kritiek bracht naar aanleiding van het verschijnen van de *Verzamelde essays en kritieken* Rodenko weer in het middelpunt van de literaire belangstelling. Kees Fens schreef over het eerste deel: 'Er is niet eerder en niet meer een criticus en essayist geweest die zich zo intens met literatuur bezighield, zonder dat hij die literatuur (ondanks zijn opvattingen) isoleerde en daarmee verkleinde tot een boek. Waarschijnlijk doordat literatuur zo veel voor hem betekende en zo'n ruime context had, was Rodenko zo weinig literair. Misschien was hij dit vooral: zaakwaarnemer van de buitenlandse literatuur in dit land. En daarmee vertegenwoordiger van normen en waarden die hier nauwelijks bekend waren. Behalve aan Vestdijk doet Rodenko mij het meest denken aan de essayist Van Ostaijen – ook zo'n indringer in de vaderlandse literatuur en in staat, schrijvend over het individuele werk, over literatuur in het algemeen te schrijven. De practicus als theoreticus: de ideale criticus.'

En over het derde deel schreef Carel Peeters: 'Rodenko is de essayist wiens ideeën en voorkeuren rechtstreeks bij het vitaalste deel van de hedendaagse literatuur en cultuur aansluiten.'[2] Dat was ook de teneur van een essay van Jos Joosten. Die wees erop dat zijn literatuurvisie in tegenstelling tot die van *Merlyn* verbonden is met een radicale politiek-maatschappelijke visie.[3] Zij zou de discussie rond de maatschappelijke betrokkenheid van jonge schrijvers een nieuwe invalshoek kunnen bieden. De 'Generatie Nix', waartoe Rob Erkelens, Joris Moens en Ronald Giphart behoren, moest zich realiseren dat zij met haar 'schaamteloze', 'onbeschaafde' en 'onveilige ' literatuur voortborduurt op Rodenko's denkbeelden. Joosten betrekt in zijn betoog met name de 'Brief aan een kritische vriend', Rodenko's synthese van lang nadenken over politiek en literatuur. De brief is een van de belangrijkste teksten over politiek en kunst ooit in Nederland geschreven.

Mede door de uitgave van de *Verzamelde essays en kritieken* werd Rodenko ook onderwerp van onderzoek binnen de universiteit. De Tilburgse literatuurwetenschapper Odile Heynders zette haar werk voort en schreef over zijn gedichten en de verwantschap met de Russische filosoof Lev Sjestov en de Franse filosoof en literatuurcriticus Jacques Derrida. Haar publicaties smeedde zij om tot een interessant boek dat onder de titel *Langzaam leren lezen. Paul Rodenko en de poëzie* in 1998 verscheen. Het is de eerste monografie over Rodenko.

Opvallend is dat jonge onderzoekers en essayisten zich lieten inspireren door Rodenko's vroege essays. Waarschijnlijk omdat hierin een kunstenaar aan het woord is die reageert op een maatschappelijke en persoonlijke crisissituatie. Ze zijn het meest biografisch verankerd. Van het werk uit de jaren vijftig zijn met name teksten als 'De criticus als ingenieur' en de inleidingen bij de bloemlezingen belangrijk. Maar in deze tijd schreef Rodenko vaak op verzoek van uitgever Bert Bakker, die hem onderwerpen aanreikte waarmee hij geen affiniteit had. Een voorbeeld is het essay 'De wereld van Simon Carmiggelt', waarin Sartre en Bataille als referentiepunten opgevoerd worden. Carmiggelt was toch al geen medestander, maar doordat Rodenko hem zo geforceerd vanuit zijn eigen achtergrond benaderde, ontstond er een botsing tussen denkbeelden en een ontspoorde tekst.

Een zekere chronologische tweedeling kan ook in het poëtisch oeuvre worden aangebracht. Rodenko blijft vooral de dichter van de afdeling 'Kamerpoëzie' uit *Gedichten*. In 'Bommen' en 'Zondagmiddag' gaat het om de stilte, die bijna verwoestend van aard is. Hierin manifesteert zich het meest Rodenko zoals die ook in zijn biografie naar voren komt: gedempt-rumoerig. In de latere gedichten is dit persoonlijke element verdwenen en leren we vooral de intellectueel Rodenko kennen. De bundel *Stilte, woedende trompet* bevat slechts een paar hoogtepunten: 'Robot Poëzie' bijvoorbeeld.

Rodenko's gedachten over kunst en maatschappij en zijn gedichten waren uit noodzaak geboren en konden alleen maar geschreven worden door aan de afgrond te staan. Net als Sjestov was Rodenko ervan overtuigd dat de mens alleen in de tragische crisis tot inzicht kon komen. Het waren zijn eigen ervaringen die Rodenko de gevaren van starheid en politieke onzuiverheid deden inzien. Met die gevaren kon hij als burger weinig; om tegen ze te vechten had hij de kunst nodig. Met zijn vroege essays en gedichten deed hij dat het meest overtuigend.

Dat hij bij het ontwikkelen van zijn radicale poëtica van destructie en creatie internationale referentiepunten zocht, heeft weer te maken met een ander facet uit zijn leven. Rodenko wilde Rus of in ieder geval kosmopoliet zijn en wiste zijn gedeeltelijke Nederlandse achtergrond uit. Hij schreef in het Nederlands, maar zijn gedachten waren elders. Daardoor had hij, zoals Ton Anbeek terecht in zijn *Geschiedenis van de Nederlandse literatuur tussen 1885-1985* stelt, vlak na de Tweede Wereldoorlog 'een grote voorsprong' op Nederlandse essayisten en dichters en een 'ontzagwekkende kennis van wat er over de landsgrenzen gebeurt'.

Wij zoeken disgenoten....

Na de receptie willen we met een kleinere
groep iets gaan eten. We openen het buffet om
18.00 uur en sluiten het met koffie rond 20.30 uur.
Er is dan nog voldoende tijd om met de trein naar
het Noorden of het Westen af te reizen.
Om goede afspraken te kunnen maken met het
restaurant willen we voor 15 oktober van je
weten of je mee wilt eten of niet. Schrijf ons
even een briefje, bel of mail naar:
k.hilberdink@worldonline.nl

Hartelijke groet,
Hans Kooistra en
Koen Hilberdink

Noten

INLEIDING

1 Koen Hilberdink, 'Op zoek naar medestanders; Paul Rodenko 1920-1976.' In: *Bzzlletin*, XXII, nr. 199 (oktober 1992), 3-12. Paul Rodenko, *Verzamelde essays en kritieken*, vier delen, Bezorgd door Koen Hilberdink, Amsterdam 1991-1992.
2 Ton Anbeek, *Geschiedenis van de Nederlandse literatuur tussen 1885-1985*, Amsterdam 1990, 183.
3 Tom van Deel, 'De ingewikkelde sprongen van een koorddansleerling. Paul Rodenko's vroege essays gebundeld.' In: *Vrij Nederland*, 27 maart 1976, 8-9.
4 Het is opvallend dat Anbeek de dichter Rodenko niet noemt in zijn artikel 'Existentialisme in de Nederlandse literatuur: een absurd probleem'. In: *Literatuur*, I (1984), nr. 1, 4-8.
5 Herman Philipse, 'De verdringing van het biografische. Heidegger en de biografische tekstinterpretatie van filosofen.' In: *Biografie Bulletin*, IX (1999), nr. 3, 80-90.
6 P.C. Kuiper, 'Psychoanalytische biografie der creatieve persoonlijkheid'. In: *Controversen*, Arnhem 1965, 111-141.
7 Zie Sybren Polet, *De creatieve factor. Kleine kritiek der creatieve (on)rede*, Amsterdam 1993. Polet 'inventariseert' in dit boek onder andere een groot aantal 'neurosen' van kunstenaars.
8 Zie Jan Fontijn, *De Nederlandse schrijversbiografie*, Utrecht 1992, 54.
9 Over deze speurtocht schreef ik 'De biograaf als speurder'. In: *Biografie Bulletin*, VII, nr. 1, 1997, 47-53.
10 Beschikking 23 augustus 1993, kenmerk 37.576 SG/KAB. De inzage werd mij verstrekt voor de uitspraak van de Afdeling bestuursrechtspraak Raad van State van 12 december 1995, AB 1996,333, op grond waarvan het ministerie zijn beleid wijzigde. Inzage in persoonsgegevens aan derden wordt nu niet meer verstrekt.
11 Zie Jan Fontijn, *Broeders in bedrog. De biograaf en zijn held*, Amsterdam 1997, 17-19.
12 Joke Linders, 'Van louter feiten wordt niemand wijzer. Joke Linders in gesprek met Marjan Schwegman'. In: *Biografie Bulletin*, IX (1999), nr. 1, 13-17.
13 Elsbeth Etty, *Liefde is heel het leven niet. Henriette Roland Holst 1869-1952*, Amsterdam, 1997, 13.
14 Jaap Goedegebuure, 'Kinderziekten of atavismen? De renaissance van de Nederlandse schrijversbiografie'. In: *Nederlandse Letterkunde. Driemaandelijks tijdschrift*, III (1998), nr. 1, 75-83.
15 Ik schreef daarover uitvoerig in 'De biograaf in analyse'. In: *Biografie Bulletin*, V (1993), nr. 3, 265-270.

16 Over het belang van dit psychoanalytisch inzicht zie ook Jan Fontijn, 'Biografie en psychoanalyse; op zoek naar het karakter van Frederik van Eeden'. In: *Nederlands Tijdschrift voor Geneeskunde*, 1995, 28 oktober; 139 (43), 2199-2202.
17 Over deze problematiek schrijft de psychoanalyticus A. Ladan in 'Over normen en waarden van de analyticus', opgenomen in A. Ladan (redactie), *Over normen en waarden, Psychoanalytische visies*, Amsterdam/Meppel, 1995, 42-57.
18 Zie hierover Maria Kardaun, 'Die Muse und der Interpret: zur tiefenpsychologischen Betrachtung literarischer Texte'. In: *Proceedings of the 14th International Conference on Literature and Psychoanalysis*, Frederico Pereira (ed.), Lisbon 1998, 299-308.
19 Rodenko gaat hier uitvoerig op in in zijn essay 'De draad van Ariadne', VEK, deel 1, met name de pagina's 513 en 525-526.
20 Zie 'De criticus als ingenieur', VEK, deel 1, 57.
21 Zie hierover Thomas Vaessens, *Circus Dubio & Schroom. Met Martinus Nijhoff, Paul van Ostaijen en de mentaliteit van het modernisme*, Amsterdam/Antwerpen 1998. Vaessens spreekt over 'de mythe van de neutrale waarneming' in zijn hoofdstuk 'Maskerade', waarin hij de 'objectiviteitsclaim' van dichters als Martinus Nijhoff en Paul van Ostaijen analyseert.

HOOFDSTUK 1

1 Anoniem, 'Paul Rodenko: "Ik voel mijzelf een mysticus"'. In: *Zutphens Dagblad*, 9 december 1967.
2 Typoscript en gedrukte tekst zijn aanwezig Collectie Paul Rodenko NLMD. Rodenko schreef deze tekst op verzoek van toneelgroep Studio, waarvoor hij in 1963 *Een geboren leugenaar* van Keith Waterhouse & Willis Hall vertaalde. De autobiografische tekst werd begin 1963 gepubliceerd in een folder van het toneelgezelschap. Toen hij zijn autobiografietje klaar had, schreef hij de heer Surink van Studio: 'Ik vind het verschrikkelijk moeilijk om een "aardig stukje" over mijn levensloop te schrijven, dat ligt me helemaal niet.' Kopie brief Paul Rodenko aan de heer Surink, 8 augustus [1962], Collectie Paul Rodenko NLMD.
3 Paul Rodenko's zuster Olga benadrukt in een interview met Frits Abrahams in *Vrij Nederland* van 21 juli 1984 dat zij beiden, ondanks de Russische sfeer 'helemaal Nederlands' zijn opgevoed.
4 De grootvader van Adriana Maria Helena Sheriff, roepnaam Jeanne, werd in 1833 te Cambridge geboren en stierf in Den Haag op 26 mei 1884. Zij heeft hem dus nooit gekend. Haar grootmoeder was de Nederlandse Christina Philippina Gout, geboren op 5 juni 1835 te Den Haag.
 Thomas Sheriff moest aanvankelijk net als zijn vader ook ingenieur worden, maar bracht het door het vroege overlijden van zijn vader niet verder dan gasfitter. Met zijn vrouw Johanna Lambertina Baljé, geboren op 16 september 1859 als dochter van Nicolaas Cornelis Baljé en van Louisa van der Does, kreeg hij zes kinderen: Thomas Christiaan (1893-1943), Louise Jeanne (1894-1970), Christina Philippina (1897-1983),

Adriana Maria Helena (1901-'80), Johanna Lambertina (1903-'85) en Jasper Martinus (1906-'21). Mededelingen over de geschiedenis van de familie Baljé kreeg ik van ir. M. Maso, die genealogisch onderzoek deed naar de familie. Maso is de zoon van de Rus Ephraïm Maso (1895-1981), die zich op 14 december 1918 als gevluchte Duitse krijgsgevangene meldde bij de Haagse politie. Hij trouwde met Christine Philippina Sheriff. De gegevens werden gecontroleerd bij het Haags Gemeentearchief en het Centraal Bureau voor Genealogie.

5 Martijn de Rijk, 'Uit het niets komen langzaam woorden en beelden'. In: Hans Düting (red.), *Archief de Vijftigers*, Baarn 1983, oorspronkelijk verschenen in de *Haagse Post*, 12 juli 1975.

6 De term familieroman komt van Freud, die daarmee bedoelt dat neurotici in hun fantasiewereld zich voorstellen andere ouders te hebben. Deze zijn vaak beter dan de echte ouders en hebben het liefst een koninklijk verleden of zijn bij voorbeeld intellectueel ontwikkeld. Vaak worden daarbij verhalen uit de werkelijkheid als basis gebruikt. Zie S. Freud, 'De familieroman van de neuroticus'. In: Sigmund Freud, *Klinische beschouwingen* 2, Vertaald door Wilfred Oranje, Meppel/Amsterdam, 111-119. De familieroman is iets anders dan de dagdroom, waarbij het meer gaat om een persoonlijke bevrediging, zoals in masturbatiefantasieën. De familieroman is meer een wapen naar de buitenwereld toe.

7 In de Collectie Paul Rodenko NLMD bevindt zich een verklaring van de Vreemdelingendienst van de Politie te 's-Gravenhage, afgegeven op 16 februari 1953, met daarin de gegevens van inschrijving bij de gemeente Den Haag. Voor de gegevens uit 1919 zie ook het archief Gemeentepolitie 's-Gravenhage, Haags Gemeentearchief, Beheersnummer 432, Inventarisnummer 2418.

Iwan Rodenko beweerde uit Odessa te komen, maar een onderzoek in de Odessa Region State Archives dat ik in mei 1997 onder leiding van de historica Lilia Belousova verrichtte, leverde niets op.

Toen Iwan Rodenko in Nederland wilde trouwen, moest hij een Verklaring van bekendheid overleggen. Een kopie van deze verklaring bevindt zich in het familiearchief van Olga Rodenko te Zutphen. Hij gaf toen op de zoon te zijn van Wazily Bazilius Rodenko en Anna von Belecka. Via deze namen werden in Odessa ook geen toegangen gevonden. Het kan dus zijn dat de naam Rodenko – in de Oekraïne komt hij net zo vaak voor als De Vries in Nederland – een schuilnaam was, maar het kan ook zijn dat het archief op dit punt hiaten vertoont door de vele machtswisselingen in de Oekraïne.

8 Volgens de BVD werkte Rodenko voor zijn komst naar Nederland in Duitsland en in België. (Inzagemap Iwan Rodenko, Binnenlandse Veiligheidsdienst, ministerie van Binnenlandse Zaken.) Over deze verblijven in Duitsland en België heb ik verder geen gegevens gevonden. Iwan Rodenko liet de ambtenaar in 1917 opschrijven, dat zijn vorige woonplaats Rotterdam was geweest. In de Vreemdelingenregisters van de Rotterdamse politie komt hij echter niet voor (Gemeentearchief Rotterdam).

9 Zie Ron F. de Bock, *Haagse binnenstad toen*, Rotterdam 1972.

10 Zie over de consul ad interim Poustochkine Ben Knapen, *De lange weg naar Moskou*.

De Nederlandse relatie tot de Sovjet-Unie, 1917-1942, Amsterdam 1985, 45-47. Vanaf 1931 stonden de bezitters van een pas van het Russisch Gezantschap in een beter blaadje. Toen werd de Rijksvreemdelingendienst extra alert op Russen die in Nederland als spion opereerden. De dienst ging er toen van uit dat Russen met een pas van Poustochkine over het algemeen geen bolsjewieken waren. (Zie ARA, Tweede Afdeling, Archief van de Rijksvreemdelingendienst en zijn voorgangers, Inventarisnummer 65, Over Nansenpassen.)

11 Iwan Rodenko stierf statenloos. In het familiearchief van Olga Rodenko te Zutphen, bevinden zich enkele kopieën van brieven uit 1947 aan het ministerie van Justitie waaruit blijkt dat Iwan Rodenko Nederlander wilde worden. In het archief van het ministerie van Justitie bevindt zich echter geen naturalisatiedossier van Iwan Rodenko (brief drs. Chr. Andree, namens het Hoofd van de Immigratie en Naturalisatiedienst aan mij, 16 juni 1998). Het kan dus zijn dat het hier om conceptbrieven gaat.

Over de nationaliteit van Jeanne Rodenko en de kinderen was na de Tweede Wereldoorlog onduidelijkheid ontstaan. Een brief van de Vreemdelingenpolitie van de gemeente Den Haag bracht uitsluitsel over hun positie. De gemeente verklaarde dat Jeanne Rodenko Sheriff en haar twee kinderen de Nederlandse nationaliteit bezaten (brief Gemeentesecretarie van 's-Gravenhage, 25 maart 1949, Familiearchief Olga Rodenko Zutphen).

12 Zie over het vreemdelingenbeleid in deze periode Marij Leenders, *Ongenode gasten. Van traditioneel asielrecht naar immigratiebeleid 1815-1938*, Hilversum 1993, met name de hoofdstukken 3 en 4.

13 ARA, Archief Technische Hogeschool Delft, Afdeling Studentenadministratie, Toegang 3.12.08.04, Inventarisnummers 40 tot en met 45. Ook volgens de BVD had Iwan Rodenko in Warschau en Delft gestudeerd. Het is onduidelijk hoe de dienst aan deze informatie kwam. Zie inzagemap Iwan Rodenko, Binnenlandse Veiligheidsdienst, ministerie van Binnenlandse Zaken.

14 Zie hierover Frank Golczewski, 'Die Ukrainische und Russische Emigration in Deutschland'. In: Karl Schlögel (red.), *Russische Emigration in Deutschland 1918 bis 1941*, Berlin 1995, 77-84.

15 Zie Orest Subtelny, *Ukraine. A History*, Tweede druk, London 1994 (1998), met name hoofdstuk 13 'The Growth of National Consciousness', 221-242.

16 'De jonge Gogol'. In: *Haagsch Dagblad*, 17 oktober 1959. Zie VEK, deel 4, 366-369.

17 Geciteerd in Ben Knapen, *De lange weg naar Moskou. De Nederlandse relatie tot de Sovjet-Unie, 1917-1942*, 59.

18 Zie over de verhouding tussen Nederland en de Sovjet-Unie ook F. Baruch, 'De rol van de politieke partijen tussen 1917-1918'. In: F. Baruch (et al.), *Aan de grenzen voorbij. Over de betrekkingen tussen Nederland en de U.S.S.R. (1917-1918)*, Amsterdam 1987.

19 Zie F. Baruch, 'De rol van de politieke partijen tussen 1917-1918', 28-32.

20 Zie Willem G. Weststeyn, 'De Dostojevski-dissertatie van Jan Romein'. In: Bert Hageraats *'Geloof niet wat de geschiedschrijvers zeggen...' Honderd jaar Jan Romein 1893-1993*, Amsterdam 1995.

21 Mededelingen over het wapenbezit kreeg ik van Olga Rodenko (interview te Zut-

phen op 10 augustus 1993) en Moela Maso (interview te Maarn op 11 februari 1997). Maso vertelde mij ook over de schietpartij.

22 Inzagemap Iwan Rodenko, Binnenlandse Veiligheidsdienst, ministerie van Binnenlandse Zaken.
23 Een kopie van de huwelijksakte bevindt zich in het familiearchief van Olga Rodenko te Zutphen.
24 Zie over Odessa Orest Subtelny, *Ukraine. A history*, 269. Het aantal Oekraïners in Odessa was 5,6 pct. Van de totale bevolking van de stad was de helft joods.
25 Iwan Rodenko deed aangifte van de geboorte van zijn zoon op 29 november 1920 op het stadhuis van Den Haag en verstrekte daar deze gegevens. Geboorteakte Paul Rodenko Burgerlijke Stand Den Haag.
26 In het bezit van Olga Rodenko te Zutphen.
27 In het eerder geciteerde interview met het *Zutphens Dagblad* in 1967 zegt hij; 'Russen blijven Russen en Russen vind ik plezierige mensen. Ik ben sinds mijn jeugd nooit meer in Rusland geweest.'
28 Zie Alfred Bihlmanis *Latvia in the making 1918-1928. The years of independence*, Riga 1930, 27 e.v. Over de geschiedenis van Letland kreeg ik tevens informatie van prof. dr. Peter J. Krupnikov tijdens interviews op 4 en 5 januari 1996 te Neubiberg (München).
29 Aanwezig in familiearchief Olga Rodenko te Zutphen.
30 Brief 18 november 1919, aanwezig in familiearchief Olga Rodenko Zutphen.
31 Iwan Rodenko meldde het bedrijf aan bij de Kamer van Koophandel in Den Haag. Zie Archief Kamer van Koophandel en Fabrieken te Den Haag, dossier Ing. J.V. Rodenko en Co. Technisch Handelsbureau, gevestigd op 1 februari 1923. In Riga werd het bedrijf aangemeld bij notaris Zimoes onder registernummer 979.
32 De familie woonde tot eind oktober aan de Prinsengracht. Daarna woonden de Rodenko's aan de Regentesselaan en in de Boreelstraat in het Statenkwartier. Gegevens ontleend aan Burgerlijke Stand, Kaart Iwan Rodenko, Haags Gemeentearchief.
33 Op 8 augustus 1924 werd de overeenkomst met het Letse bedrijf opgezegd en Iwan Rodenko ging toen verder onder de naam Ing. J.V. Rodenko, Handelsagent op technisch gebied. Op 24 november 1924 richtte hij de firma Rodenko & Co op, een financieringsbedrijf. Het bedrijf opereerde als 'agent voor derden'. Het bedrijf werd op 18 juni 1925 opgevolgd door het Hollandsch-Perzisch Handels Concern. Op 8 februari 1926 volgde het Eerste Nederlandsch-Russisch Informatie Bureau voor Handel en Industrie. Het bedrijf adviseerde op het gebied van financieringen, incasso en vorderingen in Rusland. (Gegevens ontleend aan het Archief Kamer van Koophandel en Fabrieken te Den Haag.)
34 Voor reistijden van internationale treinen is hier gebruiktgemaakt van de Collectie Nederlands Spoorwegmuseum te Utrecht. Met dank aan de heer C. van Marion, conservator.
35 De Nederlandse minister van Buitenlandse Zaken H.A. van Karnebeek probeerde in 1924 te handelsrelatie tussen Nederland en Rusland te bevorderen, maar haakte af toen de Russen eisten dat hij de nieuwe republiek volmondig zou erkennen. Een aantal directieleden van onder andere Stork in Hengelo en Calvé in Delft was al eerder ontevreden over het Nederlandse beleid, en richtte begin jaren twintig de orga-

nisatie Nedrus op. Zij moest de handel met de nieuwe machthebbers in Rusland bevorderen en legde daarom contact met de handelslegatie in Berlijn. Zie over Nedrus Ben Knapen, *De lange weg naar Moskou. De Nederlandse relatie tot de Sovjet-Unie, 1917-1942*, 113 e.v. Tijdens zijn onderzoek naar Nedrus is Ben Knapen de naam Iwan Rodenko niet tegengekomen, wat erop wijst dat hij er marginaal bij betrokken was. (Brief Ben Knapen aan mij, 6 februari 1997.)

36 Bijvoorbeeld in brief aan de in Berlijn wonende schrijver Hans Magnus Enzensberger, die hij op 14 maart 1973 als favoriete buitenlandse collega wilde uitnodigen voor Poetry International. Een kopie van de brief is aanwezig in de Collectie Paul Rodenko NLMD. Zie ook hoofdstuk 8 'Al leef je nog eens twintig jaren'.

37 Zie over Henk Sneevliet (1883-1942) de biografie van Max Perthus, *Henk Sneevliet. Revolutionair-socialist in Europa en Azië*, Nijmegen 1976. Boeiend zijn ook de herinneringen van Sneevliets dochter Sima Sneevliet, die zij bundelde in *Mijn jaren in stalinistisch Rusland*, Den Haag 1994. Over de werkzaamheden van haar moeder voor de GPOE zie p. 47 van dit boek. Haar moeder sprak met haar nooit over de contacten met Iwan Rodenko (telefoongesprek Sima Sneevliet, 14 oktober 1994).

38 Brief Iwan Rodenko aan Henk Sneevliet van 23 april 1928. De weergave van de geldelijke kwestie tussen Sneevliet en Rodenko is gebaseerd op deze brief en de brief van Henk Sneevliet aan Iwan Rodenko van 5 mei 1928. Archief Sneevliet, IISG, nr. 2547/1 en 2. Op het bestaan van deze brief werd ik gewezen door Igor Cornelissen in een brief van 1 augustus 1993.

39 'Wanneer vroeger Uwerzijds in de toen zeer gunstige omstandigheden waarin gij waart zoo royaal hulp werd aangeboden, is die hulp in verband met de Russische reis van Sima aanvaard. Zij wees er mij op, dat het aanbod van uw kant kwam en dat gy op het station te Berlijn voor haar vertrek naar Rusland weest op de mogelijkheid dat zij in Odessa en Charkow pogingen in het werk zou kunnen stellen om Uw vrouw en dochter, die zich in Rusland bevinden, op te zoeken althans omtrent beiden nadere informaties te krijgen. Zij heeft toen gevraagde hulp voor wat het inwinnen van informaties niet afgewezen echter geen gebruik gemaakt van Uw voorstel daarvoor wat geld mee te nemen.' Henk Sneevliet aan Iwan Rodenko, 5 mei 1925. IISG, Archief Henk Sneevliet, Signatuur 2574/2. Het is de vraag of Jeanne iets wist van Iwan Rodenko's vrouw. Bij de kinderen was het niet bekend.

40 Mededeling Landesarchiv Berlin, 2 maart 1998.

41 Interview Olga Rodenko, Zutphen 10 augustus 1993.

42 Over stotteren is veel gepubliceerd. Hier is gebruikgemaakt van Pé Faber, *Achtergronden van stotteren en spreekangst*, Kampen 1979, Dr P.H. Damsté, *Stotteren, Een studie van ontwikkeling en willekeurig gedrag*, Utrecht 1978, William H. Perkins, *Stotteren voorkomen*, Houten/Zaventem 1993 en Leon van der Veen, *Stotteren en stotteren is twee: een analyse van twee stotteraars*, Paper Rijksuniversiteit Groningen, januari 1998.

43 Mededelingen hierover kreeg ik van Olga Rodenko (interview Zutphen 10 augustus 1993) en Hems Bos, een studievriend van Rodenko, met wie hij als enige zeer intieme zaken besprak (interview Hems Bos, Vijfhuizen 16 november 1993). Paul Rodenko's moeder legde volgens Olga Rodenko ook een verband met een vriendje uit

de Berlijnse periode, met wie hij vaak indiaantje speelde. Hij stotterde ook en zou dit spraakgebrek hebben overgebracht op haar zoon.
44 Martijn de Rijk, 'Uit het niets komen langzaam woorden en beelden', 109.
45 Dossier Eerste Nederlandsch-Russisch Informatie Bureau, Archief Kamer van Koophandel Den Haag.
46 Deze informatie is te vinden in een brief van het Consulaat in Amsterdam aan het Lets ministerie van Buitenlandse Zaken te Riga. De brief is gedateerd 13 maart 1929 en bevindt zich in het Historisch Staatsarchief van Letland, Bestand 32341, Verwijzing 17, Akte 14292, S6. De brief werd voor mij uit het Lets vertaald door prof. dr. Peter J. Krupnikov.
47 Notitie politiearchief Riga, Historisch Staatsarchief Letland. Met de hand staat op dit document geschreven: 'visum tot en met 31 XII 1930'. Vertaald door prof. dr. Peter J. Krupnikov.
48 Arrondissementsrechtbank Riouwstraat 69 's-Gravenhage, mr. A.S.Rueb. Curator: Den Rij van Beest Holle, Javastraat 27 A Den Haag. Het faillissement werd gepubliceerd in de Staatscourant van 1 juni 1931.
49 Ene Sigrid Karlson, woonachtig in Riga, diende in 1931 een visumverzoek in voor Jeanne Rodenko-Sheriff, Paul Rodenko en Olga Rodenko. Zie Historisch Staatsarchief Letland, Dossier 3234, Verwijzing 17, Akte 14291. Vertaald door prof. dr. Peter J. Krupnikov.
50 Zie Alfred Bihlmanis, *Latvia in the making 1918-1928. The years of independence*, 85.
51 Interview Olga Rodenko, Zutphen 20 juni 1995.
52 Idem.
53 Zie V. Stanley Vardis, 'The Rise of Authoritarian Rule in the Baltic States'. In: V. Stanley Vardis and Romuald J. Misiunas, *The Baltic States in Peace and War 1917-1945*, Pennsylvania 1978, 65-80.
54 Interview Olga Rodenko, Zutphen 20 juni 1995 en interview prof. dr. Peter J. Krupnikov, emeritus hoogleraar geschiedenis aan de Universiteit van Letland te Riga, Neubiberg 4 en 5 januari 1996. Krupnikov was in Riga Rodenko's vriend en klasgenoot. Hij typeert het Riga van die tijd als zeer militaristisch.
55 Brief Directeur Afdeling Buitenlanders aan de Politie van Riga, 19 mei 1934. In deze brief wordt meegedeeld dat Iwan Rodenko al op de hoogte is gebracht van dit besluit. De brief bevindt zich in het Historisch Staatsarchief van Letland te Riga, Dossier 3234, Verwijzing 23, Akte 2385, S.1. De brief werd voor mij vertaald door prof. dr. Peter J. Krupnikov in een brief van 11 september 1996.
56 Brief in Historisch Staatsarchief Letland, Dossier 3234, Verwijzing 23, Akte 2385, S.4. Vertaald door prof. dr. Peter J. Krupnikov.
57 Interview Olga Rodenko, Zutphen 7 december 1993; interview Moela Maso, Maarn 11 februari 1997.
58 Zie Robert van Lit, *Den Haag in de jaren dertig*, Zaltbommel 1990.
59 Dossier N.V. Molijns Industrie- en Handelsonderneming, Archief Kamer van Koophandel en Fabrieken Den Haag.
60 Interview Olga Rodenko, Zutphen 20 juni 1995.
61 Archief Kamer van Koophandel en Fabrieken Den Haag, Dossier 'Maatschappij Boro', opgericht 1 augustus 1938, opgeheven 10 augustus 1939.

62 Dossier N.V. Nederlandse Verkeer Mij, Archief Kamer van Koophandel Den Haag, waarin ook de hele ontstaansgeschiedenis van het Amsterdamse moederbedrijf wordt beschreven.
63 Piet Calis, *Gesprekken met dichters*, Den Haag 1964, 67. Zie ook Martijn de Rijk, 'Uit het niets komen langzaam woorden en beelden', 110. Een enkele keer zwakte hij dit af en vertelde hij tot 1947 niet geboeid te zijn geweest door Nederlandse poëzie.
64 Over de relatie tussen Jo Pater (1896-1978) en Willem de Mérode (1887-1939) schreef Hans Werkman in *De wereld van Willem de Mérode*, Amsterdam 1983 en *De Mérode en de jongens*, Baarn 1991.
65 Interview M. Maso, Maarn 11 februari 1997.
66 Interview M. Maso, Maarn 11 februari 1997. In het archief van de Evangelische Deutsche Gemeinde in Den Haag is uitvoerig onderzoek gedaan naar deze periode. Over Deutsche Schule en Paul Rodenko is echter niets gevonden, ook niet in het archief dat zich bevindt in het Haags Gemeentearchief, Beheersnummer 989. Summiere informatie vond ik in Paul von Tschudi, *Geschichte der Deutschen Evangelischen Gemeinde im Haag*, Göttingen 1932.
67 Het schoolgebouw is nu gerenoveerd en herbergt de Zweedse Academie.
68 In 1926 waren er 14, Letse, 255 Russische en 83 Duitse scholen. Zie Alfred Bihlmans, *Latvia in the making 1918-1928. The years of independence*, 39.
69 Aantekeningen voor het verhaal vond ik in een van de nagelaten folioboeken, waarin Rodenko notities over van alles en nog wat maakte. De gebeurtenissen die ik hieruit kon distilleren werden bevestigd door prof. dr. Peter Krupnikov (1920), een van de hoofdfiguren, tijdens een interview op 4 en 5 januari 1996. Met de andere hoofdfiguur, prof. dr. Michael Libman (1920), correspondeerde ik over Rodenko's jeugd in Riga. Hij bevestigde een aantal zaken uit het verhaal en zette zijn indruk van Rodenko op papier (brief M. Libman, 18 januari 1996).
70 Interview Peter Krupnikov, Neubiberg (München) op 4 en 5 januari 1996.
71 Informatie over de school, de docenten en het onderwijs kreeg ik van prof. dr. Peter Krupnikov. Interviews in München op 3 en 4 januari 1996 en in Riga op 16 juli 1996.
72 Informatie over docenten en de school in het algemeen is te vinden in A.J. van Arkel et al., *Gedenkboek uitgegeven ter gelegenheid van het vijftigjarig bestaan van het Maerlant-lyceum, voorheen Tweede Gymnasium te 's-Gravenhage*, Den Haag 1967. Informatief waren de gesprekken die ik op 6 maart 1995 en 1 mei 1997 had met drs. A. van Boven, oud-leerling (in Rodenko's tijd) en oud-rector van de school. Ook is hier gebruik gemaakt van het Archief Maerlant Lyceum, dat zich bevindt in het Haags Gemeentearchief.
73 Een kopie van de cijferlijst ligt in het Centraal Historisch Archief Letland, F.253, apr. 2, 1.529.
74 Informatie over klassenlijsten, cijferlijsten, roosters e.d. is te vinden in het Archief Van Maerlantlyceum, Haags Gemeentearchief Beheersnummer 683.
75 'Lijst der boeken', Archief Van Maerlantlyceum, Haags Gemeentearchief Beheersnummer 683.
76 'Over de wet des toevals'. In: *Canto*, XI (1936/1937), nr. 1, (november 1936), 1-2. Ook in een ander *Canto*-essay, 'De laatste der stommelingen', plaatst hij vraagtekens bij de

waarheid van de wetenschappers. 'De stommeling' in zijn verhaal beweert tegenover wetenschappers dat twee en drie zes is. De wetenschappers horen het verhaal en komen tot inzicht: 'Zij begrepen; deze grote denker zocht de waarheid in de ontkenning van alle producten van de menselijke geest en in de erkenning van de tijdloze macht van het eeuwige.' (zie: *Canto*, XII (1936/1937) nr. 7, (maart 1937), 4-6.) Het lijkt mij niet waarschijnlijk dat Rodenko toen al had kennisgemaakt met het surrealisme, waarin het toeval zo'n belangrijk rol speelde.

Ook zijn debuutessay 'Pro Domo', geschreven in 1944 voor het illegale *Maecenas*, gaat over het Wonder (met een hoofdletter!), dat volgens Rodenko ten onrechte door Hegel en Kant werd bestreden. Met aanhaling van 'andere' denkers als Kierkegaard en de existentiefilosofen geeft Rodenko het Wonder juist een bijzondere betekenis. Iedereen die oog heeft voor het Wonder hoort bij een bijzondere groep mensen. Het is alleen waarneembaar voor mensen die langzaam leven en zich niets aantrekken van het nuttigheidsdenken dat gericht is op vooruitgang. (Zie *VEK*, deel 3, 7-10.)

77 In: *Canto*, XIV, (1939/1940),nr. 7, (april 1940), 7.
78 Paul Rodenko, *Orensnijder tulpensnijder. Verzamelde gedichten*, Amsterdam 1975, 10-11. Op het typoscript, aanwezig in de Collectie Paul Rodenko NLMD, staat onder het gedicht met pen geschreven '1944'. Het werd onder de titel 'Verregende liefde' tijdens de Tweede Wereldoorlog gepubliceerd in *Maecenas*.
79 Martinus Nijhoff, *Verzamelde gedichten*, Amsterdam 1975, vijfde druk, 225. *Het uur U* verscheen in 1937 in *Groot Nederland* en pas in 1941 in druk.
80 Zie over de vermeende invloed van Sartre op deze poëzie bij voorbeeld Odile Heynders, 'Orensnijder tulpensnijder, Verzamelde gedichten', opgenomen in *Lexicon van Literaire werken* 22, Groningen mei 1994 en Wiel Kusters, 'Poëzie, wrede machine', opgenomen in *Ik graaf, jij graaft, Aantekeningen over poëzie*, Amsterdam 1995, 140-147. Opvallend is dat Rodenko niet alleen in 'Zondagmiddag' over ''t vertraagde draaien van film' sprak, maar dat hij ook in zijn eerste essay 'Pro domo' uit 1944 aangaf als romanticus in een vertraagde film te leven (zie hoofdstuk 2 'Oorlog').
81 Over Paul Rodenko's tekenkunsten in Riga hoorde ik van Pjotr Krupnikov en Michael Libman. Over zijn tekenkunsten op het Tweede Gymnasium sprak ik met Frank Kooman, pleegzoon van Rodenko's tekenleraar Vaandrager. Hij kreeg van zijn vader een jeugdtekening van Paul Rodenko. Die had hem ingelijst, want nog nooit had hij een leerling zo'n bijzondere tekening zien maken. Paul Rodenko wees meerdere malen op de overeenkomst tussen moderne poëzie en schilderkunst. Zij had veel minder affiniteit met de muziek, omdat het bij haar gaat om 'beeldenrijkheid' en minder om 'melodieusheid'. De poëtische ruimte wordt volgens Rodenko niet door de beelden zelf uitgebeeld, maar in het arrangement van de beelden, dat wil zeggen de spanning die tussen beelden ontstaat. Zie hierover 'Balans en perspectief', *VEK*, deel 2, 339-347.
82 Interview mr. W. Renardel de Lavalette, Den Haag 4 februari 1993.
83 Zie 'Empirische poëziekritiek', *VEK*, deel 1, 41. Zie over Rodenko's poëzie als een poëzie 'die in staat is een meer intense waarneming te bewerkstelligen' Odile Heynders, *Langzaam leren lezen. Paul Rodenko en de poëzie*, Tilburg 1998, 7.
84 Interviews Olga Rodenko, Zutphen 7 december 1993 en Carla Termeer, Den Haag 12 oktober 1993 en 11 juli 1996.

85 'Paul Rodenko: "Ik voel mijzelf een mysticus"'.
86 Zijn belangrijkste stukken over poëzie schreef Rodenko in de periode 1953-'56 in *Maatstaf*. Hij benadrukt in 'Wat is poëzie?', 'De criticus als ingenieur' en 'Empirische poëziekritiek en de dichter' de eenheid van vorm en inhoud en de autonomie van het gedicht. (Zie VEK, deel 1, 39-68.)
87 Brief aanwezig in Archief Van Maerlant-lyceum, Haags Gemeentearchief Beheersnummer 683, Correspondentie met ministerie, nr. 30. Een dergelijke brief werd ook geschreven op 23 april 1941, toen Paul Rodenko opnieuw een beurs aanvroeg.
88 Interview met Anny Kommer-Lachowitzky, die bij Paul Rodenko in de tweede en derde klas zat (telefoongesprek 10 juni 1997). Veel herinneringen aan Rodenko leverde mr. Wim Renardel de Lavalette, tijdens het eerdergenoemde interview te Den Haag op 4 februari 1993. Daarna werden met hem nog enkele telefoongesprekken gevoerd. Hij kwam als klasgenoot ook bij Rodenko thuis en volgde hem tot zijn dood.
89 Het verslag van de avond is te vinden in het Notulenboek Calliope, 8 maart 1939, Archief Maerlant Lyceum Den Haag. Volgens de notulen van 6 december 1939 las Rodenko toen een opstel met de titel 'Avond' dat volgens de notulen door zijn medeleerlingen 'droevig' werd gevonden. Prof. mr. J. G. Sauveplanne was getuige van deze avonden en beschreef de sfeer in een brief van 13 april 1993.

In 1911 verscheen van de Rus Alexander Koeprin het verhaal 'De witte acacia', dat zich afspeelt in Odessa. Koeprin beschrijft hierin uitvoerig de witte acacia die hij 'de gek makende bloem' noemt. (Zie over Koeprin Jan Paul Hinrichs, 'De Mythe van Odessa', opgenomen in *De mythe van Odessa*, Samengesteld door Jan Paul Hinrichs en Thijs Wierema, Amsterdam 1993, 11.) Het is de vraag of Rodenko in 1939 dat verhaal kende en dit navertelde.
90 Interview Peter Hofstede, Leersum 2 maart 1994. Hofstede was een schoolgenoot. Naar eigen zeggen vertolkte hij de mening van veel medescholieren.
91 Vertaling van Olga Rodenko, die me over dit lied schreef in een brief van 9 oktober 1995.
92 In Rodenko's nalatenschap werden veel vertalingen van Russische volksliedjes gevonden. Ze waren een enkele keer ook een inspiratiebron voor Rodenko's poëzie. Het weemoedige 'Liedje bij een draaiorgel' is daar een voorbeeld van. Het werd opgenomen in *Gedichten*, 34 en kreeg de verzamelbundel *Orensnijder tulpensnijder* een plaats in de afdeling 'Verspreide gedichten', omdat het zoals Rodenko zelf schrijft in zijn verantwoording 'achteraf minder goed past in de oorspronkelijke bundel'.
93 Moela Maso, *Dagboek*, Maarn z.j., 26.
94 Interviews A. Groskamp-Houwing (1923), Den Haag op 13 mei 1993 en 18 augustus 1997.
95 Moela Maso, *Dagboek*, 34.
96 Droomnotitie gedateerd 2 november 1951, Collectie Paul Rodenko NLMD.
97 Opgenomen in de afdeling 'Kamerpoëzie' van de verzamelbundel *Orensnijder tulpensnijder*, Amsterdam 1975 (1981), p.18. , oorspronkelijk in *Criterium*, nr. 6, 1947, p. 363. Odile Heynders presenteert dit gedicht als een intertekst van Camus' *L'étranger*: 'Individualiteit wordt hier ervaren als een gevangenis, als het in zichzelf opgesloten

zijn. Meursault, de protagonist van Camus, belandt na de moord op een Arabier daadwerkelijk in de gevangenis en ontdekt daar dat "alle levens op hetzelfde neerkomen" en dat geen enkel mens de ander kan bereiken.' ('Paul Rodenko Orensnijder tulpensnijder', *Lexicon van literaire werken*, p. 6). Rodenko dateerde weinig gedichten en dit gedicht ook niet. Het werd geschreven in de periode 1944-'45, toen hij Camus nog niet kende.

98 Bijna iedereen die ik over Rodenko interviewde was geïntrigeerd geraakt door zijn mysterieuze gezicht, wat volgens hen kwam door zijn Slavische trekken.

99 Martijn de Rijk, 'Uit het niets komen langzaam woorden en beelden', 109.

HOOFDSTUK 2

1 Zie Bart van der Boom, *Den Haag in de Tweede Wereldoorlog*, Den Haag 1995, 5-29 en E.H. Brongers, *De slag om de residentie*, zevende herziene en aangevulde druk, Baarn (1968) 1990.

2 Gegevens over Rodenko's keuring zijn te vinden in het Archief Gemeentebestuur, Haags Gemeentearchief, Beheersnummer 610, Inventarisnummer 2748. In het keuringsrapport staat dat Rodenko 1 m 73 lang was en 57 kilo woog. Hij had zich opgegeven voor het Tweede Regiment Artillerie en de Jagers. Bij het laatste regiment werd hij geplaatst.

3 Moela Maso, *Dagboek*, 11.

4 Moela Maso, *Dagboek*, 37: 'Woensdag 24 augustus 1939. Buiten kocht ik een krant, want de internationale toestand is door het sluiten van het Duits-Russisch niet-aanvalsverdrag, zeer ernstig geworden. Paul en ik zijn zeer verontwaardigd over dit pact. Onze sympathie is voor Rusland, maar we zijn zeer anti-fascistisch.'

5 Hij deed schriftelijk eindexamen op 3 en 4 juni 1940 en mondeling op 5 juli 1941. De scholen in Den Haag waren gesloten van 10 tot 20 mei 1940.

6 Rodenko scoorde voor Grieks een 7⅔, voor Latijns een 7⅓, voor Nederlands een 7½, voor Frans een 8, voor Duits een 8, voor Engels een 9, voor geschiedenis een 7½ en voor Wiskunde een 5. (Afschrift cijferlijst P. Th. B. Rodenko, Archief Koen Hilberdink.)

7 Zie over de Leidse universiteit in oorlogstijd van P. J. Idenburg, *De Leidse Universiteit 1928-1946. Vernieuwing en verzet*, Leiden 1978 en van dezelfde auteur *De Leidse universiteit tegen nationaal-socialisme en bezetting*, Leiden 1982. Tevens is gebruik gemaakt van op het RIOD aanwezige archiefmateriaal (DOC.11810.E.map A en B).

8 Peter Hofstede, schoolgenoot van Rodenko, herinnert zich dit feest in Wassenaar, georganiseerd door Richard van Wijngaarden. Interview Peter Hofstede, Leersum 3 maart 1994.

9 Een verslag van de avond verscheen in: *Vinculum Studiosorum*, XIV, (1940), nr. 2, (oktober 1940), 3. Dr Tonny Kurperhoek-Scherft was ouderejaars en vergat dit imponerende optreden van Rodenko nooit. Interview dr. T. Kurpershoek-Scherft, Amsterdam 15 oktober 1998.

10 Over Rodenko's lidmaatschap sprak ik met een aantal oud-leden van Unitas. De

heer W. Ouwehand, jaargenoot van Rodenko en thans arts in ruste, mevrouw L.C. Rotteveel-Van den Broek en mevrouw N. Wissema-Goossens. De laatsten waren een jaar eerder aangekomen dan Rodenko, maar herinnerden zich hem nog goed (telefoongesprekken gevoerd op 7 januari 1997). Het beste leerde Tonny Kurpershoek-Scherft, eerder genoemd in noot 10, hem kennen. Zij kreeg ook na de oorlog weer contact met hem en merkte toen hoe kameraadschappelijk hij met haar om kon gaan.
11 In: *Canto*, XIII (1939/1940), nr. 9, (juli 1939), 6.
12 Zie Buck Goudriaan, *Leiden in de Tweede Wereldoorlog van dag tot dag*, Leiden 1995, 45.
13 Mededeling dr. T. Kurpershoek-Scherft, telefoongesprek 24 augustus 1998. Zij was de enige met wie Rodenko een wat dieper contact had, al gingen hun gesprekken vooral over literatuur.
14 Zie over Aimé Van Santen (1917-'88) Hans van Straten, 'Dood van Aimé'. In: *Het oog in 't zeil*, V, (1988), nr. 4 (april 1988), 62-65. Over zijn vriendschap met Rodenko schrijft Van Santen op 1 mei 1948 aan Sjoerd Leiker: 'Bij hem [Van Wijk, K.H.] heb ik ook Rodenko leren kennen, een van mijn beste vrienden, waar ik tenslotte geen dieper contact mee heb.' (Brief in Collectie Aimé van Santen IISG.)
15 Brief prof. dr. C. H van Schooneveld (1921), 12 juli 1994, die mij uitvoerig schreef over de colleges van Van Wijk (1880-1941).
16 Zie over Van Wijk ook Annie Romein-Verschoor die in haar autobiografie *Omzien in verwondering*, Amsterdam 1988 (1970) op pagina 145 een beschrijving geeft van haar relatie met Van Wijk.
17 Etty Hillesum, *Etty, De nagelaten geschriften van Etty Hillesum 1941-1943*, onder redactie van Klaas A. D. Smelik, Amsterdam 1986, 53.
18 Van Wijk maakte op iedereen diepe indruk, vooral tijdens dit college. Mededeling van de latere diplomaat C. D. Barkman, die bij Van Wijk colleges volgde (telefoongesprek 14 januari 1997).
19 Ook door kennismaking met het werk van Jakobson leerde hij op een andere manier 'wetenschappelijk denken'. Jakobson maakte aanvankelijk deel uit van de formalisten die geen vaststaande theorieën wilden opstellen, maar alleen voorlopige uitspraken wilden doen, wat veel lijkt op Rodenko's zogenaamde experimentele denken. Belangrijk is ook dat zij elementen van een literair kunstwerk formeel wilden benaderen. Rodenko's poëzieanalyses uit de jaren vijftig zijn hiervan belangrijke voorbeelden. Zie over Jakobson bijvoorbeeld Jan van Luxemburg, Mieke Bal en Willem Weststeijn, *Inleiding in de literatuurwetenschap*, Muiderberg 1982, 47 e.v.
   Het is in dit kader mogelijk vraagtekens te zetten bij een uitspraak die Rodenko deed tijdens een interview met Tom van Deel en Redbad Fokkema: 'Ik heb veel gelezen, veel geleerd van bijvoorbeeld Roman Jakobson en de Russische formalisten (al kende ik ze nog niet toen ik min of meer theoretische stukken schreef als "De criticus als ingenieur") en ik merk nu dat mijn manier van benadering veel overeenkomsten vertoont met die van de structuralisten, Barthes, Foucault, de mensen van *Tel Quel*; de structuralisten die overigens óók uit het Russische formalisme zijn voortgekomen. R.L.K. Fokkema en T. van Deel, 'Echte poëzie is spelen met vuur', *De*

Revisor, 11 (1975), nr. 2 (april), 22-27. (Zie hierover ook hoofdstuk 8 'Al leef je nog eens twintig jaren'.) Zie ook Odile Heynders, 'Tussen de regels van Rodenko. Poëziefilosofie in poststructuralistisch perspectief'. In: *Spektator*, XXI (1992), nr. 1, 55-68. Nico Laan merkt in zijn *Het belang van smaak. Twee eeuwen academische literatuurgeschiedenis* (Amsterdam 1997) op p. 201 over Rodenko op: 'We kennen Rodenko als een van de belangrijkste explicators en verdedigers van de historische avantgarde. Minder bekend is dat hij ook de weg heeft vrijgemaakt voor het formalisme en structuralisme door in de jaren veertig en vijftig beschouwingen te schrijven die wel een vertaling lijken van die van Sjklowskij.'
20 *Geestelijke leven en letterkunde in Rusland gedurende de 19e eeuw*, Zeist 1920, *Geïllustreerde geschiedenis der Russische letterkunde*, Amsterdam 1926 en *Hoofdmomenten der Russische letterkunde. Poeshkin, Gogolj, Tolstoj, Dostojewskij*, Zeist 1929.
21 Zie Jan Paul Hinrichs, 'Een gekkenhuis op grote schaal. Nicolaas van Wijk en zijn geschriften over Rusland'. In: *Het oog in 't zeil*, v (1988), nr. 5, 1-11.
22 N. van Wijk, *Russische indrukken*, Leiden 1988. Herdruk van het oorspronkelijk in 1908 in *De Gids* verschenen artikel.
23 N.van Wijk, 'Over het Russische volkskarakter'. In: *De Tijdspiegel*, jrg. 64 (1907), nr. 1, 155-180 en 294-310.
24 N. van Wijk, *Geestelijk leven en letterkunde in Rusland gedurende de 19e eeuw*, 28.
25 Idem, 40.
26 Het boek verscheen in 1859. In Rusland werd niet door iedereen het 'oblomovisme' als iets positiefs gezien. Sommigen beschouwden het zelfs als een nationale ziekte, waarvan de Russen genezen moesten worden. De Vlaming Johan Daisne noemde het 'de dichterlijke bijbel der Slavische vadsigheid'. Zie hierover Emmanuel Waegemans, *Geschiedenis van de Russische literatuur*, 70-72.
27 Zie bijvoorbeeld de agenda van 1948, Collectie Paul Rodenko NLMD.
28 Paul Rodenko vertelde dit instemmend aan zijn zuster Olga (interview Olga Rodenko, Zutphen 20 juni 1995).
29 Nikolaj Berdjajew, *Het Russische denken in de 19e en 20e eeuw. Aspecten en perspectieven*, Bewerkt door S. van Praag, Amsterdam 1947, 97.
30 Deze karakterisering is van Annie Romein-Verschoor, *Omzien in verwondering*, 246.
31 Lev Sjestov (1865-1938) was een Rus die in 1920 naar Parijs vertrok om daar als hoogleraar Slavistiek te gaan werken. Odile Heynders heeft in 'De bodemloosheid van de poëziefilosofie: Paul Rodenko en Leo Sjestow', verschenen in *Tmesis*, nr. 2, 1992, 36-45, uitvoerig gewezen op de verwantschap tussen beiden. Zie ook Odile Heynders, *Langzaam leren lezen. Paul Rodenko en de poëzie*, Tilburg 1998, hoofdstuk 4 'De schok der herkenning', 35-44.
32 Odile Heynders, *Langzaam leren lezen. Paul Rodenko en de poëzie*, 43.
33 Léon Hanssen benadrukt in zijn studie *Huizinga en de troost van de geschiedenis. Verbeelding en rede*, Amsterdam 1996 dat dit inzicht niet alleen gedeeld wordt door Sjestov en in diens kielzog Suys, maar ook bij Theo van Doesburg én Menno ter Braak te vinden is. De laatstgenoemde schrijft: 'Men moet op een of andere manier aan den afgrond gebracht zijn, anders kan men niet philosopheeren: en dit niet hys-

terisch bedoeld, neen, uitsluitend als werkelijke en volstrekt niet altijd van buitenaf zichtbare levenservaring.' (Hanssen, 314.)

Hanssen gaat in op de relatie tussen Sjestov en Suys. Toen Suys aan het proefschrift over Sjestov werkte, verkeerde hij in een ernstige crisis. Bij Sjestov vond hij een filosofie die zijn gevoeligheid cultiveerde als een bron van wijsgerig inzicht. Dat Rodenko vanuit een bepaalde gemoedstoestand ook zocht naar 'bijpassende' filosofische inzichten heb ik in het voorgaande hoofdstuk al proberen aan te tonen. Doorgronding van Sjestovs filosofie en kennis van Rodenko maken deze stelling alleen maar aannemelijker.

34 'Met twee maten', *VEK*, deel 2, 231.
35 Zie 'De overwinning der evidenties; bij de honderdste geboortedag van F. M. Dostojevski'. Hier wordt gebruik gemaakt van de Nederlandse vertaling van C. I. Spruit, opgenomen in Leo Sjestow, *Krisis der zekerheden*, Bussum 1957, 63-147.
36 Opgenomen in F. M. Dostojewski, *Verzamelde werken*, deel IV, Vertaald door Hans Leerink, Amsterdam 1957, 135-246. De novelle werd ook wel vertaald als *De man uit het souterrain* en *Aantekeningen uit het kelderhol*. Van het boek verscheen in 1930 al een Nederlandse vertaling. Zie Emmanuel Waegemans en Cees Willemsen, *Bibliografie van Russische literatuur in Nederlandse vertaling*, Leuven 1991, 164.
37 Dr. N. van Wijk, *Rectorale Oratie*, op de 355ste Dies Natalis der Leidse Universiteit, 8 februari 1930.
38 George Steiner formuleert het belang van het boek als volgt: 'Met zijn smalende verwerping van de savants, de Hegeliaanse idealisten en degenen die in rationele vooruitgang geloofden, verklaarde hij [de ondergrondse mens, K.H.] de mensheid onafhankelijk van de rede. Lang voor zijn existentialistische volgelingen riep de man uit het ondergrondse het koninkrijk van het absurde uit. Zie George Steiner, *Tolstoj of Dostojevski*, Vertaling Peter Bergsma, Amsterdam 1992, 230.

Ook voor Nietzsche was het boek een bron van inspiratie. Hij zag het als een illustratie van zijn ressentimentstheorie, waarin hij de onmacht van de mens om zijn haat op de ander te richten, verwoordt. De inauthentieke mens durft de strijd met de ander niet aan en stopt (sublimeert) zijn woede in (christelijke) waarden als berouw, vergiffenis en onthouding. Zie Hans van Stralen, *Beschreven keuzes. Een inleiding in het literaire existentialisme*, Leuven / Apeldoorn 1996, 33.
39 F. M. Dostojewski, *Verzamelde werken*, deel IV, 156.
40 Zie daarover de Amerikaanse slavist en psychoanalyticus Daniel Rancour-Laferriere: *The Slave Soul of Russia*. New York 1995. Hij schrijft op pagina 78 over de Russische literatuur: 'Wether or not Russian writers themselves were advocates of masochism, it may truly be said that Russian literature is filled with characters who welcome their unhappy fate – suffering, punishment, humiliation, even death.' Over Dostojevski schrijft hij op pagina 80: 'Dostoevsky is of course the master when it comes to depicting masochism in literature – Russian or otherwise. His novels are filled with characters who wallow in guilt, crave punishment, or seek injury of humiliation of one kind of another. For example in *Crime and Punishment* Raskolnikov, after protracted agonizing over his murder of the pawnbroker woman, confess to his crime, is exiled to Siberian prison, and eventually welcomes his prison suffer-

ings as the road to spiritual regeneration. [...] The underground man in *Notes from Underground* manages to be insulted and humiliated by practically anything anyone around him does.'

41 Ook Etty Hillesum was gefascineerd door dit Russische lijden en ziet dat het lijden voor de Rus bij het leven hoort. De westerling neemt er liever afstand van en benadert het met filosofische bespiegelingen. Zie Denise de Costa, *Anne Frank & Etty Hillesum. Spiritualiteit, schrijverschap en seksualiteit*, Amsterdam 1996, 199.

42 Mededeling van Daisy Wolthers, die goed bevriend was met Aimé van Santen. Zij hoorde Van Santen wel eens vertellen over dit grote verlies (interview Daisy Wolthers, Den Haag 11 maart 1994).

43 Over zijn verzoek om in Moskou te studeren, schrijft Rodenko in een in het Russisch geschreven autobiografietje dat vlak na de oorlog werd opgesteld ten behoeve van Russische autoriteiten. Rodenko had direct na de oorlog weer plannen om in de Sovjet-Unie te gaan studeren (Collectie Paul Rodenko NLMD).

44 Zie lijst van nieuwe studenten in het *Jaarboek Rijksuniversiteit te Utrecht 1941-1942*, Utrecht, z.j.

45 Ik baseer mij bij de beschrijving van deze groep op de verklaring die Richard van Wijngaarden schriftelijk op 26 september 1945 heeft afgelegd en die zich bevindt in het dossier van Paul Rodenko van de Studentenzuiveringscommissie van de Rijksuniversiteit Utrecht, Rijksarchief Utrecht, Archief Senaat 596, Toegang 92-1. Wim Hazeu wees mij erop dat P.A. van Wijngaarden, Rembrandtlaan 60 te Voorburg, op 26 september 1945 een verklaring over deze verzetsgroep heeft afgelegd. Hij verklaarde dat Rodenko koeriersdiensten verrichtte en berichten en verzetskranten verspreidde. (Briefkaart Wim Hazeu aan mij, 9 december 1998.)

De verzetsgroep was een van de vele in Den Haag. Een oproep in een aantal tijdschriften van ex-verzetsstrijders, onder andere in NFR/VVN *Kontaktblad* leverde niets op. De groep wordt ook niet genoemd in het door H.M. van Banning opgestelde Rapport inzake werkzaamheden in verband met de Orde Dienst van mei 1940 tot en met 1942, dat zich bevindt in het Centraal Archieven Depot, ministerie van Defensie. Het rapport is een inventarisatie van alle kleine verzetsgroepen die, voorzover bekend, in Den Haag en Voorburg, actief waren.

46 Zie over de Rijksuniversiteit te Utrecht in oorlogstijd: S.Y.A. Vellinga, 'De uitdaging van crisis en bezetting, 1936-1946'. In: Von der Dunk et al., *Tussen ivoren toren & grootbedrijf. De Utrechtse Universiteit 1936-1986*, Maarssen 1986, 23-48 en Sander van Walsum, *Ook al voelt men zich gewond. De Utrechtse universiteit tijdens de Duitse bezetting 1940-1945*, Utrecht 1995.

47 Zie hierover het jaarverslag opgenomen in *Jaarboek der Rijksuniversiteit te Utrecht 1941-1942*, 62.

48 Interview Olga Rodenko, Zutphen 10 augustus 1993 en interview Hems Bos, een studiegenoot, Vijfhuizen 16 november 1993.

49 Informatie over Rodenko's gedrag in Utrecht kreeg ik in twee brieven van dr. P.G. Dix, 17 februari 1995 en 26 februari 1997. Dix volgde vanaf 1941 colleges psychologie in Utrecht. Hij sprak regelmatig met Rodenko. Meer op afstand nam prof. dr. A.F.G. van Hoesel, de latere hoogleraar bedrijfspsychologie aan de Twentse Technische

Hogeschool, Rodenko waar (telefoongesprek 6 maart 1996). De enige student die ook literaire aspiraties had, was Albert Jan Govers. Hem bleef bij dat Rodenko vertelde een psychologisch georiënteerd criticus te willen worden (telefoongesprek 16 juni 1997).
50 Zie voor de geschiedenis van de psychologie L.K.A. Eisinga, *Geschiedenis van de psychologie*, Deventer 1978; J. van Dael, *De ontwikkeling van de psychologie tot 1940*, Amsterdam 1940; Trudy Dehue, *De regels van het vak. Nederlandse Psychologen en hun methodologie 1900-1985*, Amsterdam 1990; Peter van Drunen en Pieter J. van Strien, *Tussen wetenschap en beroep, 75 jaar psychologieopleiding in Nederland*, Groningen 1996 en Peter van Drunen en Hen Jan Conradi, *Bezielde Wetenschap. Een halve eeuw Nederlandse psychologie in vijf portretten*, Assen 1998.
51 In de zomer van 1941 stuurde de secretaris-generaal van het ministerie Reinink de universiteiten het definitieve voorstel, dat met instemming van de universiteiten op 29 oktober 1941 in de *Staatscourant* werd afgekondigd. (Zie Van Drunen en Van Strien, *Tussen wetenschap en beroep, 75 jaar psychologieopleiding in Nederland*, 5-6.) In het Archief van het College van Curatoren van de Rijksuniversiteit te Utrecht, is de besluitvorming goed te volgen. (Rijksarchief Utrecht, toegang R 59, Inventarisnummer 2843, Stukken betreffende het onderwijs en de examens in de psychologie.) Uit de stukken blijkt dat de Utrechtse Senaat een groot voorstander was van de maatregel. Volgens de maatregel moest het kandidaatsexamen Psychologie bestaan uit vier hoofdvakken: psychologie, wijsbegeerte en twee vakken te kiezen uit biologie, natuurkunde of wiskunde.
52 L.K.A. Eisinga, *Geschiedenis van de psychologie*, 128.
53 Enkele getallen maken dat duidelijk. In de periode 1921-'40 deden 51 personen in Nederland doctoraal psychologie. In Utrecht 30, in Amsterdam 1, in Nijmegen 8, in Groningen 2, aan de Vrije Universiteit 1 en in Leiden niemand. Zie J. van Dael, *De ontwikkeling van de psychologie tot 1940*, Amsterdam z.j., bijlage II, nr. 1.
54 Roels (1887-1962) was Utrechtenaar van geboorte, maar studeerde wijsbegeerte en psychologie bij Michotte in Leuven. Voor zijn benoeming tot hoogleraar was hij assistent van de psychiater C. Winkler. Zie L.K.A. Eisinga, *Geschiedenis van de psychologie*, 89 en Peter van Drunen en Pieter J. van Strien, *Tussen wetenschap en beroep, 75 jaar psychologieopleiding in Nederland*.
55 Foto's van het laboratorium bevinden zich in het Universiteitsmuseum Utrecht, Map Psychologisch Laboratorium. Over de apparaten in de laboratoria zie L.K.A. Eisinga, *Geschiedenis van de psychologie*, 128.
56 'De psychotechniek als hulpmiddel bij de reclame'. In: *Voordrachten gehouden gelegenheid van de Psychotechnische Tentoonstelling in Rotterdam van 19 november tot 27 november 1937*, Den Haag z.j., 4.
57 Zie over de houding van psychologen tijdens de Tweede Wereldoorlog Trudy Dehue, 'Nederlandse psychologie onder Duitse bezetting'. In: *De Psycholoog*, april 1990, 175-176. Dehue wijst erop dat in verband met de opstelling van de psychologen het begrip accommodatie van toepassing is, waarmee bedoeld wordt dat veel Nederlanders niet echt collaboreerden, maar geprobeerd hebben zo lang mogelijk hun normale leven voort te zetten.

58 Zie Rijksarchief Utrecht, Archief van het College van Curatoren van de Rijksuniversiteit te Utrecht, Toegang R 59, Inventarisnummer 462, Personeelsregister en Inventarisnummer 526 stukken betreffende opgave van het docerend personeel. In het laatste dossier zitten lijsten van 26 september 1940 en 13 november 1943; op beide is de naam Kooper niet te vinden, wel die van andere privaatdocenten.

59 Rijksarchief Utrecht, Archief van het College van Curatoren van de Rijksuniversiteit te Utrecht, toegang R 59, Inventarisnummer 525, Stukken betreffende de opgave van persoonsgegevens van hoogleraren, docenten en assistenten aan bureau SiPo. Op 13 november werden dus twee lijsten gemaakt. Een voor het departement en een voor de SiPo.

60 Mededeling van J. C. Brugman, auteur van *De Bilt en Bilthoven in oorlogstijd*, Bilthoven 1993, tijdens een telefoongesprek van 19 januari 1998.

61 Zie over de werkmethode van Jung G. Wehr, *Jung en zijn werk*, Rotterdam 1981. Over de werkwijze van Kooper sprak ik met prof. dr. H. R. Wijngaarden op 29 maart 1994 bij hem thuis in Amsterdam en op 20 maart 1995 telefonisch.

62 Mededeling mevrouw M.B, toen woonachtig Ruysdaellaan 20 (telefoongesprek 19 januari 1998). Op de akte van overlijden werd ook het beroep arts ingevuld (Burgerlijke Stand gemeente De Bilt, verklaring van overlijden Willem Johannes Kooper, opgemaakt door Th. Hendriksen, bediende begrafenisondernemer, 23 april 1945).

63 Telefoongesprek op 6 oktober 1998 met mevrouw Lutkemeyer te Bilthoven, die daar in de oorlog arts was. Zij kende de naam Kooper, maar wist zeker dat hij geen arts kon zijn, omdat alle Bilthovense artsen met elkaar contact hadden. Zij wist ook dat bepaalde mensen hem consulteerden, maar hoe hij ze precies behandelde bleef duister.

64 Foto's van W. J. C. Kooper zag ik bij prof. dr. H. R. Wijngaarden te Amsterdam op 29 maart 1994.

65 De titel van het proefschrift luidt: *Sociological and ecological studies of the tropical weed-vegetation of Pasuran (The Island of Java)*, Amsterdam 1927. Dat hij bij Maeder in leeranalyse was geweest, vertelde hij H.R.Wijngaarden. Interview H.R.Wijngaarden, Amsterdam 29 maart 1994.

66 Gegevens ontleend aan Gemeentearchief Leiden. Mededelingen over het beroep rekenaar kreeg ik van een medewerker van de Sterrenwacht in Leiden.

67 Gegevens over Kooper in Bussum en Nederlands-Indië kreeg ik van Dirk Dekema, Gemeentearchivaris Naarden, brief 25 maart 1998.

68 Zie A. Th. H. van den Hout, *Nationaal-Socialistische Beweging in de Utrechtse gemeenten Maartensdijk en De Bilt*, Doctoraalscriptie Geschiedenis, Rijksuniversiteit Utrecht, Utrecht 1968, aanwezig in Gemeentearchief De Bilt.

69 Zie Bewonerskaart W. J. C. Kooper, Stichting Centraal Bureau voor Genealogie. Kooper vestigde zich op 28 oktober 1941 in de Ruysdaellaan 17. Daarvoor had hij blijkbaar geen zelfstandige woonruimte.

70 Als Rodenko in 1950 een tijdschrift voor literatuur en psychologie wil oprichten, wil hij per se geen Jungianen betrekken bij dit blad. (Zie hoofdstuk 5 'Naar een andere literatuur'.) Prof. dr. H.R. Wijngaarden, later hoogleraar aan de Vrije Universiteit, volgde in diezelfde tijd een therapie bij Kooper. Hij zou ook zijn opvolger worden en

Kooper vertelde hem daarom wel eens het ander over zijn patiënt Rodenko. Vooral dat verhaal van het wonder in Riga had indruk gemaakt op Kooper (interview prof. dr. H. R. Wijngaarden, Amsterdam 29 maart 1994). Wijngaarden wist niets van Koopers *Deutschfreundlichkeit*, maar kon zich er wel iets bij voorstellen. (Telefoongesprek 20 maart 1995.)

71 Zie over de houding van Kooper Sander van Walsum, *Ook al voelt men zich gewond. De Utrechtse universiteit tijdens de Duitse bezetting 1940-1945*, 115. Kooper was naar alle waarschijnlijkheid geen lid van de NSB. Voorzover ik heb kunnen nagaan komt zijn naam niet voor op de ledenlijst. (ARA, Justitie Kring Utrecht en Ommelanden NSB, 2.09.08.01.) Bij studenten bestond wel het vermoeden dat de docent 'Deutschfreundlich' was, omdat hij blijkbaar goede contacten had met de bezetter. Eén geval wordt beschreven in het dossier F.M.J.A. Roels, Centraal Archief Bijzondere Rechtspleging, ministerie van Justitie Den Haag. Een getuige verklaarde dat Kooper en Roels samen intervenieerden bij *Befehlshaber* Christiansen en succesvol een student van strafvervolging wisten te redden. Christiansen was *Wehrmachtsbefehlhaber in den Niederlanden*. Hij bemoeide zich veel met de Duitse rechtspraak.

72 Hems Bos keek ervan op toen ik het hem vertelde.

73 Zie RIOD, Doc. III 811A, Rijksuniversiteit Utrecht, map A.

74 Zie RIOD, Doc. I.1425 Franciscus Mattheus Johannes Agathes Roels en dossier F. J. M.A. Roels CABR.

75 Zie RIOD, Amsterdam, Doc. I.1415, Franciscus Mattheus Johannes Agathes Roels en dossier F. J. M.A. Roels CABR. Roels werd na de oorlog gearresteerd op verdenking van begunstigend lidmaatschap van de SS. Het RIOD-dossier bevat dezelfde verhoren uit het dossier CABR, namelijk die van zijn technicus J.W. Stegink en zijn collega W.H.C. Tenhaeff.

Mededelingen over de promotie van Van der Heyden, kreeg ik van dr. Eric Haas, die Van der Heyden hierover interviewde (telefoongesprek 21 april 1997). De latere hoogleraar klinische psychologie Jan Dijkhuis vertelde over Roels: 'Wat ik van Roels weet is dat hij eigenlijk nooit fout gehandeld heeft. Integendeel, hij heeft mensen geholpen, voorzover ik weet ook joden. De keren dat ik contact met hem had, vond ik hem een bijzonder aardige en charmante man en naar mijn mening had hij best kunnen blijven. Maar hij was uitgesproken pro-Nazi, dus openlijk was hij een verrader.' Zie Peter van Drunen en Henk Jan Conradi, *Bezielde wetenschap. Een halve eeuw Nederlandse psychologie in vijf portretten*, 68.

76 Verslag verhoor Ch. W. Doyer, een andere assistent van Roels, voor de Zuiveringscommissie van de Rijksuniversiteit Utrecht. Rijksarchief Utrecht, Archief van het College van Curatoren van de Rijksuniversiteit Utrecht, Toegang R 59, Inventarisnr. 2773, College van Herstel; notulen en verslagen getuigenisverhoren. Doyer werd verhoord op 18 oktober 1945. Hij sprak over een tumultueuze vergadering, waarna de privaatdocenten dr. J. van Dael (psychotechniek) en dr. J. A. van Heuven (fysiologische psychologie) stopten met het geven van colleges.

77 Sander van Walsum, *Ook al voelt men zich gewond. De Utrechtse universiteit tijdens de Duitse bezetting 1940-1945*, 108-110.

78 Rodenko stelde op 1 augustus 1945 een verklaring op waarin hij vermeldt in het

voorjaar van 1943 ondergedoken te hebben gezeten bij de verder onbekend gebleven mevrouw M.J.F. Rohde. Met deze verklaring wilde hij mevrouw Rohde een bewijs van goed Nederlanderschap bezorgen, Collectie Paul Rodenko NLMD.
79   Dit blijkt uit het verhoor van Ch. W. Doyer op 18 oktober 1945.
80   Dit overkwam dr. Tonny Scherft-Kurpershoek. Zij studeerde Nederlands en had als bijvak psychologie. Zij kon nog net afstuderen voor het tekenen van de loyaliteitsverklaring verplicht werd. Roels nam het haar kwalijk dat zij zo'n haast had, want het was beter geweest te tekenen. Tonny Scherft-Kurpershoek kende Rodenko nog van Unitas en was via Amsterdam in Utrecht terechtgekomen. Zij wist niet dat Rodenko daar ook studeerde. Pas na de oorlog zouden de twee weer contact krijgen. (Interview Tonny Kurpershoek-Scherft, Amsterdam 15 oktober 1998.)
81   Het College van Herstel wist ook niet goed raad met Langeveld en het schorste hem voor korte tijd. Eerst verklaarden studenten dat de hoogleraar zijn best had gedaan anti-Duitse acties te verhinderen, later voerden andere studenten een handtekeningenactie en pleitten voor opheffing van schorsing. Aan deze actie deed Rodenko niet mee. (Zie Rijksarchief Utrecht, Archief van het College van Curatoren van de Rijksuniversiteit te Utrecht 1815-1954, Inventarisnummer 2914, ingevulde vragenlijst van M.J. Langeveld, hoogleraar in de pedagogiek, over zijn houding gedurende de bezetting; met bijbehorende stukken 1940-1945. Zie ook Trudy Dehue, *De regels van het vak. Nederlandse Psychologen en hun methodologie 1900-1985*, 95.)

Een brief van 22 maart aan de foute secretaris-generaal Van Dam van het Departement van Opvoeding, Wetenschap en Cultuurbescherming werpt een ander licht op de zaak. Langeveld schrijft hierin dat hij met grote belangstelling en waardering naar diens uiteenzetting voorafgaand aan de Senaatsvergadering had geluisterd. Van Dam was op 22 maart namelijk door de rector-magnificus Van Vuuren uitgenodigd omdat veel hoogleraren tegen tekenen waren en hij ze op andere gedachten zou kunnen brengen, wat niet lukte. (Zie Sander van Walsum, *Ook al voelt men zich gewond. De Utrechtse universiteit tijdens de Duitse bezetting 1940-1945*, 115-117.)

De Senaat nam met overgrote meerderheid een motie aan waarin hij aandrong op volledige intrekking van de loyaliteitsverklaring. Mocht dit niet lukken dan zou de verklaring op een later tijdstip dan 13 april moeten worden aangeboden; alle studenten moesten de garantie krijgen te kunnen doorstuderen. Langeveld maakte zich drukker om andere dingen en eindigt zijn brief met: 'Bij mij blijft – na alles wat ter kennis is gebracht – een vraag: stel dat velen overtuigd zijn door je betoog – en er was veel kentering – hoe moeten we de studenten dan bereiken?' Langeveld spreekt in zijn brief nog de vrees uit dat hooguit twintig studenten bereikt kunnen worden, maar dat in ieder geval de verklaringen naar de huisadressen van de studenten worden gestuurd. (Brief Langeveld aan Van Dam, 22 maart 1943, RIOD, Archief 216, Departement van Opvoeding, Wetenschap en Kultuurbescherming, 107 H, Correspondentie, nota's, notities betreffende de loyaliteitsverklaring en de numerus clausus.)

J.W. van de Hulst merkt in zijn herdenkingsartikel over M.J. Langeveld op, dat hij de hele oorlog hoogleraar is gebleven, omdat hij wilde voorkomen dat de Duitsers op die post kwamen. Bovendien zou hij door de joodse hoogleraar Kohnstamm, ge-

arresteerd op 21 december 1940, zijn gevraagd diens taak over te nemen. Van de Hulst sluit de passage over de oorlog als volgt af: 'Daar staat tegenover, dat niemand zijn integriteit ooit in twijfel heeft getrokken. Reden waarom hij na mei 1945 weer zonder enige beperking zijn beroep kon uitoefenen; een jaar later werd hij ordinarius'. (J. W. van de Hulst, 'Martinus Jan Langeveld, 30 oktober 1905-15 december 1989'. In: *Jaarboek 1991 Koninklijke Academie van Wetenschappen.*)
82 Prof. dr. H. Wijngaarden vindt het zeer aannemelijk dat Kooper deze invloed ook op zijn patiënten kon hebben. Met zachte drang probeerde hij zijn patiënten te sturen. (Telefoongesprek 20 maart 1995.) De verklaring van W. A.J.Kooper is te vinden in zijn zuiveringsdossier, Archief Senaat Rijksuniversiteit Utrecht, Rijksarchief Utrecht, Toegangsnummer 92-1, Inventarisnummer 591. De brief van Kooper aan het Gewestelijk Arbeidsbureau in het dossier W.A.J. Kooper, ministerie van Justitie, CABR.
83 Interview mr. Wim Renardel de Lavalette, Den Haag 1 februari 1993. Ook Paul van 't Veer, die Rodenko wel eens in de hongerwinter opzocht, zag dat. Hij vertelde dit tijdens een interview met Piet Calis voor zijn boek *Het ondergronds verwachten. Schrijvers en tijdschriften tussen 1941 en 1945*, Amsterdam 1989. Een band van dit interview heb ik afgeluisterd bij de weduwe van Van 't Veer, wijlen Annie van 't Veer-Suiker.

Ook de BVD wist van Rodenko's rijkdommen tijdens de Tweede Wereldoorlog (Inzagemap Iwan Rodenko, Binnenlandse Veiligheidsdienst, ministerie van Binnenlandse Zaken).

Dat Tietgen veel geld had, blijkt ook uit een bericht dat in *De Staatscourant* van 20 februari 1946 verscheen. Iedereen die in het bezit was van een onduidelijk vermogen uit de Tweede Wereldoorlog moest dat aangeven bij het zogenaamde Beheersinstituut. Dit instituut publiceerde bijna dagelijks tot 1 juli 1946 aanmeldingen die het had binnengekregen. In de krant van 20 februari 1946 stond: 'Het Nederlands Beheersinstituut te Rotterdam verklaart nietig de overeenkomst van augustus 1942 tussen de Rijksduitser Hans Tietgen te 's-Gravenhage en N. J. J. van Baarle te Schiedam in verband met een overdracht van aandelen van de Handelsmaatschappij Nerus te Rotterdam, groot f 20.000,–.' Zelf vertelde Iwan Rodenko wel eens vol trots dat hij tijdens de Tweede Wereldoorlog miljoenen had verdiend (Interview Moela Maso, Maarn 11 februari 1997).
84 Over de contacten van Tietgen en Lages kreeg ik informatie van de heer M. M. Oosenbrug, een oud-verzetsstrijder uit Den Haag in een brief van 4 oktober 1993.
85 Zie Bart van der Boom, *Den Haag in de Tweede Wereldoorlog*, 173-174. Bovendien is hier gebruikt gemaakt van het Dossier Dirk Vas, CABR, ministerie van Justitie.
86 Annetje wist het niet, maar zou hem te allen tijde hebben afgeraden te tekenen (Interview A. Groskamp-Houwing, Den Haag 18 augustus 1997).
87 In heel Nederland tekenden 2046 van de 14.600 studenten, iets meer dan 14 pct. Sander van Walsum, *Ook al voelt men zich gewond. De Utrechtse universiteit tijdens de Duitse bezetting 1940-1945*, 119.
88 Dit blijkt uit een door Rodenko zelf opgestelde verklaring ten behoeve van de zuiveringscommissie van de universiteit, aanwezig in het dossier Paul Rodenko, Rijksarchief Utrecht, Archief Senaat, Toegangsnummer 92-1, R Inventarisnummer 596.
89 Voor gegevens over inschrijving zie Rijksarchief Utrecht, Archief Senaat, Toegangs-

nummer 92-1, Inventarisnummer 523 m, Alfabetisch register van inschrijfgelden. Uit dit archief blijkt dat Rodenko op 6 december 1943 het collegegeld, groot f 325,–, betaalde.
90 'De Utrechtse Universiteit tijdens de bezetting 1940-1945'. In: *Jaarboek der Rijksuniversiteit Utrecht 1952-1953*, Utrecht z.j., 146.
91 Zie RIOD, Doc.1.548, *Hoe ik nationaal-socialist werd en was*, een autobiografie van Goedewaagen geschreven in de Strafgevangenis te Scheveningen in de periode maart 1949–maart 1950, 217.
92 Brief aan Zuiveringscommissie, aanwezig in dossier Paul Rodenko, Rijksarchief Utrecht, Archief Senaat, Toegangsnummer 92-1, R Inventarisnummer 596. In de brief staat ook dat hij de colleges van Goedewaagen 'uit nieuwsgierigheid' volgde.
93 Rijksarchief Utrecht, Archief van het College van Curatoren van de Rijksuniversiteit te Utrecht 1815-1954, Inventarisnummer 2773, College van Herstel; notulen en verslagen getuigenverhoren, verhoor Doyer 18 oktober 1945.
94 Briefkaart Secretaris Faculteit der Letteren en Wijsbegeerte te Utrecht aan Paul Rodenko, 19 december 1943, Collectie Paul Rodenko NLMD.
95 Brief ministerie van Onderwijs, Kunsten en Wetenschappen aan Paul Rodenko, 15 juni 1945, Collectie Paul Rodenko NLMD.
96 Zie Bart van der Boom, *Den Haag in de Tweede Wereldoorlog*, 229-233.
97 Idem, 224 e.v.
98 Zie over het oppakken en vrijlaten van Rodenko Moela Maso, *Dagboek*, 40. Ook voor kenners blijven de stempel van de Waffenschule en de handtekening op Rodenko's persoonsbewijs mysterieus. Medewerkers van het Rijksinstituut voor Oorlogsdocumentatie bekeken het persoonsbewijs en vonden het vreemd dat juist de Waffenschule deze vrijstelling kon verlenen. Een andere interpretatie zou kunnen zijn, dat Rodenko via zijn vaders kennissen Dirk Vas en Hans Tietgen vrijstelling kreeg (brief drs. Hans de Vries, RIOD, 27 juni 1997).
99 Zie Moela Maso, *Dagboek*, 40. In een brief aan Rodenko van 25 november 1945 refereert Maso nog een keer aan de gebeurtenis: 'Ik moet ineens terugdenken aan je vorige verjaardag toen je als nuffig dametje met herenschoenen over straat wandelde, dan is het nu wel heel anders.' (Collectie Paul Rodenko NLMD.) Mededelingen hierover kreeg ik ook van Olga Rodenko, interview Zutphen 18 juli 1994.
100 F. Klein is inmiddels overleden. Zijn weduwe weet echter niets van zijn bemoeienissen met de BS. (Telefoongesprek 15 oktober 1996.)
101 Zie Bart van der Boom, *Den Haag in de Tweede Wereldoorlog*, 224.
102 De familie Maso kreeg via Rodenko vervalste papieren, waaruit zijn betrokkenheid blijkt. Interview Moela Maso, Maarn 11 februari 1997.
103 In het interview met Piet Calis in 1964 (*Gesprekken met dichters*) vertelde Rodenko dat hij in de periode 1939 tot 1944 geen gedichten had geschreven. Hij had de draad daarna weer opgepakt, omdat toen de clandestiene tijdschriften verschenen.
104 Aangetroffen in een map typoscripten van gedichten, Collectie Paul Rodenko NLMD. In deze map trof ik ook het volgende gedicht aan dat werd geschreven aan het begin van de oorlog. Ook hierin gaat het over vensters, die een schild tegen de wereld leken te vormen, maar nu gebroken zijn.

10 mei 1940

Schuw staat men in de kille morgen.
De dingen staan apart.
Ontdekt en onverborgen is nu het hart.

De vensters zijn gesprongen
Verstoord het stille rijpen
der geluiden.
Een onbekende muzikant
bespeelt de schoorsteenpijpen.
De uren zijn getand.

105 Olga Rodenko vertelde mij dat haar broer in deze periode met het verschijnsel angst bezig was, maar bracht dit niet in verband met zijn geestelijke gesteldheid. (Interview Olga Rodenko, Zutphen 10 augustus 1993.)
106 Geciteerd in Piet Calis, *Het ondergronds verwachten. Schrijvers en tijdschriften tussen 1941 en 1945*, Amsterdam 1989, 195.
107 Gegevens ontleend aan Piet Calis *Het ondergronds verwachten. Schrijvers en tijdschriften tussen 1941 en 1945*, hoofdstuk 3, 'Drie Haagse bladen in "getraliede" tijd', 173-235 en een interview dat ik met Willem Karel van Loon (1919) had te Arnhem op 4 mei 1993. Daarnaast werd er enkele malen gecorrespondeerd met Van Loon (21 maart 1990, 2 november 1990, 16 maart 1993 en 26 januari 1995 en 23 juli 1996).
108 Brief Willem Karel van Loon, 3 februari 1998.
109 Brief Willem Karel van Loon, 2 november 1990.
110 Paul Rodenko, 'De fout'. In: *Maecenas*, nr. 3 (augustus 1944), 6-11. Het verhaal werd later gebundeld in *Een kwestie van symmetrie. Verzamelde verhalen*, Met een nawoord van Koen Hilberdink, Amsterdam 1988, 7-13.
111 Het verhaal lijkt veel op 'The Adventure of the Red Circle' ('De club der Roodharigen') van A. Conan Doyle, met het verschil dat in Doyles verhaal een rationele verklaring mogelijk lijkt.
112 *Maecenas*, I, (1944), nr. 4,(september 1944), 17-18.
113 Paul Rodenko, 'Pro Domo'. In: *Maecenas*, nr. 6 (november 1944). Zie VEK, deel 3, 7.
114 Kierkegaard besteedde in zijn *Enten Eller* (*Het een of het ander*), een boek dat Rodenko noemt in 'Pro Domo', aandacht aan de opera *Don Giovanni* van Mozart. Hij zegt over deze figuur dat voor hem het spel met de vrouw belangrijker is dan haar te bezitten. Het gedicht 'Don Juan' werd later niet gebundeld.

    Don Juan

Een deur sloeg dicht; was dat een lachen?
De wereld is toch àl te snel.
Slechts even eeuwigheid te wezen
en reiken uit dit streng bestel –

Maar God maakt alles te nauwkeurig
geen vogel vloog nog naast zijn vlucht.
wie kan de volte overwinnen?
Wie heeft de grenzen overbrugd?

De minnaar soms? Ik ken zijn fatum,
het eeuwige lijkt grijpbaar schier –
in trotse Spaanse vrouwenogen
staat vaak het leven op een kier.

In haar behekste ogenpoel
ligt diep de gietvorm van de dingen;
hier is de weg, de smalle poort –
maar welke man kon ooit beminnen?

Wij varen liever in de strijd
dan dat wij ons gewicht opgeven –
de ruimte, die ons lichaam vult,
zal nooit dit zware lichaam leven.

Een deur sloeg dicht; was dat een lachen?
Een vrouwenstem?

115 Over de illegale literaire bladen en de onderlinge contacten van auteurs zie vooral Piet Calis, *Het ondergronds verwachten. Schrijvers en tijdschriften tussen 1941 en 1945*, met name de pagina's 268–296.
116 *Parade der Profeten*, nr. 7-8-9, oktober-november-december 1944.
117 Paul Rodenko, *Gedichten*, De Windroos, Amsterdam 1951, 10 en *Orensnijder tulpensnijder. Verzamelde gedichten*, 12.
118 Telefoongesprek Henk Peeters, 8 februari 1995.
119 Paul van 't Veer memoreert zijn relatie met Paul Rodenko, in 'Momenten met Paul Rodenko', dat verscheen in *Het Parool* van 21 september 1979. Ook is hier gebruik gemaakt van Piet Calis, *Het ondergronds verwachten. Schrijvers en tijdschriften tussen 1941 en 1945*, hoofdstuk 3 'Drie Haagse bladen in een "getraliede" tijd'.
120 Geciteerd in Piet Calis, *Het ondergronds verwachten. Schrijvers en tijdschriften tussen 1941 en 1945*, 208.
121 Zie Elsje Drewes, *Willem Schrofer 1898–1968*, Zutphen 1998, 36 e.v.
122 De brieven van Paul van 't Veer aan Rodenko zijn verloren gegaan tijdens het bombardement op het Bezuidenhout. Van de brieven van Paul Rodenko aan Paul van 't Veer kreeg ik kopieën van de weduwe van Van 't Veer, wijlen Annie van 't Veer-Suiker.
123 Brief Paul Rodenko aan Paul van 't Veer, 22 januari 1945, Archief Erven Paul van 't Veer, Amsterdam.
124 Van 't Veer oppert zijn bezwaren niet alleen in zijn brieven aan Rodenko, maar ook in 'Het wonderlijk moment', verschenen in *Maecenas*, nr. 7, januari 1945, 6-10.

125 Brief Paul Rodenko aan Paul van 't Veer, 28 december 1944, kopie in mijn bezit.
126 Brief Paul Rodenko aan Paul van 't Veer, 11 januari 1945, kopie in mijn bezit.
127 Brief van Paul Rodenko aan Paul van 't Veer, 9 februari 1945, kopie in mijn bezit. De boeken die Rodenko aanraadt, zijn: dr. P. H. Esser, *Uren met Kierkegaard*, A.F. L. van Dijk, *Perspectieven bij Kierkegaard*, Amsterdam 1940 en het voor mij onvindbare H. Höffding, *Kierkegaard*. Het boek van Van Dijk gaat grotendeels over de relatie tussen Kierkegaard en Hegel en de betekenis van het begrip tijd voor beide denkers. Hegel noemt volgens Van Dijk tijd een gaan van moment tot moment, terwijl het bij Kierkegaard gaat om een existentieel tijdsbegrip. Bij hem zijn in het ogenblik toekomst, heden en verleden opgenomen. Verder besteedt Van Dijk aandacht aan Heideggers *Sein und Zeit*, het werk van Nietzsche (Nietzsche en Kierkegaard vinden elkaar in het enkeling zijn), Don Juan en de relatie van Kierkegaard tegenover God. Over dit laatste zegt de auteur: 'Wanneer God "het absolute Andere" is, kunnen wij niet verder komen dan de grens en kunnen wij als mensen ons alleen met de grens bezighouden.' Dit lijkt veel op wat Rodenko later zou beweren over de poëzie van het echec.
128 Deze filosoof, auteur van *Gegenwart* uit 1928, is geen onbekende in de wereld der existentiefilosofen. Ook C. van Peursen citeert hem in zijn *Riskante Philosophie. Een karakteristiek van het hedendaagse existentiële denken*, Amsterdam 1948.
129 Zie Hans van Straten, 'Dood van Aimé'. Van Straten leerde Van Santen kennen via de dichter Max de Jong, die later beweerde dat Rodenko een epigoon van Sjestov was en dat hij het existentialisme reduceerde tot een absurdisme. Brief Max de Jong aan Aimé van Santen, ongedateerd, Collectie Aimé van Santen IISG.
130 Mededeling van Van Santen aan zijn vriend Pier van de Kruk. Zie aantekeningen over dit gesprek van Daisy Wolthers, Collectie Aimé van Santen IISG.
131 Jan Molitor, 'Dostojewski, existentieel romanticus'. In: *Podium*, IV, (1947/1948), nr. 5, (februari 1948), 262-273.
132 *Maecenas*, I (1945), nr 7 (januari 1945), 12-13. Een aantal werd later opgenomen in Paul Rodenko, *Over vrouwen en andere futiliteiten*, Utrecht/Bunnik z.j.
133 Zie Bart van der Boom. *Den Haag in de Tweede Wereldoorlog*, 233-236.
134 Zie Moela Maso, *Dagboek*, 40. De beschrijvingen van het gebeuren zijn deels gebaseerd op dit dagboek en op mededelingen van Olga Rodenko, Interview te Zutphen op 10 augustus 1993.
135 Zie Piet Calis, *Het ondergronds verwachten. Schrijvers en tijdschriften tussen 1941 en 1945*, 225. Tijdens een interview op 4 mei 1993 te Arnhem vertelde Van Loon bovendien dat hij het boek van Freud had geleend.
136 Hans van Straten aan Max de Jong, 7 september 1946, Collectie Max de Jong NLMD. Ik werd op deze passage gewezen door Nico Keuning, de biograaf van Max de Jong, in een brief van 1 maart 1997.
137 Interview Sybren Polet, Amsterdam 5 april 1993.
138 In november 1944 vroeg Ad van Noppen door middel van een formulier waarmee de medewerkers van *Parade der Profeten* bezig waren. Rodenko gaf toen deze bezigheden op. Dit formulier is te vinden in *Parade der Profeten*-archief NLMD.
139 Oorspronkelijk verschenen in *Columbus*, I, (1945/'46), nr. 2, (december 1945), 62. Zie *Orensnijder tulpensnijder. Verzamelde gedichten*, 16. De regel 'Kangeroes kijken door

venstergaten' kan geïnspireerd zijn op wat Rodenko hoorde over de bombardementen op Rotterdam aan het begin van de oorlog. Diergaarde Blijdorp werd verwoest en een groot aantal dieren liep toen vrij door de stad.

140 Zie over de BS in Den Haag Bart van der Boom, *Den Haag in de Tweede Wereldoorlog*, 211. Mededelingen over de BS en Rodenko kreeg ik van Olga Rodenko, Interview Zutphen 13 maart 1993.

141 Rijksarchief Utrecht, Archief van het College van Curatoren van de Rijksuniversiteit te Utrecht 1815-1954, Toegang R 59, Inventarisnummer 2802, Stukken betreffende de zuivering van het wetenschappelijk personeel in de faculteit der letteren en Inventarisnummer 2773, College van Herstel; notulen en verslagen getuigenisverhoren.

142 Kooper stierf op 23 april 1945 te Bilthoven. Op de aangifte van overlijden stond als beroep arts (zie Aangifte van Overlijden, Gemeente De Bilt). De kaart trof ik aan in Rodenko's nalatenschap.

143 *Keesings Historisch Archief* 1945, nr. 742.

144 Bewijs van aanmelding als Oorlogsvrijwilliger nr. 2147, 13 juli 1945, Collectie Paul Rodenko NLMD.

145 Brief Paul Rodenko aan de Psychologische Dienst van de Nederlandsche Weermacht, 14 augustus 1945, Collectie Paul Rodenko NLMD.

146 Brief Paul Rodenko aan de Commandant Depot Expeditionaire Macht Eindhoven, 16 juli 1945, Collectie Paul Rodenko NLMD.

147 Een afschrift van deze brief bevindt zich in de Collectie Paul Rodenko NLMD. Het origineel met bijlagen bevindt zich in het Rijksarchief Utrecht, Archief Senaat, Toegangsnummer 92-1, R Inventarisnummer 596.

148 Brief ministerie van Defensie. Defensie Archieven-, registratie-en informatiecentrum, Bureau registratie en informatie ontslagen personeel, 21 juli 1995. Alleen over de periode 7 mei tot en met 7 augustus 1945 zijn gegevens bekend.

149 Martijn de Rijk, 'Uit het niets komen langzaam woorden en beelden', 109.

150 De archieven van de Nederlandse Binnenlandse Strijdkrachten (BS) en haar voorloper de Ordedienst (OD) zijn uitvoerig onderzocht, echter zonder resultaat (ministerie van Defensie, Centraal Archievendepot (CAD) Den Haag).

151 Telefoongesprek T. Drion, 3 april 1997. Ook met H. Drion is tweemaal telefonisch contact geweest over de kwestie Rodenko, op 4 februari 1995 en 2 april 1997.

152 Olga Rodenko herinnert zich nog hoe gespannen Rodenko was toen hij naar Utrecht ging (interview Zutphen 13 maart 1993).

153 Beschikking rector magnificus, 19 november 1945, Collectie Paul Rodenko NLMD. In het dossier van Rodenko zijn deze twee zaken aangestreept.

154 Rodenko vertelde dit aan zijn vriend W. Renardel de Lavalette, Carla Termeer en ook zijn zus Olga.

155 Dit blijkt bijvoorbeeld uit de brief van Hems Bos aan Paul Rodenko, 14 september 1945, Collectie Paul Rodenko NLMD.

156 Dossier Iwan Rodenko, ministerie van Justitie, CABR. De Politieke Recherche Afdeling was sinds 1 januari 1946 de opvolger van de Politieke Opsporings Dienst (POD), die de gangen naging van iedereen van wie men vermoedde dat hij of zij contact had gehad met de Duitsers.

157 Dit blijft vreemd, vooral omdat de BVD wel gewag maakte van de contacten met Tietgen. Op ambtelijk niveau was dit dus bekend (ministerie van Binnenlandse Zaken, BVD, Inzagemap Iwan Rodenko, Binnenlandse Veiligheidsdienst, ministerie van Binnenlandse Zaken).
158 Mededeling van Carla Josephus Jitta, een nicht van mr. A.C. Josephus Jitta (1887–1958), tijdens een telefoongesprek op 13 augustus 1996. Zij verstrekte mij de biografische gegevens over haar oom.
159 Brief mevrouw Betty Vas aan Iwan Rodenko, 17 mei 1949: 'Nu een der zwaarste dagen van mijn leven voorbij zijn en ik alles nog eens kalm aan mijn oog laat voorbij gaan, blijf ik stilstaan bij U en bij alles wat U Dinsdag [10 mei 1949, K.H.] gezegd hebt om Dick, en met hem zijn hele gezin, uit de ellende te helpen.' De brief bevindt zich vreemd genoeg in de Collectie Paul Rodenko NLMD. Het lijkt erop of Paul Rodenko de brief uit angst voor andere mensen die hem zouden kunnen lezen zelf maar meegenomen heeft.
160 Hij stierf in 1992 als accountant in Amsterdam. (Mededeling Bureau voor de Genealogie Den Haag.)

HOOFDSTUK 3

1 Interview W. F. Hermans, Brussel 7 maart 1995.
2 Interview W. F. Hermans, Brussel 7 maart 1995. De typering 'buitenaards' is wel frappant, omdat Rodenko in zijn poëzie pogingen onderneemt het Andere te benaderen. Dat Andere lijkt op wat Blanchot heeft genoemd het Buiten, de sfeer voorbij de werkelijkheid waar geen beheersing en eenheid is. Zie over Blanchot verderop in dit hoofdstuk.
3 Zie Piet Calis, *Speeltuin van de titaantjes. Schrijvers en tijdschriften tussen 1945 en 1948*, 56–57 en Hans van Straten, *Hermans. Zijn tijd, zijn werk, zijn leven*, Soesterberg 1999, 92–93.
4 Zie Frans A. Janssen, *Bedriegers en bedrogenen. Opstellen over het werk van Willem Frederik Hermans*, Amsterdam 1980, hoofdstuk 1, 'Hermans in 1945'. In dit hoofdstuk is een facsimile van het artikel opgenomen.
5 Rodenko leerde Ruslandkenner Charles B. Timmer (1907–'91) ook op de Assumburg kennen. Zie over hun contact hoofdstuk 4 'Slavische missie'.
6 Willem Frederik Hermans, *Mandarijnen op zwavelzuur*, vierde druk, Baarn 1981, 210–211.
7 Zie Frans A. Janssen, '20 maart 1952: Het proces rond W. F. Hermans' roman *Ik heb altijd gelijk*'. In: M.A. Schenkeveld-Van der Dussen (hoofdredactie), *Nederlandse Literatuur, een geschiedenis*, Groningen 1993, 728–731 en Ton Anbeek, *Na de oorlog. De Nederlandse roman 1945-1960*, Amsterdam 1986, met name hoofdstuk 2 'De jonge generatie'. Zie over de receptie van *De tranen der acacia's* ook Hans van Straten, *Hermans. Zijn tijd, zijn werk, zijn leven*, 178–187.
8 Er zijn in Rodenko's eerste gedichten meer van dit soort versregels. Een paar voorbeelden:

'In denk een naam/ en zie een machtig zwamgezicht.' (Uit: 'Middag');

'Elk ding/ zwelt tot een klam gezicht.' (Uit: 'Vreemdeling');

'Je benen zijn twee zwartgeblakerde pilaren/ in een vergane stad.' (Uit: 'Strand')

9 'Twee debuten'. In: *Podium*, IV, (1947/1948), nr. 6, (maart 1948), 343-355. Dit speciale nummer werd onder de titel 'Avondblad' geheel gewijd aan *De avonden*. Zie VEK, deel 4, 237-248. Dit was uiteindelijk de meest waarderende bespreking van dit boek (zie Hans van Straten, *Hermans. Zijn tijd. Zijn werk. zijn leven*, 139).
10 De jaren vijftig werden daarom wel de periode van 'de stille revolutie' genoemd. Ton Anbeek stelt bij voorbeeld dat Jan Cremer en Jan Wolkers het werk van Van het Reve, Hermans en Blaman afmaken: 'Blaman, Van het Reve en Hermans streden "tegen de restrictieve moraal" en in hun werk kan men "de bulldozer zien die meehielp om het na 1945 opgetrokken bouwwerk te slopen".' Zie Ton Anbeek, '"Niet het moment voor experimenten." De twee gezichten van de jaren vijftig'. In: Paul Luykx en Pim Slot, *Een stille revolutie? Cultuur en mentaliteit in de jaren vijftig*, Hilversum 1997, 19-26.
11 In 1964 had Rodenko reeds acht delen van deze 'onstichtelijke historiën uit vrijmoediger eeuwen' bewerkt. Zie over deze bundels met name de hoofdstukken 6 en 7.
12 Voor het eerst verschenen in *Columbus*, II (1946-1947), nr. 2/3 (november/december 1946), 53-74. Zie VEK, deel 1, 382-406.
13 VEK, deel 1, 400.
14 VEK, deel 1, 401.
15 Omdat de tekst niet werd uitgeschreven, werd de lezing niet opgenomen in de *Verzamelde essays en kritieken*. Het typoscript bevindt zich in de Collectie Paul Rodenko NLMD.
16 *Friese Koerier* van 23 oktober 1964.
17 Het *Friesch Dagblad* van 14 en 16 oktober ging uitvoerig op de lezing in. De *Leeuwarder Courant* en de *Friese Koerier* deden verslag in hun edities van 14 oktober 1964. Over de sfeer tijdens de lezing vertelde mij de heer A. Tilstra, de toenmalige directeur van de CBD, in een telefoongesprek op 16 juni 1994.
18 *Friesch Dagblad*, 16 oktober 1964.
19 Verklaring van de dagvoorzitter de heer J. Visser, opgenomen in het *Friesch Dagblad* van 24 oktober 1964 en de *Friese Koerier* van 26 oktober 1964.
20 Jaarverslag 1964 CBD, aanwezig in Archief Centrale Bibliotheek Dienst te Leeuwarden.
21 *Vrij Nederland*, 'Bibliodiotie', 24 oktober 1964.
22 *Het Vrije Volk*, 14 oktober 1964.
23 Tekst lezing 'Taboe of toelaatbaar', Collectie Paul Rodenko NLMD.
24 Een uitvoerig verslag van deze discussie is te vinden in het eerdergenoemde artikel in *Vrij Nederland* van 24 oktober 1964.
25 'Brief aan een kritische vriend'. In: *Op het twijgje der indigestie*, Amsterdam 1976, 91-118. Zie VEK, deel 1, 436-461.
26 'De dichter'. In: *Orensnijder tulpensnijder. Verzamelde gedichten*, 31.
27 Brief Paul Rodenko aan Aimé van Santen, 2 maart 1948, Collectie Aimé van Santen IISG Amsterdam.

28 Zie hierover bijvoorbeeld Christien Brinkgreve, 'De stem van de vader'. In: *Vrij Nederland*, 11 november 1995, 30-31.
29 Sigmund Freud wijst op het grote taboe dat er in allerlei culturen rust op de agressiviteit tegen de vader, waardoor zij een complexe aangelegenheid is. Zie *Totem en taboe*, Vertaling van Wilfred Oranje en Robert Starke, Meppel/Amsterdam 1984. Na Freud werd door psychoanalytici gewezen op dit aspect van de vaderhaat. Juist daarom kan deze haat vaak omslaan in een veiligere en geaccepteerde haat tegen de staat of God. Zie hierover de wat oudere studie 'Vadermoord' van A.J.W. Westerman Holstijn, opgenomen in zijn boek *Hoofdstukken uit de psychoanalyse*, Utrecht 1950, 76-86.
30 Zie Hans van Straten, *Hermans. Zijn tijd, zijn werk, zijn leven*, hoofdstuk 1 'Een harde opvoeding 1921-1939'.
31 'Tussen chaos en systeem'. In: *Podium*, V (1949), nr. 6/7 (juni/juli), 430-432. Zie VEK, deel 1, 227-234. Wat hij hier beweert heeft voornamelijk betrekking op het verhaal 'Een ontvoogding'.
32 Zie over agressie en haar determinanten prof. dr. P. B. Defares en prof. dr. J. D. van der Ploeg, 'Agressie in breed perspectief'. In: prof. dr. P. B. Defares en prof. dr. J. D van der Ploeg, *Agressie. Determinanten, signalering en interventie*, Assen/Maastricht 1991.
33 Een boeiende studie over kunst en sublimatie is het proefschrift van J.Henkemans, *Aspecten van de sublimatie, haar stoornissen en de therapie hiervan*, Amsterdam 1981. Sybren Polet is gefascineerd door sublimatie en haar relatie met creativiteit. In zijn studie *De creatieve factor. Kleine kritiek der creatieve (on)rede*, Amsterdam 1993, probeert hij vat te krijgen op het creatieve proces en de vraag te beantwoorden wie in aanmerking komt voor een creatief avontuur op hoog niveau. Creëren is een oerdrift, maar Polet voegt daaraan toe dat deze drift niet bij iedereen tot even grote prestaties leidt. Er moet iets bijzonders met de maker aan de hand zijn. Hierbij spelen het gezin (de stimulans) en de aanleg (genen) een rol. Ook Polet wijst erop dat de neurose de aandrift tot creativiteit kan stimuleren.
34 Zie 'Brief aan een kritische vriend', VEK, deel 1, 436-461.
35 'Brief aan een kritische vriend', 439-440.
36 'Brief aan een kritische vriend', 443.
37 Aanwezig in Collectie Paul Rodenko NLMD.
38 'Het einde van de psychologische roman'. In: *Columbus*, II, (1946-'47), nr. 1 (oktober 1946), 4-8. Zie VEK, deel 1, 367-377.
39 Aimé van Santen hield op 1944 in Posterholt (dicht bij de Belgische grens) in het bevrijde zuiden in een Jezuïetenklooster een lezing over Dostojevski's *Mémoires uit het souterrain*. Hij wees de Jezuïeten, die opgeleid werden voor missiewerk in Oost-Europa, op de Russische negativiteit en het verslingerd zijn van de Rus aan de poëzie van de ondergang en het debacle. Zij kunnen net als de Grieken genieten van de schoonheid van het negatieve. Een deel van de tekst van de lezing bevindt zich in de map 'Oost-Europa', Collectie Paul Rodenko NLMD.
40 Zie 'Op het twijgje der indigestie'. In: *Podium*, IV (1947/1948), nr. 2 (november 1947), 106-105. Zie VEK, deel 1, 378-381. Het meest expliciet over de schakelfunctie van Kaf-

ka was hij in 'Moraal in het luchtledig', verschenen in *Vrij Nederland* van 9 augustus 1947 (zie VEK, deel 3, 56-60). Met Kafka kwam hij daarin tot de conclusie dat de wereld van de moderne mens een wereld van fragmenten was geworden. De helden van Kafka bewogen zich in deze wereld op zoek naar 'het algemene', de zin die het leven tot meer dan een som van afzonderlijke daden zou maken. Daarmee preludeerden zij op het Franse existentialisme. Voor de existentialisten bestond het leven uit een reeks van handelingen, 'maar het is steeds een reeks zonder meer, dat wil zeggen een zinloze verzameling fragmenten, kortom een absurditeit'. Ook zij erkenden dat er geen overkoepelende zin meer bestond. 'Er is alleen nog maar het begrip mensheid, niet de realiteit.' Zie over Kafka en Rodenko Koen Hilberdink, '"Dans le goût de Kafka". Paul Rodenko en Franz Kafka'. In: *Kafka-Katern*, V (1997), nr. 4 (november), 82-85.

41 Zie Anthony Beevor & Artemis Cooper, *Paris after the liberation*, London 1994.
42 Brieven E. van Wijk (1887-1961) aan Olga en Paul Rodenko van 6 juni en 10 augustus 1946, Collectie Paul Rodenko NLMD.
43 Reistijden en gegevens over de grensformaliteiten zijn te vinden in de spoorboekjes uit die jaren, Collectie Nederlands Spoorwegmuseum Utrecht, met dank aan de heer C. van Marion, conservator.
44 Interviews Marc à Campo, 28 mei 1994 en Olga Rodenko, Zutphen 7 december 1993.
45 In de eerste brief van Paul Rodenko aan zijn ouders, gedateerd 10 oktober 1946, doet hij uitgebreid verslag van de indrukken die de stad op hem maakt. Archief Olga Rodenko Zutphen.
46 Aantekenschrift (bruin) Parijs, Collectie Paul Rodenko NLMD.
47 Map met knipsels Parijse tijd, Collectie Paul Rodenko NLMD.
48 Brief van Paul Rodenko aan zijn ouders van 20 oktober 1946, Archief Olga Rodenko Zutphen.
49 Verslag van deze gebeurtenis deed Rodenko in zijn brief van 26 oktober 1946 aan Jan Vermeulen, zijn mederedacteur van *Columbus*, Collectie Jan Vermeulen, M. Vermeulen-Bervoets Slijs-Ewijk.
50 Zie over dit voorval Simone de Beauvoir, *Memoires, De druk der omstandigheden I*, Vertaald door L. Witsenburg (*La force des choses*), Baarn 1969, 124-126.
51 De lezing van Sartre werd opgenomen in David Hartman (red.), *Reflections on our age*, London 1948. Omdat Sartre de lezing niet goed had voorbereid, wijkt de hier opgenomen, later geschreven versie af van de lezing uit 1946.
52 Deze bijdragen van Sartre werden later gebundeld in *Critiques littéraires, situations*, I, Paris 1947.
53 Zie 'Medea's mes of De draad van Ariadne'. Het stuk verscheen in twee delen in: *Maatstaf*, III (1955/1956), nr. 7 (oktober 1955), 587-608 en nr. 9 (december 1955), 712-735. Zie VEK, deel 1, 488-526.
54 Zie hierover ook Rüdiger Safranski, *Het kwaad. Het drama van de vrijheid*, Amsterdam 1997, 201.
55 *Gedoemde dichters. Van Gérard de Nerval tot en met Antonin Artaud*, een bloemlezing uit de poètes maudits, samengesteld en ingeleid door Paul Rodenko, Den Haag/Antwerpen, november 1957. Zie voor dit citaat VEK, deel 1, 530.

56 Zie over Mallarmé: 'De experimentele explosie in Nederland', VEK, deel 2, 379 e.v. Over Mallarmé en de relatie die hij heeft met de werkelijkheid zie ook S. Dresden, *Symbolisme. Stromingen en aspecten*, Amsterdam 1980, met name 66 e.v. en Wiel Kusters, *De killer. Over poëzie en poetica van Gerrit Kouwenaar*, Amsterdam 1986, met name 178 e.v. Kusters ziet overeenkomsten tussen bepaalde elementen van het symbolisme en de poëzie van Gerrit Kouwenaar. Hij citeert in dit verband Sartre die over de symbolisten zegt: 'Uit angst nuttig te zijn, willen de extremisten dat hun werken de lezer zelfs niet over zijn eigen innerlijk kunnen voorlichten. Zij weigeren hun ervaringen mede te delen. Ten slotte zal het werk slechts helemaal vrijblijvend zijn als het volkomen onmenselijk is geworden. [...] De verbeelding wordt gezien als het onvoorwaardelijk vermogen het bestaan te loochenen en het kunstwerk verrijst op de ineenstorting van de wereld.'

Uit het werk van de poètes maudits stelde Rodenko in 1957 een bloemlezing samen, die verscheen onder de titel *Gedoemde Dichters. Van Gérard de Nerval tot en met Antonin Artaud*. In zijn inleiding wijst hij op het destructieve van deze poëzie, wat ook een centraal element zou worden van Rodenko's poëtica. Zie VEK, deel 1, 526–555.

57 Zie over Blanchot Annelies Schulte Nordholt, 'Het schuwe denken. Inleiding'. In: Annelies Schulte Nordholt, Laurens ten Kate & Frank Vande Veire (redactie), *Het wakende woord. Literatuur, ethiek en politiek bij Maurice Blanchot*, Nijmegen 1997, 11–43.

58 Opgenomen in Jean-Paul Sartre, *De Revolutie*, Vertaling C. Termeer, Manifesten, Den Haag 1969. Oorspronkelijk verschenen in *Les Temps Modernes* van juli 1946.

59 Dat Paul Rodenko het stuk van Sartre belangrijk vond, blijkt bij voorbeeld uit een brief aan L. Hornstra van 6 januari 1967, waarin Rodenko schrijft dat hij indertijd dit artikel met veel enthousiasme heeft gelezen. (Archief Hornstra in Frysk Letterkundich Museum en Dokumintaasjesintrum Leeuwarden.) Zie over de contacten tussen Hornstra en Rodenko in die tijd hoofdstuk 7 'Buitenstaander'.

De Nederlandse communisten waren niet gecharmeerd van het existentialisme. Ger Harmsen verweet in *Politiek en Cultuur* de existentialisten dat ze zich te vijandig opstelden ten opzichte van de wetenschap, waardoor zij zich tegen de vooruitgang richtten. Ook kwamen Berdjajew en Sjestov er bij hem niet goed vanaf: 'Niet toevallig vinden we onder de eerste existentialisten twee Witrussen, gevlucht voor de revolutie, en de blik naar het verleden gericht, nl.Berdjadew en Sjestow.' ('Existentialisme en marxisme'. In: *Politiek en Cultuur*, III, 199–201.) De notities zijn te vinden in een bruin schrift, Collectie Paul Rodenko NLMD.

60 Zie J. P. Sartre, *Wat is literatuur?*, Vertaling H.F. Arnold, Amsterdam 1968, 11–34.

61 Zie 'Wat is poëzie', 'De criticus als ingenieur' en 'Empirische poëziekritiek en de dichter', VEK, deel 1, 39–68. De stukken verschenen oorspronkelijk in *Maatstaf*. Het laatste artikel was een reactie op 'De ingenieur als psycholoog' van J. J.A. Mooij. De stukken werden onder de titel 'Antwoord op antwoord', gepubliceerd in *Maatstaf*, II (1954/1955), nr. 12 (maart 1955), 889–902. Rodenko kon zoals later zal blijken zijn theorie in zijn stukken over Achterberg niet altijd volhouden. Toen hij in 1956 zijn beschouwingen bundelde in *Tussen de regels*, ging Mooij als criticus onder het pseudoniem Eduard Ternoo vooral op de problematische kant van de criticus als inge-

nieur in: 'Herhaaldelijk waarschuwt Rodenko tegen het letterlijk en prozaïsch opvatten van versregels (bv. op blz.55). Versregels behoren tot het vers en betekenen daarbuiten niets. Desondanks wordt een versregel van Lucebert tot een uitlating en een bewering van hem gemaakt. Dezelfde inconsequentie treft men op andere plaatsen aan, zo ook op blz. 109 in het stuk over Tergast: "De verzen van *Deliria* zijn vaak van een nietzscheaanse allure, qua stijl, qua toon en ook qua inhoud. De eigenlijke zondeval ligt volgens de dichter hierin dat de mens zijn kostbare bezit: zijn Eenzaamheid, heeft 'verkwanseld' voor een goedkope verlossingsreligie, voor een god die zich over zijn wonden ontfermde." Overduidelijk wordt de poëzie hier als middel opgevat, waardoor de dichter bepaalde opinies en gevoelens uitdrukt. Dit is natuurlijk falikant in strijd met de autonomie van het vers.'

62 Aantekeningen in boekje Parijs, Collectie Paul Rodenko NLMD. De tekst van de eerste lezing van Malraux, die grotendeels overeenkomt met de lezing die Rodenko bijwoonde werd ook opgenomen in David Hartman (Intr.), *Reflections on our age*, London 1948.

63 Interview Karel Ligtenberg, Den Haag 31 oktober 1994.

64 Kopie brief Iwan Rodenko aan Paul Rodenko, 14 november 1946, Collectie Koen Hilberdink.

65 Interviews Jan Trapman (1921), Amsterdam 11 december 1994 en 2 februari 1995.

66 Dit maakte E. à Campo, iemand van het Tweede Gymnasium, mee. Interview Brussel 19 oktober 1993.

67 Van beiden werd het diploma erkend als toelating tot de universiteit. Zie 'Ordre Alphabetique Equivalance', Faculté des Lettres, aanwezig in de Archives Nationales Paris, nr. A J 16.4696.

68 Archives Nationales Paris, Fiches individuelles des étudiants, nés entre 1880-1925, Cat.nr. A J 16.5015. Carte nr. Étudiant: 11934.

69 Mededelingen over Carré (1881-1958) kreeg ik van Charles Dédéyan, de opvolger van Carré. Interview Parijs 18 oktober 1995.

70 Brief Paul Rodenko aan Gerrit Borgers, 7 mei 1948, Collectie Gerrit Borgers NLMD. Ik heb het werkstuk niet aangetroffen in zijn nalatenschap en ook niet in de bibliotheek van het huidige instituut voor Algemene Literatuurwetenschap aan de Sorbonne, waar in principe alle scripties worden bewaard.

71 Bijvoorbeeld in een brief aan prof. dr. J. H. van den Berg van 15 januari 1966 (kopie in Collectie Paul Rodenko NLMD).

72 Interview W. F. Hermans, Brussel 7 maart 1995. Na het bezoek stuurde Rodenko hem een artikel uit een Franse krant over de geschiedenis van de metro. Het artikel bevindt zich in de nalatenschap van Hermans, die mij een kopie stuurde. In *De tranen der acacia's*, twee jaar na zijn eerste bezoek aan Parijs verschenen, staat op de pagina's 97-98 een prachtige beschrijving van de Parijse metro (Willem Frederik Hermans, *De tranen der acacia's*, Amsterdam 1949, 97-98). Zie over het bezoek van Hermans aan Rodenko ook Betty van Garrel en K. Schippers, 'Vriend en vijand over Willem Frederik Hermans'. In: *Haagse Post*, 15 september 1971.

73 Interview Huguette Lévy, Parijs 2 mei 1998. Huguette Lévy woonde in die tijd als studente tandheelkunde in het Collège en was bevriend met Jan Trapman en Karel Lig-

tenberg. Zij herinnert zich Rodenko als 'très timide'. Ook sprak ik met haar over de sfeer tussen mannen en vrouwen op het Collège.
74 Brief Adriaan Morriën aan Koen Hilberdink, 2 oktober 1987.
75 Brief Paul Rodenko aan Aimé van Santen, 1 december 1947, Collectie Aimé van Santen IISG.
76 Brief Paul Rodenko aan Wim Hermans, 11 september 1947, Collectie W. F. Hermans, kopie in mijn bezit.
77 Brief Paul Rodenko aan Wim Hermans, 25 oktober 1947, Collectie W. F. Hermans, kopie in mijn bezit.
78 Paul Rodenko aan Wim Hermans, 12 november 1947, Collectie W. F. Hermans, kopie in mijn bezit.
79 W. F. Hermans aan Paul Rodenko, 13 november 1947, Collectie Paul Rodenko NLMD.
80 Briefkaart Wim Hermans aan Paul Rodenko, 3 april 1948, Collectie Paul Rodenko NLMD.
81 Brief Paul Rodenko aan Gerrit Borgers, 5 februari 1948, Collectie Gerrit Borgers NLMD.
82 Brief Paul Rodenko aan Wim Hermans, 6 maart 1948, Collectie W. F. Hermans, kopie in mijn bezit.
83 Interview Hems Bos, Vijfhuizen 16 november 1993.
84 Hems Bos kan zich niets van het gesprek herinneren (interview Vijfhuizen, 16 november 1993), maar in Rodenko's agenda staat de afspraak uitvoerig beschreven, zelfs met de tijd waarop hij de trein uit Den Haag moest nemen. Agenda in Collectie Paul Rodenko NLMD.
85 Zie J. A van Belzen, *Portretten van landschappen. Tekeningen uit de geschiedenis van de Nederlandse psychiatrie*, Baarn 1994, met name 9-29 en H. Stroeken, *Freud in Nederland. Een eeuw psychoanalyse*, Amsterdam 1997, 69-70. Rümke werd vooral bekend om zijn studie over *Van de koele meren des doods* van Frederik van Eeden (H. C. Rümke, Over Frederik van Eeden's *Van de koele meren des doods. Een essay*, Amsterdam 1964).
86 De vereniging richtte in 1946 dit behandelinstituut op. Zie Harry Stroeken, *Freud in Nederland. Een eeuw psychoanalyse*, 57.
87 Zie agenda van Rodenko 1948. Op 24 november staat genoteerd dat hij 's avonds met Hems Bos zou werken aan zijn levensbeschrijving, Collectie Paul Rodenko NLMD.
88 Brief C.G. Querido-Nagtegaal aan Paul Rodenko, 25 april 1949, Collectie Paul Rodenko NLMD.
89 Het Psychoanalytisch Instituut geeft om principiële redenen geen informatie over patiënten (brief J. G. Jonker, 12 januari 1994).
90 Zie over Stein en zijn contacten met de Nederlanders Jan van der Vegt, *Hans Andreus. Biografie*, Baarn 1995, 198-199.
91 Zie Hans de Vaal, 'Interview met Elliott Stein'. In: *Litterair Paspoort*, VIII (1953), 7-10.
92 In Rodenko's nalatenschap bevinden zich 9 brieven van Stein en een afschrift van een brief van Rodenko gericht aan Stein. Deze brief van Rodenko is gedateerd 29 juni 1949. Rodenko schrijft in deze brief dat het hem helaas niet lukt om deze zomer naar Parijs te komen.

93 'Parijse Notities III'. In: *Litterair Paspoort*, III (1948), nr. 17 (mei/juni), 77-78. Zie VEK, deel 3, 86-87.
94 Brief Rodenko aan Wim Hermans, 7 september 1948, Collectie W. F. Hermans, kopie in mijn bezit. Tijdens een gesprek met Hermans op 7 maart 1995 te Brussel vertelde deze mij dat het Rodenko was geweest die hem nader met het existentialisme vertrouwd had gemaakt.
95 'Het radicale humanisme van Antonin Artaud'. In: *Litterair Paspoort*, III (1947/1948), nr. 1 (oktober 1947), 3-14. Zie ook VEK, deel 1, 412-413.
96 Brieven Adriaan Morriën aan Paul Rodenko, 1 en 5 oktober 1948, Collectie Paul Rodenko NLMD.
97 Brief Adriaan Morriën aan Paul Rodenko, 17 december 1948, Collectie Paul Rodenko NLMD. In deze brief vat Morriën de reactie van Rodenko nog even kort samen.
98 VEK, deel 1, 415.
99 Brief Paul Rodenko aan Aimé van Santen van 9 december 1948, Archief Aimé van Santen IISG.
100 Notities voor een nieuw essay, aangetroffen in de nalatenschap van Rodenko. Hij schreef allerlei invallen op in verband met de publicatie van zijn *Op het twijgje der indigestie*, waarin ook het eerdergenoemde 'Brief aan een kritische vriend' opgenomen zou worden. In dit nieuwe stuk wilde hij een standpuntbepaling geven t.a.v. zaken die hij in het verleden ook reeds behandeld had. Collectie Paul Rodenko NLMD.
101 'Brief aan een kritische vriend', 458.
102 Volgens Van Wijks assistent uit die tijd, C. H. van Schooneveld, adviseerde Van Wijk al zijn studenten dit boek te lezen. Het boek verscheen in Leipzig in 1924. Brief van prof. dr. C. H. van Schooneveld aan mij 12 juli 1994.
103 Zie bijvoorbeeld hierover Wiel Kusters 'Poëzie, wrede machine', opgenomen in *Ik graaf, jij graaft. Aantekeningen over poëzie*, Amsterdam 1995, 140-147.
104 Brief Paul Rodenko aan A. Marja, 6 augustus 1948, Collectie A. Marja NLMD.
105 Paul Rodenko, *Orensnijder tulpensnijder. Verzamelde gedichten*, 50.
106 Interview Marc à Campo, Amsterdam 28 mei 1994. Opvallend is ook dat Peter Bekkers – als kind kwam hij veel over de vloer bij de Rodenko's – in een artikel in *de Volkskrant* van 5 april 1991 beweert dat Paul Rodenko hierbij is geweest (Peter Bekkers, 'De magiër van Zutphen').
107 Nicolaj Berdjajew, *Het Russische denken in de 19e & 20e eeuw*, bewerkt door S. van Praag, Amsterdam 1947, 38.
108 Zie Daniel Rancour-Laferriere, *The Slave Soul of Russia. Moral Masochism and the cult of suffering*, New York/London, 1995, 42-50.
109 Later namen de socialistisch-revolutionairen wat betreft hun bewondering voor de boeren en hun agrarische gemeenschappen de fakkel van de revolutionaire Narodniki over. Zij richtten in 1901 de Partij van Socialistisch-Revolutionairen op, die tijdens de revolutie van 1917 een belangrijke rol speelde. In 1918 verlieten de leden het revolutionaire kamp van Rusland, omdat ze het niet eens waren met de ongunstige vrede van Brest-Litovsk. Ze werden een vervolgde groep in de Sovjet-Unie. Zie over de Narodniki Avrahm Yarmolinsky, *Road to the Revolution*, London 1957 en Franco Venturi, *Roots of Revolution*, New York 1966.

110 Bijvoorbeeld met Emile à Campo (interview te Brussel op 19 oktober 1993). Ook zijn Haagse kennis Nico Wijnen hoorde Rodenko spreken over zijn bewondering voor de Narodniki en Bakoenin (1814-'76) (interview Den Haag 28 januari 1993).
111 Bakoenin geciteerd in Nicolaj Berdjajew, *Het Russische denken in de 19e & 20e eeuw*, 131.
112 Aanwezig in Collectie Paul Rodenko NLMD.
113 Ik baseer me hier grotendeels op notities die Rodenko met name in zijn Parijse jaren maakte over de democratie. (Bruin schrift met daarop een grote B, met name de pagina's 12-14, Collectie Paul Rodenko NLMD.) Deze opvattingen zijn ook terug te vinden in het essay 'Democratie en religie' (*VEK*, deel 1, 462-479).
114 Morriën en Hermans, die beiden anticommunistisch waren, vonden Rodenko ook 'verdacht', maar hadden daar geen bewijs voor. (Interviews A. Morriën, Amsterdam 2 maart 1993 en W. F. Hermans, Brussel 7 maart 1995.)
115 Inzagemap Paul Rodenko, Binnenlandse Veiligheidsdienst, ministerie van Binnenlandse Zaken.
116 Aimé van Santen aan Paul Rodenko, 18 mei 1948, Collectie Paul Rodenko NLMD.
117 Zie over deze twee begrippen Rüdiger Safranski, *Het kwaad. Het drama van de vrijheid*, Amsterdam/Antwerpen, 1998, 149-150.
118 Zie over 'De Utrechtse School' Trudy Dehue, *De regels van het vak. Nederlandse psychologen en hun methodologie 1900-1985*, hoofdstuk 3 'Al wat ons levend ontmoet', 73-111 en Ido Weijers, *Terug naar het behouden huis. Romanschrijvers en wetenschappers in de jaren vijftig*, Amsterdam 1991, met name het inleidende hoofdstuk.
119 Dit blijkt uit notities gevonden in Rodenko's nalatenschap, Collectie Paul Rodenko NLMD. Hij volgde de practica in Parijs op 26 november 1946, 2 december 1946, 26 januari 1947 en 24 maart 1947.
120 Hems Bos aan Paul Rodenko, 6 december 1946, Collectie Paul Rodenko NLMD.
121 Zie over de receptie Piet Calis, *Speeltuin van de titaantjes. Schrijvers en tijdschriften tussen 1945 en 1948*, Amsterdam 1993, 99. Sierksma bespreekt Rodenko's essay in zijn kritiek 'Notities bij Cola Debrot'. In: *Podium*, III (1946/1947), nr. 4, (februari 1947), p. 117-121. Rodenko reageert hierop met 'Op het twijgje der indigestie'. In:*Podium*, IV, (1947/1948), nr. 2 (november 1947), 106-108. Zie over de discussie de noten op pagina 578-583 van *VEK*, deel 1.

Vestdijk schreef over Rodenko's essay in 'De psychologie in de roman', oorspronkelijk verschenen in *De Gids* van februari 1948 en opgenomen in *Zuiverende kroniek*, Amsterdam 1956, 1-20. Hij komt op pagina 16 tot de conclusie dat Rodenko's existentialistische streep onder de psychologische roman, alleen maar een streep onder de roman als kunstgenre tout court kan zijn: 'Blijkbaar beschouwt hij Sartre als een overgangsfiguur, met één been nog in de psychologie, of nauwkeuriger uitgedrukt: in de zekerheden of pretenties van de "homo psychologicus" met het andere reeds in de ethiek. Maar nogmaals: wat is, in de roman, ethiek zonder psychologie? Of psychologie zonder ethiek?'
122 Bewijs voor dit contact vond ik in Rodenko's agenda van 1948, waarin de naam en het adres van Langeveld zijn opgenomen, Collectie Paul Rodenko NLMD. Zie over het idee van uitverkorenheid van Buytendijk Trudy Dehue, *De regels van het vak. Nederlandse psychologen en hun methodologie 1900-1985*, 77.

123 Brief prof. dr. M. J. Langeveld aan Paul Rodenko, 28 oktober 1948, Collectie Paul Rodenko NLMD.
124 Zie over Chorus Koen Hilberdink, 'De kunst van de briljante keuze'. Psycholoog Alphons Chorus en de biografie'. In: *Biografie Bulletin*, VIII (1998), nr. 2, 176-182.
125 Brief A. Chorus aan Paul Rodenko, 22 november 1948, Collectie Paul Rodenko NLMD.
126 Over het contact schreef professor A. Chorus mij in een brief van 8 februari 1994. Het collegerooster is te vinden in de agenda van 1948, tweede pagina, Collectie Paul Rodenko NLMD.
127 Aanstellingsacte ten behoeve van Pensioenfonds der KLM, 18 februari 1949, Collectie Paul Rodenko NLMD. Opvallend is dat ook in het BVD-dossier melding gemaakt wordt van Rodenko's aanstelling en dat het salaris wordt genoemd (Inzagemap Paul Rodenko, BVD, ministerie van Binnenlandse Zaken).
128 Brief Paul Rodenko aan Gerrit Borgers, 13 december 1948, Collectie Gerrit Borgers NLMD.
129 Toen Rodenko werkte bij de KLM waren J. J. Wittenberg en M. J. Daniëls zijn collega's. Beiden keken ervan op dat de KLM een documentalist aanstelde en hadden daarover zo hun vermoedens. Telefoongesprek J. J. Wittenberg Amsterdam, 13 mei 1997 en prof. dr. M. J. Daniëls, 28 mei 1997. De kwalificatie 'angstneurotisch' is van Daniëls. Hornstra (1908-'90) was een radencommunist, die op 17 mei in *De Tribune* als schrijver debuteerde met een bijdrage onder de titel 'Practisch onderwijs in Rusland'. Hij studeerde eerst medicijnen, later psychologie. Zie Gerrit van der Meer en Martin van Amerongen, 'In memoriam Lieuwe Hornstra'. In: *De Groene Amsterdammer*, 5 september 1990.
130 Interview Annetje Houwing, Den Haag 13 mei 1993. Het was voor haar wel eens frustrerend dat Olga en Paul zulke bijzondere dingen in de vlekken zagen. Zij zag vaak niet meer dan een beer of een ander dier.
131 Zie Trudy Dehue, *De regels van het vak. Nederlandse psychologen en hun methodologie 1900-1985*, 43.
132 Interview W. F. Hermans, Brussel 7 maart 1995 en interview Olga Rodenko, Zutphen 13 augustus 1993. Hermans vertelde de geschiedenis aan zijn vriend Adriaan Morriën die er in een brief aan Rodenko van 31 januari 1949 naar verwijst: 'Van Wim hoorde ik dat je weer een paar avontuurlijke dagen in Amsterdam hebt doorgebracht en dat hij je zelfs uit het ziekenhuis moest vandaan halen', Collectie Paul Rodenko NLMD. Hermans bewaarde het briefje dat bij hem werd afgeleverd, Collectie W. F. Hermans, kopie in mijn bezit. Hans van Straten geeft in *Hermans. Zijn tijd, zijn werk, zijn leven* op pagina 168-169 een andere versie van het verhaal. Hij dateert de gebeurtenis op 26 februari 1949, omdat dit de datum was waarop het boekenbal plaatsvond. Volgens zijn verhaal zou dit hebben plaatsgevonden na het boekenbal.
133 Brief KLM aan Paul Rodenko, 23 januari 1949, Collectie Paul Rodenko NLMD.
134 Brief Carla Termeer (1921), 30 november 1997. Verder is hier gebruik gemaakt van informatie verkregen tijdens twee interviews in Den Haag, op 12 oktober 1993 en 11 juli 1996.
135 Brief Dienst Personeelszaken KLM Den Haag aan Paul Rodenko, 14 september 1949, Collectie Paul Rodenko NLMD.

136 Zie Trudy Dehue, *De regels van het vak. Nederlandse psychologen en hun methodologie 1900-1985*, Amsterdam 1990, 50 en Ido Weijers, *Terug naar het behouden huis. Romanschrijvers en wetenschappers in de jaren vijftig*, 85. Weijers wijst er nog op dat De Groot door Langeveld en Buytendijk werd afgewezen voor het ordinariaat voor de toegepaste psychologie te Utrecht. De Groot wordt door Weijers gepresenteerd als een voorstander van waardevrije wetenschapsbeoefening die daarom niets moest hebben van de 'fenomenologische ontmoeting'. Toch was het De Groot met wie Rodenko in Amsterdam het eerst contact had. Hij schreef hem een brief en werd voor een gesprek uitgenodigd door De Groot (brief A. D. de Groot aan Paul Rodenko, 30 september 1949, Collectie Paul Rodenko NLMD). De Groot stuurde hem daarna door naar Duijker.
137 Doorslag brief Paul Rodenko aan prof. dr. C. J. Duijker, gedateerd 10 juni 1950, Collectie Paul Rodenko NLMD. Rodenko dateerde de brief naar alle waarschijnlijkheid foutief, omdat Duijker zijn antwoord op 8 juni dateerde, maar het omgekeerde is ook mogelijk.
138 Brief prof. dr. C. J. Duijker, 6 juli 1950, Collectie Paul Rodenko NLMD.
139 Brief Hems Bos aan Paul Rodenko, 4 december 1950, Collectie Paul Rodenko NLMD.
140 Brief Hems Bos aan Paul Rodenko, 29 juli 1951, Collectie Paul Rodenko NLMD.
141 Brief Ben Kouwer aan Paul Rodenko, 14 augustus 1951, Collectie Paul Rodenko NLMD.
142 Zie hoofdstuk 8 'Al leef je nog eens twintig jaren'.
143 'Muggen, olifanten en dichters' verscheen oorspronkelijk in *Columbus*, jrg. 1 (1945-'46), nr. 3 (december 1945), 58-62. Zie *VEK*, deel 3, 14-20. Zie over de sleutelgattheorie ook de opmerkingen in hoofdstuk 1 'Pawel Iwanowitzj'. De proeven zijn te vinden in F. Roels, *Handboek der psychologie*, deel 1, 160 e.v. Katz beschreef zijn proeven in het artikel 'Die Erscheinungsweisen der Farben und ihre Beeinflussung durch die individuelle Erfahrung', verschenen in *Zeitschrift für Psychologie und Physiologie der Sinnesorgane*, Ergänzungsband 7, 1911, een artikel dat niet door Rodenko gelezen kan zijn. De veronderstelling dat hij via Roels in contact kwam met deze theorieën lijkt mij gerechtvaardigd. In Utrecht werden tot begin 1943 ook colleges gegeven over zintuigpsychologie door de privaatdocent dr. J.A.van Heuven, afkomstig uit de medische faculteit.
144 'Archibald Strohalm: opmerkelijk debuut van Harry Mulisch'. In: *Haagsch Dagblad*, 31 januari 1953. Zie *VEK*, deel 4, 289-292.
145 Ook Hems Bos merkte dat. Interview Hems Bos, Vijfhuizen 16 november 1993.
146 Notities uit de periode 1946-'50, Collectie Paul Rodenko NLMD.
147 Opvallend is een uitspraak van de psychotherapeut A. van Dantzig, gedaan tijdens een interview met Paul Anzion: 'Het was tegelijkertijd een heel interessante periode, omdat er toen nog geen antipsychotica waren. Die hebben het vak bedorven. Toen we geen antipsychotica hadden, hadden de mensen de prachtigste wanen die tijdenlang konden duren; je kon ieder ogenblik in de meest fantastische werelden stappen.' (Paul Anzion, 'Psychotherapie: één professie, één opleiding. A. van Dantzig over de opleiding psychotherapie'. In: *Tijdschrift voor psychotherapie*, 1999, nr. 25, 41-52.)
148 Zie hierover Nico Laan, 'De psychiatrische patiënt als kunstenaar', opgenomen in Suzette Haakma (red.), *Art Brut teksten over kunst en waanzin*, Amsterdam 1994, p. 19-29.

149 Zie René Diekstra, 'Sterven zal ik om te leven'. In: *Psychologie*, IV (1985), nr. 9, 34-35. Diekstra wijst erop dat Mahler zijn leven lang last had van doodsangst. Zij maakte hem onrustig, maar was op hetzelfde moment een voorwaarde voor zijn scheppend werk.

HOOFDSTUK 4

1 Zie Willem Frederik Hermans, *Mandarijnen op zwavelzuur*, 211.
2 Zie 'Brief aan een kritische vriend', 372.
3 Van Santen had een stuk geschreven met de titel 'De situatie van de Dostojevski-kritiek', dat nooit werd gepubliceerd (aanwezig in Collectie Aimé van Santen IISG). Hij wijst erop dat de artikelen die door mensen als Hendrik de Vries en Vestdijk over Dostojevski zijn geschreven, ronduit slecht zijn. Deze bijdragen stonden in een speciaal nummer van *Groot Nederland* over Dostojevski, dat in 1941 was verschenen.
4 Zie over Van Santen Niels Bokhove, '"Dat hopeloze stadje hier." Olomouc als bakermat van Aimé van Santens Kafka-visie', tekst lezing gehouden te Olomouc, najaar 1997. Met dank aan Niels Bokhove.
5 Dat de plannen dateren van begin 1946 maak ik op uit een brief van Rodenko aan Charles Timmer (29 mei 1946), waarin Rodenko Timmer voor het eerst bericht over het tijdschrift *Oost-Europa* (Collectie Charles B. Timmer, UB Amsterdam).
6 Het tijdschrift werd opgericht in 1925. Luther werkte maar korte tijd mee, omdat het blad in handen kwam van de Russische ambassade. Luther was te kritisch over de Sovjet-Unie en moest na verloop van tijd zijn medewerking stopzetten. Zie Günther Rosenfeld, *Sowjetunion und Deutschland, 1922-1933*, Köln 1984, 199.
7 De tekst bevindt zich ook in de map 'Oost-Europa', Collectie Paul Rodenko, NLMD. De tekst werd ondertekend door Van Santen en als laatste door Rodenko, wat de conclusie rechtvaardigt dat hij de tekst schreef. Bovendien is de stijl herkenbaar als 'Rodenkiaans'.
8 Zie hierover ook Milo Anstadt, *Polen, land, volk, cultuur*, Baarn 1965, 18-20.
9 De eerste brief van Rodenko aan Timmer is gedateerd 23 oktober 1945, Collectie Charles B. Timmer UB Amsterdam.
10 Brief Paul Rodenko aan Charles B. Timmer, 2 augustus 1946, Collectie Charles B. Timmer UB Amsterdam.
11 Rodenko schrijft over de medewerking van Th. J. G. Locher (1900-'70) in een brief aan Charles B. Timmer, 29 mei 1946, Collectie Charles B. Timmer UB Amsterdam. De andere redactieleden zijn: J. B. de La Faille, Ettore la Gatto (Italië), J. Kortenhorst, Sir Bernard Pares (New York). De namen zijn te vinden in een folder die Van Santen al had laten drukken, Collectie Aimé van Santen IISG.
12 Brief Paul Rodenko aan Charles B. Timmer, 2 augustus 1946, Collectie Charles B. Timmer UB Amsterdam.
13 Van Santen schrijft over de medewerking van Rodenko's vader in een brief aan Paul Rodenko van 29 juli 1946, Collectie Paul Rodenko NLMD.
14 Paul van 't Veer laat dit in zijn brieven merken en ook Hans Warren leefde jaren in

die vooronderstelling, interview Hans Warren, Kloetinge 1 maart 1994. De BVD vielen deze contacten met de ambassade ook op, Inzagemap Iwan Rodenko, Binnenlandse Veiligheidsdienst, ministerie van Binnenlandse Zaken.
15 Brief Van Santen aan Paul Rodenko, 22 november 1946, Collectie Paul Rodenko NLMD.
16 Zie Lisa Kuitert, *Het uiterlijk behang. Reeksen in de Nederlandse literatuur, 1945-1996*, Amsterdam 1997, 23.
17 Een Nederlandse vertaling verscheen in 1950 onder de titel *Asmodai in Praag. Franz Kafka, zijn tijd en zijn werk*, 's-Graveland 1950. Het boek werd door Rodenko in het *Critisch Bulletin* besproken onder de titel 'Kafka "ont-Broddeld"' (IX (1952), (maart), 130-133. Zie *VEK*, deel 4, 286-288).
18 Brief Aimé van Santen aan Paul Rodenko, 21 december 1947, Collectie Paul Rodenko NLMD.
19 Brief Paul Rodenko aan Aimé van Santen van 18 februari 1948, Collectie Aimé van Santen IISG.
20 Zie over de samenwerking met Van Oorschot hoofdstuk 7 'Buitenstaander'.
21 Zie hierover bijvoorbeeld A.A. de Jonge, *Stalinistische herinneringen*, Den Haag, 1984, 32.
22 Zie ook Inzagemap Iwan Rodenko, Binnenlandse Veiligheidsdienst, ministerie van Binnenlandse Zaken.
23 Zie ARA, ministerie van Justitie, Kerkgenootschappen, K.G. 46, De Russisch-Orthodoxe Kerk in Nederland.
24 Zie over deze kwestie het rapport van de Centrale Veiligheidsdienst, de voorloper van de Binnenlandse Veiligheidsdienst, Sovjetpropaganda en subversie in de Russisch Grieks Orthodoxe Kerk (1947), dat zich bevindt in het archief Geheime Stukken Buitenlandse Zaken 817.35 Russisch-Orthodoxe Kerk in Den Haag. Opvolging Pr. A. Dribintzew. In hetzelfde archief bevindt zich een geheime brief van de Directie Administratieve Zaken aan de Centrale Veiligheidsdienst over deze kwestie, waarin ook de naam van Iwan Rodenko voorkomt: 'Tenslotte werd mijn aandacht gevestigd op Ir. Rodenko, Anthonie Duyckstraat, alhier, die achter de groep Loukine zou staan.' De weergave van de gebeurtenissen dient kritisch bekeken te worden. Ook de Centrale Veiligheidsdienst liet zich beïnvloeden door de algemene opinie over de gevaarlijke Sovjet-Unie.
Paul Loujetzky krijgt in het zogenaamde Weinreb-rapport een betere beoordeling dan in het dossier van de Centrale Veiligheidsdienst. De onderzoekers D. Giltay Veth en A.J. van der Leeuw gaan ervan uit dat Loujetzky, die op 21 januari 1943 werd gearresteerd door de SD, verraden werd door Weinreb. Dat kleurt hun beeld van hem; bovendien is er vanzelfsprekend geen onderzoek gedaan naar de vreemde relatie tussen hem en de kerk (zie D. Giltay Veth en A.J. van der Leeuw, *Rapport door het Rijksinstituut voor Oorlogsdocumentatie uitgebracht aan de minister van justitie inzake de activiteiten van drs. F. Weinreb gedurende de jaren 1940-1945, in het licht van nadere gegevens bezien*, 2 delen, Den Haag 1976, 257-264, voortaan Weinreb-rapport genoemd).
25 Weinreb-rapport, 657-568.

26 De Binnenlandse Veiligheidsdienst observeerde hoe Iwan Rodenko zich gedroeg in de Russisch Orthodoxe Kerk als ambassadepersoneel op bezoek kwam. Over het afhalen van de trein van een belangrijke Rus, werd de dienst getipt. Zie Inzagemap Iwan Rodenko, Binnenlandse Veiligheidsdienst, ministerie van Binnenlandse Zaken. Over het gedrag van Iwan Rodenko hoorde ik van A. Waterreus, die indertijd bevriend was met Loukine – volgens sommigen was zij zijn minnares – en zich verbaasde over dit gedrag van Iwan Rodenko.
27 Brief Paul van 't Veer aan Paul Rodenko, 10 januari [1948], Collectie Paul Rodenko, NLMD.
28 Brief Paul van 't Veer aan Paul Rodenko, 24 maart [1948], Collectie Paul Rodenko, NLMD.
29 Informatie over de vriendschapsverenigingen Nederland-USSR is te vinden in 'Rol en betekenis van de vriendschapsverenigingen' van Wim Hulst, opgenomen in Baruch, Friederich et al., 'Aan de grenzen voorbij': een overzicht van de ontwikkeling van de politieke, culturele en handelsrelaties tussen Nederland en de Sowjet-Unie van 1917 tot heden, Amsterdam 1987. Recenter en objectiever is de doctoraalscriptie van Evelien Raap, De vereniging 'Nederland-USSR' 1947-1956. De rol en ontwikkeling van een mantelorganisatie, Groningen 1995.
30 Volgens de BVD was Paul Rodenko in 1946 lid geworden van de Vereniging Nederland-Rusland. Het kan zijn dat hij contacten had met het gelijknamige genootschap dat in Den Haag actief was, maar in verband met zijn vertrek naar Parijs, kunnen die contacten niet van lange duur geweest zijn.
   De eerste informatieve bijeenkomst van de Vereniging Nederland-Rusland vond plaats op 24 augustus 1945 in Pulchri. De vereniging werd pas opgericht op 8 augustus 1946. Zie notulen in Archief J. Barents, Internationaal Instituut Sociale Geschiedenis Amsterdam. Barents, docent internationale betrekkingen aan de Economische Hogeschool in Rotterdam, was een van de leden van het eerste uur. De naam Rodenko komt in dit archief niet voor.
31 Van de vereniging bestaat geen (openbaar) archief. Theun de Vries kende Paul Rodenko wel, maar kan zich niet herinneren hem ooit op een bijeenkomst te hebben gezien (brief Theun de Vries, 19 september 1995). Het zal waarschijnlijk gebleven zijn bij deze bijdrage. W. Hulst raakte na 1950 als bestuurslid betrokken bij de vereniging, maar kwam Rodenko nooit tegen (brief W. Hulst, 14 september 1995).
32 Alexander Alexandrowitsj Blok, De Twaalf, Vertaald door Paul Rodenko, illustraties van Bielkine, Amsterdam 1947. Rodenko kwam via Charles B. Timmer bij Van Oorschot terecht. In een brief van 22 oktober 1945 aan Charles Timmer, Collectie Charles B. Timmer UB Amsterdam, schrijft Rodenko dat hij van plan is de twee werkjes van Blok opnieuw te vertalen.
33 Mededeling van de slavist prof. dr. A.G.F. van Holk in een brief van 18 april 1996.
34 Jan Molitor, 'Poëzie en revolutie'. In: Litterair Paspoort, II (1947), nr. 12, november 1947.
35 Charles Timmer aan Paul Rodenko, 23 april 1946, Collectie Charles Timmer UB Amsterdam.
36 In: Nederland-USSR, II (1948/1949), nr. 1, (juni 1948).
37 Brief Paul Rodenko aan Gerrit Borgers, 5 februari 1948, Collectie Gerrit Borgers NLMD.

38 Zie Bert Hogenkamp, 'De Waarheid Filmdienst (1947-1959)'. In: Bert Hogenkamp en Peter Mol, *Van beeld tot beeld. De films en televisieuitzendingen van de CPN, 1928-1986*, Amsterdam 1993, 65-129. Mededelingen over De Leeuwe kreeg ik ook van A.A. de Jonge, telefonisch interview 31 oktober 1996. Een telefoongesprek met De Leeuwe zelf, die nu verblijft in een verpleeghuis, leverde alleen de mededeling op dat hij Rodenko goed had gekend. De Leeuwe en Van 't Veer werkten korte tijd samen bij het Algemeen Nederlands Persbureau in Den Haag.

39 Zie G. Verrips, *Dwars, duivels en dromend. De geschiedenis van de CPN*, Amsterdam 1995, 303.

40 In het archief van uitgeverij Pegasus bevindt zich een map met de titel 'De vermiste piloot'. Naast correspondentie met Rodenko, bevinden zich hierin ook aantekeningen van de organisatie met betrekking tot de propaganda rond het boek. Ook blijkt dat recensies van het boek, vertaald in het Engels, naar de handelslegatie werden gestuurd. Rodenko werd schriftelijk uitgenodigd voor de bijeenkomst, maar met gegevens uit het archief is niet meer na te gaan of hij inderdaad geweest is.

41 Dit blijkt uit het adressenboekje dat de periode vanaf 1950 bestrijkt (Collectie Paul Rodenko NLMD). De brieven van Rodenko bevinden zich wél in het archief van Pegasus, wat erop wijst dat ze door Gilliéron daar naartoe werden gebracht.

42 Brief Paul Rodenko aan Gilliéron, 17 november 1952, Archief uitgeverij Pegasus.

43 Doorslag brief Paul Rodenko aan W. Brandt, 19 november 1956, Collectie Paul Rodenko NLMD.

44 Volgens de Centrale Veiligheidsdienst, de voorloper van de Binnenlandse Veiligheidsdienst, was Gorzynski tijdens het Hitler-regime in Duitsland uitgever van een communistisch blad. Hij werd gevangengenomen, maar vluchtte. In Nederland meldde hij zich bij de Poolse gezant die hij vertelde geen communist te zijn. Hij wilde wel graag wat doen voor zijn landgenoten. Een van zijn taken was contacten leggen met communistische Nederlanders.

Binnenlandse Zaken, Binnenlandse Veiligheidsdienst, Inzagemap Vereniging Nederland-Polen. De gegevens over Gorzynski ontleen ik aan een notitie, gedateerd 7 april 1948, in de Inzagemap Vereniging Nederland-Polen. De naam van de persoon over wie het gaat is onleesbaar gemaakt, maar de informatie maakt duidelijk dat het Gorzynski betreft. Zie over Gorzynski ook D. Engelen, *Geschiedenis van de Binnenlandse Veiligheidsdienst*, Den Haag 1995, 284.

45 ministerie van Binnenlandse Zaken, Binnenlandse Veiligheidsdienst, Inzagemap Vereniging Nederland-Polen. Ook de Pool Milo Anstadt was het eerste jaar lid. Hij stapte op toen hij merkte dat de vereniging gebruikt werd voor propaganda. Een paar jaar later werd hij door BVD als afvallige benaderd om te spioneren onder Poolse emigranten, wat hij echter afsloeg. Interview Milo Anstadt, Amsterdam 11 september 1996.

46 Zie Inzagemap Binnenlandse Zaken, Binnenlandse Veiligheidsdienst, Vereniging Nederland-Polen. Op 4 augustus 1947 krijgt het hoofd van de Centrale Veiligheidsdienst mr. L. Einthoven het bericht van de het Kabinet van de minister-president dat de gezant in Warschau had gehoord dat zakenlieden voordeel hadden van een lidmaatschap van de vereniging. De Centrale Veiligheidsdienst kon geen bewijs vinden voor deze veronderstelling.

47 Ook van deze vereniging bestaat geen archief, zodat niet met zekerheid gesteld kan worden of Rodenko daadwerkelijk lid is geweest. Van zijn vader zijn wel lidmaatschapsbewijzen gevonden in de nalatenschap van Paul Rodenko. Rodenko's vriendin Carla Termeer herinnert zich wel dat zij in 1948 samen met Paul en zijn vader naar een filmvoorstelling ging van de vereniging (interview Carla Termeer Den Haag, 11 juli 1996).
48 Paul Rodenko schreef aan Wim Hermans op 8 maart 1948: 'Nu heeft via de heer Gorzynski, de poolse zaakgelastigde mij gevraagd, of ik niet eens met een paar jongere nederlandse schrijvers, die ook voor contact met poolse schrijvers voelen, bij hem kan komen om mogelijkheden van contact te bespreken.' (Collectie W.F. Hermans, kopie in mijn bezit.)
49 Informatie over deze affaire Elmer is te vinden in D. Engelen, *Geschiedenis van de Binnenlandse Veiligheidsdienst*, 283 e.v. Uitvoeriger gegevens zijn te vinden in het Archief Buitenlandse Zaken, Geheime Stukken, 281.21 Polen 1947-1952. De naam Paul Rodenko wordt in dit dossier overigens niet genoemd.
50 Brieven Paul Rodenko aan Wim Hermans, 8 maart en 10 april 1948, Collectie W.F. Hermans, kopieën in mijn bezit.
51 Brief Wim Hermans aan Paul Rodenko, 9 maart 1948, Archief Rodenko NLMD.
52 Brief Sjoerd Leiker aan Paul Rodenko, 11 maart 1948, Collectie Paul Rodenko NLMD.
53 Brief Sjoerd Leiker aan Paul Rodenko, 19 maart 1948, Collectie Paul Rodenko NLMD.
54 Zie hoofdstuk 3 'Onruststoker'.
55 Adriaan Morriën aan Paul Rodenko, 10 maart 1948, Collectie Paul Rodenko NLMD.
56 Mededeling van mevrouw Leiker die dit verhaal diverse malen van haar man Sjoerd Leiker heeft gehoord. Leiker memoreert dit bezoek in een brief aan Jettie Rodenko, vlak na het overlijden van Paul Rodenko: 'Mijn vriendschap met Paul dateert uit de jaren van vlak na de oorlog, uit de eerste jaren van *Podium*. Toen zijn ouders 35 jaar getrouwd waren, was ik toevallig in Den Haag en werd ik door Paul uitgenodigd voor het feest.' Brief S. Leiker aan Jettie Rodenko, 11 juni 1976, Collectie Paul Rodenko NLMD. Dat Leiker spreekt over een vijfendertigjarig huwelijksfeest berust op een vergissing; Jeanne en Iwan trouwden immers op 3 maart 1920.
57 Brief Sjoerd Leiker aan Paul Rodenko, 26 maart 1948, Collectie Paul Rodenko NLMD.
58 Rodenko gaf Borgers daartoe de opdracht in een brief van 2 april 1948, Collectie Gerrit Borgers NLMD. Dat Rodenko door de legatie werd voorzien van literaire bladen uit het Poolse taalgebied, blijkt uit een plechtig Frans schrijven van M.A. Czerniecki aan Paul Rodenko, 2 avril 1948, Collectie Paul Rodenko NLMD.
59 Brief Adriaan Morriën aan Paul Rodenko, 13 mei 1948, Collectie Paul Rodenko NLMD.
60 Brief Gerard van het Reve aan Paul Rodenko, 3 oktober 1948, Collectie Paul Rodenko NLMD.
61 ministerie van Binnenlandse Zaken, BVD, Inzagemap Vereniging Nederland-Polen.
62 Zie Archief Buitenlandse Zaken, Geheime Stukken 281.21 Polen 1947-1952. Prof. dr.Wim F. Wertheim, destijds redactielid van *De Nieuwe Stem*, vertelde mij dat hij daarom ook contacten had met Pruszynski.(Telefoongesprek 31 juli 1997.)
63 Gedateerd 24 augustus 1948, kopie Collectie Paul Rodenko NLMD.
64 Adam Mickiewicz (1798-1855), *Het levende lied*, Amsterdam/Antwerpen 1957.

65 Bijvoorbeeld notulen 2 mei 1956: '[...] terwijl de heer Gorzynski vertelt, dat de Krimsonnetten van de heer Rodenko in de loop van mei gereed zullen komen.' Notulen aanwezig in Collectie Paul Rodenko NLMD.
66 In Rodenko's nalatenschap bevinden zich notulen van slechts twee vergaderingen van dit comité. In beide verslagen, gedateerd 8 december 1955 en 2 mei 1956, staat dat Rodenko niet aanwezig was.
67 Briefkaart Tom Eekman aan Paul Rodenko, 19 april 1955, Collectie Paul Rodenko NLMD. Eekman had Rodenko ook wel eens ontmoet tijdens een bijeenkomst van de Vereniging Nederland-Polen. (Brief Tom Eekman aan Koen Hilberdink, 12 juli 1996.)
68 Zie hierover bij voorbeeld A. Aarsbergen, *Verre Paradijzen, linkse intellectuelen op excursie naar de Sovjet-Unie, Cuba en China*, Utrecht 1988.
69 'Zingen in de kou'. In: *Nieuwe Rotterdamsche Courant*, 16 april 1955. Zie VEK, deel 4, 39-42.
70 Leiker vraagt in twee brieven aan Rodenko hoe het met het essay staat. Hij verwacht er namelijk veel van. Sjoerd Leiker aan Paul Rodenko 30 juni 1948 en 9 september 1948, Collectie Paul Rodenko NLMD.
71 Zie over dit aspect van *De Nieuwe Stem* Ad. W. Faber, 'De Nieuwe Stem... hartekind en zorgenkind van Jan Romein'. In: Bert Hageraats (red.), *'Geloof niet wat geschiedschrijvers zeggen...' Honderd jaar Jan Romein 1893-1993*, Amsterdam 1995.
72 Zie over dit weekend Piet Calis, *Speeltuin van de titaantjes. Schrijvers en tijdschriften 1945-1948*, met name 53 e.v.
73 Hans Warren, *Geheim dagboek* (deel 2, 1945-1948), Amsterdam 1982, 41.
74 Zie over Artaud hoofdstuk 3 'Onruststoker'.
75 Brief Adriaan Morriën aan Paul Rodenko, 12 februari 1946, Collectie Paul Rodenko NLMD. Rodenko noemt in 'Poëzie en wetenschap' de wetenschap het rijk van de logica en het tegendeel van alles wat naar poëzie zweemt. In de poëzie wordt door de kanaliserende werking die zij heeft op onze plantaardige, dierlijke stemmingen, de onzuiverheden in ons denken geabsorbeerd. Het essay werd opgenomen in VEK, deel 3, 21-35.
76 Zie over het poëticale van dit gedicht, hoofdstuk 3 'Onruststoker'.
77 Brief Adriaan Morriën aan Paul Rodenko, 17 juli 1946, Collectie Paul Rodenko NLMD. Rob Molin wijst in zijn studie *Adriaan Morriën en het heelal in de huiskamer. De opvattingen van een eigenzinnige literatuurhistoricus* (Breda z.j.), op de meer personalistische subjectieve kritiek en de anekdotische poëzie van het nieuwe *Criterium* dat onder leiding van o.a. Morriën in oktober 1945 voor het eerst verscheen. Het was dus bijzonder dat de redactie dit gedicht opnam.
78 Geciteerd in Piet Calis, *Vrienden van weleer. Schrijvers en tijdschriften tussen 1945 en 1948*, Amsterdam 1999, 201.
79 Brief Adriaan Morriën aan Paul Rodenko, 17 juli 1946, Collectie Paul Rodenko NLMD.
80 Beide verhalen zijn opgenomen in Paul Rodenko, *Een kwestie van symmetrie. Verzamelde verhalen*. Zie over 'De fout' de hoofdstukken 2 en 3.
81 Brief Wim Hermans aan 'Paul Rodenko, 13 september 1946, Collectie Paul Rodenko NLMD.
82 Brief Adriaan Morriën aan Paul Rodenko, 23 oktober 1946, Collectie Paul Rodenko

NLMD. Zie ook Piet Calis, *Vrienden van weleer. Schrijvers en tijdschriften 1945-1948*, 209-210.
83 Brief Adriaan Morriën aan Koen Hilberdink, 2 oktober 1987.
84 Zie over Rodenko en Kafka Koen Hilberdink '"Dans le goût de Kafka". Paul Rodenko en Franz Kafka', *Kafka-Katern*, v (1997), nr. 4 (november 1997), 82-85.
85 Brief Ferdinand Langen aan Paul Rodenko, 10 februari 1946, Collectie Paul Rodenko NLMD.
86 Brief Koos Schuur aan Paul Rodenko, 1 april 1946, Collectie Paul Rodenko NLMD. Rodenko stuurde drie gedichten, maar het is onduidelijk welke gedichten dat waren.
87 Brief Kees Lekkerkerker aan Paul Rodenko, 18 juli 1947, Collectie Paul Rodenko NLMD.
88 Brief redactie *De Baanbreker* aan Paul Rodenko, 11 mei 1946, Collectie Paul Rodenko NLMD. Zie over *De Baanbreker* Gert Jan de Vries, *Ik heb geen verstand van poëzie. G.A. van Oorschot als uitgever van poëzie*, Amsterdam 1994, 100-105. De redactie bestond uit J. de Kadt, Albert Helman, A. Staal en dr. J. Zimmerman. Het gedicht 'Picasso' werd gepubliceerd in *Podium*, VI, nr. 8-9, augustus-september 1950, 508-509. Het bleef ongebundeld.
89 Het gedicht 'Wandeling' werd gepubliceerd in het eerste nummer, het gedicht 'Bommen' en het essay in het derde nummer. Het verhaal 'Een Franse comedie' verscheen in nummer 9. De gedichten werden gebundeld in *Orensnijder tulpensnijder*, het essay in VEK, deel 3, p. 14-20, het verhaal in *Een kwestie van symmetrie. Verzamelde verhalen*, 34-50.
90 Doorslag van deze brief, februari 1946, Collectie Paul Rodenko NLMD.
91 Antwoord van Fokke Sierksma, 27 februari 1946, Collectie Paul Rodenko NLMD.
92 Doorslag brief Paul Rodenko aan Fokke Sierksma, ongedateerd, Collectie Paul Rodenko NLMD.
93 Zie Piet Calis, *Speeltuin van de titaantjes. Schrijvers en tijdschriften tussen 1945 en 1948*, Amsterdam 1993, 79 e.v.
94 Brief van *Columbus*-redacteur Jan Praas aan Paul Rodenko, 4 augustus 1946, Collectie Paul Rodenko NLMD.
95 Brief Paul Rodenko aan Jan Praas, 9 augustus 1946, Collectie Jan Praas NLMD.
96 Zoals in de depressie bepaalde gevoelens uit het verleden ontkend worden. Zie over de relatie tussen depressie en grootheidswaan Alice Miller, *Het drama van het begaafde kind. Op zoek naar het ware zelf*, Twintigste druk, Houten 1997, 40-44.
97 Zie Hans van Straten, 'Paul Rodenko: de vroegste voorloper'. In: *Provinciaal Zeeuwse Courant*, 31 december 1977.
98 Dat blijkt bij voorbeeld aan de passages die Hans van Straten in zijn Hermans-biografie, *Hermans. Zijn tijd, zijn werk, zijn leven*, aan Rodenko wijdde. Van Straten deed geen archiefonderzoek en stelde zijn boek samen op grond van herinneringen en wat anderen hem ooit hadden verteld. Over Rodenko staat op pp. 202-203 bij voorbeeld: 'Na zijn voortijdig afgebroken studie in Parijs was hij in Nederland psychologie gaan studeren. In 1951 was zijn dissertatie klaar, maar daar had hij niets aan, want hij had de voorafgaande examens niet afgelegd. Doordat hij zo stotterde, kon hij geen examen doen, maar zijn belangstelling ging even goed uit naar de psychologie als naar de literatuur.'

99 Brief en bijlage van Paul Rodenko aan Hans van Straten, 9 augustus 1946, Collectie Hans van Straten NLMD.
100 Briefkaart Hans van Straten aan Paul Rodenko, augustus 1946, Collectie Paul Rodenko NLMD.
101 Brief Hans van Straten aan Paul Rodenko, 29 augustus 1946, Collectie Paul Rodenko NLMD.
102 Brief Paul Rodenko aan Hans van Straten, ongedateerd, Collectie Hans van Straten NLMD.
103 Dit blijkt uit een brief Hans van Straten aan Paul Rodenko, 25 september 1946, Collectie Hans van Straten NLMD.
104 Brief Hans van Straten aan Jan Praas, 29 september 1946, Collectie *Parade der Profeten* NLMD. Zie over 'Een kwestie van symmetrie' hoofdstuk 3 'Onruststoker'.
105 Brief Jan Vermeulen aan Paul Rodenko, 24 oktober 1946, Collectie Paul Rodenko, NLMD.
106 'Bij de nieuwe jaargang'. In: *Columbus*, II (1946/1947), nr. 1 oktober 1946, 1.
107 Brief Paul Rodenko aan Hans van Straten, 11 november 1946, Collectie Hans van Straten NLMD.
108 Brief Paul Rodenko aan Jan Vermeulen, 10 november 1946, Collectie Jan Vermeulen.
109 Jan Molitor, 'Tussen Jan Molitor en Ippolyt Wrochow'. In: *Columbus*, II (1946/1947), nr. 3 (januari/februari 1947), 118-125. Dit nummer was overigens later verschenen dan de datering aangeeft.
110 Brief Paul Rodenko aan Wim Hermans, 20 maart 1947, Collectie W. F. Hermans, kopie in mijn bezit. Rodenko is dus minder positief over *Columbus* dan Piet Calis in zijn boek *Speeltuin van de titaantjes. Schrijver en tijdschriften tussen 1945 en 1948* op p. 110 suggereert: 'In de persoonlijke ontwikkeling zijn deze afleveringen daarom zo bijzonder, omdat hij wellicht nooit zo'n vrije hand heeft gehad bij het samenstellen van een literair blad als in dit geval. Deze nummers van *Columbus* laten vèrgaand zien hoe hij zich een ideaal tijdschrift voorstelde.'
  In april 1947 was Rodenko even in Nederland en besprak toen ook de mogelijkheid dat hij en Sierksma aan *Criterium* zouden meewerken, wat uiteindelijk niet doorging. Morriën kon zich sowieso niet vinden in de opvattingen die hij over een tijdschrift had. (Zie Piet Calis, *De vrienden van weleer. Schrijvers en tijdschriften 1945-1948*, 246.)
111 Zie Piet Calis, *Speeltuin van de titaantjes. Schrijver en tijdschriften tussen 1945 en 1948*, 256. Borgers vertelde Calis dat Rodenko's tas echt gestolen was, wat dus in tegenspraak is met Rodenko's eigen verhaal.
112 Dat gebeurde bijvoorbeeld op 17 oktober 1948. Rodenko schreef dat dit hem vaak overkwam, maar dat het nu ernstig was. Er zat o.a. kopij van Vestdijk in. Brief Paul Rodenko aan Gerrit Borgers, 26 oktober 1948, Collectie Gerrit Borgers NLMD.
113 Zie Piet Calis, *Speeltuin van de titaantjes. Schrijver en tijdschriften tussen 1945 en 1948*, 285.
114 Brief Paul Rodenko aan Gerrit Borgers, 31 juli 1947, Collectie Gerrit Borgers NLMD.
115 Brief Paul Rodenko aan Gerrit Borgers, [begin] augustus 1947, Collectie Gerrit Borgers NLMD.

116 'Verzoening met de soldaat.' In: *Podium*, IV (1947/1948), nr. 1 (oktober 1947), 3-14. Zie VEK, deel 1, 425-436. Het essay werd later als een hoogtepunt uit *Podium* gebundeld in *Losse planken van het tienjarig Podium, uit hun verband gerukt en bijeengestapeld door de huidige Podium-redactie*, Den Haag/Antwerpen 1956, 52-58. Zie ook Nel van Dijk, 'Paul Rodenko tussen Forum en Vijftig'. In: *Literatuur*, XII (1995), nr. 3 (mei/juni 1995), 134-139 en Odile Heynders, *Langzaam leren lezen. Paul Rodenko en de poëzie*, 64-71. Zie over de invloed van het existentialistische Parijs op dit essay hoofdstuk 3 'Onruststoker'.
117 Zie Piet Calis, *Speeltuin van de titaantjes. Schrijver en tijdschriften tussen 1945 en 1948*, 295. Rodenko geeft zijn mening over *Podium* in twee brieven aan Gerrit Borgers, gedateerd 26 oktober en 8 november 1947, Collectie Gerrit Borgers NLMD.
118 Hans Gomperts, 'De parafraseur'. In: *Libertinage*, I (1948), nr. 1, (januari/februari 1948), 68-70.
119 Brief Paul Rodenko aan Gerrit Borgers, 12 mei 1948, Collectie Gerrit Borgers NLMD.
120 Briefkaart Gerrit Borgers aan Paul Rodenko, ongedateerd, Collectie Paul Rodenko NLMD.
121 Brief Paul Rodenko aan Gerrit Borgers, 18 mei 1948, Collectie Gerrit Borgers NLMD.
122 'Libertinage met een luchtje'. In: *Podium*, IV, (1947/1948), nr. 9 (juni 1948), 492-493. Zie VEK, deel 4, 258-260.
123 'Dom'. In: *Libertinage*, I (1948), nr. 5 (september/oktober 1948), 62-63.
124 Zie Piet Calis, *Speeltuin van de titaantjes. Schrijver en tijdschriften tussen 1945 en 1948*, 295.
125 'Soldaten, dichters en paradoxen'. In: *Podium*, IV, nr. 5, (februari 1948), 299-309, VEK, deel 3, 67-77.
126 'Amok'. In: *Podium*, IV (1947/1948), nr. 7 (april 1948), 555.
127 J. B. Charles, 'Open brief'. In: *Podium*, IV (1947/1948), nr. 8 (januari 1948), 247-28.
128 In: *Podium*, IV (1947/1948), nr. 8 (mei 1948), 501-503. Zie VEK, deel 3, 78-81.
129 J. B. Charles, 'Verzoening met de galg'. In: *Podium*, IV (1947/1949), nr. 9 (juni 1948), 560-566.
130 F. Sierksma aan Gerrit Borgers, 20 september 1947, Archief Gerrit Borgers NLMD. Deze passage wordt ook geciteerd door Piet Calis in zijn *Speeltuin van de titaantjes. Schrijver en tijdschriften tussen 1945 en 1948*, 285-286. Ook Calis benadrukt in zijn studie de bijzondere positie die Rodenko binnen de *Podium*-gelederen innam.
131 Brief Fokke Sierksma aan Paul Rodenko, 14 november 1947, Collectie Paul Rodenko NLMD.
132 Dit blijkt uit de brief van Fokke Sierksma aan Paul Rodenko, 20 november 1947, Collectie Paul Rodenko NLMD.
133 Brief Fokke Sierksma aan Paul Rodenko, 20 november 1947, Collectie Paul Rodenko NLMD.
134 Zie Piet Calis, *Speeltuin van de titaantjes. Schrijver en tijdschriften tussen 1945 en 1948*, 309-312 en Rob Delvigne, 'Van fascinerend tot fascistisch. J. B.Charles en Hermans' schrijverschap'. In: *Literatuur*, 1998, nr. 3, 156-161. Het stuk van Hermans werd later gebundeld in *Mandarijnen op zwavelzuur*.
135 Brief Wim Hermans aan Paul Rodenko, 29 mei 1947, Collectie Paul Rodenko NLMD.

136 Brief Paul Rodenko aan Wim Hermans, 14 juni 1947, Collectie W. F. Hermans.
137 Brief Paul Rodenko aan Wim Hermans, 8 mei 1947, Collectie W. F. Hermans, kopie in mijn bezit.
138 Brief Paul Rodenko aan Wim Hermans, 28 juli 1947, Collectie W. F. Hermans, kopie in mijn bezit.
139 Willem Frederik Hermans, *Moedwil en misverstand*. Novellen, Amsterdam 1948, 149–160.
140 Brief Wim Hermans aan Rodenko, 1 augustus 1947, Collectie Paul Rodenko NLMD. Zie over deze kwestie Piet Calis, *Speeltuin van de titaantjes. Schrijvers en tijdschriften tussen 1945 en 1948*, 280–284.
141 Brief Paul Rodenko aan Wim Hermans, 11 september 1947, Collectie W. F. Hermans, kopie in mijn bezit.
142 Zie Piet Calis, *Speeltuin van de titaantjes. Schrijvers en tijdschriften tussen 1945 en 1948*, 313.
143 In het eerste nummer van *Podium*, dat mede door Rodenko werd samengesteld, verscheen van Olga Rodenko 'Lijn Oe', in het vijfde nummer 'De souffleur'. Beide verhalen werden later opgenomen in de verhalenbundel *Antichambreren*, Amsterdam 1979.
144 Brief Paul Rodenko aan Wim Hermans, 6 maart 1948, Collectie W. F. Hermans, kopie in mijn bezit. Zie over het contact met Rümke hoofdstuk 3 'Onruststoker'.
145 'Vijfjarenplan *Podium*', tekst in collectie Paul Rodenko NLMD.
146 Brief Aimé van Santen aan Paul Rodenko, 16 januari 1948, Collectie Paul Rodenko NLMD.
147 Zie Piet Calis, *Speeltuin van de titaantjes. Schrijvers en tijdschriften tussen 1945 en 1948*, 325.
148 Brief Paul Rodenko aan W. F. Hermans, 10 april 1948, Collectie W. F. Hermans, kopie in mijn bezit.
149 Zie D. Engelen, *Geschiedenis van de Binnenlandse Veiligheidsdienst*, 179.
150 Brief Aimé van Santen aan Paul Rodenko, 7 maart 1948, Collectie Paul Rodenko NLMD.
151 Brief Paul Rodenko aan Gerrit Borgers, ongedateerd, Collectie Gerrit Borgers NLMD.
152 Brief Paul Rodenko aan Aimé van Santen, 13 mei 1948, Collectie Aimé van Santen IISG Amsterdam.
153 Brief Paul Rodenko aan Gerrit Borgers, 2 april 1948, Collectie Gerrit Borgers NLMD.
154 Zie over de problemen die het zoeken naar een nieuwe uitgever veroorzaakte Piet Calis, *Speeltuin van de titaantjes. Schrijvers en tijdschriften tussen 1945 en 1948*, 367 e.v.
155 Brief A. Marja aan Paul Rodenko, 30 juni 1948, Collectie Paul Rodenko NLMD. Zie over de uitgave van de gedichten van Paul Rodenko hoofdstuk 5 'Naar een "andere" literatuur'.
156 Brief Paul Rodenko aan Theo Mooij, 6 augustus 1948, Collectie Theo Mooij NLMD.
157 Briefkaart Theo Mooij aan Paul Rodenko, 7 augustus 1948, Collectie Paul Rodenko NLMD.
158 Rodenko omschrijft de plannen nogmaals in zijn brief aan A. Marja (= Theo Mooij), 1 september 1948, Collectie Theo Mooij NLMD.

159 Briefkaart Theo Mooij aan Paul Rodenko, 18 september 1948, Collectie Paul Rodenko NLMD.
160 Een kopie van de brief aan Merleau-Ponty, gedateerd 4 november 1948, bevindt zich in de Collectie Paul Rodenko NLMD.
161 'Dylan Thomas; een maskerbeschrijving'. In: *Podium*, v (1949), nr. 12 (december), 755-759 (*VEK*, deel 1, 280-285); 'Britse Neoromantiek'. In: *Podium*, v (1949), nr. 9/10 (september-oktober), 632-635,(*VEK*, deel 4, 267-273); 'Britse tijdschriftenoogst 1949', *Podium*, VI, (1950), nr. 3 (maart), 188-189,(*VEK*, deel 4, 273-275).
162 'Juljan Tuwim en zijn "Zigeunerbijbel"'. In: *Podium*, v (1949), nr. 1 (januari), 44-48. Zie *VEK*, deel 1, 406-412.
163 Brief Fokke Sierksma aan Gerrit, Paul en Wim, 18 november 1948, Collectie Paul Rodenko NLMD.
164 Brief Gerrit Borgers aan Paul Rodenko, 23 december 1948, Collectie Paul Rodenko NLMD. *Het Parool* van 18 december 1948 berichtte over een oproep van de Partij van de Arbeid, waarin die haar leden waarschuwt deze 'mantelorganisatie' niet te steunen.
165 Zie *Podium-nieuws*, 30 januari 1949.
166 *Podium-nieuws*, 26 augustus 1949. Jan Walravens was de vernieuwer van de Vlaamse naoorlogse letterkunde. Hij richtte in 1949 samen met Louis Paul Boon, Jan Walravens, Remy van de Kerckhove en Hugo Claus *Tijd en Mens* op, waarin Paul Rodenko in de vierde jaargang (nr. 2 (juli 1952), 141-144) onder de titel 'Klein Feminarium' nog enkele aforismen zou publiceren. Een ging over de traagheid van de zondag en is curieus in verband met zijn twee gedichten met de titel 'Zondagmiddag': 'De snelheid van het geluid bedraagt 300 m per seconde; 's zondags echter slechts 150 m.' Zie over de verhouding tussen Rodenko en *Tijd en Mens* Jos Joosten, *Feit en tussenkomst. Geschiedenis en opvattingen van Tijd en Mens (1949-1955)*, Nijmegen 1996.
167 Zie *Podium-nieuws*, 13 november 1949.
168 Gaston Burssens, *Dagboek*, 186 en 215. Het is onduidelijk wat Burssens hier precies met 'fysisch' bedoelde.
169 Zie over de aanwezigheid van Boon ook Jos Joosten, *Feit en tussenkomst. Geschiedenis en opvattingen van Tijd en Mens (1949-1955)*, 289.
170 Louis Paul Boon, *Memoires van Boontje*. Bezorgd door Jos Muyres en Bert Vanheste, Amsterdam 1988, 119-120. In een brief aan Gerrit Borgers van begin juni 1950 kondigt Boon zijn komst bij Burssens aan: 'Beste Borgers, dus tot zondagmorgen de zoveelste (18 Juni) bij onze nationale Burssens.' In: Louis Paul Boon, *Brieven aan literaire vrienden*. Bezorgd en van een voorwoord voorzien door Jos Muyres, Amsterdam 1989, 150.
171 Brief Paul Rodenko aan Wim Hermans, 20 december 1948, Collectie W. F. Hermans, kopie in mijn bezit.
172 *Podium-nieuws*, 8 december 1948. Er waren in de september 1948 ook fusiebesprekingen geweest tussen *Podium* en *Criterium*, maar die waren op niets uitgelopen. Zie Piet Calis, *De vrienden van weleer. Schrijvers en tijdschriften tussen 1945 en 1948*, hoofdstuk 5 '*Criterium* (6): "Het is zeker, dat je veel vijanden hebt"', 287-338. Hierin beschrijft Calis ook de breuk die tussen Hermans en Morriën tot stand kwam.
173 Brief Paul Rodenko aan Gerrit Borgers, 6 januari 1949, Collectie Gerrit Borgers NLMD.

174 Zie Piet Calis, *Speeltuin van de titaantjes. Schrijvers en tijdschriften tussen 1945 en 1948*, 321 e.v.
175 Brief Paul Rodenko aan Gerrit Borgers, 15 februari 1948, Collectie Gerrit Borgers NLMD.
176 Brief Paul Rodenko aan Wim Hermans, 31 januari 1950, Collectie W.F. Hermans, kopie in mijn bezit.
177 Brief Wim Hermans aan Paul Rodenko, 2 februari 1951, Collectie Paul Rodenko NLMD.
178 Notitie met de titel 'Mijn wensen', van Wim Nagel, aanwezig in Collectie Paul Rodenko NLMD. Nagel geeft als vierde eis: 'Het nieuwe *Podium* moet kroniekjes, litteratuuroverzicht- en korte besprekingen hebben met de regelmatigheid van de maandstonde (dus al ongerust als we een paar dagen over tijd zijn).'
179 Brief W. F. Hermans aan de redactie van *Podium*, 2 oktober 1950, Collectie Paul Rodenko NLMD.
180 Brief Paul Rodenko aan redactie van *Podium*, 4 oktober 1950, Collectie Paul Rodenko NLMD.
181 Brief Wim Hermans aan Paul Rodenko, 30 september 1950, Collectie Paul Rodenko NLMD.
182 Kopie brief Paul Rodenko aan redacteuren *Podium*, 5 oktober 1950, Collectie Paul Rodenko NLMD.
183 Kopie brief Paul Rodenko aan redactie *Podium*, 11 oktober 1950, Collectie Paul Rodenko NLMD.
184 Zie over Blanchot en Merleau-Ponty hoofdstuk 3 'Onruststoker'. Erich Auerbach (1892–1957) is vooral bekend geworden als auteur van *Mimesis* (1946). Wat Rodenko waarschijnlijk aansprak, was zijn benadering van de Europese literatuur als geheel. Auerbach analyseert het realisme in de literatuur van Homerus tot en met Joyce. Van E. Minkowski (1885-1972) verscheen in 1936 *Vers une cosmologie*, waarin een brug wordt geslagen tussen de psychologie en de fenomenologie. Deze verzameling van essays was populair bij de leden van de Utrechtse School. In 1967 verscheen een Nederlandse vertaling (*Het menselijk aspect van de kosmos*, vertaald door dra. A.C. M. Stam-Roth, Met een inleiding van F. J. J. Buytendijk, Utrecht 1967). Buytendijk legt een verband tussen de filosoof Bergson en Minkowski, omdat beiden 'de intuïtie als kenbron' benadrukken.
185 Zie over de contacten met Kouwer hoofdstuk 3 'Onruststoker'.
186 Kopie brief Paul Rodenko aan Dick Vriesman, 9 november 1950, Collectie Paul Rodenko NLMD.
187 Brief Gerrit Borgers aan Paul Rodenko, 24 november 1950, Collectie Paul Rodenko NLMD.
188 Brief Paul Rodenko aan Aimé van Santen van 2 maart 1948, Collectie Aimé van Santen IISG.

HOOFDSTUK 5

1 Interviews W. F. Hermans, Brussel 7 maart 1995 en Hans Hornstra (zij volgde de vergadering vanuit een zijkamer), Bergen 6 oktober 1993. Zie ook Koen Hilberdink, '*De draad van Ariadne*. Een nooit verschenen tijdschrift van Paul Rodenko'. In: *Literatuur*, xv (1998), nr. 5 (september/oktober), 294-230.
2 Zie hoofdstuk 3 'Onruststoker'.
3 Zie over De Windroos Elly Buelens, *Ad den Besten en de dichters van Vijftig. De Windroos 1950-1958*, Leiden 1992 en Lisa Kuitert, *Het uiterlijk behang. Reeksen in de Nederlandse literatuur*, Amsterdam 1992, 52-54.
4 'Poëziekroniek'. In: *Podium*, vi (1950), nr. 6 (juni), 368-386. De kroniek werd later gebundeld onder de veelzeggende titel 'Aan de wieg van een nieuwe poëzie' (zie VEK, deel 1, 91-105). Zie over het belang van Rodenko's kroniek Maarten Doorman, *Steeds mooier. Over vooruitgang in de kunst*, Amsterdam 1997 (derde herziene druk), 134: 'Rodenko zal zich in de volgende jaargangen van *Podium* niet meer over poëzie uitlaten, maar het bovengenoemde stuk blijkt op een cruciaal ogenblik te zijn verschenen. Want vanaf de zevende jaargang (1951) lijkt het pleit beslist ten faveure van die jongere dichters, waartoe Rodenko kennelijk ook zichzelf rekent.' Zie ook R.L.K. Fokkema, *Het komplot der Vijftigers. Een literair-historische documentatie*, Amsterdam 1979, 174-186.
5 Leo Hornstra aan Paul Rodenko, 13 januari 1951, Collectie Paul Rodenko NLMD.
6 De inhoud is gereconstrueerd op grond van een brief van Hornstra aan Borgers (12 januari 1952, Collectie Gerrit Borgers NLMD), waarin hij kopij terugvraagt die Rodenko na het mislukken van het tijdschrift had gestuurd aan Borgers, en een brief van Borgers aan Rodenko, 11 februari 1952, Collectie Paul Rodenko NLMD.
7 Zie over Rodenko en Vinkenoog: Koen Hilberdink, 'De briefwisseling Vinkenoog-Rodenko. Een voetnoot bij de geschiedenis van de Nederlandse avant-garde'. In: *De Zingende Zaag*, nr. 26 (juli 1995), 5-12.
8 Brief Simon Vinkenoog aan Paul Rodenko, 3 maart 1949, Collectie Paul Rodenko NLMD.
9 Brief Ad den Besten aan Paul Rodenko, 25 juli 1950, Collectie Paul Rodenko NLMD.
10 Brief Paul Rodenko aan Simon Vinkenoog, 19 september 1950, Collectie Simon Vinkenoog NLMD.
11 Brief Simon Vinkenoog aan Paul Rodenko, 26 oktober 1950, Collectie Paul Rodenko NLMD.
12 Brief Paul Rodenko aan Simon Vinkenoog, 2 januari 1951, Collectie Simon Vinkenoog NLMD.
13 Brief Simon Vinkenoog aan Paul Rodenko, 6 januari 1951, Collectie Paul Rodenko NLMD. Vinkenoog stuurde de volgende gedichten: 'Aan de wandel', 'Nocturne voor Herckenrath-Dory', 'Hotelkamer op kerstmis', 'Huilbui' en 'Braille'.
14 Brief Remco Campert aan Paul Rodenko, 8 januari 1951, Collectie Paul Rodenko NLMD.
15 Vinkenoog schrijft zijn vriend Andreus over zijn medewerking aan wat hij noemde Paul Rodenko's 'Naaidoos' in een brief van 22 januari 1951, die is opgenomen in

Hans Andreus, Simon Vinkenoog, *Brieven 1950–1956*, inleiding, tekstverzorging en aantekeningen door Jan van der Vegt, Baarn 1989, 75-81. Brief Hans Andreus aan Paul Rodenko, [5] januari 1951, Collectie Paul Rodenko NLMD.

16 Brieven van Rudy Kousbroek aan Paul Rodenko, 6 januari en 19 februari 1951, Collectie Paul Rodenko NLMD. In de poëtische pamfletreeks De Zilveren Scherf verscheen werk van onder anderen Hans Berghuis, Jan Hanlo en Leo Herberghs. Zie Wiel Kusters, 'Limburg'. In: Willem van Toorn (red.), *Querido's letterkundige reisgids van Nederland*, Amsterdam 1983, 572-674.

17 Brief Rudy Kousbroek aan Paul Rodenko, 5 maart 1951, Collectie Paul Rodenko NLMD. De brief van Rodenko is niet beschikbaar, maar de inhoud daarvan is op grond van Kousbroeks brief te reconstrueren.

18 Brief Rudy Kousbroek aan Paul Rodenko, ongedateerd, Collectie Paul Rodenko NLMD.

19 Brief Paul Rodenko aan Gerrit Borgers, januari 1951, Collectie Gerrit Borgers NLMD.

20 Brief Wim Hermans aan Paul Rodenko, 2 maart 1951, Collectie Paul Rodenko NLMD.

21 Interview W. F. Hermans, Brussel 7 maart 1995.

22 Brief Paul Rodenko aan W.F. Hermans, 3 maart 1951, Collectie W.F. Hermans, kopie in mijn bezit.

23 Zie Willem Gerard Glaudemans, *De mythe van het tweede hoofd. De literatuuropvattingen van W. F.Hermans*, Utrecht 1990, 49-50 en Hans Renders, *Verijdelde dromen. Een surrealistisch avontuur tussen De Stijl en Cobra*, Amsterdam 1989, hoofdstuk 11 'W. F. Hermans. tussen Forum en Vijftig', 159-177.

24 Verschenen in *Podium*, Hussem-nummer, IV (1950), nr. 6 (juni), 323-345. Zie VEK, deel 3, 91-109.

25 Zie Cato Cramer, *Willem Hussem. De kracht van de penseelstreek*, Utrecht 1984, 29-35 en Han Steenbruggen, *Willem Hussem, tussen schrift en leegte*, Eindhoven 1994, 43-45.

26 Hij was onder de indruk van dit werk en wilde er aanvankelijk voor *Columbus* een essay over schrijven. Zie de brieven van Paul Rodenko aan Jan Vermeulen, 26 oktober en 10 november 1946, Collectie Jan Vermeulen Slijs-Ewijk.

27 In: *Podium*, IV (1950), nr. 10/11/12 (oktober/november/december), 628-633.

28 'Antwoord aan Wim Hermans', verschenen in hetzelfde nummer van *Podium*. Zie VEK, deel 3, 110-113. Zie over deze polemiek ook Gert de Jager, *Argumenten voor canonisering, De Vijftigers in de dag- en weekbladkritiek 1949-1959*, Utrecht 1992, 19-30.

29 Briefkaart Wim Hermans aan Paul Rodenko, 14 december 1950, Collectie Paul Rodenko NLMD.

30 Brief Paul Rodenko aan Gerrit Borgers, 15 januari 1952, Collectie Gerrit Borgers NLMD. Een voorstudie was al verschenen in *Podium*, VI (1950), nr. 5, (mei), 281-289 onder de titel 'Nachtvlucht in de geschiedenis'.

31 'De draad van Ariadne' verscheen in twee delen. Het eerste in *Maatstaf*, III (1955/1956), nr. 7 (oktober 1955), 587-608, het tweede in nr. 9 (december 1955), 712-735. Zie VEK, deel 1, 488-526

32 Brief Harry Mulisch aan Paul Rodenko, 21 februari 1954, Collectie Paul Rodenko NLMD. De lezing werd onder de titel 'Op weg naar de mythe' gebundeld in Harry

Mulisch, *Twee opgravingen. Ik bubanik / Op weg naar de mythe*, Amsterdam 1994. In deze lezing verkondigt Mulisch ook het einde van de psychologische roman.
33 Brief Harry Mulisch aan Paul Rodenko, 15 oktober 1955, Collectie Paul Rodenko NLMD.
34 'Archibald Strohalm; opmerkelijk debuut van Harry Mulisch'. In: *VEK*, deel 4, 292.
35 Dit blijkt uit een kort briefje van Vinkenoog aan Rodenko, 29 augustus 1951, Collectie Paul Rodenko NLMD.
36 Brief Paul Rodenko aan Simon Vinkenoog, 4 september 1951, Collectie Simon Vinkenoog NLMD.
37 Brief Paul Rodenko aan Simon Vinkenoog, 15 oktober 1951, Collectie Simon Vinkenoog NLMD.
38 Doorslag brief ongedateerd in Collectie Paul Rodenko NLMD.
39 'Tussen de regels'. In: *Maatstaf*, I, (1953/1954), nr. 5 (augustus 1953), 288-295. Zie *VEK*, deel 1, 113-120. Over de lichamelijkheid van de nieuwe poëzie, vooral in verband met het werk van Lucebert, schreef Den Besten in *Stroomgebied. Een inleiding tot de poëzie van de na-oorlogse dichtergeneratie*, Amsterdam 1954, 237. In de bloemlezing met dezelfde naam (*Stroomgebied. Een bloemlezing uit de poëzie van de na-oorlogse dichtergeneratie*, samengesteld door Ad den Besten, Amsterdam 1954) werden de volgende gedichten van Rodenko opgenomen: 'Zondagmiddag', 'Bommen', 'Februarizon', 'Het beeld', 'De dichter' en 'Zomeravondval en intocht der kinderen'. De lichamelijkheid komt ook ter sprake in de bespreking van *Stroomgebied* 'Den Besten en de geest'. In: *Maatstaf*, II (1954), nr. 2 (mei 1954), 43-51. Zie *VEK*, deel 2, 172-179. Zie over Rodenko's lichamelijkheid ook Koen Vergeer, 'Het vergeten lichaam. De actualiteit van Paul Rodenko's poëzietheorie'. In: *Bzzlletin*, XXII (1992), nr. 199 (oktober), 58-67.
40 Andere ondervraagden waren: Herman van den Bergh, J.C. Bloem, Karel Meeuwesse, P. H. Ritter jr., Maurice Roelants, Gabriël Smit en A.A.M. Stols.
41 Brief Paul Rodenko aan Ad den Besten, [eind 1950], Collectie Ad den Besten, met dank aan Elly Buelens.
42 Voor de beschrijving van de geschiedenis van de Beweging van Vijftig is hier gebruik gemaakt van R.L.K. Fokkema, *Het komplot van de Vijftigers*, Amsterdam 1979, Richter Roegholt, *De geschiedenis van De Bezige Bij*, Amsterdam 1972 (hoofdstuk 5 'De Vijftigers') en Maarten Doorman, *Steeds mooier. Over vooruitgang in de kunst*, Amsterdam 1997, derde herziene druk (hoofdstuk 5 'Vernieuwing in de poëzie: *Podium* en de Beweging van Vijftig'). Daarnaast was R.L.K. Fokkema zo vriendelijk zijn Vijftigers-archief ter beschikking te stellen. Fokkema kon bij de samenstelling van zijn studie niet beschikken over de brieven van Rodenko aan Vinkenoog. Hij stelt daarom op p. 141 ten onrechte dat Vinkenoog via *Blurb* Rodenko leerde kennen. Het contact tussen die twee stamt dus van eerdere datum.
43 's.o.s. naar aanleiding van een enquête'. In: *Blurb*, I (1950/1951), nr. 6 (begin februari 1951), 5. Zie *VEK*, deel 2, 167.
44 Zie voor 'Okerlied' *Orensnijder tulpensnijder*, 39. 'Scène' werd gepubliceerd in het in noot 6 genoemde nummer van *De Zingende Zaag*. Andere medewerkers waren Hans Andreus, Ad den Besten, Remco Campert, Guillaume van der Graft, Jan Hanlo, Willem Frederik Hermans.

45 Brief Paul Rodenko aan Simon Vinkenoog, 25 april 1951, Collectie Simon Vinkenoog NLMD. Over de verschillen tussen de dichters Hanlo en Rodenko zie Odile Heynders, 'De man die alleen op weg ging. Een vergelijking van de gedichten van Jan Hanlo en Paul Rodenko'. In: *Cahiers Nederlandse Letterkunde*, 1996/1, 3-18. Zij komt tot de volgende conclusie: 'Rodenko is in de jaren veertig, als hij de meeste van zijn gedichten schrijft, al een lezer, de theoreticus die hij later in zijn kritische praktijk nog sterker zal worden; Hanlo draagt veel minder kennis van de poëtische traditie met zich mee. Hij is in de jaren veertig al een vijftiger en zestiger in z'n realistische mededeelzame verzen, maar schrijft in zekere zin ook "ouderwetse" negentiende-eeuwse poëzie.'
46 Jan G. Elburg brengt dit onder woorden in een interview met Melchior de Wolff naar aanleiding van het verschijnen van zijn *Geen letterheren* (in: *NRC Handelsblad* 12 juni 1987). Remco Campert verwoordde het zo: 'Het conflict in die jaren over "De erfenis van Forum" speelde zich heel ver van de Vijftigers af. Dat was toch een essayistenconflict, en wij waren allemaal dichters.' (In: H.J.A. Hofland en Tom Rooduijn, *Dwars door puinstof heen. Grondleggers van de naoorlogse literatuur*, 76.)
47 Zie Gerrit Kouwenaar, *Gedichten 1948-1978*, Amsterdam, 1982, 24: 'op de terrassen van kolonel sartre'.
48 Zie 'De experimentele reactie. *Podium* en de poésie satisfaite', verschenen naar aanleiding van een stuk van Cees Buddingh' en Simon Vinkenoog over Rodenko's bloemlezing *Met twee maten*. In: *Maatstaf*, V (1957/1958), nr. 6 (september 1957), 432-444. Zie *VEK*, deel 2, 262-273.
49 H.J.A. Hofland en Tom Rooduijn, *Dwars door puinstof heen. Grondleggers van de naoorlogse literatuur*, Amsterdam 1997, 103.
50 Brief Bert Schierbeek aan Paul Rodenko, juli 1953, Collectie Paul Rodenko NLMD.
51 Vinkenoog nodigde ze daartoe uit in een brief aan Paul Rodenko van 1 oktober 1952 (Collectie Paul Rodenko NLMD), nadat Rodenko eerder had gevraagd een hotelletje voor hen te zoeken (brief Paul Rodenko aan Simon Vinkenoog, 25 september 1952, Collectie Simon Vinkenoog NLMD).
52 Zie Willemijn Stokvis, 'Lotti van der Gaag (1923-1999). Pionier in klei'. In: *NRC Handelsblad*, 20 februari 1999.
53 Brief Lotti van der Gaag aan Paul Rodenko, 21 september 1952, Collectie Paul Rodenko NLMD.
54 Zie over Nederlandse kunstenaars in Parijs ook Ruud Meijer, *Parijs verplicht. Nederlandse schrijvers en kunstenaars in Parijs (1945-1970)*, Amsterdam z.j.
55 Zie Koen Hilberdink, 'De briefwisseling Vinkenoog-Rodenko. Een voetnoot bij de geschiedenis van de Nederlandse avant-garde'. Vinkenoog nodigt Rodenko voor medewerking aan de bloemlezing uit in een brief van 8 april 1951, Collectie Paul Rodenko NLMD.
56 'Fata morgana van een dichter'. In: *Nieuwe Rotterdamsche Courant* 6 april 1957. Zie *VEK*, deel 3, 89-93.
57 Zie hierover ook Hans Renders, *Zo meen ik dat ook jij bent. Biografie van Jan Hanlo*, 307.
58 T. van Deel en R.L.K. Fokkema, '"Echte poëzie is spelen met vuur." In gesprek met Paul Rodenko'. In: *De Revisor*, II (1975), nr. 2 (april), 22-27.

59 Brief Paul Rodenko aan Simon Vinkenoog, 25 april 1951, Collectie Paul Rodenko NLMD.
60 'Een onbloedige maar radicale revolutie'. In: *Nieuwe Rotterdamse Courant*, 19 januari 1952. Zie VEK, deel 1, 106-109.
61 'Hendrik de Vries en de moderne poëzie' en 'Nogmaals: kan Hendrik de Vries moderne poëzie beoordelen?'. Verschenen in het *Haagsch Dagblad* van 29 maart en 12 april 1952. Zie VEK, deel 2, 167-171. De artikelen van Hendrik de Vries verschenen in het *Haagsch Dagblad* van 8, 15 en 22 maart 1952 onder de titel 'Drie perioden van experimentalisme' en werden gebundeld in *Hendrik de Vries. Kritiek als credo*, samengesteld door Jan van der Vegt, Den Haag 1980, 38-47. Zie ook Gert de Jager, *Argumenten voor canonisering. De Vijftigers in de dag- en weekbladkritiek 1949-1959*, 47-50.
62 Gerrit Kouwenaar, 'Spoorzoeken en debatteren in dichterland'. In: *Vrij Nederland*, 1 december 1956. Zie verder: Anoniem, 'Wandelen en spoorzoeken in de moderne poëzie'. In: *Nieuwe Rotterdamsche Courant*, 28 juli 1956; Pierre H. Dubois, 'Spanning tussen experiment en traditie'. In: *Het Vaderland*, 23 november 1957; Ben van Eysselsteijn, 'Nieuwe Nederlandse "Pocket-books" verschenen'. In: *Haagsche Courant*, 1 september 1956; C. J. Kelk, 'Poëzie een druk bedrijf'. In: *De Groene Amsterdammer*, 21 juli 1956; Nico Verhoeven, 'Bruiloft van hart en handen'. In: *De Tijd*, 9 maart 1957.
63 Brief Uitgeverij F. G. Kroonder aan Paul Rodenko, 1 juli 1948, Collectie Paul Rodenko NLMD.
64 In: *Podium*, VI (1950) nr. 6 (augustus/september 1950), 508.
65 Zie over de geschiedenis van Rodenko's debuut R.L.K. Fokkema, *Het komplot der Vijftigers. Een literair-historische documentaire*, 20-205 en Elly Buelens, *Ad den Besten en de dichters van Vijftig. De Windroos 1950-1958*, Leiden 1992, 162-175.
66 Zie over de verandering in Rodenko's poëzie Odile Heynders, *Langzaam leren lezen. Paul Rodenko en de poëzie*, hoofdstuk 5 'De gedichten', 83-107 en haar artikel 'De man die alleen op weg ging. Een vergelijking van gedichten van Jan Hanlo en Paul Rodenko'. In: *Cahiers Nederlandse Letterkunde*, 1996/1, 3-18. In hoofdstuk 7, 'Buitenstaander', wordt dieper ingegaan op verandering in Rodenko's poëzie.
67 Anthonie Donker, 'Een spel boven de boomgrens?'. In: *Critisch Bulletin*, XVIII (1951), (december), 545-555.
68 Zie ook Gert de Jager, *Argumenten voor canonisering. De Vijftigers in dag- en weekbladkritiek 1949-1959*, 122-126. De Jager wijst erop dat met name de katholieke critici Rodenko geen 'dichtersziel' vonden hebben. Uitzondering is Jos Panhuijsen, die in *Het Binnenhof* welwillender stond tegenover de experimentele poëzie.
Over Rodenko's bundel verschenen de volgende kritieken: P. van Berkel, 'Beeldspraak voor blinden'. In: *Nieuwe Rotterdamsche Courant* 12 januari 1952; F. Bordewijk, 'Het nieuwste dichterschap'. In: *Utrechts Nieuwsblad*, 2 februari 1952; Hans Gomperts, 'Atonaal – bloemlezing uit experimentele poëzie'. In: *Het Parool* 23 februari 1952; Paul Haimon, 'Jonge dichters vinden nieuwe vormen'. In: *Limburgs Dagblad* 17 november 1951; J. C. Kelk, 'Atonaal, over jonge en oudere dichters'. In: *De Groene Amsterdammer*, 23 februari 1952; Kuipers, 'Zes Nederlandse dichters in vliesachtige verzenbundels'. In: *Het Vrije Volk* 23 februari 1952; Harry Mulisch, 'Plaats der moderne poëzie'. In: *Haarlems Dagblad*, 24 november 1951; Jan Leyten, 'Een hoeraatje

voor het elftal'. In: *Nieuwe Eeuw*, 8 maart 1952; H.W. Muzerie, 'Beeld-poëzie op de grenzen der verstaanbaarheid'. In: *Haagsch Dagblad*, 15 september 1951; Jos Panhuijsen, 'Poëzie uit Spanje en de Lage Landen'. In: *Het Binnenhof*, 8 december 1951; Michel van der Plas, 'Beklemmende geheimtaal uit een andere wereld'. In: *Elseviers Weekblad*, 3 november 1951; Nico Verhoeven, 'Konijnen in het koplicht van de dood'. In: *Nieuwe Haarlemsche Courant*, 10 november 1951; Hendrik de Vries, 'Vier nieuwe windrozen'. In: *Vrij Nederland*, 29 december 1951.
69 Anthonie Donker en Karel Jonckheere, 'Over en weer'. In: *Critisch Bulletin*, XXII (1955), nr. 1 (januari) 1–15.
 Over de bloemlezing verschenen verder: Anoniem, 'Nieuwe griffels, schone leien'. In: *Het Binnenhof*, 1 december 1954; G. v.d. Bergh, 'Nieuwe griffels schone leien'. In: *De Maasbode* 6 november 19854; Pierre H. Dubois, 'Nieuwe griffels, schone leien. avant-garde poëzie en andere dichtkunst. Dichters, talenten en talentlozen'. In: *Het Vaderland*, 11 december 1954; Ben van Eysselsteijn, 'Moderne Nederlandse Poëzie'. In: *Haagsche Courant*, 2 april 1955; J.W. Hofstra', 'Bloemlezingen en bloemlezers. In: *De Tijd*, 12 februari 1955; M. Mok, 'Wandelen door de proeftuin der poëzie'. In: *Algemeen Handelsblad*, 11 december 1954; L.Pieters, 'Bloem der bloemlezingen'. In: *Nieuwe Rotterdamsche Courant*, 22 januari 1955; C. Rijnsdorp, 'Nieuwe griffels Schone Leien'. In: *Nieuwe Leidsche Courant*, 15 januari 1955; M. Roelants, 'Simultaanseance'. In: *Elseviers Weekblad*, 17 oktober 1964; Hans van Straten, 'Rodenko plaatst 52 dichters in boeiend perspectief'. In: *Het Vrije Volk*, 20 november 1954; L. Tegenbosch, 'Nieuwe griffels, schone leien'. In: Dagblad voor Oost-Brabant, 8 januari 1955; Hendrik de Vries, 'Leve 't werkelijke gedicht'. In: *Vrij Nederland*, 7 mei 1955.
70 Zie Piet de Bakker, *De Ooievaar-pockets van Bert Bakker 1954–1972. Van Voorwind tot Buddingh' en 1991–1993 (Nieuwe Ooievaars)*, Breda 1993 en Lisa Kuitert, *Het uiterlijk belang. Reeksen in de Nederlandse literatuur*, Amsterdam 1997, 127–128. In de nalatenschap van Rodenko trof ik geen financiële gegevens over deze bloemlezing aan.
71 Zie H. C. ten Berge 'Notities bij een bloemlezing'. In: *Raster*, 1978, nr. 7, 151–156.
72 Hans Keller, *Hotel atonaal. Verslag van een romance*, Amsterdam 1994, 74.
73 Geciteerd in Hans Keller, *Hotel atonaal. Verslag van een romance*, 70. Ton Anbeek schreef in het kader van de stille revolutie in de jaren vijftig: 'De bloemlezing *Nieuwe griffels schone leien* (1954) vormde voor veel van die jonge lezers de eerste onvergetelijke kennismaking met de moderne poëzie. Zo droeg de literatuur bij tot het gevoel van "anders zijn", met andere woorden tot een eigen identiteit.' ('"Niet het moment voor experimenten." De twee gezichten van de jaren vijftig', 26.)
74 Zie Odile Heynders, *Langzaam leren lezen. Paul Rodenko en de poëzie*, 11. Ook Anja de Feijter zegt over Rodenko's essay dat hij hierin een genuanceerde opvatting over de poëzie van Vijftig en de moderne poëzie in het algemeen heeft gepostuleerd. Zie *"apocrief/de analphabetische naam". Het historisch debuut van Lucebert*, Amsterdam 1994, 42.
75 Zie over deze poëzie hoofdstuk 3 'Onruststoker'.
76 'Met twee maten'. Zie VEK, deel 2, 231.
77 Kopie brief Paul Rodenko aan J.J.A. Mooij, 6 maart 1957, Collectie Paul Rodenko NLMD. De latere hoogleraar algemene literatuurwetenschap had in de jaren vijftig

als criticus van de *Nieuwe Rotterdamsche Courant* onder de naam E. Ternoo kritiek gehad op zijn opvattingen over de autonomie van het gedicht. Ook discussieerde Mooij in enkele brieven met Rodenko over dit onderwerp. Een openbaar debat werd gepubliceerd in *Maatstaf* onder de titel 'Antwoord op antwoord', (II [1954/1955], nr. 12 [maart 1955], 889-902).
78 Zie over de receptie Odile Heynders, *Langzaam leren lezen. Paul Rodenko en de poëzie*, 24-25. Zij wijst erop dat Vestdijk de enige was die begreep dat de aanpak didactische implicaties had. De student leert geen jaartallen en titels meer, maar maatstaven. Hij zou zo nadenken over wat hij van het kunstwerk vond.
79 Zie over Sjestov hoofdstuk 3 'Onruststoker'.
80 'De experimentele reactie. *Podium* en de poésie satisfaite' verscheen in *Maatstaf*, V (1957/1958), nr. 6 (september 1957), 432-444. Zie VEK, deel 2, 262-273. In het voorwoord van de herdruk van de bloemlezing komt Rodenko ook op deze kwestie terug. De kritiek van Vinkenoog en Buddingh' stond in het 'Redactioneel' van *Podium*, XII (1957), nr. 1 (januari/februari), 1-4 en van *Podium*, XII (1957), nr. 2 (maart/april), 65-74. Op Rodenko's stuk in *Maatstaf* reageren Vinkenoog en Buddingh' in *Podium*, XII (1957), nr. 5 (september/oktober), 261-265. Een deel van deze tekst werd opgenomen in VEK, deel 2, notitie 10, 449.
81 De studie verscheen vanaf september 1977 tot en met januari 1978 in drie delen in *De Gids*. Zie VEK, deel 2, 352-424.
82 Zie hoofdstuk 3.
83 VEK, deel 2, 370.
84 VEK, deel 2, 364.
85 Piet Calis, *Gesprekken met dichters*, 67.
86 Zie hoofdstuk 4 'Slavische missie'.
87 Zie over dit verhaal van Vermeulen Wim Hazeu, *Gerrit Achterberg. Een biografie*, Amsterdam 1988, 214. Het witte aantekenboekje bevindt zich in de Collectie Paul Rodenko NLMD.
88 Zie over de kwestie ook Wim Hazeu, *Gerrit Achterberg. Een biografie*, 485-490 en Odile Heynders, *Langzaam leren lezen. Paul Rodenko en de poëzie*, 48-55.
89 'Don Quichot in het schimmenrijk'. In: *Podium*, IV (1947-1948), nr. 2 (november 1947), 61-82. Zie VEK, deel 2, 11-34. F. Sierksma (red.), *Commentaar op Achterberg. Opstellen van jonge schrijvers over de poëzie van Gerrit Achterberg* verzameld door Fokke Sierksma, Den Haag 1948 (een herdruk verscheen in 1979 bij uitgeverij Reflex te Utrecht).
90 Zie Gerrit Achterberg, *Briefwisseling met zijn uitgevers Bert Bakker, A.A. Balkema, C.A.J. van Dishoeck, A. Marja, A.A.M. Stols & Jan Vermeulen*, twee delen, Amsterdam 1989, deel I, 254. De brief is geschreven op 25 november 1947. Het bewuste stuk van J. Hemmerlé heet 'De magie van Achterberg'.
91 Het gesprek blijkt uit de briefwisseling tussen Bert Bakker en Ed. Hoornik. De brief van Achterberg aan N.A. Donkersloot is gedateerd 4 december 1947. Met dank aan Peter de Bruijn, samensteller historisch-kritische Achterberg-uitgave Constantijn Huygens Instituut, die inzage had in bovengenoemde brieven.
92 Brief Bert Bakker aan Paul Rodenko, 15 december 1948, Collectie Paul Rodenko NLMD.

93 Olga Rodenko herinnert zich nog dat haar broer tegen dit gesprek opzag. (Interview Olga Rodenko, Zutphen 7 december 1993.)
94 Brief Paul Rodenko aan Aimé van Santen, 1 december 1947, Collectie Aimé van Santen IISG.
95 Brief Aimé van Santen aan Paul Rodenko, 21 december 1947, Collectie Paul Rodenko NLMD.
96 Brief Wim Hermans aan Paul Rodenko, 19 december 1947, Collectie Paul Rodenko NLMD.
97 Brief Paul Rodenko aan Wim Hermans, 23 december 1947, Collectie W.F. Hermans, kopie in mijn bezit.
98 Brief Gerrit Achterberg aan R.P. Meijer, 1 december 1952, Collectie Gerrit Achterberg NLMD. Met dank aan Peter de Bruijn.
99 Rodenko beschikte over de eerste druk uit 1963, Collectie Paul Rodenko Koen Hilberdink.
100 Zie Wim Hazeu, *Gerrit Achterberg. Een biografie*, 489.
101 Brief Paul Rodenko aan Gerrit Achterberg, 17 januari 1948, Collectie Gerrit Achterberg NLMD. De brief werd opgenomen in VEK, deel 2, 439-440.
102 In: *Podium*, V (1949), nr. 9 (november), 645-646. Het werd ongewijzigd opgenomen in de afdeling 'Arabisch' van de bundel *Gedichten* uit 1951 en *Orensnijder tulpensnijder*.
103 Zie Odile Heynders, 'Spoorzoeken in de poëzie van Achterberg'. In: *Achterbergkroniek*, XI, nr. 2 (november 1992), 1-15. Zij schrijft: 'Achterbergs gedichten vormen voor Rodenko het summum van moderne poëzie.'
104 Achterberg vertelde dit in 1952 tijdens een diner. Het gesprek werd toen opgenomen en in 1984 uitgezonden door het VARA-programma *Het zout in de pap*. Het werd geciteerd in A. Middeldorp, *De wereld van Gerrit Achterberg*, Amsterdam 1985, 37-38.
105 Zie Wim Hazeu, *Gerrit Achterberg. Een biografie*, 490.
106 Zie Jan van der Vegt, 'Engel met verbrand gezicht: De poëzie van Paul Rodenko'. In: *Ons Erfdeel*, XX (1977), nr. 3 (mei/juni 1977), 452-455 en Odile Heynders, *Langzaam leren lezen. Paul Rodenko en de poëzie*, 59: 'Het opsommende en daardoor ritmische karakter van het tweede deel zal Achterberg wellicht niet aangesproken hebben; het was in ieder geval een procédé dat hij zelf nooit toepaste. Het eerste deel is daarom misschien meer achterbergiaans te noemen, ware het niet dat de surrealistische omschrijving "Karaffen van gebaren planten zich/ geslachtloos voort" voor de dichter uit Leusden waarschijnlijk te visualiseerbaar is geweest.'
107 Ab Visser geciteerd in Wim Hazeu, *Gerrit Achterberg. Een biografie*, 559.
108 Brief Simon Vinkenoog aan Paul Rodenko, 3 maart 1949, Collectie Paul Rodenko NLMD.
109 Mededeling Daisy Wolthers.
110 Zie *Orensnijder tulpensnijder*, 109. Het gedicht maakt onderdeel uit van de 'Kleine haagse suite', een in opdracht van het ministerie van OKW geschreven cyclus. Zie hoofdstuk 6 'Den Haag: stad van aluinen winden en pleinen'. Het liber amicorum bevindt zich in de collectie Gerrit Achterberg NLMD. Een kopie van de bladzijde met daarop het gedicht van Rodenko, kreeg ik van Daisy Wolthers.

111 Brief Paul Rodenko aan Simon Vinkenoog, 2 januari 1951, Collectie Simon Vinkenoog NLMD. De bundel was in 1950 verschenen.
112 'Harde en zachte valuta'. In: *Haagsch Dagblad*, 24 juli 1954. Zie VEK, deel 2, 34-36.
113 Zie Odile Heynders, *Langzaam leren lezen. Paul Rodenko en de poëzie*, 56. Rodenko noemt in verband met Achterberg Artaud een keer terloops. Dat is in de inleiding bij *Voorbij de laatste stad*: 'Wat niet wegneemt dat er – met uitzondering misschien van Antonin Artaud – geen modern dichter is aan te wijzen, bij wie het geloof aan en de worsteling om "het woord" van zulk een welhaast monomane hevigheid is als bij Gerrit Achterberg.' (Zie VEK, deel 2, 44.)
114 Gerrit Achterberg, *Voorbij de laatste stad. Een bloemlezing uit het gehele oeuvre*. Samengesteld en ingeleid door Paul Rodenko, Den Haag maart 1955. De tweede druk verscheen in november 1955, de negende druk in 1986.
115 Mededeling Daisy Wolthers.
116 'Voorbij de laatste stad'. Zie VEK, deel 2, 48.
117 Zie over de aanpak van Bakker brief Bert Bakker aan Alice von Eugen-Nahuys, van Querido, 9 oktober 1957, Querido-archief, met dank aan Peter de Bruijn. Zie over de bemoeienis van Rodenko met deze bundel ook Fabian R.W. Stolk, *Een kwestie van belichting. Genetisch-interpretatief commentaar bij Gerrit Achterbergs Spel van de wilde jacht*, Utrecht 1999, 201-211. Stolk concludeert op p. 206: 'Rodenko echter is zeer ter wille met zijn beschouwing.'
118 Brief Paul Rodenko aan Bert Bakker, 20 oktober 1957, Collectie Bert Bakker NLMD.
119 De recensie verscheen in de krant van 9 november 1957. Zie VEK, deel 2, 67-72.
120 Brief Paul Rodenko aan Gerrit Achterberg, 24 oktober 1957, Collectie Gerrit Achterberg NLMD.
121 In: *Maatstaf*, 5 (1957-1958), 708-740. In *Nieuw Kommentaar op Achterberg* verscheen een ietwat gewijzigde versie. De bundel werd samengesteld door Bert Bakker en Andries Middeldorp en verscheen bij Bakker in 1966. In de bundel staat ook het essay 'De duizend-en-één-nachten van Gerrit Achterberg', waarin het thema van de religiositeit nader wordt uitgewerkt. Centraal staan de varianten in Achterbergs werk, die samenhangen met het conflict tussen de vruchtbaarheidsmythen en het calvinistische christendom. Zie hierover Odile Heynders, *Langzaam leren lezen. Paul Rodenko en de poëzie*, 53-54.
122 Zie VEK, deel 2, 110. Wim Hazeu citeert dit fragment ook in *Gerrit Achterberg. Een biografie*, 689-590.
123 De notities zijn op vier kleine blaadjes getypt, Collectie Koen Hilberdink Den Haag. Verder staan daarop notities over Holda, Bertha, Joeltijd, Tieltjesjacht en Derk met de beer.
124 'Spiegel van de Wilde Jacht'. VEK, deel 2, 113.
125 Brief Paul Rodenko aan Cathrien Achterberg, 18 januari 1962, Collectie Gerrit Achterberg NLMD.
126 'Dichter en boer'. In: *De Gids*, CXXV (1962), nr. 3 (maart), 202-206. Zie VEK, deel 2, 90-94.
127 'Jacht op de vonk der verzen en een vrouw'. In: *Maatstaf*, Gerrit Achterberg-nummer, XI, (1963-1964), nr. 10-11 (januari/februari 1964), 738-746. Zie VEK, deel 2, 94-101.

128 Zie Wim Hazeu, *Gerrit Achterberg. Een biografie*, 611-613.
129 *Haagse Post*, 23 november 1963. Het artikel werd in de map 'Achterberg' gestopt, Collectie Koen Hilberdink.
130 Interview A. Middeldorp, Oegstgeest 19 maart 1995.
131 Beschrijving plan voor stipendium OKW, stipendia letterkundigen, 26 mei 1964. Archief ministerie van OCW Zoetermeer. Rodenko kreeg in 1964 duizend gulden van het ministerie, dat in twee termijnen werd uitbetaald.
132 Toelichting stipendiumaanvraag 1965 OKW, 28 maart 1965, Archief ministerie van OCW Zoetermeer.
133 Kopie brief Paul Rodenko aan Fonds voor de Letteren, 6 januari 1968, Collectie Paul Rodenko NLMD.
134 Een studie over de varianten bij Achterberg verscheen in 1973 van de hand van R.L.K. Fokkema. Hij promoveerde op het tweedelige *Varianten bij Achterberg*, Amsterdam 1973. Fokkema schreef Rodenko op 16 augustus 1966 over het plan zijn scriptieonderwerp uit te werken tot een dissertatie. Op deze brief reageerde Rodenko niet. Brief R.L.K. Fokkema aan Paul Rodenko, 16 augustus 1966, Collectie Paul Rodenko NLMD.
135 Kopie aanvraag stipendium 1973, Fonds voor de Letteren, Collectie Paul Rodenko NLMD.
136 Exemplaar aanwezig in Collectie Koen Hilberdink Den Haag.
137 Zie over de medewerking van Paul Rodenko aan de NCRV-televisie hoofdstuk 8 'Al leef je nog eens twintig jaren'.
138 Gerrit Achterberg, *Het weerlicht op de kimmen. Een keuze uit de gedichten van Gerrit Achterberg*, Samengesteld door J. C. Achterberg-Van Baak, Den Haag/Amsterdam 1965. Voor deze bundel schreef Paul Rodenko een kort nawoord.
139 De tekst is fragmentarisch overgeleverd en werd om die reden niet opgenomen in de VEK. De fragmenten bevinden zich in de Collectie Paul Rodenko NLMD.
140 Telefonische mededeling aan mij van Henk van Ulsen 24 juli 1998.
141 Zie VEK, deel 2, 154.

HOOFDSTUK 6

1 Zie hierover bijvoorbeeld Sarah Verroen, 'De saaie beatstad'. In: *De Groene Amsterdammer*, 19 juni 1996. Zie over Rodenko en Den Haag Koen Hilberdink, 'Kleine Haagse suite. Paul Rodenko en Den Haag'. In: *Biografie Bulletin*, IX (1999), nr. 1, 65-73.
2 Paul Rodenko, *Orensnijder tulpensnijder. Verzamelde gedichten*, 105.
3 Je zou kunnen zeggen dat hier projectie een afweer is om niet over jezelf te hoeven praten, om een kant van jezelf verborgen te houden.
4 Het paradoxale speelde een rol in al zijn gedichten. Voor de moderne dichter was de paradox een spanningverhogend element. Met de titels van zijn bundels *Stilte, woedende trompet* en *Orensnijder tulpensnijder* wilde hij bijvoorbeeld benadrukken dat de dichter twee onverenigbaar lijkende kanten in zich heeft. Hij moet agressief zijn om iets moois te kunnen maken. Eerst destructie, dan creatie.
 Over de stilte en orde in Rodenko's poëzie merkt Odile Heynders naar aanleiding

van het in hoofdstuk 2 geciteerde gedicht 'Bommen' op: 'Niet het lawaai, maar de stilte en geruisloosheid, niet chaos en verwoesting, maar de ordelijkheid van straten die zich verbreed hebben of van licht dat als een blok verplaatst is, verhevigen de spanning die de titel van het gedicht aankondigt.' (Zie Odile Heynders, 'De man die alleen op weg ging. Een vergelijking van gedichten van Jan Hanlo en Paul Rodenko'. In: *Cahiers Nederlandse Letterkunde*, 1996, nr. 1, 3-18. Het citaat staat op p. 15.)
5 Kees Fens, 'Lange Voorhout'. In: *de Volkskrant*, 6 februari 1999.
6 Oorspronkelijk verschenen in *Maatstaf*, 1 (1953-1954), nr. 6 (september 1953), 389-395. Zie VEK, deel 1, 85-91.
7 Zie 'De actualiteit van Nijhoff. In: *Martinus Nijhoff*, Den Haag/Amsterdam 1954, 83-87. Zie VEK, deel 1, 82-85.
8 Zie over Nijhoff als modernist ook A.L. Sötemann, '"Non-spectaculair" modernism: Martinus Nijhoff's poetry in its European context'. In: *Nijhoff, Van Ostaijen, 'de Stijl', modernism in the Netherlands and Belgium in the first quarter of the 20th century. Six essays edited and introduced bij Francis Bulhof*, Den Haag 1976, 95-116. Sötemann gaat hier verder niet in op Rodenko's opvattingen over Nijhoff en noemt hem alleen in een noot (p. 97) als een criticus die Nijhoff kwalificeert als een realist.
9 Geciteerd in Han Steenbruggen, *Willem Hussem. Tussen schrift en leegte*, Eindhoven 1994, 53.
10 Paul Rodenko, *Orensnijder tulpensnijder. Verzamelde gedichten*, 9.
11 Bakker kwam in 1938 in dienst van de bijna failliete uitgeverij Daamen N.V. In 1939 verwierf hij de meerderheid van de aandelen, na de oorlog alle. In 1946 werd hij directeur. Zie R. Boltendal, *Boekmakers. Portretten van uitgevers*, Amsterdam 1965, 99-100.
12 Zie over de kwestie Achterberg hoofdstuk 5 'Naar een "andere" literatuur'.
13 Brief Hans van Straten aan Max de Jong, Collectie Max de Jong, Nederlands Letterkundig Museum en Documentatiecentrum Den Haag. Ik werd op deze passage gewezen door Nico Keuning, de biograaf van Max de Jong in een brief van 1 maart 1997. Van Loon was enthousiast en nodigde hem uit over hetzelfde onderwerp een artikel te schrijven voor het *Haagsch Dagblad*, de Haagse editie van *Het Parool*, waarvan hij vlak na de oorlog kunstredacteur was. Het artikel 'Surrealisme anno 1946' verscheen in de krant van 22 augustus 1946. (Zie VEK, deel 4, 36-38.)
14 Interviews Hélène Oosthoek, Den Haag 13 december 1994 en 9 december 1997. Het tweede gesprek vond plaats op grond van een concepttekst van dit hoofdstuk. Hélène Oosthoek vulde toen een aantal zaken aan.
15 Brief Gerard Messelaar aan Paul Rodenko, 12 juni 1947, Collectie Paul Rodenko NLMD.
16 'Nicholas G. Lély, 'Dichter en diplomaat'. In: *Podium* VI (1950), nr. 3 (maart), 185-187. Zie VEK, deel 3, 88-90. In *Podium* werden ook twee door Rodenko vertaalde gedichten opgenomen. De bloemlezing verscheen toen Lély alweer in Athene woonde: Nicholas G. Lély, *Apollo in Times Square. Translation from modern Greek, With a few translations in Dutch*, Vertaald door Joseph Auslander, M. Nijhoff, Den Haag 1954. In 1949 verscheen al een gedicht van hem over Nederland in *De Gids*, in de vertaling van Nijhoff.
17 Zie H. J. Reinink, 'Nijhoff als ambtenaar'. In: Emmy van Lokhorst en Bert Voeten (red.), *In memoriam M. Nijhoff*, Utrecht 1953, 89-91.

18 Nijhoffs zoon Faan Nijhoff typeerde zijn vader als 'walgelijk bourgeois' en vertelt ook iets over het gebrek aan vriendschappen van zijn vader in een interview met Michel van der Plas, verschenen in *Vader en moeder. Jeugdherinneringen van: Bertus Aafjes e.a.*, Baarn 1988, 147. Over het bezoek van Rodenko aan Nijhoff schreef Faan Nijhoff in een brief aan Jettie Rodenko, vlak na het overlijden van Paul Rodenko, gedateerd 14 juni 1976, Collectie Paul Rodenko NLMD. Zie over '*heren*: meervoud' hoofdstuk 3 'Onruststoker'.
19 Interview Victorine Hefting, Den Haag, 10 mei 1993. Over Rodenko en *Maatstaf* zie hoofdstuk 5 'Naar een "andere" literatuur'.
20 Interview Mies Bouhuys, Amsterdam 20 augustus 1996. Hoornik (1910–'70) was in Den Haag geboren en vertrok in 1929 naar Amsterdam. Hij was voor Rodenko een dichter die behoorde tot een afgesloten tijdperk. In een bespreking van zijn bundel *Het menselijk bestaan* noemt hij hem een bijna-eersterangsdichter, omdat bij hem vorm en inhoud een discrepantie vertonen. Het lukt hem niet bij de spiegel die hij van zijn tijd geeft een adequate vormgeving te vinden; pas dan zou hij zijn tijd voor kunnen zijn. (Zie 'Inhoud en vorm bij Ed. Hoornik'. In: *Nieuwe Rotterdamsche Courant*, 26 april 1952. Zie *VEK*, deel 4, 14–17.) De stukken voor *Vrij Nederland* verschenen op 26 juli en 9 augustus 1947 onder de titels 'De mythe van de kleine man' en 'Moraal in het luchtledig'. In beide stukken viel Rodenko de moraaltheorie van Hans Gomperts aan.
21 Dit blijkt uit een brief van Ed. Hoornik aan Paul Rodenko, 12 september 1947, Collectie Paul Rodenko NLMD.
22 Zie over Hoornik: Mies Bouhuys, *Het is maar tien uur sporen naar Berlijn*, Amsterdam 1985 en over diens verhouding met Stols C. van Dijk, *Alexandre A.M. Stols 1900–1973 Uitgever/Typograaf, Een documentatie*, Zutphen 1992, 377–382.
23 Piet Calis, *Gesprekken met dichters*, 70.
24 Zie hoofdstuk 5 'Naar een "andere" literatuur'.
25 Geciteerd in R. Boltendal, *Boekmakers. Portretten van uitgevers*, 96.
26 En werden gebundeld in J. B. Charles, *Volg het spoor terug*, Amsterdam 1953
27 Interview Victorine Hefting, Den Haag 10 mei 1993.
28 Brief Paul Rodenko aan Ed. Hoornik, 5 december 1957, Collectie Ed. Hoornik Mies Bouhuys Amsterdam.
29 Achterbergs *Spel van de wilde jacht* bijvoorbeeld bestond al voordat hij een opdracht van het ministerie kreeg. Fabian Stolk laat in zijn proefschrift zien hoe ook in dit geval Bert Bakker en Jan Hulsker een rol spelen in de toekenning van de opdracht. Zie Fabian Stolk, *Een kwestie van belichting. Genetisch-interpretatief commentaar bij Gerrit Achterbergs Spel van de wilde jacht*, 32–36.
30 *Orensnijder tulpensnijder*, 103–109. De cyclus bestaat vijf gedichten: 'Den Haag', 'Legende', 'Andante', 'Enfantine' en 'Scherzo'. Het gedicht 'Den Haag' opent de cyclus en zou daarom eerst 'Introductie' heten (zie typoscript in Collectie Paul Rodenko NLMD). In het nawoord van de bundel schrijft Rodenko per abuis dat hij de cyclus in opdracht van de Jan Campert-stichting schreef. Het gedicht 'Den Haag' was begin 1955 al klaar. Rodenko publiceerde het in een tijdschrift van de gemeente ('s-Gravenhage, maart 1955, 55). De redactie van de gemeentelijke uitgave publiceerde naast

het gedicht een foto van Rodenko, zittend op een bank op het Voorhout. Later verscheen de cyclus in *Allemaal anders*, in 1960 uitgegeven door de Haagse Kunstkring.
31 Brief ministerie OKW aan Paul Rodenko, ondertekend door H. J. Reinink, secretaris-generaal, 20 november 1954, Archief Paul Rodenko NLMD.
32 Brief ministerie van Onderwijs, Cultuur en Wetenschappen aan Paul Rodenko van 27 juli 1956, ondertekend door F. M. J. Jansen, Archief Paul Rodenko NLMD. De waarnemend chef reageerde op een brief van Rodenko van 30 juni 1956 die niet bewaard is gebleven.
33 Kopie brief Paul Rodenko aan J. Hulsker van de Afdeling kunsten van het ministerie OKW van 31 oktober 1956, Collectie Paul Rodenko NLMD. Op deze persoonlijke omstandigheden wordt nader ingegaan in hoofdstuk 7 'Buitenstaander'.
34 'De dichter Hans Lodeizen'. In: *Maatstaf*, 1 (1953/1954), nr. 9 (december 1953), 566-591. Het boekje *Over Hans Lodeizen*, Den Haag 1954, werd in 1977 en 1980 herdrukt door uitgeverij Reflex in Utrecht. Zie ook VEK, deel 1, 9-34. Rodenko vroeg in een brief van 1 juli 1953 uitstel aan bij Hulsker, die in een brief van 4 juli 1953 antwoordde dat 'wij u gaarne respijt geven tot 15 juli 1953'. (Collectie Paul Rodenko NLMD.)
35 Zie over Hulsker Nienke Begemann, *Victorine*, Amsterdam 1989, 232. Hulsker zat vanaf de oprichting in 1947 tot en met 1952 in de jury van de Jan Campert-prijzen, aanvankelijk met F. Bordewijk en Martinus Nijhoff en in 1951 en 1952 samen met Bert Bakker. Zie Janet Luis, *50 jaar Campert-prijzen*, Nijmegen 1997, 75-76 en Pierre H. Dubois, 'Literatuur in Den Haag'. In: Aad Meinderts, Saskia Petit en Dick Welsink, *Den Haag je tikt er tegen en het zingt*, 45.
36 Zie Pierre H. Dubois, *Een soort van geluk. Memoranda 1952-1980*, Amsterdam 1989, 74-86. Tijdens een interview met Pierre H. Dubois (1917-'99) op 9 juni 1998 te Den Haag, kwam dit 'gekonkel' ook ter sprake.
37 Zie Marga Minco in haar inleiding bij Bert Voeten, *Neem je bed op en wandel. Brieven aan Bert Bakker Senior 1954-1969*, Amsterdam 1994, 8.
38 Waarschijnlijk verwachtte Bakker dat het gemakkelijk te regelen was, omdat Rodenko op 20 april 1955 al eens een rijksbeurs van duizend gulden werd toegekend. De eerste termijn kreeg Rodenko in mei, de tweede termijn werd eerder uitbetaald dan de bedoeling was, namelijk in de zomer van 1955. De correspondentie hierover is te vinden in het dossier van Paul Rodenko in het archief van het ministerie van Onderwijs, Cultuur en Wetenschappen te Zoetermeer. Van een aantal brieven rond deze beurs zijn ook kopieën aanwezig in de Collectie Paul Rodenko NLMD.
39 Brief Bert Bakker aan Paul Rodenko, 8 juni 1957, Collectie Paul Rodenko NLMD.
40 Brief Paul Rodenko aan Bert Bakker, 11 juli 1957, Collectie Bert Bakker NLMD. Zie over deze kwestie ook hoofdstuk 7 'Buitenstaander'.
41 Dossier Paul Rodenko, ministerie van OCW Zoetermeer. De aanvraag kwam op 22 juni binnen. De commissie was toen bereid een kleine bijdrage te geven, maar wilde niet met de gevraagde f 2000,- over de brug komen. De zaak zou later opnieuw in de commissie behandeld worden, wat dus blijkbaar niet gebeurde. De onvrede met de gang van zaken sprak Asselbergs uit in een notitie van 23 december 1957, die ook in dit dossier zit.
42 Hij werd bij voorbeeld uitgenodigd voor de jaarfeesten van kunstenaarssociëteit

Pulchri, waar hij ook altijd kwam. Zie Haags Gemeentearchief, Archief Pulchri, Beheersnummer 59, Inventarisnummer 59.
43 In een brief Paul Rodenko aan Gerrit Borgers, 3 juli 1948, Collectie Gerrit Borgers NLMD.
44 In een brief van Paul Rodenko aan Hans van Straten, 28 april 1951, Collectie Hans van Straten NLMD, met dank aan Hans van Straten.
45 Zie over het verval van Den Haag Peter Hofstede, 'Schalen van verval. Haagse bohème, 1945–1960'. In: *Bzzlletin*, XXIV, nr. 224, (maart 1995), 29-32.
46 Brief Paul Rodenko aan Bert Bakker, ongedateerd, Archief Bert Bakker NLMD.
47 Zie 'Gedoemde dichters', *VEK*, deel 1, 526–555.
48 Zie over Hussem (1900–'74) Cato Cramer, *Willem Hussem, de kracht van de penseelstreek*, Utrecht 1984 en Han Steenbruggen, *Willem Hussem, tussen schrift en leegte*, Eindhoven 1994. In beide boeken wordt Rodenko echter niet genoemd.
49 Zie hoofdstuk 5 'Naar een "andere" literatuur'.
50 Aanwezig in familiearchief Paul Rodenko Broek in Waterland.
51 Zie over Jaap Nanninga (1902–'62) de monografie van Erik Slagter, *Nanninga: schilder = Painter = Peintre*, Amsterdam 1987.
52 Zie Liesbeth Willems, *Posthoorngroep*, catalogus bij de gelijknamige tentoonstelling in het Cobra Museum voor Moderne Kunst, Amstelveen 1997, 5.
53 Zie over deze kwestie en over Pieter Ouborg (1893–1956) de monografie van Leonie ten Duis en Annelies Haase, *Ouborg: schilder = painter*, monografieën van Nederlandse kunstenaars: 7, Den Haag z.j, 95-98.
54 Andere belangrijke schilders waren Wil Bouthoorn (1916), Kees van Boheemen (1928–'85) en Jan Roëde (1914) en vanaf 1958 ook Jan Cremer (1940).
55 Zie over Roëde (1914) de monografie van Marie Christine Walraven, *Jan Roëde*, Den Haag 1988.
56 Jan Roëde, *Je kunt niet alles begrijpen*, Den Haag 1955. Zie voor de inleiding 'Werkelijkheid in negligé' ook *VEK*, deel 3, 126-127.
57 Interview mr. F. W. ter Spill, Den Haag 11 juni 1996.
58 Zie T. van Deel, R.L.K. Fokkema, '"Echte poëzie is spelen met vuur". In gesprek met Paul Rodenko', 25: 'Seksualiteit als techniek is óók law and order, lees er de boekjes over seksuele techniek maar op na, ze zijn zo droog als wetboeken.'
59 Zie over Oefening Kweekt Kennis en Ben van Eysselsteijn, *Iets over het Haags Letterkundig Genootschap 'Oefening Kweekt kennis'; anno 1834*, Den Haag 1966 en H. Nijkeuter, Ben van Eysselstein, *Drent uit heimwee en verlangen*, Assen 1996, 38. In Rodenko's nalatenschap vond ik een aanmaning voor de betaling van de contributie voor 1953 en enkele uitnodigingen voor lezingen in 1960, van respectievelijk Dolf Verspoor en Joris Diels. Over de frequentie van de lezingen vond ik informatie in het archief van Pulchri, Haags Gemeentearchief, Beheersnummer 59, Inventarisnummer 592.
60 Goede documentatie over de Haagse Kunstkring is te vinden in de catalogus *Haagse Kunstkring: werk verzameld*, 's-Gravenhage 1977. Tevens is gebruik gemaakt van het Archief van de Haagse Kunstkring, dat zich bevindt in het Haags Gemeentearchief, Beheersnummer 253.

61 Brief P. Heus aan Paul Rodenko, 30 oktober 1948, Collectie Paul Rodenko NLMD.
62 Interview Nico Wijnen (1916-'98), Den Haag 10 april 1993. Wijnen vertelde mij toen dat Rodenko hem de grootste dichter van Den Haag vond. Wie de kritieken van Rodenko op zijn werk bekijkt, krijgt echter een ander beeld. Paul Rodenko vond Wijnens gedichten uit het door de Haagse uitgever Stols uitgegeven bundel *Het Spiegelbeeld* (1950) 'nogal gedwongen en geforceerd van ritme' en 'syntactisch soms volkomen onbegrijpelijk'. Het eindoordeel luidde: 'Het zijn niet zozeer de merendeels mislukte liefdesverzen dan wel deze enkele natuurverzen, die ons doen geloven dat Wijnen meer in zijn mars heeft dan objectief bezien uit deze bundel blijkt.' ('Het boek vandaag'. In: *Nieuwe Rotterdamsche Courant*, 26 mei 1951. Zie VEK, deel 4, 13.) Ook Wijnens bundel *Tegenzin* (1951) kwam er niet best af. Paul Rodenko vond dat Wijnen aan het experimenteren was gegaan met als gevolg 'enerzijds een warwinkel van verschillende stijlprocédés en invloeden, anderzijds een gebrek aan zelfkritiek.' ('Het boek vandaag'. In: *Nieuwe Rotterdamsche Courant*, 9 januari 1954. Zie VEK, deel 4, 34.)
63 Brief van A. Hendriks aan Paul Rodenko, 8 maart 1951, Collectie Paul Rodenko NLMD.
64 Zie verder over Rodenko en de Haagse Kunstkring het zeer gekleurde 'Paul Rodenko en de Haagse Kunstkring' van Nico Wijnen, tekst van de lezing die Wijnen hield tijdens een Rodenko-herdenking in de Haagse Kunstkring in het voorjaar van 1977. Over de voorwaarden waaronder Rodenko lid was geworden, schreef Wijnen aan Piets op 18 november 1954 (Archief Vereniging Haagse Kunstkring, Haags Gemeentearchief, Beheersnummer 253, Inventarisnummer 469).
65 Notulen ledenvergadering 30 juni 1951, aanwezig in Archief Haagse Kunstkring, Haags Gemeentearchief, Beheersnummer 253, Inventarisnrummer 465.
66 Jaarverslag Haagse Kunstkring 1950-1951, Archief Haagse Kunstkring, Haags Gemeentearchief, Beheersnummer 59, Inventarisnummer 479. Het symposium vond plaats op 30 oktober 1951 en inspireerde hem om ook later zich nog met dit onderwerp bezig te houden. Een voorbeeld is het essay 'Het vertalen van poëzie'. In: *Maatstaf* II (1954/1955), nr. 3 (juni 1954), 91-95.
67 Zie Nico Wijnen, 'Paul Rodenko en de Haagse Kunstkring'. Een verslag van de festiviteiten verscheen onder de titel 'Culturele avond Haagse Kunstkring' in *Het Vaderland* van 1 oktober 1951. Hierin werd Rodenko niet genoemd.
68 Zie *Orensnijder tulpensnijder* p.98. Het gedicht verscheen ook in *Maatstaf*, II (1954/1955), nr. 10 (januari 1955), 669.
69 Op de overeenkomsten tussen de poëzie van Rodenko en Marsman wees J. H.W. Veenstra in 'De leer van Rodenko en de praktijk. Poëzie van zestig: terugkeer naar die van dertig', een bespreking van Rodenko's bundel *Stilte, woedende trompet*, verschenen in *Vrij Nederland* van 17 oktober 1959. Veenstra brengt vooral Rodenko's veelvuldige gebruik van kosmische attributen als sneeuw, lucht, lucht, zon, ster, planeet en de Engel in verband met het werk van Marsman (zie ook hoofdstuk 7 'Buitenstaander').
70 Het gedicht lijkt te preluderen op wat hij later schrijft in zijn studie over de moderne poëzie 'De experimentele explosie': '"Poëzie is kinderspel", staat boven een gedicht van Lucebert, en de overeenkomst tussen kinderrijmen en moderne klankgedichten

spreekt [...] duidelijk genoeg. Maar om hetzelfde effect te bereiken – een tabula rasa, waarop men net als het kind de klanken van de taal geheel opnieuw ontdekt – heeft de moderne dichter op zijn minst een mirakel, een soort pinksterwonder nodig: plotseling, op een heel bepaald tijdstip, beheerst hij tot in de perfectie de universele taal van de wedergeboren mens.' ('De experimentele explosie', VEK, deel 2, 387.)

71 Zie bijvoorbeeld Ronald de Leeuw, 'Eerste afdeling: schilder- en beeldhouwkunst. Van De Bock tot Berserik'. In: *Haagse Kunstkring: werk verzameld*, Den Haag 1977, 46: 'Hun woordvoerder was Paul Rodenko die vanuit de literaire afdeling graag uitstapjes naar het rijk der schilderkunst maakte.'

72 J.Hulsker, W. Jos de Gruyter, Paul Rodenko, *Verve*, Facetten van de Levende Haagse Kunst I, Den Haag 1952, 8–11. De inleiding kreeg de titel 'Kunst zonder achterland'. Zie ook VEK, deel 3, 114–118. Zie over het boek ook Pierre H. Dubois, 'Facetten van hedendaagse levende Haagse kunst'. In: *Het Vaderland*, 19 september 1952. Dubois noemt het essay van Rodenko merkwaardig, maar geeft toe dat Rodenko de wezenlijke situatie van de moderne kunst raakt.

73 Zie Ronald de Leeuw, 'Eerste Afdeling: schilder- en beeldhouwkunst, Van De Bock tot Berserik'. In: *Haagse Kunstkring: werk verzameld*, 46, en John Sillevis, *Verve*, Den Haag 1974 en John Sillevis 'De jaren vijftig, Een verkenning'. In: *De jaren '50 een Haagse visie*, catalogus bij expositie Pulchri Studio 11 september tot en met 11 oktober 1993, Den Haag 1993, 5–16.

74 'Kunst zonder achterland', 118.

75 Brief Bert Bakker aan Paul Rodenko, 1 juli 1953, Collectie Paul Rodenko NLMD.

76 Brief Bert Bakker aan Paul Rodenko, 3 oktober 1955, Collectie Paul Rodenko NLMD.

77 Brief Nico Wijnen, 7 september 1956, Archief Haagse Kunstkring Haags Gemeentearchief, Berheersnummer 253, Inventarisnummer 465.

78 Brief van bestuur aan Nico Wijnen, 5 oktober 1956. Archief Haagse Kunstkring, Haags Gemeentearchief, Beheersnummer 59, Inventarisnummer 465. Over deze kwestie gaan ook twee brieven van het bestuur aan Rodenko (gedateerd 26 september 1955 en 3 februari 1956), Archief Paul Rodenko NLMD.

79 Brief Paul Rodenko aan Nico Wijnen, 20 maart 1957, Archief Nico Wijnen NLMD.

80 Brief Paul Rodenko aan Bert Bakker, ongedateerd, Collectie Bert Bakker NLMD.

81 Telefoongesprek Helga Ruebsamen, 9 maart 1994.

82 Zie Bibeb, 'Ontmoetingen met Victorine Hefting'. In: *Vrij Nederland*, 6 december 1997, 31.

83 In: *Nieuwe Rotterdamsche Courant*, 17 december 1956. Zie VEK, deel 4, 80–84.

84 In: *Nieuwe Rotterdamsche Courant*, 12 oktober 1957. Zie VEK, deel 4, 94–97.

85 Zie 'Kiliaan heeft de ogen geopend'. In: *Nieuwe Rotterdamsche Courant*, 30 april 1955. Zie VEK, deel 1, 140–143. En: 'Dichten door de brievenbus'. In: *Nieuwe Rotterdamsche Courant*, 24 mei 1958. Zie VEK, deel 4, 106–111. Rodenko's 'vrouwonvriendelijke' optreden werd hem postuum kwalijk genomen door Maaike Meijer, die in haar in 1988 verschenen *De lust tot lezen. Nederlandse dichteressen en het literaire systeem* (Amsterdam 1988) hem de les leest: 'De moderne mannelijke poëzie die de heersende mode is, vormt de enige bril waardoor Rodenko wenst te kijken, en zijn enige maatstaf. Zijn compliment komt in feite neer op het soort lof dat iedere vrouw zo goed

kent: "Ik waardeer je zeer, je bent bijna zo goed als een man, maar een man ben je natuurlijk niet.'" (296).
86 De schilder-dichter Rudi Polder bracht hem bijvoorbeeld vaak naar huis (interview Den Haag, 8 juli 1994).
87 Brief Paul Rodenko aan Simon Vinkenoog, 27 november 1997, Collectie Simon Vinkenoog NLMD. Zie over het bezoek aan Vinkenoog, hoofdstuk 5 'Naar een "andere" literatuur'.
88 Hij verdiende f 329,35 per maand, een tientje meer dan bij de KLM. Zie de aanstellingsbrief Stichting Landverhuizing Nederland, 11 maart 1952, Collectie Paul Rodenko NLMD.
89 Interview Nico Wijnen, Den Haag 22 februari 1997.
90 Kierdorff omschreef zijn eigen werk als 'sociaal voorlichtend' in een sollicitatiebrief aan de Stichting Sociale Raad van 's-Gravenhage, 8 maart 1968, aanwezig in Archief W. G. Kierdorff, Haags Gemeentearchief, Beheersnummer 842, Inventarisnummer 107.
91 Deze artikelen zijn niet teruggevonden in Rodenko's nalatenschap. De hier genoemde titel hoorde ik van Nico Wijnen.
92 Interview Peter Hofstede, Leersum 2 maart 199
93 Brief Paul Rodenko aan Simon Vinkenoog, 25 september 1952, Collectie Simon Vinkenoog NLMD.
94 'De egelstelling van de dichter'. In: *Maatstaf*, VI (1958/1959), nr. 9/10 (december 1958/ januari 1959), 860-898. Zie VEK, deel 2, 307-339.
95 Brief Paul Rodenko aan Simon Vinkenoog, 27 november 1952, Collectie Simon Vinkenoog NLMD.
96 Jettie (1931-'85) was de dochter van F. H. Schaper en Hinderika Catherina Beereboom. Haar zuster Johanna Maria werd geboren op 28 oktober 1934.
97 Interviews Nico Wijnen, Den Haag 22 februari 1997 en Peter Hofstede, Leersum 2 maart 1994.
98 In het interview met T. van Deel en R.L.K. Fokkema '"Echte poëzie is spelen met vuur." In gesprek met Paul Rodenko' zegt hij op p. 25: 'Maar omdat liefde zelf iets absoluut is, of een grensoverschrijding naar het absolute, en als zodanig onmaatschappelijk, heeft alle goede liefdespoëzie ook, maatschappelijk gezien, een destructief, ontregelend karakter.'
99 Brief Carla Termeer, 30 november 1997.
100 Interview Peter Hofstede, Leersum 2 maart 1994.
101 De medische dossiers trof ik aan in de nalatenschap van Paul Rodenko, maar zijn inmiddels vernietigd.
102 Interview Mies Bouhuys, Amsterdam 20 juli 1996.
103 Trouwkaart Paul Rodenko en Jettie Schaper, Collectie Paul Rodenko NLMD.
104 Zie Nienke Begemann, *Victorine*, 248.
105 Paul Rodenko bedankte hem voor de aanwezigheid in een brief van 1 juli 1953, waarin hij tevens uitstel vroeg voor het inleveren van zijn studie over Hans Lodeizen voor de Jan Campert-stichting. (Kopie van deze brief aanwezig in Collectie Paul Rodenko NLMD.)

106 Zie huwelijksakte Burgerlijke Stand 's-Gravenhage, nr. K 55
107 *Het Vaderland* 16 mei 1953 en *Haagsch Dagblad* 19 mei 1953.
108 Briefkaart Paul en Jettie Rodenko aan Afd. V.I.D. Stichting Landverhuizing Nederland, datum onleesbaar, Archief Nico Wijnen NLMD.
109 Getuigschrift stichting Landverhuizing Nederland, 30 januari 1953, waaruit blijkt dat Rodenko zelf ontslag aanvroeg, Collectie Paul Rodenko NLMD.
110 Kopie brief aan Advies Bureau Rouma & Co te Amsterdam, 23 juli 1953, Collectie Paul Rodenko NLMD.
111 Brief directeur van het Gemeentelijk Bureau voor Personeelsvoorziening aan de heer P. Th. B. Rodenko, 6 augustus 1953, Collectie Paul Rodenko NLMD.
112 Mededeling van de zenuwarts dr. A.F. W. van Meurs, die daar ook werkte (brief 13 februari 1995).
113 In: *Maatstaf*, I (1953-1954), nr. 9 (december 1953), 595. In de derde jaargang (1955-1956), nr. 3/4 (juni/juli 1955), verschenen de gedichten 'Leestekens', 'Vogels II' en 'Vogels III'.
114 Brief Bert Bakker aan Paul Rodenko, 4 juni 1953, Collectie Paul Rodenko NLMD.
115 Brief Bert Bakker aan Paul Rodenko, 1 juli 1953, Collectie Paul Rodenko NLMD.
116 Brief Bert Bakker aan Paul Rodenko, 3 september 1955, Collectie Paul Rodenko NLMD.
117 In Paul Rodenko's nalatenschap bevindt zich een kladversie van een brief van Jettie aan Fred Kruissink, die waarschijnlijk niet is verstuurd. In de brief, gedateerd 4 oktober 1955, gaat zij uitvoerig in op haar relatie met Bakker.
118 Brief Bert Bakker aan Paul en Jettie Rodenko, 14 april 1955, Collectie Paul Rodenko NLMD.
119 In: *Haagsch Dagblad*, 8 juni 1954.
120 *Haagsche Courant*, 8 juni 1954.
121 Brief mr. Ragnhil Stapel aan Paul Rodenko, 19 september 1953, Collectie Paul Rodenko NLMD.
122 Gedateerd 10 januari 1954. Een kopie bevindt zich in de Collectie Paul Rodenko NLMD. Notities voor deze brief in het handschrift van Jettie Rodenko trof ik aan in een notitieblok, Collectie Paul Rodenko NLMD.
123 Over deze lening gaat het in een brief van Paul Rodenko aan de Inspecteur der Belastingen van 27 januari 1955, waarvan een kopie zich bevindt in de Collectie Paul Rodenko NLMD.
124 Over Hans Andreus zie Jan van der Vegt, *Hans Andreus. Biografie*, Baarn 1995, 252-330.
125 Hans Andreus, *Verzamelde gedichten*, Amsterdam 1984, 959. Andreus verwerkte zijn omgang met Rodenko ook in de roman *Valentijn*, waarin hij voorkomt als de Haagse Pauliniër Egbert. Andreus' biograaf Jan van der Vegt wijst er terecht op dat Andreus in de figuur Egbert ook iets stopt van een andere Haagse dichter Jozef Eijckmans, vooral in diens voorkeur voor de muziek van Schumann (zie *Hans Andreus. Biografie*, Baarn 1995, 345).
126 In schoolschriftje 'Suite voor Den Haag', Collectie Paul Rodenko NLMD.
127 Martijn de Rijk, 'Uit het niets komen langzaam de woorden en beelden', 114.
128 Zie Nienke Begemann, *Victorine*, 257.

129 De poppenspeler en actief Haagse Kunstkring-lid Don Vermeire herinnert zich die gesprekken nog goed, interview Don Vermeire, Den Haag 20 september 1996.
130 Zie 'Een mutatietheorie van de literatuurgeschiedenis'. In: *Maatstaf*, II (1954/1955), nr. 4/5 (juli/augustus 1954), 383-388. Zie VEK, deel 1, 72-77. Dit artikel verscheen in het zogenaamde generatienummer van *Maatstaf*, waarvan Rodenko gastredacteur was. Zie ook 'Litteratuur en litteratuurgeschiedenis', de tekst van een lezing gehouden op 10 november 1955 te Den Dolder op uitnodiging van de Leidse afdeling van de Bond van Neerlandici. Zie VEK, deel 3, 149-157. Rodenko werd voor deze lezing uitgenodigd, omdat hij in een aantal artikelen op het begrip 'literair klimaat' was ingegaan. Een ander voorbeeld daarvan is 'Litteratuurgeschiedenis: een pseudowetenschap of Wij en de klassieken'. In: *Maatstaf*, III (955/1956), nr. 3/4 (juni/juli 1955), 314-334. Zie VEK, deel 3, 130-148. Rodenko was op het idee gekomen om over dit onderwerp te schrijven naar aanleiding van de forum in de Haagse Kunstkring over literatuuronderwijs. Hij zat als letterkundige in een forum, dat grotendeels uit leraren bestond.
131 Thomas S. Kuhn publiceerde hierover in *The structure of scientific revolutions*, Chicago 1962. Zie ook M.B. van Buuren, *Filosofie van de algemene literatuurwetenschap*, Leiden 1988, 34-40.

HOOFDSTUK 7

1 Sybren Polet in het programma *Boekenwijsheid*, zaterdag 29 augustus 1959, van 15.05 tot 15.25 uur, Hilversum I. De redactie van dit programma werd gevormd door Sybren Polet, prof. dr. G. Stuiveling en M. Dendermonde. Een doorslag van de tekst stuurde Polet aan Rodenko (Collectie Paul Rodenko NLMD).
2 Voor Paul Rodenko was Polet in 1950 immers een dichter bij wie hij iets van de vernieuwing in de Nederlandse poëzie signaleerde (zie hoofdstuk 5 'Naar een "andere" literatuur').
3 Sybren Polet, 'Naar een nieuw funktionalisme?' In: *Podium* 58, (1958/1959), nr. 1 (september 1958), 17-31.
4 Polet reageerde weer met 'Antwoord aan Rodenko'. In: *Podium* 58, (1958/1959), nr. 3 (januari 1959), 173-180. In het tweede deel van de VEK wordt in de 'Notities bij de teksten' uitvoeriger ingegaan op de polemiek.
5 Interview Sybren Polet, Amsterdam 5 april 1993.
6 W. F. Hermans aan Paul Rodenko, 30 september 1950, Collectie Paul Rodenko NLMD.
7 Zie over deze verhalen hoofdstuk 4 'Slavische missie'.
8 W. F. Hermans, 'De proto-mandarijn'. In: *Podium*, X (1955), nr. 6 (november/december 1955), 352-356. Dit nummer van *Podium* verscheen pas in de zomer van 1956. Het stuk werd later gebundeld in W. F. Hermans, *Mandarijnen op zwavelzuur*, De Mandarijnenpers, Groningen 1964. De vierde druk verscheen in 1981 bij Erven Thomas Rap te Baarn. In deze druk staat het stuk afgedrukt op pp. 209-212.
9 Interview W. F. Hermans, Brussel 7 maart 1995.
10 Zie over Paul Rodenko als plannenmaker ook het begin van hoofdstuk 4 'Slavische missie'.

11 'Commentaar op de "Proto-Mandarijn"'. In: *Podium*, x (1955), nr. 6 (november-december 1955), 383, verschenen in de zomer van 1956. Zie VEK, deel 4, 336.
12 De bundel verscheen in juni 1959, de verantwoording werd geschreven in oktober 1958. Het stofomslag (naar een tekening van Gustave Doré) werd ontworpen door Jurriaan Schrofer.
13 Zie Odile Heynders, *Langzaam leren lezen. Paul Rodenko en de poëzie*, 115. Heynders gaat uitvoerig in op het verband tussen de fabels en de afdelingen van de bundel. Zij noemt *De sprong van Münchhausen* een geniaal experiment in de Nederlandse literatuurkritiek, omdat door de fabels 'de grens tussen kritiek en poëzie, tussen lezen en schrijven' wordt opgeheven.
14 VEK, deel 1, 169.
15 Zie hoofdstuk 3 'Onruststoker'.
16 VEK, deel 1, 235.
17 Brief Paul Rodenko aan Bert Bakker, ongedateerd, Collectie Bert Bakker NLMD.
18 Over de receptie van *De sprong van Münchhausen* zie Gert de Jager, *Argumenten voor canonisering. De Vijftigers in de dag- en weekbladkritiek 1949-1959*, 190-191.
19 Max Nord, 'Twee critici: gewichtheffer Rodenko en informatieve Dinaux. Pakhuis van citaten tegenover klare formuleringen'. In: *Het Parool*, 18 juli 1959.
20 Hans Andreus, 'De sprong van Münchhausen'. In: *Haagsch Dagblad*, 28 november 1959.
21 Kees Fens, 'Essays van Paul Rodenko'. In: *De Linie*, 22 augustus 1958. Verder verschenen over de bundel: Anoniem, 'Dichter tussen oorsprong en werkelijkheid'. In: *Algemeen Dagblad*, 30 december 1959; Anoniem, 'Paul Rodenko in zijn kritisch spel'. In: *Het Binnenhof*, 19 september 1959; Pierre H. Dubois, 'De sprong van Münchhausen. Belang van Rodenko als essayist en dichter'. In: *Het Vaderland*, 5 december 1959; Jacques den Haan, 'Geleerd essayist toont verband van de generaties'. In: *Utrechts Nieuwsblad*, 14 oktober 1961; Ton Neelissen, 'Tussen zekerheid en twijfel'. In: *Elseviers Weekblad*, 31 oktober 1959; E. Ternoo, 'De literaire filosofie van Paul Rodenko'. In: *Nieuwe Rotterdamsche Courant*, 5 september 1959.
22 Fens bedoelt hier 'Het slechte gebit van Orestes'. In: *Critisch Bulletin*, XVIII (1951) (mei), 211-219. Zie VEK, deel 1, 236-242. De hoofdpersoon was volgens Rodenko teleurgesteld in zijn moeder en vernielde zijn gebit om dat hij zo weer 'in de toestand van de van de moeder afhankelijke zuigeling' wilde komen. Een 'echte' Freudiaanse interpretatie dus.
23 Hans Warren, 'Essays, gedichten en poëzie van Paul Rodenko en Lorca'. In: *Provinciaal Zeeuwse Courant*, 5 december 1959.
24 Hans van Straten, 'Paul Rodenko, fantastisch denker, moet op brandstapel'. In: *Het Vrije Volk*, 25 juli 1959.
25 Zie hierover hoofdstuk 5 'Naar een "andere" literatuur'.
26 Aad Nuis, 'Een parvenu van de taal'. In: *Tirade*, I (1957), nr. 1, 26.
27 Zie over *Tirade* Gert Jan de Vries, *Ik heb geen verstand van poëzie. G.A. van Oorschot als uitgever van poëzie*, Amsterdam 1994, 121. Het gedicht van Sontrop wordt geciteerd in bijlage 3, 269. Sontrop bundelde het later in de bundel *Langzaam kromgroeien*. Zie over de aanval op Rodenko ook Rudolf de Jong, 'De nalatenschap van Menno ter

Braak en E. du Perron'. In: *Podium*, (1959-1960), nr. 6 (juli-augustus 1960), 330-346. De Jong verwijt in zijn stuk Nuis op dezelfde manier te schrijven als Rodenko.

28 Geciteerd in Lucas Ligtenberg en Bob Polak, *Een geschiedenis van Propria Cures 1890-1990*, Amsterdam 1990, 203.

29 H. Delano, 'Rodenko als maatstaf'. In: *Propria Cures*, 11 april 1959, 1-2.

30 Brief Bert Bakker aan Paul Rodenko, 6 mei 1959, Collectie Paul Rodenko NLMD.

31 E.W. Janssen Perio, 'De universele Rodenko'. In: *Cahiers voor Letterkunde*, nr. 5, oktober 1959, 9-19.

32 Al deze stukken werden in zijn nalatenschap gevonden.

33 Evert Straat, 'Moeite met Rodenko'. In: *Maatstaf*, III (1955/1956), nr. 9 (december 1955), 696-707; nr. 10 (januari 1956), 765-776 en nr 11 (februari 1956), 855-865. Rodenko reageerde in 'Verweer in de Straatosfeer'. In: *Maatstaf*, IV (1956/1957), nr. 11 (februari 1957), 756-770 en nr. 12 (maart 1957), 858-880.

34 Brief Bert Bakker aan Paul Rodenko, 21 augustus 1959, Collectie Paul Rodenko NLMD.

35 Brief ministerie van Onderwijs Kunsten en Wetenschappen, 23 december 1957, Collectie Paul Rodenko NLMD.

36 Zie uitvoerig over dit gedicht hoofdstuk 3 'Onruststoker'.

37 Zie over het gebruik van mythe in dit specifieke gedicht Jan van der Vegt, 'Engel met verbrand gezicht'. In: *Ons Erfdeel*, XX (1976) nr. 3 (mei/juni 1976), 454. Rodenko schreef over Pound twee artikelen die in VEK, deel 1, 267-275 als één essay, 'Ezra Pounds kruistocht voor helderheid en precisie' werden gebundeld. Over Pounds omgang met de wereldliteratuur in de *Cantos* schrijft Rodenko, dat die daarin een eigenzinnige geschiedenis heeft geschreven (274).

38 Ik vond een eerste versie van het gedicht in potlood geschreven op de achterkant van een brief van de actrice Hélène Oosthoek, gedateerd 19 mei 1951. In deze versie staat in de eerste versregel 'wegen' in plaats van 'paden', en in de derde versregel staat 'oog' in plaats van 'blik'. Opvallend is dat later iemand als Rein Bloem deze lieve gedichten minder lang stand vindt houden dan 'het afgeknotte, staccato-ritme van de gruwel- en de agressiegedichten'. Zie Rein Bloem, 'Paul Rodenko, schuw en geschoold'. In: *Vrij Nederland*, 19 juni 1976.

39 Zie over de receptie Gert de Jager, *Argumenten voor canonisering. De Vijftigers in de dag- en weekbladkritiek 1949-1959*, 191.

40 Adriaan Morriën, 'De dichter en de vlasblonde meisjes'. In: *Het Parool*, 19 september 1959.

41 J.H.W. Veenstra, 'Poëzie van zestig: terugkeer van dertig?'. In: *Vrij Nederland* 17 oktober 1959. Zie verder: Pierre H. Dubois, 'De sprong van Münchhausen. Belang van Rodenko als essayist en dichter'. In: *Het Vaderland*, 5 december 1959; Jan Elemans, 'Stilte, woedende trompet. Van kangoeroe tot dierentuin'. In: *De Tijd-Maasbode*, 12 januari 1960; Jos Panhuijsen, 'De mens achter het program'. In: *De Gelderlander*, 16 oktober 1959; C. Rijnsdorp, 'Slop of doorloop?'. In: Nieuwe *Haagsche Courant*, 14 november 1959; Hans Warren, 'Essays, gedichten en poëzie van Paul Rodenko en Lorca'. In: *Provinciaal Zeeuwse Courant*, 5 december 1959.

42 Interview Marc à Campo, Amsterdam 9 juni 1994. Zie ook Elma Drayer, 'Paul Rodenko. Koorddanser in leven en schrijven'. In: *Vrij Nederland*, 22 augustus 1992.

43 Zie hierover bijvoorbeeld Huub Beurskens in *Buitenwegen. Excursies met gedichten en vergezichten*, Amsterdam 1992, 176.
44 Brief mr. A. de Roos, Wethouder van Kunstzaken gemeente Amsterdam aan Paul Rodenko, 28 mei 1958, Collectie Paul Rodenko NLMD.
45 Juryrapport, afgedrukt in de uitnodiging voor die avond, Collectie Paul Rodenko NLMD.
46 Zie Hubert Michaël, Dorinne Raaf en Aart Hoekman (samensteller), *Nederlandse literaire prijzen*, Den Haag 1986, 64 en 70. De essayprijs werd in 1972 voortgezet onder de naam Busken Huet-prijs, de poëzieprijs onder de naam Herman Gorterprijs. Van de Busken Huet-prijs was Rodenko in de jaren zeventig ook jurylid (zie hoofdstuk 8 'Al leef je nog eens twintig jaren').
47 Juryrapport opgenomen in de uitnodiging uitreiking prijzen op vrijdag 17 november 1961 in de aula van het Stedelijk Museum te Amsterdam, Collectie Paul Rodenko NLMD.
48 Kees Fens, 'Een essayist en de leegheid van de vervulling'. In: *de Volkskrant*, 16 november 1992.
49 Wiljan van den Akker, 'Wij willen Rock'n Roll en nozemisme'. In: *NRC Handelsblad*, 8 mei 1992. Zie hierover ook Odile Heynders, *Langzaam leren lezen. Paul Rodenko en de poëzie*, 6.
50 T. van Deel en R.L.K. Fokkema, '"Echte poëzie is spelen met vuur." In gesprek met Paul Rodenko', 23-24.
51 Zie Odile Heynders, *Langzaam leren lezen. Paul Rodenko en de poëzie*, 63-64. Zij geeft hierin een aantal verklaringen voor de kloof tussen Rodenko en *Merlyn*. In de eerste plaats duldden de Merlinisten geen voorgangers, want ze wilden iets nieuws propageren. Ten tweede was Rodenko niet handig in het opereren in netwerken. En in de derde plaats was er een inhoudelijke afstand tussen het ergocentrisme van *Merlyn* en de autonome, maar ook humanistische benadering van Rodenko. Zie over de 'humanistische' benadering ook de in de inleiding aangehaalde opmerkingen van Jos Joosten.
52 'Terugblik en perspectief'. In: *De Gids*, CXXV (1962), nr. 10 (december), 369-363. Zie *VEK*, deel 2, 347-350.
53 Zie hoofdstuk 4 'Slavische missie'.
54 'Mijn antwoord'. In: *Maatstaf*, XVI (1968/969), nr. 11/12 (februari/maart 1969), 907-911. Zie *VEK*, deel 2, 350-352,
55 Het stuk werd nooit opgevoerd. Het verscheen in *Maatstaf*, III (1955), nr. 2 (mei 1955), 167-185.
56 Brief Puck aan Paul Rodenko, 28 mei 1955. De opdrachtbrief is gedateerd 10 maart 1955, Collecte Paul Rodenko NLMD.
57 Brief Guus Verstraete aan Paul Rodenko, 17 juli 1958, Collectie Paul Rodenko NLMD.
58 Brief Cas Baas, directeur Puck, aan Paul Rodenko van 10 april 1959, Collectie Paul Rodenko NLMD.
59 Brief T. Dudok van Heel, zakelijk leider van Puck, aan Paul Rodenko, 17 juni 1959, Collectie Paul Rodenko NLMD.
60 Brief Paul Rodenko aan Hans Roodujin, 8 mei 1960, Archief Paul Rodenko NLMD.

61 Brief van T. Dudok van Heel aan Paul Rodenko, 21 augustus 1961, Collectie Paul Rodenko NLMD.
62 Telefoongesprek met Kees van Iersel (1912–'98) op 6 juni 1994. Zie over Kees van Iersel ook André Rutten, 'Test en Studio, Kees van Iersel'. In: G. J. de Voogd, *Facetten van vijftig jaar Nederlands toneel*, Amsterdam 1970, 205–212 en Peter Eversmann, 'Opening van De Brakke Grond voor toneelgroep Studio, Kees van Iersel en Wim Vesseur: pioniers van het experiment'. In: R. L. Erenstein (red.), *Een theatergeschiedenis der Nederlanden. Tien eeuwen drama en theater in Nederland en Vlaanderen*, Amsterdam 1996, 722–729. Over de tv-drama's zie ook M. Langman, *Donderdagavond drama-avond: Het experimentele televisiedrama van Kees van Iersel, 1955–1962*, doctoraalscriptie UVA, Amsterdam 1989.
63 *Elseviers Weekblad*, 17 december 1955.
64 Brief Kees van Iersel aan Paul Rodenko, 30 maart 1959, Collectie Paul Rodenko NLMD.
65 Brief Paul Rodenko aan Kees van Iersel, 31 maart 1959, Collectie Kees van Iersel, Nederlands Theater Instituut Amsterdam.
66 Het stuk dat Rodenko bedoelde, heette *Paedagogie*. Hij had Willem Karel van Loon voor de razzia's van november 1944 een kopie gegeven, omdat die het wilde instuderen voor een nog op te richten toneelgezelschap, wat echter niet gebeurde. Zie Willem Karel van Loon, 'Rodenko's poëtische activiteit'. In: *Vrij Nederland* van 29 augustus 1992. Van Loon vertelde mij hierover tijdens een interview te Arnhem op 4 mei 1993. Volgens Van Loon kreeg Rodenko het typoscript direct na de oorlog van hem terug. In de nalatenschap is het echter niet aangetroffen.
67 Zie hoofdstuk 3 'Onruststoker'.
68 Brief A. Marja aan Paul Rodenko, 16 december 1955, Collectie Paul Rodenko NLMD.
69 Brief *Elseviers Weekblad* aan Paul Rodenko, ongedateerd, Collectie Paul Rodenko NLMD.
70 A. Marja 'Tussen de middenstanders?'. In: *Propria Cures*, 21 maart 1959.
71 Hans van Straten, 'Paul Rodenko: sprong van 1001-nacht naar tv-spel'. In: *Het Vrije Volk*, 3 september 1959.
72 Anoniem, 'Kan "geheugenverlies" een mislukt huwelijk redden?'. In: *De Telegraaf*, 3 september 1959.
73 Script van het televisiestuk, VARA-archief Hilversum.
74 In: *Nieuwe Rotterdamsche Courant*, 4 september 1959.
75 H.G. H. (= Han G. Hoekstra), 'Luchthartige zedenles'. In: *Het Parool*, 4 september 1959.
76 Anoniem, 'De man die zichzelf bedroog'. In: *De Telegraaf*, 4 september 1959.
77 In: *Algemeen Handelsblad*, 4 september 1959.
78 Geschreven door W. Hijmans. In: *Het Vrije Volk*, 4 september 1959.
79 *Startklaar*, I, nr. 12, 12 december 1959, het artikel werd ondertekend met M.F.
80 Zie Anoniem, 'Harten twee, harten drie: leuk vrijmoedig spel van Rodenko'. In: *Nieuwsblad van het Zuiden*, 14 september 1962; Anoniem, 'Toneelgroep Studio met stuk van Paul Rodenko'. In: *Nieuwe Rotterdamsche Courant*, 14 september 1962; H.A. Gomperts, 'Vernuftig blijspel in levendige vertoning'. In: *Het Parool*, 14 september 1962; Jaap Koopmans, 'Bonte klucht van Rodenko: "Harten twee, harten drie"'. In:

Het Vrije Volk, 14 september 1962; David Koning, 'Parabel'. In: *Elseviers Weekblad*, 29 september 1962; Jan Naaijkens, '"Harten twee-Harten drie" vlot en onderhoudend'. In: *Nieuwe Tilburgse Courant*, 14 september 1962; M. Rutten, 'Studio speelt Ned. blijspel van Paul Rodenko'. In: *De Tijd-Maasbode*, 14 september 1962; Jan Spierdijk, 'Geestige komedie van Paul Rodenko'. In: *De Telegraaf*, 15 september 1962; Ben Stroman, 'Rodenko's Harten Twee, Harten Drie bij Studio in Tilburg'. In: *Algemeen Handelsblad*, 14 september 1962.

81 Paul Rodenko, *Harten twee harten drie*, gevolgd door *Jack in Leveland*, Een toneelspel en een poppenspel, Den Haag 1963. Het poppenspel was in Den Haag een populair genre. Nico Wijnen en Rico Bulthuis schreven poppenspelen, die opgevoerd werden door het echtpaar Don en Ly Vermeire, beiden lid van de Haagse Kunstkring. Rodenko schreef eerder een poppenspel. *Jan Klaassen en de vredesmachine* verscheen in *Maatstaf*, III (1955), nr. 2 (mei 1955), 167–185. De poppenspelen van Rodenko werden nooit opgevoerd.

82 Brief Paul Rodenko aan Kees van Iersel, 10 januari 1960, Collectie Paul Rodenko NLMD.

83 Anoniem, 'Musea "leeggehaald" voor tv-blijspel'. In: *Het Vrije Volk*, 5 juli 1960.

84 Anoniem, 'Het legaat'. In: *Nieuwe Rotterdamsche Courant*, 8 juli 1960.

85 Anoniem, 'Televisie en toto'. In: *Het Vaderland*, 8 juli 1960.

86 Zie bij voorbeeld Michel van der Plas, 'Herrie op een toneelfestival'. In: *Elsevier*, 28 mei 1960; Stef Knop, 'Relletjes tijdens voorstelling van Nederlands stuk "De knop"'. In: *Het laatste nieuws*, 25 mei 1960 en Anoniem, 'Rel tegen Harry Mulisch doorgestoken kaart?'. In: *Het Vrije Volk*, 28 mei 1960.

87 Michel van der Plas, 'Verwarring rond begrip avant-garde. Het lawaai in Brussel'. In: *Elseviers Weekblad*, zaterdag 4 juni 1960.

88 Emmy van Lokhorst, 'Nederlandse eenacters'. In: *De Groene Amsterdammer*, 15 oktober 1960, 10.

89 Anoniem, 'Nederlands experimenteel toneel. Enkele wankele eerste stappen'. In: *De Tijd*, 28 mei 1960.

90 Anto Deering, 'Toneelgroep Test met première een-akters'. In: *Algemeen Dagblad*, 26 september 1960.

91 Pierre H.Dubois, 'Nederlands avant-garde toneel. Toneelgroep Test bracht werk van Polet, Rodenko en Mulisch'. In: *Het Vaderland*, 24 september 1960.

92 Jos P.(anhuysen), 'Pogingen tot hedendaags toneel. Forum in plaats van bal na'. In: *Het Binnenhof*, 24 september 1960.

93 Zie Anoniem, 'Forum(pje) over toneel in Kurhaus Paviljoen. Jonge schrijvers aan het woord'. In: *Het Parool*, 24 september 1960.

94 In het *Rotterdams Nieuwsblad,* Ad Interim, 'Drie Nederlandse spelen als experiment', 26 september 1960, verscheen een bespreking van de stukken die in de nacht van 24 op 25 september werden gespeeld. De krant noemde Rodenko's stuk geslaagd, vooral om de symboolrijke tekst en het droomachtige spel. De stukken verschenen in *Podium-Gard Sivik*, september 1960.

95 B. Stroman, *De Nederlandse Toneelschrijfkunst. Poging tot verklaring van een gemis*, Amsterdam 1973, 188.

96 'Nederlandse litteratoren vertalen voor toneel', verschenen in 'Erbij', bijvoegsel van het *Haarlems Dagblad*, 10 september 1960. Naast Rodenko, kregen ook Michel van der Plas, Cees Nooteboom, Adriaan Morriën, Max Nord, Dolf Verspoor en Gerrit Kouwenaar vragen over hun vertaalwerk voorgelegd. Ton Neelissen benaderde Rodenko met het verzoek mee te werken in een brief van 1 september 1960, Collectie Paul Rodenko NLMD.
97 Anoniem, 'Paul Rodenko: "Ik voel mijzelf een mysticus".'
98 Zie voor de vertalingen de Bijlage 'Vertalingen door Paul Rodenko' pp. 399 e.v. in dit boek.
99 Mededeling gemeente Warnsveld, brief 11 november 1997. De gemeente verstrekte mij ook het inwonersaantal (5852) van de gemeente.
100 Paul Rodenko beschrijft zijn huis in een brief aan Makelaarskantoor Ebeling Koning te Deventer in verband met de plannen een nieuwe woning te kopen (gedateerd 10 januari 1960, Collectie Paul Rodenko NLMD).
101 Rodenko doet hierover verslag aan Geert van Oorschot in een ongedateerde brief, die waarschijnlijk is geschreven in september 1955, Archief uitgeverij Van Oorschot Amsterdam. Rits Kruissink zat ook in het bestuur van de derde afdeling van de Haagse Kunstkring (zie hoofdstuk 6 'Den Haag: stad van aluinen winden en pleinen').
102 Brief Adriaan Roland Holst aan Ludmila Katharina, 4 juni 1957, Familiearchief Paul Rodenko Broek in Waterland.
103 Rodenko schreef in de periode 1958–'63 17 korte informatieve kronieken voor het Engelstalige *Delta*. De teksten werden in het Engels vertaald door James Holmes en James Brockway.
104 Martijn de Rijk, 'Uit het niets komen langzaam woorden en beelden'.
105 Brief Paul Rodenko aan Bert Bakker, 6 april 1959, Collectie Bert Bakker NLMD.
106 Brief M. Mok aan Paul Rodenko, 9 maart 1959, Collectie Paul Rodenko NLMD.
107 Brief Paul Rodenko aan Bert Bakker, 7 februari 1960, Collectie Bert Bakker NLMD.
108 Brief Paul Rodenko aan Bert Bakker, 15 februari 1960, Collectie Bert Bakker NLMD.
109 Zie hierover ook Peter Bekkers, 'De magiër van Zutphen'. In: *de Volkskrant*, 5 april 1991.
110 Zie Rody Chamuleau, *Een springbron van gerechtigheid. De letteren in Zutphen*, Oosterbeek 1998, 10.
111 Met dank aan D. Teusink te Zutphen die mij op 26 februari 1994 een samenvatting van de lezing stuurde.
112 Later zou Olga Rodenko haar belevenissen met de jongens van Mettray beschrijven in verhalen, die zij in 1978 bundelde in *Teken eens een mens*.
113 Anoniem, 'Paul Rodenko: "Ik voel mijzelf een mysticus".'
114 Interview Marc à Campo, Amsterdam 9 juni 1994.
115 Geciteerd in Elma Drayer 'Paul Rodenko Koorddanser in leven en schrijven'. In: *Vrij Nederland*, 22 augustus 1992, 36.
116 Volgens Freud is de dood van de vader de indrukwekkendste ervaring van iedere man. Hij sprak uit eigen ervaring, want ook hij had een conflictueuze verhouding met zijn vader. Hij was niet in staat zijn agressie tegen de geliefde vader een plaats te

geven en kon dit conflict pas oplossen na diens dood. Zie Harry Stroeken, *Freud en zijn patiënten*, Nijmegen 1985, 128.
117 Zie over deze Russische lessen ministerie van Binnenlandse Zaken, Binnenlandse Veiligheidsdienst, Inzagemap Iwan Rodenko. Over het enthousiasme schrijft Jeanne Rodenko in een brief van 7 oktober [1957] aan haar zoon Paul Rodenko, familiearchief Paul Rodenko Broek in Waterland.
118 Brief Jeanne Rodenko aan Paul Rodenko, 14 oktober 1954, familiearchief Paul Rodenko Broek in Waterland.
119 Brief Jeanne Rodenko aan Paul Rodenko, 24 september 1954, familiearchief Paul Rodenko Broek in Waterland.
120 Brief Jeanne Rodenko aan haar zoon Paul Rodenko, 5 oktober 1955, familiearchief Paul Rodenko Broek in Waterland.
121 Brief Jeanne Rodenko aan Paul Rodenko, 17 januari 1957, familiearchief Paul Rodenko Broek in Waterland.
122 Brief Jeanne Rodenko aan Paul Rodenko, 15 november 1959, familiearchief Paul Rodenko Broek in Waterland.
123 Brief Paul Rodenko aan Bert Bakker, 7 februari 1960, Collectie Bert Bakker NLMD.
124 Brief Paul Rodenko aan zijn moeder, ongedateerd, familiearchief Olga Rodenko Zutphen. Volgens poststempel envelop gepost in 1960. Gezien de inhoud van de brief, moet dat een dag voor de verjaardag van Iwan Rodenko zijn geweest.
125 Interview Marc à Campo, Amsterdam 9 juni 1994.
126 Dossier N.V. Nederlandse Wereldverkeer Mij, Archief Kamer van Koophandel Den Haag.
127 Dit blijkt uit de brief van Paul Rodenko aan Bert Bakker, 15 februari 1960, Collectie Bert Bakker NLMD.
128 Zie over de hulp van het ministerie hoofdstuk 6 'Den Haag: stad van aluinen winden en pleinen'.
129 Brief Paul Rodenko aan Bert Bakker, 11 juli 1957, Collectie Bert Bakker NLMD.
130 Brief Bert Bakker aan Paul en Jettie Rodenko, 15 juli 1957, Collectie Paul Rodenko NLMD.
131 *Huwelijksnacht in duplo* en *Trouw nooit met een heks* verschenen in 1955, *De Maagdenspiegel* in 1957, *De gestolen minnaar* in 1958 en *Schandaal in Damascus* in 1959.
132 Brief Paul Rodenko aan Bert Bakker, 12 augustus 1960, Collectie Bert Bakker NLMD.
133 Brief Paul Rodenko aan Bert Bakker, 25 augustus 1960, Collectie Bert Bakker NLMD.
134 Verslag van gesprek in brief Bert Bakker aan Paul Rodenko, 15 september 1960, collectie Paul Rodenko NLMD.
135 *De nijvere nachten van Teobaldo en andere onstichtelijke historiën uit vrijmoediger eeuwen*, Den Haag 1962 en *Het spiegelbed*, Den Haag 1964.
136 Zie hoofdstuk 4 'Slavische missie'.
137 Zie over de vertaling van Blok hoofdstuk 4 'Slavische missie'. Zie over Van Oorschot en de school van Becker ook R. Boltendal, *Boekmakers. Portretten van uitgevers*, Amsterdam 1965, 19. Rodenko's vriend Van Santen had in de oorlog bij Becker gestudeerd.
138 Brief Paul Rodenko aan Geert van Oorschot, 29 oktober 1954, Archief Van Oorschot Amsterdam.

139 Brief Geert van Oorschot, 9 november 1954, Collectie Paul Rodenko NLMD.
140 Brief Geert van Oorschot aan Paul Rodenko, 15 mei 1956, Collectie Paul Rodenko NLMD.
141 Brief Geert van Oorschot aan Paul Rodenko, 17 oktober 1956, Collectie Paul Rodenko NLMD. Het is niet meer precies te achterhalen hoe de zaak uiteindelijk werd verrekend.
142 Dit blijkt bijvoorbeeld uit een ongedateerde brief, poststempel 21 maart 1958, van Paul Rodenko aan zijn ouders waarin hij vraagt of zijn vader nog wat heeft kunnen vertalen, familiearchief Paul Rodenko Broek in Waterland.
143 F. M. Dostojewski, *Verzamelde werken*. Deel x, *Dagboek van een schrijver*, Vertaald door Paul Rodenko, Amsterdam december 1960.
144 Brief Geert van Oorschot, 17 juni 1968, Collectie Paul Rodenko NLMD. In een brief van 1 april 1969 vraagt hij Rodenko nogmaals en verbaast hij zich erover dat deze niet had gereageerd.
145 Kopie brief Paul Rodenko aan mr. A Stempels, 20 oktober 1960, Collectie Paul Rodenko NLMD.
146 De boodschap is ongeveer dezelfde als die in 'Over de wet des toevals', die hij schreef voor *Canto*. Zie hoofdstuk 1 'Pawel Iwanowitzj'. Een aantal Quaxjes werden opgenomen in Paul Rodenko, *Een kwestie van symmetrie. Verzamelde verhalen*, Met een nawoord van Koen Hilberdink, Amsterdam 1988. Dit citaat is te vinden op p. 87.
147 *Nieuwe Rotterdamsche Courant*, 29 november 1960.
148 Geciteerd in brief van A. Stempels aan Paul Rodenko, 3 december 1960, Collectie Paul Rodenko NLMD.
149 P. V., 'Een beetje plagiaat'. In: *Propria Cures*, 24 juni 1961, 5.
150 Op 11 augustus 1961 schreef H. A. Scheltes een brief aan Paul Rodenko namens A.Stempels, die afwezig was. Hij deelde mee de laatste fabel die Paul Rodenko schreef wegens gebrek aan kwaliteit niet te kunnen plaatsen. Collectie Paul Rodenko NLMD.
151 De samenstelling van de commissie wisselde in de periode dat Rodenko lid was. In 1958 waren Jeanne van Schaik-Willing, G. J. Ammerlaan, C. J. Kelk, S. Leiker, prof. dr. P. Minderaa, J. Nieuwenhuis, Victor E. van Vriesland en de eerdergenoemde C.J. Kelk lid. Later traden ook Hella Haasse en Wim Schulte Nordholt toe. Rodenko was in de zomer van 1954 al benaderd om medewerker van *De Groene Amsterdammer* te worden. Hij zegde toen zijn medewerking toe, maar tot een bijdrage kwam het niet (brieven Jac van der Ster aan Paul Rodenko, 21 mei en 16 juni 1954, Collectie Paul Rodenko NLMD).
152 Over Keuls schreef Rodenko 'Zwervend in woorden, zwijgend in God', verschenen in *De Groene Amsterdammer* van 3 oktober 1959. Zie *VEK*, deel 4, 229-135. Rodenko had affiniteit met de poëzie van Keuls. Op verzoek van Bert Bakker schreef hij een inleiding bij de bloemlezing uit zijn werk *Vlucht en bezinning. Keuze uit eigen werk*, Ingeleid door Paul Rodenko, Den Haag 1958. Zie *VEK*, deel 3, 212-226. Uit de briefwisseling tussen Rodenko en Keuls blijkt, dat zij elkaar niet persoonlijk kenden. Het stuk over Guillaume van der Graft, 'De poëzie van Guillaume van der Graft' verscheen in *De Groene Amsterdammer* van 9 april 1966.

153 Voor notulen zie Archief *De Groene Amsterdammer* Amsterdam. Over het lidmaatschap sprak ik ook met W. Schulte Nordholt, interview Wassenaar 15 februari 1994.
154 Brief D. Koning, Hoofd Afdeling Drama, aan Paul Rodenko, 22 april 1964, Collectie Paul Rodenko NLMD.
155 Voor de NCRV schreef hij *De poëzie van Gerrit Achterberg*, uitgezonden op 13 mei 1965. Zie hoofdstuk 5 'Naar een "andere" literatuur'.
156 Zie de eerste twee hoofdstukken, waarin ik wijs op de symboolfunctie van het venster bij Rodenko. Een kopie van het essay bevindt zich in de Collectie Paul Rodenko NLMD. In het televisie-essay speelt op de achtergrond ook het essay 'De "verborgen" plaats van het kind' van de fenomenologische psycholoog M. J. Langeveld mee (In: J. H. van den Berg en J. Linschoten, *Persoon en wereld. Bijdragen tot de phaenomenologische psychologie*, Utrecht 1953, 11–32.)
157 Kopie brief Paul Rodenko aan A. van Roon, plaatsvervangend hoofd van de televisiedienst, 7 januari 1965, Collectie Paul Rodenko NLMD. Zie over de lezing in Sneek, hoofdstuk 3 'Onruststoker'.
158 De bloemlezing had een zekere status. Eerdere drukken werden verzorgd door mr. J. N. van Hall, dr. J. Prinsen, J. Greshoff en D.A.M. Binnendijk.
159 Paul Rodenko (samensteller), *Dichters van deze tijd*, twintigste druk, Amsterdam 1960.
160 Pierre H. Dubois, 'Tradities in bloemlezingen en het persoonlijke element'. In: *Het Vaderland*, 29 oktober 1960.
161 Ab Visser, 'Bekokstoofde bloemlezing van Paul Rodenko'. In: *De Telegraaf*, 13 augustus 1960. Zie verder: Peter van Eeten, 'Dichters van deze tijd'. In: *Nieuwe Rotterdamsche Courant*, 5 september 1960.
162 Brief Paul Rodenko aan Bert Bakker, 7 oktober 1963, Collectie Bert Bakker NLMD.
163 Dit blijkt uit een briefje van Den Besten aan Paul Rodenko, 20 oktober 1963, Collectie Paul Rodenko NLMD, waarin hij een bundel van A. Marja met spoed terugvraagt.

HOOFDSTUK 8

1 Een analyse van de hier geschetste naoorlogse situatie geeft bijvoorbeeld H. W. von der Dunk in 'Tussen welvaart en onrust. Nederland van 1955 tot 1973'. In: H. W. von der Dunk, *Wederopbouw, welvaart en onrust. Nederland in de jaren zestig*, Houten 1986, 9–35.
2 'Brief aan een kritische vriend', 441.
3 In het linkse Europese kamp was veel sympathie voor deze brigade. Sartre zocht Baader in december zelfs op in de Stammheim-gevangenis. Zie Ieme van der Poel, *Une révolution de la pensée: maoisme en féminisme à travers Tel Quel, Les Temps modernes et Esprit*, Amsterdam 1992, 66.
4 Anoniem, 'Paul Rodenko: "Ik voel mijzelf een mysticus"'. Zie hoofdstuk 7 'Buitenstaander'.
5 Zie voor de vertalingen pp. 399 e.v. in dit boek.
6 Zie André Rutten, *Haagse Comedie 40 jaar*, Den Haag 1987, 26.

7 Brieven Loes Wieringa, zakelijk leidster van de Haagse Comedie, aan Paul Rodenko, 12 maart en 19 december 1968, Collectie Paul Rodenko NLMD.
8 Martijn de Rijk, 'Uit het niets komen langzaam woorden en beelden', 113.
9 Zie uitvoerig over Hornstra en Rodenko hoofdstuk 3 'Onruststoker'.
10 Gerrit van de Meer en Martin van Amerongen, 'In memoriam Lieuwe Hornstra'.
11 L. Hornstra aan Paul Rodenko, 9 maart 1966, Collectie Paul Rodenko NLMD.
12 De radencommunisten waren vanaf 1920 actief in Nederland toen zij zich onder leiding van Herman Gorter afsplitsten van de Communistische Partij Holland. Parlement en vakbond waren voor hen een verlengstuk van het kapitalisme. Hun ideaal was de macht aan de arbeiders, die daarna het land volgens het systeem van bedrijforganisaties zouden gaan regeren.
13 Collectief, *Het Radencommunisme. Grondbeginselen van communistische productie en distributie*, Den Haag z.j.
14 Brief Paul Rodenko aan L. Hornstra, ongedateerd, Collectie L. Hornstra Frysk Letterkundich Museum en Dokumintaasjesintrum te Leeuwarden.
15 Tekst aanwezig in Collectie Paul Rodenko NLMD.
16 Later zou dit boekje samen met 'Psychoanalyse en marxisme' en 'Persoonlijke getuigenissen', beide vertaald door Adriaan Heystek, verschijnen bij Uitgeverij Bijleveld Utrecht in Erich Fromm, *Marx' visie op de mens. Het belang van het historisch materialisme voor een humanistische psychologie*, Utrecht z.j. Rodenko had in 1954 al iets vertaald voor de Haagse uitgever Boucher. Hij vertaalde toen uit het Duits Rudolf Eilhard, *Gesprekken met moeder Henschel*, Den Haag 1954. Dit kleine boekje bevat uitspraken van de joodse Laurinka Henschel, die in Westerbork en Auschwitz had gezeten.
17 Brief Paul Rodenko aan L. Hornstra, 22 december 1967, Collectie L. Hornstra Frysk Letterkundig Museum.
18 Zie over Ernst Bloch (1885-1977), H. van den Enden, 'Blochs marxisme van de hoop'. In: *Marxisme van de hoop – hoop van het marxisme? Essays over de filosofie van Ernst Bloch*, Samengesteld door H. van den Enden, Bussum 1980.
19 Over Marx en Bloch staat daar (*VEK*, deel 2) op p. 390: 'Misschien heeft Marx, door wiens werk een onmiskenbare religieuze, messianistische (de term is, in verband met Marx, van Fromm) draad loopt, toen hij zijn "rijk der vrijheid" tegenover het "rijk der noodzaak" stelde, ook wel over een spirituele wedergeboorte in mystieke zin gedacht; zo zou men de woorden "mijn leven heeft geschapen" in ieder geval kunnen interpreteren, al heeft hij dit aspect steeds meer naar de achtergrond geschoven, omdat de transformatie van de maatschappij voor hem praktisch en methodisch de voorrang had.' En over Bloch schrijft hij daar: 'Het is vooral Ernst Bloch geweest, die in zijn *Das Prinzip Hoffnung* deze positief-utopische kant van het marxisme filosofisch heeft uitgebouwd door tegenover het freudiaanse onderbewuste (regressief: wat ik hiervoor als katabasis aanduidde) het nog-niet-bewuste (anabasis) te plaatsen, als een energiegevend licht dat van de toekomst uitstraalt.' Zie over 'De experimentele explosie in Nederland' hoofdstuk 5 'Naar een "andere" literatuur'.
20 Mededeling Gerrit van der Meer, biograaf van L. Hornstra, interview Leeuwarden, 8 november 1994. Het boek zou later onder de titel *Het innerlijk gezicht; de vervreem-*

ding als maatschappelijk verschijnsel verschijnen. Tegenover de libido- en agressietheorie van Sigmund Freud plaatste hij het zogenaamde 'jongerenverzorgingsinstinct', waarmee hij bedoelde dat ieder mens de behoefte zou voelen een 'eigen jong' te verzorgen en op te voeden. Het was een pleidooi voor het traditionele gezin en een afkeuring van crèches.

21 Laurens Vancrevel, 'Sade in de mode'. In: *Litterair Paspoort*, XXII (1967), nr. 209, oktober. Het artikel bevindt zich in de Collectie Paul Rodenko NLMD. De passage over Barthes is door Rodenko aangestreept.
22 Aanwezig in Collectie Paul Rodenko NLMD.
23 Interview Olga Rodenko, Zutphen 20 juni 1996.
24 Kopie brief Paul Rodenko aan Anton van Duinkerken, 27 december 1965, Collectie Paul Rodenko NLMD.
25 Brief W. Asselbergs aan Paul Rodenko, 5 januari 1966, Collectie Paul Rodenko NLMD.
26 Brief prof. dr. A.A. Weijnen aan Paul Rodenko, 6 juni 1966, Collectie Paul Rodenko NLMD.
27 Brief prof. dr. J. H. van den Berg, 24 november 1993.
28 Kopie brief Paul Rodenko aan de Secretaris van de subfaculteit voor psychologie, prof. dr. J. H. van den Berg, 15 januari 1996, Collectie Paul Rodenko NLMD.
29 Brief prof. dr. J.H. van den Berg aan Paul Rodenko, 21 januari 1966, Collectie Paul Rodenko NLMD.
30 Brief prof. dr. J.P van de Geer, 18 mei 1997.
31 Interview W. Schulte Nordholt, Wassenaar 15 februari 1994.
32 Zie resultatenoverzicht subfaculteit psychologie, augustus 1970, Collectie Paul Rodenko NLMD.
33 Brief H. M.M.C Kuijpers van 11 februari 1995. Rodenko volgde bij hem in de eerste helft van 1968 een werkcollege afasie.
34 Brief Gerard Stafleu aan Paul Rodenko, 19 augustus 1974, Collectie Paul Rodenko NLMD.
35 Tekst aanwezig in Collectie Paul Rodenko NLMD. Rodenko besprak in zijn tekst het artikel 'A rare case of overt and mutual homosexuality in female identical twins' van E. Pardes, J. Steinberg en R. C Simons, verschenen in *Psychiatric Quarterly*, (1967), nr. 41, 108–133.
36 De tekst van het referaat, gehouden in mei 1967, bevindt zich in de Collectie Paul Rodenko NLMD. Rodenko baseerde zijn referaat op C. M. Franks, 'Alcoholism and conditioning: a review of the literature and some theoretical considerations'. In: H.J. Eysenk (ed.), *Behaviour, therapy and the neuroses* en B. Geo. Blake, 'The application of behaviour therapy tot the treatment of alcoholism'. In: *Behaviour Research Therapy*, (1965), vol.3, 75-85.
37 Drs. G. J. van Gendt, ministerie van Cultuur, Recreatie en Maatschappelijk werk aan Paul Rodenko, 10 februari 1971, Collectie Paul Rodenko NLMD. Zie voor een uitvoerig verslag van de opdracht ook de brief die Paul Rodenko op 16 december 1973 stuurde aan het Hoofd van de Centrale Afdeling Internationale Betrekkingen te Rijswijk, 16 december 1973, kopie aanwezig in Collectie Paul Rodenko NLMD. Zie over de vroegere Slavische missie hoofdstuk 4.

38 Doorslag brief Paul Rodenko aan Mejuffrouw M. Vos, Bureau Oost-Europa ministerie CRM, 2 maart 1971, Collectie Paul Rodenko NLMD.
39 En later in Remco Campert, Jan Eijkelboom, Joke Gerritsen, Martin Mooy, *Honderd dichters uit vijftien jaar Poetry international*, Amsterdam 1984, 46-49.
40 Zie over deze versregel van Lucebert 'De experimentele explosie in Nederland'. In: VEK, deel 2, 388. Ton anbeek wijst in zijn studie *Het donkere hart. Romantische obsessies in de moderne Nederlandse literatuur* (Amsterdam 1996) op de in feite oude romantische conceptie van 'jong en onbedorven'. Hij citeert in dit verband een deel van de inleiding van Rodenko bij *Met twee maten*, waarin die schrijft over een taal die zo 'jong en onbedorven is als het kind'.
41 Zie over het observatiepracticum bij Rita Vuyk hoofdstuk 3 'Onruststoker'.
42 Peter Bekkers, 'Als vogels hoog in de bergen. Herinneringen aan Paul Rodenko'. In: *De Zingende Zaag*, nr. 13, herfst 1991, 41-50.
43 Hij schreef deze versregels op in een dummy *Orensnijder tulpensnijder. Verzamelde gedichten*, Collectie Koen Hilberdink. Een eerdere versie staat daarboven:

De stad, een radeloos ree,
lag (schrok?) onder een hemel van koksmessen.

44 Interview Ludmila Rodenko, Broek in Waterland 4 december 1998.
45 Zie 'Brief aan een kritische vriend'. In: VEK, deel 1, 443.
46 Brief Paul Rodenko aan Bert Bakker, 17 juni 1969, Collectie Bert Bakker NLMD. Gapinge is een plaatsje in Zeeland, waar Bakker een huisje had.
47 Zie hoofdstuk 7 'Buitenstaander'.
48 De schrijvers organiseerden zich eind 1962 in Aktiecomité Schrijversprotest dat onder leiding van H. A. Gomperts, Ed. Hoornik, Alfred Kossmann, Gerrit Kouwenaar, Harry Mulisch, Sybren Polet, Bert Schierbeek, Adriaan van der Veen en Bert Voeten bij het ministerie OKW protesteerde tegen de slechte financiële positie van schrijvers. Zie Kees Bruin 'Het gelukkige bezit van twee heel oude, kapitaalkrachtige freules. Steun van particulieren en overheid aan de letteren in Nederland sinds 1945'. In: C. B. Smithuijsen (red.), *De hulpbehoevende mecenas. Particulier initiatief, overheid en cultuur, 1940-1990*, Zutphen 1990.
49 Brief J. Hulsker aan Paul Rodenko NLMD, 22 december 1965, Collectie Paul Rodenko NLMD. Paul Rodenko had in 1964 nog een gewoon stipendium van zesduizend gulden gekregen (brief L.J. M. van Laar, ministerie OKW, 19 mei 1964, Collectie Paul Rodenko NLMD).
50 Brief H. J. Kompen aan Paul Rodenko, 26 april 1973, Collectie Paul Rodenko NLMD.
51 Dit blijkt uit een brief van Paul Rodenko aan Bert Bakker jr., waarin hij hem bedankt voor de financiële hulp. Een kopie van deze brief, gedateerd 22 december 1970, bevindt zich in de Collectie Paul Rodenko NLMD.
52 Alfred Kossmann besprak het boekje gelijktijdig met een boek van Hugo Raes als een fantastische vertelling. Hij noemde het 'vermakelijk vakwerk' (zie Alfred Kossmann, 'Fantasten: Raes en Rodenko'. In: *Het Vrije Volk*, 20 november 1970).
53 Brief Paul Rodenko aan Bert Bakker jr., 1 september 1971, Collectie Bert Bakker NLMD.

54 Kopie brief Paul Rodenko aan Bert Bakker jr., 14 februari 1972, Collectie Paul Rodenko NLMD.
55 De Vereniging van Letterkundigen kent een Ondersteuningsfonds voor Letterkundigen, waar in noodgevallen een beroep op kan worden gedaan. Sinds 1965 is de Vereniging van Letterkundigen aangesloten bij het Voorzieningsfonds voor Kunstenaars, waarvoor per lid een premie wordt betaald. Daardoor verwerven schrijvers en vertalers het recht op een bijstand van ten hoogste dertien weken in moeilijke tijden. Rodenko deed daar toen een beroep op. Zie Vic Sjouwermans, 'Een noodzaak. Het Ondersteuningsfonds'. In: Ewald Vanvugt (samensteller), *Een sober feest. 75 jaar Vereniging van Letterkundigen/Vakbond van schrijvers*, Amsterdam 1980, 127–131.
56 In brieven aan de Stichting Fonds voor de Letteren, 6 januari 1968 en 8 maart 1971 heeft Rodenko het over deze roman (kopieën in Collectie Paul Rodenko NLMD). Het eerste hoofdstuk werd gepubliceerd onder de titel 'Praairapport. Van de toornigen aan de vreedzamen' in een speciaal aan Rodenko gewijd nummer van *Bzzlletin* (XXII (1992), nr. 199 (oktober 1992), 71–78. De teksten uit het *Tibetaanse dodenboek*, moesten gezegd worden om de overledenen te begeleiden door de zeven maal zeven weken die zij in het bard moesten doorbrengen voordat zij opnieuw geboren konden worden. In het bard wordt de overledene geconfronteerd met de goden van vrede en van gramschap. Hij moet leren inzien dat dit illusies zijn, die voortkomen uit de lichte en donkere kant van de ziel. Volgens Jung hebben in dit boek al in een vroeg stadium de inzichten van de psychoanalyse vorm gekregen.
57 Brief Johan van de Woude aan A. Breekland, 17 maart 1972. Een kopie van deze brief stuurde Van de Woude aan Rodenko, zodat hij kon zien dat er gewerkt werd aan zijn zaak (Collectie Paul Rodenko NLMD).
58 Brief Han Lammers, wethouder van Kunstzaken, aan Paul Rodenko, 27 april 1972, Collectie Paul Rodenko NLMD.
59 Doorslag brief Paul Rodenko aan Johan van der Woude, 16 februari 1973, Collectie Paul Rodenko NLMD.
60 Brief ministerie van CRM aan Paul Rodenko, 24 april 1973, Collectie Paul Rodenko NLMD.
61 Hij accepteert de opdracht in een brief van 2 mei 1973 aan de heer Van Velzen van CRM. Een kopie bevindt zich in de Collectie Paul Rodenko NLMD.
62 Paul Rodenko doet verslag van de ziekte van zijn zoon in een brief aan Guus Sötemann, met wie hij op dat moment in de jury van de Busken Huet-prijs voor het essay van het Amsterdams Fonds voor de Kunst zat. Een kopie van deze brief bevindt zich in de Collectie Paul Rodenko.
63 In een brief aan uitgeverij Meulenhoff van 24 september 1973. Doorslag aanwezig in Collectie Paul Rodenko NLMD.
64 Kopie brief Paul Rodenko aan Guus Sötemann, 27 december 1973, Collectie Paul Rodenko NLMD.
65 De notities in het ziekenhuis werden gemaakt in een klein notitieblokje (Kingpost), aanwezig in de Collectie Paul Rodenko NLMD.
66 Zie de hoofdstukken 1 en 3.
67 Paul Rodenko werd in 1973 gevraagd een buitenlandse auteur uit te nodigen voor

Poetry International te Rotterdam. Die auteur moest iemand zijn met wie hij affiniteit had. Rodenko koos voor Hans Magnus Enzensberger, die hij schreef: 'Besonders frappiert haben mich aber Ihre essayistischen Artikel. Ihre Einführung zum "Museum der modernen Poesie" war mein erste Bekanntschaft met Ihrer literarischen Tätigkeit und ich war ganz erstaunt zu erfahren wie diese Einführung meiner eigenen Einführung zur niederländischen Moderne entsprach – manchmal fast wörtlich.' (Kopie brief, 14 maart 1973, aanwezig in Collectie Paul Rodenko NLMD.) Enzensberger schreef hem op 1 april terug niet te kunnen komen in verband met andere afspraken (Collectie Paul Rodenko NLMD). Het is opvallend dat Rodenko dit boek wilde lezen in het ziekenhuis. Hij bleef op zoek naar medestanders en moest door hen geïnspireerd worden. In zijn 'De experimentele explosie in Nederland' verwijst hij naar Enzensberger: 'Want na Dada en de tijd van de "ismen" – expressionisme, futurisme, imagisme, vorticisme, surrealisme enzovoort enzovoort – bestaan er geen nationale poëzieën meer, maar slechts één wereldpoëzie, één "lingua franca" van de poëzie, zoals de dichter en essayist Hans Magnus Enzensberger het in zijn *Museum der modernen Poesie* uitdrukt.' (Zie VEK, deel 2, 355.)

68 Uit die tijd stammen ook de aantekeningen over de bundeling van zijn verhalen, op grond waarvan Paul Rodenko, *Een kwestie van symmetrie. Verzamelde verhalen* werd samengesteld.

69 Brief A. L. Sötemann aan Paul Rodenko, 28 januari 1974, Collectie Paul Rodenko NLMD.

70 Brief Bert Voeten aan Paul Rodenko, 1 februari 1974, Collectie Paul Rodenko NLMD. Coby Egging was bestuurslid van de Vereniging van Letterkundigen / Vakbond van schrijvers. Bert Voeten was ook bevriend met Bert Bakker en Paul Rodenko had hem ook in die kring wel eens ontmoet.

71 Piet Calis, F. P. Huygens en B.W. E. Veurman, *Het spel met de knikkers*, twee delen, Amsterdam 1972.

72 Brief Piet Calis aan Paul Rodenko, 9 februari 1974, Collectie Paul Rodenko NLMD.

73 Interview Piet Calis, Amsterdam 10 november 1998. Rodenko schrijft over de 'Vrijheidsschreeuw' in een brief aan Calis van 15 februari 1973 (kopie in Collectie Paul Rodenko NLMD).

74 Hans Warren, *Geheim dagboek 1973-1975*, Amsterdam 1992, 149.

75 Rondschrijven Simon Vinkenoog aan Hans Andreus, Remco Campert, Hugo Claus, Rudy Kousbroek, Gerrit Kouwenaar, Lucebert, Sybren Polet, Paul Rodenko, Bert Schierbeek en Koos Schuur, 2 juli 1974, Collectie Paul Rodenko NLMD.

76 Notulen 'Het 50-er projekt', 21 november 1974, Collectie Paul Rodenko NLMD.

77 De twee eerder gepubliceerde bundels werden met drie kleine wijzigingen herdrukt: in 'Wandeling' (p. 20) werd de versregel 'ver klinkt het schreien van een kind' veranderd in 'ver drenst het huilen van een kind'; in 'Achterberg' werd 'Om glas' een keer extra herhaald; de titel van het gedicht 'Hima Kesarcodi' werd veranderd in 'Indiase danseres' en opgedragen aan Hima Kesarcodi. Het gedicht 'Hij' verscheen in 1960 in *Ruimte* (nr. 9, september 1960, 38-39). Het was geschreven in opdracht van dit tijdschrift, dat een speciaal nummer over de man uitgaf. Een bevestiging van deze afspraak werd gemaakt op 22 april 1960 (brief Landelijk Centrum voor Katholieke

Actie, dat *Ruimte* uitgaf, aan Paul Rodenko, 22 april 1966, Collectie Paul Rodenko NLMD). Op 18 mei kreeg Rodenko een 'aanmaning' en in de zomer daarna wist hij het gedicht te schrijven.
Rodenko veranderde voor bundeling in *Stilte, woedende trompet* de laatste versregels. In de eerste versie staat:

> Hij noemt zich ik
> Hij wiegt in mijn schouders
> Hij bonkt in mijn buik
> Eens zal ik hem baren
> Eens mensgod van as

Vlak voor publicatie veranderde hij de laatste regels in:

> Eens druk ik hem uit
> Een hoopje drek

De definitieve versie werd:

> Eens spuw ik hem uit
> Inkten uilebal
> Ha!

De eerste versie doet Artaudiaans aan, terwijl de laatste versie eerder iets poëticaals wil uitdrukken.
78 Paul Rodenko, *Orensnijder tulpensnijder*, 93. Odile Heynders schrijft over de nieuwe afdelingen in de bundel: 'De derde afdeling bestaat uit een lang poëticaal gedicht, "Hij", waarin de lyrische stem zichzelf schetst als alter ego van de dichter. De schizofrenie van het dichter-zijn, de paradox van het poëtisch spreken als robot èn als profeet wordt hier helder uitgebeeld. De vierde afdeling, "Brandpunten", bestaat uit een zestal korte puntige uitspraken; daarop volgt "Verspreide gedichten", dat twee gelegenheidsgedichten en twee liedjes biedt en het korte experimentele "Laatseptembermorgenlicht". Deze drie afdelingen zijn in vergelijking met de vorige twee minder overtuigend.' (Odile Heynders, 'Orensnijder tulpensnijder. Verzamelde gedichten'. In: *Lexicon van literaire werken*, mei 1994.)
79 Paul Rodenko, *Orensnijder tulpensnijder. Verzamelde gedichten*, Amsterdam 1975, 114. Zie over de bespreking van Morriën hoofdstuk 7 'Buitenstaander'.
80 Interview Jaco Groot, Amsterdam 11 november 1998.
81 T van Deel, R.L.K. Fokkema, '"Echte poëzie is spelen met vuur." In gesprek met Paul Rodenko', 26.
82 Pierre H. Dubois, 'Verzen van Vijftigers verzameld'. In: *Het Vaderland*, 3 april 1976. Voor de receptie zie ook Odile Heynders, 'Paul Rodenko, Orensnijder tulpensnijder', 22.
83 Kees Fens, 'Poëzie: Rodenko, Arends'. In: *de Volkskrant*, 13 september 1975.

84 R.L.K. Fokkema, 'Orensnijder tulpensnijder'. In: *Trouw*, 25 oktober 1975; Jan van der Vegt, 'Woorden, tastbaar als brood en steen'. In: *De nieuwe linie*, 2 november 1975; Hans Warren, 'Orensnijder tulpensnijder'. De verzamelde gedichten van Paul Rodenko'. In: *Provinciale Zeeuwse Courant*, 26 juli 1975. Zie ook: Rein Bloem, 'Paul Rodenko, schuw en geschoold'. In: *Vrij Nederland*, 19 juni 1976. Meer essayistisch van aard zijn: Wiel Kusters, 'Een klok die 1950 slaat: de verzamelde gedichten van Paul Rodenko'. In: *Kentering*, xv (1976), nr. 4 (juni), 2-6 en het eerdergenoemde Jan van der Vegt, 'Engel met verbrand gezicht. De poëzie van Paul Rodenko'.
85 Zie over de begrippen 'literair klimaat' en 'achtergrond' de slotopmerkingen in hoofdstuk 6 'Den Haag: stad van aluinen winden en pleinen'.
86 T. van Deel, R.L.K. Fokkema, '"Echte poëzie is spelen met vuur." In gesprek met Paul Rodenko', 24. In mei 1972 werd Paul Rodenko uitgenodigd voor het Belgische televisieprogramma *Poëzie in de Schuur*, waar hij wegens gezondheidsklachten niet naartoe kon. Hij gaf toen wel de drie beste gedichten van na 1960, zoals de redactie hem had gevraagd: H. C. ten Berge, 'Trenodie', uit de bundel *Personages*, Riekus Waskowsky, 'Elfde elegie' uit de bundel *Slechts de namen der grote drinkers leven voort* en Hans Faverey 'Een mug' uit de bundel *Gedichten*. (Kopie brief Paul Rodenko aan het gemeentebestuur te Knokke-Heist, 1 juni 1972, Collectie Paul Rodenko NLMD.) Hij nam deze gedichten ook op in de tweeëntwintigste druk van *Dichters van deze tijd*, Amsterdam 1969. Opvallend is dat ook H. C. ten Berge cultuurhistorische bronnen in zijn gedichten verwerkt. Zie hierover de opmerkingen in verband met Rodenko's poëzie in hoofdstuk 7 'Buitenstaander'.
87 Zie over de slakken hoofdstuk 2 'Oorlog'. De studie 'Medium van de volledigheid' van Arjen Mulder is opgenomen in Hans Groenewegen (red.), ...*Die zo rijk zijn aan zichzelf. Over Hans Faverey*, Groningen 1997, 28–53. Hierin staat ook van Erik Spinoy, 'De sneeuwuil en de sjimpansee. Over Faverey en van Ostayen'. Het is een voorbeeld van hoe een vergelijkende studie van Favereys en Rodenko's poëzie eruit zou kunnen zien. J. Bernlef heeft iets dergelijks gedaan door de poëticale opvattingen van Jacques Hamelink en Paul Rodenko te vergelijken ('Poëzie. Rodenko versus Hamelink'. In: *Haagse Post*, 1 april 1978).
88 Mededeling van Tom van Deel, brief 30 november 1993.
89 De uitzending van *Literama* vond plaats op 21 april 1975 van 22.15 tot 22.45 uur. Als interviewer was alleen R.L.K. Fokkema te horen.
90 Brief Paul Rodenko aan R.L.K. Fokkema van 25 maart 1975. Kopie aanwezig in Collectie Paul Rodenko NLMD.
91 T. van Deel, R.L.K. Fokkema, '"Echte poëzie is spelen met vuur." In gesprek met Paul Rodenko', 22.
92 Brief Jaco Groot aan Paul Rodenko, 29 maart 1976, Collectie Paul Rodenko NLMD.
93 Brief Jaco Groot aan Paul Rodenko, ongedateerd, Collectie Paul Rodenko NLMD.
94 Notitieblok 'Paleisbloc', Collectie Paul Rodenko NLMD.
95 Rodenko legt deze titel ook uit in T. van Deel, R.L.K.Fokkema '"Echte poëzie is spelen met vuur." In gesprek met Paul Rodenko', 26–27.
96 Paul Rodenko, *Op het twijgje der indigestie*, Amsterdam 1976. De bundel werd integraal opgenomen in het eerste deel van de VEK.Over de polemiek met Sierksma zie

hoofdstuk 4 'Slavische missie'. Rodenko had sinds 12 november 1951 door bemiddeling van Jan Vermeulen al contact met uitgeverij Meulenhoff over de uitgave van een essaybundel die *De draad van Ariadne* moest heten. Tot 1960 informeerde de uitgeverij af en toe naar de stand van zaken. Meulenhoff wilde toen ook al een nieuw artikel in de bundel opnemen, maar dat kwam maar niet klaar (brieven J. M. Meulenhoff aan Paul Rodenko, Collectie Paul Rodenko, NLMD).

97 'Brief aan een kritische vriend', 439. Opvallend is dat Rodenko in dit verband verwijst naar Roland Barthes, die in het begin van zijn *Le degré zéro de l'écriture* ook wijst op de signaalfunctie van grofheden. Vergelijk hiermee ook de opmerkingen die hij over obsceniteiten maakte in verband met het werk van Henry Miller (zie hoofdstuk 3 'Onruststoker').

98 Ko Pop, 'Essays van Rodenko'. In: *Boekenbus*, II (1976), nr. 2 (juli).

99 Tom van Deel, 'De ingewikkelde sprongen van een koorddansleerling. Paul Rodenko's vroege essays gebundeld'. In: *Vrij Nederland*, 27 maart 1976, 8-9. Zie verder de korte besprekingen en aankondigingen: Anoniem, 'Nieuwe essaybundel van Paul Rodenko'. In: *Friesch Dagblad*, 9 juli 1976; Anoniem, 'Rodenko's kijk'. In: *Graafschapsbode*, 8 mei 1976; Rudi Boltendal, 'Poëzie en proza van Paul Rodenko en Willem Barnard'. In: *Leeuwarder Courant*, 3 juli 1976.

100 Brief Piet Meeuse aan Paul Rodenko, 4 april 1976, Collectie Paul Rodenko NLMD.

101 Zie bijvoorbeeld zijn *De slang die in zijn staart bijt* (Amsterdam 1987) en *De jacht op Proteus* (Amsterdam 1992). In het laatste boek behandelt hij onder andere het thema van de metamorfose, waarbij hij uitgaat van het verhaal van Proteus uit de *Odyssee*. Het doet sterk denken aan Rodenko's thema van dood en wedergeboorte. Bovendien heeft Meeuse net als Rodenko belangstelling voor filosofen als Maurice Blanchot.

102 'Opmerkingen over materiepoëzie'. In: *De Revisor*, II (1975), nr. 5 (november), 34-38. Zie VEK, deel 4, 247-257

103 Notitieblok 'Favoriet', Collectie Paul Rodenko NLMD. Het is niet waarschijnlijk dat Rodenko originele teksten van Foucault las. In een notitieboekje wordt alleen een boek over Foucault genoemd: R. Bakker, *Het anonieme denken. Foucault en het structuralisme*, Baarn 1973.

Wat Rodenko over het 'paideuma' beweert in 'Medea's mes of De draad van Ariadne' lijkt veel op wat hij later over het zogenaamde 'literaire klimaat' zou beweren. Hij schrijft over het 'paideuma': 'Wanneer de onbewuste creatieve impuls, of de existentiële grondslag, het "paideuma" (volgens de term van Leo Frobenius) van een cultuurperiode tot wetenschappelijk bewustzijn komt, dan kan men dit beschouwen als de logische consequentie van de probleemstellingen, die voor die periode typerend zijn; maar eenmaal in het collectieve bewustzijn getreden, verliest het paideuma zijn creatief, cultuurscheppend vermogen en zoekt het creatieve principe een nieuw paideuma, waarin en waardoor het zich kan verwezenlijken.' Zie VEK, deel 1, 512. (De Duitser Leo Frobenius (1873-1938) ontwikkelde het begrip *Kulturkreis*, waarmee hij gebieden met gemeenschappelijke cultuurelementen samenvatte. Hij vatte de cultuur op als een levend organisme. Hij was onder andere directeur van het Volkenkundig Museum in Frankfurt am Main.) Het is niet bekend of Rodenko Foucaults *Histoire de la folie à l'age classique* (1961) kende. Foucault beweert daarin dat de taal

van Nietzsche en Artaud als een uiting van het tragische gelezen moet worden. Zij gebruikten deze taal om aan te tonen dat de waanzin niet verbannen diende te worden, maar dat zij een wezenlijk bestanddeel van de cultuur vormt.
104 T. van Deel, R. L.K. Fokkema, '"Echte poëzie is spelen met vuur." In gesprek met Paul Rodenko', 24.
105 Onder de titel 'Reclame en alchemie' gepubliceerd in VEK, deel 4, 258–261.
106 Aantekeningen gevonden in de dummy van *Orensnijder tulpensnijder. Verzamelde gedichten*, Collectie Koen Hilberdink. De rubriek waarin Rodenko zijn essay verscheen, was bovendien maar een kort leven beschoren.
107 Paul Rodenko, André Kerkhoven, *De Tarot*, Den Haag 1979. In de dummy staan de volgende drie opzetjes:

'(Het
is
een hommel in een vuist)';

'Steen in een glas water
niet meer en
niet minder';

'Tussen hand en handschoen
het woord'

Deze werden in *De Tarot* het volgende 'gedicht':

het
is een hommel
in een vuist
niet meer en
niet minder
tussen hand
en handschoen
het woord

108 Kopie brief Paul Rodenko aan Geert Lubberhuizen, 3 maart 1975, Collectie Paul Rodenko NLMD.
109 Kopie brief Paul Rodenko aan A. Heerma van Voss, 26 juni 1975, Collectie Paul Rodenko NLMD.
110 Brief Martijn de Rijk, 23 december 1993.
111 Over de contacten tussen SUN en Rodenko schreef Henk Hoeks uitvoerig in een brief van 1 augustus 1995.
112 Interview W. Renardel de Lavalettte, Den Haag 4 februari 1993.
113 Hans Warren, *Geheim dagboek 1973–1975*, 148–149.
114 Elma Drayer, 'Paul Rodenko. Koorddanser in leven en schrijven. Gedoemde en magiër', 38.

115 Interview Olga Rodenko, Zutphen 20 juni 1996. Het ziekenhuis heeft geen medisch dossier meer in zijn bezit. (Brief H. Vriend, Streekziekenhuis Het Spittaal, 1 april 1999.)
116 'Gedoemde dichters', VEK, deel 1, 546.
117 Interview Ludmila Rodenko, Broek in Waterland 4 december 1998.
118 Een verslag van de begrafenis stond in het *Zutphens Dagblad* van 14 juni 1976.
119 Vertaling Marja Wiebes en Margriet Berg, opgenomen in *Van Derzjawin tot Nabokov. Russische poëzie uit drie eeuwen*, Amsterdam 1991, 133.
120 Brief Hans C. ten Berge aan mevrouw Rodenko, 11 juni 1976, Collectie Paul Rodenko NLMD. Later zou Ten Berge dit herhalen in zijn essay 'Notities bij een bloemlezing'. Zie hierover hooofdstuk 5 'Naar een "andere" literatuur.'
121 Adriaan van der Veen, 'Paul Rodenko: de erudiete buitenstaander'. In: *NRC Handelsblad*, 11 juni 1976.
122 Kees Fens, 'Rodenko was het best als poëzie-verkenner. Groot beeldenmaker gestorven'. In: *de Volkskrant*, 10 juni 1976.

EPILOOG

1 Juryrapport dr. Wijnaendts Franckenprijs 1977, Maatschappij der Nederlandse Letterkunde, Collectie Paul Rodenko NLMD. In de jury zaten R.Bloem, T. van Deel, H.A. Wage en S.Witstein.
2 Carel Peeters, 'De verzoening van de essayist en de soldaat'. In: *Vrij Nederland*, 27 juni 1992.
3 Jos Joosten, 'De dingen die niet vanzelf spreken. Paul Rodenko's totale engagement'. In: *Parmentier*, herfstnummer 1995, 2-12. Joosten reageert vooral op Rob Schouten die in 'Een groot criticus: Paul Rodenko' (*Vrij Nederland*, 3 augustus 1991) die link met *Merlyn* legt.

Bijlage

Zie voor Rodenko's bibliografie Paul Rodenko, *Verzamelde essays en kritieken*, 4 delen, Bezorgd en van notities voorzien door Koen Hilberdink, Meulenhoff Amsterdam 1991-1992.

PUBLICATIES VAN PAUL RODENKO

Rodenko, Paul *Gedichten*, Amsterdam 1951.
Rodenko, Paul *Tussen de regels. Wandelen en spoorzoeken in de moderne poëzie*, Den Haag/Antwerpen 1956.
Rodenko, Paul *De sprong van Münchhausen*, Den Haag 1959.
Rodenko, Paul *Stilte, woedende trompet*, Den Haag 1959.
Rodenko, Paul *De seinpaal*. In: Paul Rodenko, Gust Gils et al., *Nieuw Nederlands toneel*, Zaandijk/Amsterdam 1960.
Rodenko, Paul *Dichters van deze tijd*, Twintigste druk verzorgd door Paul Rodenko, Amsterdam 1960.
Rodenko, Paul *Dichters van deze tijd*, Eenentwintigste druk verzorgd door Paul Rodenko, Amsterdam 1964.
Rodenko, Paul *Harten twee harten drie*, Een toneelspel, Gevolgd door *Jack in Levenland*, Een poppenspel, Den Haag 1963.
Rodenko, Paul *Orensnijder tulpensnijder. Verzamelde gedichten*, Amsterdam 1975.
Rodenko, Paul *Op het twijgje der indigestie*, Amsterdam 1976.
Rodenko, Paul *Vrijmoedige liefdesverhalen*, Opnieuw verteld door Paul Rodenko, Wageningen 1976-1978.
Rodenko, Paul *De tarot*, Paul Rodenko gedichten, André Kerkhoven grafiek, Den Haag 1978.
Rodenko, Paul *Een kwestie van symmetrie. Verzamelde verhalen*, Met een nawoord van Koen Hilberdink, Amsterdam 1988.
Rodenko, Paul *Verzamelde essays en kritieken*, 4 delen, Bezorgd en van notities voorzien door Koen Hilberdink, Meulenhoff Amsterdam 1991-1992.

VERTALINGEN DOOR PAUL RODENKO

TONEEL
Lope de Vega *De dwaze dochter* voor Puck, 1956
Jean François Regnard *Verliefde dwaasheden* voor Puck, 1957

Robert Thomas *Valstrik voor een man alleen* voor Ensemble, 1960
Robert Thomas *Acht vrouwen* voor Centrum, 1961
Robert Thomas *De duivel hale* ze voor Ensemble, 1962
Keith Waterhouse en Willis Hall *Een geboren leugenaar* voor Studio, 1963
P. A. Bréal *Het grote oor* voor Ensemble, 1963
Gerhart Hauptmann *Voerman Henschel* voor Ensemble, 1965
Ann Jellicoe *De kneep* voor Studio, 1965. In boekvorm verschenen als *De kneep, of Hoe het onder de knie te krijgen*, Vertaald door Paul Rodenko, Amsterdam 1966
Calderón de la Barca *Spoken in Spaanse kant* voor de Nederlandse Comedie, 1967
Anna Bonacci *Het uur der verrukking* voor Ensemble, 1967
Jean Canolle *Het paard van de koning* voor Ensemble, 1968
Georges Feydeau *Een vlo in 't oor* voor de Haagse Comedie, 1968
Jean Anouilh *De bakker, de bakkersvrouw en het bakkersjong* voor de Haagse Comedie, 1969
Philippe Adrien *Baaierd* voor de Haagse Comedie, 1970
Jean Anouilh *Vriend Antoine of Onvoldoende voor liefde* voor de Haagse Comedie, 1970
Georges Feydeau *'n Blok aan 't been* voor de Haagse Comedie, 1971
Georges Feydeau *Van hand tot hand* voor de Haagse Comedie, 1973
Eugéne Labiche en Alfred Delacour *Potverteren* voor de Haagse Comedie, 1974
Barillet en Grédy *4 × anders* voor de Haagse Comedie, 1969
Georges Feydeau *Geen haar op 't hoofd* voor de Haagse Comedie, 1976

OVERIGE VERTALINGEN

Beauvoir, Simone de *Pleidooi voor een moraal der dubbelzinnigheid*, Utrecht 1958.
Blok, Alexandrowitsj *De twaalf*, Amsterdam 1947.
Conway, Troy *H-bom in de h-rem*, Bewerkt en vertaald door Paul Rodenko, Naarden 1971.
Conway, Troy *Een wilde stam*, Bewerkt en vertaald door Paul Rodenko, Naarden 1972.
Dostojewski, F. *De jongeling*, Amsterdam 1956.
Dostojewski, F. *Dagboek van een schrijver*, Amsterdam 1960.
Eluard, Paul *Le visage de la paix*, Kalender met een vertaling van Paul Rodenko 'Het ware gezicht van de vrede', Amsterdam 1955.
Eilhard, Rudolf *Gesprekken met moeder Henschel*, Den Haag 1954.
Fromm, Erich *Marx visie op de mens*, Den Haag 1967.
Gordon, Sydney en Allan, Ted *Het leven van dokter Bethune*, Amsterdam 1956.
Kotzwinkle, William *Olifant ramt trein*, Amsterdam 1972.
Mao Tse-toeng *Gedachten en gedichten*, vertaald door Hans Hom en Paul Rodenko, Den Haag 1970.
Marx, Karl *Parijse manuscripten en andere filosofische geschriften* (geselecteerd door Erich Fromm), Den Haag 1969.
Polewoj, B. *De vermiste piloot. Het leven van een waarachtig mens*, Amsterdam 1952.
Waterhouse, Keith *Jubb*, Amsterdam 1964.

BRONNEN

GESPREKKEN

Milo Anstadt, C.D. Barkman (telefonisch), Lilia Belousova (Odessa), Ad den Besten, Niels Bokhove, Hems Bos, Mies Bouhuys, A. van Boven, M.J.M. Daniëls (telefonisch), Emile à Campo, Marc à Campo, Charles Dédéyan (Parijs), Miep Diekmann (telefonisch), S. Dresden, H. Drion (telefonisch), Peter van Drunen, Pierre H. Dubois, A.J.Govers (telefonisch), Guilaume van der Graft, A. Groskamp-Houwing, Jaco Groot, A.D. de Groot, J.F.B. van Hasselt (telefonisch), Victorine Hefting, A.F.G. van Hoesel (telefonisch), Hans Hornstra, W.F. Hermans, Peter Hofstede, R.H.C. Janssen, A.A.de Jonge (telefonisch), G. Kamphuis (telefonisch), G.C. Kramer, Peter Krupnikov (München), Willem-Karel van Loon, Moela Maso, Anna Misjoek (Odessa), Adriaan Morriën, Karel Ligtenberg, Hélène Oosthoek, Henk Peeters (telefonisch), Sybren Polet, Rudi Polder, W.A. Renardel de Lavalette, Olga Rodenko, Ludmila Rodenko, Jan Roëde, Helga Ruebsamen (telefonisch), Vera Schlablowsky-Kamenskaja, Ferry Slebe, P. Steenbergen (telefonisch), Hans van Straten, Max Nord, J.W. Schulte Nordholt, Carla Termeer, A. Tilstra, Jan Trapman, Annie van 't Veer-Suiker, Don Vermeire, Ger Verrips (telefonisch), Simon Vinkenoog, Nico Wijnen, A. Waterreus (telefonisch), Hans Warren, W.F. Wertheim (telefonisch), H.R.Wijngaarden, J.J.Wittenberg (telefonisch), Daisy Wolthers en E.A. Zoons.

CORRESPONDENTIE

Joop Admiraal, J.W. Bezemer, W. Blok, E. Buelens, Niels W. Bokhove, J.A. Boucher-Simoni, J.H. van den Berg, A.H. van den Baar, Igor Cornelissen, A.M.J. Chorus, B. Commerell, Tom van Deel, T. Dehue, J.C.E. Dekker (Princeton), J.J. Dijkhuis, P.G. Dix, mr. F.M.H.A.C. van Domburg (Stichting 1940-1945), M.M. Doornink-Hoogenraad, Peter van Drunen, Tom Eekman, R.L.K. Fokkema, N.H. Frijda, J.P. van de Geer, Gust Gils, H. Gomperts, Ger Harmsen, Wim Hazeu, J.P. Hinrichs, A.G.F. van Holk, Hans Hom, J. Hulsker, W. Hulst, Jos Joosten, R.H.C. Janssen, Nico Keuning, Ben Knapen, H.M.C.C. Kuypers, Rudy Kousbroek, M.H.C.H. Leenders, L.Th. Lehmann, Michael Libman (Tel Aviv), U. Maaß (Botschaft der Bundesrepublik Deutschland), A.F.W. van Meurs, Ad van Noppen, Nederlandse Vereniging voor Psychoanalyse, M.M. Oosenbrug, Huub Oosterhuis, Michel van der Plas, Jan Praas, Luc Pay, Evelien Raap, Martijn de Rijk, Ivo Raes, Karel van het Reve, Sal Santen, G. Sötemann, C.H. van Schooneveld, Harry Stroeken, D. Teussink, L. Trautmann (Deutsche Schule Den Haag), Marloes Vermeulen-Bervoets, Gerrit Voerman (Documentatiecentrum Nederlandse Politieke Partijen), H. Vriend (Streekziekenhuis Het Spittaal Zutphen), Theun de Vries, Dolf Verspoor, Daisy Wolthers, Jan Zitman.

ARCHIEVEN

Algemeen Rijksarchief Den Haag
– Technische Hogeschool Delft, Afdeling Studentenadministratie, Toegang 3.12.08.04, Inventarisnummers 40-45.
– Tweede Afdeling, Archief van de Rijksvreemdelingendienst en zijn voorgangers, Toegang 2.09.45, Inventarisnummers 12.65, Over Nansenpassen.

- Militair Gezag in Zuid-Holland, Toegang 3.09.34, Inventarisnummers 506 en 516
- Justitie Kring Utrecht en Ommelanden NSB, Toegang 2.09.08.01

Archief en Documentatiecentrum Nederlandse Psychologie Groningen
- Archief Van Dael

Archives Nationales Paris
- Académie de Paris Faculté des Lettres AJ 16 4959-5025 Fiches individuelles des étudiants nés entre 1880 et 1925
- Faculté des sciences 1810-1961 5782-5808 Scolarité: inscriptions, étrangers, examens, doctorats
- Cité Universitaire 7030-7034 Administration Générale; 7037-7044 Maison destinées aux étudiants de l'étranger et des colonies

Centraal Historisch Archief Letland (Riga)
- Archief Letse Geheime Dienst
- Archief 10. Städtische Deutsche Grundschule

Gemeentelijke Archiefdienst Rotterdam
- Politiearchief, Vreemdelingenregister

De Groene Amsterdammmer
- Archief Commissie Boek van de maand

Haags Gemeentearchief
- Archief Pulchri, Beheersnummer 59;
- Archief Gemeentepolitie, Beheersnummer 432, (Vreemdelingenregisters);
- Haagse Kunstkring, Beheersnummer 253;
- Archief Maerlantlyceum, Beheersnummer 683;
- Archief Gemeentebestuur , Beheersnummer 610;
- Archief W.G. Kierdorff, Beheersnummer 842;
- Archief Deutsche Schule, Beheersnummer 989.

Archief uitgeverij De Harmonie
- Map Paul Rodenko

Internationaal Instituut Sociale Geschiedenis Amsterdam
- Archief Henk Sneevliet
- Archief Aimé van Santen
- Archief J. Barents

Kamer van Koophandel te Den Haag
- Dossiers Iwan Rodenko

Katholiek Documentatie Centrum Nijmegen
- Archief F. J. J. Buytendijk

Landesarchiv Berlin
- Bewonerskaarten

ministerie van Binnenlandse Zaken
- Archief Binnenlandse Veiligheidsdienst Den Haag
  Inzagemap Iwan Rodenko
  Inzagemap Paul Rodenko
  Inzagemap Vereniging Nederland-Polen

ministerie van Buitenlandse Zaken
- Geheime stukken
  281.21 Polen 1947-1952
  817.35 Russisch-Orthodoxe kerk in Den Haag (opvolging Pr. A. Dribintzew)

ministerie van Defensie Centraal Archievendepot
- Archief Psychologische Dienst
- Archief Aanmelding Oorlogsvrijwilligers
- Archief OD

ministerie van Justitie
- Centraal Archief Bijzondere Rechtspleging
  dossier F. A. A. Roels
  dossier Iwan Rodenko
  dossier D. Vas
  dossier W. J. C. Kooper

ministerie Onderwijs, Cultuur en Wetenschappen
- Archief Afdeling Kunsten, dossier Paul Rodenko

Nederlands Instituut voor Oorlogs-
documentatie, Amsterdam
- DOC. I F M. J.A. Roels
- DOC. II. 395 Kunstenaarsverzet
- DOC. II. 810E Rijskuniversiteit Leiden
- DOC. II. 811A Rijksuniversiteit Utrecht

Nederlands Spoorwegmuseum Utrecht
- Dienstregeling internationale treinen

Nederlands Theaterinstituut Amsterdam
- Archief Kees van Iersel

Odessa Region State Archives
- Bevolkingsregister

Pegasus Uitgeverij Amsterdam
- map Paul Rodenko

Rijksarchief Utrecht
Rijksuniversiteit Utrecht
- College van Curatoren 59
- College van Curatoren 710
- College van Curatoren Rijksuniversiteit Utrecht 931
- College van Curatoren 1243
- Senaat 92-1
- Senaat 523-1
- Senaat 523 m
- Stukken studentenzuiveringscommissie nr. 596

VARA-archief Hilversum
- Dossiers *De man die zichzelf bedroog* en *Het Legaat*

BRIEFWISSELINGEN
(tenzij anders vermeld aanwezig in het Nederlands Letterkundig Museum en Documentatiecentrum)
Brieven Bertus Aafjes aan Rodenko
Briefwisseling G. Achterberg–Rodenko
Brieven van Hans Andreus aan Rodenko
Brief Jan Arends aan Rodenko
Briefwisseling W. Asselbergs–Rodenko
Briefwisseling Bert Bakker–Rodenko
Brief Willem Barnard aan J. Rodenko-Schaper
Brief F. Batten aan Rodenko
Briefwisseling J. H. van de Berg–Rodenko
Brief H.C. ten Berge aan J. Rodenko-Schaper
Brieven Herman van den Bergh aan Rodenko
Briefwisseling Ad den Besten–Rodenko (gedeeltelijk in archief Den Besten)
Brieven D. A.M. Binnendijk aan Rodenko
Brieven Anna Blaman aan Rodenko
Brieven J. C. Bloem aan Rodenko
Brief Karel Blom aan Rodenko
Brief Louis Paul Boon aan Rodenko
Briefwisseling Loek Boucher–Rodenko
Brief J.C. Brandt Corstius aan Rodenko
Brieven James Brockway aan Rodenko

Brieven Til Brugman aan Rodenko
Brief C. Buddingh' aan Rodenko
Briewisseling Gaston Burssens–Rodenko
Briefwisseling Piet Calis–Rodenko
Brieven van Remco Campert aan Rodenko
Brieven R.A. Cornets de Groot aan Rodenko
Briefwisseling Nico Donkersloot–Rodenko
Brieven S.Dresden aan Rodenko
Brief Pierre H. Dubois aan Rodenko
Brieven T. Dudok van Heel aan Rodenko
Brieven Jan G. Elburg aan Rodenko
Brief *Elseviers Weekblad* aan Rodenko
Brief Jan Emmens aan Rodenko
Brief Jan Engelman aan Rodenko
Brieven Chris van Geel aan Rodenko
Brief J. P. van de Geer aan Rodenko
Brief H.A. Enno van Gelder aan Rodenko
Brief Gust Gils aan Rodenko
Brieven Wim Gijsen aan Rodenko
Briefwisseling Jaco Groot–Rodenko
Briefwisseling Jan Hanlo–Rodenko
Brief Rodenko aan A. Heerma van Voss
Brief A. Hendrik aan Rodenko
Brief P. Heus aan Rodenko
Briefwisseling Kees van Iersel–Roden-

ko (gedeeltelijk in Nederlands Theater Instituut)
Briefwisseling G. Fieret–Rodenko
Briefwisseling R.L.K. Fokkema–Rodenko
Briefwisselling Fonds voor de Letteren–Rodenko
Brieven Jan Goverts aan Rodenko
Brief Jacques Hamelink aan Rodenko
Brief Jaap Harten aan Rodenko
Briefwisseling W.F. Hermans–Rodenko (gedeeltelijk in archief Hermans, kopieën in mijn bezit)
Brief James Holmes aan Rodenko
Briefwisseling Ed.Hoornik–Rodenko (gedeeltelijk in archief Hoornik Mies Bouhuys Amsterdam)
Briefwisseling L. Hornstra–Rodenko (gedeeltelijk in Frysk Letterkundich Museum en Dokumintaasjesintrum Leeuwarden)
Briefwisseling P. N. van Kampen–Rodenko
Brieven H.W. J. M. Keuls aan Rodenko
Briefwisseling David Koning–Rodenko
Brieven van Rudy Kousbroek aan Rodenko
Brieven Gerrit Kouwenaar aan Rodenko
Brief Han Lammers aan Rodenko
Brieven van Ferdinand Langen aan Rodenko
Brieven van Kees Lekkerkerker aan Rodenko
Briefwisseling Geert Lubberhuizen–Rodenko
Brieven Lucebert aan Rodenko
Brieven W.K. van Loon aan Rodenko
Briefwisseling A. Marja–Rodenko
Brieven van G. Messelaar aan Rodenko
Brief Piet Meeuse aan Rodenko
Brieven ministerie van Onderwijs, Kunsten en Wetenschappen aan Rodenko
Brieven ministerie van CRM aan Rodenko
Brieven M. Mok aan Rodenko
Briefwisseling J. J. A. Mooij–Rodenko

Brieven van A. Morriën aan Rodenko
Briefwisseling Harry Mulisch–Rodenko (een brief uit archief Harry Mulisch)
Brieven van Willem Nagel aan Rodenko
Brieven Nel Noordzij aan Rodenko
Brieven Cees Nooteboom aan Rodenko
Briefwisseling G.van Oorschot–Rodenko (gedeeltelijk in archief Uitgeverij Van Oorschot)
Briefwisseling J. Praas–Rodenko
Brief mr. Ragnhil Stapel aan Rodenko
Brieven van G.(v.h.) Reve aan Rodenko
Briefwisseling A. Roland Holst–Rodenko
Brief A. de Roos aan Rodenko
Briefwisseling A.van Santen–Rodenko (gedeeltelijk archief Van Santen IISG)
Brief Bert Schierbeek aan Rodenko
Brieven J.W. Schulte–Nordholt aan Rodenko
Brieven Hans Sleutelaar aan Rodenko
Brieven van F. Sierksma aan Rodenko
Briefwisseling F. Sierksma–G. Borgers (Archief Sierksma Koninklijke Bibliotheek)
Briefwisseling F. Sierksma–W.F. Hermans
Brieven Paul Snoek aan Rodenko
Briefwisseling G. Sötemann–Rodenko
Brief Gerard Stafleu aan Rodenko
Briefwisseling A. Stempels–Rodenko
Brieven Jac van der Ster aan Rodenko
Brieven van A.A.M. Stols aan Rodenk
Briefwisseling H.van Straten–Rodenko
Briefwisseling Ch.Timmer–Rodenko (gedeeltelijk in Collectie Timmer UB Universiteit van Amsterdam)
Brieven van John Vandenbergh aan Rodenko
Briefwisseling Paul van 't Veer–Rodenko
Brieven Dolf Verspoor aan Rodenko
Brieven Guus Verstraete aan Rodenko
Briefwisseling S.Vestdijk–Rodenko
Briefwisseling S.Vinkenoog–Rodenko
Brieven Eddy van Vliet aan Rodenko
Brieven Bert Voeten aan Rodenko

Brieven Mischa de Vreede aan Rodenko
Brieven Hendrik de Vries aan Rodenko
Brieven Theun de Vries aan Rodenko
Brief Victor E. van Vriesland aan Rodenko
Briefwisseling Hans van de Waarsenburg–Rodenko
Brieven Anne Wadman aan Rodenko
Brieven Jan Walravens aan Rodenko
Brieven Ellen Warmond aan Rodenko
Brieven van Hans Warren aan Rodenko
Brief A.A. Weijnen aan Rodenko
Brieven Loes Wieringa aan Rodenko
Briefwisseling Nico Wijnen–Rodenko
Brief Eldert J. Willems aan Rodenko
Brieven Paul de Wispelaere aan Rodenko
Briefwissseling Johan van der Woude–Rodenko
Brief Hans van Straten aan Max de Jong
Brief Johan van der Woude aan A. Breekland

BIBLIOGRAFIE

Aarsbergen, A. *Verre paradijzen. Linkse intellectuelen op excursie naar de Sovjet-Unie, Cuba en China*, Utrecht 1988.

Abrahams, Frits 'Iedereen bevindt zich permanent in een soort cake-walk: het houvast dat je hebt kan opeens weggeslagen worden.' In: *Vrij Nederland*, 21 juli 1984.

Achterberg, Gerrit *Voorbij de laatste stad. Een bloemlezing uit zijn gehele oeuvre*, Samengesteld en ingeleid door Paul Rodenko, Den Haag 1955.

Achterberg, Gerrit *Verzamelde gedichten*, Amsterdam 1963.

Achterberg, Gerrit *Het weerlicht op de kimmen. Een keuze uit de gedichten van Gerrit Achterberg*, Samengesteld door J.C. Achterberg-Van Baak, Met een nawoord van Paul Rodenko, Den Haag/Amsterdam 1965.

Achterberg, Gerrit *Briefwisseling met zijn uitgevers, Bert Bakker, A.A. Balkema, C.A.J. van Dishoeck, A. Marja, A.A.M. Stols & Jan Vermeulen*, twee delen Amsterdam 1989.

Achterberg, Gerrit *Briefwisseling met Ed. Hoornik*, Bezorgd door R.L.K. Fokkema, Amsterdam 1990

Akker, Wiljan van den 'Wij willen Rock 'n Roll en nozemisme'. In: *NRC Handelsblad*, 8 mei 1992.

Anbeek, Ton 'Existentialisme in de Nederlandse literatuur; een absurd probleem?' In: *Literatuur*, 1 (1984), nr. 1, 4-8.

Anbeek, Ton *Na de oorlog. De Nederlandse roman 1945-1960*, Amsterdam 1986.

Anbeek, Ton *Geschiedenis van de Nederlandse literatuur tussen 1885 en 1985*, Amsterdam 1990.

Anbeek, Ton *Het donkere hart. Romantische obsessies in de moderne Nederlandstalige literatuur*, Amsterdam 1996.

Andreus, Hans 'De sprong van Münchhausen'. In: *Haagsch Dagblad*, 28 november 1959.

Andreus, Hans *Verzamelde gedichten*, Amsterdam 1983.

Andreus, Hans & Vinkenoog Simon *Brieven 1950-1956*. Inleiding, tekstverzorging en aantekeningen door Jan van der Vegt, Baarn 1989.

Anoniem, 'Wandelen en spoorzoeken in de moderne poëzie'. In: *Nieuwe Rotterdamse Courant*, 28 juli 1956.

Anoniem 'Kan "geheugenverlies" een mislukt huwelijk redden?'. In: *De Telegraaf*, 3 september 1959.

Anoniem 'De man die zichzelf bedroog'. In: *De Telegraaf*, 4 september 1959.
Anoniem 'Dichter tussen oorsprong en werkelijkheid'. In: *Algemeen Dagblad*, 30 december 1959.
Anoniem 'Paul Rodenko in zijn kritisch spel'. In: *Het Binnenhof*, 19 september 1959.
Anoniem 'Rel tegen Harry Mulisch doorgestoken kaart?'. In: *Het Vrije Volk*, 28 mei 1960.
Anoniem 'Nederlands experimenteel toneel. Enkele wankele eerste stappen'. In: *De Tijd*, 28 mei 1960.
Anoniem 'Musea "leeggehaald" voor tv-blijspel'. In: *Het Vrije Volk*, 5 juli 1960.
Anoniem 'Het legaat'. In: *Nieuwe Rotterdamse Courant*, 8 juli 1960.
Anoniem 'Televisie en toto'. In: *Het Vaderland*, 8 juli 1960.
Anoniem 'Harten twee, harten drie: leuk vrijmoedig spel van Paul Rodenko'. In: *Nieuwsblad van het Zuiden*, 14 september 1962.
Anoniem 'Toneelgroep Studio met stuk van Paul Rodenko'. In: *Nieuwe Rotterdamse Courant*, 14 september 1962.
Anoniem 'Forum(pje) over toneel in Kurhaus Paviljoen. Jonge schrijvers aan het woord'. In: *Het Parool*, 24 september 1960.
Anoniem 'Drie Nederlandse spelen als experiment'. In: *Rotterdams Nieuwsblad*, 26 september 160.
Anoniem 'Ik voel mijzelf een mysticus'. In: *Zutphens Dagblad*, 9 december 1967.
Anoniem 'Nieuwe essaybundel van Paul Rodenko'. In: *Friesch Dagblad*, 9 juli 1976.
Anoniem 'Rodenko's kijk'. In: *Graafschapsbode*, 8 mei 1976.
Anstadt, Milo *Polen, Land, Volk, Cultuur*, Baarn 1965.
Anzion, Paul 'Psychotherapie: één professie, één opleiding. A. van Dantzig over de opleiding psychotherapie'. In: *Tijdschrift voor psychotherapie*, 1999, nr. 25, 41–52.
Arkel, F. A. van *Gedenkboek, uitgegeven ter gelegenheid van het vijftigjarig bestaan van het Maerlant-Lyceum, voorheen Tweede Gymnasium te 's-Gravenhage 1917–1967*, Den Haag 1967.
Baar, Ton van den 'Nicolaas van Wijk: the man, his work', In: *Nicolaas van Wijk (1880–1941), A collection of essays on his life and work*, Studies in Slavic and General Linguistics 12, Amsterdam 1988, 9–41.
Bakker, R. *Merleau-Ponty. Filosoof van het niet-wetend weten*, Baarn 1975.
Bakker, Siem *Literaire tijdschriften. Van 1885 tot heden*, Amsterdam 1985.
Bakker, Piet de *De Ooievaarspockets van Bert Bakker 1954–1972. Van Voordewind tot Buddingh' & 1991–1993 (Nieuwe Ooievaars)*, Breda 1993.
Bakoenin, Michael *Over anarchisme, staat en diktatuur*, Samengesteld en ingeleid door Arthur Lehning, Den Haag 1970.
Bal, Mieke en Weststeijn, Willem G. *Inleiding in de literatuurwetenschap*, Muiderberg 1982.
Baruch, F. E. A. *Aan de grenzen voorbij. Over de betrekkingen tussen Nederland en de USSR (1917–1987)*, Amsterdam 1987.
Barz, H. *Over de ziel. Hoofdpunten van de Jungiaanse psychotherapie*, Rotterdam 1981.
Baudet, H. *De lange weg naar de Technische Universiteit. De Delftse ingenieursschool en haar voorgeschiedenis*, Den Haag 1992.

Beauvoir, Simone de *Memoires. De druk der omstandigheden 1*, Vertaald door L. Witsenburg, Baarn 1969.
Beerling, R., Debort, Cola en Kadt, Jacques de *Het existentialisme*, Den Haag 1947.
Beevor, Antony & Cooper, Artemis *Paris after the liberation: 1944-1949*, London 1994
Begemann, Nienke *Victorine*, Amsterdam 1989.
Bekkers, Peter 'De magiër van Zutphen'. In: *de Volkskrant*, 5 april 1991.
Bekkers, Peter 'Als vogels hoog in de bergen. Herinneringen aan Paul Rodenko'. In: *De Zingende Zaag*, nr. 13, herfst 1991, 41-50.
Belzen, J.A. van *Portretten van landschappen. Tekeningen uit de geschiedenis van de Nederlandse psychiatrie*, Baarn 1994.
Berdjajew, N. *Het Russische denken in de 19e en 20e eeuw. Aspecten en perspectieven*, Bewerkt door S. van Praag, Amsterdam 1947.
Berg, J. H. van den e.a. *Persoon en wereld. Bijdragen tot de phaenomenologische psychologie*, Utrecht 1953.
Berge, H.C. ten 'Notities bij een bloemlezing'.. In: *Raster*, 1978, nr. 7, 151-156.
Bergh, G. v.d. 'Nieuwe griffels schone leien.' In: *De Maasbode*, 6 november 1954.
Bernlef, J. 'Poëzie. Rodenko versus Hamelink'. In: *Haagse Post*, 1 april 1978.
Besten, Ad den *Stroomgebied. Een bloemlezing uit de poëzie van de na-oorlogse dichtergeneratie*, Amsterdam 1954.
Besten, Ad den 'Paul Rodenko'. In: *Ad den Besten, Stroomgebied. Een inleiding tot de poëzie van de na-oorlogse dichtergeneratie*, Amsterdam 1954, 162-166.
Besten, Ad den 'Poëtologisch kommentaar.' In: *Ontmoeting*, XIII (1959/1960), nr. 8/9, (mei/juni), 264-275.
Besten, Ad den *Dichters van morgen. Een bloemlezing uit de poëzie van jonge dichters*, Amsterdam 1958.
Besten, Ad den *Ik uw dichter. Een hoofdstuk uit de immanente poëtica van de dichters van '50*, Haarlem 1968.
Beurskens, Huub *Buitenwegen. Excursies met gedichten en vergezichten*, Amsterdam 1992.
Bibeb 'Ontmoetingen met Victorine Hefting'. In: *Vrij Nederland*, 6 december 1997.
Bihlmanis, Alfred *Latvia in the making. The years of independence*, Riga 1930.
Bloem, Rein 'Paul Rodenko, schuw en geschoold'. In: *Vrij Nederland*, 19 juni 1976.
Bock, Ron F. de *Haagse binnenstad toen*, Rotterdam 1972.
Boer, Peter de 'Paul Rodenko'. In: *Kritisch Literatuuurlexikon*, 1983.
Boltendal, Rudi *Boekmakers. Portretten van uitgevers*, Amsterdam 1965.
Boltendal, Rudi 'Poëzie en proza van Paul Rodenko en Willem Barnard'. In: *Leeuwarder Courant*, 3 juli 1976.
Boom, B. van der *Den Haag in de Tweede Wereldoorlog*, Den Haag 1995.
Boon, Louis Paul *Memoires van Boontje*, Bezorgd door Jos Muyres en Bert Vanheste, Amsterdam 1988.
Bordewijk, F. 'Het nieuwe dichterschap'. In: *Utrechts Nieuwsblad*, 2 februari 1952.
Borgers, Gerrit e.a. *De beweging van vijftig*, Schrijversprentenboek nr. 10, Den Haag 1965 (2).
Bouhuys, Mies *Het is maar tien uur sporen naar Berlijn*, Amsterdam 1985.

Brandenburg, Angenies *Annie Romein-Verschoor 1895-1978. Leven en werk*, Twee delen, Amsterdam 1988.
Brems, Hugo *De brekende sleutel. Moderne poëzie geanalyseerd*, Antwerpen/Utrecht 1972.
Brems, Hugo *De dichter is een koe. Over poëzie*, Amsterdam 1991.
Brinkgreve, Christien 'De stem van de vader'. In: *Vrij Nederland*, 11 november 1995.
Brongers, E. H. *De slag om de residentie, 1940*, Baarn 1968.
Brouwers, Jeroen *Kroniek van een karakter. Deel 1 1976-1981 De Achterhoek*, Schoten 1986.
Brugman, J.C. *De Bilt en Bilthoven in oorlogstijd*, Bilthoven 1993.
Bruin, Kees 'Het gelukkige bezit van twee heel oude, kapitaalkrachtige freules. Steun van particulieren en overheid aan de letteren in Nederland sinds 1945'. In: C. B. Smithuijsen (red.), *De hulpbehoevende mecenas. Particulier initiatief, overheid en cultuur, 1940-1990*, Zutphen 1990.
Buddingh', Cees en Vinkenoog, S. 'Redactioneel'. In: *Podium*, XII (1957), 5, 261-266.
Buelens, Elly *Ad den Besten en de dichters van Vijftig. De Windroos 1950-1958*, Leiden 1992.
Bulhof, Ilse N. *Freud en Nederland. De interpretatie en invloed van zijn ideeën*, Baarn 1982.
Bulthuis, Rico *De dagen na donderdag. Aantekeningen uit de crisisjaren*, Den Haag 1975.
Bulthuis, Rico *De koorddansers en andere herinneringen*, Den Haag 1985.
Burg, Fenna van den *De vrije Katheder 1945-1950. Een platform van communisten en niet-communisten*, Amsterdam 1983.
Burssens, Gaston *Dagboek*, Geredigeerd, toegelicht en geannoteerd door Luc Pay, Schoten 1988.
Buuren, M.B. van *Filosofie van de algemene literatuurwetenschap*, Leiden 1988.
Calis, Piet *Gesprekken met dichters*, Den Haag 1964.
Calis, Piet, Huygens, F. P en Veurman, B.W. E. *Het spel met de knikkers*, Twee delen, Amsterdam 1972.
Calis, Piet *Het ondergronds verwachten. Schrijvers en tijdschriften tussen 1941 en 1945*, Amsterdam 1989.
Calis, Piet *Speeltuin van de titaantjes. Schrijvers en tijdschriften tussen 1945 en 1948*, Amsterdam 1993.
Calis, Piet *De vrienden van weleer. Schrijvers en tijdschriften tussen 1945 en 1948*, Amsterdam 1999.
Campert, Remco en Oolbekking, H.J., e.a. *Boekje open*, Baarn 1963.
Campert, Remco, Eijkelboom, Jan, Gerritsen, Joke en Mooy, Martin *Honderd dichters uit vijftien jaar Poetry International*, Amsterdam 1984.
Chamuleau, Rody *Een springbron van gerechtigheid. De letteren in Zutphen*, Oosterbeek 1998.
Chorus, A. *Kleine keur uit de psychologische geschriften*, Deventer 1979.
Chorus, A. *Het beeld van de mens in de oude biografie en hagiografie*, Den Haag 1962.
Chorus, A. *De nieuwe mens; etappen in de moderne biografie*, Den Haag 1969.
Cohen Solal, Annie *Jean-Paul Sartre. Zijn biografie*, Amsterdam 1989.

Constandse, A. *Het weerbarstige woord*, Essays, Amsterdam 1981.
Constandse, A. *Anarchisme inspiratie tot vrijheid*, Essays, Amsterdam 1979.
Constandse, A. *Grondslagen van het anarchisme*, Driebergen, 1974 (1938).
Cornelissen, I. 'Op eigen kracht', interview met Aimé van Santen. In: *Vrij Nederland*, 7 november 1987.
Cornelissen, Igor *De GPOe op de Overtoom*, Amsterdam 1989.
Costa, Denise de *Anne Frank & Etty Hillesum. Spiritualiteit, schrijverschap en seksualiteit*, Amsterdam 1986.
Cramer, Cato *Willem Hussem. De kracht van de penseelstreek*, Utrecht 1984.
Cremerius, Joh.(Hrsg.) *Neurose und Genialität*, Frankfurt am Main 1971.
Cruls, T. *40 jaar Bodega De Posthoorn*, Den Haag z.j.
Dael, J. van *De ontwikkeling van de psychologie tot 1940*, Amsterdam, z.j.
Damsté, P. H. *Stotteren. Een studie van ontwikkeling en willekeurig gedrag*, Utrecht 1978.
Deel, T. van en Fokkema, R.L.K. '"Echte poëzie is spelen met vuur." In gesprek met Paul Rodenko'. In: *De Revisor*, II, nr. 2, 1975, 22-27.
Deel, Tom van 'De ingewikkelde sprongen van een koorddansleerling. Paul Rodenko's vroege essays gebundeld'. In: *Vrij Nederland*, 27 maart 1976.
Deel, Tom van *Recensies*, Amsterdam 1980.
Deel, Tom van 'Van oe en a staat je ruimte verzadigd'. In: *Trouw*, 20 juni 1991.
Deel, Tom van 'Het intellect van de poëzie'. In: *Trouw*, 6 februari 1992.
Deering, Anton 'Toneelgroep Test met première een-akters'. In: *Algemeen Dagblad*, 26 september 1960.
Defares, prof. dr. P. B. en Ploeg, prof. dr. J. D. van der 'Agressie in breed perspectief'. In: prof. dr. P. B. Defares en prof. dr. J. D van der Ploeg, *Agressie, Determinanten, signalering en interventie*, Assen/Maastricht 1991, 1-20.
Dehue, Trudy 'Nederlandse psychologie onder Duitse bezetting'. In: *De psycholoog*, april 1990, 175-176.
Dehue, Trudy *De regels van het vak. Nederlandse psychologen en hun methodologie 1900-1985*, Amsterdam 1990.
Delano, H. (= Johan Polak) 'Rodenko als maatstaf'. In: *Propria Cures*, 11 april 1959.
Delvigne, Rob 'Van fascinerend tot fascistisch. J. B.Charles en Hermans'. In: *Literatuur*, 1998, nr. 3, 156-161.
Diekstra, René 'Sterven zal ik om te leven'. In: *Psychologie*, IV (1985), nr. 9, 34-35.
Dijk, C. van *Alexandre A. M. Stols 1900-1973. Uitgever/Typograaf. Een documentatie*, Zutphen 1992.
Dijk, Nel van *De politiek van de literatuurkritiek. De reputatie-opbouw van Menno ter Braak in de Nederlandse letteren*, Delft 1994.
Dijk, Nel van 'Paul Rodenko tussen Forum en Vijftig'. In: *Literatuur*, XII (1995), mei/juni, 134-139.
Divendal, Joost et al. *Nederland, links en de Koude Oorlog, Breuken en bruggen*, Amsterdam 1982.
Dittrich, Z. R. en Goudoever, A.P. van *De geschiedenis van de Sovjetunie*, Den Haag 1991.

Donker, Anthonie 'Een spel boven de boomgrens'. In: *Critisch Bulletin*, XVIII (1951), nr. 12, december, 545-555.
Donker, Anthonie 'Over en weer. Nieuwe griffels schone leien'. In: *Critisch Bulletin*, XXII (1955), nr. 1, januari, 1-9.
Donker, Anthonie 'Een nieuwe ruimte en een nieuwe taal. Paul Rodenko: Met twee maten. De kern van 50 jaar Nederlandse poëzie, geïsoleerd en experimenteel gesplitst'. In: *Critisch Bulletin*, XXIII (1957), nr. 12, maart, 536-539.
Doorman, Maarten *Steeds mooier. Over vooruitgang in de kunst*, Amsterdam 1997.
Dostojewski, F. *Aantekeningen uit het ondergrondse*, Vertaald door Hans Leerink. In: F. Dostojewski, *Zes Romans*, Amsterdam 1957.
Drayer, Elma 'Paul Rodenko. Koorddanser in leven en schrijven. Gedoemde en magiër'. In: *Vrij Nederland*, 22 augustus 1992.
Dresden, S. *Symbolisme. Stromingen en aspecten*, Amsterdam 1980.
Drewes, Elsje *Willem Schrofer 1898-1968*, Zutphen 1998.
Drunen, Peter van en Strien, Pieter J. van *Tussen wetenschap en beroep. 75 jaar psychologie-opleiding in Nederland*, Groningen 1996.
Drunen, Peter van en Conradi, Henk Jan *Bezielde wetenschap. Een halve eeuw Nederlandse psychologie in vijf portretten*, Assen 1998.
Dubois, Pierre H. 'Facetten van hedendaagse levende kunst'. In: *Het Vaderland*, 19 september 1952.
Dubois, Pierre H. 'Nieuwe griffels, schone leien. Avant-garde poëzie en andere dichtkunst. Dichters, talenten en talentlozen'. In: *Het Vaderland*, 11 december 1954.
Dubois, Pierre H. 'Spanning tussen experiment en traditie'. In: *Het Vaderland*, 23 november 1957.
Dubois, Pierre H. 'De sprong van Münchhausen. Belang van Rodenko als essayist en dichter'. In: *Het Vaderland*, 5 december 1959.
Dubois, Pierre H. 'Traditis in bloemlezingen en het persoonlijk element'. In: *Het Vaderland*, 29 oktober 1960.
Dubois, Pierre H. 'Nederlands avant-garde toneel. Toneelgroep Test bracht werk van Polet, Rodenko en Mulisch'. In: *Het Vaderland*, 24 september 1060.
Dubois, Pierre H. *Een soort van geluk. Memoranda 1952-1980*, Amsterdam 1989.
Dubois, Pierre H. 'Verzen van Vijftigers verzameld'. In: *Het Vaderland*, 3 april 1976.
Duis, Leonie ten en Haase, Annelies *Ouborg: schilder = painter*, Monografieën van Nederlandse kunstenaars, Den Haag z.j.
Dunk, H.W. von der e.a. *Wederopbouw, welvaart en onrust. Nederland in de jaren vijftig en zestig*, Houten 1986.
Dunk, H.W. von der (red.) *Tussen ivoren toren en grootbedrijf. De Utrechtse Universiteit, 1936-1986*, Maarssen 1986.
Eeten, Peter van 'Dichters van deze tijd.' In: *Nieuwe Rotterdamse Courant*, 5 september 1960.
Eggels, Hanneke 'Nachten met Paul Rodenko'. In: *Literatuur*, VI (1991), nr. 6 (november/december), 404-405.
Eisenga, L.K.A *Geschiedenis van de Nederlandse psychologie*, Deventer 1978.

Elemans, Jan 'Stilte, woedende trompet. Van kangoeroe tot dierentuin. Nieuwe bundel van Rodenko'. In: *De Tijd-Maasbode*, 12 januari 1960.
Engelen, D. *Geschiedenis van de Binnenlandse Veiligheidsdienst*, 's-Gravenhage 1995.
Enden, H. van den (red.) *Marxisme van de hoop. Hoop van het marxisme? Essays over de filosofie van Ernst Bloch*, Bussum 1980.
Erenstein, R.L. (red.) *Een theatergeschiedenis der Nederlanden. Tien eeuwen drama en theater in Nederland en Vlaanderen*, Amsterdam 1996.
Eribon, Didier *Michel Foucault. Een biografie*, Vertaald door Jeanne Holierhoek, Amsterdam 1989.
Etty, Elsbeth *Liefde is heel het leven niet. Henriette Roland Holst 1869-1952*, Amsterdam 1996.
Eversmann, Peter 'Opening van De Brakke Grond voor toneelgroep Studio, Kees van Iersel en Wim Vesseur, pioniers van het experiment'. In: R.L. Erenstein (red.), *Een theatergeschiedenis der Nederlanden. Tien eeuwen drama en theater in Nederland en Vlaanderen*, Amsterdam 1996, 722-729.
Eysselsteijn, Ben van 'Nieuwe Nederlandse "Pocketbooks" verschenen'. In: *Haagsche Courant*, 1 september 1956.
Eysselsteijn, Ben van 'Moderne Nederlandse poëzie'. In: *Haagsche Courant*, 2 april 1955.
Eysselsteijn, Ben van *Iets over het Haagsch Letterkundig Genootschap 'Oefening kweekt kennis'; anno 1834*, Den Haag 1966.
Faber, Pé *Achtergronden van stotteren en spreekangst*, Kampen 1979.
Faber, Ad 'De Nieuwe Stem... hartekind en zorgenkind van Jan Romein'. In: Bert Hageraats (red.), *'Geloof niet wat geschiedschrijvers zeggen...' Honderd jaar Jan Romein 1893-1993*, Amsterdam 1995.
Feijter, Anja de *'apocrief/de analphabetische naam'. Het historisch debuut van Lucebert*, Amsterdam 1994.
Fens, Kees 'Essays van Paul Rodenko. Psychoanalyse als levensbeschouwing'. In: *De Linie*, 22 augustus 1959.
Fens, Kees 'Poëzie: Rodenko, Arends'. In: *de Volkskrant*, 13 september 1957.
Fens, Kees 'Rodenko was het best als poëzieverkenner. Groot beeldenmaker gestorven'. In: *de Volkskrant*, 10 juni 1976.
Fens, Kees 'Buitenstaander, pleitbezorger en polemist'. In: *de Volkskrant* 1991.
Fens, Kees 'De spiraalbaan van een essayist'. In: *de Volkskrant*, 1992.
Fens, Kees 'Meten met twee maten, maar wie meet?'. In: *de Volkskrant*, 12 juni 1992.
Fens, Kees 'Een essayist en de leegheid van de vervulling'. In: *de Volkskrant*, 16 november 1992.
Fens, Kees 'Lange Voorhout'. In: *de Volkskrant*, 6 februari 1999.
Freriks, Kester 'Pantagruel achter de schrijftafel'. In: *NRC Handelsblad*, 14 juni 1991
Fokkema, R.L.K. *Varianten bij Achterberg*, Twee delen, Amsterdam 1973.
Fokkema, R.L.K. *Het komplot der Vijftigers. Een literair-historische documentaire*, Amsterdam 1979.
Fokkema, R.L.K. 'Orensnijder tulpensnijder'. In: *Trouw*, 25 oktober 1975.

Fokkema, R.L.K. *Aan de mond van al die rivieren. Een geschiedenis van de Nederlandse poëzie sinds 1945*, Amsterdam/Antwerpen 1999.

Fontijn, Jan *De Nederlandse schrijversbiografie*, Utrecht 1992.

Fontijn, Jan 'Biografie en psychoanalyse; op zoek naar het karakter van Frederik van Eeden'. In: *Nederlands Tijdschrift Geneeskunde*, 1995, 28 oktober, 139 (43), 2199-2202.

Fontijn, Jan *Broeders in bedrog. De biograaf en zijn held*, Amsterdam 1997.

Freud, Sigmund *Totem en taboe, enkele punten van overeenkomst in het zieleleven van wilden en neurotici*, Cultuur en religie 4, Vertaling Wilfred Oranje en Robert Starke, Amsterdam, Meppel 1984.

Freud, Sigmund *Klinische beschouwingen 2*, Vertaald door Wilfred Oranje, Meppel/Amsterdam 1985.

Freyser, V. (red.) *Het veranderend stadbeeld van Den Haag. Plannen en processen de Haagse stedenbouw 1890-1990*, Zwolle z.j.

Garrel, Betty van en K. Schippers 'Vriend en vijand over Willem Frederik Hermans'; in gesprek met Paul Rodenko'. In: *Haagse Post*, 15 september 1971.

Giltay Veth, D. en Van der Leeuw, A. J. van der *Rapport door het Rijksinstituut voor Oorlogsdocumentatie uitgebracht aan de minister van justitie inzake de activiteiten van drs. F. Weinreb gedurende de jaren 1940-1945, in het licht van nadere gegevens bezien*, 2 delen, Den Haag 1976.

Glaudemans, Willem Gerard *De mythe van het tweede hoofd. De literatuuropvattingen van W. F. Hermans, 1945-1964*, Utrecht 1990.

Goedegebuure, Jaap 'Van Ostaijen tussen Noord en Zuid'. In: *Spektator* XXI (1992), nr. 3, 207-225.

Goedegebuure, Jaap 'Kinderziekten of atavismen? De renaissance van de Nederlandse schrijversbiografie'. In: *Nederlandse Letterkunde. Driemaandelijks Tijdschrift*, III (1998), nr. 1, 75-83.

Golczewski, Frank 'Die Ukrainische und Russsische Emigration in Deutschland'. In: Karl Schlögel (red.), *Russische Emigration in Deutschland 1918 bis 1941*, Berlin 1995, 77-84.

Gomperts, Hans 'Atonaal. Bloemlezing uit experimentele poëzie'. In: *Het Parool*, 23 februari 1952.

Gomperts, Hans 'Vernuftig blijspel in levende vertoning'. In: *Het Parool*, 14 september 1962.

Goudriaan, Buck *Leiden in de Tweede Wereldoorlog van dag tot dag. Een kroniek van 10 mei 1940 tot 15 augustus 1945*, Leiden 1995.

Govaart, Th. *Lezen en leven. Vingerwijzingen en handreikingen*, Utrecht 1967.

Govers, Albert Jan 'De bloemlezer en het telraam. Rangorde der vijftig meest geciteerde dichters'. In: *NRC Handelsblad*, 27 september 1983.

Greshoff, J. 'Kritische aantekeningen. Over goed en slecht schrijven. Kanttekeningen bij een Voorrede'. In: *Het Vaderland*, 13 oktober 1956.

Groen, B. M., Hinrichs, J. P., Vermeer, W. R. (eds.) *Nicolaas van Wijk (1880-1941). A collection of essays on his life and work published on the occasion of the 75th anniversary of the founding of the chair for Balto-Slavic languages at Leiden university*. With an introduction by F. B. J. Kuiper, Amsterdam 1988. (*Studies in Slavic and General Linguistics*, nr. 12).

Groenewegen, Hans (red.) ... *Die zo rijk zijn aan zichzelf*... *Over Hans Faverey*, Groningen 1997.

Haan, Jacques den 'Geleerd essayist toont verband van de generaties.' In: *Utrechts Nieuwsblad*, 14 oktober 1961.

Haan, Jacques den 'Spits vraagtekenplaatser. "*Op het twijgje der indigestie*"; essays uit de vruchtbaarste periode van Paul Rodenko'. In: *Het Parool*, 14 augustus 1976.

Haimon, Paul 'Jonge dichters vinden nieuwe vormen'. In: *Limburgs Dagblad*, 17 november 1951.

Hanssen, Léon *Huizinga en de troost van de geschiedenis. Verbeelding en rede*, Amsterdam 1996.

Hartman, David (Intr.) *Reflections on our age*, London 1948.

Hazeu, Wim 'A. Marja, dichter en practical joker'. In: *Vrij Nederland*, 7 januari 1984, 3-31.

Hazeu, Wim *Gerrit Achterberg. Een biografie*, Amsterdam 1988.

Hekstra, P.A. 'Psychologie, Existentialisme en levenshouding'. In: *Ontmoeting*, 11, nr. 5, 223-226.

Henkemans, Joh. *Aspecten van sublimatie, haar stoornissen en de therapie daarvan*, Amsterdam 1981.

Hermans, Willem Frederik *Moedwil en misverstand. Novellen*, Amsterdam 1948.

Hermans, Willem Frederik *Mandarijnen op zwavelzuur*, vierde druk/vierde oplage, Amsterdam 1981.

Hertmans, Stefan 'Klassiek met toekomst'. In: *De Morgen*, 11 oktober 1991.

Heynders, Odile 'Tussen de regels van Rodenko. Poëziefilosofie in poststructuralistisch perspectief'. In: *Spektator*, XXI, nr. 1, 55-68.

Heynders, Odile 'De bodemloosheid van de poëzie-filosofie: Paul Rodenko en Leo Sjestow'. In: *Tmesis*, nr. 2, 1992, 36-54.

Heynders, Odile 'Paul Rodenko: Ethische opvattingen van een "empirische" criticus'. In: *Frame*, (1992), nr. 2, 101-114.

Heynders, Odile 'Paul Rodenko, Orensnijder tulpensnijder'. In: *Lexicon van literaire werken*, mei 1994.

Heynders, Odile 'De man die alleen op weg ging. Een vergelijking van gedichten van Jan Hanlo en Paul Rodenko'. In: *Cahiers Nederlandse Letterkunde*, 1996, nr. 1, 3-18.

Heynders, Odile *Langzaam leren lezen. Paul Rodenko en de poëzie*, Tilburg 1998.

Hijmans, W. 'Paul Rodenko slaat tv-plank mis'. In: *Het Vrije Volk*, 4 september 1959.

Hilberdink, Koen 'Op zoek naar medestanders; Paul Rodenko 1920-1976'. In: *Bzzlletin*, XXII, nr. 199, oktober 1992, 3-12.

Hilberdink, Koen 'De pijp van Paul Rodenko'. In: *Biografie Bulletin*, III (1993), nr. 1, 7-9.

Hilberdink, Koen 'Over het eten van poëzie'. In: *De Zingende Zaag. Tijdschrift voor poëzie*, nr. 18, april 1993, 67.

Hilberdink, Koen 'Een voetnoot bij de geschiedenis van de Nederlandse Avant-Garde; De briefwisseling Simon Vinkenoog-Paul Rodenko'. In: *De Zingende Zaag. Tijdschrift voor poëzie*, nr. 26, juli 1995, 5-11.

Hilberdink, Koen 'De biograaf in analyse'. In: *Biografie Bulletin*, V, nr. 3, 1995, 265-270.
Hilberdink, Koen 'De biograaf als speurder'. In: *Biografie Bulletin*, VII, nr. 1, 1997, 47-53.
Hilberdink, Koen 'Dans Le goût de Kafka'. In: *Kafka-katern*, V, nr. 4, november 1997, 82-85.
Hilberdink, Koen 'Chorus en de biografie'. In: *Biografie Bulletin*, VIII, nr. 2, 176-182.
Hilberdink, Koen 'De draad van Ariadne. Een nooit verschenen tijdschrift van Paul Rodenko'. In: *Literatuur*, XV (1998), nr. 5 (september/oktober), 294-300.
Hillesum, Etty *Etty. De nagelaten geschriften van Etty Hillesum 1941-1943*, Onder redactie van Klaas A.D. Smelik, Amsterdam 1986.
Hillesum, Etty *Het verstoorde leven. Dagboek van Etty Hillesum (1941-1943)*, Amsterdam 1992.
Hinrichs, Jan Paul 'Een gekkenhuis op grote schaal. Nicolaas van Wijk en zijn geschriften over Rusland'. In: *Het oog in 't Zeil*, V (1988), nr. 5, 1-11.
Hinrichs, Jan Paul en Wierema, Thijs *De mythe van Odessa*, Amsterdam 1993.
Hinrichs, Jan Paul 'Zoeklichten op Charlottengrad. Berlijn en de Russische literatuur der jaren twintig'. In: *Het oog in 't Zeil*, VI (1989), nr. 3, 14-17.
Hoekstra, Han G. 'Luchthartige zedenles'. In: *Het Parool*, 4 september 1959.
Hofland, H.J.A. en Rooduijn, Tom *Dwars door puinstof heen. Grondleggers van de naoorlogse literatuur*, Amsterdam 1997.
Hofstede, Peter 'Schalen van verval. Haagse bohème, 1945-1960'. in: *Bzzlletin*, XXIV, nr. 224 (maart 1995), 29-32.
Hofstra, J. W. 'Bloemlezingen en bloemlezers'. In: *De Tijd*, 12 februari 1955.
Hogenkamp, Bert en Mol, Peter *Van beeld tot beeld. De films en televisieuitzendingen van de CPN, 1928-1986*, Amsterdam 1993.
Hout, A.Th. H. van den *Nationaal-Socialistische Beweging in de Utrechtse gemeenten Maartensdijk en De Bilt*, Utrecht 1968.
Hulsker, Jan, De Gruyter Jos. W. en Paul Rodenko *Verve*, Facetten van levende Haagse kunst, Deel I, Den Haag 1952.
Idenburg, P. J. *De Leidse universiteit 1928-1946. Vernieuwing en verzet*, Den Haag 1978.
Idenburg, P. J. *De Leidse Universiteit tegen nationaal-socialisme en bezetting*, Leiden 1982.
Jager, Gert de *Argumenten voor canonisering. De vijftigers in de dag- en weekbladkritiek 1949-1959*, Utrecht 1992.
Janssen, Frans A. *Bedriegers en bedrogenen. Opstellen over het werk van Willem Frederik Hermans*, Amsterdam 1980.
Janssen, Frans A. en De Vree, Freddy 'Vraaggesprek met W. F. Hermans'. In: *Bzzlletin*, W. F. Hermans-nummer, XIII, nr. 126, 2-11.
Janssen Perio, E. W. 'De universele Rodenko'. In: *Cahiers voor Letterkunde*, nr. 5, oktober 1959, 9-19.
Jonckheere, K. 'Over en weer. Oude griffels, nieuwe leien'. In: *Critisch Bulletin*, XXII (1955), nr. 1, januari 1955, 9-15.
Jong, Rudolf de 'De nalatenschap van Menno ter Braak en E. du Perron'. In: *Podium*, XIV (1959-1960), nr. 6 (juli-augustus 1960), 330-346.

Jong, Martien de *Over kritiek en critici. Facetten van de Nederlandse literatuurbeschouwing in de twintigste eeuw*, Tielt/Amsterdam 1977.
Jong, Erica *De duivel loopt los*, Baarn 1994.
Jonge, A.A. de *Stalinistische Herinneringen*, Den Haag 1984.
Joosten, Jos 'Ik ben 's dichters loopjongen niet: over de *Verzamelde essays en kritieken* van Paul Rodenko'. In: *De Gids* 155 (1992), 7 (juli), 533-538.
Joosten, Jos 'Jan Walravens en de Idee. Tijd en Mens en de opvattingen van de Vlaamse tijdgenoten van Vijftig'. In: De *Spektator*, XXII (1993), nr. 2, 83-99.
Joosten, Jos 'De dingen die niet vanzelf spreken. Paul Rodenko's totale engagement'. In: *Parmentier*, Herfstnummer 1995, 2-12.
Joosten, Jos *Feit en tussenkomst. Geschiedenis en opvattingen van Tijd en Mens (1949-1955)*, Nijmegen 1996.
Kamp, Truusje van de 'De hand die ons voortbeweegt. De gestiek van pen en penseel in het werk van Paul Rodenko'. In: *Bzzlletin*, 199, oktober 1992, 13-25.
Kardaun, Maria 'Die Muse und der Interpret; zur tiefenpsychologischen Betrachtung literarischer Texte'. In: *Proceedings of the 14th International Conference on Literature and psychoanalysis*, Frederico Pereira (Ed.), Lisbon 1998.
Kelk, C.J. 'Atonaal, over jonge en oudere dichters'. In: *De Groene Amsterdammer*, 23 februari 1952.
Kelk, C.J. 'Poëzie een druk bedrijf'. In: *De Groene Amsterdammer*, 21 juli 1956.
Keller, Hans *Hotel atonaal. Verslag van een romance*, Amsterdam 1994.
Keuls, H.W.J.M. *Vlucht en bezinning, Keuze uit eigen werk*, Met een inleidend essay van Paul Rodenko, Den Haag 1958.
Keuning, Nico 'Humbug en opgeblazen zeepbellen'. In: *Leidsch Dagblad*, 7 januari 1993.
Kivits, Tanja *Geschiedenis van de psychologie. De ontwikkeling van de geesteswetenschappen vanaf de Grieken tot heden*, Utrecht 1992.
Knop, Stef 'Relletjes tijdens voorstelling Nederlands stuk "De Knop"'. In: *Het laatste nieuws*, 25 mei 1960.
Koning, David 'Parabel'. In: *Elsevier*, 29 september 1962.
Koopmans, Jaap 'Bonte klucht van Rodenko: Harten twee, harten drie'. In: *Het Vrije Volk*, 14 september 1952.
Kossmann, E. H. e.a. *Anarchisme, een miskende stroming*, Amsterdam 1967.
Kossmann, Alfred 'Fantasten: Raes en Rodenko'. In: *Het Vrije Volk*, 10 november 1970.
Kouwenaar, Gerrit 'Spoorzoeken en debatteren in dichterland'. In: *Vrij Nederland*, 1 december 1956.
Kouwenaar, Gerrit *Gedichten 1948-1978*, Amsterdam 1982.
Kouwer, B.J. *Persoon en existentie*, Groningen 1977.
Krug, Peter *Dichters, denkers en rebellen. De Russische cultuur tussen traditie en vernieuwing*, Kampen 1990.
Kuhn, Thomas S. *The structure of scientific revolutions*, Chicago 1962.
Kuiper, P.C. 'Psychoanalytische biografie der creatieve persoonlijkheid'. In: *Controversen*, Arnhem 1965, 111-114.
Kuiper, P.C. *Nieuwe neurosenleer*, Deventer 1990.
Kuipers, R. 'Zes Nederlandse dichters in vliesachtige verzenbundel'. In: *Het Vrije Volk*, 23 februari 1952.

Kuitert, Lisa *Het uiterlijk behang. Reeksen in de Nederlandse literatuur, 1945-1996*, Amsterdam 1997.

Kusters, Wiel 'Een klok die 1950 slaat: de verzamelde gedichten van Paul Rodenko'. In: *Kentering*, XV (1976), nr. 4 (juni), 2-6.

Kusters, Wiel *De killer. Over poëzie en poëtica van Gerrit Kouwenaar*, Amsterdam 1986.

Kusters, Wiel 'Bloem bij Rodenko'. In: Slijper, Bart (red.), *Verlangen zonder vorm en zonder naam, Over J.C. Bloem*, Groningen 1993, 103-114.

Kusters, Wiel *Ik graaf, jij graaft. Aantekeningen over poëzie*, Amsterdam 1995.

Laan, Nico 'De psychiatrische patiënt als kunstenaar'. In: Suzette Heekma (red.), *Art Brut teksten over kunst en waanzin*, Amsterdam 1994, 19-29.

Laan, Nico *Het belang van smaak. Twee eeuwen academische literatuurgeschiedenis*, Amsterdam 1997.

Ladan, A. (red.) *Over normen en waarden. Psychoanalytische visies*, Amsterdam/Meppel 1995.

Langeveld, M.J. 'De verborgen plaats van het kind'. In: J. H. van den Berg en L. Linschoten, *Persoon en wereld. Bijdragen tot de phaenomenologische psychologie*, Utrecht 1953, 11-32.

Langman, M. *Donderdagavond drama-avond: Het experimentele televisiedrama van Kees van Iersel*, Doctoraalscriptie UVA, Amsterdam 1989.

Leenders, M.H.C.H. *Ongenode gasten; van traditioneel asielrecht naar immigratiebeleid 1815-1938*, Hilversum 1993.

Lehning, Arthur *Ithaka. Essays en commentaren*, Twee delen, Baarn 1980.

Lély, Nicolas G. *Apollo in Times Square. Translation from modern Greek, With af few translations in Dutch*, Vertaald door Joseph Auslander, M. Nijhoff, Den Haag 1954.

Leyten, Jan 'Een hoeraatje voor het elftal'. In: *Nieuwe Eeuw*, 8 maart 1952.

Ligtenberg, Lucas en Polak, Bob *Een geschiedenis van Propria Cures 1890-1990*, Amsterdam 1990.

Linders, Joke '"Van louter feiten wordt niemand wijzer." Joke Linders in gesprek met Marjan Schwegman'. In: *Biografie Bulletin*, IX (1999), nr. 1, 13-17.

Lit, Robert van *Den Haag in de jaren dertig*, Zaltbommel 1990.

Lokhorst, Emmy van en Voeten, Bert (red.) *In memoriam M. Nijhoff*, Utrecht 1953.

Lokhorst, Emmy van 'Nederlandse eenacters'. In: *De Groene Amsterdammer*, 15 oktober 1960.

Loon, Willem Karel van 'Rodenko's poëtische activiteit'. In: *Vrij Nederland*, 29 augustus 1992.

Luis, Janet *50 jaar Campert-prijzen*, Nijmegen 1997.

Luykx, Paul en Slot, Pim (red.) *Een stille revolutie? Cultuur en mentaliteit in de lange jaren vijftig*, Hilversum 1997.

Marja, A. 'Tussen de middenstanders?' In: *Propria Cures*, 21 maart 1959.

Markus, Nico (Bez.) *'Waarom schrijf je nooit meer?' Briefwisseling Henriette Roland Holst-Henk Sneevliet*, Amsterdam 1995.

Meer, Gerrit van der, en Amerongen, Martin van 'In memoriam Lieuwe Hornstra'. In: *De Groene Amsterdammer*, 5 september 1990.

Meeuse, Piet *De slang die in zijn staart bijt*, Amsterdam 1987.
Meeuse, Piet *De jacht op Proteus*, Amsterdam 1992.
Meijer, Maaike *De lust tot lezen. Nederlandse dichteressen en het literaire systeem*, Amsterdam 1988.
Meijer, Ruud *Parijs verplicht. Nederlandse schrijvers en kunstenaars in Parijs (1945-1970)*, Amsterdam 1989.
Meinderts, Aad, Petit, Saskia en Welsink, Dick *Den Haag je tikt er tegen en het zingt*, Schrijversprentenboek nr. 41, Den Haag 1998.
Michaël, H. e.a. *Nederlandse literaire prijzen 1880-1985*, Den Haag 1986.
Mickiewicz, Adam *Het levende lied*, Amsterdam/Antwerpen 1957.
Middeldorp, A. *De wereld van Gerrit Achterberg*, Amsterdam 1985.
Middeldorp, A. 'Gerrit Achterberg, Spel van de wilde jacht'. In: *Lexicon van literaire werken*, november 1990.
Mierau, Franz *Russen in Berlin. Literatur Malerei Theater Film, 1918-1933*, Leipzig 1987.
Miller, Henry *Obscenity and the law of reflection*, New York 1945.
Miller, Alice *Het drama van het begaafde kind. Op zoek naar het ware zelf*, Twintigste druk, Houten 1997.
Mok, Maurits 'Wandelen door de proeftuin der poëzie'. In: *Algemeen Handelsblad*, 11 december 1954.
Molin, Rob *Adriaan Morriën en het heelal in de huiskamer. De opvattingen van een eigenzinnige literatuurhistoricus*, Breda 1995.
Molitor, Jan 'Poëzie en revolutie'. In: *Litterair Paspoort*, II (1947) nr. 12 (november), 6-7.
Molitor, Jan 'Dostojewski, existentieel romanticus'. In: *Podium*, IV (1957/1948), nr. 5 (februari 1948), 262-273.
Molitor, Jan *Franz Kafka zijn tijd en zijn werk*, Den Haag 1979.
Morriën, Adriaan 'De dichter en de vlasblonde meisjes. *Stilte, woedende trompet* tweede bundel van Paul Rodenko'. In: *Het Parool*, 19 september 1959.
Mulder, Hans *Kunst in crisis en bezetting. Een onderzoek naar de houding van Nederlandse Kunstenaars in de periode 1930-1945*, Amsterdam 1978.
Mulder, Gerard en Koedijk Paul *H. M. van Randwijk. Een biografie*, Amsterdam 1988.
Mulder Gerard en Koedijk, Paul *Léés die krant! Geschiedenis van het naoorlogse Parool*, Amsterdam 1996.
Mulisch, Harry 'Plaats der moderne poëzie'. In: *Haarlems Dagblad*, 24 november 1951.
Mulisch, Harry *Twee opgravingen. Ik bubanik/Op weg naar de mythe*, Amsterdam 1994.
Murez, Jos 'Tussen de regels door Paul Rodenko'. In: *Het Antenneke*, III (1956/1957), nr. 2 (oktober/december 1956), 62.
Muzerie, H.W. 'Beeldpoëzie op de grenzen der verstaanbaarheid'. In: *Haagsch Dagblad*, 15 september 1951.
Mysjkin, Jan H. 'Boon "afbreker" uit de archieven opgevist'. In: *De Morgen*, 15 mei 1982.
Naaijkens, Jan '"Harten twee-harten drie". Vlot en onderhoudend'. In: *Nieuwe Tilburgse Courant*, 14 september 1962.
Neelissen, Ton 'Tussen zekerheid en twijfel'. In: *Elseviers Weekblad*, 31 oktober 1959.
Neelissen, Ton 'Nederlandse literatoren vertalen voor toneel'. In: *Haarlems Dagblad*, 10 september 1960.

Nies, Jan 'Sprookjes voor volwassenen'. In: *Het Binnenhof*, 27 november 1976.

Nijkeuter, H. *Ben van Eysselstein. Drent uit heimwee en verlangen*, Assen 1996.

Nord, Max 'Twee critici; gewichtheffer Rodenko en informatieve Dinaux. Pakhuis van citaten tegenover klare formuleringen'. In: *Het Parool*, 18 september 1959.

Nord, Max 'Sterk, gevarieerd tijdsbeeld in té grote bloemlezing. Rodenko verzorgde twintigste druk van Dichters van deze tijd'. In: *Het Parool*, 9 juli 1960.

Panhuijsen, Jos 'Poëzie uit Spanje en de Lage Landen'. In: *Het Binnenhof*, 8 december 1951.

Panhuijsen, Jos 'Nieuwe griffels schone leien'. In: *Het Binnenhof*, 1 december 1954.

Panhuijsen, Jos 'De mens achter het program'. In: *De Gelderlander*, 16 oktober 1959.

Panhuijsen, Jos 'Pogingen tot hedendaags toneel'. Forum in plaats van bal na'. In: *Het Binnenhof*, 14 september 1960.

Peeters, Carel 'De verzoening van de essayist en de soldaat'. In: *Vrij Nederland*, 22 juni 1998.

Perkins, William H. *Stotteren voorkomen*, Houten/Zaventem, 1993.

Perthus, Max *Henk Sneevliet. Een biografie*, Nijmegen 1976.

Peursen, C. van *Riskante philosophie. Een karakteristiek van het hedendaagse existentiële denken*, Amsterdam 1948.

Philipse, Herman 'De verdringing van het biografische. Heidegger en de biografische teksinterpretatie van filosofen'. In: *Biografie Bulletin*, IX (1999), nr. 3, 80-90.

Pieters, Ludo 'Bloem der bloemlezingen'. In: *Nieuwe Rotterdamse Courant*, 22 januari 1955.

Pieters, Ludo 'Met twee maten'. In: *Nieuwe Rotterdamse Courant*, 1 februari 1958.

Pipes, Richard *Russia under the old regime*, London 1995 (1974).

Plas, Michel van der 'Beklemmende geheimtaal uit een andere wereld'. In: *Elseviers Weekblad*, 3 november 1951.

Plas, Michel van der 'Herrie op het toneelfestival'. In: *Elsevier*, 28 mei 1960.

Plas, Michel van der 'Verwarring rond begrip avant-garde. Het lawaai in Brussel'. In: *Elseviers Weekblad*, 4 juni 1960.

Plas, Michel van der 'Faan Nijhoff'. In: *Vader en moeder. Jeugdherinneringen van Bertus Aafjes e.a.*, Baarn 1987, 179-196.

Ploeg, Durk van der 'Een poëzielezer van Europees formaat'. In: *Leeuwarder Courant*, 16 augustus 1991.

Ploeg, Durk van der 'Essays en kritieken van Paul Rodenko'. In: *Leeuwarder Courant*, 6 februari 1993.

Poel, Ieme van der *Une révolution de la pensée: maoisme en féminisme à travers Tel Quel, Les Temps Modernes et Esprit*, Amsterdam 1992.

Polet, Sybren 'Naar een nieuw funktionalisme'. In: *Podium* 58, (1958/1959), nr. 1 (september 1958), 17-31.

Polet, Sybren 'Antwoord aan Rodenko'. In: *Podium* 58, (1958/1959), nr. 3 (januari 1959), 173-180.

Polet, Sybren 'Het formaat van Paul Rodenko'. In: *Hollands Diep*, II (1976), nr. 14 (3 juli 1976), 30.

Polet, Sybren *De creatieve factor. Kleine kritiek der creatieve (on)rede*, Amsterdam 1993.
Pop, Ko 'Essays van Rodenko'. In: *Boekenbus*, 11 (1976), nr. 2 (juli).
Raap, Evelien *De vereniging Nederland-USSR. De rol en ontwikkeling van een mantelorganisatie*, Groningen 1995.
Raat, G. F. H. 'Literatuur als levenswijze. Een chronologisch overzicht'. In: *Bzzlletin*, W. F. Hermans-nummer, XIII, nr. 126, 15-25.
Ramaer, Hans *De piramide der tirannie. Anarchisten in Nederland*, Amsterdam 1977.
Rancour-Laferriere Daniel *The Slave soul of Russia. Moral masochism and the cult of suffering*, New York/London 1995.
Redeker, Hans, Bundt, Livinus van de, en Rodenko, Paul *Livinus. Grafiek van 1955-'57*, Catalogus bij de tentoonstelling gehouden in het Stedelijk Museum Amsterdam van 17 mei tot 23 juni 1957, Amsterdam 1957.
Reinink, H. J. 'Nijhoff als ambtenaar'. In: Emmy van Lokhorst en Bert Voeten (red.), *In memoriam M. Nijhoff*, Utrecht 1953, 89-91.
Renders, Hans *Verijdelde dromen. Een surrealistisch avontuur tussen De Stijl en Cobra*, Amsterdam 1989.
Renders, Hans 'Het wezenlijke van Paul Rodenko'. In: *Het Parool*, 8 juni 1991.
Renders, Hans 'Pseudo-geleerdheid van Rodenko'. In: *Het Parool*, 6 juni 1992.
Renders, Hans 'De filosofeerzucht van Harry'. In: *Het Parool*, 16 januari 1993.
Renders, Hans *Zo meen ik dat ook jij bent. Biografie van Jan Hanlo*, Amsterdam 1998.
Rijnsdorp, C. 'Nieuwe griffels schone leien'. In: *Nieuwe Leidsche Courant*, 15 januari 1955.
Rijnsdorp, C. 'Slop of doorloop'. In: *Nieuwe Haagsche Courant*, 14 november 1959.
Rodenko, Olga *Teken eens een mens*, Amsterdam 1978.
Roëde, Jan *Je kunt niet alles begrijpen*, Den Haag 1955.
Roegholt, Richter *De geschiedenis van De Bezige Bij 1942-1972*, Amsterdam 1972.
Roelants, M. 'Simultaanseance'. In: *Elseviers Weekblad*, 17 oktober 1964.
Roels, F. *Handboek der psychologie*, Vijf delen, Utrecht 1934-1947.
Romein-Verschoor, Annie *Omzien in verwondering*, Amsterdam 1988 (1970).
Romein, Jan *Dostojewskij in de Westerse kritiek*, Haarlem 1934.
Rosenfeld, Günther *Sowjetunion und Deutschland, 1922-1933*, Köln 1984.
Rijk, Martijn de 'Uit het niets komen langzaam de woorden'. In: Hans Düting, *Archief de Vijftigers*, Baarn 1983, 107-114.
Ruiter, Frans en Smulders, Wilbert *Literatuur en moderniteit in Nederland 1840-1990*, Amsterdam 1996.
Rutten, André *Haagse Comedie 40 jaar*, Den Haag 1987.
Rutten, M. 'Harten twee, harten drie. Kleurige voorstelling. Studio speelt Nederlands blijspel van Paul Rodenko'. In: *De Tijd-Maasbode*, 14 september 1962.
Rutten, Martin *Nederlandse dichtkunst van Kloos tot Claus. Kronieken*, Heideland-Hasselt 1957.
Rutten, M. *Nederlandse dichtkunst. Achterberg en Burssens voorbij. Kronieken.* Tweede bundel, Hasselt 1967.
Safranski, R. *Het kwaad. Het drama van de vrijheid*, Amsterdam 1997.

Sartre, J. P. *Critiques littéraires, Situations*, 1, Paris 1947.
Sartre, J. P. *Wat is literatuur?*, Amsterdam 1968 (1948).
Sartre, J. P. *De revolutie*, Nederlandse vertaling C. A. Termeer, Den Haag 1969.
Schagen, J. C. van (red.) *Het korte gedicht*, Den Haag 1965.
Schenkeveld, M. H. et al. *Aantekeningen bij Gerrit Achterbergs Spel van de wilde jacht*, Amsterdam 1973.
Schenkeveld-Van der Dussen, M. A. et al. *Nederlandse literatuur. Een geschiedenis*, Groningen 1993.
Scheepens, Han 'Moderne woudloper. Paul Rodenko: wandelen en spoorzoeken in de moderne poëzie'. In: *de Vacature*, 5 september 1956.
Schmiele, Walter *Miller*, Baarn 1976.
Schouten, Rob 'Een groot criticus: Paul Rodenko'. In: *Vrij Nederland*, 3 augustus 1991.
Schrofer, Jurriaan e.a. *Vuur aan zee, Gedenkboek voor Arnold Hugo Ingen Housz als voorzitter van de directie van de koninklijke Nederlandse Staalfabrieken N.V.*, Redactie en boekverzorging Jurriaan Schrofer, teksten Paul Rodenko, IJmuiden 1958.
Schulte Nordholt, Annelies, Kate, Laurens ten, en Veire, Frank Vande (red.) *Het wakende woord. Literatuur, ethiek en politiek bij Maurice Blanchot*, Nijmegen 1997.
Sicking, J. M. J. *Podium 1944-1969. Bibliografische beschrijving, analytische inhoudsopgave, index*, Literaire Tijdschriften in Nederland, deel 6, Nieuwkoop 1986.
Sicking, J. M. J. 'De evolutie van het tijdschrift *Podium*'. In: *Literatuur*, IV (1987), nr. 6, (november/december), 343-347.
Sierksma, F. *Commentaar op Achterberg. Opstellen van jonge schrijvers over de poëzie van Gerrit Achterberg verzameld door Fokke Sierksma*, Den Haag 1948.
Sillevis, J. *De jaren '50. Een Haagse visie*, Den Haag 1993.
Sjestow, Leo *Krisis der zekerheden. Pascal, Dostojewsky, Husserl*, Bussum 1957.
Slagter, Erik 'Paul Rodenko: omroeper van de Vijftigers'. In: *Lezerskrant*, augustus 1976.
Slagter, Erik *Nanninga: schilder = painter = peintre*, Monografieën van Nederlandse kunstenaars nr. 2, Amsterdam 1987.
Sleutelaar, Hans 'Toneelenquête 1960'. In: *Podium-Gard Sivik*, september 1960.
Smiers, Joost *Cultuur in Nederland 1945-1955*, Nijmegen 1977.
Smit, Gabriël 'Dubbele bloemlezing van Rodenko. Nederlandse poëzie gemeten "met twee maten"'. In: *de Volkskrant*, 12 januari 1957.
Sneevliet, Sima *Mijn jaren in Stalinistisch Rusland*, Den Haag 1994.
Sötemann, A. L. '"Non-spectacular" modernism: Martinus Nijhoff's poetry in the European context'. In: *Nijhoff, Van Ostaijen, "de Stijl", modernism in the Netherlands and Belgium in the first quarter of the 20th century. Six essays edited and introduced by Francis Bulhof*, De Haag 1976, 95-116.
Speliers, Hedwig 'Paul Rodenko. Het gedicht weet meer dan de dichter: van een lichamelijke naar een cognitieve poëtologie'. In: *Poëziekrant*, nr. 6, november–december 1993.
Spierdijk, Jan 'Geestige komedie van Paul Rodenko'. In: *De Telegraaf*, 15 september 1962.
Steenbruggen, Han *Willem Hussem. Tussen schrift en leegte*, Eindhoven 1994.

Steiner, George *Tolstoj of Dostojevski. Een oefening in de oude kritiek*, Amsterdam 1992.

Stokvis, Willemijn *Cobra. Geschiedenis, voorspel en betekenis van een beweging in de kunst van na de tweede wereldoorlog*, Amsterdam 1974.

Stokvis, Willemijn 'Lotti van der Gaag (1923-1999). Pionier in klei'. In: *NRC Handelsblad*, 20 februari 1999.

Stolk, Fabian *Een kwestie van belichting. Genetisch-interpretatief commentaar bij Gerrit Achterbergs Spel van de wilde jacht*, Utrecht 1999.

Straat, Evert 'Moeite met Rodenko'. In: *Maatstaf*, III (1955/1956), nr. 9 (december 1955), 696-707; nr. 10 (januari 1956), 765-776 en nr. 11 (februari 1957), 855-865.

Stralen, Hans van *Beschreven keuzes. Een inleiding in het literaire existentialisme*, Leuven/Apeldoorn 1996.

Straten, Hans van 'Rodenko plaatst 52 dichters in boeiend perspectief'. In: *Het Vrije Volk*, 20 november 1954.

Straten, Hans van 'Paul Rodenko, fantastisch denker, moet op de brandstapel'. In: *Het Vrije Volk*, 24 juli 1959.

Straten, Hans van 'Paul Rodenko: sprong van 1001-nacht naar tv-spel'. In: *Het Vrije Volk*, 3 september 1959.

Straten, Hans van 'Dood van Aimé'. In: *Het oog in 't zeil*, V (1988), nr. 4 (april), 62-65.

Straten, Hans van *Hermans. Zijn tijd, zijn werk, zijn leven*, Soesterberg 1999.

Strien, P. J. van *Nederlandse psychologen en hun publiek. Een contextuele studie*, Assen 1993.

Stroeken, Harry *Freud en zijn patiënten*, Nijmegen 1985.

Stroman, B. 'Rodenko's Harten twee, Harten drie bij studio in Tilburg'. In: *Algemeen Handelsblad*, 14 september 1962.

Stroman, B. *De Nederlandse toneelschrijfkunst. Poging tot verklaring van een gemis*, Amsterdam 1973.

Struyker Boudier, C. E. M. *Jean-Paul Sartre, Een inleiding tot zijn denken*, Den Haag 1967.

Subtelny *Ukraine. A History*, London, 1994 (1988).

Suys, Joseph *Leo Sjestow's protest tegen de rede. De intellectuele biografie van een Russisch denker*, Amsterdam 1931.

Tegenbosch, L. 'Nieuwe griffels, schone leien'. In: *Dagblad voor Oost-Brabant*, 8 januari 1955.

Tengbergen, Maarten *Klassieken van de Russische literatuur*, Utrecht 1991.

Ternoo, E. 'De literaire filosofie van Paul Rodenko'. In: *Nieuwe Rotterdamse Courant*, 5 september 1959.

Toorn, Nico van der 'Paul Rodenko overleden. Vijftigers definitief geschiedenis'. In: *De Gelderlander*, 10 juni 1976.

Toorn, Willem van (red.) *Querido's letterkundige reisgids van Nederland*, Amsterdam 1983.

Tschudi, Paul von *Geschichte der Deutschen Evangelischen Gemeinde im Haag*, Göttingen 1932.

Vaal, Hans de 'Interview met Elliott Stein'. In: *Litterair Paspoort*, VIII (1953), 7-10.

Vaessens, Thomas *Circus Dubio & Schroom. Met Martinus Nijhoff, Paul van Ostaijen & de mentaliteit van het modernisme*, Amsterdam/Antwerpen 1998.
Vanvugt, Ewald (samensteller) *Een sober feest. 75 jaar Vereniging van Letterkundigen/ Vakbond van Schrijvers*, Amsterdam 1980.
Vardys, Stanley V. Misiunas, Romuald J. (eds.) *The Baltic States in Peace and War, 1917-1945*, Pennsylvania 1978.
Veen, Adriaan van der *Blijf niet zitten waar je zit*, Amsterdam 1972.
Veen, Adriaan van der 'Paul Rodenko: de erudiete buitenstaander'. In: *NRC Handelsblad*, 11 juni 1976.
Veen, Adriaan van der 'Zutphen herdenkt de dichter en essayist Rodenko'. In: *NRC Handelsblad*, 13 december 1977.
Veenstra, J. H. W. 'De leer van Rodenko en de praktijk. De poëzie van zestig: terug naar die van dertig?'. In: *Vrij Nederland*, 17 oktober 1959.
Veer, Paul van 't 'Momenten met Paul Rodenko'. In: *Het Parool*, 21 september 1979.
Vegt, Jan van der 'Woorden tastbaar als brood en steen'. In: *De nieuwe linie*, 2 november 1975.
Vegt, Jan van der 'Engel met verbrand gezicht: De poëzie van Paul Rodenko'. In: *Ons Erfdeel*, xx (1977), nr. 3 (mei/juni), 452-455.
Vegt, Jan van der *Adriaan Roland Holst. Een beknopte biografie*, Baarn 1988.
Vegt, Jan van der *Hans Andreus. Biografie*, Baarn 1995.
Vellinga, S.Y.A. 'De uitdaging van crisis en bezetting, 1936-1946'. In: Von der Dunk et al., *Tussen ivoren toren & grootbedrijf. De Utrechtse Universiteit 1936-1986*, Maarssen 1986.
Venturi, Franco *Roots of revolution*, New York 1966.
Vergeer, Koen 'Het vergeten lichaam. De actualiteit van Rodenko's poëzietheorie'. In: *Bzzlletin*, xx (1992), nr. 199 (oktober), 58-67.
Vergeer, Koen 'De actualiteit van Paul Rodenko'. In: *Ons Erfdeel*, nr. 5, 1991, 771-772.
Vergeer, Koen 'Literatuur moet leven'. In: *De Morgen*, 7 augustus 1992.
Vergeer, Koen 'Literatuur als existentiële categorie'. In: *Ons Erfdeel*, xxxvi (1993), nr. 5, 761.
Vergeer, Koen 'Meedenken met de poëzie'. In: *Ons Erfdeel*, xxxvi (1993), nr. 1, 126-128.
Verhoeven, Nico 'Konijnen in het koplicht van de dood'. In: *Nieuwe Haarlemsche Courant*, 10 november 1951.
Verhoeven, Nico 'Bruiloft van hart en handen'. In: *De Tijd*, 9 maart 1957.
Verrips, Ger *Dwars, duivels en dromend. De geschiedenis van de CPN*, Amsterdam 1995.
Verroen, Sara 'De saaie beatstad'. In: *De Groene Amsterdammer*, 19 juni 1996.
Verstegen, Peter 'Een beetje plagiaat'. In: *Propria Cures*, 24 juni 1961.
Vestdijk, Simon *Zuiverende kroniek*, Amsterdam 1956.
Vestdijk, Simon *Voor en na de explosie*, Den Haag 1960.
Vijselaar, Joost (red.) *Ongeweten verleden. Over de geschiedenis van de psychoanalyse in Nederland*, Utrecht 1984.
Visser, Ab 'Bekokstoofde bloemlezing van Paul Rodenko'. In: *De Telegraaf*, 13 augustus 1960.

Voeten, Bert *Neem je bed op en wandel. Brieven aan Bert Bakker Sr. 1954-1969*, Ingeleid door Marga Minco, Amsterdam 1994.

Voets, Guy 'Poètes maudits bij de Ooievaars'. In: *Nieuw Vlaams tijdschrift*, 1 (1958), 113-118.

Vogel, Albert e.a. *Haagse Kunstkring: werk verzameld*, Den Haag 1977.

Voogd, G. J. de *Facetten van vijftig jaar Nederlands toneel 1920-1970*, Amsterdam 1970.

Vries, Gert Jan de *Ik heb geen verstand van poëzie. G. A. van Oorschot als uitgever van poëzie*, Amsterdam 1994.

Vries, Hendrik de 'Vier nieuwe windrozen'. In: *Vrij Nederland*, 29 december 1951.

Vries, Hendrik de 'Leve 't werkelijk gedicht'. In: *Vrij Nederland*, 7 mei 1955.

Vries, Hendrik de *Kritiek als credo*, Samengesteld door Jan van der Vegt, Den Haag 1980.

Waegemans, E. *Geschiedenis van de Russische literatuur*, Borgerhout 1973.

Walraven, Marie Christine *Jan Roëde*, 's-Gravenhage 1988.

Walsum, Sander van *Ook al voelt men zich gewond. De Utrechtse universiteit tijdens de Duitse bezetting 1940-1945*, Utrecht 1995.

Warren, Hans 'Essays, gedichten en poëzie van Paul Rodenko en Lorca'. In: *Provinciaal Zeeuwse Courant*, 5 december 1959.

Warren, Hans 'Toneel van Paul Rodenko. "Harten twee harten drie" en "Jack in Levenland"'. In: *Provinciaal Zeeuwse Courant*, 6 juli 1963.

Warren, Hans 'Orensnijder tulpensnijder. De verzamelde gedichten van Paul Rodenko'. In: *Provinciaal Zeeuwse Courant*, 26 juli 1975.

Warren, Hans *Geheim dagboek 1945-1948*, Amsterdam 1982.

Warren, Hans *Geheim dagboek 1973-1975*, Amsterdam 1992.

Warren, Hans 'Paul Rodenko's rommelzolder'. In: *Provinciaal Zeeuwse Courant*, 8 mei 1992.

Warren, Hans 'Paul Rodenko blijft lichtend voorbeeld'. In: *Provinciaal Zeeuwse Courant*, 4 december 1992.

Wehr, G. *Jung en zijn werk*, Rotterdam 1981.

Weijers, Ido *Terug naar het behouden huis. Romanschrijvers en wetenschappers in de jaren vijftig*, Amsterdam 1991.

Werkman, Hans *De wereld van Willem de Mérode*, Amsterdam 1983.

Werkman, Hans *De Mérode en de jongens. Biografische fragmenten*, Baarn 1991.

Westerman Holstijn, A. J. W. *Hoofdstukken uit de psychoanalyse*, Utrecht 1950.

Weststeyn, Willem G. 'De Dostojevski-dissertatie van Jan Romein'. In: Bert Hageraats '*Geloof niet wat de geschiedschrijvers zeggen...' Honderd jaar Jan Romein 1893-1993*, Amsterdam 1995.

Wiebes, Marja en Berg, Margriet *Van Derzjawin tot Nabokov. Russische poëzie uit drie eeuwen*, Samengesteld en vertaald door Marja Wiebes en Margriet Berg, Amsterdam 1991.

Wijk, N. van *Geestelijk leven en letterkunde in Rusland gedurende de negentiende eeuw*, Zeist 1920.

Wijk, N. van *Hoofdmomenten der Russische Letterkunde*, Zeist 1919.

Wijk, N. van *Optimisme en pessimisme in de Russische Letterkunde*, Leiden 1933.
Wijk, N. van *Russische indrukken*, Leiden 1988.
Wijnen, Nico 'Paul Rodenko en de Haagse Kunstkring'. Ongepubliceerde lezing 18 januari 1977, ter gelegenheid van de opening van de Paul Rodenko-tentoonstelling de Haagse Kunstkring.
Willems, Liesbeth *Posthoorngroep*, Catalogus bij de gelijknamige tentoonstelling in het Cobra Museum voor Moderne kunst, Amstelveen 1997.
Willemsen, Cees *Bibliografie van Russische literatuur in Nederlandse vertaling*, Leuven 1991.
Winkel, L.E. *De ondergrondse pers 1940-1945*, geheel herzien door H. de Vries, Amsterdam 1989.
Wolff, Melchior de 'Geen letterheren. Memoires van Jan G. Elburg'. In: *NRC Handelsblad*, 12 juni 1987.
Wolkers, Jan, e.a. *Leven in letters. Over Jan Vermeulen*, Arnhem 1992.
Woltjer, J.J. *Recent verleden. Nederland in de twintigste eeuw*, Amsterdam 1994.
Woodcock, George *Anarchism. A history of Liberterian Ideas and movement*, New York 1986 (2).
Wynia, Gerben 'Hoe werkt de woordmachine? Verzamelde essays en kritieken van Paul Rodenko'. In: *Twentse Courant*, 31 augustus 1991.
Yarmolinsky, Avrahm *Road to the revolution*, London 1957.

Register

Het register heeft betrekking op de tekst vanaf de 'Inleiding' tot en met 'Epiloog'. Opgenomen zijn de namen van personen, tijdschriften, kranten en boekpublicaties. Ook een aantal belangrijke onderwerpen is opgenomen.

Aafjes, Bertus 181, 184
Aantekeningen bij Achterbergs *Spel van de wilde jacht* (Schenkeveld) 199
Achterberg, Cathrien 191, 196, 197
Achterberg, Gerrit 144, 145, 180, 183–201, 204, 206, 207, 211, 233, 236, 243, 269, 274, 289, 290, 309
'Achterberg' 188-190
Acket, J. M. 35
Admiraal, Joop 251
Afrin, George 129
Afvaart (Achterberg) 184, 194
Akker, W. J. van den 243
Aleksandr II, tsaar 115
Algemeen Dagblad 252
Algemeen Handelsblad 250
Algra, A. 92, 94, 95, 274
Allen, T. 131
'Ambrosia' 231
'Amok' (Sierksma) 148
Amsberg, Claus von 273
amsterdamse school, de (Lucebert), 172
Anarchisme 7, 112, 141, 273
Anbeek, Ton 7, 311
Andreus, Hans 110, 158, 164–166, 171, 173, 174, 176–178, 192, 231, 237, 297
Anouilh, Jean 274
Anti-Revolutionaire Partij 92

'Antwoord aan Wim Hermans' 169
Appel, Karel 172, 174, 239, 294
'Arabisch' 177, 188
Archibald Strohalm (Mulisch) 170
Arends, Jan 292
Arkel, J. A. van 40, 41
Armando 243, 245, 271
Artaud, Antonin 110–115, 123, 138, 149, 155, 165, 191, 193, 245, 276, 309
Asmodai in Prag (Van Santen) 127
Asselbergs, W. J. M. A. (zie ook A. van Duinkerken) 209, 264, 278
Atonaal (bloemlezing) 175, 177, 182, 190, 243
Auerbach, E. 161
Autodroom (Achterberg) 193
Avonden, De (Van het Reve) 91, 122, 134
AVRO-televisie 197

Baader-Meinhof-Gruppe 273, 298, 299
Baanbreker, De 140
Baas, Cas 246
Bakker jr., Bert 288, 289, 298, 302
Bakker, Bert 9, 169, 171, 172, 176, 179, 180, 185, 187, 191, 194, 204–211, 216, 217, 219, 225, 227–232, 235, 236, 239, 240, 245, 248, 249, 256–258, 261–265, 272, 285, 287, 288, 290, 291, 294, 311
Bakker, de bakkersvrouw en het bakkersjong, De (Anouilh) 274
Bakoenin, M. 113, 115, 116, 275
'Balans en perspectief' 182
Baljé, Johanna Lambertina 18
Bananeschil, De 155
'Bandoebeest, Het' 215, 216

Barbarber 243
Barthes, Roland 277, 300
Basil, De, ballet van 108
Bataille, George 7, 98, 101, 102, 104, 123, 311
Baudelaire, Charles 102, 111, 112, 120, 182, 294
Bax, D. 35, 36, 38
Bayard-reeks 177
Beatrix, kroonprinses 273
Beauvoir, Simone de 99, 101, 117
Becker, B. B. 59, 265
Beckett, Samuel 252
'Bedromerij' (Kemp) 180
'Beeld, Het' 175, 295
Bekkers, Harry 259
Bekkers, Karin 259
Bekkers, Mona 259
Bekkers, Peter 259, 286
Beknopte Nederlandsche spraakkunst (Tinbergen) 35
Bendemann, Georg (Kafka) 139
Berdjajew, N. 56, 115
Berg, J. H. van den 279-281
Berge, H. C. ten 179, 296, 305
Berger, Peter 271
Berghegge, Fien 252, 253
Bergson, Henri 73
Berkel, Peter van 178
Berlin, I. 116
Bernlef, J. 243
Berserik, Herman 179, 203
'Besneeuwd landschap' 240
Besten, Ad den 76, 138, 165, 173, 177, 269, 271, 304
Bezemer, J. W. 134
Bezige Bij, De 128, 160, 294, 301
Bijvanck, prof. dr. A. W. 48
Bildnerei der Geisteskranken (Prinzhorn) 123
Binnendijk, D. A. M. 270
Binnenlandse (Centrale) Veiligheidsdienst (BVD) 10, 21, 116, 120, 131, 133, 135
Binswanger, L. 164

Biografie Bulletin 11
Bitter, Theo 217
Black Venus (H. Miller) 93
Blake, 294
Blanchot, Maurice 101-104, 161
Bloch, Ernst 275, 277
Bloem, J. C. 205, 211, 212, 225, 258
Blok, A. 82, 130, 265, 305
Blurb 173
Boccaccio, G. 264, 268
Boek van de maand 268
Boeke, prof. dr. J. 85
Boekenwijsheid 234
Boele, Olivier 245
Boer, Lodewijk de 246
Boersma, Femke 251
Boeschoten, Karel van 212
Bogaard, Inge uit den 250
Bomans, Godfried 173
Bommel, Heer 267
'Bommen' 82, 297, 311
Boon, Louis Paul 157, 159
Bordewijk, F. 90, 178
Borgers, Gerrit 118, 131, 144-147, 149, 150, 153, 154, 156, 157, 159, 161, 163, 164, 167, 169, 182, 209, 235, 304, 305
Bos, Hems 61, 66, 109, 117, 121, 152
Bosboom-Toussaint, T. 96
Boucher, Louk 275, 277
Boudier-Bakker, Ina 187
Bouhuys, Mies 191, 225, 231, 246
Boutens, P.C. 32
'Bouwers, De' (Michaux) 165
Braak 173
Braak, Menno ter 32, 35, 145-150, 160
'Brandpunten', 306
Brandt Corstius, J. C. 242
Brandt, W. 132
'Braque' (Vinkenoog) 165
Breton, André 123
'Brief aan een kritische vriend' 113, 299, 310
'Brief aan mijn bank' (Van het Reve) 92
'Brief uit Tsjechoslowakije' (Van Santen) 153, 154

Brinkman, Wim 271
'Britse Neo-Romantiek' 155
'Britse Tijdschriftenoogst 1949' 155
Bruning, Gerard 198
Brusse, Kees 250, 251
Brusse, uitgeverij 127, 128
Buddingh', Cees 181, 237
Buriks, Jolie 44
Burkunk, Wim 251
Burssens, Gaston 157, 158, 237
Bussumse Courant 250
Buytendijk, F. J. J. 117, 118, 162
Bzzlletin 7, 10, 310
Bzztôh, uitgeverij 301

Cahiers voor Letterkunde 239
Calder, A. 100, 169
Calis, Piet 32, 183, 206, 293, 294, 304
Campert, Jan 212, 269, 294
Campert, Remco 164, 165, 171–174, 176–178, 180, 181
Campo, Marc à 262
Camus, Albert 99
Canard Enchaîné, Le 155
Canto, schoolblad 35, 36, 40, 43, 51, 56, 75
Carmiggelt, Simon 212
Carnaval der burgers, Het (Ter Braak) 146
Carré, J. M. 106
Carrol, Sidney 269
Cats, Jacob 267
Centrale Veiligheidsdienst 135
Centrum toneelgroep 274
Cervantes, M. de 43
Charles, J. B. (ps. van W. H. Nagel) 148, 149, 151, 154, 159, 164, 192, 207
Chicago Tribune, The 24
Chineesche Gedichten (De Mérode) 32
Chomjakov, Aleksej 114
Chorus, A. 118
Christie, Agatha 292
Claus, Hugo 110, 158, 164, 165, 171, 173, 174, 176, 181, 242, 294, 297
Cleveringa, prof. mr. R. P. 49, 87

Cobra (-schilders) 123, 168, 172, 212
Coleridge, S. T. 182, 294
Collaard, Quirine 215
Columbus 90, 140, 141, 143–146, 183, 214, 235, 237, 245, 289, 298
Commentaar op Achterberg 185, 187, 188
'Commentaar op de "Proto-Mandarijn"' 235
Communistische Partij Nederland (CPN) 116, 128, 131–133, 153
Conserve (W. F. Hermans) 90
Constant 172, 174
'Constellatie' 175
Contemporains, Les (R. Huyghe) 79
Copper, A. C. 285
Corneille 166, 167, 172, 174
Cossaar, Maud 215
Cours de linguistique générale (F. de Saussure) 54
Cremer, Jan 94, 270, 273, 274
Criterium 44, 134, 138, 139, 143, 149, 151, 158, 159, 187, 206, 235
'Criticus als ingenieur, De' 300, 311
Critisch Bulletin 171, 179
Croiset, Jules 246
Croiset, Max 236
Cult of the heavenly twins, The (Harris) 281
Czernietzki, M. A. (ook Czerniecki) 133, 154

Daamen N.V., uitgeverij 128, 204, 235
Dagboek van een schrijver (F. Dostojevski) 128, 266
Dalmijn, Lydia 219
Debrot, Cola 145
'December' (Achterberg) 199
Deel, Tom van 7, 175, 295–297, 299
Deering, Anton 253
Dekker, A. G. 275
Delano, H. (pseudoniem van J. Polak) 239
Delta 256
'Den Haag' 201, 202, 207

Derde Weg, De 137
Derrida, Jacques 310
Dialoog: tijdschrift voor homofilie en maatschappij 92
Diamant, De (Mulisch) 170
'Dichter en boer' 196
'Dichter, De' 96, 138, 143, 178, 203
Dichters van deze tijd 270, 271
Dionisios, archimandriet (zie ook Loukine) 128
Dis, C. N. van 92
'Dokter Klondyke' (Hermans) 150
'Dom' (Gomperts) 147
Domburg, Andrea 250
'Don Juan' 76
'Don Quichot in het schimmenrijk' 184, 193
Don Quichotte (Cervantes) 43
Donker, Anthonie (pseudoniem van N. A. Donkersloot) 177, 179, 185-187, 191
Donkersloot, N. A. (zie ook Anthonie Donker) 137, 171, 185
Donner, Jan Hein 304
Dostojevski, F. 7, 21, 53, 55, 57, 58, 60, 63, 74-76, 80, 98, 99, 101-103, 110, 114, 123-125, 128, 139, 150, 186, 265, 266, 299
Dostojewskij in de Westersche kritiek (Romein) 56
Draad van Ariadne, De 163, 164, 166, 167, 169-171, 191, 213, 234, 282, 300
Dresden, S. 141
Driehoek, De (uitgeverij) 154, 157, 160, 177
Drijvers, H. 177
Drion, Huib 60, 86
Drion, Jan 60, 86
Drion, Tom 60, 86
Drunen, Peter van 14
Dubbelleven van Max Leeuwerik, Het (Van 't Veer) 78
Dubois, P. H. 208, 209, 253, 271, 296
Duchamp, M. 169, 244
Dudok, W. M. 99
Duijker, H. C. J. 121

Duinkerken, Anton van (zie ook Asselbergs) 91, 278
'Duizend-en-één-nachten van Gerrit Achterberg, De' 198
Dwaze dochter, De (De Vega) 246
'Dylan Thomas: een maskerbeschrijving' 155
Dyson, miss J. 155

'Eben Haezer' (Achterberg) 188, 192
'Echte poëzie is spelen met vuur' 297
Eeden, Frederik van 10
Eekman, Tom 136
'Een beetje plagiaat' (Verstegen) 268
Eggink, Coby 293
Egters, Frits van (Van het Reve) 91, 114
Eijsselsteijn, Ben van 213
'Einde van de psychologische roman, Het' 98, 117, 121, 143, 161, 170, 300, 309
El van liefde, De 264
'Elba' (Kouwenaar) 174
Elburg, Jan G. 172, 174, 243, 294
Eliot, T. S. 13
Elmer, B. K. 133
Elsevier[s Weekblad] 95, 247-249
Elsevier-enquête 173, 176
Éluard, P. 135
Empirische poëziekritiek 103
En Passant 81
Enfants du Paradis, Les 100
Engelman, Jan 231
Engels, Friedrich 277
Ensemble, toneelgroep 274
Enzensberger, H. M. 292
Erkelens, Rob 310
Etty, Elsbeth 11
Euripides 76
Excursion into Murder (Carrol) 269
Existentialisme 57, 98, 99, 173
Existentie-Philosophie en Literatuurbeschouwing (Dresden)
'Experimentele explosie (in Nederland), De' 182-183, 277, 294, 303
Experimentele Groep (Holland) 172, 174

Experimentelen (experimentele dichters, poëzie) 171-183, 194, 220, 233, 237, 239, 245, 256, 299

Fables (Thurber) 268
Fables of our time, Further (Thurber) 268
Faulkner, William 98, 101
Faverey, Hans 296
'Februarizon' 175
'Feest' 51
Feminisme als boetedoening (Schwegman) 11
Fens, Kees 202, 237, 243, 244, 296, 306, 310
Feydeau, George 274
Fieret, Gerard 305
Figee, Ed 14
Fokkema, R.L.K. 175, 294-297
Folkloristisch Woordenboek 196
Fontane, Th. 34
Fontijn, Jan 10
Forum (-generatie) 137, 138, 144, 160, 173, 238
Foucault, Michel 300
'Fout, De' 74, 75, 139, 140
Franco, F. 95, 248
Franks, C.M. 282
'Franse komedie, Een' 140
Frege, G. 8
Freud, S. 11, 12, 60, 73, 82, 122, 123, 151, 237, 278
Frielink, Coos 205
Friesch Dagblad 92, 93
Friese Koerier 93
Fromm, Erich 275-277
Fry, Chr. 274

Gaag, Lotti van der 174
García Lorca, F. 99, 177, 188, 235
Gaulle, Charles de 100, 104
Gauss, J.F.C. 75
Gedachten en gedichten (Mao) 277
Gedichten 8, 37, 38, 76, 177, 240, 243, 295, 311
Gedoemde dichters 102, 309

Geer, J.P. van de 280
Geers, J. 152
Geheim dagboek (Warren) 138, 303
Genestet, P.A. de 35
Gennep, uitgeverij Van 277, 297
Geschichte der Russischen Literatur (Luther) 113
Geschiedenis van de Nederlandse literatuur 1885-1985 (Anbeek) 7, 311
Geus, De 67, 86
Gezelle, Guido 178, 179
Gids, De 182, 196, 207, 244, 303
Gilliams, Maurice 139
Gilliéron, L. ('Bob') 132
Giphart, Ronald 310
Girodias, M. 93
Gisolf, Aart 292
Goedegebuure, Jaap 11, 12
Goedewaagen, dr. Tobi 70, 86
Goethe, J.W. von 34, 79, 106
Gogh, Vincent van 208
Gogol, Nikolaj 20, 53, 98
Gomperts, Hans 147, 158, 178
Gontsjarov, I. 55
Gordon, S. 131
Gorki, M. 25
Gorzynski, M. 132, 133, 136
Goverts, Jan 77, 78, 204
Graft, Guillaume van der 76, 173, 243, 268
Grijnen, Van (pseudoniem van Hermans) 149
Grisebach, E. 80
Groene Amsterdammer, De 87, 268
Grondbeginselen der communistische produktie en revolutie 276
Groot, A.D. de 121, 280
Groot, Jaco 295, 297, 304
Grosse Brehmm, Der 29
Gruyter, W.J. de 212, 217

Haagsch Dagblad 175, 176, 212, 226, 229
Haagsche Courant 213, 229
Haagse Comedie 274, 290

Haagse Kunstkring 52, 213-218, 225, 229, 230, 232, 252, 256
Haagse Post 18, 27, 45, 85, 197, 232, 248, 256, 274, 301, 302
Haarlems Dagblad 254
Haasse, Hella 144
Hampton Court (Ter Braak) 148
Hanlo, Jan 173, 175
Harmonie, uitgeverij De 295
Harris, R. 281
Harten twee harten drie 250
Heel, Jan van 217, 229
Heerma van Voss, A. 302
Hefting, Victorine 191, 207, 208, 219, 225, 230, 232
Hegel, G. W. F. 75, 81
Heidegger, M. 74, 91, 99, 106, 117, 148
Helman, Albert (zie L. Lichtveld) 134
Helse vertelsels 264
Helsingin Sanomat 24
Hemmerlé, Joop 185
'Henry Miller en het probleem van de obsceniteit' 93, 309
Hensbergen, Lo van 249
Heraclitus 70
'Herinnering aan Paul Rodenko' (Andreus) 231
Hermans, W. F. (Wim) 9, 10, 76, 89-92, 97, 106-110, 112, 119, 125, 134, 137-139, 143-145, 147, 149-152, 158-160, 162, 163, 166-170, 186-188, 206, 233-236, 239, 309
Hermans-Meurs, Emmy 167
Heuvel, André van den 251
Heyden, P. M. van der 66
Heynders, Odile 310
Hilberdink, Koen 310
Hille, G. E. W. van 35
Hillesum, Etty 54
Hitler, Adolf 30, 66
Hofdorp, Pim (pseudoniem van W. G. Kierdorff) 222
Hoff, Greetje van het 205
Hofstede, Peter 222
Hölderlin, J.C. F. 182, 237

Hom, Hans 277
Hommerson, A. H. 53, 54
Hoornbeek, Juliette van (pseudoniem van Jettie Schaper) 227
Hoornik, Ed. 133, 147, 171, 178, 184-187, 191, 196, 197, 206, 207, 211, 214, 221, 225, 231, 246, 269
'Horeb' (Achterberg) 195
Horizon 152
Hornstra, L. 118, 120, 161-165, 167-169, 274-277
Houwing, Annetje 42-44, 49, 69, 71, 85, 107, 119, 120, 287
Houwing, professor 85
Huis, Het (Polet) 252
Hulsker, Jan 208-210, 215, 217, 218, 225, 227, 263, 288
Hulst, Wim 130
Hussem, Wim 164, 168, 169, 212, 213, 225
Husserl, E. 57, 99, 101, 106
Huyghe, R. 79

'"Iedre keel zijn eigen profeet"' 176
Iersel, Kees van 247-251, 254, 264, 274
IKOR 200
International Book Review 303
Ivoren wachters (Vestdijk) 237

'Jacht op de vonk der verzen en een vrouw' 197
Jacht op een ponnie (De Vega) 246
Jakobson, Roman 54, 300
Jan Campert-stichting 14, 208
Jan Klaassen en de vredesmachine 246
Janssen Perio, E. M. 239
Janus 110
Jarry, A. 111
Jaspers, K. 106
Jesserun d'Oliveira, H. U. 244
'Jij-mei' 241
Johnson, Dr. 267
Jonckheere, Karel 179
Jong, Max de 137, 141, 204
Jongeling, De (Dostojevski) 128, 265, 266

Jongewaard, Leen 246
Joosten, Jos 310
Josephus Jitta, A.C. 87
Jung, C.G. 65

Kaas, A.J.W. 162
Kafka, Franz 90, 99, 111, 127, 139, 140, 151, 223, 234, 278
Kamerpoëzie 177
'Kamerpoëzie' 8, 37, 38, 177, 296, 311
Kamp, Truusje van de 310
Kampen & Zoon, uitgeverij P. N. van 270
Kamphuis, Gerrit 227
Kant, I. 70, 75
Karamazov, Dimitri (F. Dostojevski) 58
Kardaun, Maria 15
'Kastanje' (Rósewicz) 284
Katinoff, familie 41
Keldermémoires (zie ook *Mémoires uit het souterrain*) 299
Kelk, C.J. 268
Keller, Hans 180
Kemp, Pierre 180
Kerkhoven, André 300, 301
Keuls, H.W.J.M. 268
Kierdorff, W.G. (zie ook Pim Hofdorp) 222
Kierkegaard, S.A. 7, 8, 57, 73, 74, 76, 79, 80, 98, 99
Klee, Paul 110, 123, 188
Klein, Frank 72, 83
'Kleine haagse suite' 207, 208
Klimenko, familie 41
KLM 118-121, 161, 221, 260, 274, 280
Kloos, Willem 13
Knijnenburg, Jan 210
Knop, De (Mulisch) 252
Koestler, Arthur 101
'Kolonel sartre' (Kouwenaar) 174
Komintern 25
Komplot der Vijftigers, Het (Fokkema) 294
Komrij, Gerrit 296
Kooistra, Hans 15

Kooper, W.J.C 62-65, 68, 71, 74, 83, 85, 114
Kooper, Wim 68
Koude Oorlog 10, 21, 136, 153, 154, 163, 239
Kousbroek, Rudy 164, 169, 171-174, 176
Kouwenaar, Gerrit 158, 172, 173, 176, 180, 196, 294, 303, 304
Kouwer, Ben 121, 162
Krevelen, Laurens van 277, 297, 298, 310
Kring, sociëteit De 209
Kroes, Nol 217
Kroniek voor Kunst en Kultuur 185
Kroonder, uitgeverij F.G. 154, 177
Kruissink, Rits 215, 255
Krupnikov, P. 14, 34
Kuhn, Thomas S. 233
Kuiper, P.C. 8
'Kunst zonder achterland' 217
Kusters, Wiel 14, 310
Kuyl, Ton 251
'Kwestie van symmetrie, Een' 143, 298

La Fontaine, J. de 264
Laan, K. ter 196
'Lachspiegel van het podium, De' (Hermans) 149
Lages, Willy 69
Langen, Ferdinand 140
Langeveld, M.J. 62, 68, 117, 118
Langzaam leren lezen. Paul Rodenko en de poëzie 311
Lautréamont 150
Leeuw, Aart van der 208
Leeuw, G. van der 84, 206
Leeuwarder Courant 94
Leeuwe, Jules de 131
Legaat, Het 251
Lehning, Arthur 275
Leibovici, Solange 14
Leiker, Sjoerd 134, 135, 137, 154
'Lek in de eeuwigheid, Het' (Hermans, zie ook 'De lichtautomaat') 151
Lekkerkerker, Kees 140
Lély, Nicolas G. 205
Lenin, V.I. 103

431

Lennep, Jacob van 96, 151
Lennep, D. J. van 117, 121
Leo Sjestow's kritiek tegen de rede (Suys) 56
Leopold, J. H. 32, 178, 198
Letterkundig leesboek voor H.B.S. en Gymnasium (Tinbergen) 35
Leven van dokter Bethune, Het (Gordon en Allen) 131, 132
Levende lied, Het (Mickiewicz) 136
'Libertinage met een luchtje' 147
Libertinage 147, 238
Libman, M. 34
Libman, mevrouw 34
'Lichtautomaat, De' (Hermans) 150
Lichtveld, Lou (Albert Helman) 134
Liefde is heel het leven niet (Etty) 11
Lietaert Peerbolte, M. 231
Ligtenberg, Karel 104, 105, 107
Lindgreen, Ronald 215
Literair Kijkschrift 199, 269, 270
Literama 296
Litterair Paspoort 110, 111, 130, 134, 135, 138, 165, 277
Locher, Th. J. G. 126
Lodeizen, Hans 173, 208
Lokhorst, Emmy van 252
Loo, O. J. C. van 166
Loon, Willem Karel van 74, 76, 77, 80–82, 138, 144, 204
Loujetzky 129
Loukine (zie ook Dionisios) 129
Loyaliteitsverklaring 65, 67, 68, 70, 74, 83–85, 90, 168, 207
Lubbe, Rinus van der 275, 276
Lubberhuizen, Geert 294, 301
Lucebert 158, 164, 165, 172–174, 176, 179, 181, 192, 205, 297
Lukacs, G. 277
Lulofs, F. 144
Luther, Arthur 113, 126
Luxemburg, Rosa 275

Maatstaf 169–172, 174, 176, 182, 188, 192, 194, 195, 197, 206–208, 211, 217–219, 226, 228, 229, 232, 234, 239, 240, 245, 256, 265
Maecenas 74–82, 140
Maeder, A. 64
Magny, C. E. 161
Magritte, René 168
Mahler, Gustav 123
Majakóvski, V. V. 25
Mallarmé, S. 102, 113
Malraux, André 101, 104
'Man die zichzelf bedroog, De' 247
Mandarijnen op zwavelzuur (Hermans) 235
Manifesten-reeks 275, 284, 303
Mao Tse-toeng 275, 277
Marja, A. (pseudoniem van Theo Mooij) 113, 154, 155, 177, 191, 248, 249
Marken, Amy van 252
Marsman, H. 35, 190, 195, 198, 216, 242
Marx, Karl 99, 103, 116, 126, 275–277, 303
Marx' visie op de mens 276
Marxisme et théorie de la personnalité 302
Mascotte (Achterberg) 193
Maso, E. 88, 262
Maso, familie 72
Maso, Moela 32, 42, 43, 47, 81, 232
'Matérialisme et Révolution' (Sartre) 103
May, Liza Sara 220
'Medea's mes of De draad van Ariadne' 169, 170
Meeuse, Piet 299
Meijer, R. P. 187
Mémoires uit een Kelderhol (zie ook *Mémoires uit het souterrain*) 80
Mémoires uit het souterrain (F. Dostojevski) 57, 58, 74, 75, 139
Merleau-Ponty, Maurice 99, 103, 104, 117, 155, 161
Merlyn 243, 244, 310
Mérode, Willem de 32, 33
Merresswej, A. 131
Messelaar, Gerard 77, 138, 144, 204, 205, 211, 214

Met twee maten (bloemlezing) 180, 271
'Met twee maten' (essay) 193
Methorst, H.W. 157
Meulenhoff (& Co), uitgeverij 128, 165, 167, 294, 295, 297, 303
Meulenhoff Educatief bv 293
Meyer, C.F. 34
Meyling, Christine 219
Michaux, H. 111, 165, 188
Mickiewicz, A. 136
Middeldorp, Andries 197
Miller, Henry 93, 96, 102, 110, 150, 182, 309
Minderaa, P. 242
Minkowski 161, 164
Mir 115
Misdaad en straf (Dostojevski) 21
Moedwil en misverstand (W.F. Hermans) 97, 151, 236
'Moeite met Rodenko' (Straat) 239
Moens, Joris 310
Mok, Maurits 243, 256, 257, 297
Molen, W.J. van der 165, 242
Molitor, J. (Aimé van Santen) 130, 145, 164
Mönnich, C.W. 242
Mooij, familie 155
Mooij, J.J.A. 181
Moor, Wam de 296
Moreno, J. L. 253
Morriën, Adriaan 99, 107, 110, 111, 132, 134, 135, 138-140, 143, 154, 241, 292, 293, 295
'Muggen, olifanten en dichters' 122, 140
Mulder, Arjen 296
Mulisch, Harry 94, 170, 178, 196, 252, 304
Muller, professor H. 48
Müller, Richard 24
Museum der modernen Poesie (Enzensberger) 292
Mussolini, B. 30

'Naar een nieuw formalisme' 234
'Naar een nieuw funktionalisme' (Polet) 234
Nabokov, Vladimir 25, 101, 236

'Nachtelijk gesprek' 76
Nagel, W. H. (zie ook J. B. Charles) 148, 156, 157, 159, 160, 197
Nagy, I. 132
Nanninga, Jaap 212, 213, 258
Narodniki 115
Nausée, La (Sartre) 38, 110, 148
NCRV (-televisie) 199, 269, 270
Nederland-Polen 127, 133
Nederland-Polen, vereniging 133, 135, 136
Nederlandse Boekhandel, De 157
Nederland-USSR 130, 131
Neelissen, Ton 254
Nerval, G. de 294
Nietzsche, F. 8, 57, 73, 99, 117, 278
Nieuw Kommentaar op Achterberg 195, 197, 198
'Nieuwe figuren in de Nederlandse literatuur' (Hermans) 90
Nieuwe griffels schone leien (bloemlezing) 178-180, 305
Nieuwe Rotterdamse Courant 175, 176, 178, 194, 250, 251, 266, 267
Nieuwe Standaard, De 90
Nieuwe Stem, De 134, 137
'Nieuwe stenen of een kwastje verf' (Sierksma) 148
Nieuwe Stijl, De 243
Nieuwe Tilburgse Courant 250
Nieuwsblad van het Zuiden 250
Nijhoff, M. 38, 171, 172, 179, 203, 205-208, 211, 229, 242
Noordzij, Nel 219
Nooteboom, Cees 271
Nord, Max 132, 237
'Notities bij het werk van Wim Hussem' 168
'Notsj' (Blok) 305, 306
Novalis 182, 294
NRC Handelsblad 300
Nuis, Aad 238

Oblomov (I. Gontsjarov) 55
Oey Tjeng Sit 164

'Okerlied' 173
Ontuchtige ei, Het 288, 289
'Ontwerp voor een hedendaags liefdesgedicht' (Rósewicz) 284
Ooievaarreeks 179
Oorschot, G.A. van 128, 130, 140, 238, 265, 266, 287
Oost-Europa. *Recente berichten en voorlichting* 126, 127, 155, 235
Oosthoek, Bob 205
Oosthoek, Hélène 204–206
Op het twijgje der indigestie 7, 298, 299
Opblaasvrouwtjes en andere stoute stories van nu en straks, De 265, 287, 288
'Open brief aan aan Paul Rodenko' (Hermans) 169
'Open brief' (Charles) 148
Opkomst van een tegencultuur (Roszak) 292
Orensnijder tulpensnijder. Verzamelde gedichten 295–297, 299, 301
Ostaijen, Paul van 157, 158, 176, 242, 310
Osteuropa 126
Ouborg, Pieter 212
Oude Getrouwen (Acket) 35
'Over de dichter Nes Tergast' 202
'Over de wet des toevals' 35, 56
'Over materiepoëzie' 300
Oversteegen, J. J. 244

Paedagogie 82
Parade der Profeten 76, 82, 83, 90, 137, 138, 140, 204, 205, 241
'Paradise regained' (Marsman) 216
Paridon, Egbert van 246
Parijse manuscripten en andere filosofische geschriften (Marx) 276
Paró, J. (pseudoniem van Rodenko) 74
Parool, Het 137, 156, 178, 212, 237, 250, 251
Partij van de Arbeid 137, 153
'Parvenu van de taal, Een' (Nuis) 238
'Pastorale' (Haasse) 144
Pater, Jo 32
Peeters, Carel 310

Peeters, Henk 77, 78
Pegasus, uitgeverij 131, 132
Pelckmans 157
Peltenburg, houtfirma 158
PEN, 132
Penguin New Writing 152
Penning, R. 212
Père Ubu, Le 267
Pernath, H. 245, 271
Perron, E. du 32, 92
Perry, Jos 14
Peypers, Ankie 220
Philipse, Herman 8
Picasso, Pablo 135, 188
'Picasso' 140, 177
Pirandello, L. 247
Plas, Michel van der 173, 178, 252, 271
Plokker, J. H., 162, 165, 169, 213, 248
Podium 91, 105, 109, 110, 118, 130, 131, 135, 136, 141, 143–159, 163–166, 169, 177, 181, 185, 188, 205, 206, 212, 214, 234, 235, 289, 298
Podium-Gard Sivik 253, 254
Podium-nieuws 160
Poe, E. A. 294
'Poëtische autobiografie?, Een' 194
Poetry International 297, 298
Poetry National-avond 297
'Poëzie van Gerrit Achterberg, De' 199
Poëzie van het echec 56, 180, 193, 201, 244
'Poëziekroniek' 158, 234
Polak, Johan (zie H. Delano) 239
Polet, Sybren 82, 158, 164, 165, 182, 234, 252, 294, 304
Polevój, B. 131
'Postexperimentele damespoëzie' 219
Pound, Ezra 241
Poustochkine, Paul 19, 129
Praag, S. van 133, 136, 144
Praas, Jan 76, 141
Prange, J. M. 212
Présence Africaine 152
Prévert, Jacques 99, 100
Prinzhorn, Hans 123

'Pro Domo' 75, 76, 79, 236
Proloog 140, 145
Propria Cures 238, 239, 249, 267
Provo 273, 274
Pruszynski, K. 135
Psychè 161
Psychoanalytisch Instituut 109, 120, 123
Psychologie en volksvoorlichting (Roels) 66
Puce à l'oreille, La (Feydeau) 274
Puck, toneelgroep 246
Pulchri, sociëteit 210, 213-215, 226, 229

Qu'est-ce que la littérature (J.-P. Sartre) 103
Quax' (rubriek van Rodenko) 266-268
Quay, J. E. de 62
Querido, uitgeverij E. M. 194

Radencommunisme, Het 276
'Radicale humanisme van Antonin Artaud, Het' 111
Raes, Hugo 269
Randwijk, H. M. van 157
Reclame en psychologie (Roels) 62
'Reclamekunstenaars: de alchemisten van onze tijd' 300
Reeder, Th. 176
Regnard, Jean François 246
Reinink, mr. H. J. 210
Renardel de Lavalette, Wim de 40, 43, 49, 303-305
Residentie Toneel 274
Reve, Gerard Kornelis (Simon) van het 91, 92, 94, 122, 134, 135, 154, 164, 165, 309
Reve, Karel van het 152
Revisor, De 244, 296, 297, 299, 300
Révolution surréaliste, La 77
Revue de littérature comparée 106
Ridders van de droevige figuur, De 43
Rijk, Martijn de 301, 302
Rilke, R. M. 79, 117
Rimbaud, Arthur 106, 120
Ritter, dr. P.H. 249

'Robot Poëzie' 113, 114, 240, 311
Rodenko, Boris 303, 304, 306
Rodenko, familie 9, 221
Rodenko, Iwan (Wasilewitzj) 9, 10, 17-32, 41, 42, 45, 46, 48, 68, 69, 78, 81, 87, 88, 97, 127, 129, 132, 133, 135, 167, 260-262
Rodenko, Ludmila (Katherina) 9, 14, 255, 257, 267, 285, 286, 291, 297, 302, 304, 306, 310
Rodenko, Olga (Irene) 14, 25, 27-31, 42, 43, 59, 69, 71, 81-83, 99, 100, 106, 118-121, 140, 151, 221, 231, 259-262, 286, 304, 306
Rodenko, Wladimir (Dimir) 257, 259, 267, 285, 286, 291, 297, 301, 304-306
Rodenko-Sheriff, Jeanne 17, 22, 28, 29, 81, 260-262
Roëde, Jan 213
Roels, F. J. M. A. 62, 63, 65, 66, 68, 70, 71, 83, 117, 119, 122
Roland Holst, Adriaan 191, 192, 196, 211, 255-257
Romantiek 111
Romein, Annie 157
Romein, Jan 56, 133, 134, 137, 157
Römer, Piet 246
Rooduijn, Hans 247
Rósewicz, Tadeusz 284
Rost, Nico 152
Roszak, Theodor 292
Rozanov, V. V. 98
Rubaschkin, Boris 305
Ruebsamen, Helga 219
Rümke, H. C. 109, 152
Russell, B. 8
Russische Bibliotheek 128, 265, 266
Russische Formalisten 54, 300
Rutten, F.Th. 62

Sachrotskow, familie 42,
Sachs, Maurice 138
Sade, D.A.F. de 150, 277, 278
Salazar, António de Oliveira 95, 248
Salome's Dans 82
Saltykow, M. 266

435

Sandberg, Jacqueline 252
Santen, Aimé van (zie ook J. Molitor) 53, 54, 59, 79, 80, 97, 99, 107, 112, 116, 125–127, 130, 143, 145, 151–154, 163, 186, 188, 206, 283, 298
Sartre, Jean-Paul 7, 38, 98, 99, 101, 103–106, 110, 117, 123, 146, 148, 161, 174, 247, 275, 276, 311
Saussure, F. de 54
'Scène' 173
Schaper, A. H. (Jettie Rodenko) 14, 223–232, 254–257, 259, 260, 262, 263, 265, 278, 283, 285–287, 297, 301, 302, 304, 306
Schaper, Bertus 225
Schaper, F. J. 223, 225, 228, 255
Schaper, familie 226, 255, 290
Schaper, Hanneke 223
Schaper, J. H. 223
Scheepmaker, N. 296
Schenk, V. 162, 213
Schenkeveld, M. 199
'Scherzo' 192, 193
Schierbeek, Bert 134, 166, 172–174, 247, 294
Schippers, K. 243
Schokking, F. M.A. 215
Schooneveld, C.H. van 53, 58
Schopenhauer, A. 290
'Schouwspel voor niemand' 240
Schroevers, M. 251
Schrofer, Jurriaan 78
Schrofer, Willem 78, 217
Schulte Nordholt, Wim 280
Schuur, Koos 175
Schwegman, Marjan 11
Seinpaal, De 252
Selfkicker, Johnny the 245
Sève, Lucien 302
Seyffardt, H.A. 67
Seyss-Inquart, A. 47, 71
Sheriff, familie 24, 28
Sheriff, Nico 22
Sheriff, Thomas 17, 21
Sierksma, Fokke 140, 141, 144–150, 154, 156, 157, 159–161, 164, 166, 183, 185, 242, 298
'Silhouet' (Achterberg) 198
Simonis, Helen 274
Sivirsky, Antal 215
Sjestov, L. 7, 38, 56, 57, 76, 98, 123, 181, 244, 310, 311
Skythen, De (A. Blok) 130, 131
Slaa, Johan te 251
Slauerhoff, J. J. 35
Slavofielen 114, 115
Sleutelaar, Hans 253
Slijkhuis, G. J. 14
Sluyters, Jan 43
Smit, Gabriël 181, 243
Sneevliet, H. 25, 26
Snoek, P. 271
Sofokles 186
'Soldaten, dichters en paradoxen' 148
Sologoeb, F. 98
'Sonnet 1944' (gedicht Rodenko) 73, 82
Sontrop, Th. 238
Sötemann, Guus 291, 293
Spel en de knikkers, Het 293
Spel van de wilde jacht (Achterberg) 194, 198, 199, 289
'Spiegel van de wilde jacht' 195
Spierdijk, Jan 250
Spill, F. W. ter 213
'Spinnen' 76, 79
Sprong van Münchhausen, De 234, 235, 240
Staatkundig Gereformeerde Partij 92
Stalin, Josef 49, 95, 103, 108, 129, 248
Staring, A.C.W. 35
Startklaar 250
Steenbergen, Paul 274
Stein, E. 110
Stempels, A. 266, 267
Sterren, H.A. van der 109
Stijl 74
Stilte, woedende trompet 240, 242, 243, 311
Stols, A.A.M. 143, 144, 175, 206, 213

Straat, Evert 239, 240
Strand, Mea 219
Straten, Hans van 82, 141–145, 204, 237, 249
'Strelende, Het' 240
Stroman, Ben 254
'Stromende, Het' 240, 241
Strooker, Shireen 252
Studio, toneelgroep 17, 250, 251, 274
SUN, uitgeverij 302
Surrealisme 77, 79, 111, 204, 299
Suys, Jef 56, 134

'Taalontwikkeling en abstracte kunst' (Hornstra) 165
'Tabellarische schildpad belicht, De' 148
'Taboe of toelaatbaar' 94
Tel Quel 300, 303
Telegraaf, De 95, 227, 248, 249, 250
Tempel en Kruis (Marsman) 195
Temps Modernes, Les 101, 161
Tenhaef, W. H. C. 62
'Ter Inleidinge' (Gezelle) 179
Tergast, Nes 164, 202, 203, 211–213
Termeer, Carla 120, 174, 220, 221, 223, 224, 229, 287
Test, toneelgroep 252
'Thebe' (Achterberg) 193
Thurber, James 268
Tienhoven, H. J. van 173
Tietgen, H. 68, 69, 87
Tijd, De 253
Timmer, Charles B. 90, 126, 130, 138, 158, 265, 266
Timovejev, familie 41
Tinbergen, D. C. 35
Tirade 238, 239
Tobi, Hans 246
Toekomst der religie, De (Vestdijk) 160
Tolstoj, L. N. 21, 53, 55
'Toneelenquête 1960' 253
Toorn, Willem van 271
Tranen der acacia's, De (W. F. Hermans) 91

Trapman, Jan 105
Tropic of Cancer (Miller) 93
Tsjechov, Anton P. 98
'Tussen de middenstanders' (Marja) 249
Tussen de rails 250
Tussen de regels. Wandelen en spoorzoeken in de moderne poëzie 176, 238, 239, 242
'Tussen de regels' (essay) 172
'Tussen de regels' (Sontrop) 238
'Tussen Jan Molitor en Ippolyt Wrochow' (Van Santen) 145
Tuwim, Juljan 156, 242
Twaalf, De (A. Blok) 82, 130, 265
'Twee moderne dichteressen' 220
'Tweekoppige zomer' 240
Tzara, T. 169

Ubbink, Jan 205
Uitgeversmaatschappij Holland 165, 295
Ulmanis, president van Letland 30
Ulsen, Henk van 200, 252
Unesco 101, 104
Urteil, Das (Kafka) 139
Utrechtse School 117
Uur U, Het (Nijhoff) 38
Uyl, J. M. den 157

Vaandel van de arbeid, Het 130
Vaandrager, C. B. 243, 271
Vaartjes, Gé 15
Vaderland, Het 74, 208, 209, 226, 251, 260, 261, 296
Valéry, Paul 13, 91
Vancrevel, L. (pseudoniem van L. van Krevelen) 277
Vanvugt, Ewald van 94
VARA (-televisie) 234, 246, 247, 250, 251
Varangot, Victor 152
Vas, Betty 88
Vas, Dick (Dirk) 69, 78, 87, 88
Vasalis 181
Veen, Adriaan van der 134, 139, 154, 158, 159, 266, 306
Veen, Leon van der 15

Veenstra, J.H.W. 242
Veer, Paul van 't 76-80, 129, 131, 140
Vega, L. de 246
Veldkamp, Bert 15
Vereniging Nederland-USSR 129, 131, 133
Vereniging voor Vriendschap met de Sowjet-Unie (VVSU) 130
Vergeer, Koen 310
Verheij, A.A. 54
Verhoeven, Nico 165
Verlaine, Paul 106
Verliefde dwaasheden (Regnard) 246
Vermeulen, Jan 138, 141-144, 183, 184, 191, 196
Vermiste piloot, De (A. Polevój) 131
'Verregende Liefde' 76
Verstegen, Peter 268
Verstraete, Guus 246
Verve 216, 217
Verwey, Albert 180
Verzamelde essays en kritieken 7, 13, 310
Verzamelde gedichten (Achterberg) 188, 199
Verzamelde gedichten (Lucebert) 301
'Verzoening met de galg' (Charles) 148
'Verzoening met de soldaat' 146-148, 300
Vesseur, Wim 246, 251
Vestdijk, Simon 90, 154, 160, 171, 236, 310
Vian, Boris 138
'Vijfjarenplan *Podium*' 151-153
Vijftigers, De 181-183, 203, 216, 220, 244, 269, 271, 293, 294, 296, 297, 305, 306, 309
Vinkenoog, Simon 96, 110, 164-166, 169, 171, 173-176, 181, 182, 191, 193, 196, 197, 221-223, 237, 245, 294
Visser, Ab 191, 271
Visser, J. 94
Vlugt, Bas van der 250
Voeten, Bert 243, 271, 292, 293
Vogel, Albert 214
Vogelaar, J. 269
'Vogels I' (Juliette van Hoornbeek) 228
Voorbij de laatste stad (bloemlezing Achterberg) 194, 309

'Voortijdige constellatie' 240
Vorlesungen zur Einführung in die Psychoanalyse (Freud) 82
Vorrink, Koos 153
Vos, Peter 265
'Vreemdeling' 44, 45
Vrekhem, G. van 271
Vriend Antoine of Onvoldoende voor liefde (Anouilh) 274
Vries, Hendrik de 90, 173, 175, 176, 178, 198
Vries, Theun de 130, 290
Vriesland, Victor van 267
Vriesman, Dick 163
Vrij Nederland 94, 127, 147, 206, 225, 242, 292, 299
Vrije Katheder, De 141
Vrije Volk, Het 94, 237, 249-252
'Vrijheidsschreeuw' (Appel) 294
Vrijmoedige liefdesverhalen 265
Vroman, Leo 219
Vuyk, Rita 285

Waals, H.G. van der 162
Waarheid, De 131, 132
'Waarom het water nog steeds nat is' 267
Wachten op Godot (Beckett) 252
Wadman, Anne 144-146, 150
Walhain, Jean 252
Walravens, Jan 157
Walschap, Gerard 157
Walschap, Hugo 157
'Wandeling langs een spoorlijn' 139, 306-307
'Wandeling' 175
Warmond, Ellen 192, 220, 270
Warren, Hans 76, 138, 182, 223, 237, 296, 297, 303
'Watersnood' (Achterberg) 195
Weerlicht op de kimmen, Het (Achterberg) 199
Weijnen, A.A. 279
Weinreb, Friedrich 129
Weitkamp, J. 21

'Wereld van Simon Carmiggelt, De' 311
'Wereldpodium' 156
'Werkelijkheid in negligé' 213
Wertheim, W. F. 135, 137
Westenwind heeft twee gezichten, De 177
Wijk Louw, N. P. van 214
Wijk, dr. Walter Emile van 99
Wijk, prof. dr. N. van 48, 53–58, 123, 124, 126, 136
Wijnen, Nico 214, 218, 219, 221, 222, 224, 231
Wijngaarden, Chr. van (groep van) 59, 67, 71, 72, 85–87
Wijngaarden, R. van 59, 72, 85, 86, 140
Wilmink, Willem 210
Wimmer, dr. F. 49
Windroos-reeks (serie) 165, 177
Winkler Prins 196
Wit, Frans de 217
'Witte Acacia' 40
Wolkers, Jan 94, 96, 273, 274

Wolthers, Daisy 14, 171, 191, 192, 194, 291, 310
'Wonen in woorden' 269
Woolcot, Alexander 267
Woord, Het 134, 140, 175
'Woorden van brood' 241, 242
'Woorden van steen' 297
Woude, Johan van der 289, 290, 304

Zalingen, Bep van 184
Zilveren scherf-reeks, De 166
Zimmermann, F. 262
Zoals geschreven door Gerrit Achterberg 200, 290
Zolkovskaja, S. L. (Sima) 26, 27
'Zondagmiddag' (gedicht 1940) 36, 38
'Zondagmiddag' (gedicht 1944) 37, 38, 75, 76, 91, 311
Zoons, Eddie 44
Zutphens Dagblad 17, 259, 274
Zwijndregt, Jan van 208, 210, 215, 218, 225

'Ik ben een vreemdeling. Ik sta apart'
Een biografie van Paul Rodenko (1920-1976)
Koenraad Hilberdink

SUMMARY

Poet and essayist Paul Rodenko (1920-1976) is one of the pioneers of the Dutch cultural revolution of the 1960s, along with authors such as Willem Frederik Hermans and Gerard Kornelis van het Reve. Shortly after World War II he wrote about art as a means to shock the audience, thus robbing it of its certainties. In an essay about American novelist Henry Miller (1946) he demanded great authors to use obscene language. Rodenko's early essays are introductions to his later idea of relating the autonomous poem with anarchism. An author has no social attachments and aims at disrupting the fundament of society: language.

For Rodenko, biographical notions have no place in art in general, nor in his own work. When asked about his life, he made up entire family chronicles, but the real story of his life remained a secret. The tension between the 'mythical' self-image and his actual life provides me with an important point of view for this biography. This book aims to answer several questions: why did Rodenko hide behind his myth, why was art for him an isolated domain, and were did his radical politics come from. One possible answer that I will exploit further lies in the relation between Rodenko and his father.

The first chapter deals with Rodenko's youth. He was the son of the Dutch Jeanne Sheriff and the Ukrainian Iwan Wasilewitzj Rodenko, who considered himself a Russian. The latter took up residence in the Netherlands in 1917, where he tried to make a living as a businessman. He took his family with him on business trips to Berlin and Riga. Their stay in the Latvian capital was an important experience for Paul Rodenko. He felt it to be something miraculous, which developed into a primordial experience. This can be related to his later fascination with the fiasco poets, poets who try to bring about the impossible.

This miracle, like the obscene use of language, formed a means to confront people with insecurity, something he preferred to dogmatism. Rigidity was something he had learned early on from his father. Iwan Rodenko was a short-tempered man who did not accept contradiction from his son. His repressive behaviour angered the young Rodenko, who had nowhere to go with his aggression. It spread beneath the surface – Rodenko sublimated his anger and wrote against paternal symbols such as the state. It is a partial explanation for his anarchism.

The relation between father and son is an important theme in the second chapter as well. During World War II, Rodenko's father did business with the German occupier. And while Paul tried hard not be contaminated with National Socialism, he was unfortunate enough to end up in Utrecht. After a brief period of studying Slavic Languages in Leiden, he continued his studies in psychology there, under Dr. F. Roels, someone on the 'wrong' side. In this atmosphere it was almost impossible not to sign the declaration of loyalty. It was a period of spiritual crisis, and Rodenko lacked the strength to resist signing the document, also because his father pressured him. It was a dark page in his biography, unknown to most people. Rodenko did not want to change that situation and that is why he shielded his personal life from the outside world.

Through personal experience, Rodenko realised the dangers of rigidity and political impurity. As a citizen he did not know how to deal with these dangers; to fight them he needed art, which was his domain of freedom and creativity.

The relation between Rodenko and his Russian father was complicated, because he partially derived his identity from him. Rodenko wanted to be Russian, or at least cosmopolitan, and he tried to erase his partially Dutch origin. He wrote in Dutch, but his spirit was international. His knowledge of international literary developments gave him a big lead compared to Dutch critics and poets. Shortly after World War II, Rodenko was *the* person to liberate Dutch literature of its narrow-mindedness. Rodenko's poems were un-Dutch as well; W. F. Hermans even called them 'extra-terrestrial'.

The third chapter deals in depth with Rodenko's international education: the influence of Dostojewski, Sjestow, the French *poètes maudits*, Bataille and existentialism. I will deal in more detail with phenomenological psychology, from which Rodenko learned that insanity is inherent to being an artist. This might explain why Rodenko did not want to be treated for his stutter, which he considered to be a sign of neurosis. Treatment, he thought, would harm his creativity. In conclusion, this chapter aims to relate Rodenko's poetics to his experiences as described in the first two chapters.

In the fourth and fifth chapter I describe how Rodenko distributed his poetics in The Netherlands. Chapter four, 'Slavische Missie' (Slavic Mission) centres upon his search for a literary journal to publish his work. It also focuses on the artistic and political context of the Cold War for his search. His Russian background was a problematic factor since he was often suspected to be an ally of Stalin. Here I describe his attempt to start a journal for literature and psychology along with psychoanalyst L. Hornstra and W. F. Hermans: *De draad van Ariadne* (Ariadne's Thread).

Shortly after this failure, Rodenko started working with Bert Bakker, publisher in The Hague. Rodenko published essays about the experimental poetry of the 1950s, and about Gerrit Achterberg in Bakker's literary journal *Maatstaf*. At first, he used the experimental poetry as a means of illustrating his own poetics and it was not until later that he chose a different direction. Achterberg remained a big influence on Rodenko because his work was the best example of the fiasco poetry. Thanks to Rodenko's anthology *Voorbij de laatste stad* (Beyond the Last City), Achterberg's audience grew by the ten thousands.

Chapter 6 describes the art scene of The Hague and the influence it had on the life and work of Rodenko. His publisher Bert Bakker would develop a crucial role as his main patron. Rodenko, who lacked insight in business matters, put him under financial wardship. Even after Rodenko married Jettie Schaper in 1953, Bakker would remain influential.

Rodenko often visited the café De Posthoorn with Bakker. He also joined the Kunstkring (Art Circle) in The Hague, where he eventually even became a member of the board. Since childhood, Rodenko had been used to drinking. The nightlife in The Hague gave him the chance to continue this habit, much to the dismay of his wife Jettie Rodenko who decided they should move to Warnsveld.

Chapter 7, 'Buitenstaanders' (Outsiders) deals with the matter of Rodenko's silence and the 'division' in his poetry, that coincided with his moving to the east of the Netherlands. Rodenko wrote less and less poetry and what he did publish, became steadily more cerebral. By that time, he hardly wrote any essays. This was partially due to the changing literary climate in The Netherlands: his poems and essays got more negative reviews than they used to. Another reason is that he no longer felt at home in the literary constellation of the 1960s. The modern poet could only flourish in a time of desperation and those times were over. Rodenko needed the tragedy that was part and parcel of his Russian soul, or so he believed. His views on art and society, as well as his poetry had grown out of necessity and could only have been written by someone living 'on the edge'. Like Sjestow, Rodenko felt that man could only get deeper insight in times of tragedy and crisis. In the 1960s, with magazines such as *Barbarber*, literature had become just 'fun'.

But Rodenko was only partially silenced. He started focusing on drama, but gave that up as well when his second play got negative reviews. He continued his work as a translator of drama.

The changing literary climate coincided with changes in his personal life. He was now the father of two children. A financially problematic situation forced him to take up work, solely for the money. There were two more ideas that gave him back his real passion. These are described in the final chapter 'Al leef je nog eens twintig jaren' (If you live for another twenty years). In the mid 1960s he restarted his studies in psychology, and he became the editor of the so-called *Manifesten*-series. Both ideas failed.

He could have got comfort from a Rodenko-revival in the beginning of the 1970s. His old essays were reprinted and his Collected Poems appeared in print. Furthermore, he was asked to become a regular contributor to *De Gids*. It was too much, especially because his health grew worse as a consequence of heavy drinking. In 1974 he suffered a stomach bleeding and got the advice to follow a strict diet and quit drinking. He ignored this advice and died in 1976 from an acute stomach bleeding.

Rodenko's life was tragic – his imperative for writing poems and essays. He wrote his best work during the period 1945-1955. In these essays, an artist is speaking who reacts to social as well as personal crises. A preliminary chronological divide can be made for his poetry as well. Rodenko is mainly the poet of the 'Kamerpoëzie' (Chamber Poetry) in his first collection *Gedichten* (Poems). In 'Bommen' (Bombs) and 'Zondagmiddag' (Sunday Afternoon) the silence is almost devastating. This is the Rodenko we have met in this biography: subdued-noisy, someone who needed to find ways for his anger to be canalised. The later poems are more intellectual, and from these the personal element has disappeared.

(Vertaling Bertram Mourits)

Koen Hilberdink werd op 15 april 1957 te Groningen geboren. Hij deed daar in 1976 eindexamen Atheneum-A aan het Zernike College. Daarna studeerde hij Nederlandse taal- en letterkunde aan de Rijksuniversiteit Groningen en Algemene Literatuurwetenschap aan de Rijksuniversiteit Groningen en de Rijksuniversiteit Leiden. In Leiden studeerde hij af op het vroege werk van de dichter Albert Verwey. Na zijn studie was hij als docent verbonden aan verschillende onderwijsinstellingen en werkte hij als publicist. Hij bezorgde eerder de *Verzamelde essays en kritieken* van Paul Rodenko.